智能网联汽车系列教材

车路协同感知及通信技术

主　编 ◎ 尹晓红　雷　天

副主编 ◎ 王燕燕　王永辉　刘晓华
吴立新　苏学园

西南交通大学出版社

·成　都·

图书在版编目（CIP）数据

车路协同感知及通信技术 / 尹晓红，雷天主编.
成都：西南交通大学出版社，2024. 7. -- ISBN 978-7
-5643-9942-9

Ⅰ. U495

中国国家版本馆 CIP 数据核字第 2024GW9452 号

Che Lu Xietong Ganzhi ji Tongxin Jishu
车路协同感知及通信技术

主　编／尹晓红　雷　天

策划编辑／黄庆斌
责任编辑／梁志敏
封面设计／墨创文化

西南交通大学出版社出版发行
（四川省成都市金牛区二环路北一段 111 号西南交通大学创新大厦 21 楼　610031）
营销部电话：028-87600564　　028-87600533
网址：http://www.xnjdcbs.com
印刷：四川煤田地质制图印务有限责任公司

成品尺寸　185 mm × 260 mm
印张　25.5　　字数　637 千
版次　2024 年 7 月第 1 版　　印次　2024 年 7 月第 1 次

书号　ISBN 978-7-5643-9942-9
定价　59.00 元

课件咨询电话：028-81435775
图书如有印装质量问题　本社负责退换

前 言

党的二十大报告指出，“统筹职业教育、高等教育、继续教育协同创新，推进职普融通、产教融合、科教融汇，优化职业教育类型定位”。深化产教融合是应用型本科高校实现内涵式高质量发展、服务社会高质量发展的必然要求，是培养智能网联汽车与智慧交通产业端所需的高素质应用技术型人才的重要方式，也是开发教材的重要依据。

2019 年 9 月，中共中央、国务院印发《交通强国建设纲要》，提出要建成人民满意、保障有力、世界前列的交通强国，为全面建成社会主义现代化强国、实现中华民族伟大复兴中国梦提供坚强支撑。

2023 年 11 月，工信部等四部委联合发布了《关于开展智能网联汽车准入和上路通行试点工作的通知》，提出具备量产条件的搭载 L3/L4 级自动驾驶功能的智能网联汽车生产企业，及使用主体双方组成联合体，通过遴选取得准入许可后，可在限定区域内开展上路通行试点，以促进智能网联汽车产品的功能、性能提升和产业生态的迭代优化，推动我国智能网联新能源汽车产业高质量发展。2024 年 6 月，工信部网站发布《四部门有序开展智能网联汽车准入和上路通行试点》的通知，确定 9 家首批智能网联汽车准入和上路通行试点联合体。L3 级的智能驾驶被认为是辅助驾驶与自动驾驶的分水岭，随着 L3/L4 级自动驾驶上路的政策支持进一步完善，我国的智能网联汽车产业即将步入新的发展阶段。根据中国信息通信研究院 2023 年 12 月发布的《车联网白皮书》，2023 年上半年，具备组合驾驶辅助功能的乘用车新车销量占比达到 42.4%。智能网联汽车行业的快速发展推进了产业端对人才的需求，按照工信部制造业人才发展规划指南，未来新能源汽车人才净缺口是 103 万人，智能网联汽车人才缺口 3.7 万人，汽车行业技术人才、数字化人才非常紧缺。而智能网联汽车与智慧交通作为汽车、电子、信息、交通、定位导航、网络通信、互联网应用等行业领域深度融合的新型产业，院校在专业建设时往往会遇到行业就业岗位模糊，专业建设核心不清等情况。在政策大力支持、产业蓬勃发展的大背景下，为满足行业对智能网联汽车与智慧交通产业对高素质应用技术型人才日益增长的需求，特开发本教材。

本教材围绕智能网联汽车和智慧交通相关专业“产教融合”“科教融汇”双路径育人的教育理念与教学要求，基于“岗位实际需求为导向、技术发展趋势为引领”的理念编写。在对智能网联汽车测试员等相关岗位进行调研的基础上，首先分析出岗位典型工作任务，进而解构出岗位所需的知识与技能，最后构建系统化的课程知识体系，强化产教融合深度。

本书共分为 11 个章节，第一章为智能驾驶环境感知系统概述，讲解了智能网联汽车基本概念、智能网联汽车的感知方法和传感器配置、智能驾驶环境感知技术的发展趋势；第二章为视觉传感器原理与应用，讲解了视觉传感器原理、视觉传感器的应用；第三章为激光雷达的原理与应用，讲解了激光雷达的原理、单线激光雷达安装与应用；第四章为毫米波雷达的原理与应用，讲解了毫米波雷达的原理、毫米波雷达的应用；第五章为超声波雷达的原理与应用，讲解了超声波雷达的原理、超声波雷达的应用；第六章为定位传感器原理与应用，讲解了定位传感器的原理、定位传感器的应用；第七章为多源传感器融合技术，讲解了多源传感器融合技术的基本认知、多源传感器融合技术的应用；第八章为车路协同 CAN 通信原理与应用，讲解了 CAN 通信技术原理、汽车诊断技术及应用；第九章为 DSRC 技术原理与应用，讲解了 DSRC 通信技术原理、DSRC 通信技术的应用；第十章为 C-V2X 技术的原理，讲解了 C-V2X 技术与标准介绍、LTE-V2X 关键技术和 NR-V2X 关键技术；第十一章为车路协同典型场景应用，讲解了 V2X 通信协议测试基础、V2V 应用场景测试、V2I 应用场景测试和 V2P 应用场景测试。

车路协同技术是一门较新的技术，公开资料较少，再加上编者学识有限，本书内容的深度和广度尚存在欠缺，欢迎广大读者予以批评指正。

编 者

2024 年 6 月

数字资源目录

目 录

第 1 章 智能驾驶环境感知系统概述

1.1 基本概念

1.1.1 环境感知系统的定义

智能网联汽车是一种结合了先进的信息技术和传统汽车工程的新型汽车。它通过各种传感器、通信设备和计算机系统来实现车辆之间以及车辆与道路基础设施之间的实时数据交换和通信，从而实现车辆的智能化、自动化和网络化。智能网联汽车环境感知系统相当于人的感官神经，它利用车载视觉传感器、激光雷达、毫米波雷达、超声波传感器以及 V2X（Vehicle-to-Everything，车载通信）等技术获取周围环境信息，包括车辆、行人、道路和环境等，以上信息经过处理后传输给车载控制单元，为智能网联汽车的安全行驶提供及时、准确和可靠的决策依据。

1.1.2 环境感知系统的任务

狭义的环境感知可以类比为人类驾驶员的视觉能力，即车辆观察周围世界的能力。常用于感知的传感器主要分为相机（Camera）、激光雷达（LiDAR）、毫米波雷达（Radar）三个类别。相机又可以分为单目相机、立体相机、红外相机等。激光雷达又可以分为机械式激光雷达、固态激光雷达和混合固态激光雷达等。

环境感知的核心任务包括以下 4 个主要方面：

（1）检测：识别物体在环境中的位置。

（2）分类：明确识别物体的种类。

（3）跟踪：随时间的推移追踪移动物体的位置。

（4）分割（语义）：将图像中的每个像素与语义类别进行匹配，例如，识别道路、车辆、建筑物和天空等。

广义的环境感知可视为在人类驾驶员视觉能力的基础上，增加了触觉（车辆状态/车内感知/轮地感知）和听觉（网联信息/环境声音）等多维度信息理解的能力。它扩展了感知任务的范畴，涉及驾驶员状态感知、土壤力学参数分析等多个领域。

从人工智能的角度看，智能网联汽车的环境理解可进一步细分为“感知智能”和“认知智能”两个范畴。目前，智能网联汽车的研发主要关注任务和功能的实现，核心任务包括感知、建图、规划和控制，相当于“按程序要求驾驶”。与人类驾驶员相比，智能网联汽车在推理表达和自主学习方面的能力较为有限，难以处理各种复杂的驾驶状况。要实现更高级别的“认知智能”，智能网联汽车需要具有更强大的推理和学习能力，这也意味着更广阔的前景和应用领域。智能网联汽车对环境的深度理解是实现这一目标的关键。

1.1.3 环境感知系统的功能层次

从功能层次的角度来看，智能车的环境理解经历了单一目标识别（如交通信号、交通标志、车辆、行人、标线等）向对交通环境进行系统性认知的发展过程。这一发展趋势从最初仅关注特定目标的识别，逐渐演变为对整个交通场景的综合理解，包括语义分割、多类别目标识别和地图构建等功能。这意味着智能车不仅能够识别单一目标，还能够将这些目标放入更广阔的环境中，实现对交通环境的深入认知。

从目标是否运动的角度，环境感知的目标可以分为两大类别：固定目标和可运动目标。固定目标包括路面、车道线、道路边界、信号灯、交通标志等，它们是引导车辆行驶的关键要素。此外，还包括建筑物、树木、杆子、桩桶等静止障碍物，它们也对车辆的安全行驶产生影响。可运动目标主要包括各类道路使用者，如机动车、非机动车、行人等。这些目标具有观察、思考和决策能力，其运动轨迹受多种因素影响，包括目的地、周围环境以及与其他智能单元的交互。因此，对可运动目标的感知需要更深层次的环境理解来支持。

根据感知层次的不同，对可运动目标的感知可以分为三个层次（见图 1-1-1）：检测、跟踪和行为分析。在检测层次，系统主要关注目标是否存在，即识别目标的位置和形状。在跟踪层次，系统追踪目标的位置和速度，并持续更新目标的状态信息。在行为分析层次，系统更深入地理解目标的行为和意图，可以预测其未来的运动轨迹。这种层次化的感知使车辆能够更早、更准确地预测可运动目标的行为，为车辆的拟人化决策提供了重要支持。

总之，智能车的环境感知系统不断发展，从单一目标识别到对整个交通环境的系统性认知，从对固定目标的感知到对可运动目标的多层次感知，这些进步都有助于提高智能车的安全性、效率性和自主性。这也为未来智能交通系统的发展提供了坚实的基础。

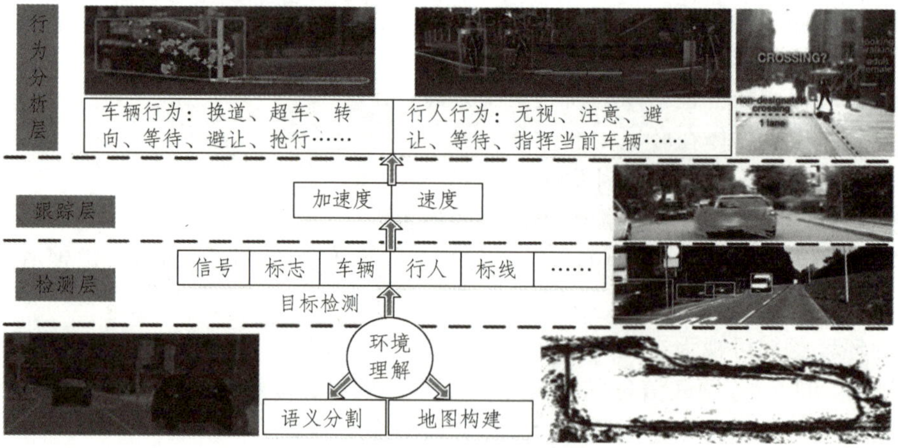

图 1-1-1 交通环境理解功能层次

1.1.4 智能网联汽车环境感知对象

智能网联汽车环境感知对象主要有道路、周边物体、驾驶状态和驾驶环境等。

1. 道　路

道路是指车辆可行驶的道路区域，可分为结构化道路和非结构化道路。

结构化道路一般是指高速公路、城市干道等结构化较好的公路，如图 1-1-2 所示。这类道路具有清晰的道路标志线，道路的背景环境比较单一，道路的几何特征也比较明显，针对它的路径识别主要包括行车线、行车路边缘、道路隔离物。

非结构化道路一般是指城市非主干道、乡村街道等结构化程度较低的道路，如图 1-1-3 所示。这类道路没有车道线和清晰的道路边界，再加上受阴影和水迹等的影响，道路区域和非道路区域难以区分，针对它的路径识别主要包括路面环境状况的识别和可行驶路径的确认。

图 1-1-2　结构化道路

图 1-1-3　非结构化道路

2. 周边物体

周边物体主要包括车辆、行人和地面上可能影响车辆通过和安全性的其他各种移动或静止物体、各种交通标志、交通信号以及地面上可能影响车辆通过和安全性的其他各种移动或静止物体，如图 1-1-4 所示。

图 1-1-4　周边物体

3. 驾驶状态

驾驶状态包括驾驶人自身状态、车辆行驶状态以及周边车辆行驶状态。

驾驶人自身状态是指驾驶员的生理和心理状态，包括但不限于疲劳程度、酒驾、药物影响、注意力集中度等。车辆行驶状态受车辆本身的技术状况和机械性能影响，如制动系统、轮胎状况、车辆负载情况等。周边车辆行驶状态包括其他道路用户的行为和位置，如其他车辆、行人和自行车等。一个良好的智能驾驶感知系统需要综合考虑驾驶状态对行车安全带来的影响。

4. 驾驶环境

除了关注驾驶状态外，还需要考虑环境对整个环境感知系统的影响，驾驶环境检测主要包括路面状况、道路交通拥堵情况和天气状况的识别。

路面状况指的是驾驶者需要识别道路的路面状况，包括平整度、湿滑程度、坑洼和障碍物等。这有助于驾驶者采取适当的驾驶策略，以确保车辆在不同路况下安全行驶。

道路交通拥堵情况会影响到行车速度和驾驶策略。感知系统需要注意交通流量、车辆停滞和交通堵塞，并相应地调整车速和行驶路径。

此外，天气也是一个重要的因素，如何保证恶劣天气环境下的感知精度是判断一个智能驾驶感知系统好坏的重要标准。

1.1.5　环境感知系统的组成

智能网联汽车的环境感知系统由信息采集单元、信息处理单元和信息传输单元组成，如图 1-1-5 所示。

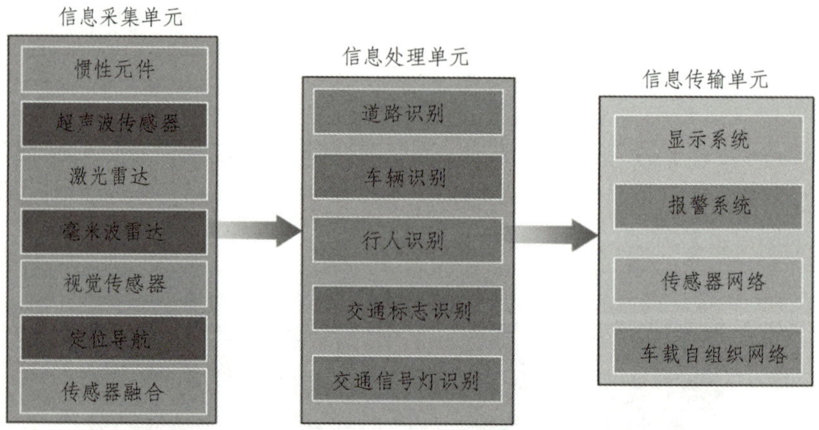

图 1-1-5　环境感知系统的组成

1. 信息采集单元

对环境的感知和判断是智能网联汽车工作的前提和基础，感知系统获取周围环境和车辆信息的实时性和稳定性，直接关系到后续检测或识别数据的准确性和执行的有效性。信息采集单元主要包括视觉传感器、超声波传感器、毫米波雷达、激光雷达、惯性元件、定位导航等传感器，以及不同传感器融合后的数据。

2. 信息处理单元

信息处理单元接收到信息采集单元输送来的信号，通过相应的算法对道路、车辆、行人、交通标志和交通信号灯等进行识别、分析后传送给传输单元，为智能网联汽车安全行驶提供保障。

3. 信息传输单元

信息处理单元对环境感知信号进行分析后，将数据送入传输单元，传输单元根据数据内容执行不同的操作。信息传输单元包括显示系统、报警系统、传感器网络和车载自组织网络。

显示系统是把信息处理单元传输来的重要信息显示出来，提供给驾驶员观看。

报警系统是把信息处理单元传输来的危险信息用报警的方式提供给驾驶员，如图 1-1-6 所示。当确定前方有人时，报警系统启动。

传感器网络是将信息处理单元传输来的信息输送到控制系统的执行模块，在开启自动紧急制动的功能场景下（见图 1-1-6），如果驾驶员没有采取措施，碰撞危险继续加大，危险信息将被送入制动系统控制执行模块，控制执行模块结合本车速度、加速度、转向角等自动调整智能网联汽车的车速和方向，在紧急情况下自动制动。

图 1-1-6　自动紧急制动

信息传输单元把信息传输到传感器网络上，以实现车辆内部资源共享。车载自组织网络则把信息处理单元传输来的信息传输给车辆周围的其他车辆，实现车辆与车辆之间的信息共享。

1.2　感知方法和传感器配置

动画：智能网联汽车环境感知技术的认识

1.2.1　环境感知方法

智能网联汽车的环境感知传感器主要有视觉传感器、超声波传感器、毫米波雷达、激光雷达等，除车辆自身的传感器外，还可以利用 V2X 完成车辆与外界的信息交换，感知周围环境。

1. 视觉传感器

视觉传感器基于机器视觉获取车辆周边环境二维或三维图像信息，通过图像分析识别技术对行驶环境进行感知。其优点是信息量丰富、实时性好、体积小、能耗低；缺点是易受光照环境影响、三维信息测量精度较低。

图 1-2-1 所示为德国大陆集团推出的车规级 800 万像素智能前视摄像头一体机 MFC5J3，它能实现车辆、行人、交通标志和交通信号等视觉传感器的常规检测功能。

图 1-2-1　MFC5J3 单目摄像头

2. 超声波传感器

超声波传感器基于超声波测距原理，能够准确测量出传感器到障碍物的距离，并以数字信号输出距离信息和自检信息。其优点是能够与各种车载主机系统搭配使用，同时具有较好的耐候性、稳定性和抗干扰性；缺点是测距速度不如激光雷达和毫米波雷达，发射信号和余振的信号会对回波信号造成覆盖或者干扰。

3. 毫米波雷达

毫米波雷达是智能网联汽车应用最广泛、也是最重要的传感器之一，主要有用于短程的24 GHz 毫米波雷达和中远程的 77 GHz 毫米波雷达。毫米波雷达可以准确检测前方障碍物的距离和速度信息，抗干扰能力强，具备较强的穿透雾、烟、灰尘的能力。其缺点是远距离探测分辨率较低，静止物体感知能力较弱。

4. 激光雷达

激光雷达是无人驾驶汽车的必备传感器，根据自动驾驶级别，可以配备不同线束的激光雷达。激光雷达分为单线束和多线束激光雷达，多线束激光雷达通过点云来建立周边环境的3D 模型，可以检测出包括车辆、行人、树木和路沿等细节。激光雷达能够直接获取物体的三维距离信息，测量精度高，对光照环境变化不敏感，抗干扰能力强，是智能网联汽车发展的最佳技术路线，但是成本较高，此外在复杂场景下，激光脉冲可能会受到多路径反射的影响，导致测量数据出现误差。

5. 组合导航

组合导航（Inertial Navigation System，INS）是一种导航技术，它通过结合多种不同的导航系统和传感器来提供更准确可靠的位置和导航信息。这些系统和传感器可以包括全球定位系统（GPS）、惯性导航系统、地图数据、视觉识别、激光雷达、雷达、陀螺仪、加速度计等。

以下是组合导航的一些关键特点和优势：

（1）高精度位置信息。通过融合多个传感器和系统的数据，组合导航可以提供更高精度的位置信息，即使在 GPS 信号不稳定或被遮挡的情况下也能够确定位置。

（2）惯性导航。惯性导航系统使用陀螺仪和加速度计来跟踪车辆或设备的运动状态，包括方向、速度和加速度。这可以在没有可用 GPS 信号时提供导航信息。

（3）实时校正。组合导航系统可以实时对位置和导航信息进行校正，以减少误差累积，确保更准确的导航结果。

（4）鲁棒性。由于多个传感器和系统的融合，组合导航系统在各种环境条件下都具有较强的鲁棒性，包括城市峡谷、山区、森林等。

（5）多用途应用。组合导航技术广泛应用于各种领域，包括航空、汽车导航、船舶导航、军事、机器人导航和虚拟现实等领域。

总之，组合导航是一种高级的导航技术，通过整合多个导航系统和传感器的数据，可以提供高精度的位置和导航信息，适用于各种应用领域，特别是在需要高精度导航和 GPS 信号不稳定的环境下。

6. V2X

V2X 是将车辆与一切事物相连接的新一代信息通信技术，目的是通过不同的通信手段促成车辆与能影响车辆行驶的实体之间完成信息交互，主要包括：

（1）V2V（Vehicle-to-Vehicle）。车与车之间的信息交互，其不仅可以预防车辆之间的追尾和碰撞等恶性事故，而且可以使车辆之间共享实时路况信息，帮助车辆检测死角，及时规避遮挡物，为车辆提供及时响应和处理复杂路况的能力。

（2）V2I（Vehicle-to-Infrastructure）。车与路边交通设施之间的信息交互，例如，进行红灯预警，即 V2I 设备判断车辆无法及时通过此路口时及时提醒驾驶员减速停车；弯道限速预警，即 V2I 设备接收到相关弯道限速信号后及时提醒驾驶员减速慢行。

（3）V2N（Vehicle-to-Network）。车与互联网之间的信息交互，这是车联网最广泛同时也是关键的应用。通过连接云服务器，车辆可从云端获取最佳路径、路段限速、动态路况等信息，以避免交通拥堵，提高交通效率。同时，也可以实现车载娱乐、移动办公等应用需求。

（4）V2P（Vehicle-to-Person）。车与行人之间的信息交互，例如，失控预警和倒车预警可以通过发出警示提醒人群，预防交通事故的发生。

V2X 将“人、车、路、云”等交通要素联系在一起，不仅可以支撑车辆获得比单车感知更多的信息，促进自动驾驶技术的创新和应用，还有利于构建一个智慧交通体系，促进汽车和交通服务的新模式新业态发展，对提高交通效率、节省资源、减少污染、降低事故发生率、改善交通管理具有重要意义。智能网联汽车作为智能交通系统中智能汽车与车联网交集的产品，搭载了先进的车载传感器、控制器、执行器等，并融合现代通信与网络技术实现了 V2X 信息共享，使其具备复杂的环境感知、智能决策、协同控制等功能，可实现安全、舒适、节能、高效行驶。智能网联汽车的实现依赖于无线通信技术的成熟，该技术直接决定了信息交互的实时性和有效性，包括专用短程通信技术（DSRC）、基于蜂窝网的车联网通信技术（C-V2X）、Wi-Fi 技术、eCall 技术、蓝牙技术、ZigBee 技术、VLC 技术、UWB 技术、RFID 技术、NFC 技术、IrDA 技术等。

1.2.2 环境感知传感器配置

微课：环境感知方法和传感器配置

智能网联汽车的环境感知传感器主要包括超声波传感器、毫米波雷达、激光雷达、单/双/三目摄像头、环视摄像头等。智能网联汽车上传感器的配置与自动驾驶级别有关，自动驾驶级别越高，配置的传感器越多。

图 1-2-2 所示为赛力斯与华为联合打造的问界 m5 智驾版环境感知传感器配置，该车拥有 27 个感知硬件，由 1 个远距高精度激光雷达+ 3 个毫米波雷达+ 2 颗 800 万像素高感知前视摄像头+ 9 颗侧视、环视、后视摄像头+ 12 个超声波传感器组成。

图 1-2-2 问界 m5 智驾版智能传感器的配置

图 1-2-3 所示为特斯拉 Model Y 环境感知传感器配置，该车型仅配置了 1 个毫米波雷达、8 个摄像头、12 个超声波传感器。

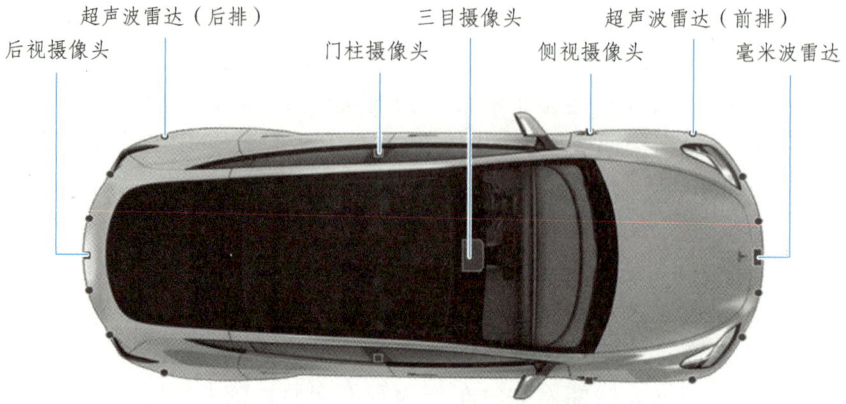

图 1-2-3　特斯拉 Model Y 智能传感器的配置

综上可以看出，不同智能网联汽车的环境感知传感器的配置各不相同，随着汽车电动化、智能化和网联化的发展，智能网联汽车配置的传感器数量将会逐渐增加，对传感器的性能要求以及融合算法要求也会逐渐提高。图 1-2-4 所示为各类环境感知传感器在智能网联汽车中的应用。

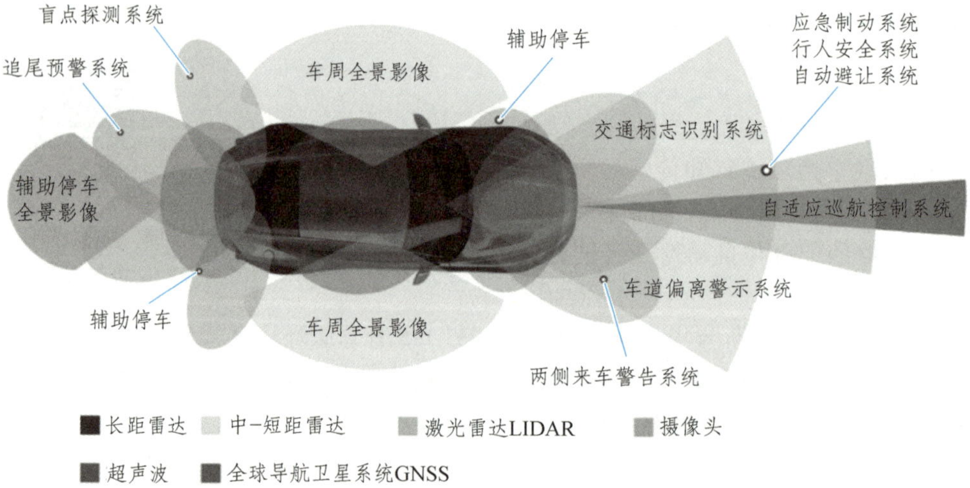

图 1-2-4　环境感知传感器在实车上的应用

从图 1-2-4 中可以看出，单一传感器的感知难以提供智能网联汽车行驶环境的全面描述。为了在任何时刻都能为车辆运行提供完全可靠的环境信息，智能网联汽车使用了传感器融合技术进行环境感知，即利用多传感器信息融合技术对检测到的数据进行分析、综合、平衡，根据各个传感器信息在时间或空间的冗余或互补特性进行容错处理，扩大系统的时频覆盖范围，增加信息维度，避免单个传感器的工作盲区，从而得到所需要的环境信息。

1.3　智能驾驶环境感知技术的发展趋势

在实际生活中，由于交通环境（见图 1-3-1）、天气状况以及驾驶员行为的不确定性，单一传感器难以应对全天候、全天气、全场景的驾驶环境；而且单一传感器一旦失效就可能带来致命危险。由此可知，仅依赖某一种类型传感器获得数据往往是不可靠的，且探测范围有限，容易出现时空盲区。为了保证环境感知系统能实时获得可靠的数据，自动驾驶汽车一般采用多种传感器同时采集数据。传感器技术还需持续发展，才能更好地服务于未来的智能汽车。以下提出未来环境感知技术的几个发展趋势。

图 1-3-1 实际出行路况

1.3.1 传感器技术不断迭代

传感器技术在智能车辆和自动驾驶系统的发展中发挥着至关重要的作用。这些传感器将不断迭代和创新，以提高环境感知能力，增强车辆的安全性、自主性和智能性。本书将深入探讨传感器技术在智能车辆领域的不断迭代和发展，以及其对未来交通系统的潜在影响。

传感器技术在汽车领域的应用可以追溯到早期的车辆，如反光镜、气压计和速度计等。这些传感器主要用于监测车辆的基本状态和性能，如速度、油压和引擎温度。然而，它们的功能有限，无法提供足够的环境感知信息。现代的传感器发展主要有以下几个趋势：

（1）传感器小型化和集成化。随着技术的不断进步，传感器变得更小巧、更轻便，并且更容易集成到车辆中。这使得车辆可以搭载多个传感器，以获取多样化的环境信息。传感器的小型化和集成化还降低了制造成本，使更多的车辆可以享受先进的环境感知技术。

（2）传感器性能的提升。传感器的性能也在不断提升。摄像头的分辨率不断增加，激光雷达的测量精度不断提高，毫米波雷达的检测范围不断扩大。这些改进使传感器能够更准确地感知周围环境，为车辆提供更可靠的数据支持。

（3）传感器数据融合。传感器数据融合技术的发展也是传感器技术迭代的一部分。该技术通过将来自不同传感器的数据进行融合和处理，使车辆获得更全面、一致的环境模型，有助于提高环境感知的可靠性和鲁棒性。

（4）传感器自我校准和故障检测。为了确保传感器的准确性和可靠性，现代传感器技术还包括自我校准和故障检测功能。传感器可以监控其自身的性能，及时发现并报告故障，以确保车辆的安全操作。

1.3.2 传感器融合

传感器融合技术是实现高级环境感知的关键，在自动驾驶汽车、高级驾驶辅助系统、智能交通管理和车内环境感知等领域发挥着重要作用。未来，随着技术的不断进步，传感器融合技术将进一步提高环境感知的精度和可靠性，为实现更安全、更智能的交通系统做出更大的贡献。传感器融合技术的发展将推动交通系统朝着更加高效、环保和人性化的方向发展，为未来交通出行带来更多可能性。

传感器融合技术在不断发展，有以下几个发展趋势：

（1）多模态融合：将多种传感器的数据融合，包括摄像头、激光雷达、毫米波雷达和超声波传感器，以获得更全面的环境感知信息。这将提高车辆的安全性和自主性。

（2）传感器人工智能：将人工智能技术应用于传感器数据处理，使传感器能够更好地理解和解释环境信息。这将增强车辆的智能性和自主性。

（3）传感器网络和通信：建立车辆之间和车辆与基础设施之间的传感器网络，实现实时信息共享和协同操作。这将改善交通系统的效率和安全性。

1.3.3 高级驾驶辅助系统（ADAS）

环境感知技术的升级对于辅助驾驶系统来说至关重要，它能提高感知精度，使系统实现更高级的驾驶辅助功能，增强交通预测能力，支持高精度地图更新，促进交通协同和互联互通，加强辅助驾驶系统的安全性和可靠性。随着技术的不断进步，环境感知技术将继续推动辅助驾驶系统向更智能、更安全的方向发展，为驾驶员和整个交通系统带来更多益处。

环境感知技术的首要目标是提高感知精度。这包括了对周围道路、车辆和行人等因素的准确感知。通过升级传感器硬件和软件，辅助驾驶系统可以更精确地检测和识别交通标志、车道线、障碍物等。这不仅有助于提高驾驶的安全性，还能够增强驾驶舒适性，减少驾驶员的疲劳程度。

其次，辅助驾驶系统可以实现更高级的驾驶辅助功能。例如，自适应巡航控制（ACC）可以更精确地跟踪前车，实现更平滑的车队驾驶。车道保持辅助系统可以更准确地帮助驾驶员在车道内行驶，甚至可以实现部分自动驾驶功能，减轻驾驶员的驾驶负担。

升级的环境感知技术还有助于提高辅助驾驶系统的交通预测能力。通过更好地分析周围车辆的行为和交通情况，系统可以更准确地预测潜在的交通危险和驾驶挑战，提前采取措施，如自动刹车或变道，以确保驾驶的安全性。

通过车辆上搭载的传感器，系统可以捕捉道路上的变化和新建设施，然后将这些信息上传到云端，用于更新数字地图。这些高精度地图对于自动驾驶车辆的定位和导航至关重要，能够确保车辆在复杂的城市环境中安全、准确地行驶。

未来的辅助驾驶系统将越来越强调交通协同和互联互通。环境感知技术的升级可以支持车辆之间的通信，使车辆能够实时交换信息，共同应对交通挑战。这将有助于减少拥堵、提高交通流畅度，并提高整个交通系统的效率。

1.3.4 边缘计算和人工智能

为了实现实时性和即时性，智能网联汽车可能会采用边缘计算，使环境感知数据在车辆内部得到处理。同时，人工智能和机器学习将在车辆内部处理感知数据，提供更精准的环境认知。边缘计算是一种将计算资源和数据处理能力推向数据源附近的计算模型，与传统的云计算模型相对立。在环境感知领域，边缘计算的影响是显而易见的。

边缘计算有以下几个优点：

（1）低延迟数据处理。边缘计算使环境感知系统能够在接近数据源的地方处理数据，从而实现低延迟的数据处理和响应。这对于实时决策和监测至关重要，如自动驾驶汽车需要在毫秒级别内作出决策以确保安全。

（2）本地数据存储。环境感知系统通常需要大量的数据，而边缘计算可以支持本地数据存储，减少对云端存储的依赖。这有助于降低数据传输成本，提高数据安全性和隐私保护。

（3）资源有效利用。边缘计算系统可以根据环境感知任务的需求进行资源分配，从而提高资源利用率。这使得即使在计算资源有限的设备上也可以执行复杂的环境感知算法，如智能摄像头和传感器。

（4）实时反馈和决策。边缘计算使环境感知系统能够实现实时反馈和决策。实时性的提高有利于行车安全，使车辆在遇到危险情况时及时作出规划。

1.3.5 地图数据融合

地图数据与实时感知数据的融合将变得更加紧密。车辆可以通过地图数据来辅助环境感知，实现更高级别的位置准确性和环境理解。通过将实时环境感知数据与地图数据融合，车辆能够更准确地理解周围环境、规划行驶路线并做出智能决策。

地图数据包括道路信息、交通标志、车道线和地理地形等信息，是车辆环境感知的关键组成部分。地图数据的重要性体现在以下几个方面：

（1）路线规划。地图数据可以帮助车辆规划最佳行驶路线，考虑道路状况、交通拥堵和目的地位置等因素，从而提高驾驶效率。

（2）位置精确定位。地图数据可以帮助车辆进行精确定位，提供准确的 GPS 导航和位置信息，使自动驾驶车辆能够精确地知道自己在道路上的位置。

（3）环境理解。地图数据提供了道路结构、交通信号和交通标志等信息，帮助车辆更好地理解周围环境，识别交通标志和行驶规则。

地图数据融合依赖于一系列关键技术，可以将地图数据与实时环境感知数据相结合。比较常用的技术有传感器融合技术、地图更新和维护以及 SLAM（Simultaneous Localization and Mapping，即时定位与地图构建）技术。

地图数据融合在车辆环境感知中发挥着关键作用，提高了驾驶的效率以及安全性、便捷性。随着技术的不断发展，地图数据将在自动驾驶、交通管理、物流和车辆安全等领域继续发挥重要作用，推动着智能交通和智能城市的发展。地图数据融合技术的未来展望充满了潜力，将为我们的出行带来更多便利和安全。

1.3.6 通信技术的作用

智能网联汽车之间的通信将会进一步发展，车辆可以共享感知信息，提升整体交通系统的效率和安全性。智能网联汽车可以通过无线通信共享感知信息，包括车辆的位置、速度、方向、制动状态以及周围环境的信息。这使车辆能够更全面地了解道路上的情况，从而更好地适应交通流量和规避潜在危险。

通过车辆间的通信，车辆可以实时共享交通流量信息和道路状况，包括交通堵塞、事故、施工等。这有助于自动驾驶汽车避免拥堵，选择更快的路径，提高出行效率。车联网技术还可以帮助车辆之间发出警报，以避免潜在的碰撞。例如，当一个车辆检测到前方有急刹车的危险时，它可以向后方的车辆发送警告，帮助自动驾驶汽车采取紧急措施。车联网技术是自动驾驶汽车实现协同行驶的关键。通过车辆之间的通信，自动驾驶汽车可以协同行驶，合并车道，避免冲突，并共同规划路径。车辆间通信可以帮助提高车辆的燃油效率和减少排放。车辆可以共享能源使用信息，以优化动力系统的性能，降低燃料消耗。

智能网联汽车之间的通信将在未来持续发展，并且对交通系统的效率、安全性和可持续性产生积极影响。这将需要行业标准的制定和广泛采用，以确保不同制造商的汽车能够互相通信并实现更智能的交通系统。

1.3.7 不同环境适应能力

环境感知技术将更加注重在不同的环境条件下的适应能力，包括恶劣天气、复杂道路情况等。车辆环境感知技术在不同环境中的适应能力是确保车辆能够安全行驶并做出正确决策的关键因素之一。这种适应能力涉及车辆传感器、算法、模型以及通信系统等多个方面。下面分别讨论车辆环境感知技术在不同环境中的适应能力。

1. 恶劣天气条件

（1）雨雪和雾。环境感知技术需要具备在雨雪和雾等低能见度条件下识别和跟踪障碍物的能力。激光雷达、毫米波雷达和红外摄像头等传感器可以帮助克服光学传感器在这些条件下的限制。

（2）冰雹和风暴。在冰雹和强风暴天气中，车辆需要感知和应对可能的风险，包括下落物体和强风对车辆稳定性的影响。

2. 复杂道路情况

（1）山区和乡村道路。在山区和乡村道路上，环境感知技术需要适应不规则的地形和可能的陡坡。传感器和地图数据需要考虑地形对行驶的影响。

（2）道路工程和施工区域。环境感知技术需要检测和识别道路工程和施工区域的临时障碍物、交通标志和路况变化，以确保安全通行。

3. 夜间和低光条件

（1）夜间行驶。在夜间行驶时，车辆需要依赖夜视和红外传感器来弥补光照不足的情况，确保对障碍物的及时感知。

（2）道路照明。根据道路照明情况，环境感知技术可能需要调整感知策略，以适应不同的光照条件。

将越来越多的先进技术融入环境感知系统中，感知精度越来越高的同时，也能在各种恶劣条件下有不错的表现。融合人工智能和机器学习、大数据和云计算、5G 和通信技术已然成为一种趋势。

1.3.8 政策法规和标准

随着智能网联汽车的发展，相关的法规和标准将会逐步完善，以规范环境感知技术的应用和安全性。考虑到智能网联汽车的特性，此类法规和标准需具备安全性规范、数据隐私和安全、互操作性和通信标准、地图数据标准、测试和认证要求、国际标准和互操作性方面的内容，并随着技术的发展而演进。

（1）安全性规范。法规和标准将主要关注智能网联汽车环境感知技术的安全性，包括对传感器性能和可靠性的规定，以及在不同环境条件下的适应性要求。车辆制造商必须确保其感知系统在各种情况下都能够正确运行，包括极端天气和复杂道路情况。

（2）数据隐私和安全。随着车辆感知系统收集的数据量不断增加，法规和标准也将关注数据隐私和安全性，并制定规则来保护驾驶员和乘客的个人数据，以及确保车辆感知数据不会被恶意利用，是一个重要方面。

（3）互操作性和通信标准。智能网联汽车需要能够与其他车辆、基础设施和交通管理系统进行有效的通信。相关法规和标准将规范车辆之间的通信协议，以确保信息传递的一致性和安全性。

（4）地图数据标准。高精度地图数据对于环境感知至关重要。法规和标准将规定地图数据的格式、更新频率和准确性要求，以确保车辆可以依赖这些地图进行环境感知和定位。

（5）测试和认证要求。制定规则来确保车辆制造商和技术提供商遵守法规和标准，需要建立相应的测试和认证程序。这些程序将用于验证环境感知技术的性能和合规性。

（6）国际标准和互操作性。由于智能网联汽车市场具有国际性，国际标准的制定和互操作性将成为一个重要关注点。不同国家和地区之间的法规和标准应该能够互相兼容，以支持跨国行驶的车辆。

总的来说，法规和标准在智能网联汽车环境感知技术的发展中起着至关重要的作用。它们不仅确保了车辆的安全性和合规性，还为车辆制造商、技术提供商和政府部门提供了一个共同的框架，促进了这一领域的创新和可持续发展。随着技术的进步和市场的扩大，法规和标准的重要性将进一步凸显。

第2章 视觉传感器原理与应用

2.1 视觉传感器原理

2.1.1 视觉传感器的定义

2.1.1.1 定　义

视觉传感器是指利用光学元件和成像装置获取外部环境图像信息的仪器，通常用图像分辨率来描述视觉传感器的性能。视觉传感器的精度不仅与分辨率有关，而且与被测物体的检测距离相关。被测物体距离越远，其绝对的位置精度越差。应用于自动驾驶中的视觉传感器主要分为两类：可见光视觉传感器和红外视觉传感器。其中，前者又分为常见的单目视觉传感器和双目立体视觉传感器。

摄像头视觉数据分析与处理源于传统的计算机视觉领域，它通过摄像头采集到的二维图像信息推断三维世界的物理信息，目前常用于交通信号灯识别和其他物体的识别。计算机视觉在自动驾驶场景中解决的最主要的问题可以分为两大类：物体的识别与跟踪以及车辆本身的定位。其中，物体的识别与跟踪是指通过深度学习的方法，无人车可以识别在行驶途中遇到的物体，比如行人、空旷的行驶空间、地上的标识、红绿灯以及旁边的车辆等；车辆本身的定位是指通过基于拓扑与地标的算法，或者基于几何的视觉里程计算法，无人车可以实时确定本身的位置，以满足自己导航的需求。

2.1.1.2 市面常见视觉传感器

1. Mobileye 6

Mobileye 6 是 Mobileye 公司的单目摄像头（见图 2-1-1），是目前应用最广泛的汽车级摄像头之一。在车内前挡风玻璃上安装了这样一个单目摄像头之后，就可以利用 Mobileye 的车辆、车道、限速标志和行人探测技术测量与其他车辆、车道标记、限速标志和行人之间的距离，从而为驾驶员提供能挽救生命的警报。

图 2-1-1　Mobileye 6 单目摄像头

2. 中科慧眼立体视觉产品 S2

S2 是北京中科慧眼科技有限公司开发的双目摄像头（见图 2-1-2），它可以通过 SDK（软件开发工具包）输出左、右灰度图像、视差图像、

3D 点云数据、车道线识别结果（输出转化为世界坐标系的三次方程）、障碍物提取结果等多维度信息；又可以独立完成 FCW（前方碰撞预警）、LDW（车道偏离预警）、HMW（车距监控预警）等辅助驾驶功能并进行听觉系统、视觉系统报警。如驾驶员无减速动作时，系统可自动制动使车辆减速，有效降低交通事故发生的概率。

图 2-1-2　中科慧眼立体视觉产品 S2

3. 博世 MPC2 多功能摄像头

罗伯特·博世有限公司生产的第二代多功能摄像头 MPC2（见图 2-1-3）集成了 FPGA 芯片，视距为 120 m，水平视角（FOV）为 50°，每秒可处理 30 帧图像，能够识别彩色标识。该摄像头可用于车道保持辅助、车道偏离报警、交通标志识别、自动远光灯控制等常见功能。小鹏首款车型小鹏 G3 采用的就是博世的 MPC2 视觉感知方案。

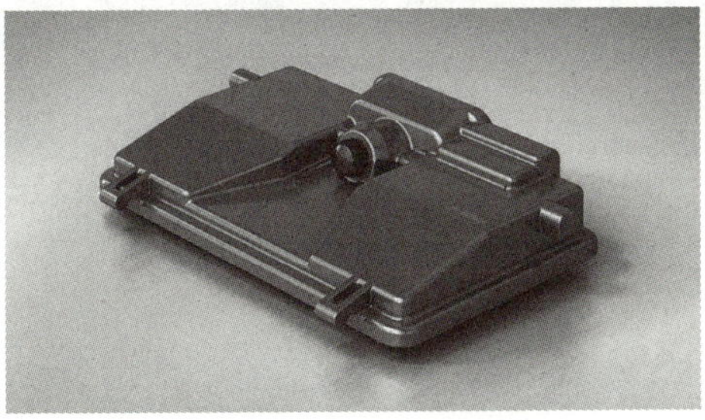

图 2-1-3　博世 MPC2 多功能摄像头

4. 森云 MIPI 相机模组

深圳·森云智能科技有限公司自主开发的 MIPI 相机模组（见图 2-1-4）使用 SONY 12MP IMX577 图像传感器、4 Lane MIPI CSI-2 接口，可配 15/22Pin FPC 软排线，并输出未压缩 RAW 数据，能有效解决相机在复杂多变的场景画面中获取无压缩的高质量高像素图像的需求。该相机能随心所欲地捕捉以往一些难以拍摄的场景画面，例如，在高速移动时能高精度持续捕捉细节信息；在昏暗环境中能实现低噪点、高感光度拍摄等。

图 2-1-4　森云 MIPI 相机模组

2.1.2 视觉传感器的特点

1. 信息量极为丰富

视觉图像的信息量极为丰富，尤其是彩色图像，不仅包含有视野内物体的距离信息，而且还有该物体的颜色、纹理、深度和形状等信息。

2. 实时获取场景信息

视觉传感器在视野范围内可同时实现道路检测、车辆检测（见图 2-1-5）、行人检测、交通标志检测、交通信号灯检测等功能，信息获取面积大。当多辆智能网联汽车同时工作时，不会出现互相干扰的现象。

图 2-1-5 车辆检测

3. 多任务检测

视觉信息获取的是实时的场景图像，提供的信息不依赖于原有知识（对比 GPS 导航依赖地图信息），有较强的适应环境的能力。

4. 应用领域广泛

视觉传感器广泛应用于工业自动化、智慧农业、智能交通、智能医疗、安防监控和智能零售等领域。它们提供准确、高效的数据处理和图像识别，提高了生产效率，推动了各行业的智能化发展。例如，在农业领域，视觉传感器可监测作物生长状况和识别病虫害；在智能交通领域，视觉传感器可用于车辆识别及自动驾驶；在医疗领域，视觉传感器可捕捉医学图像，帮助医生进行诊断和病理分析。

2.1.3 视觉传感器的功能

1. 可通行空间检测

可通行空间表示无人驾驶汽车可以正常行驶的区域。视觉上可通行区域分割主要用语义分割的方法来实现。语义分割本质上是图像的分类任务。在深度学习之前，传统的语义分割方法中，简单的“阈值法”、基于像素聚类的方法、基于“图划分”的分割方法等发挥着巨大的作用。其中，经典的基于“图划分”的分割算法主要包括“Normalized cut”和“Grab cut”算法等。这些算法主要是将图像抽象为图（graph）形式，依据图理论或者辅助以纹理信息等实现语义分割（见图 2-1-6），计算精度较低，尤其是在复杂的图像分割任务中。

图 2-1-6 语义分割

随着深度学习的发展，LeNet-5、AlexNet、GoogleNet 等神经网络的提出为图像语义分割作出了极大的贡献。以这些神经网络为基础，图像的语义分割处理取得了良好的结果，有了更多的发展和突破。

LeNet-5 等作为早期 CNN（Convolutional Neural Network，卷积神经网络）的简单应用，一般是由卷积层和全连接层组成，使用 Softmax 等分类方法实现手写数字识别，图像处理分类等。之后，Long 等人提出全卷积神经网络（Fully Convolutional Network，FCN），取消了 CNN 的全连接层，奠定了语义分割像素级分类的基础。在这之后，Badrinarayanan 等人提出 SegNet 网络实现语义分割。SegNet 是基于 FCN 的编码器-解码器结构设计，编码器采用卷积结构提取输入图像的特征，作为解码器的输入；解码器通过反卷积实现输入特征图尺寸的扩大，使其与输入图像尺寸相同，以便于分类。与 FCN 不同的是，在解码过程中，SegNet 将编码器池化层中的池化指数传递到对应的反卷积过程中，实现了更好的精度和实时性。

之后，许多新颖的网络，包括 ResNet、Deeplab 系列、PSPNet、RefineNet 等一一出现。通常来讲，卷积神经网络深度的增加可以提高模型的精度。但是，当模型的深度增加到一定程度之后，却会导致梯度消失或梯度爆炸，使预测结果变差。

ResNet（Residual Neural Network）提出了残差模块，使用“捷径”和“跳跃连接”结构，有效地解决了该问题，在训练更深网络的同时，保证了好的拟合效果和良好的精度。

DeepLab 在 ResNet 的基础上，采用了空洞卷积和空间金字塔池化模块，采用不同的扩张率对多尺度信息进行分类。

PSPNet（Pyramid Scene Parsing Network）提出了金字塔场景解析网络，基于全局场景信息，融合局部和全局信息，将复杂的场景信息与 FCN 的输出预测相关联，得到了更好的精度和实时性表现。

基于 PSPNet，Zhao 等人又提出了图像级联网络（Image Cascade Network，ICNet）。ICNet 在 PSPNet 的基础上提出了图像级联融合单元，以低分辨率图像的高效率实现和高分辨率图像的高质量推断，采用低分辨率图像提取粗糙的特征，中分辨率和高分辨率图像特征辅助训练，在不牺牲训练精度的前提下，得到更好的实时性。

随着软件和硬件等技术的提升，利用多信息融合的语义分割技术得到更好的应用，如 RGB-D 技术的应用；D 是指 Depth Map（深度图）。在传统的彩色图像三通道的基础上添加深度信息，相比较基于 RGB 图像的语义分割技术具有更高的分割精度和场景适应性。此外，不同于语义分割，基于实例级别的实例分割技术和将语义分割和实例分割融合的全景分割技术在后续的计算机视觉领域中得到了新的应用。

2. 车道线识别

车道线是指道路上以线条、箭头、文字、标记和轮廓标识等向交通参与者传递交通信息的标线，用以达到管制和引导交通的目的。

车道线检测是智能车辆环境感知系统的重要组成部分，当前的车道偏离预警系统（Lane Departure Warning System，LDWS）、车道保持辅助系统（Lane Keeping Assist System，LKAS）等辅助驾驶系统以及高级别的自动驾驶都离不开对车道线准确实时的识别。车道线检测可通过不同的传感器实现，最常见的为基于相机的方法。最初，基于相机车道线检测多采用传统图像处理的方法，随着深度学习技术的快速发展，车道线检测任务越来越多地采用基于神经网络的方法，同时随着激光雷达在汽车上的应用，基于激光雷达和视觉融合的车道线检测也逐渐受到研究者们的关注。

传统图像处理方法主要采用图像预处理、手工特征提取以及启发式来检测车道线。其按照问题形式的不同主要分为基于特征的方法和基于模型的方法。基于特征的方法利用车道线灰度值、梯度变化和边缘信息，通过阈值分割、边缘检测等算法分离车道线特征，并利用 Hough 变换等方法提取特征；基于模型的方法将车道线检测视为求解道路模型参数问题，根据车道线几何特征抽象出几何模型（直线模型、抛物线模型、样条曲线模型等），通过 RANSAC、最小二乘法等获得模型参数来拟合车道线。

基于传统图像处理方法的车道线检测需要人工提取车道线特征和建立车道线模型，工作量大且无法适应复杂多变的交通场景。随着深度学习技术的快速发展，数据驱动的方法在各种视觉任务中表现出良好的性能。基于深度学习的车道线检测通常将车道线检测视为图像分割或分类任务，通过建立合理的神经网络模型并提供大量标记好车道线的道路图像，让模型自动学习和修正参数，由于数据集中包含不同天气、不同地区、不同交通场景的图像，因此训练得到的神经网络模型通常具有较传统图像处理方法更好的泛化性能。

3. 目标检测

目标检测本质上是基于目标级别的图像分类任务。传统的基于手工特征提取的目标检测算法大体分为三步：① 创建滑动窗口，提取候选区域；② 提取特征，如方向梯度直方图（Histogram of Oriented Gradient，HOG）特征、局部二值模型（Local Binary Pattern，LBP）特征等；③ 使用 SVM（支持向量机）等分类器得到分类结果。其中，可变性部件模型（Deformable Part based Model，DPM）算法被称为传统目标检测算法的巅峰，实行“从部分到整体”的结构，将目标检测问题转化为目标的部分检测问题，再将局部检测的结果整合为一体，得到最终的检测结果。

深度学习的发展逐渐取代了传统的目标检测算法，但其中一些重要的理论，如边界框回归、上下文全局信息的利用等，都影响着深度学习的进一步发展。Girshick 等人提出了名为 R-CNN 的目标检测方法，将目标候选区域和 CNN 相结合，在检测结果上取得了飞跃性的提高，并成为将卷积神经网络应用于目标检测方法的先驱，掀起了基于深度学习算法的目标检测热潮。但是，多阶段的训练过程和候选区域的反复提取导致 R-CNN 的方法检测耗时太长，速度较慢。其后，SPPNet 算法被提出，它利用空间金字塔池化层实现任意大小区域的特征提取，有效解决了 R-CNN 的计算冗余问题，但仍存在计算速度慢、精确度较低的问题。之后，基于 R-CNN 的网络变体（如 fast R-CNN、faster R-CNN）的提出，进一步改善了目标检测方法的精度和实时性。

上述的目标检测方法属于多阶段的检测算法。深度学习理念的进一步发展促进了基于深度学习的端对端目标检测算法（如 Yolo、SSD 等）的兴起。Yolo 作为端对端目标检测的先驱之作，将目标检测问题转化为回归问题，以整个图像作为输入，利用 CNN 提取特征，直接得到分类的结果和位置坐标。Yolo 的检测速度较之前的检测网络有了大幅度的提升，但是精度降低，对相互靠近或小群体的物体检测效果不好。SSD 的基本原理与 YOLO 相似，不同之处在于，SSD 利用不同尺度的多特征图原理，避免了检测精度降低的风险，也具有较高的实时性，在检测大目标上取得了较好的效果，对小目标检测效果较差。此外，Yolov2、Yolov3 等网络作为 Yolo 网络的改进，在目标检测任务上也取得了较好的检测效果。

4. 交通标志和地面标志识别

交通标志检测的任务是在输入的图像中筛选出可能是交通标志的候选区域，并对其进行识别。因此，交通标志检测需要有较高的准确率，且尽可能多地包含交通标志区域，过滤掉其他背景。交通标志的检测仍然是一项具有挑战性的任务，主要存在以下这些问题：

（1）不同交通标志所处环境的光照强度各不相同。例如，白天与黑夜环境下，交通标志的能辨识度完全不同。

（2）不同交通标志所处的环境各不相同。这将导致交通标志所在的地方背景各不相同，能否有效过滤掉各种背景是一个比较困难的问题。

（3）交通标志可能存在倾斜等情况。

（4）交通标志可能不能完整地展现在图像中。路边停靠的车辆或者植物等可能存在遮挡交通标志的情况。

（5）在远处时，交通标志所占的像素较小，属于小目标物体。这样会大大降低检测的准确率。

为解决上述问题，人们也提出了一系列方法，也可分为传统的方法和基于卷积网络的方法（见图 2-1-7）两大类。

图 2-1-7　基于卷积网络的交通标志识别

5. 交通信号灯识别

传统的红绿灯检测主要分为两个阶段：第一个阶段根据摄像头所采集的图像对交通信号灯候选区域进行筛选；第二个阶段是对候选区域内的交通信号灯进行分类。

生成交通信号灯候选区域的方法主要包括人工提取的方法和根据 GPS 定位的方法。

1）人工特征提取

人工特征提取包括颜色提取和形状提取等。针对颜色特征提取，多数交通信号灯检测算法一般会使用 RGB、HIS、HSV、Lab 等颜色空间。Wang 等人通过设定颜色阈值，在输入图片中得到信号灯区域。针对形状特征提取，Park 等人使用圆形检测结合 K-means 聚类算法来定位图像中的交通信号灯。

2）基于 GPS 先验信息的方法

该方法主要通过结合 GPS 系统和交通信号灯的位置信息，使得智能车辆在行驶的过程中精准定位并获得准确的红绿灯位置，获得感兴趣的区域，完成交通信号灯的检测（见图 2-1-8）。

图 2-1-8　传统方法的红绿灯检测效果

2.1.4　视觉传感器的成像原理

微课：视觉传感器的工作原理

如图 2-1-9 所示，光源照射到目标物体上，经过视觉传感器的镜头聚焦到图像传感器上，图像传感器将画面转换成模拟图像信号输出至模数转换器，模数转换器将模拟图像信号转换成数字图像信号。接着，数字图像信号输入图像处理器中，进行各种图像处理和优化，再经过图像压缩，生成压缩后的数字图像信号。压缩后的数字图像信号可以存储在图像存储器中。整个过程从光源发光到图像输出，经过光电转换和数字化处理，最后将光学图像转换成电子数字图像。

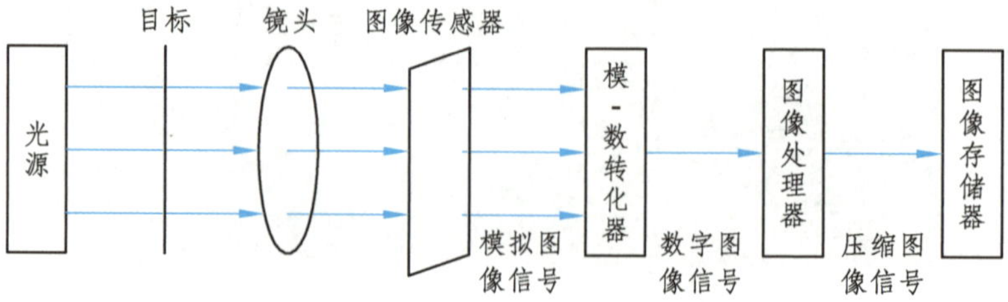

图 2-1-9　视觉传感器的成像原理

2.1.5　视觉传感器的技术参数

2.1.5.1　技术参数

1. 分辨率

图像传感器阵列中光电二极管的数量决定了传感器拍摄图片的分辨率。如常见的 1 920 × 1 080 分辨率，代表了横向有 1 920 个像素列，纵向有 1 080 个像素排，总像素数量即这个阵列中光电二极管的总数量。

2. 动态范围

动态范围表示图像从最暗处到最亮处的对比度范围，决定了传感器在复杂光照条件下保留细节的能力。图像传感器实际动态范围通常比场景的动态范围低。

3. 感光度

感光度是通过 CCD（电荷耦合器件）或 CMOS（金属氧化物半导体元件）以及相关的电子线路感应入射光线的强弱。感光度越高，感光面对光的敏感度就越强，快门速度就越高。感光度在拍摄运动车辆、夜间监控的时候尤其显得重要。这就是解释了为什么不同的摄像机夜视会有很大差别，感光度的单位是 V/LUX-SEC，V（伏）指电压的单位，LUX-SEC 指光强弱的单位，这个比值越大，夜视效果越好。

4. 信噪比

信噪比是信号电压对于噪声电压的比值，信噪比的单位用 dB 来表示。一般摄像机给出的信噪比值均是 AGC（自动增益控制）关闭时的值，因为当 AGC 接通时，会对小信号进行提升，使得噪声电平也相应提高。信噪比的典型值为 45 ~ 55 dB，若为 50 dB，则图像有少量噪点，但图像质量良好；若为 60 dB，则图像质量优良，看不出噪点。信噪比越大说明对噪声的控制越好。这个参数关系到图像中噪点的数量，信噪比越高，画面越干净，夜视画面中的点状噪点就越少。

5. 帧　率

帧率是指单位时间所记录或者播放的图片的数量。连续播放一系列图片就会产生动画效果，根据人类的视觉系统，当图片的播放速度大于每秒 15 幅（即 15 帧）的时候，人眼就基本看不出图片的跳跃；在达到 24 ~ 30 幅/s（即 24 ~ 30 帧）时就已经基本觉察不到闪烁现象了。每秒的帧数（fps）或者说帧率表示图形传感器在处理场时每秒钟能够更新的次数。高的帧率可以得到更流畅、更逼真的视觉体验。

2.1.5.2　内部参数

视觉传感器的内部参数主要是校准参数，用于补偿光学系统的各种失真，主要包括：

1. 焦　距

焦距（f）是光学系统中衡量光的聚集或发散的度量方式，指平行光入射时从透镜光心到光聚集之焦点的距离。具有短焦距的光学系统比长焦距的光学系统有更佳聚集光的能力。简单地说，焦距是焦点到面镜的中心点之间的距离。照相机中 $f<$像距$<2f$ 才能成像。

2. 主点坐标

主点坐标（c_x, c_y）是相机内部参数的一部分，用于描述相机成像过程中的光学中心位置。其中，c_x 表示光学中心在水平方向（x 轴）上的坐标，c_y 表示在垂直方向（y 轴）上的坐标。这两个坐标值通常表示在图像平面上的位置，对应于相机的成像平面中央点。

3. 畸变参数

畸变参数（Distortion Parameter）是指在拍摄过程中，由于光学系统形变、反射凹面和其他因素，而在图像处理中产生的影像失真现象。它是一个可以用来描述影像失真的数字参数，常使用其中的两个：半径反比 R_{d} 和矢径分布系数 K_1。

2.1.5.3 外部参数

视觉传感器的外部参数包括平移向量和旋转矩阵，它们描述了相机或传感器相对于世界坐标系的位置和朝向。平移向量[通常表示为（x, y, z）]定义了相机中心在世界坐标系中的位置。旋转矩阵（通常为一个 3×3 的矩阵）描述了相机坐标系与世界坐标系之间的旋转关系。外参决定了相机观察的角度和位置，从而影响了图像中物体的位置和形状。通常需要使用特殊的标定场景或标定工具来估算这些参数。

2.1.6 视觉传感器的类型

动画：单目摄像头简介

2.1.6.1 单目摄像头

1. 定 义

单目视觉传感器模块（见图 2-1-10）只包含一个摄像机和一个镜头。由于很多图像算法的研究都是基于单目视觉传感器开发的，因此相对于其他类别的车载视觉传感器，单目车载视觉传感器的算法成熟度更高。

图 2-1-10 单目车载视觉传感器

2. 特 点

单目传感器具有成本低、帧速率高、信息丰富、检测距离远等优点，但易受光照、气候等环境影响，缺乏目标距离等深度信息，对目标速度的测量也不够可靠。

3. 优 点

相比于基于双目视觉和采用雷达测距的方式，基于单目视觉的车辆测距方式有着不可替代的优势，如表 2-1-1 所示。

表 2-1-1　视觉传感器的优点

优点	说明
结构简单、成本低	相比于双目视觉测距系统，单目视觉系统结构更加简单，成本更低
距离运算量小	基于单目视觉的距离计算过程中运算量更小，并且相比于双目测距，由于单目存在几何模型约束优势，使得其具有更高的精度与鲁棒性
有效视场更大	单目视觉有效视场更大，单目视觉的刚体定位不仅不依赖多个相机，定位空间还可以通过多个相机进行扩展而不发生视场范围损失

4. 缺　点

单目视觉有两个先天缺陷：视野完全取决于镜头、测距的精度较低。具体内容如表 2-1-2 所示。

表 2-1-2　视觉传感器的缺点

缺点	说明
视野完全取决于镜头	焦距短的镜头，视野广，但缺失远处的信息；反之亦然
单目测距的精度较低	摄像机的成像图是透视图，即越远的物体成像越小。近处的物体，需要用几百甚至上千个像素点描述；而处于远处的同一物体，可能只需要几个像素点即可描述出来。这种特性会导致越远的地方，一个像素点代表的距离越大。因此，对于单目视觉来说，物体越远，测距的精度越低

2.1.6.2　双目摄像头

1. 定　义

由于单目测距存在缺陷，双目视觉应运而生（见图 2-1-11）。双目视觉传感器模块包含两个摄像机和两个镜头。相近的两个摄像机拍摄物体时，会得到同一物体在相机成像平面的像素偏移量。有了像素偏移量、相机焦距和两个车载视觉传感器的实际距离等信息，根据数学换算即可得到物体的距离。

图 2-1-11　双目视觉传感器

2. 特　点

与单目摄像头相比，双目摄像头的特点如表 2-1-3 所示。

表 2-1-3　双目系统的特点

特点	说明
成本比单目系统高	但尚处于可接受范围内，并且与激光雷达等方案相比成本较低
没有识别率的限制	从原理上无须先识别再测算，而是对所有障碍物直接进行测量
精度比单目系统高	直接利用视差计算距离。双目系统的一个难点在于计算量非常大，对计算单元的性能要求非常高

双目视觉传感器的双目摄像头兼具了图像和激光测量的特点，也有自身安装、标定和算法方面的挑战。在实际应用中，双目摄像头可以获取的点云数量远多于激光雷达，但是要强大的算法适配才能进一步做出分类、识别和目标跟踪，同时也需要具有较强计算力的嵌入式芯片，才能使其优势得到发挥。

3. 优　点

双目摄像头的优点如表 2-1-4 所示。

表 2-1-4　双目系统的优点

优点	说明
简化障碍物测距过程	从测距原理上来说，相比于单目视觉，双目视觉犹如人类的双眼，主要通过两幅图像的视差计算来确定距离，双目摄像头不需要知道障碍物是什么，只要通过计算就可以测距。双面视觉的测距算法无需大量训练集数据，简化了障碍物测距过程
测距精度高	在测距精度上，基于双目视觉的测距方法比基于单目视觉的测距方法精度要高
对硬件要求和成本低	对相机硬件要求低，成本也较低。因为不需要像 ToF（飞行时间法）和结构光那样使用特殊的发射器和接收器，使用普通的消费级 RGB 相机即可
室内外均适用	由于直接根据环境光采集图像，所以在室内、室外都能使用。相比之下，ToF 和结构光基本只能在室内使用

4. 缺　点

基于双目视觉的无人车感知过程具有很多独特的优势，但是也有其不能忽视的缺点，如表 2-1-5 所示。

表 2-1-5　双目系统的缺点

缺点	说明
对环境光照非常敏感	双目立体视觉法依赖环境中的自然光线采集图像，受光照角度变化、光照强度变化等环境因素的影响
不适用于单调缺乏纹理的场景	由于双目立体视觉法根据视觉特征进行图像匹配，所以对于缺乏视觉特征的场景（如天空、白墙、沙漠等）会出现匹配困难，导致匹配误差较大甚至匹配失败
计算复杂度高	该方法是纯视觉的方法，需要逐像素计算匹配；又因为上述多种因素的影响，需要保证匹配结果比较鲁棒，所以算法中会增加大量的错误剔除策略，因此对算法要求较高，想要实现可靠商用难度大，计算量较大
相机基线限制了测量范围	测量范围和基线（两个摄像头间距）关系很大，所以基线在一定程度上限制了该深度相机的测量范围

2.1.6.3　红外摄像头

1. 定　义

红外摄像头（见图 2-1-12）是一种能够感测红外光谱范围内的辐射并将其转化为可见图像或数字数据的摄像设备。与普通的可见光摄像头不同，红外摄像头能够捕捉到人眼无法察觉的红外辐射。红外夜视系统可分为主动夜视系统和被动夜视系统两种类型。

图 2-1-12　红外摄像头

2. 主动夜视系统工作原理

主动红外传感器的发射机发出一束经调制的红外光束，被红外接收机接收，从而形成一条红外光束组成的警戒线。当遇到树叶、雨、小动物、雪、沙尘、雾遮挡则不报警，遇到人或相当体积的物品遮挡则发出报警。主动红外探测器技术主要采用一发一收，属于线形防范，现在已经从最初的单光束发展到多光束，而且还可以双发双收，最大限度地降低误报率，从而增强该产品的稳定性和可靠性。

由于红外线属于环境因素不相干性良好（对于环境中的声响、雷电、振动、各类人工光源及电磁干扰源，具有良好的不相干性）的探测介质；同时也是目标因素相干性好的产品（只有阻断红外射束的目标，才会触发报警），所以主动式红外传感器将会得到进一步推广和应用。

图 2-1-13 所示为主动红外夜视技术的工作流程。

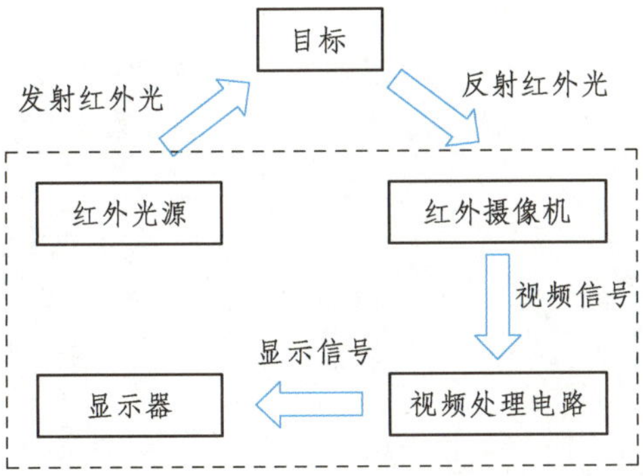

图 2-1-13　主动红外夜视技术

3. 被动夜视系统工作原理

被动红外传感器是依靠探测人体发射的红外线来进行工作的。传感器收集外界的红外辐射进而聚集到红外传感器上。红外传感器通常采用热释电元件，这种元件在接收了红外辐射温度发生变化时就会向外释放电荷，经检测处理后触发报警。这种传感器是以探测人体辐射为目标的。所以辐射敏感元件对波长为 10 μm 左右的红外辐射必须非常敏感。为了对人体的红外辐射敏感，在它的辐射照面通常覆盖有特殊的滤光片，以控制环境的干扰。

这类夜视仪也称为热像仪。图 2-1-14 所示为被动红外夜视技术的工作流程。

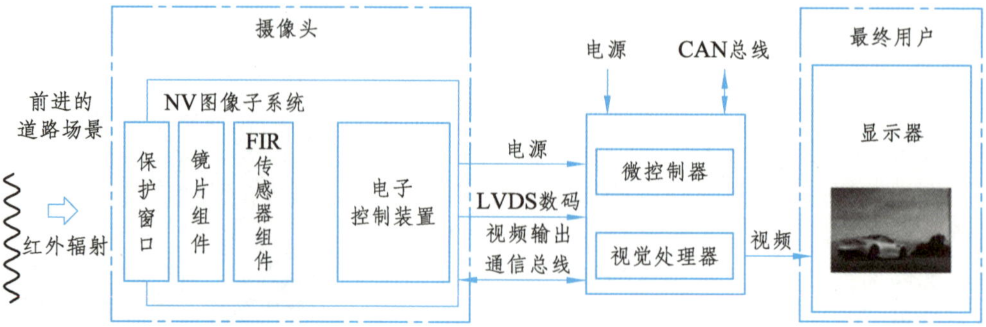

图 2-1-14 被动红外夜视技术

4. 红外视觉传感器的特点

红外视觉传感器的红外夜视系统是视觉传感器一个独特的分支，图像处理算法在处理远红外夜视图像过程中依然能够发挥作用，因此红外夜视系统能够像可见光摄像头一样，获取环境中的目标大小和距离等信息，对光照不足条件下对基于可见光的视觉传感器的应用是一种有效补充。

2.1.6.4 环视摄像头

前三款视觉传感器所采用的镜头都是非鱼眼的，而环视视觉传感器采用的是鱼眼镜头，

环视摄像头安装于车辆前方、车辆左右后视镜下和车辆后方。这 4 个鱼眼镜头采集到的图像如图 2-1-15 所示。通过标定值进行图像的投影变换，可将图像还原成俯视图的样子。然后对 4 个方向的图像进行拼接，再在 4 幅图像的中间放上一张车的俯视图，即可实现车顶往下看的效果。

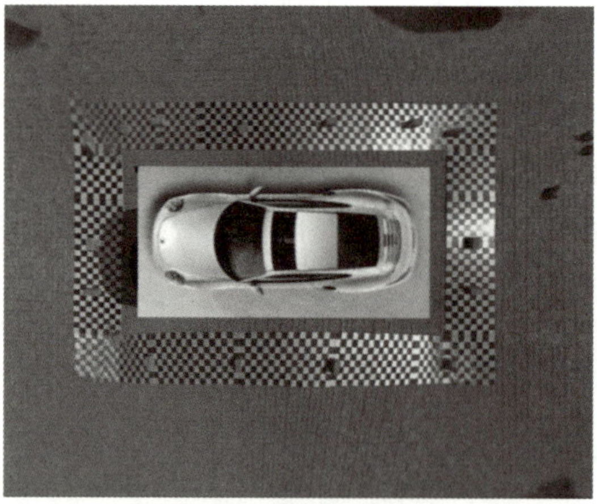

图 2-1-15 鱼眼镜头采集图像

2.1.7 视觉传感器的通信方式

为了将视频信号传输给其他设备(如计算机或控制器)，传感器需要使用特定的通信方式，常见的有 USB、以太网和 LVDS 三种通信方式。

1. USB

通用串行总线（Universal Serial Bus，USB）是一种串口总线标准，也是一种输入输出接口的技术规范，被广泛应用于个人计算机和移动设备等信息通信产品，并扩展至摄影器材、数字电视（机顶盒）、游戏机等其他相关领域。2019 发布的 USB4 传输速度为 40 Gb/s，三段式电压为 5 V/12 V/20 V，最大功率为 100 W，新型 Type C 接口允许正反盲插（见图 2-1-16）。

图 2-1-16　USB 数据线

2. 以太网

以太网是一种用于计算机和设备之间进行数据通信的协议。通过以太网协议可以连接计算机、交换机、路由器、摄像头等设备，允许它们在网络上互相传输数据。以太网口支持不同的数据传输速率，如百兆、千兆甚至是万兆速率，适用于各种应用，从普通办公网络到高性能工业自动化系统。图 2-1-17 所示为以太网连接所采用的网线。

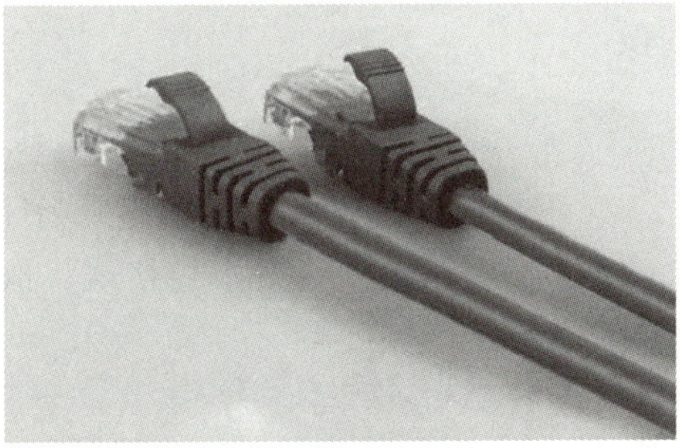

图 2-1-17　网线

3. LVDS

LVDS（Low-Voltage Differential Signaling，低电压差分信号）是一种低功耗、低误码率、低串扰和低辐射的差分信号技术，这种技术的传输速率可以达到 155 Mb/s 以上，LVDS 技术的核心是采用极低的电压摆幅高速差动传输数据，可以实现点对点或一点对多点的连接，其传输介质可以是铜质的 PCB 连线，也可以是平衡电缆（见图 2-1-18）。

图 2-1-18　LVDS 传输线

2.1.8　视觉传感器协议解析

视觉传感器在车路协同系统中起到了关键作用，它经过采集、传输和处理图像数据以实现环境感知。协议解析是确保这些数据能够正确传输、处理和解释的过程，主要包括协议、编码和解码三个方面。

1. 协　议

传感器协议规定了数据通信的规则和方式。常见的协议包括 USB3 Vision、GigE Vision 和 Camera Link。USB3 Vision 基于 USB 3.0，提供高速数据传输和设备控制。GigE Vision 使用以太网传输图像和命令。Camera Link 适用于高性能系统，支持高带宽和实时传输。选择协议时应根据应用需求（如传输速度和兼容性）来确定。

2. 编　码

编码将原始图像数据转化为适合传输的格式。压缩和元数据添加是常用编码技术。数据压缩是利用 JPEG、PNG 等格式减小数据量。元数据添加是指把时间戳、曝光时间等信息嵌入图像中。

3. 解　析

解码是指把编码后的数据还原为原始图像格式。解压缩是指还原压缩数据。数据解析包括提取图像宽度、高度和颜色格式，从元数据中提取上下文信息。

2.1.9　视觉传感器数据传输存储格式

1. BMP

BMP（Bit Map，位图）是一种与硬件设备无关的图像文件格式，使用非常广泛。它采用位映射存储格式，除了图像深度可选以外，不采用其他任何压缩，因此，BMP 文件所占用的空间很大。BMP 文件的图像深度可选 1 bit、4 bit、8 bit 及 24 bit。BMP 文件存储数据时，图像的扫描方式是按从左到右、从下到上的顺序。

2. JPEG

JPEG（Joint Photographic Expert Group，联合图像专家小组）。其文件后缀名为“.jpg”或“.jpeg”，是最常用的图像文件格式。JPEG 是一种有损压缩格式，能够将图像压缩在很小的储存空间，图像中重复或不重要的资料会被丢失，因此容易造成图像数据的损伤。尤其是使用过高的压缩比例，将使最终解压缩后恢复的图像质量明显降低，如果追求高品质图像，不宜采用过高压缩比例。JPEG 格式压缩的主要是高频信息，对色彩的信息保留较好，适合应用于互联网，可减少图像的传输时间。因其可以支持 24 bit 真彩色，也普遍应用于需要连续色调的图像。

3. GIF

GIF（Graphics Interchange Format，图形交换格式）是 CompuServe 公司在 1987 年开发的图像文件格式。GIF 图像文件的数据是经过压缩的，采用了可变长度等压缩算法。所以 GIF 的图像深度可以从 1 bit 到 8 bit，最多支持 256 种色彩的图像。GIF 格式的另一个特点是其在一个 GIF 文件中可以存储多幅彩色图像。把存于一个文件中的多幅图像数据逐幅读出并显示到屏幕上，就可以形成动画。

4. PNG

PNG（Portable Network Graphics，便携式网络图形）是一种新的图像文件格式。PNG 支持动态图片和背景透明，与 GIF 相似，它能够提供长度比 GIF 小 30%的无损压缩图像文件，能处理的色数最大可达 280 M；它同时支持 24 bit 和 48 bit 真彩色图像以及其他诸多附加文本信息。

5. RAW

RAW 的字面解释为“原材料”或“未经处理的东西”。RAW 文件包含了传感器产生的原图片文件在进入照相机图像处理器之前的一切信息。用户可以利用计算机上的某些特定软件对 RAW 格式的图片进行处理。RAW 格式是 TIFF 格式和 JPEG 格式的平衡，既保证了照片的画质和颜色，又节省了储存空间。

6. TIFF 格式

TIFF（Tag Image File Format，标签图像文件格式）是苹果 Mac 机中广泛使用的图像格式。它的特点是图像格式复杂，存储信息多，正因为它存储的图像细微层次的信息非常多，图像的质量也得以提高，故而非常有利于原稿的复制，但兼容性较差。目前在 Mac 机和其他计算机上移植 TIFF 文件也十分便捷，因此 TIFF 现在也是微型计算机上使用最广泛的图像格式之一。很多地方将 TIFF 格式用于印刷。

2.2 视觉传感器的应用

2.2.1 视觉传感器的标定

在计算机视觉中，通过相机标定能够获取一定的参数，其原理是基于三大坐标系之间的转换和摄像机的畸变参数矩阵。在实验中经常用张正友标定法进行摄像机标定，获取内参数矩阵和外参数矩阵以及畸变参数矩阵。

标定的目的是消除畸变以及得到内外参数矩阵，内参数矩阵可以理解为焦距相关，它是一个从平面到像素的转换，焦距不变它就不变，所以确定以后就可以重复使用，而外参数矩阵反映的是摄像机坐标系与世界坐标系的转换，至于畸变参数，一般也包含在内参数矩阵中。从作用上来看，内参数矩阵是为了得到镜头的信息，并消除畸变，使得到的图像更为准确，外参数矩阵是为了得到相机相对于世界坐标的联系，为了最终的测距。

2.2.1.1 不同坐标系上的转化关系

针孔模型是机器视觉中广泛使用的相机模型，也被叫作线性模型，主要是建立物体从三维世界到像素平面这一映射过程。如图 2-2-1 所示，相机的光心为 O_c，平面 1 为相机的成像平面，点 N 为空间点，连接 NO_c 延长交像平面于点 n，点 n 即为空间点在相平面的投影。O_cZ_c 叫作相机的光轴，和成像平面垂直且交于 O_i，光心 O_c 到成像平面的距离为 f（焦距）。为了对相机的成像过程进行清晰的表述，在该模型中建立了 4 个基本坐标系：世界坐标系、相机坐标系、图像坐标系、像素坐标系，像素坐标系和图像坐标系在同一平面。

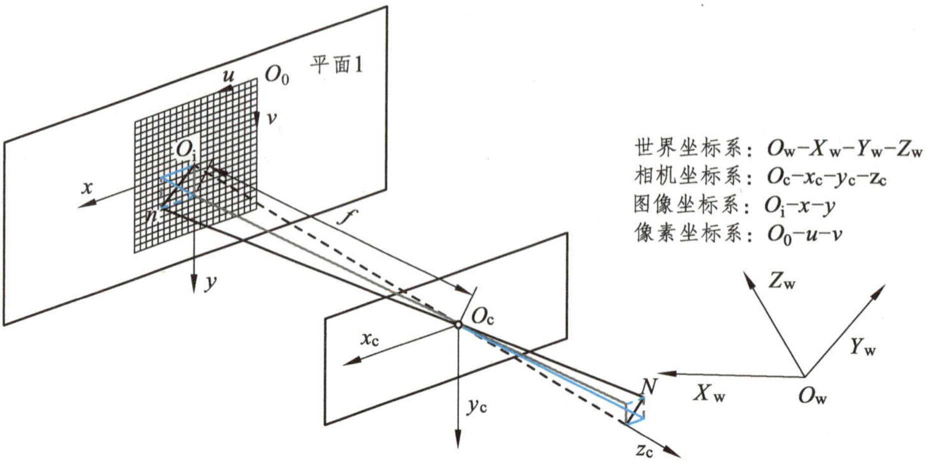

图 2-2-1　小孔成像几何模型

世界坐标系是为了描述相机在真实空间的具体位置而建立的参考坐标系，根据实际情况将真实环境中的某一点确定为坐标系的原点，将三个正交轴作为坐标轴 X_w、Y_w、Z_w，建立坐标系（单位：mm）。

相机坐标系 O_c-$x_c y_c z_c$ 是为了从相机的角度描述物体位置而定义的，对世界坐标系到图像坐标系的转化起到过渡作用。该坐标系的坐标原点为相机光心位置 O_c，轴 O_cZ_c 为相机光轴方向（单位：mm）。

图像坐标系 O_i-xy、$x//x_c$、$y//y_c$ 是为了描述成像过程中，物体从相机坐标系到图像坐标系的投影关系而引入的。图像坐标系的原点一般位于图像中心（单位：mm）。

像素坐标系 O_0-uv 的原点 O_0 在图像的左上角（图 2-2-1 中为方便画在了右上角），$u//x$、$v//y$ 像素是由小矩形块组成，物体成像后的像素点为数字图像上的坐标，可以从图片中直接获取像素点坐标（单位：pixel）。

这 4 个坐标系的转化关系如图 2-2-2 所示。

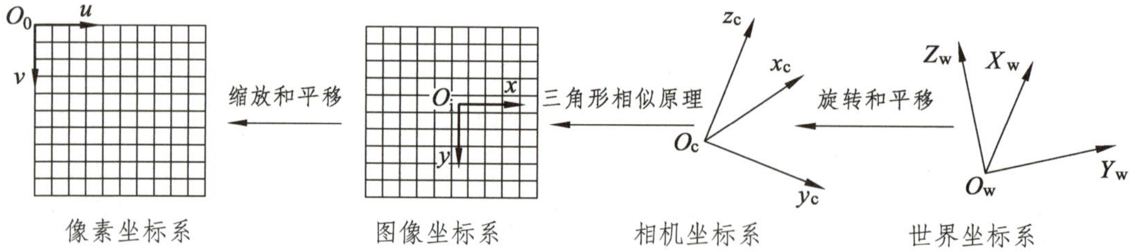

图 2-2-2　坐标系的转化

1. 世界坐标系到相机坐标系的转化

由下式可知，(X_w, Y_w, Z_w) 代表点 N 的世界坐标，(x_c, y_c, z_c) 代表点 N 的相机坐标系中的坐标值，两者有如下变换（这里采用的都是齐次坐标）。

$$\begin{bmatrix} x_c \\ y_c \\ z_c \\ 1 \end{bmatrix} = \begin{bmatrix} R & t \\ 0^T & 1 \end{bmatrix} \begin{bmatrix} X_w \\ Y_w \\ Z_w \\ 1 \end{bmatrix} = M_2 \begin{bmatrix} X_w \\ Y_w \\ Z_w \\ 1 \end{bmatrix}$$

R 为 3×3 的旋转矩阵，t 为 3×1 的平移向量，M_2（相机的外部参数）为 4×4 的矩阵，$0^T=[0\ 0\ 0]$。

2. 相机坐标系到图像坐标系

知 N 在相机坐标系的坐标为（X_c, Y_c, Z_c），连接 NO_c 交图像平面与点 n，在图像坐标系中点 n 坐标为（x, y），由三角形相似原理：

$$\frac{x_c}{x}=\frac{y_c}{y}=\frac{z_c}{f}$$

整理后，

$$x=\frac{f_{x_c}}{z_c},\quad y=\frac{f_{y_c}}{z_c},$$

将其转化为齐次坐标如下：

$$z_c\begin{bmatrix}x\\y\\1\end{bmatrix}=\begin{bmatrix}f&0&0&0\\0&f&0&0\\0&0&1&0\end{bmatrix}\begin{bmatrix}x_c\\y_c\\z_c\\1\end{bmatrix}$$

注：f 为相机焦距（单位：mm）。

3. 图像坐标系到像素坐标系

由下式可知，小矩形块代表像素点（d_x 为矩形块的长，d_y 为矩形块的宽。单位：mm）在像素坐标系与成像平面之间，相差了缩放和原点的平移。两者的转换关系如下：

$$\begin{cases}u=\dfrac{1}{d_x}x+u_0\\[2ex]v=\dfrac{1}{d_y}y+v_0\end{cases}$$

转化为齐次坐标：

$$\begin{bmatrix}u\\v\\1\end{bmatrix}=\begin{bmatrix}\dfrac{1}{d_x}&\gamma&u_0\\0&\dfrac{1}{d_x}&v_0\\0&0&1\end{bmatrix}\begin{bmatrix}x\\y\\1\end{bmatrix}$$

注：（u_0, v_0）为 O_i 点在像素坐标系的坐标。

综上，空间点到像素点的映射如下：

$$
z_c\begin{bmatrix}u\\v\\1\end{bmatrix}=\begin{bmatrix}\frac{1}{d_x} & \gamma & u_0\\ 0 & \frac{1}{d_x} & v_0\\ 0 & 0 & 1\end{bmatrix}\begin{bmatrix}f & 0 & 0 & 0\\ 0 & f & 0 & 0\\ 0 & 0 & 1 & 0\end{bmatrix}\begin{bmatrix}R & t\\ 0^{T} & 1\end{bmatrix}\begin{bmatrix}X_w\\Y_w\\Z_w\\1\end{bmatrix}
$$

$$
=\begin{bmatrix}f_x & \gamma & u_0 & 0\\ 0 & f_y & v_0 & 0\\ 0 & 0 & 1 & 0\end{bmatrix}\begin{bmatrix}R & t\\ 0^{T} & 1\end{bmatrix}\begin{bmatrix}X_w\\Y_w\\Z_w\\1\end{bmatrix}
$$

$$
=M_1M_2\begin{bmatrix}X_w\\Y_w\\Z_w\\1\end{bmatrix}
$$

$$
=M\begin{bmatrix}X_w\\Y_w\\Z_w\\1\end{bmatrix}
$$

注：$f_x=f/d_x$，$f_y=f/d_y$，M_1为相机的内部参数，M为 3×4 的矩阵，f_x、f_y（单位：pixel）。

假定矩阵 M（3×4 的矩阵）已知，若知道空间点坐标（X_w, Y_w, Z_w），则可求出对应的像素坐标系中对应的像素点的坐标；但是如果已知（u, v），求空间点（X_w, Y_w, Z_w）则不可实现，主要是因为 3 个等式含有 4 个未知数，有无穷多解。其实从几何意义也可以说明，光心与空间点连线的射线 NO_c 上的点都可以为像素点对应的空间点。

2.2.1.2 单目摄像头去畸变

用镜头拍摄四方形的物体时，有时照片四周会出现卷翘或膨鼓的现象。使用焦距长的镜头不明显，但使用广角镜头这个现象就很突出。

在物理学上，畸变被定义为像差的一种，即物体上的直线经过透镜成像后变得弯曲的现象。畸变是由于透镜的放大率随光束和主轴间所成角度而改变引起的。光线离主轴越远，畸变越大，但是若与主轴正交并通过主轴，则不发生畸变。放大率随入射角度增加而增大时为正畸变。放大率随入射角度增加而减小时为负畸变。换句话说，若物点离开光轴越远，放大率越大，就产生了正畸变；如果物点离开光轴越远，放大率越小则产生了负畸变。镜片屈光度越大时，成像的畸变现象越严重。由于畸变，我们看物体就像失去了原来的正确形状。减小畸变的方法是，对单一透镜改变镜片的外形，采用最佳的外形可以使畸变减小到最低程度（见图 2-2-3）。

一般的光学镜头都不能做到完全准确地拍摄出画面的“横平竖直”，总会使画面的线条出现一点的弯曲，这就是所谓的镜头畸变情况。越好的镜头，畸变度会越低，画面的变形也越少。一般广角端畸变度在-2%以下的，属于较不明显的畸变；长焦端畸变度在-1%至 1%之间的，属于不明显的畸变。

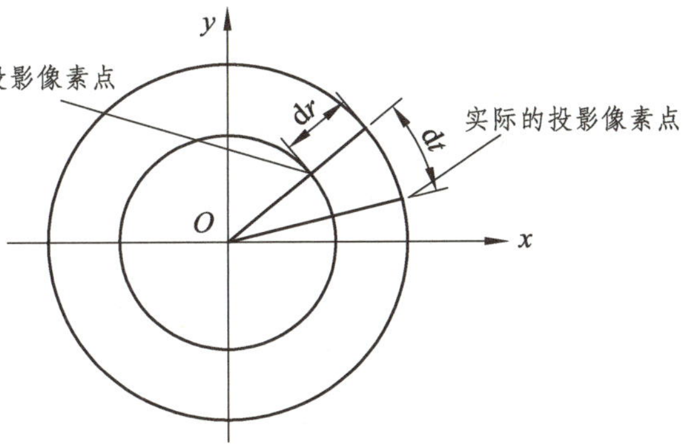

图 2-2-3　径向和切向畸变

相机畸变发生在图像坐标系中，上面公式的推导都建立在理想图像坐标系中，而实际上会发生畸变（见图 2-2-4）。

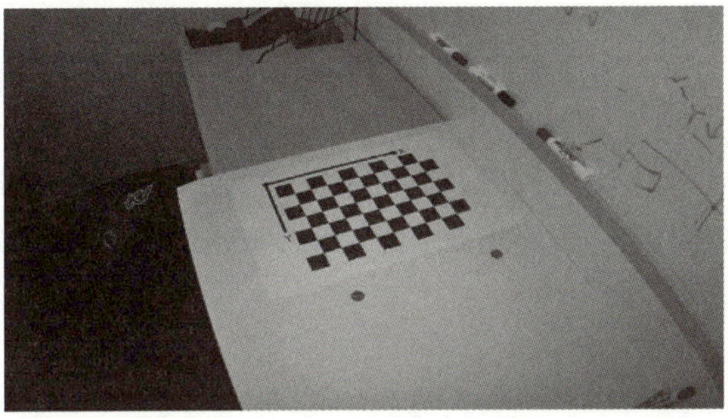

（a）原始图片（畸变图片）

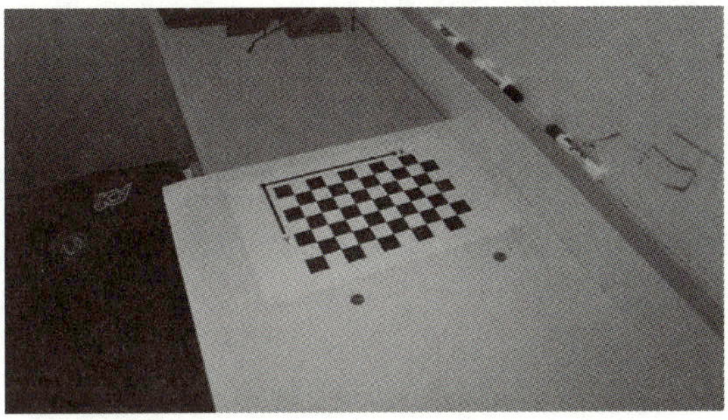

（b）校正后的图片

图 2-2-4　畸变校正

1. 径向畸变

径向畸变主要由于生产透镜的制造工艺导致透镜形状与理想情况下有差异，使得像点沿镜头径向偏移，变形量与镜头上点离光心的距离成正比，如图 2-2-5 所示。径向畸变主要以两种形态出现，一种是由于透镜的物理性能及镜片组结构引起成像画面呈桶状膨胀现象，叫作桶形畸变，另外一种是由镜头引起的画面向中间“收缩”现象，叫作枕形畸变。

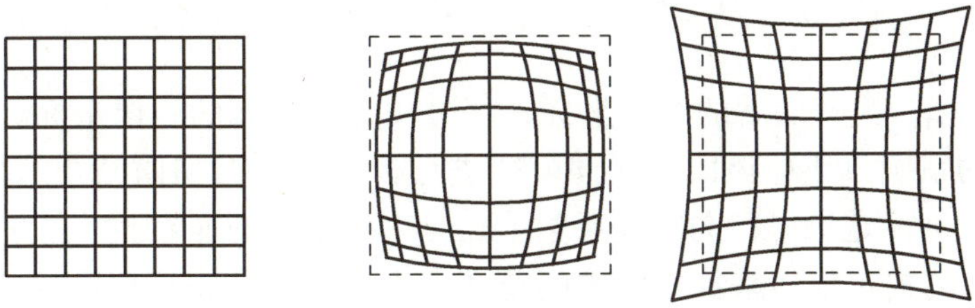

（a）理想图像　（b）桶形畸变　（c）枕形畸变

图 2-2-5　径向畸变

在 O_i-xy 坐标系中，设 r 为图像坐标点离图像中心 O_i 的距离，实际情况中我们常用 r=0 处的泰勒级数展开的前几项来近似描述径向畸变。

$$f(r)=w_0+w_1r+w_2r^2+\cdots\cdots$$

注：当 r=0 时，$f(r)$=0，w_0=0（$r^2=x^2+y^2$）。

这里取泰勒级数的前三项等价径向畸变进行描述。在 x、y 轴的畸变量如下：

$$\begin{bmatrix}\nabla_{rx}\\ \nabla_{ry}\end{bmatrix}=\begin{bmatrix}x[k_1(x^2+y^2)+k_2(x^2+y^2)^2]\\ y[k_1(x^2+y^2)+k_2(x^2+y^2)^2]\end{bmatrix}$$

校正径向畸变前后的坐标关系为

$$\begin{cases}\hat{x}=x+x[k_1(x^2+y^2)+k_2(x^2+y^2)^2]\\ \hat{y}=y+y[k_1(x^2+y^2)+k_2(x^2+y^2)^2]\end{cases}$$

其中，∇_{rx},∇_{ry} 分别为 x、y 轴的畸变量；（x, y）为理想的图像坐标；（$\hat{x},\hat{y}$）为实际的图像坐标；k_1、k_2 为径向畸变系数。

2. 切向畸变

切向畸变是由于制造或装配的问题，使透镜本身与相机的图像平面不平行，进而使穿过透镜的光线投影到图像平面的位置发生改变。切向畸变需要增加两个参数来近似畸变产生的效果。

$$\begin{cases}\nabla_{tx}=2p_1xy+p_2(x^2+y^2+2x^2)\\ \nabla_{ty}=p_1(x^2+y^2+2y^2)+2p_2xy\end{cases}$$

注：p_1、p_2 为切向畸变系数，∇_{tx},∇_{ty} 分别为在 x、y 轴方向的畸变量。

校正前后的坐标关系为

$$\begin{cases}x_{t-\text{correct}}=x+\nabla_{tx}\\ y_{t-\text{correct}}=y+\nabla_{ty}\end{cases}$$

综上，结合切向畸变和径向畸变，得到总的畸变坐标矫正公式：

$$\begin{bmatrix}x_{\text{correct}}\\ y_{\text{correct}}\end{bmatrix}=\begin{bmatrix}x\\ y\end{bmatrix}+\begin{bmatrix}\nabla_{rx}\\ \nabla_{ry}\end{bmatrix}+\begin{bmatrix}\nabla_{tx}\\ \nabla_{ty}\end{bmatrix}=[1+k_1(x^2+y^2)+k_2(x^2+y^2)^2]\begin{bmatrix}x\\ y\end{bmatrix}+\begin{bmatrix}2p_1xy+p_2(x^2+y^2+2x^2)\\ p_1(x^2+y^2+2y^2)+2p_2xy\end{bmatrix}$$

注：x_{correct}、y_{correct} 为畸变后的图像坐标，也可认为是实际的图像坐标。

对图像畸变的精确校正应该既对径向畸变进行校正，又对切向畸变进行校正。最直接的思路就是通过摄像机标定求得径向畸变系数（k_1, k_2）和切向畸变系数（p_1, p_2），进而利用富含（k_1, k_2）、（p_1, p_2）的校正模型来校正图像的畸变。由于这种校正模型中的（k_1, k_2）、（p_1, p_2）都是有真实物理意义的参数，因此被称为显式校正。

2.2.2 视觉传感器的环境感知流程

视觉传感器环境感知流程如图 2-2-6 和表 2-2-1 所示，一般包括图像采集、图像预处理、图像特征提取、图像模式识别、结果传输等，根据具体识别对象和采用的识别方法不同，环境感知流程也会略有差异。

图 2-2-6　视觉传感器环境感知流程

表 2-2-1　视觉传感器环境感知流程内容

流程步骤	视觉传感器环境感知流程内容
图像采集	图像采集主要是通过摄像头采集图像，如果是模拟信号，要把模拟信号转换为数字信号，并把数字图像以一定格式表现出来。根据具体研究对象和应用场合，选择性价比高的摄像头
图像预处理	图像预处理包含的内容较多，有图像压缩、图像增强与复原、图像分割等，要根据具体实际情况进行选择
图像特征提取	为了完成图像中目标的识别，要在图像分割的基础上，提取需要的特征，并将这些特征计算、测量、分类，以便于计算机根据特征值进行图像分类和识别
图像模式识别	图像模式识别的方法很多，从图像模式识别提取的特征对象来看，图像识别方法可分为基于形状特征的识别技术、基于色彩特征的识别技术以及基于纹理特征的识别技术等
结果传输	通过环境感知系统识别出的信息，传输到车辆其他控制系统或者传输到车辆周围的其他车辆，完成相应的控制功能

2.2.3　视觉传感器数据采集

1. 视觉传感器结构

视觉传感器主要由光源、镜头、图像传感器、模数转换器、图像处理器和图像存储器等组成。其主要功能是获取足够的机器视觉系统要处理的原始图像。把光、摄像机、图像处理器和标准的控制与通信接口等集成为一体的视觉传感器通常称为一个智能图像采集与处理单元。

2. 视觉传感器原理

视觉传感器不是一个独立的机器设备，它常常被安装在各种其他机器上以发挥其作用，它的主要作用就是收集各类视觉信息，再将这些信息传输给需要它的机器设备，视觉传感器通常由一个到多个图形传感器组成，这些图像传感器通力合作来保证视觉传感器完成工作。

一套完整的视觉传感器会配备一个或多个图像传感器、光投射器和必要的辅助设备，在发挥作用之前，相关人员需要对视觉传感器进行设置。设置的目的是明确视觉传感器应该获取的图像的要求，这样，一旦获取图像，视觉传感器就会将它与设置的图像信息要求做对比和分析，符合要求的图片会被保留下来，不满足要求的图片就会被放弃。视觉传感器的图像清晰度是以像素来衡量的，目前，视觉传感器的像素能够达到 130 万，因此，无论距离多远，它都能获取清晰的图像。

2.2.4 视觉传感器目标识别

2.2.4.1 视觉传感器目标检测

目标检测是计算机视觉和数字图像处理的一个热门方向，广泛应用于机器人导航、智能视频监控、工业检测、航空航天等诸多领域。它通过计算机视觉技术减少对人力资本的消耗，具有重要的现实意义。因此，目标检测也就成为近年来理论和应用的研究热点，它是图像处理和计算机视觉学科的重要分支，也是智能监控系统的核心部分，同时目标检测也是泛身份识别领域的一个基础性的算法，对后续的人脸识别、步态识别、人群计数和实例分割等任务起着至关重要的作用。

计算机视觉领域研究的绝大多数问题均存在诸多不确定性因素，因为图像理解是成像的逆过程。成像是从三维向二维投影的过程，在此过程中不仅会丢失深度信息，而且光照、材料特性、朝向和距离等信息都反映成唯一的测量值，即灰度或色彩，而要从这唯一的测量值中恢复上述一个或几个特征参数是一个病态的过程。不仅如此，大气扰动、镜头因素、传感器噪声以及量化噪声等干扰都会造成成像失真，而这些干扰大多具有随机性。

图像或视频中的目标检测，意在基于目标的表观和轮廓区域等信息，准确地对其中感兴趣的目标进行定位，将目标的分类与定位合二为一。复杂环境下可靠的目标检测算法还有待进一步研究，原因在于：① 一些目标是非刚性、多姿态、多角度的物体，如人体目标；② 含有目标的图像背景一般都是复杂多变的；③ 目标很容易被其他目标或者物体遮挡。因此，通过运用机器学习与模式识别的相关知识，使计算机能够自动、准确地检测目标，实现鲁棒、快速的目标自动提取和检测显得极为重要。

2.2.4.2 目标检测方法

1. 级联检测器

该模型有两种网络类型，一种是 RPN 网络，另一种是检测网络。一些典型的例子是 RCNN 系列。

1）RPN 网络

RPN（Region Proposal Network）是在目标检测中常用的一种神经网络模块，用于生成候选区域（候选框或感兴趣区域），以便后续进行目标分类和边界框回归。

RPN 最早被引入 Faster R-CNN（Region-based Convolutional Neural Network）中，该方法由 RPN 网络和监测网络（通常是 Fast R-CNN）两部分组成。

RPN 网络的关键术语如下：

（1）锚框（Anchor Boxes）。锚框是预定义的一些矩形框，位于图像的各个位置和尺度。RPN 利用这些锚框来生成候选区域。每个锚框通常与若干个不同尺度和宽高比的锚框相关联。

（2）特征图（Feature Map）。输入图像通过卷积神经网络（通常是预训练的卷积层，如 VGG、ResNet 等）得到特征图。RPN 在特征图上滑动锚框，对每个锚框位置提取特征。

（3）分类分支和回归分支。对于每个锚框，RPN 会同时生成两个输出：一个用于分类候选区域是否包含目标（前景/背景），另一个用于对候选区域边界框进行微调，以更好地匹配实际目标边界。

（4）Anchor Proposal 生成。RPN 根据每个锚框的分类分数和边界框回归结果，对锚框进行排序和筛选，选择最有可能包含目标的锚框作为最终的候选区域。

RPN 的工作机制使得它能够在一张图像中生成多个候选区域，这些区域有望包含实际目标。这样，通过将这些候选区域送入后续的监测网络（如 Fast R-CNN），就可以更准确地对目标进行分类和定位。

将 RPN 引入目标检测领域显著提高了检测精度，同时还加快了计算速度。它为后来的目标检测算法奠定了基础，并促进了更多关于生成候选区域的研究和创新。

2）RCNN 系列

RCNN 系列（Region-based Convolutional Neural Network）是一系列目标检测方法，它们采用了区域提议和卷积神经网络相结合的方式来实现目标检测。该系列的方法通过将图像分为候选区域，并在每个区域上应用卷积神经网络进行特征提取和分类，从而实现对图像中目标的检测。

RCNN 系列的主要方法包括：

（1）RCNN（Region-based Convolutional Neural Network）。RCNN 是该系列方法的最早版本。它首先通过选择性搜索（Selective Search）等方法生成候选区域，然后将每个候选区域调整为相同大小，并在每个区域上提取特征，最后使用卷积神经网络对这些特征进行分类。RCNN 在准确性方面取得了一定的提升，但由于计算量较大，速度较慢，不太适合实时应用。

（2）Fast R-CNN。Fast R-CNN 是对 RCNN 的改进版本，它通过共享整张图像的特征提取部分来加速处理过程。它首先将整个图像提取特征，然后利用候选区域的位置信息在特征图上进行 ROI 池化（Region of Interest Pooling），从而得到固定大小的区域特征。最后，这些区域特征被送入分类和边界框回归网络。Fast R-CNN 相对于 RCNN 提高了检测速度。

（3）Faster R-CNN。Faster R-CNN 进一步改进了目标检测的速度和准确性。它引入了 RPN（Region Proposal Network），用于自动生成候选区域，从而避免了传统方法中的选择性搜索等过程。RPN 与检测网络共享特征提取部分，从而在端到端的架构下实现了目标检测。

（4）Mask R-CNN。Mask R-CNN 是在 Faster R-CNN 基础上的扩展，它不仅能够对目标进行定位和分类，还能够生成目标的像素级掩码。这使得 Mask R-CNN 在实例分割任务中表现出色。

总的来说，RCNN 系列方法通过将卷积神经网络与区域提议相结合，实现了在图像中检测和定位目标的能力。这些方法在目标检测领域取得了重要的突破，并在实际应用中具有广泛的应用价值。

2. 带锚框的单级检测器

这类的检测器没有单独的 RPN 网络，而是依赖于预定义的锚框。例如，YOLO 系列就是这种检测器。

YOLO（You Only Look Once）系列是一系列快速而高效的目标检测算法，其特点是能够实时地进行目标检测，并且在单一前馈神经网络中同时预测目标的类别和边界框。YOLO 系列的方法通过将图像分成网格，然后在每个网格单元内预测多个锚框，来实现目标的检测。

YOLO 系列的主要版本包括：

（1）YOLOv1（You Only Look Once v1）。YOLO 系列的第一个版本。它将输入图像分成 $S \times S$ 个网格单元，每个网格单元负责预测固定数量的锚框。每个锚框包括类别预测、置信度预测（目标存在的概率）以及边界框坐标预测。YOLOv1 的设计简单且高效，但在小目标检测和目标重叠情况下表现不佳。

（2）YOLOv2（You Only Look Once v2，也称为 YOLO9000）。YOLOv1 的改进版本。YOLOv2 采用了多尺度预测和 Anchor Boxes 来处理不同尺寸和形状的目标。此外，它引入了 Darknet-19 网络（类似 VGG16 结构），取得了更好的性能。YOLOv2 在速度和准确性之间取得了平衡。

（3）YOLOv3（You Only Look Once v3）。YOLO 系列的第三个版本。它在 YOLOv2 的基础上进一步改进了目标检测的性能。YOLOv3 采用了更深的网络结构（Darknet-53），同时预测三种不同尺度的锚框，这有助于检测不同大小的目标。此外，YOLOv3 提供了不同的配置，如 YOLOv3-tiny，以在更低的计算资源情况下实现实时目标检测。

（4）YOLOv4（You Only Look Once v4）。YOLO 系列的第四个版本。它进一步提升了目标检测的性能。YOLOv4 采用了更大的网络结构、更多的技术创新和训练策略，使得在检测精度和速度方面都取得了显著的提升。

YOLO 系列的方法因其速度和效率而受到广泛关注，特别适合需要实时目标检测的应用场景，如自动驾驶、监控系统和无人机等领域。每个版本的 YOLO 都在提高目标检测性能方面取得了重要进展，研究人员和工程师可以根据实际需求选择适合的版本。

3. 无锚框的单级检测器

这是一种解决目标检测问题的新方法，这种网络是端到端可微的，不依赖于感兴趣区域（ROI），塑造了新研究的思路。

ROI（Region of Interest，感兴趣区域）是在图像处理和计算机视觉领域中常用的概念，它表示图像中的一个特定区域，该区域被认为是在某种任务中感兴趣的区域。ROI 可以用于诸如目标检测、图像分割、特征提取等任务中。

在目标检测中，ROI 经常用于以下两个主要方面：

（1）ROI 池化（Region of Interest Pooling）。ROI 池化是一种将不同大小的感兴趣区域映射到固定大小的特征图的方法。在目标检测任务中，由于不同的候选区域可能具有不同的大小，需要将它们映射到相同的大小，以便送入神经网络进行处理。ROI 池化通常通过将每个感兴趣区域划分为网格，并在每个网格单元内选择最大或平均值作为代表性特征。这样可以确保不同大小的感兴趣区域都被映射到固定大小的特征图上。

（2）ROI 对齐（Region of Interest Alignment）。ROI 对齐是在 ROI 池化的基础上进行的改进，以更精确地获取感兴趣区域的特征。传统的 ROI 池化可能存在精度损失，特别是当感兴趣区域的大小与特征图的网格不匹配时。ROI 对齐通过在网格内进行插值操作，以更精细的方式获取感兴趣区域的特征，从而提高了特征的准确性。

总之，ROI 在目标检测中扮演着重要的角色，帮助模型在感兴趣的区域内更好地提取特征和进行分类。在不同的目标检测算法中，使用不同的方式来处理 ROI，以适应不同的应用场景和要求。

2.2.5　视觉传感器的应用

2.2.5.1　车牌识别

1. 定　义

车牌识别是一种使用摄像头或其他视觉传感器捕获汽车车牌图像，然后利用计算机视觉和字符识别技术从图像中读取车牌号码的技术。一般用于道路收费、停车场管理、交通违章检测等。

2. 技术实现

车牌识别是结合数字图像处理技术、计算机视觉和模式识别为一体的综合系统，包含对车牌图像进行预处理、车牌区域定位、字符分割以及字符识别等功能。业内一般采用 BP 神经网络技术，能快速根据提取的车牌字符特征与已知样本中特征进行比对以获取车牌字符。通过运用 OpenCV 计算机视觉库，大大降低了系统实现复杂度，实现了快速准确识别车牌号码。

（1）车牌检测。首先需要从汽车上检测车牌所在位置，通常使用 OpenCV 中矩形的轮廓检测来寻找车牌。如果知道车牌的确切尺寸，颜色和大致位置，则可以提高准确性，可以根据摄像机的位置和该特定国家/地区所使用的车牌类型来训练检测算法。

（2）字符分割。检测到车牌后，将其裁剪并保存为新图像。这同样可以使用 OpenCV 来完成。

（3）字符识别。在上一步中获得的新图像上肯定有一些字符（数字/字母），对其执行 OCR（光学字符识别）就可以检测出这些字符（见图 2-2-7）。

图 2-2-7　车牌识别

2.2.5.2　人脸识别

1. 定　义

人脸识别是基于人的脸部特征信息进行身份识别的一种生物识别技术。这是用摄像头或摄像机采集含有人脸的图像或视频流，并自动在图像中检测和跟踪人脸，进而对检测到的人脸进行识别的一系列相关技术，通常也叫作人像识别、面部识别。

2. 技术实现

人脸识别（见图 2-2-8）的第一步是采集大量的人脸图片，进行预处理，将图片转为灰度图片，减少程序复合，提高人脸识别度。接着提取人脸图像特征，如边缘特征、线性特征、中心特征和对角线特征，进行识别，读取测试的图片、平均人脸，调用 OpenCV 函数，确定输入图片与相似图片可信度。最后基于以上工作创建一个人脸识别数据库，对人脸识别系统进行训练。

图 2-2-8　人脸识别

2.2.5.3　车辆和行人检测

1. 定　义

车辆和行人检测是计算机视觉领域的重要应用之一，常用于自动驾驶、视频监控、智能交通系统等多个场景。其核心是通过算法对图像或视频流中的车辆和行人进行识别和定位。

2. 技术实现

车辆和行人检测（见图 2-2-9）首先要进行需求分析，包括确定目标对象和应用场景。然后进行数据收集和预处理，这将涉及使用现有数据集或自己标注新数据。接着，选择一个合适的算法或模型，如 HOG+SVM 或深度学习模型（如 YOLO、Faster R-CNN），接着进行训练、调优和评估。最后，根据需求进行模型部署、实时视频流处理或离线分析。

图 2-2-9　车辆和行人检测

2.2.5.4　AEB 紧急制动中的距离探测

1. 定　义

自动紧急制动（Automatic Emergency Braking，AEB）是现代汽车安全系统的一个重要组成部分，用于在检测到即将发生碰撞的情况下自动触发制动，从而减小或避免事故危害。在 AEB 系统中，距离探测是至关重要的一环（见图 2-2-10）。

图 2-2-10　AEB 系统检测行人与车辆距离

2. 技术实现

一般使用深度学习检测模型（如 YOLO 或 Faster R-CNN）来检测和定位图像中的车辆和行人。用光流法可以帮助估计物体的相对运动，从而判断潜在碰撞风险。单目或双目视觉技术用于估计物体的深度和距离。另外，大多数 AEB 系统都采用传感器融合技术，即结合多种传感器数据提高准确性。这些算法需在实时环境中运行，因此需要优化以确保高效和准确。在各种驾驶条件下，系统必须表现出高度的可靠性和鲁棒性。

2.2.5.5　基于 OpenCv 的车道线和车牌识别

1. 基于 OpenCv 的车道线识别

1）图像读取

色彩一般由三原色组成，分别为红（Red）、绿（Green）、蓝（Blue），它们通过不同比例的叠加就形成了丰富多彩的颜色（见图 2-2-11）。在图像中的每个像素点都是由 RGB（红绿蓝）三个颜色通道组成。为了方便描述 RGB 颜色模型，在计算机中约束了每个通道由暗到亮的范围为 0 ~ 255。因此，当三个通道数值分别为 255、0、0 时图像为纯红色；三个通道数值为 0、255、0 时图像为绿色；三个通道数值为 0、0、255 时图像为蓝色。

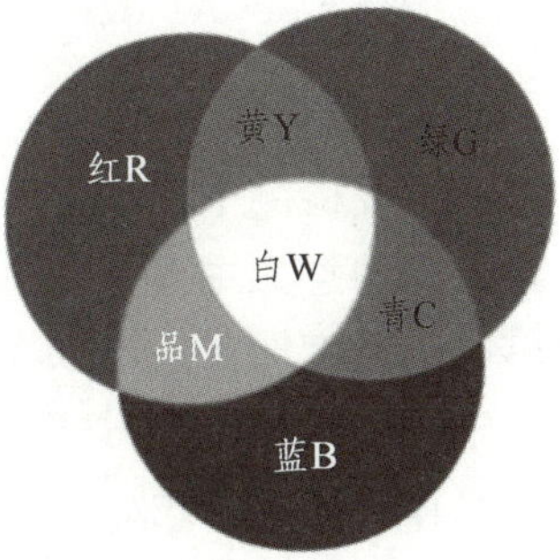

图 2-2-11　RGB 三原色

在进行车道线识别之前，首先需要做的是将图像信息输入计算机，而输入的图像也是三幅单通道图像的叠加，以基于 Python 的 OpenCV 为例，读取名为 test_img.jpg 的图片到计算机内存中的代码如下。

```
import cv2   # 引入 cv 库

img = cv2.imread('assets/1.jpg')                       # 读取图像
cv2.imshow('image', img)                               # 显示图像
cv2.waitKey(0)                                         # 按任意键退出
cv2.destroyAllWindows()                                # 销毁所有窗口
```

读取图像后，可以将图像看作一个二维数组，每个数组元素中存了三个值，分别是 RGB 三通道所对应的数值。其中，OpenCv 定义了图像的左上角为图像坐标原点(0,0)。需要注意的是，由于 OpenCV 的早期开发者习惯于使用 BGR 顺序的颜色模型，因此使用 OpenCV 的 imread( ) 读到的像素，每个像素的排列是按 BGR，而不是常见的 RGB，代码编写时需要注意。

2）视频数据读取

在实际应用中，需要实时监测摄像头获取的画面，那么仅仅读取图像信息便无法满足需求，OpenCV 也提供了相应的视频读取函数 VideoCapture，该函数既可以读取摄像头画面，也可以读取视频信息，当读取视频信息时，只需将 0 改成视频所在位置即可。

```
import cv2   # 引入 cv 库

cap = cv2.VideoCapture(0)             # 获取第 0 个摄像头，笔记本自带摄像头
默认为 0
while True:                           # 进入 while 循环，获取逐帧图像信息
    success, img = cap.read()         # 获取读取成功标志位以及每帧画面
    cv2.imshow('camera', img)         # 显示每帧画面
    c = cv2.waitKey(1)                #判断退出的条件 当按下'Q'键时退出
    if c == ord('q'):
        break

cap.release()                         # 释放资源
cv2.destroyAllWindows()               # 销毁所有窗口
```

3）图像预处理

在车道线检测中，最常用的图像预处理方法为灰度化处理。相较于彩色图像而言，转换为灰度图像的意义主要有两个，一是相较于彩色图像灰度图像占内存更小，运算速度更快；二是转化为灰度图像后可以在视觉上增加对比，突出目标区域。图像灰度化就是将三个通道的数值通过一定的计算方式合并为一个通道的数值，该数值由其他三个通道的数值加权计算得到，具体的计算公式如下。

$$Gray(x,y)=0.299*Red(x,y)+0.587*Green(x,y)+0.114*Blue(x,y)$$

OpenCV 中也提供了相应的灰度处理函数 cvtColor( )，具体的实现代码如下。

```
gray = cv2.cvtColor(img, cv2.COLOR_BGR2GRAY)      # 将图像转化为灰度图
```

灰度处理后的图像如图 2-2-12 所示。

图 2-2-12　灰度处理后的图像

4）Canny 边缘检测

得到了灰度图之后，还需要突出车道线，需要对车道线进行边缘处理。“边缘”就是图像中明暗交替较为明显的区域。车道线通常为白色或黄色，地面通常为灰色或黑色，因此车道线的边缘处会有很明显的明暗交替。边缘检测常用的算法有 Canny 算法、Sobel 算法和 Prewitt 算法，下面以 Canny 边缘检测算法为例进行一个简单的介绍。

Canny 边缘检测算法是 John F. Canny 于 1986 年开发出来的一个多级边缘检测算法，此算法被很多人认为是边缘检测的最优算法，相对其他边缘检测算法来说其识别图像边缘的准确度要高很多。

最优边缘检测的特征有以下三点：

（1）低错误率。标识出尽可能多的实际边缘，同时尽可能减少噪声产生的误报。

（2）高定位性。标识出的边缘要与图像中的实际边缘尽可能接近。

（3）最小响应。图像中的边缘只能标识一次

Canny 边缘检测算法的流程如图 2-2-13 所示。

图 2-2-13　Canny 算法流程

前面已经介绍了灰度图的转化，这里不再赘述。在车道线识别中，图像的信息越准确，检测的效果越好。然而，由于采集设备、环境干扰等多方面的因素导致图像存在一定的噪声。Canny 算子则采用高斯滤波进行降噪，该方法是通过一个 3×3 的卷积核进行一个平滑处理，常用的卷积核模板如下：

$$\begin{bmatrix} 1/16 & 2/16 & 1/16 \\ 2/16 & 4/16 & 2/16 \\ 1/16 & 2/16 & 1/16 \end{bmatrix}$$

滤波核的维数不应选得过大，否则可能会将边缘信息给平滑掉，使得边缘检测算子无法正确识别边缘信息。

滤波之后需要差分计算幅值和方向，图像中以 $f(x+1,y)-f(x,y)$ 表示 x 方向的梯度，其中(x,y)表示图像中像素位置坐标，同理可得 y 方向的梯度，Canny 算子中使用的是 Sobel 算子作为梯度算子。

$$Sobel(x)=\begin{bmatrix}-1 & 0 & 1\\ -2 & 0 & 2\\ -1 & 0 & 1\end{bmatrix}, Sobel(y)=\begin{bmatrix}1 & 2 & 1\\ 0 & 0 & 0\\ -1 & -2 & -1\end{bmatrix}$$

假设所需计算的图像 $M(i,j)=\begin{bmatrix}a_{00} & a_{01} & a_{02}\\ a_{10} & a_{11} & a_{12}\\ a_{20} & a_{21} & a_{22}\end{bmatrix}$

那么可以得到 a_{ij} 在 x 方向的梯度为 $G(x)=Sobel(x)\cdot M(ij)$，在 y 方向的梯度为 $G(y)=Sobel(y)\cdot M(ij)$。那么可以计算得到 a_{11} 在 x 和 y 方向的梯度。

x 方向：$G(x)=(a_{02}+2a_{12}+a_{22})-(a_{00}+2a_{10}+a_{20})$

y 方向：$G(y)=(a_{00}+2a_{01}+a_{02})-(a_{20}+2a_{21}+a_{22})$

在计算得到 x、y 方向的梯度之后，需要将两个方向梯度进行叠加，得到 a_{ij} 最终的梯度 G。其梯度大小的计算公式：

$$G=\sqrt{G(x)^2+G(y)^2}$$

梯度方向的计算公式：

$$\theta=\arctan\left(\frac{G(y)}{G(x)}\right)$$

在获得梯度大小和方向后，将对图像进行全面扫描，以去除可能不构成边缘的所有不需要的像素，如图 2-2-14 所示。为此，需要在每个像素处检查像素是否是其在梯度方向上附近的局部最大值，完成非极大值抑制后，会得到一个二值图像，非边缘的点灰度值均为 0，可能为边缘的点灰度值为 255。

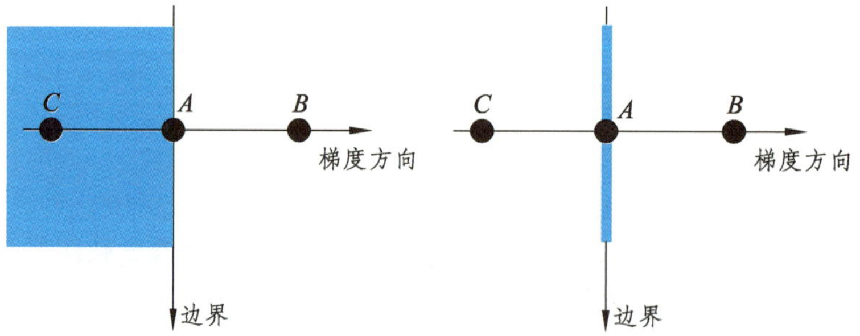

图 2-2-14　非极大值抑制示意

最后，使用双阈值来对二值化图像进行筛选，通过选取合适的大阈值与小阈值可以得出最接近图像真实边缘的边缘图像。根据高阈值得到一个边缘图像，减少假边缘，但是由于阈值较高，产生的图像边缘可能不闭合，解决该问题就采用了另外一个低阈值，将低于低阈值的边界去除。

OpenCV 中提供了相对应的函数，具体的代码如下，经过 canny 边缘检测后，可以较好地获得车道线边界。

```
import cv2                                                  # 引入 cv 库

img = cv2.imread('assets/1.jpg')                            # 读取图像
gray = cv2.cvtColor(img, cv2.COLOR_BGR2GRAY)                # 将图像转化为灰度图
low_threshold = 40                                          # 设置双阈值
high_threshold = 150
canny_image = cv2.Canny(gray, low_threshold, high_threshold)    # 调
用 Canny 边缘检测函数

cv2.imshow('canny_image', canny_image)                      # 显示图像
cv2.waitKey(0)                                              # 按任意键退出
cv2.destroyAllWindows()                                     # 销毁所有窗口
```

检测后的图像如图 2-2-15 所示。

图 2-2-15　Canny 边缘检测后的图像

5）感兴趣区域选择

通过边缘提取，已经可以得到较为清晰的车道线边界了，然而图像中还有很多边界是车道线识别所不需要的，如树木、车辆等，自车所在车道的车道线检测区域被称为感兴趣的区域（Region of Interest，RoI），所以只需将感兴趣区域提取出来即可（见图 2-2-16）。

图 2-2-16　感兴趣区域示意

截取感兴趣区域的算法流程为首先选定一个感兴趣区域，如图 2-2-16 所示的三角形区域；对每个像素点的坐标值进行遍历，如果当前点的坐标值不在三角形区域内，则将该点涂“黑”，即将该点的像素值置为 0。代码如下。

```
import cv2
import numpy as np

def region_of_interest(img, vertices):
    # 定义一个和输入图像同样大小的全黑图像 mask，这个 mask 也称掩膜
    mask = np.zeros_like(img)

    # 忽略的像素点单通道的白色
    ignore_mask_color = 255

    # [vertices]中的点组成了多边形，将在多边形内的 mask 像素点保留，
    cv2.fillPoly(mask, [vertices], ignore_mask_color)

    # 与 mask 做'与'操作，即仅留下多边形部分的图像
    masked_image = cv2.bitwise_and(img, mask)

    return masked_image
```

为了实现感兴趣区域的选择，将该功能封装成一个函数，先生成一个与图像大小相同的黑色掩膜，并保留感兴趣区域的像素点，忽略区域外的像素点。代码如下。

```
img = cv2.imread('assets/1.jpg')                        # 读取图像
gray = cv2.cvtColor(img, cv2.COLOR_BGR2GRAY)            # 将图像转化为灰度图
low_threshold = 40                                      # 设置双阈值
high_threshold = 150
canny_image = cv2.Canny(gray, low_threshold, high_threshold)   # 调用 Canny 边缘检测函数

left_bottom = [20, canny_image.shape[0]]                # 图像左下角坐标，canny_image.shape[0]图像像素行数
right_bottom = [canny_image.shape[1]-20, canny_image.shape[0]]  # 图像右下角坐标，canny_image.shape[1]图像像素列数
apex = [canny_image.shape[1]/2, canny_image.shape[0]/2+20]
# apex1 = [canny_image.shape[1]/2, canny_image.shape[0]/4]   # 三角形区域顶点

vertices = np.array([left_bottom, right_bottom, apex], np.int32)  # 生成多边形区域
```

```
    roi_image = region_of_interest(canny_image, vertices)          # 调用
region_of_interest，生成 roi_image

    cv2.imshow('roi_image', roi_image)                        # 显示图像
    # cv2.imwrite('roi_image1.jpg', roi_image)                # 保存图像
    cv2.waitKey(0)                                            # 按任意键退出
    cv2.destroyAllWindows()                                   # 销毁所有窗口
```

调用该函数，并将图像信息读取到计算机中，计算三角形区域，并将图像参数与多边形参数输入 region_of_interest 函数中，最后显示处理后的图像，处理后的图像如图 2-2-17 所示。

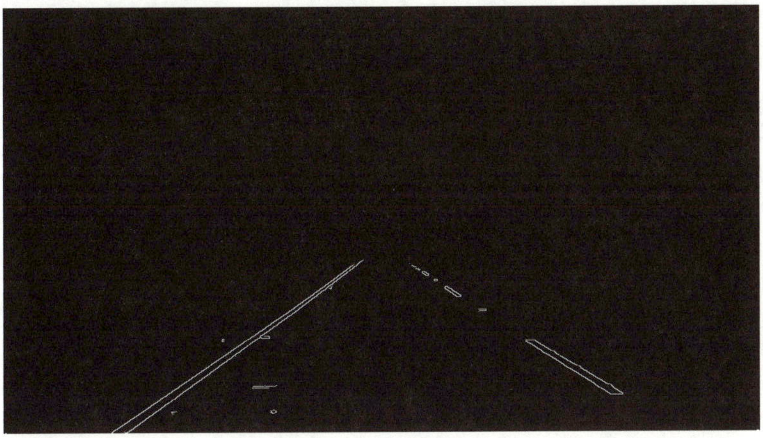

图 2-2-17　感兴趣区域选择

6）霍夫变换

霍夫变换是一种特征提取技术，可以隔离图像中特定形状的特征，常应用于图像分析、计算机视觉和数字图像处理领域，目的是通过投票程序在特定类型的形状内找到对象的不完美实例。霍夫变换运用两个坐标空间之间的变换，将一个空间中具有相同形状的曲线或直线映射到另一个坐标空间的一个点上形成峰值，从而把检测任意形状的问题转化为统计峰值问题。

在车道线识别中，可以使用霍夫变换来提取图像中的车道线。在直角坐标系中，一条直线可以表示为 $y=k*x+b$，假设该直线经过点 $A(x_0, y_0)$。直线可以表示为另一种形式 $b=-k*x_0+y_0$，也就是说图像空间中的点对应了参数空间中的直线（见图 2-2-18）。

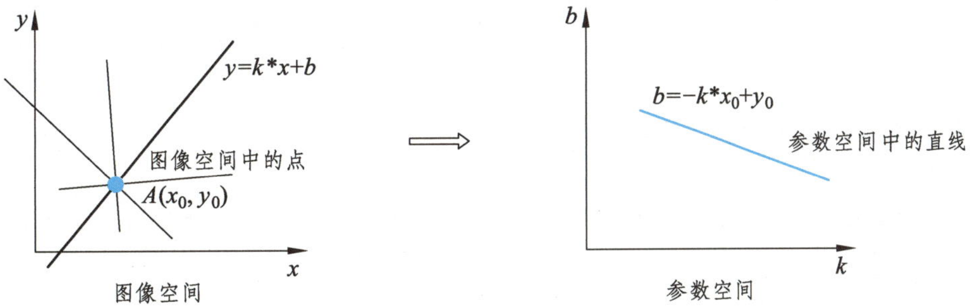

图 2-2-18　图像空间与参数空间

当图像中再多一个点时，参数空间中将会再多一条直线，如图 2-2-19 所示。

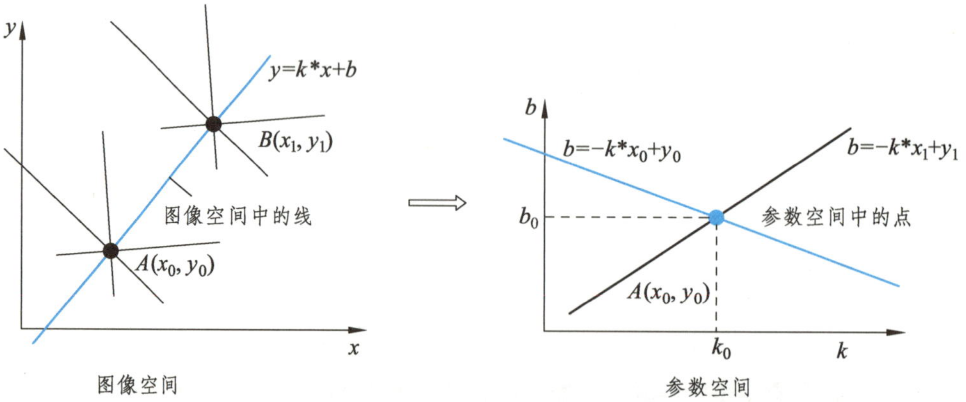

图 2-2-19　选取两个点时的情况

可以看到，图像空间 x-y 中的点 A 和点 B 在参数空间 k-b 中对应的直线相交于一点，这也就是说 AB 所确定的直线，在参数空间中对应着唯一的点，而这个点的坐标值（k_0, b_0）也就是直线 AB 的参数。

以此类推，当图像坐标中有很多点时，在参数空间中选取尽可能多的直线交点（k, b）作为直线的参数，这样在图像坐标中的直线则拟合得比较好。在霍夫变换中，则是将图像空间换成了极坐标，参数空间中的曲线则相应地变成了正弦曲线，也是在参数空间中选取尽可能多的交点作为拟合的极坐标参数。

OpenCV 提供了霍夫变换检测直线的函数，函数所需参数以及含义在代码中进行了注释，代码如下。

```
rho = 2                          # 以像素为单位的距离步长
theta = np.pi/180                # 以弧度为单位的角度步长
threshold = 15                   # 累加计数值的阈值参数，当参数空间某个交点的累
加计数的值超过该阈值，则认为该交点对应了图像空间的一条直线。
min_line_length = 40             # 表示最小线段长度阈值（像素）
max_line_gap = 20                # 线段上最近两点之间的阈值.默认值为 0，表示直
线断裂的最大间隔距离阈值。即如果有两条线段是在一条直线上，但它们之间有间隙，那么
如果这个间隔距离小于该值，则被认为是一条线段，否则认为是两条线段。

# Hough Transform 检测线段，线段两个端点的坐标存在 lines 中
lines = cv2.HoughLinesP(roi_image, rho, theta, threshold, np.
array([]),
                        min_line_length, max_line_gap)
```

在得到了检测的线段后，需要将所得到的线段在图像中画出，这一步封装成 draw_lines 函数，代码如下。

```
def draw_lines(img, lines, color=[255, 0, 0], thickness=2):
    for line in lines:
        for x1,y1,x2,y2 in line:
            cv2.line(img, (x1, y1), (x2, y2), color, thickness)
# 将线段绘制在 img 上
```

复制一份原始图像，并调用 draw_lines 函数将线段绘制在复制的图像上，然后显示并保存，代码如下。

```
line_image = np.copy(img)  # 复制一份原图，将线段绘制在这幅图上
draw_lines(line_image, lines, [255, 0, 0], 6)

cv2.imshow('line_image', line_image)                # 显示图像
cv2.imwrite('output/line_image1.jpg', line_image)   # 保存图像
cv2.waitKey(0)                                    # 按任意键退出
cv2.destroyAllWindows()                           # 销毁所有窗口
```

经过霍夫变换后的图像如图 2-2-20 所示。

图 2-2-20　经霍夫变换后的车道线可视化

7）数据后处理

经过霍夫变换后，已经初步获得了一个大致的车道线识别结果，然而一边的车道线不连续，还需对其进行一定的处理，使其结果更加精确。主要的后处理包括两步，分别是计算左右车道线的直线方程和计算左右车道线的上下边界。

（1）计算左右车道线的直线方程的方法是根据每个线段在图像坐标系下的斜率，判断线段为左车道线还是右车道线，并存于不同的变量中。随后对所有左车道线上的点、所有右车道线上的点做一次最小二乘直线拟合，得到的即为最终的左、右车道线的直线方程。

（2）计算左右车道线的上下边界时，考虑到现实世界中左右车道线一般都是平行的，所以可以认为左右车道线上最上和最下的点对应的 y 值，就是左右车道线的边界。

将数据后处理的操作融入 draw_lines 函数中，对之前的 draw_lanes 进行改进，代码如下。

```
def draw_lines(img, lines, color=[255, 0, 0], thickness=2):
    left_lines_x = []
    left_lines_y = []
    right_lines_x = []
    right_lines_y = []
    line_y_max = 0
    line_y_min = 999
```

```
    for line in lines:
        for x1, y1, x2, y2 in line:
            if y1 > line_y_max:
                line_y_max = y1
            if y2 > line_y_max:
                line_y_max = y2
            if y1 < line_y_min:
                line_y_min = y1
            if y2 < line_y_min:
                line_y_min = y2
            k = (y2 - y1) / (x2 - x1)
            if k < -0.45:
                left_lines_x.append(x1)
                left_lines_y.append(y1)
                left_lines_x.append(x2)
                left_lines_y.append(y2)
            elif k > 0.45:
                right_lines_x.append(x1)
                right_lines_y.append(y1)
                right_lines_x.append(x2)
                right_lines_y.append(y2)
    print(left_lines_x)
    if len(left_lines_x) == 0:
        left_lines_x.append(0)
        left_lines_x.append(1)

    if len(left_lines_y) == 0:
        left_lines_y.append(0)
        left_lines_y.append(1)
    if len(right_lines_x) == 0:
        right_lines_x.append(0)
        right_lines_x.append(1)
    if len(right_lines_y) == 0:
        right_lines_y.append(0)
        right_lines_y.append(1)
    # 最小二乘直线拟合
    left_line_k, left_line_b = np.polyfit(left_lines_x, left_
lines_y, 1)
    right_line_k, right_line_b = np.polyfit(right_lines_x, right_
```

```
lines_y, 1)

        # 根据直线方程和最大、最小的 y 值反算对应的 x
        cv2.line(img,
                 (int((line_y_max - left_line_b) / left_line_k), line_y_
max),
                 (int((line_y_min - left_line_b) / left_line_k), line_y_
min),
                 color, thickness)
        cv2.line(img,
                 (int((line_y_max - right_line_b) / right_line_k), line_
y_max),
                 (int((line_y_min - right_line_b) / right_line_k), line_
y_min),
                 color, thickness)
```

最终得到完整的车道线识别结果，其结果如图 2-2-21 所示。

图 2-2-21　车道线识别结果

在得到了图像的车道线识别结果后，需要将代码的输入改成视频流，而视频是由一帧帧图像组成，那么只需要结合视频读取代码和车道线识别代码即可实现实时监测。

2. 基于 OpenCV 的车牌识别

车牌识别已经是一个比较成熟的算法，在各种停车场都使用了车牌识别技术。基于 OpenCV 的车牌识别算法主要包括图像读取、图像预处理、车牌位置提取、车牌字符分割、模板匹配以及数据后处理几个部分组成。车牌识别算法的具体流程如图 2-2-22 所示。

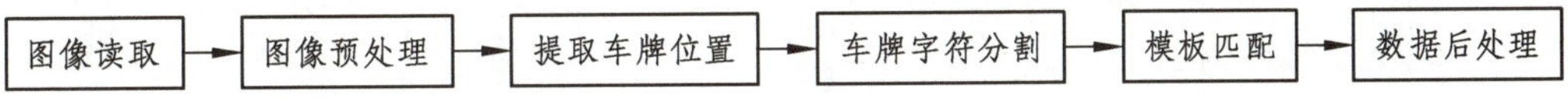

图 2-2-22　车牌识别算法流程

1）图像预处理

在车牌识别算法中，也需要对图像进行预处理，预处理方法与车道线识别方法类似，先将图像进行一个灰度化处理和高斯模糊去噪，最后进行边缘检测（具体原理在车道线识别章节中进行了介绍，这里不再赘述），由于车牌数字为竖写，所以车牌中的字母及数字在 x 方向上的梯度较大，所以在边缘检测时通过 Sobel 算子求边缘，并通过 cv2.convertScaleAbs 函数增强边缘信息。为了方便后续调用这些处理方法，分别将显示灰度图像、图像去噪灰度处理以及边缘检测写成 plt_show( )、gray_guss( )和 preprocess( )三个函数，代码如下。

```
# 导入所需模块
import cv2
from matplotlib import pyplot as plt

# plt 显示彩色图片
def plt_show0(img):
    # cv2 与 plt 的图像通道不同：cv2 为[b,g,r];plt 为[r, g, b]
    b, g, r = cv2.split(img)
    img = cv2.merge([r, g, b])
    plt.imshow(img)
    plt.show()

# plt 显示灰度图片
def plt_show(img):
    plt.imshow(img, cmap='gray')
    plt.show()

# 图像去噪灰度处理
def gray_guss(image):
    image = cv2.GaussianBlur(image, (3, 3), 0)
    gray_image = cv2.cvtColor(image, cv2.COLOR_RGB2GRAY)
    return gray_image

def preprocess(image):
    # x 方向上的边缘检测（增强边缘信息）
    Sobel_x = cv2.Sobel(image, cv2.CV_16S, 1, 0)
    absX = cv2.convertScaleAbs(Sobel_x)
    image = absX
    # 图像阈值化操作——获得二值化图
    ret, image = cv2.threshold(image, 0, 255, cv2.THRESH_OTSU)
    return image
```

将车辆图像读入计算机，并显示边缘检测的图片。

显示脚本主要调用了前面定义的函数，同时为了不破坏原图，先将原图进行复制，在复制的图上进行处理，最终的处理结果如图 2-2-23 所示。

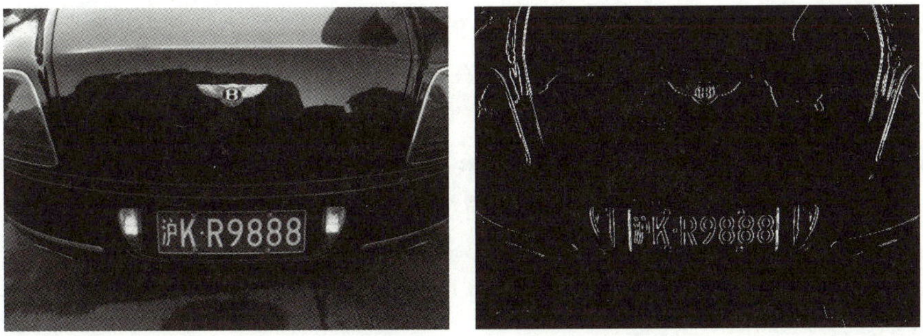

图 2-2-23　原图和边缘检测的结果

2）提取车牌位置

从图中可以看到，虽然有车牌的大部分边缘，但并没有一个完整的车牌轮廓，为了得到较好的车牌轮廓，更准确地提取车牌位置，需要对边缘检测后的结果进行形态学操作。

形态学操作主要包括开操作和闭操作，其中开操作相当于先腐蚀再膨胀，闭操作相当于先膨胀后腐蚀。膨胀通俗地讲是在一幅二值图中使白色区域或者白色的点变大，这将使得原本不连通的区域变得连通，线条变粗等，在 OpenCV 中使用函数 erode 表示。膨胀的计算原理如图 2-2-24 所示，用一个结构元素（一般是 3×3 的大小）扫描图像中的每一个像素，用结构元素中的每一个像素与其覆盖的像素做“与”操作，如果都为 0，则该像素为 0，否则为 1。

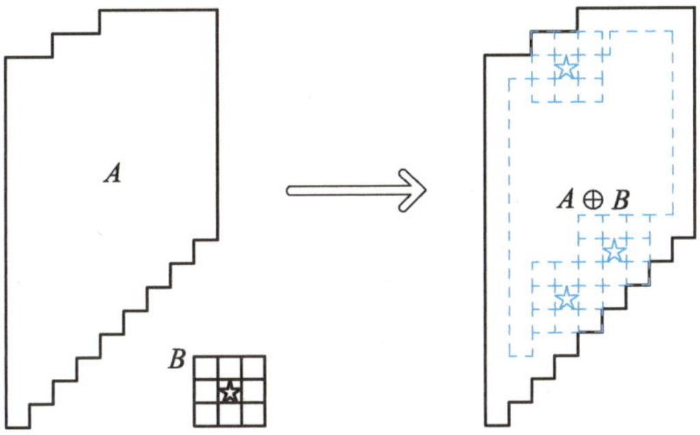

图 2-2-24　膨胀原理

腐蚀与膨胀正好相反，腐蚀会使得二值图中的白色区域变小，去除一些噪点，在 OpenCV 中使用函数 dilate 表示。腐蚀原理如图 2-2-25 所示，用一个结构元素（一般是 3×3 的大小）扫描图像中的每一个像素，用结构元素中的每一个像素与其覆盖的像素做“与”操作，如果都为 1，则该像素为 1，否则为 0。

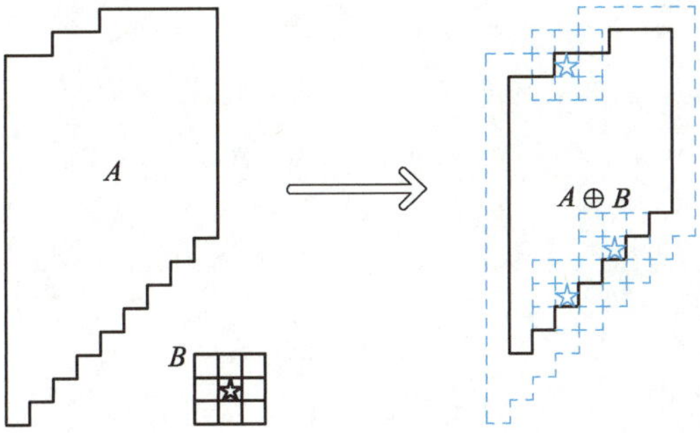

图 2-2-25　腐蚀原理

在车牌识别算法中，由于 x 方向和 y 方向的形态特征不同，x 方向边缘清晰，y 方向边缘模糊，所以 x 方向进行闭操作抑制暗细节，在 y 方向进行开操作增强边缘，具体代码如下所示。

```
def Morphological_close(image):
    # 形态学（从图像中提取对表达和描绘区域形状有意义的图像分量）—闭操作
    kernelX = cv2.getStructuringElement(cv2.MORPH_RECT, (30, 10))
    image = cv2.morphologyEx(image, cv2.MORPH_CLOSE, kernelX,
iterations=1)
    plt_show(image)
    return image

def Morphological_process(image):
    # 定义两个卷积核：腐蚀（erode）和膨胀（dilate）
    kernelX = cv2.getStructuringElement(cv2.MORPH_RECT, (50, 1))
    kernelY = cv2.getStructuringElement(cv2.MORPH_RECT, (1, 20))

    # x方向进行闭操作（抑制暗细节）
    image = cv2.dilate(image, kernelX)
    image = cv2.erode(image, kernelX)
    # y方向的开操作
    image = cv2.erode(image, kernelY)
    image = cv2.dilate(image, kernelY)
    # 中值滤波（去噪）
    image = cv2.medianBlur(image, 21)
    plt_show(image)
    image2 = cv2.cvtColor(image, cv2.COLOR_RGB2BGR)
    cv2.imwrite('output/image2.jpg', image2)
```

最后将边缘检测的结果输入到该函数中，可以得到较为完整的整个车牌位置（见图 2-2-26）。

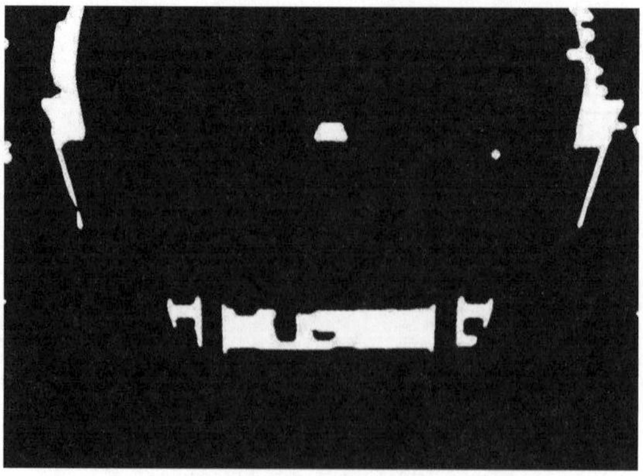

图 2-2-26　经过开闭操作后的二值图

在得到开闭操作之后的二值图后就可以进行车牌位置的提取，在 OpenCV 中提供了一个 cv2.findContours( )函数可以比较方便地获得物体的轮廓。cv2.RETR_EXTERNAL 表示只检测物体外轮廓，cv2.CHAIN_APPROX_SIMPLE 压缩水平方向、垂直方向、对角线方向的元素，只保留该方向的终点坐标，即只保留矩形区域位置坐标，获得车牌位置。遍历所有的矩形点，并根据轮廓的长宽比例关系，排除矩形形状不符合的矩形框信息，最终在原图上将车牌截取出来。

```
def get_position(image):
    # 获得轮廓
    contours, hierarchy = cv2.findContours(image, cv2.RETR_EXTERNAL, cv2.CHAIN_APPROX_SIMPLE)

    #  提取车牌位置
    for item in contours:
        rect = cv2.boundingRect(item)
        x = rect[0]
        y = rect[1]
        weight = rect[2]
        height = rect[3]
        # 根据轮廓的形状特点，确定车牌的轮廓位置并截取图像
        if (weight > (height * 3.5)) and (weight < (height * 4)):
            image = origin_image[y:y + height, x:x + weight]
            # plt_show0(image)
            # cv2.imwrite('output/image3.jpg', image)
            return image
```

截取后的车牌如图 2-2-27 所示。可以看到，车牌位置比较准确地被截取出来了，效果不错。

图 2-2-27　提取位置后的车牌

3）车牌字符的分割

提取车牌之后，为了后续车牌号码的识别，需要对车牌字符进行分割。字符分割之前需要对截取的车牌进行预处理，预处理的方法为灰度去噪、二值化以及膨胀操作，具体操作原理参考前文。

```
# 图像去噪灰度处理
gray_image = gray_guss(image)
# 图像阈值化操作——获得二值化图
ret, image = cv2.threshold(gray_image, 0, 255, cv2.THRESH_OTSU)
```

```
# plt_show(image)

#腐蚀操作。去除噪点
kernel = cv2.getStructuringElement(cv2.MORPH_RECT, (4, 4))
image = cv2.erode(image, kernel)

#膨胀操作，使'沪'字膨胀为一个近似的整体，为分割做准备
kernel = cv2.getStructuringElement(cv2.MORPH_RECT, (10, 10))
image = cv2.dilate(image, kernel)
plt_show(image)
```

膨胀操作可以使车牌的第一个字接近一个整体，为后续的分割做准备，膨胀后的结果如图 2-2-28 所示。

图 2-2-28　预处理后的车牌图像

字符分割的主要思想是通过 cv2.findContours 找到预处理后的车牌图像中所有的矩形框，将每一个矩形框的位置信息和高宽信息存放在一个列表中，对列表进行遍历，去除不符合形状要求的矩形框，最后将剩余的 7 个矩形框所对应位置的图像截取下来并存入一个新的列表，然后同时显示出来，分割后的字符如图 2-2-29 所示。

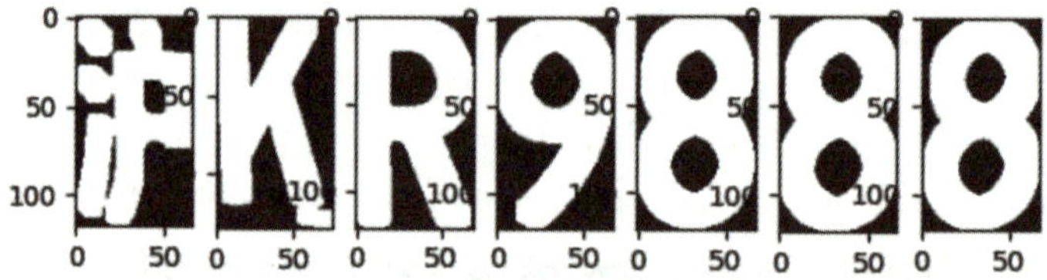

图 2-2-29　字符分割后的图像

字符分割的具体代码如下。

```
# 查找轮廓
contours, hierarchy = cv2.findContours(image, cv2.RETR_EXTERNAL, 
cv2.CHAIN_APPROX_SIMPLE)
words = []
word_images = []
#对所有轮廓逐一操作
for item in contours:
    word = []
    rect = cv2.boundingRect(item)
    x = rect[0]
```

```
        y = rect[1]
        weight = rect[2]
        height = rect[3]
        word.append(x)
        word.append(y)
        word.append(weight)
        word.append(height)
        words.append(word)
    # 排序，车牌号有顺序。words 是一个嵌套列表
    words = sorted(words, key=lambda s:s[0],reverse=False)
    i = 0

    #word 中存放轮廓的起始点和宽高

    for word in words:
        # 筛选字符的轮廓
        if (word[3] > (word[2] * 1.5)) and (word[3] < (word[2] * 3.5))
and (word[2] > 25):
            i = i+1
            splite_image = image[word[1]:word[1] + word[3], word[0]:
word[0] + word[2]]
            word_images.append(splite_image)
    #         print(i)
    # print(words)

    for i,j in enumerate(word_images):
        plt.subplot(1,7,i+1)
        plt.imshow(word_images[i], cmap='gray')
    plt.show()
```

4）模板匹配

在得到了分割的字符后，需要将每一个字符与模板相匹配。模板匹配是指在当前图像 A 内匹配与图像 B 最相似的部分，一般将图像 A 称为输入图像，将图像 B 称为模板图像。模板匹配的方法是将模板图像 B 在输入图像 A 上滑动，逐个遍历所有像素以完成匹配。在 OpenCV 内，通过函数 cv2.matchTemplate( )实现模板匹配。

如果输入图像（原始图像）尺寸是 $W \times H$，模板的尺寸是 $w \times h$，则返回值的大小为 $(W-w+1) \times (H-h+1)$。

在进行模板匹配时，模板在原始图像内遍历。在水平方向上：遍历的起始坐标是原始图像左数第 1 个像素值（序号从 1 开始）。

最后一次比较是当模板图像位于原始图像的最右侧时，此时其左上角像素点所在的位置

是 $W-w+1$。

因此，返回值 result 在水平方向上的大小是 $W-w+1$（水平方向上的比较次数）。

在垂直方向上：遍历的起始坐标从原始图像顶端的第 1 个像素开始。

最后一次比较是当模板图像位于原始图像的最下端时，此时其左上角像素点所在位置是 $H-h+1$。

所以，返回值 result 在垂直方向上的大小是 $H-h+1$（垂直方向上的比较次数）。

如果原始图像尺寸是 $W\times H$，模板的尺寸是 $w\times h$，则返回值的大小为 $(W-w+1)\times(H-h+1)$。也就是说，模板图像要在输入图像内比较 $(W-w+1)\times(H-h+1)$ 次。

例如，在图 2-2-30 中，左上方的 2×2 小方块是模板图像，右下方的 10×10 图像是输入图像（原始图像）。在进行模板匹配时：

首先将模板图像置于输入图像的左上角。

模板图像在向右移动时，最远只能位于输入图像的最右侧边界处，此时模板图像左上角的像素对应着输入图像的第 9 列（输入图像宽度-模板图像宽度+1=10−2+1=9）。

模板图像在向下移动时，最远只能位于输入图像最下端的边界处。此时模板图像左上角的像素对应着输入图像的第 9 行（输入图像高度-模板图像高度+1=10−2+1=9）。返回 result 的值越小表示匹配度越差，值越大表示匹配度越好。

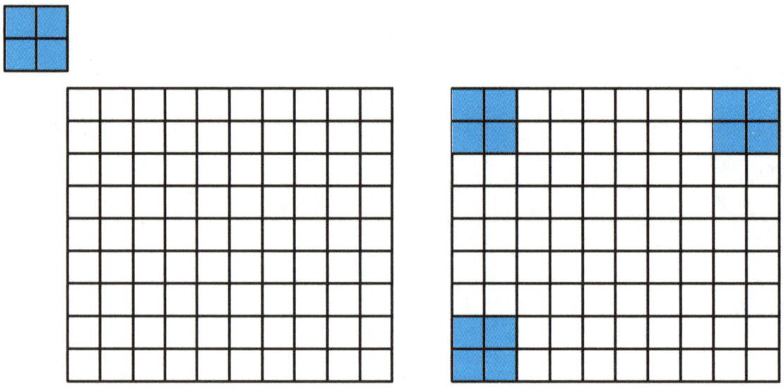

图 2-2-30　模板匹配示意

将匹配度最好的结果，所对应的模板字典值作为最终车牌号码的字符。

将读取模板以及匹配过程封装成函数，具体代码如下所示。

```
#模版匹配
# 准备模板(template[0-9]为数字模板；)
template = ['0','1','2','3','4','5','6','7','8','9',
        'A','B','C','D','E','F','G','H','J','K','L','M','N','P','Q',
'R','S','T','U','V','W','X','Y','Z',
            '藏','川','鄂','甘','赣','贵','桂','黑','沪','吉','冀','
津','晋','京','辽','鲁','蒙','闽','宁',
            '青','琼','陕','苏','皖','湘','新','渝','豫','粤','云','
浙']
```

```
# 读取一个文件夹下的所有图片，输入参数是文件名，返回模板文件地址列表
def read_directory(directory_name):
    referImg_list = []
    for filename in os.listdir(directory_name):
        referImg_list.append(directory_name + "/" + filename)
    return referImg_list

# 获得中文模板列表（只匹配车牌的第一个字符）
def get_chinese_words_list():
    chinese_words_list = []
    for i in range(34,64):
        #将模板存放在字典中
        c_word = read_directory('./refer1/refer1/'+ template[i])
        chinese_words_list.append(c_word)
    return chinese_words_list
chinese_words_list = get_chinese_words_list()


# 获得英文模板列表（只匹配车牌的第二个字符）
def get_eng_words_list():
    eng_words_list = []
    for i in range(10,34):
        e_word = read_directory('./refer1/refer1/'+ template[i])
        eng_words_list.append(e_word)
    return eng_words_list
eng_words_list = get_eng_words_list()


# 获得英文和数字模板列表（匹配车牌后面的字符）
def get_eng_num_words_list():
    eng_num_words_list = []
    for i in range(0,34):
        word = read_directory('./refer1/refer1/'+ template[i])
        eng_num_words_list.append(word)
    return eng_num_words_list
eng_num_words_list = get_eng_num_words_list()


# 读取一个模板地址与图片进行匹配，返回得分
def template_score(template,image):
```

```
        #将模板进行格式转换
        template_img=cv2.imdecode(np.fromfile(template,dtype=np.
uint8),1)
        template_img = cv2.cvtColor(template_img, cv2.COLOR_RGB2GRAY)
        #模板图像阈值化处理——获得黑白图
        ret, template_img = cv2.threshold(template_img, 0, 255, cv2.
THRESH_OTSU)
    #     height, width = template_img.shape
    #     image_ = image.copy()
    #     image_ = cv2.resize(image_, (width, height))
        image_ = image.copy()
        #获得待检测图片的尺寸
        height, width = image_.shape
        # 将模板 resize 至与图像一样大小
        template_img = cv2.resize(template_img, (width, height))
        # 模板匹配，返回匹配得分
        result = cv2.matchTemplate(image_, template_img, cv2.TM_CCOEFF)
        return result[0][0]


    # 对分割得到的字符逐一匹配
    def template_matching(word_images):
        results = []
        for index,word_image in enumerate(word_images):
            if index==0:
                best_score = []
                for chinese_words in chinese_words_list:
                    score = []
                    for chinese_word in chinese_words:
                        result = template_score(chinese_word,word_image)
                        score.append(result)
                    best_score.append(max(score))
                i = best_score.index(max(best_score))
                # print(template[34+i])
                r = template[34+i]
                results.append(r)
                continue
            if index==1:
```

```
            best_score = []
            for eng_word_list in eng_words_list:
                score = []
                for eng_word in eng_word_list:
                    result = template_score(eng_word,word_image)
                    score.append(result)
                best_score.append(max(score))
            i = best_score.index(max(best_score))
            # print(template[10+i])
            r = template[10+i]
            results.append(r)
            continue
        else:
            best_score = []
            for eng_num_word_list in eng_num_words_list:
                score = []
                for eng_num_word in eng_num_word_list:
                    result = template_score(eng_num_word,word_image)
                    score.append(result)
                best_score.append(max(score))
            i = best_score.index(max(best_score))
            # print(template[i])
            r = template[i]
            results.append(r)
            continue
    return results
```

该代码匹配过程需要等待几秒，最终终端输出正确的车牌号码“沪 KR9888”(见图 2-2-31)。

```
['沪', 'K', 'R', '9', '8', '8', '8']
沪KR9888
```

图 2-2-31　输出的车牌号

5）数据后处理

为了更加方便地显示识别的车牌号码，可以将识别结果进行一定的处理，将结果直接画在图像界面，最终的结果如图 2-2-32 所示，可运行 license_plate_recogintion.py 脚本得到可视化脚本，由于匹配的模板比较多，需要等待一定时间。

图 2-2-32　车牌识别最终结果

具体的代码如下，通过 PIL 库将结果绘制在图像上，为了不影响原图，将原始图像复制为 imag_1，然后在该图像上绘制绿色的方框，在方框中填入车牌号码，最终通过 plt_show 函数进行可视化并保存识别图像。

```
# 数据后处理
from PIL import ImageFont, ImageDraw, Image

height,weight = origin_image.shape[0:2]
print(height)
print(weight)

image_1 = origin_image.copy()
cv2.rectangle(image_1, (int(0.2*weight), int(0.75*height)), (int
(weight*0.65), int(height*0.85)), (0, 255, 0), 5)

#设置需要显示的字体
fontpath = "font/simsun.ttc"
font = ImageFont.truetype(fontpath, 128)
img_pil = Image.fromarray(image_1)
draw = ImageDraw.Draw(img_pil)
#绘制文字信息
draw.text((int(0.25*weight)+25, int(0.75*height)), "".join(result),
font = font, fill = (255, 255, 0))
bk_img = np.array(img_pil)
print(result)
print("".join(result))
plt_show0(bk_img)
cv2.imwrite('output/image5.jpg', bk_img)
```

与车道线同理，视频由多帧图像组成，那么只需将图像的输入改为从摄像头读取，并通过 while 循环对图像进行检测即可。然而模板匹配算法的效率较低，实时性并不理想，近年来通过深度学习的方法进行数字识别已相当成熟，后面会对深度学习的方法进行介绍。

2.2.5.6　基于支持向量机（SVM）的道路标识牌分类

图像分类是计算机视觉领域的一个重要任务，它的目标是将输入的图像分为不同的类别或标签。这个任务通常涉及训练一个机器学习或深度学习模型，以便模型能够自动从图像中提取特征并对其进行分类。基于支持向量机的道路标志牌分类属于机器学习的范畴，主要包括数据集准备、特征向量提取、特征标准化、构建 SVM 模型、优化问题（训练）和预测（见图 2-2-33）。

图 2-2-33　SVM 道路标识牌分类

1. SVM 分类算法

SVM（Support Vector Machine，支持向量机）是一种广泛用于模式分类和回归分析的监督学习算法。它的主要目标是找到一个超平面，将不同类别的数据点有效地分开，并在最大化间隔（margin）的同时尽量减少分类错误。

目标：SVM 的主要目标是找到一个超平面，这个超平面可以将训练数据分为两个不同的类别，即正类别和负类别。超平面的数学表示为

$$w^{\mathrm{T}} \cdot x + b = 0$$

其中，w^{T} 是法向量（超平面的法线），x 是特征向量，b 是偏置项。

SVM 关注的不仅仅是分离数据点，还关注如何使分类间隔最大化。分类间隔是指从超平面到离它最近的数据点的距离。SVM 的目标是找到最大化分类间隔的超平面，如图 2-2-34 所示，分类平面 C 到数据边界 A 和 B 的模最大。通俗来说，就是超平面 C 的分类效果比超平面 A 和 B 的分类效果好。在数学表达上，加上约束条件，原问题可以转化为一个优化问题。

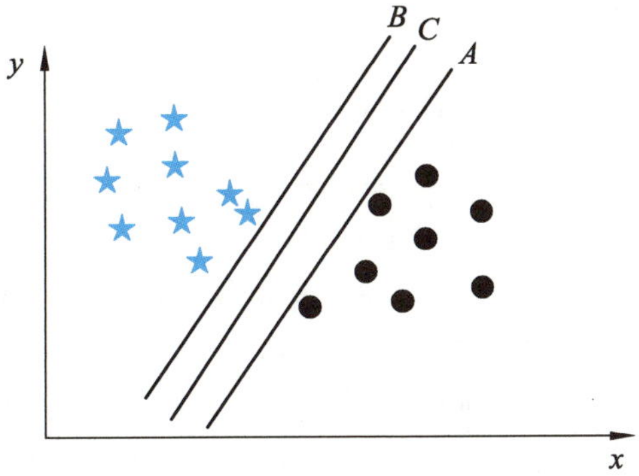

图 2-2-34　分类示意

求最大几何间隙：$\min \frac{1}{2}\|w\|^2 \ \text{s.t.}, y(w^{\mathrm{T}} \cdot x + b) \geqslant 1$。

然而在现实应用中，数据通常不是线性可分的，即不存在一个超平面可以完美地分隔两

个类别。为了处理这种情况，SVM 引入了“软间隔”，允许一些数据点落在分类间隔内，但会受到一定的惩罚。这个惩罚项由正则化参数控制，参数越大，容忍度越低，模型越倾向于完美分隔，参数越小，容忍度越高，模型越倾向于接受少量分类错误。最大的几何间隙则为

$$\min \frac{1}{2}\|w\|^2 + C$$

其中，C 为允许分隔平面存在的误差。

在 sklearn 中提供了 SVM 的函数，安装完 sklearn 后直接导入即可，并通过 svm.SVC 进行搭建。

```
from sklearn import svm  # 导入 SVM 库

clf = svm.SVC(gamma="scale")  # SVM 分类器搭建
```

2. 特征向量提取

直接的图像信息无法直接运用于 SVM 分类器的训练，需要将图像特征提取出来，使 SVM 分类器根据提取的特征与标签进行训练。最常用的特征提取方式为 HOG 特征提取。HOG 特征即方向梯度直方图（Histogram of Oriented Gradient，HOG），是计算机视觉领域中用于目标检测的一种特征描述子。其通过计算图像部分区域的梯度信息，并进行统计梯度信息的直方图来构成特征向量。通常地，将 HOG 所提取到的特征向量喂入预训练好的 SVM 分类器，可实现图像识别的功能。HOG 特征提取的步骤如下：

（1）图像预处理。首先，需要对输入图像进行预处理，以确保图像质量和一致性。通常包括灰度化（将彩色图像转换为灰度图像）和图像尺寸标准化（将图像缩放到相同的大小）。

（2）计算图像梯度。HOG 特征的关键是计算图像中每个像素点的梯度信息。通常使用 Sobel、Scharr 或 Prewitt 等滤波器来计算图像的水平梯度（x 方向）和垂直梯度（y 方向）。这些梯度信息有助于捕捉图像中边缘和纹理的信息。

（3）计算梯度幅度和方向。对于每个像素点，根据其水平梯度 $gradient\_x$ 和垂直梯度 $gradient\_y$ 计算梯度幅度（梯度的大小）和梯度方向（梯度的角度）。通常使用以下公式计算梯度的幅度和方向：

幅度（Magnitude）：$magnitude = \sqrt{gradient\_x^2 + gradient\_y^2}$

方向（Direction）：$direction = \arctan\left(\dfrac{gradient\_y}{gradient\_x}\right)$

方向通常以角度来表示，范围为 0° ~ 180°或 0° ~ 360°，具体取决于应用。

（4）构建梯度方向直方图。将图像划分为多个小的细胞单元（cell），每个细胞单元内的像素贡献梯度信息。然后，为每个细胞单元构建一个梯度方向直方图（Histogram of Oriented Gradients），统计该细胞单元内像素的梯度方向分布。通常，方向范围被分成多个离散的方向通道（bins），例如 8 个或 9 个方向通道。

（5）块归一化。HOG 特征在构建梯度方向直方图后，通常会对多个相邻的细胞单元进行块归一化（block normalization）。块归一化有助于抵抗光照变化，提高特征的鲁棒性。块通常由多个细胞单元组成，可以选择块的大小和重叠程度。

（6）特征向量生成。最后，将所有细胞单元的梯度方向直方图连接起来，构成一个全局的 HOG 特征向量。这个特征向量可以用于训练机器学习模型，如支持向量机（SVM）或神经网络，用于目标检测或图像分类任务。

HOG 特征提取的代码如下，将特征提取封装成一个函数，对图像进行灰度化处理，并通过 hog 函数提取 HOG 特征向量，并保存到指定位置，代码如下。

```
def get_feature(img_list, img_name_list, img_name_label, savepath):
    # 提取特征并且保存模型
    for i in range(len(img_list)):
        img = cv2.cvtColor(img_list[i], cv2.COLOR_BGR2GRAY)
        hogvector, hog_image = hog(img, orientations=9, pixels_per_
cell=(8, 8), cells_per_block=(2,2),
                                   block_norm='L2-Hys', visualize=True)
        label = img_name_label[img_name_list[i]]  # 通过上面字典的方
式获取图片标签
        fd = np.concatenate((hogvector, [label]))  # 将图片的 hog 特
征和标签串联起来
        fd_name = img_name_list[i] + '.feat'
        makedir(savepath)
        fd_path = os.path.join(savepath, fd_name)
        # fd_path = os.path.join(fd_name)
        joblib.dump(fd, fd_path)
    print("数据集的特征和标签已经获取完成。")
```

保存后的特征向量如图 2-2-35 所示，每一张图像对应一个.feat 文件。

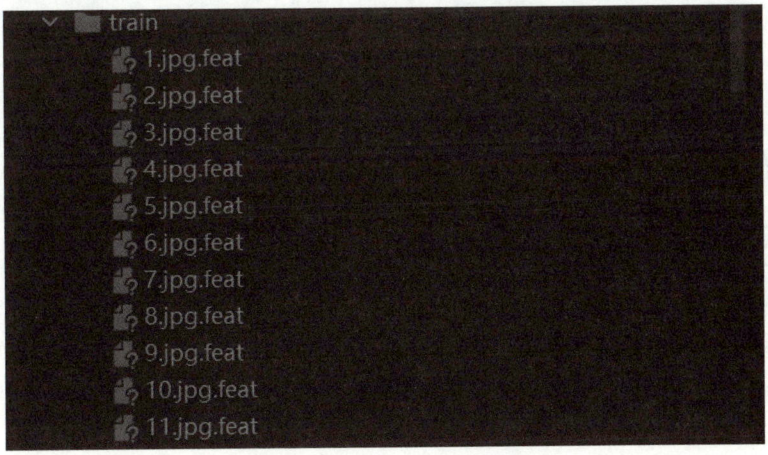

图 2-2-35　HOG 特征向量文件

3. 特征标准化

特征向量标准化（Feature Vector Normalization）是在机器学习和数据分析中常用的一种数据预处理步骤，其目的是将不同特征之间的值范围统一，以确保各个特征对模型的训练和

预测不产生不合理的影响。标准化通常是指将特征向量的数值转化为均值为 0、标准差为 1 的分布，也称为标准化分布。

特征向量标准化的好处包括：

（1）提高模型的收敛速度。标准化后的数据有更小的值范围，有助于加速模型的收敛，特别是对于基于梯度的优化算法，如梯度下降。

（2）防止某些特征主导模型。如果某个特征的值范围远远大于其他特征，模型可能会过度依赖于这个特征，而忽略其他特征的影响。标准化可以消除这种影响。

（3）使模型更稳定。标准化后，不同特征之间的比较更加稳定，模型更容易泛化到未见过的数据。

代码上可以通过 sklearn 库导入 StandardScaler( )来进行归一化操作。

```
scaler = StandardScaler()
features_scaled = scaler.fit_transform(features)  # 数据归一化
```

fit_transform 包含了两个步骤，求得训练集 X 的均值、方差、最大值、最小值等固有属性，并进行标准化、降维、归一化等操作。

4. 模型优化

模型优化，即 SVM 寻找超平面的过程，先通过 svm.SVC 搭建的 SVM 分类器，并将分类器赋值给 clf，将上一步提取的特征和标签输入 SVM 中进行数据拟合，找到最佳分隔平面后将模型命名为 model 并保存。

```
print("Training a SVM Classifier.")
scaler = StandardScaler()
features_scaled = scaler.fit_transform(features)  # 数据归一化

clf = svm.SVC(gamma="scale")  # SVM 分类器搭建
clf.fit(features_scaled, labels)  #拟合训练


# 下面的代码是保存模型的
makedir(model_path)
joblib.dump(clf, model_path + 'model')
print("训练之后的模型存放在 model 文件夹中")
```

运行脚本 getlabel.py，等待一定时间后，可以看到训练完成（见图 2-2-36），其中 SVM 的准确率为 46.043 2%，并不是非常高，这与数据集的质量和数量有一定关系，但传统的特征提取存在一定的局限性，并不能保证所提取的特征对结果有用且足够。

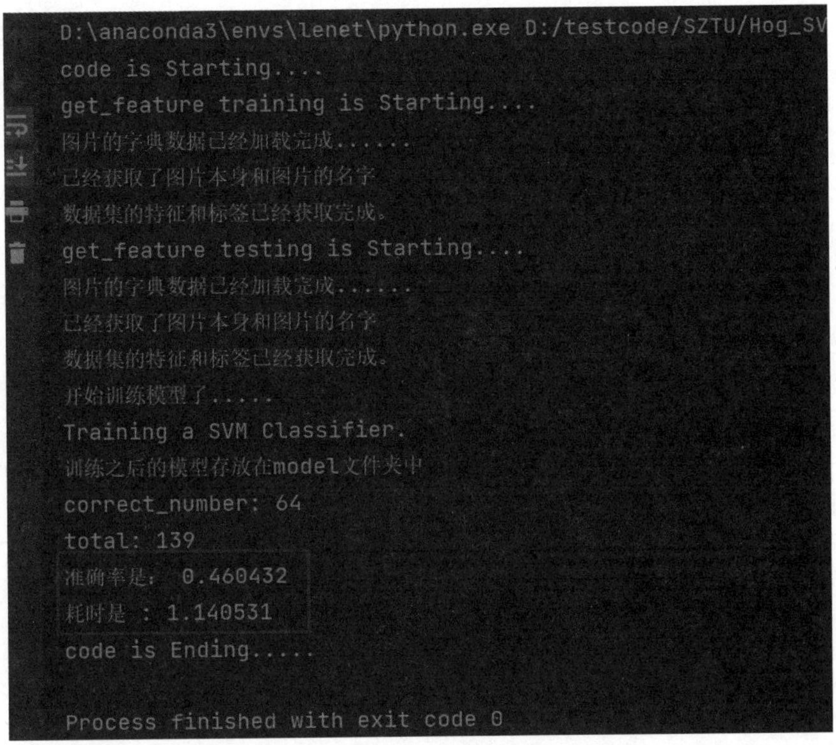

图 2-2-36　训练结果

5. 将保存的模型进行预测

在预测过程中，首先需要对图像进行灰度化处理，同时需要将图像尺寸缩放到 128 × 128 的大小，这与 SVM 训练时输入其中的图像大小一致，图像大小不一样 HOG 特征提取过程的特征数量也不一样，这将导致预测与训练过程中所需维度不同，从而代码报错。提取完特征后，将特征向量进行 reshape 操作变为一维向量，并与训练过程一样进行特征向量的归一化处理，最终通过 clf.predict 进行预测，代码如下。

```
def hog_extra_and_svm_class(proposal, clf):
    # 提取特征并且分类图像
    scaler = StandardScaler()

    img = cv2.cvtColor(proposal, cv2.COLOR_BGR2GRAY)
    img = cv2.resize(img, (128, 128))
    features, hog_image = ft.hog(img, orientations=9, pixels_per_
cell=(8, 8), cells_per_block=(2, 2),
                                 block_norm='L2-Hys', visualize=True)

    # print(data_test)
    data_test_feat = features.reshape((1, -1)).astype(np.float64)
    # data_test_feat_scaler = scaler.transform(data_test_feat)
    # features_scaled = scaler.fit_transform(features)
```

```
    data_test_feat_scaler = scaler.fit_transform(data_test_feat)
    cls_prop = clf.predict(data_test_feat_scaler)
    cls_prop = cls_prop[0]

    return cls_prop
```

6. 数据后处理

预测出来的结果为一个数值，需要将预测的数值转化为文本信息。这里需要建立一个字典，通过字典查询的方法进行转化。建立的字典如下。

```
img_label = {0: "ahead", 1: "clearway_no_stopping", 2: "crosswalk", 
3: "motorway", 4: "non-motorized_lane",5: "speed_limit_50", 6: "split-
way", 7: "turn_left", 8: "turn_right", 9: "warning_sign", 10: "background"}
```

最终，将摄像头打开，将每一帧的画面输入之前定义的 hog_extra_and_svm_class 函数，具体代码如下。

```
if __name__ == "__main__":
    cap = cv2.VideoCapture(0)
    cv2.namedWindow('camera')
    cv2.resizeWindow("camera", 640, 480)
    cols = int(cap.get(cv2.CAP_PROP_FRAME_WIDTH))
    rows = int(cap.get(cv2.CAP_PROP_FRAME_HEIGHT))
    clf = joblib.load("D:/testcode/SZTU/Test3_Hog_SVM_img_
classification-master/Hog_SVM_img_classification-master/model/model
/model")
    i=0
    while (1):
        i+=1
        ret, img = cap.read()
        img_bin = preprocess_img(img)
        min_area = img_bin.shape[0] * img.shape[1] / (25 * 25)
        rects = contour_detect(img_bin, min_area=min_area)
        if rects:
            Max_X = 0
            Max_Y = 0
            Max_W = 0
            Max_H = 0
            for r in rects:
                if r[2] * r[3] >= Max_W * Max_H:
                    Max_X, Max_Y, Max_W, Max_H = r
            proposal = img[Max_Y:(Max_Y + Max_H),
```

```
                         Max_X:(Max_X + Max_W)]  ##用 Numpy 数组对图像像素
进行访问时，应该先写图像高度所对应的坐标(y,row)，再写图像宽度对应的坐标(x,col)。
                cv2.rectangle(img, (Max_X, Max_Y), (Max_X + Max_W, Max_Y
+ Max_H), (0, 255, 0), 2)
                cv2.imshow("proposal", proposal)
                cls_prop = hog_extra_and_svm_class(proposal, clf)
                # cls_prop = np.round(cls_prop, 2)
                # cls_num = np.argmax(cls_prop)  ##找到最大相似度的索引
                if img_label[int(cls_prop)] is not "background":
                    print(img_label[int(cls_prop)])
                else:
                    print("N/A")
            cv2.imshow('camera', img)
            cv2.waitKey(40)
        cv2.destroyAllWindows()
        cap.release()
```

打开摄像头，设置窗口基本信息，并加载训练完的模型，进入 while 循环，将每一个画面进行预测，并通过字典查询打印预测的信息。最后实时监测的画面如图 2-2-37 所示。

图 2-2-37　实时监测效果

由于使用的数据集仅包含了交通标志画面，背景信息较少，鲁棒性较差，当使用摄像头检测时，误检的概率较大。随着技术的发展基于深度神经网络的算法在鲁棒性和准确性上都较传统算法有了不错的提高。

2.2.5.7　基于深度学习的方法（VGGNet）对道路标识牌分类

最近几年深度学习技术发展迅速，特别是随着卷积神经网络（Convolutional Neural Network，CNN）的提出，更是带动了图像识别、目标检测、视频分析等计算机视觉技术的快速发展。基于卷积神经网络的深度学习算法已经占领了各大计算机视觉数据竞赛的榜首位置，并且在移动机器人、自动驾驶领域的研究中发挥了重要作用。在学习 VGGNet 网络之前，有必要对卷积神经网络有一个大致的了解。

1. 卷积神经网络

卷积神经网络作为深度学习的代表算法之一，在图像处理领域有着广泛的应用和突出的效果。卷积神经网络依靠大量的离线数据和可靠的网络结构，引入局部连接和权值共享等结构，实现了特征提取的平移不变性，对图像的缩放、变换等不同的操作具有高度的不变性。LeNet-5 等早期出现的卷积神经网络，大多是利用卷积层和全连接层通过分类器实现图像的识别等操作。对于输入图像，CNN 的网络层部分依照深度的不同提取不同的特征信息：浅层部分提取低级特征；中层部分提取中级信息；深层部分提取高级信息。这些特征信息均由 CNN 通过训练输入数据进行学习，隐式提取，避免了传统方法的显示特征提取，具有更好的特征学习能力。

CNN 主要由输入层、隐藏层、输出层等多个卷积层组成，结构之间的主要特点是局部连接、权值共享，达到大规模减少网络参数的效果。如图 2-2-38 所示，一个常用的卷积神经网络主要包括卷积层、池化层、激活函数、全连接层。每层之间利用局部连接和权值共享减少计算参数，提高运算速度。

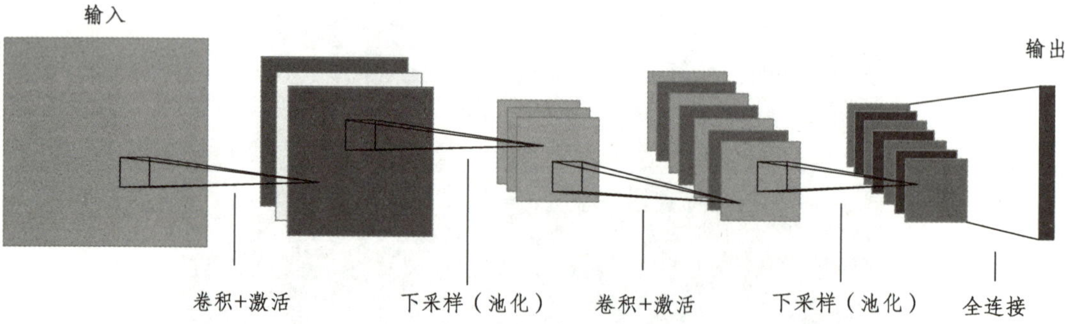

图 2-2-38　卷积神经网络的结构

1）局部连接和权值共享

CNN 的一大优点是神经元之间的局部连接结构。早期的神经网络每层的神经元与相邻层之间全部的神经元保持相互连接，即全连接，下一层每个神经元的输入为上一层神经元的全部数据特征。CNN 改变了这种连接方式。对图像而言，其本身存在明显的空间关系，CNN 选取其局部的特征作为下一层的输入，感知局部信息，在更高层将其融合为全部信息。如图 2-2-39 所示，（a）图为神经网络的全连接方式，（b）图为局部连接方式。通过神经元之间的局部连接可以大幅度减少参数数量，提高运行速度，同时在一定程度上可以防止过拟合。

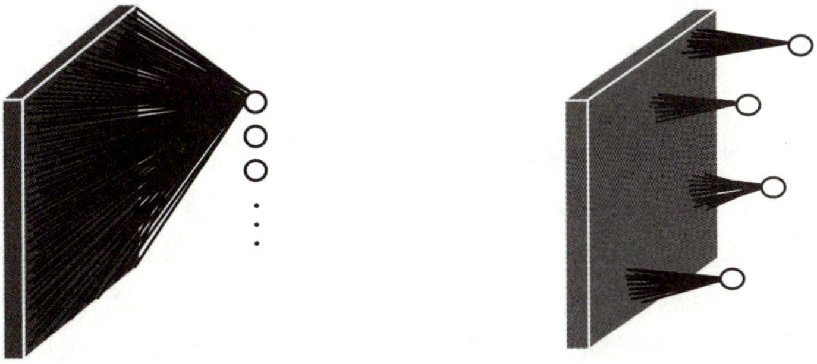

（a）全连接　　　　（b）局部连接

图 2-2-39　卷积神经网络的连接方式

对于给定的图像，使用卷积核进行卷积操作提取图像的特征。图像的卷积过程即使用卷积核中的参数值对图像的像素点进行加权，其本身是一种矩阵的运算，卷积核中的参数值也称为权重或权值。权值共享即使用同一卷积核对图像进行卷积，整幅图像共享卷积核的参数，不会因卷积位置的改变而改变参数的大小。通过局部连接的方式，神经网络的参数量已经大批量减少，再通过局部连接过程中图像局部感受野的权值共享，可以进一步减少网络参数。

如图 2-2-40 所示，为神经网络的权值共享图解。对于输入的 6×6 大小的矩阵使用不同的卷积核进行卷积，得到 4×4 大小的输出，大规模地减少了参数量。

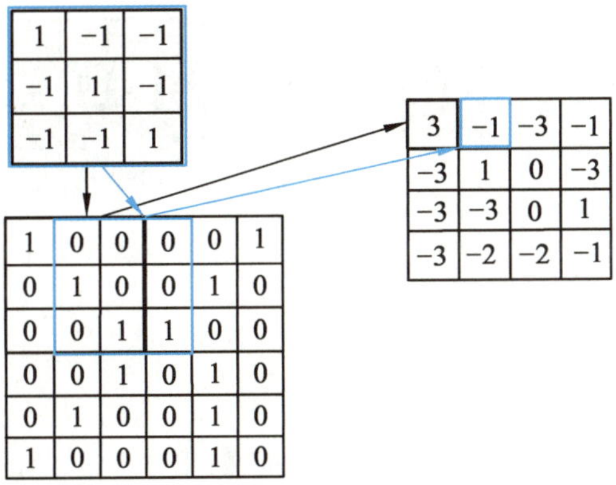

图 2-2-40　卷积过程中的权值共享

2）卷　积

卷积神经网络的输入层与其他神经网络功能一致，用来实现数据的输入。一张 RGB 图像有三个图层，即输入层为三维像素矩阵。卷积层作为 CNN 中非常重要的部分，主要是实现卷积操作，提取输入数据的特征。对一个二维矩阵，卷积操作常使用公式：

$$a_{i,j}=f(\sum_{m=0}^{2}\sum_{n=0}^{2}w_{m,n}x_{i+m,j+n}+b)$$

其中，f 为激活函数；$x_{i,j}$ 表示输入第 i 行 j 列的输入数据；b 为对应的偏差；$w_{m,n}$ 为对应的权重；$a_{i,j}$ 为卷积后的结果。

卷积后的特征图尺寸为

$$W_{\text{out}} = (W_{\text{in}} - F + 2P) / S + 1$$

$$H_{\text{out}} = (H_{\text{in}} - F + 2P) / S + 1$$

其中，H_{in} 和 W_{in} 分别为输入特征图的高和宽；H_{out} 和 W_{out} 分别为卷积后特征图的高和宽；F 为卷积核的边长；S 为卷积的步长；P 为 Zero Padding 数量。Zero Padding 是指以 0 值在原始特征图边界进行像素点填充，如果 P 的值是 1，那么就在原始图像周围加上一圈 0。通过 Zero Padding 可以更好地保证特征图边界信息的参考价值，且保证图像尺寸和维度一致。

图 2-2-40 所示过程也是神经网络的卷积过程，在卷积的实现过程中严格应用了局部连接和权值共享的操作。二维矩阵经过 3×3 的卷积核卷积，得到的特征图中每部分的值均是由卷积操作公式得到。

3）池　化

池化层也称为下采样层，常加在卷积层之后，对卷积后的特征矩阵进行 pooling（池化）操作，整合得到更容易表达的新的特征矩阵。常用的池化操作是均值池化和最大值池化。池化层将特征图进一步缩小，减少了运算操作，并在池化过程中保持特征不变，如旋转不变性、平移不变性、伸缩不变性等。

如图 2-2-41 所示，（a）图是最大值池化操作，取池化窗口内特征值的最大值，可以减少卷积层参数误差造成的估计均值变化引起的误差；（b）图为均值池化操作，对池化窗口内的特征值取均值，可以减少邻域大小受限带来的估计值方差变大引起的误差。

（a）最大值池化　　（b）均值池化

图 2-2-41　下采样操作示意

4）激　活

激活是指通过激活函数将输入的特征处理并映射出来。早期的感知机和神经网络利用线性激活函数只能实现简单的线性分类，CNN 通常利用非线性激活函数增加神经网络的非线性特征表达能力，解决线性模型不能解决的问题。神经网络中常用的激活函数主要有 Sigmoid、tanh 和 Relu。

对于常用的几种激活函数，tanh 在特征信息相差明显的时候效果更好；在特征需要更细微的分类判断时常使用 sigmoid 函数；而目前大部分的神经网络都采用 Relu 激活函数，稀疏化表征网络的特征，减少了参数之间的依赖关系，缓解了过拟合的发生。

tanh 是双曲正切函数，其函数及导数计算公式如下：

$$T(x) = \tanh x = \frac{\sinh x}{\cosh x} = \frac{e^x - e^{-x}}{e^x + e^{-x}}$$

$$T'(x) = 1 - [T(x)]^2$$

tanh 函数及其一阶导数曲线如图 2-2-42 所示。y=tanh$x$ 的函数曲线经过原点并严格递增，限制于[-1, 1]之间；导数值域为[0, 1]。在神经网络的反向传播过程中，计算每层网络的梯度都需要计算与激活函数的一阶导数的乘积。对于 tanh 激活函数，每计算一层网络，梯度衰减一部分；随着网络层数的增加，函数的梯度逐渐消失至近于 0。在此种情况下，神经网络的收敛速度变慢，且浅层网络的参数得不到有效的调整，得不到预期的网络性能。

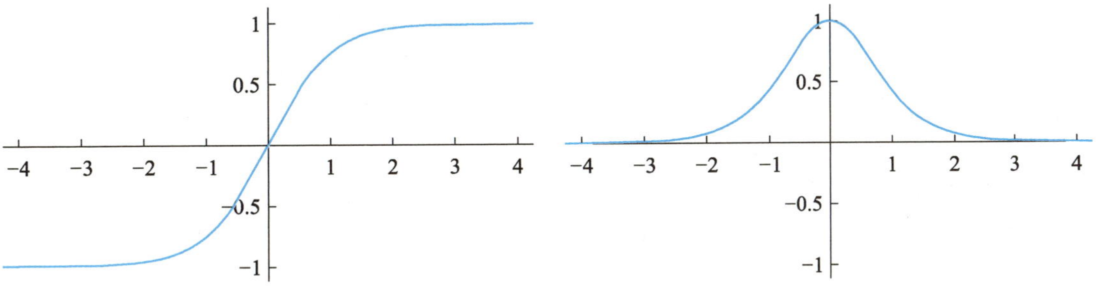

（a）tanh 函数　　（b）tanh 的一阶导数

图 2-2-42　tanh 激活函数及其导数曲线

Sigmoid 激活函数也称为 S 形生长曲线，其函数和导数计算公式如下：

$$S(x)=\frac{1}{1-\mathrm{e}^{-x}}$$

$$S'(x)=\frac{\mathrm{e}^{-x}}{(1+\mathrm{e}^{-x})^2}=S(x)[1-S(x)]$$

如图 2-2-43 所示，Sigmoid 函数变量映射到[0, 1]，其一阶导数变化趋势与 tanh 函数类似，Sigmoid 函数反向传播时同样会导致梯度消失，造成特征值的丢失。

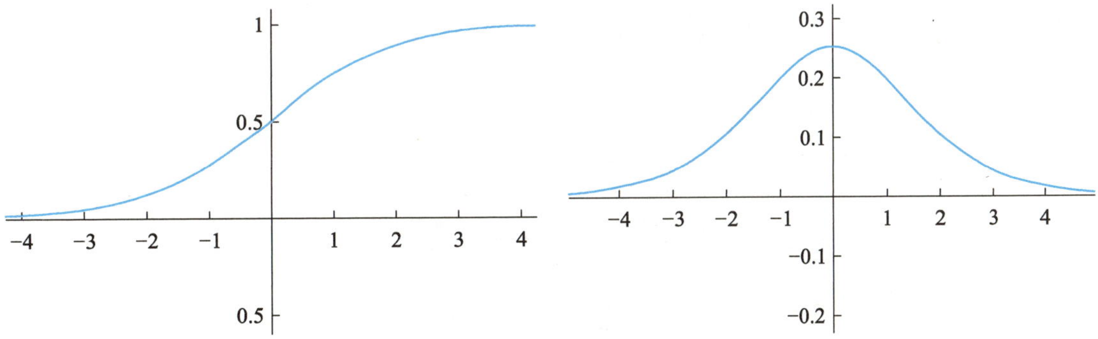

（a）Sigmoid 函数　　（b）Sigmoid 的一阶导数

图 2-2-43　Sigmoid 函数及其导数曲线

Relu 激活函数作为如今神经网络中常用的神经网络激活函数，其性能优于 tanh 和 Sigmoid 激活函数。其函数及导数计算公式如下：

$$RELU(x)=\begin{cases}x, x>0\\0, x\leqslant 0\end{cases}$$

$$RELU'(x)=\begin{cases}1, x>0\\0, x\leqslant 0\end{cases}$$

由 Relu 激活函数公式及其导数计算公式可知，Relu 函数及其导数的负值均为 0，图 2-2-44 所示为 RELU 激活函数及其一阶导数的变化曲线。可见，其导数正值为常数，计算的梯度值稳定，不存在梯度消失的问题，模型的收敛速度稳定。

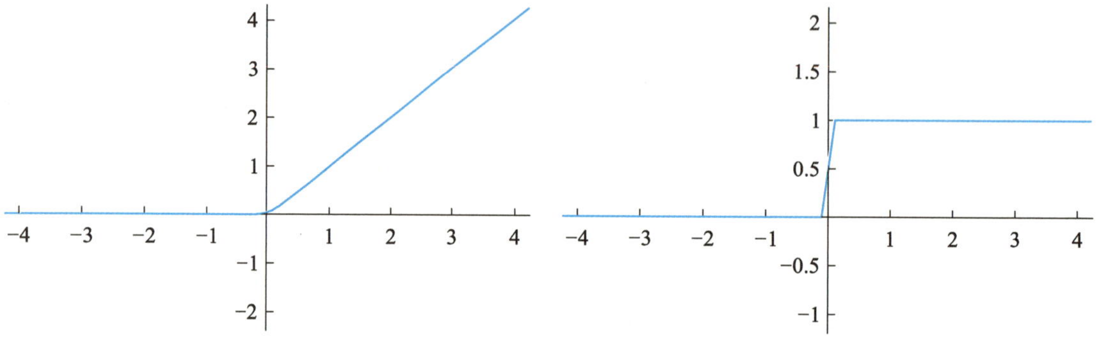

（a）Relu 函数　　（b）Relu 的一阶导数

图 2-2-44　Relu 函数及导数曲线

5）神经网络训练

搭建好神经网络的结构后，需进行神经网络的训练，将输入的特征映射到输出，达到图像的分类等目的。一般神经网络的训练分为前向传播和反向传播过程。

神经网络的前向传播过程，即输入样本映射到输出特征的过程。如图 2-2-45 所示为一个简单的三层神经网络，包含输入层，一层隐藏层和输出层。具体的前向传播计算过程如卷积操作公式所示，为神经网络的卷积操作，输入 x 经过矩阵的权重和偏差运算，由激活函数激活后得到最终的结果。对于多隐藏层的神经网络，将输入的数据特征经过一系列上述运算后可以得到输入 x 对应的输出 y。

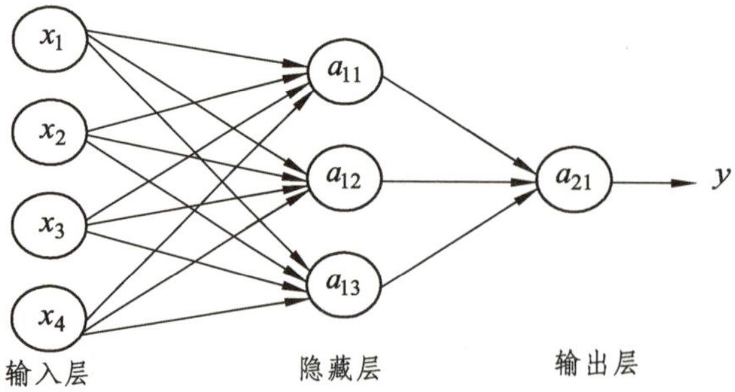

图 2-2-45　神经网络的前向传播过程

神经网络经前向传播得到相应的输出后，还需要计算相应的损失函数进行反向传播。损失函数是用来衡量预测值和真实值差距的一种方法，损失函数越小，得到的网络模型越好，与实际的样本规律越符合，证明提出的神经网络结构越合理。常用的损失函数计算有均方误差（Mean-Square Error，MSE）和交叉熵（Cross Entropy Loss）等。

MSE 主要用在网络模型的回归分析中，计算如下。

$$mse(y,y')=\frac{\sum_{i=1}^{n}(y_i-y_i')^2}{n}$$

其中，y 是真实值；y'是预测值；n 为数据的数量值。

交叉熵损失函数是神经网络更常用的一种损失函数，主要解决网络模型的分类问题，常常将神经网络的前向传播结果通过 Softmax 函数等方式转化为概率分布，计算真实输入的概率分布和预测值的概率分布之间的误差。公式为

$$H(p,q)=-\sum_x p(x)\log q(x)$$

其中，p、q 分别为真实标签值和得到的预测值的概率分布。

在反向传播过程中不断优化损失函数值，使其不断减小，并以此调整参数值，使网络参数最优。在反向传播过程中，使用的主要优化方法有随机梯度下降法、Adam 等。在构建神经网络时，常根据模型的不同选择不同的优化方法，最大程度上优化损失函数，使神经网络模型获得更好的效果。

2. VGGNet 网络

VGGNet 网络模型的提出直接推动了计算机视觉的发展，VGGNet（Visual Geometry Group Network）是一个深度卷积神经网络架构，由牛津大学视觉几何组（Visual Geometry Group）的研究人员于 2014 年提出，该网络具有以下几个特点：

（1）深度。VGGNet 以其深度而著称。它的网络架构非常深，主要有两个版本，VGG16 和 VGG19，分别包含 16 和 19 个卷积层和全连接层。这种深度架构有助于提取图像中的高级特征和复杂模式。

（2）小卷积核。VGGNet 采用了较小的 3 × 3 卷积核，这是相对于较大卷积核（如 AlexNet 的 11 × 11 或 7 × 7）的一种创新。使用小卷积核可以在减少参数数量的同时增加非线性，使网络更具表征能力。

（3）卷积层和池化层的重复模式。VGGNet 的网络结构采用了连续堆叠的卷积层和池化层，以形成重复模式。这种结构使得网络更易于理解和实现，并且提供了更多的非线性变换。

（4）全连接层。VGGNet 在卷积层之后连接了全连接层，用于将卷积特征映射到输出类别。这些全连接层通常包括一个或多个隐藏层以及一个输出层，用于分类。

（5）均值汇总（Mean Pooling）。VGGNet 在全连接层之前采用了均值汇总（Average Pooling），以减少特征映射的维度，并减少全连接层中的参数数量。

（6）小参数。相对于一些其他深度神经网络，VGGNet 的参数数量相对较小，这使得它更容易训练，尤其是在计算资源有限的情况下。

（7）通用性。VGGNet 在图像分类任务中表现出色，但它的网络架构也具有通用性，可以用于其他计算机视觉任务，如目标检测和图像分割。

VGGNet 的网络结构如图 2-2-46 所示，图中不同的列代表了不同的卷积层数的 VGGNet，其中 LRN 表示局部归一化操作，通过归一化数据达到提高不同神经元之间竞争关系的目的。以 C 列为例，表示有 16 层的 VGGNet。16 层包含 13 个卷积层和 3 个全连接层。其中 conv3-64 表示卷积核大小为 3，输出维度为 64。FC-4096 表示指的是全连接层中有 4 096 个节点，同样

地，FC-1000 为该层全连接层，有 1 000 个节点，其他以此类推。网络最后连接一个 soft-max 用于计算每个类别的概率。

ConvNet Configuration					
A	A-LRN	B	C	D	E
11 weight layers	11 weight layers	13 weight layers	16 weight layers	16 weight layers	19 weight layers
input (224 × 224 RGB image)					
conv3-64	conv3-64 **LRN**	conv3-64 **conv3-64**	conv3-64 conv3-64	conv3-64 conv3-64	conv3-64 conv3-64
maxpool					
conv3-128	conv3-128	conv3-128 **conv3-128**	conv3-128 conv3-128	conv3-128 conv3-128	conv3-128 conv3-128
maxpool					
conv3-256 conv3-256	conv3-256 conv3-256	conv3-256 conv3-256	conv3-256 conv3-256 **conv1-256**	conv3-256 conv3-256 **conv3-256**	conv3-256 conv3-256 conv3-256 **conv3-256**
maxpool					
conv3-512 conv3-512	conv3-512 conv3-512	conv3-512 conv3-512	conv3-512 conv3-512 **conv1-512**	conv3-512 conv3-512 **conv3-512**	conv3-512 conv3-512 conv3-512 **conv3-512**
maxpool					
conv3-512 conv3-512	conv3-512 conv3-512	conv3-512 conv3-512	conv3-512 conv3-512 **conv1-512**	conv3-512 conv3-512 **conv3-512**	conv3-512 conv3-512 conv3-512 **conv3-512**
maxpool					
FC-4096					
FC-4096					
FC-1000					
soft-max					

图 2-2-46　VGGNet 网络结构

3. VGGNet 网络代码实现

1）网络模型的搭建

首先根据上文表格中的内容建立配置文件，配置文件以字典的形式编写，数字表示输出维度，“M”表示池化操作。代码如下。

```
cfgs = {
    'vgg11': [64, 'M', 128, 'M', 256, 256, 'M', 512, 512, 'M', 512, 512, 'M'],
    'vgg13': [64, 64, 'M', 128, 128, 'M', 256, 256, 'M', 512, 512, 'M', 512, 512, 'M'],
    'vgg16': [64, 64, 'M', 128, 128, 'M', 256, 256, 256, 'M', 512, 512, 512, 'M', 512, 512, 512, 'M'],
    'vgg19': [64, 64, 'M', 128, 128, 'M', 256, 256, 256, 256, 'M',
```

```
512, 512, 512, 512, 'M', 512, 512, 512, 512, 'M'],
    }
```

在完成了配置文件的编写之后，开始搭建网络模型，首先定义一个 VGG 的类，初始化分类器，即最后的全连接层，总共有三个全连接层，上一层的输出维度需要与下一层的输入维度相同，class_name 表示分类的类别数。代码如下。

```
    class VGG(nn.Module):
        def __init__(self, features, num_classes=1000, init_weights=
False):
            super(VGG, self).__init__()
            self.features = features
            self.classifier = nn.Sequential(
                nn.Linear(512*7*7, 4096),
                nn.ReLU(True),
                nn.Dropout(p=0.5),
                nn.Linear(4096, 4096),
                nn.ReLU(True),
                nn.Dropout(p=0.5),
                nn.Linear(4096, num_classes)
            )
            if init_weights:
                self._initialize_weights()

        def forward(self, x):
            # N x 3 x 224 x 224
            x = self.features(x)
            # N x 512 x 7 x 7
            x = torch.flatten(x, start_dim=1)
            # N x 512*7*7
            x = self.classifier(x)
            return x
```

将网络中的权重初始化过程封装为一个_initialize_weights 函数，pytorch 库提供了相应的 torch.nn.init 函数。代码如下。

```
    def _initialize_weights(self):
            for m in self.modules():
                if isinstance(m, nn.Conv2d):
                    # nn.init.kaiming_normal_(m.weight, mode='fan_out',
nonlinearity='relu')
                    nn.init.xavier_uniform_(m.weight)
                    if m.bias is not None:
```

```
                nn.init.constant_(m.bias, 0)
        elif isinstance(m, nn.Linear):
            nn.init.xavier_uniform_(m.weight)
            # nn.init.normal_(m.weight, 0, 0.01)
            nn.init.constant_(m.bias, 0)
```

网络模型的搭建过程通过 make_features 函数进行不同卷积层与池化层的堆叠，输入通道为 3，因为彩色图像一般为 3 通道，如果采用单通道图像，这里相应地需要修改为 1，然后读取配置文件 cfg，并通过 for 循环读取每一层的参数信息。代码如下。

```
def make_features(cfg: list):
    layers = []
    in_channels = 3
    for v in cfg:
        if v == "M":
            layers += [nn.MaxPool2d(kernel_size=2, stride=2)]
        else:
            conv2d = nn.Conv2d(in_channels, v, kernel_size=3, padding=1)
            layers += [conv2d, nn.ReLU(True)]
            in_channels = v
    return nn.Sequential(*layers)
```

2）数据集的构建与读取

数据集总共分为 10 个类别，分别为：ahead、clearway_no_stopping、crosswalk、motorway、non-motorized_lane、speed_limit_50、split-way、turn_left、turn_right、warning_sign，如图 2-2-47 所示。

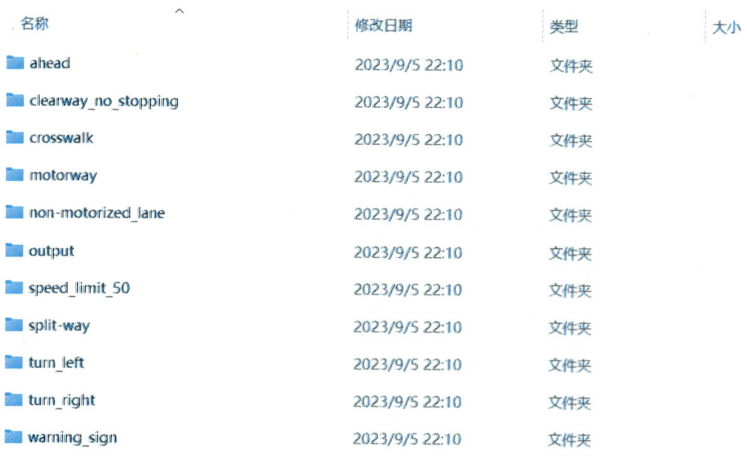

图 2-2-47　数据集的 10 个类别

以 ahead 为例，该文件夹中存放的数据为直行的交通标志图像信息，如图 2-2-48 所示。也可自行在网上找一些图，放入对应标签的文件夹，注意统一图片大小。

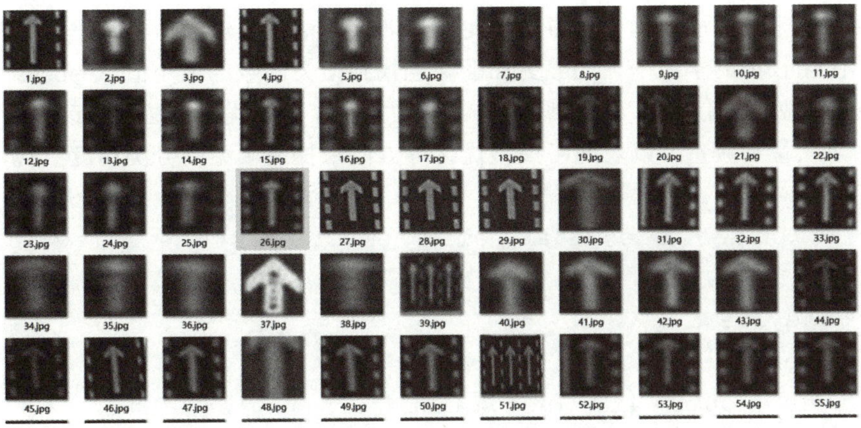

图 2-2-48 交通标志数据集

拥有了数据集后，需要将数据集进行预处理，预处理的代码如下。

```
    data_transform = {
        "train": transforms.Compose([transforms.RandomResizedCrop(224),
                                     transforms.RandomHorizontalFlip(),
                                     transforms.ToTensor(),
                                     transforms.Normalize((0.5, 0.5, 0.5),
(0.5, 0.5, 0.5))]),
        "val": transforms.Compose([transforms.Resize((224, 224)),
                                   transforms.ToTensor(),
                                   transforms.Normalize((0.5, 0.5, 0.5),
(0.5, 0.5, 0.5))])}
```

将图像进行裁剪和翻转，可以有效丰富特征并增加模型的鲁棒性，最后将模型转化为 tensor 张量，为后续输入模型做准备，并将数据进行归一化。代码中的数据分别表示归一化后三个通道的均值和方差。

要输入一个网络进行训练，还需要将预处理的图形通过 dataset 转化为可被 pytorch 使用的数据集，并通过 Dataloader 传输给网络模型，batch_size 表示批次大小，即一次给网络模型输送图像的数量。

```
    train_dataset = datasets.ImageFolder(root=os.path.join(image_path,
"train"),
                                         transform=data_transform["train"])

    train_loader = torch.utils.data.DataLoader(train_dataset,
                                               batch_size=batch_size, shuffle=True,
                                               num_workers=nw)
```

3）模型训练

模型训练开始之前可以设置损失函数，这里采用二值交叉熵损失，优化器选择 Adam，Adam 优化器的主要功能是根据梯度信息更新神经网络参数，从而最小化损失函数，它可以根据历史梯度信息来自适应地调节学习率，使得在训练初期使用较大的学习率，能够快速收敛，在训练后期使用较小的学习率，能够更加准确地找到损失函数的最小值。epochs 设置为 30，表示训练的轮次为 30 轮。可以通过调整学习率的大小、更换优化方法、修改损失函数、提高和增加数据集质量和数量，以及网络模型优化等方法来提高模型的分类精度。代码如下。

```
    model_name = "vgg16"
    net = vgg(model_name=model_name, num_classes=10, init_weights=True)
# 修改分类类别
    net.to(device)
    loss_function = nn.CrossEntropyLoss()
    optimizer = optim.Adam(net.parameters(), lr=0.0001)

    epochs = 30
    best_acc = 0.0
    save_path = './{}Net.pth'.format(model_name)
    train_steps = len(train_loader)
    for epoch in range(epochs):
        # train
        net.train()
        running_loss = 0.0
        train_bar = tqdm(train_loader)
        for step, data in enumerate(train_bar):
            images, labels = data
            optimizer.zero_grad()
            outputs = net(images.to(device))
            loss = loss_function(outputs, labels.to(device))
            loss.backward()
            optimizer.step()

            # print statistics
            running_loss += loss.item()

            train_bar.desc = "train epoch[{}/{}] loss:{:.3f}".format
(epoch + 1,
                                                                     epochs,
                                                                     loss)
```

训练过程中需要不断更新每一轮的准确率，将准确率最高的模型权重进行保存。

```
    # validate
        net.eval()
        acc = 0.0  # accumulate accurate number / epoch
```

```
        with torch.no_grad():
            val_bar = tqdm(validate_loader)
            for val_data in val_bar:
                val_images, val_labels = val_data
                outputs = net(val_images.to(device))
                predict_y = torch.max(outputs, dim=1)[1]
                acc   +=   torch.eq(predict_y,   val_labels.to(device)).
sum().item()

        val_accurate = acc / val_num
        print('[epoch %d] train_loss: %.3f  val_accuracy: %.3f' %
              (epoch + 1, running_loss / train_steps, val_accurate))

        if val_accurate > best_acc:
            best_acc = val_accurate
            torch.save(net.state_dict(), save_path)

    print('Finished Training')
```

训练完后，可以在终端看到模型的准确率为 87.9%（见图 2-2-49），相比于 SVM 的分类方法准确率提高了很多，也由此可见深度神经网络算法在计算机视觉方面的优越性。

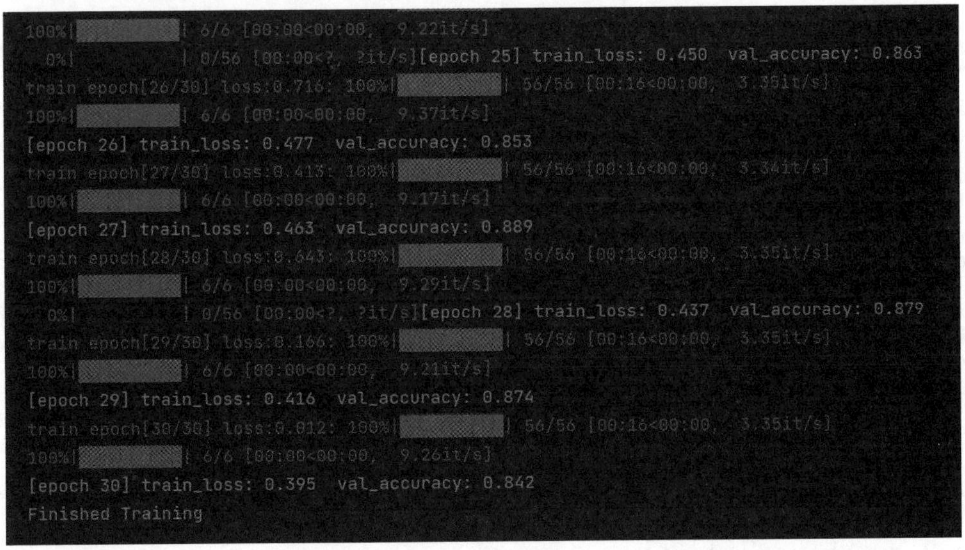

图 2-2-49　训练结果

4）模型预测

在模型预测阶段，首先需要对输入的图像进行预处理，图片大小需要与训练时大小一致，并将图像信息转化为 tensor 张量，然后以与训练过程中相同的参数进行归一化操作。

```
    data_transform = transforms.Compose(
        [transforms.Resize((224, 224)),
```

```
        transforms.ToTensor(),
        transforms.Normalize((0.5, 0.5, 0.5), (0.5, 0.5, 0.5))])
```

读取图像，对图像用上面的方法进行归一化处理，加载训练好的模型文件，并将图像输入到网络模型中得到输出，输出有两个，一个是分类类别，一个是可能的概率。

```
    # load image
    img_path = "D:/testcode/SZTU/Test4_vggnet/data/val/ahead/15.jpg"
    assert os.path.exists(img_path), "file: '{}' dose not exist".
format(img_path)
    img = Image.open(img_path)
    plt.imshow(img)
    # [N, C, H, W]
    img = data_transform(img)
    # expand batch dimension
    img = torch.unsqueeze(img, dim=0)

    # read class_indict
    json_path = './class_indices.json'
    assert os.path.exists(json_path), "file: '{}' dose not exist.".
format(json_path)

    json_file = open(json_path, "r")
    class_indict = json.load(json_file)

    # create model
    model = vgg(model_name="vgg16", num_classes=10).to(device)
    # load model weights
    weights_path = "./vgg16Net.pth"
    assert  os.path.exists(weights_path),  "file:  '{}'  dose  not
exist." .format(weights_path)
    model.load_state_dict(torch.load(weights_path,
map_location=device))

    model.eval()
    with torch.no_grad():
        # predict class
        output = torch.squeeze(model(img.to(device))).cpu()
        predict = torch.softmax(output, dim=0)
        predict_cla = torch.argmax(predict).numpy()

    print_res = "class: {}   prob: {:.3}".format(class_indict[str
```

```
(predict_cla)],
                                      predict[predict_cla].numpy())
   plt.title(print_res)
   print(print_res)
   plt.show()
```

最终图像的识别结果如图 2-2-50 所示，标题为类别信息和可能的概率。

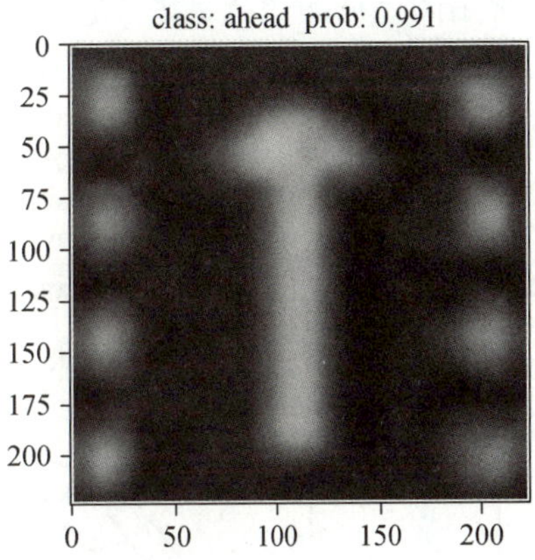

图 2-2-50　图像预测结果

调用摄像头检测，将整个检测代码放入 while 摄像头读取的循环中即可，与之前几个案例相似，具体的代码可以参考 predict_video.py 脚本。在该脚本中需要注意模型预处理的图像为 PIL 格式即通道顺序为 RGB，而摄像头通过 OpenCV 读取的图像通道顺序为 BGR，需要通过 Image.fromarray(cv2.cvtColor(img1, cv2.COLOR_BGR2RGB))语句进行转化，最终的摄像头分类效果如图 2-2-51 所示，由于数据集只包含了交通标志，不含背景，所以识别误差较大。如果先进行目标位置的框选与截取，再检测会提高分类效果。

图 2-2-51　实时交通标识分类效果

2.2.5.8　基于传统算法目标检测

目标检测本质上是基于目标级别的图像分类任务。传统的基于手工特征提取的目标检测算法大体分为三步：① 创建滑动窗口，提取候选区域；② 提取特征，如方向梯度直方图（Histogram of Oriented Gradient，HOG）特征、局部二值模型（Local Binary Pattern，LBP）特征、尺度不变特征变换（Scale-Invariant Feature Transform，SIFT）等；③ 使用 SVM 等分类器得到分类结果。其中，可变性部件模型（Deformable Part based Model，DPM）算法作为传统目标检测算法的巅峰，实行“从部分到整体”的结构，将目标检测问题转化为目标的部分检测问题，再将局部检测的结果整合为一体，得到最终的检测结果。

1. SIFT 特征提取

尺度不变特征变换（Scale-Invariant Feature Transform，SIFT）是一种用于计算图像中关键点并提取其局部特征的经典算法。SIFT 特征提取算法在计算机视觉和图像处理中被广泛应用，尤其在图像匹配和图像拼接等任务中具有良好的性能。SIFT 特征提取首先需要创建高斯差分金字塔（Gaussian Difference Pyramid）。高斯差分金字塔是在计算机视觉和图像处理领域中常用的一种图像金字塔。它是基于高斯金字塔（Gaussian Pyramid）的扩展版本，用于在不同尺度上检测图像中的特征点和边缘（见图 2-2-52）。主要步骤如下：

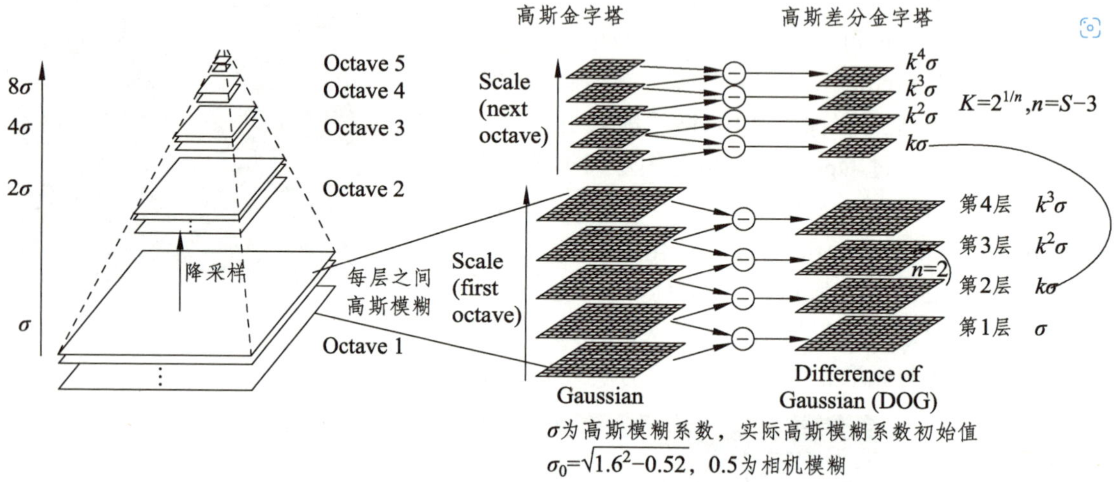

图 2-2-52 高斯金字塔与高斯差分金字塔图示

1）创建初始化图像

将原始图像变为 32 位灰度图，并利用双立方插值将尺寸放大两倍，进行最初的高斯模糊处理。具体过程如下：

（1）将原图转化为 32 位灰度图。

（2）利用双立方插值法将灰度图放大两倍。

（3）将图像归一化。

（4）进行初始的高斯模糊处理。

2）高斯/差分金字塔建立

使用不同尺度的高斯卷积核对初始图像进行模糊化处理，缩小图像尺寸再不断进行高斯模糊，模拟物体离人眼距离变远的视觉效果。具体过程如下：

（1）确定金字塔的级数（Octave）。$o=\log(\min(w,h))-2$，其中 w 和 h 分别表示图像的宽和高。通常一张 1 920 × 1 080 的图像生成的金字塔有 8 层。

（2）确定金字塔每级的层数（Layer）。通常这个参数是自定义的，一般取值为 3。每级高斯金字塔的层数为 $Layer+3$ 层。

（3）利用高斯卷积核对图像进行模糊处理，层数越大，高斯卷积核的方差越大，图像越模糊。

高斯卷积核为

$$L(x,y,\sigma)\frac{1}{2\pi}\exp\left\{-\frac{x^2+y^2}{2\sigma^2}\right\}$$

输入图像为 $I(x, y)$，输出图像为

$$L(x,y,\sigma)=G(x,y,\sigma)*I(x,y)$$

每一层的尺度为

$$k=\frac{1}{2^{Layer}}$$

（4）调整图像大小，构建新一级图像，该级的每一层同样进行高斯模糊处理

（5）直至构建所有高斯金字塔级数。最后的高斯金字塔尺寸为

$$\text{Octave}\times(Layer+3)$$

（6）建立高斯差分金字塔。

① 每一级金字塔两幅相邻图像两两相减

$$D(x,y,\sigma)=L(x,y,k\sigma)-L(x,y,\sigma)=[G(x,y,k\sigma)-G(x,y,\sigma)]*I(x,y)$$

其中，$G(x,y,k\sigma)-G(x,y,\sigma)\approx(k-1)\sigma^2\Delta^2 G$，相当于利用高斯金字塔的差分实现了拉普拉斯金字塔的效果，就可以在这个金字塔上检测极值点。

② 最终得到尺寸为 $\text{Octave}\times(Layer+2)$ 的高斯差分金字塔。

3）特征点检测

特征点的检测是 SIFT 中最核心的步骤，借助生成的高斯差分金字塔，在每级金字塔中有（$Layer+2$）层，只在中间的 $Layer$ 层寻找极值点。

具体地，寻找极值点的过程可以分为确定极值点的位置、尺度和方向三个步骤。

（1）确定极值点的位置。

① 只考虑每一级金字塔中间 $Layer$ 层的图像，$1<l\leqslant Layer$ 即。若当前像素点是周围 8 个像素点和上下层各 9 个像素点（共 26 个像素点）的极值时，认为该点为极值点（见图 2-2-53）。

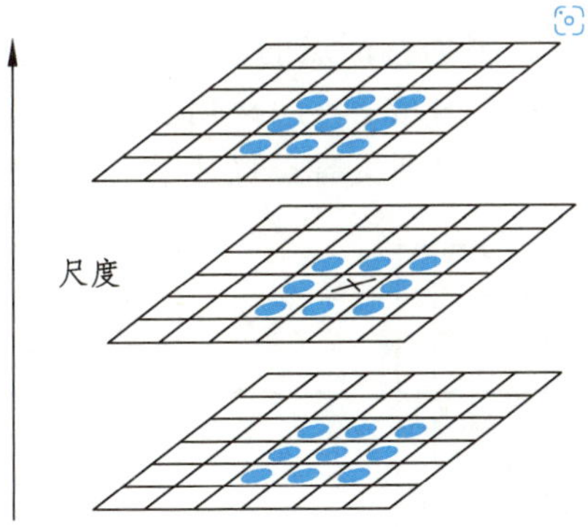

图 2-2-53　当前像素点与其周围 8 个像素点和上下级相同位置及周围各 9 个像素点进行比较

② 由于图像像素位置是离散的，在缩小尺寸的图像上找到的极值点位置不一定对应着放大之后原图极值点的位置，因此还需要利用插值算法迭代计算寻找真实的极值点位置。

令 $X=(x,y,\sigma)$，差分图像的泰勒二级展开为

$$D(x)=D+\frac{\partial D^{\mathrm{T}}}{\partial X}X+\frac{1}{2}X^{\mathrm{T}}\frac{\partial^2 D^{\mathrm{T}}}{\partial X^2}X$$

上式对 X 求导并令 $\frac{\partial D^{\mathrm{T}}}{\partial X}=0$，得到

$$\bar{X}=\frac{\partial D^{-1}}{\partial X^2}\frac{\partial D}{\partial X}$$

本书中定义如果 $\bar{X}$ 的偏移量小于 0.5 则认为极值点得到正确插值。

（2）确定极值点的尺寸。

极值点的尺寸由发现极值点的级和层决定：

$$scale=\sigma^0\times 2^{o+\frac{1+\Delta l}{Layer}}$$

其中，σ^0 为初始尺度因子；Δl 为极值点位置插值时层数的偏移量。

由于在初始化图像时原始图像被放大了两倍，计算特征点尺寸后需要除以 2。

（3）确定极值点的方向。

在高斯差分金字塔中获得极值点的确切位置后，极值点的方向在高斯金字塔中计算。

① 确定搜寻半径，搜寻半径与极值点的尺寸有关

② 统计在搜寻半径内的像素点的提取方向，以 10°为一格，共划分为 36 个 bins 的直方图，以梯度模值进行叠加。

③ 找到直方图中最大值的横坐标，即对应的角度。若直方图某个 bin 的值为局部极值点且大于 0.8 倍最大值，则认为是该极值点候选的方向，一个极值点可以有多个候选方向。

④ 对候选方向进行插值处理，插值算法为

$$i=i+0.5*\frac{h[i-1]-h[i+1]}{h[i-1]-2*h[i]+h[i+1]}$$

需要注意 i 的取值范围限制在[0,36)之间。

⑤ 若极值点有多个候选方向，则在相同位置拆成多个极值点。

（4）特征点描述。

① 为了实现旋转不变形，首先根据特征点的方向将图像进行旋转。

② 计算旋转之后的半径范围，并分成一个 4×4 的区域（见图 2-2-54）。再划分 2×2 子区域，每个区域统计梯度直方图信息，得到关键点描述子共 2×2×8=32 维向量描述子。

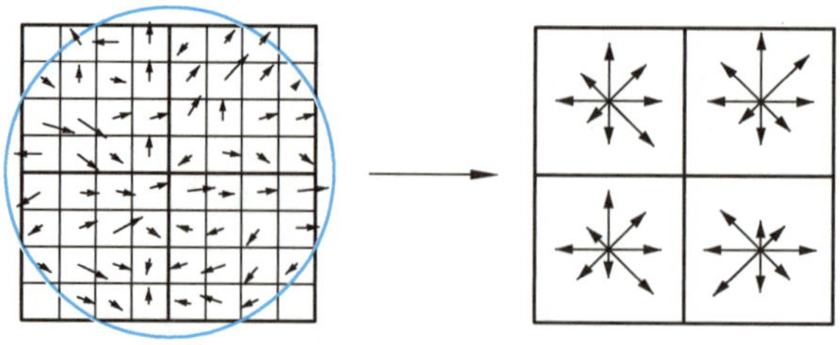

图 2-2-54　以特征点为中心划分搜索半径子区域

③ 计算每一个区域内像素的梯度分布，以 45°为间隔，即 8 个 bins 构建梯度直方图。

④ 得到个 4×4×8 的向量，并进行插值处理。

⑤ 减少光照强度对特征点描述的影响，对上述 128 维向量进行归一化处理。

至此，SIFT 算法的基本原理及实现过程介绍完毕。

2. 标记正例和负例

目标检测的任务是预测目标的类别和该目标的位置。其中，正负样本也是对于某一个特定类别的预测条件的概念。同时，因为网络模型需要做位置的预测，也就是对边界框进行预测，如果要求网络预测的边界框能够完全重叠，即真实标签也就是真实边界框（Ground Truth，GT），那对网络的要求就过于严苛了，所以一般在真实边界框 GT 的基础上划定一个区域，这个区域内（一般计算 IoU）都算是正样本。

IoU（Intersection over Union）值，可用于衡量模型输出的预测框与标签的真实框的重合度，该值越大，则说明二者越接近，最理想的情况是比值为 1，此时二者完全重叠。IoU 的数学表达式为

$$IoU = \frac{area(P) \cap area(G)}{area(P) \cup area(G)}$$

其中，P 代表模型的预测框；G 代表标签的真实框。$area(P)$ 代表模型的预测框的面积，$area(G)$ 代表标签的真实框的面积。IoU 的示意如图 2-2-55 所示。

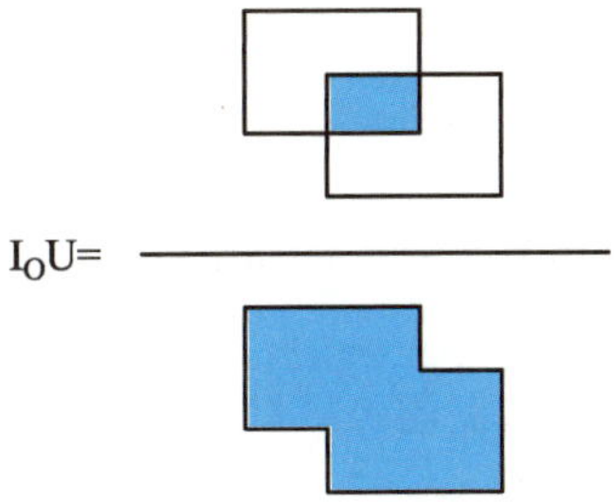

图 2-2-55　IoU 示意

根据模型输出的预测结果与预先设定的置信度阈值的关系将测试样本数据划分为正例和负例，将预测结果按照置信度得分排序。置信度得分大于设定的置信度阈值，则该预测结果定义为正例（Positive）；反之为负例（Negative）。根据模型输出的预测值和标签真实值的关系，可将模型的检测结果划分为真正例（True Positives，TP）、假正例（False Positives，FP）、假反例（False Negatives，FN）以及真反例（True Negatives，TN）四种情况。TP 是指被正确地预测为正例的目标个数，即实际为正例并且被模型预测为正例的目标个数；FP 是指被错误地预测为正例的目标个数，即实际为负例但是被模型预测为正例的目标个数；FN 是指被错误地预测为负例的目标个数，即实际为正例但是被模型预测为负例的目标个数；TN 是指被正确地预测为负例的目标个数，即实际为负例并且被模型预测为负例的目标个数。四种检测结果满足条件 $TP + FP + FN + TN$ =样例总数，检测结果的“混淆矩阵”如表 2-2-2 所示。

表 2-2-2　检测结果的混淆矩阵

标签真实值情况	模型输出的预测结果	
	正例	反例
正例	TP	FN
反例	FP	TN

TP 的检测框是预测正确的，此时模型预测的目标框与标签真实值的目标框之间的 IoU 大于预先设定的 IoU 阈值，同理 FP 的检测框是预测错误的，此时模型预测的目标框与标签真实值的目标框之间的 IoU 小于预先设定的 IoU 阈值。FN 代表没有被模型检测到的真实目标。下

面定义查准率的计算，查准率是针对预测结果的运算，它表示的是真正例在所有预测为正例的样本中所占的比例。预测为正例的情况有 TP 和 FP 两种，因此查准率的计算公式为

$$Precision=\frac{TP}{TP+FP}$$

查全率是针对测试集的所有正例样本而言，它表示的是真正例在测试集的所有正例样本中所占的比例。测试集中的所有正例样本有 TP 和 FN 两种预测情况，因此查全率的计算公式为

$$Recall=\frac{TP}{TP+FN}$$

通过比较查准率公式和查全率公式可以发现，二者只是分母有差异，查准率公式的分母是预测为正例的样本数，查全率公式的分母是测试集中的所有正例样本数。查准率和查全率是负相关的关系，一般情况下，查准率较高时，查全率会较低；查准率较低时，查全率会较高。以 Precision 为纵轴，Recall 为横轴绘制的曲线称为"*P-R* 曲线"，*P-R* 曲线与横轴、纵轴所围成图形的面积称为平均精度 AP。AP 还有另外一种计算方法，首先将横轴按照 0.1 的间隔等分为 11 份，然后取每个等分点的 Precision 值，最后求得它们的平均值，即为该类目标的 AP，计算公式为

$$AP=\frac{1}{11}\sum_{r\in\{0,0.1,\cdots,1\}}Precision(r)$$

其中，$Precision(r)$ 是查全率为 r 时的查准率，计算公式为

$$Precision(r)=\max Precision(\tilde{r})\ ,\quad (\tilde{r}\geqslant \mathrm{r})$$

根据上述公式计算得到每一类目标的 AP，然后按照下述公式计算多个类别的平均精度均值 mAP。

$$mAP=\frac{1}{m}\sum_{m}AP$$

其中，m 是模型需要检测的类别数。

3. AdaBoost 算法原理

AdaBoost 是 Adaptive Boosting 的简称，属于集成算法（Ensemble Method）中 Boosting 类别中的一种。AdaBoost 是非常成功的机器学习算法，由 Yoav Freund 和 RobertSchapire 于 1995 年提出，他们因此获得了 2003 年的哥德尔奖（Gödel Prize）。

Adaboost 采用迭代的思想，每次迭代只训练一个弱分类器，训练好的弱分类器将参与下一次迭代的使用。也就是说，在第 N 次迭代中，一共有 N 个弱分类器，其中 N-1 个是以前训练好的，其各种参数都不再改变，本次训练第 N 个分类器。其中弱分类器的关系是第 N 个弱分类器更可能分对前 N-1 个弱分类器没分对的数据，最终分类输出要看这 N 个分类器的综合效果。

1）弱分类器

Adaboost 一般使用单层决策树作为其弱分类器。单层决策树是决策树的最简化版本，只有一个决策点，也就是说，如果训练数据有多维特征，单层决策树也只能选择其中一维特征来做决策，并且还有一个关键点，决策的阈值也需要考虑。

关于单层决策树的决策点可以举几个例子。例如，特征只有一个维度时，可以将小于 7 的分为一类，标记为+1；大于（等于）7 的分为另一类，标记为-1。当然也可以以 13 作为决策点，决策方向是大于 13 的分为+1 类；小于（等于）13 的分为-1 类。在单层决策树中，一共只有一个决策点，所以两个决策点不能同时选取。

同样的道理，当特征有两个维度时，可以以纵坐标 7 为决策点，决策方向是小于 7 的分为+1 类，大于（等于）7 的分为-1 类。当然还可以以横坐标 13 作为决策点，决策方向是大于 13 的分为+1 类，小于 13 的分为-1 类。在单层决策树中，一共只有一个决策点，所以两个决策点不能同时选取。

扩展到三维、四维、N 维均同理。在单层决策树中，一共只有一个决策点，所以只能在其中一个维度中选择一个合适的决策阈值作为决策点。

2）adaboost 分类器权重更新

（1）新增弱分类器 WeakClassifier(i)与弱分类器权重 alpha(i)。

（2）通过数据集 data 与数据权重 W(i)训练弱分类器 WeakClassifier(i)，并得出其分类错误率，以此计算出其弱分类器权重 alpha(i)。

（3）通过加权投票表决的方法，让所有弱分类器进行加权投票表决的方法得到最终预测输出，计算最终分类错误率，如果最终错误率低于设定阈值（比如 5%），那么迭代结束；如果最终错误率高于设定阈值，那么更新数据权重得到 W(i+1)。

图 2-2-56 所示为 Adaboost 分类器的整体结构。右边为最终的求和函数与符号函数，左边为求和之前的流程。图中的虚线表示不同轮次的迭代效果，第 1 次迭代时，只有第 1 行的结构，第 2 次迭代时，包括第 1 行与第 2 行的结构，每次迭代增加一行结构，图下方的“云”表示不断迭代结构的省略。

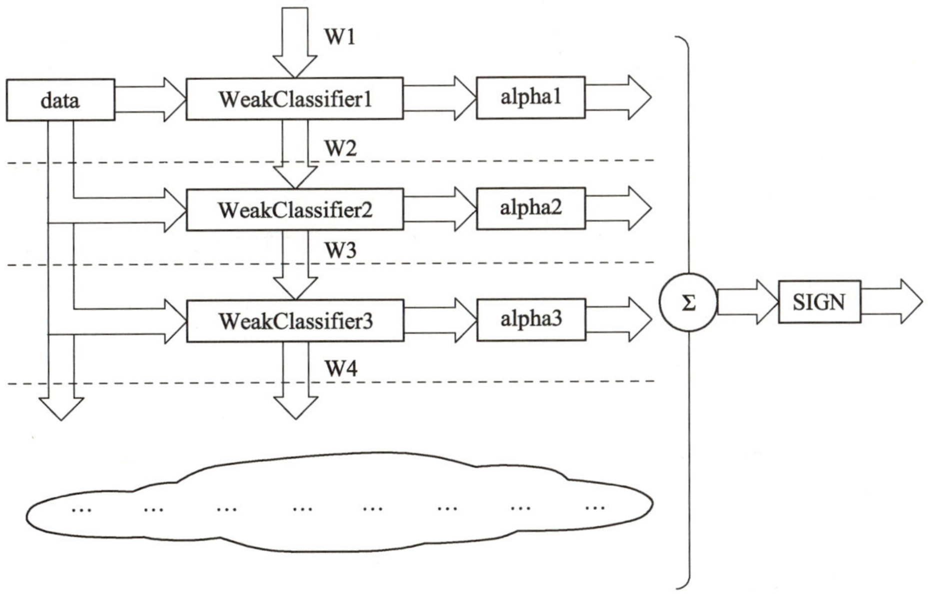

图 2-2-56　Adaboost 分类器整体结构

4. 目标检测实际代码操作

实验采用的数据集为 INRIA 数据集，该数据集使用了软链接，需要在 Linux 系统或者 wsl（适用于 Windows 的 Linux 的子系统）下解压。该数据集中训练集有正样本 614 张（包含 1 237 个行人）、负样本 1 218 张；测试集有正样本 288 张（包含 589 个行人）、负样本 453 张。

1）特征提取

将特征提取过程封装成一个函数，并将图像进行归一化处理。在这里进行图像归一化是为了减小由于局部光照变化以及前景背景对比度变化带来的影响。通过 cv2.HOGDescriptor 提取特征，这里采用 HOG 特征是因为 HOG 特征更适合高维特征的提取，且适用于目标检测。

```
def hog_descriptor(image):
    if (image.max()-image.min()) != 0:
        image = (image - image.min()) / (image.max() - image.min())
        image *= 255  #归一化
        image = image.astype(np.uint8)
    sift = cv2.SIFT.create()
    hog = cv2.HOGDescriptor((64, 128), (16, 16), (8, 8), (8, 8), 9)
# 提取 HOG 特征
    hog_feature = hog.compute(image)
    return hog_feature
```

2）数据加载与读取

poslist 和 neglist 读取的是训练集，testlist 和 testnlist 读取的是测试集。接下来，正式读取训练集的图像，将每一张图像的 HOG 特征都加入列表 hog_list 中，标签加入列表 label_list 中。并且，负样本每张图像都随机截取了 10 张标准大小（64 × 128）的图像。代码示例如下，在计算机上训练时，需要将路径修改为实际路径。

```
    #导入图像
    poslist = os.listdir('D:/testcode/SZTU/INRIADATA/INRIADATA/
normalized_images/train/pos')  # 修改成自己的图片位置
    neglist = os.listdir('D:/testcode/SZTU/INRIADATA/INRIADATA/
normalized_images/train/neg')
    testlist = os.listdir('D:/testcode/SZTU/INRIADATA/INRIADATA/
normalized_images/test/pos')
    testnlist = os.listdir('D:/testcode/SZTU/INRIADATA/INRIADATA/
original_images/test/neg')
    #获得正样本和负样本的 HOG 特征，并标记
    hog_list = []
    label_list = []
    print("正样本图像有"+str(len(poslist)))
    print("负样本原始图像有"+str(len(neglist))+"，每个原始图像提供十个负样本")
```

```
    for i in range(len(poslist)):
        posimg = io.imread(osp.join('D:/testcode/SZTU/INRIADATA/
INRIADATA/normalized_images/train/pos',poslist[i]))
        posimg = cv2.cvtColor(posimg,cv2.COLOR_RGBA2BGR)
        #所用图像已经经过标准化
        posimg  =  cv2.resize(posimg,  (64,  128),  interpolation=cv2.
INTER_NEAREST)
        pos_hog = hog_descriptor(posimg)
        hog_list.append(pos_hog)
        label_list.append(1)
    for i in range(len(neglist)):
        negimg = io.imread(osp.join('D:/testcode/SZTU/INRIADATA/
INRIADATA/normalized_images/train/neg',neglist[i]))
        negimg = cv2.cvtColor(negimg, cv2.COLOR_RGBA2BGR)
        #在每张 negimg 图像中截取 10 张标准大小的图片作为负样本
        for j in range(10):
            y = int(random.random() * (negimg.shape[0] - 128))
            x = int(random.random() * (negimg.shape[1] - 64))
            negimgs = negimg[y:y + 128, x:x + 64]
            negimgs = cv2.resize(negimgs, (64, 128), interpolation=cv2.
INTER_NEAREST)
            neg_hog = hog_descriptor(negimgs)
            hog_list.append(neg_hog)
            label_list.append(0)
    hog_list = np.float32(hog_list)
    label_list = np.int32(label_list).reshape(len(label_list),1)
```

3）分类器的训练

这里提供了两种分类器，SVM 分类器与 AdaBoostClassifier 分类器，可以加注释重新训练。

```
    clf = SVC(C=1.0, gamma='auto', kernel='rbf', probability=True)
    clf.fit(hog_list.squeeze(), label_list.squeeze())
    joblib.dump(clf, "D:/testcode/SZTU/Test5_HOG+SVM_persion_ detection/
trained_svm.m")
```

4）模型预测

将训练完的模型进行加载并预测。预测结果需要经过后处理并将位置信息标注在图像上。

将所有行人大小提取出来后，计算得到最小的行人框和最大的行人框分别为（23,47）和（465,831）。因此，在此设计的标准行人框为 64 × 128，scale 的倍数应当从 1 变化到 7，才是适合所有行人大小的目标框大小。将目标框在测试集正样本的原始图像上滑动，步长为 20 个像素。

```
# 导入所需要的包
import cv2
import time
from matplotlib import pyplot as plt

# 定义检测函数
def detect(image, winStride):
    image_copy = image.copy()  # 复制一个副本，让每个函数运行在不同的图
像上
    hog = cv2.HOGDescriptor()
    hog.setSVMDetector(cv2.HOGDescriptor_getDefaultPeopleDetector())
    start = time.time()  # 记录开始时间
    rects, weights = hog.detectMultiScale(image_copy, winStride=
winStride)
    end = time.time() # 记录结束时间
    # 绘制矩形框
    for (x, y, w, h) in rects:
        cv2.rectangle(image_copy, (x, y), (x + w, y + h), (0, 0, 255), 2)
    print('size: ', winStride, 'time: ', end - start)
    plt.imshow(image_copy[:,:,::-1])
    plt.show()
# 读取图片
image = cv2.imread('D:/testcode/SZTU/INRIADATA/INRIADATA/
original_images/test/pos/crop_000001.png')
# winStride = 4
detect(image, winStride=(4, 4))
```

对每张图像截屏，并将截屏图像用之前训练好的模型进行检测，将框的坐标（左上角和右下角）加入边框列表，注意最后只保留了概率 prob 大于 0.99 的边框，将这些边框都传入 NMS 算法中（这里是 mynms）。

NMS 也叫作非极大值抑制。在最近几年常见的物体检测算法（包括 rcnn、sppnet、fast-rcnn、faster-rcnn 等）中，最终都会从一张图片中找出很多个可能是物体的矩形框，然后为每个矩形框计算类别分类概率。

所谓非极大值抑制，就是依靠分类器得到多个候选框以及每个候选框的类别概率值，根据类别概率值排序，具体算法流程如下：

（1）将所有框的得分排序，选中最高分及其对应的框。

（2）遍历其余的框，如果和当前最高分框的重叠面积（IoU）大于一定阈值，我们就将框删除（为什么要删除，是因为超过设定阈值，认为两个框的里面的物体属于同一个类别，比如都属于狗这个类别。我们只需要留下一个类别的可能性框图即可）。

（3）从未处理的框中继续选一个得分最高的，重复上述过程。

```
def mynms(box_list,prob_list,threshold=0.8):
    x1 = box_list[:,0]
    y1 = box_list[:,1]
    x2 = box_list[:,2]
    y2 = box_list[:,3]
    areas = (x2-x1+1)*(y2-y1+1)
    box_result = []
    flag = []
    index = prob_list.argsort()[::-1] #想要从大到小排序
    while index.size>0:
        i = index[0]
        flag.append(i)
        x11 = np.maximum(x1[i], x1[index[1:]])   # calculate the
points of overlap
        y11 = np.maximum(y1[i], y1[index[1:]])
        x22 = np.minimum(x2[i], x2[index[1:]])
        y22 = np.minimum(y2[i], y2[index[1:]])
        w = np.maximum(0, x22 - x11 + 1)
        h = np.maximum(0, y22 - y11 + 1)
        overlaps = w * h
        ious = overlaps / (areas[i] + areas[index[1:]] - overlaps)
        #idx = np.where(ious < threshold)[0]
        index = np.delete(index,np.concatenate(([0],np.where(ious <
threshold)[0])))
        #index = index[idx + 1]

    return box_list[flag].astype("int")
```

（4）接入摄像头测试。图 2-2-57 所示为视频检测效果。接入摄像头的代码在 predict_video 中，与上述代码基本相同，将输入改为摄像头读取即可。

图 2-2-57　视频检测效果

2.2.5.9 YOLOv3 车辆行人检测

1. YOLOv3 算法介绍

YOLOv3 的整体网络结构如图 2-2-58 所示。通常一个完整的目标监测网络主要由骨干网络（Backbone）、瓶颈（Neck）、检测头（Head）三部分组成。Backbone 主要负责从输入网络的图像中提取必要的特征信息，Neck 位于 Backbone 的后面，它是目标检测网络中承上启下的关键环节，作用是对 Backbone 提取出来的特征进行再加工及合理利用，从而提高网络的性能。Head 主要用于实现最后的目标分类和定位功能。

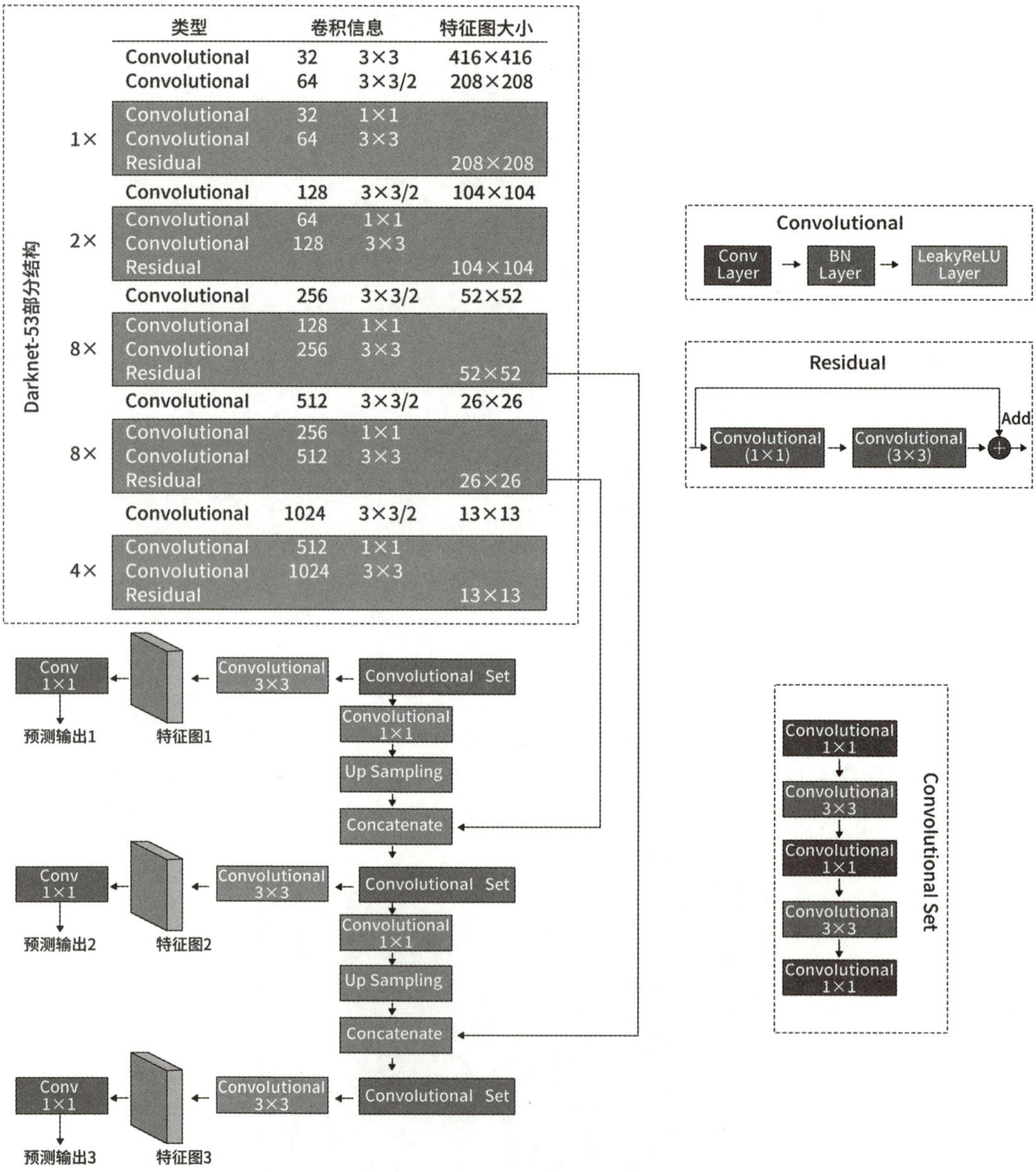

图 2-2-58 YOLOv3 网络整体结构

主干特征提取网络即 Darknet5，原 Darknet53 中的尺寸是在图片分类训练集上训练的，所以输入的图像尺寸是 256 × 256。

2. 目标框的预测

YOLOv3 网络在三个特征图中分别通过 $(4+1+c)\times k$ 个大小为 1×1 的卷积核进行预测，k 为预设边界框（bounding box prior）的个数（在每个预测特征层中 k 默认取 3），c 为预测目标的类别数，其中 $4k$ 个参数负责预测目标边界框的偏移量，k 个参数负责预测目标边界框内包含目标的概率，ck 个参数负责预测这 k 个预设边界框对应 c 个目标类别的概率。图 2-2-59 展示了目标边界框的回归过程。图中虚线矩形框为 Anchor 模板（这里只用看（p_w, p_h）信息），实线矩形框为通过网络预测的偏移量（相对 Grid Cell 的左上角）计算得到的预测边界框。其中（c_x, c_y）为对应 Grid Cell 的左上角坐标，（p_w, p_h）为 Anchor 模板映射在特征层上的宽和高，（t_x, t_y, t_w, t_h）分别为网络预测的边界框中心偏移量（t_x, t_y），以及宽高缩放因子（t_w, t_h）为最终预测的目标边界框，从（t_x, t_y, t_w, t_h）转换到（b_x, b_y, b_w, b_h）如图右侧所示，其中 $\sigma(x)$ 函数是 sigmoid 函数其目的是将预测偏移量缩放为 0 ~ 1。

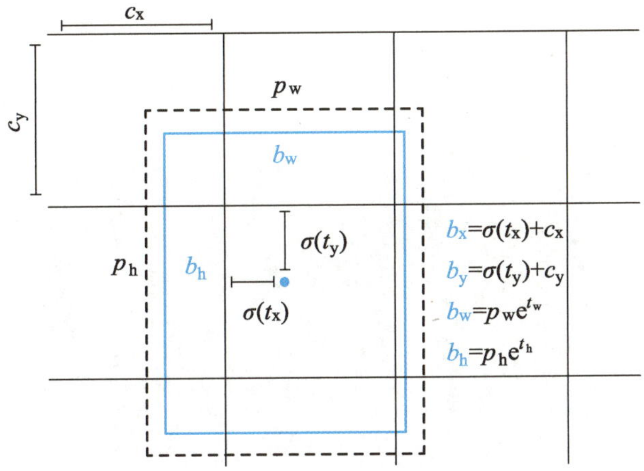

图 2-2-59　YOLOv3 检测结果解码原理

3. 损失函数的计算

YOLOv3 的损失函数主要由三部分组成，分别为界框回归损失 L_{box}，置信度损失 L_{obj} 和分类损失 L_{cls}，网络的总损失为三者之和。边界框回归损失采用 CIoU 损失，置信度损失和分类损失均采用 BCEWithLogitsLoss 损失。CIoU 损失考虑到了边界框回归损失的 3 个重要几何因素：模型输出的预测框与标签真实框之间的重叠面积、中心点距离、长宽比，CIoU 损失能够提高边界框回归的速度和精度。边界框回归损失 L_{box} 可以表示为

$$L_{box}=1-CIoU=1-\left(IoU-\frac{\rho^2}{c^2}-\alpha v\right)$$

其中，IoU 为预测框与真实框交集面积与并集面积的比值；ρ 为预测框与真实框两个中心点之间的欧氏距离；c 为预测框与真实框两个框的最小外接矩形的对角线距离；α 为平衡比例系数，可以表示为

$$\alpha = \frac{v}{(1 - IoU) + v}$$

其中，v 是衡量真实框与预测框之间的长宽比一致性的参数，可以表示为

$$v = \frac{4}{\pi^2}\left(\arctan\frac{w^{gt}}{h^{gt}} - \arctan\frac{w^p}{h^p}\right)^2$$

其中，π 为圆周率；w^{gt}、h^{gt} 分别为真实框的宽和高；w^p、h^p 分别为预测框的宽和高。

BCEWithLogitsLoss 损失主要用于度量目标值和模型的输出值之间的二进制交叉熵，它可以表示为

$$L_n = -w_n[y_n \log\sigma(x_n) + (1 - y_n)\log(1 - \sigma(x_n))]$$

其中，w_n 为每个类别的损失权重；y_n 为目标值；x_n 为模型的输出值；σ 表示 Sigmoid 函数。

4. 车辆与行人检测实验

1）数据集准备

使用的数据集为 pascal voc，在训练开始之前，或者训练自己的数据时需要将数据写成 YOLO 能识别的格式，如果是.xml 文件可以根据相应的脚本 trans_voc2yolo.py 生成。生成后的数据目录如图 2-2-60 所示。

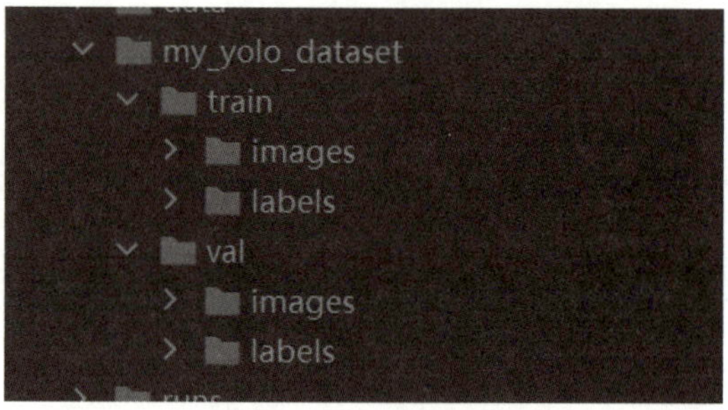

图 2-2-60　数据集格式

标签文件如图 2-2-61 所示，第一个数字表示类别信息，后面的 4 个数字分别为中心点坐标和框的宽高信息。

图 2-2-61　标签数据示例

2）模型训练

在模型训练开始之前需要设置超参数，主要包括训练的轮次，原代码中设置的训练轮次 epochs 为 30（做演示用），可适当调大。加载数据集，在 data 参数中添加上一步生成的数据路径。模型配置文件 cfg 是搭建 YOLOv3 模型的依据所在，可以通过修改配置文件添加自己想要的模型或者简化模型。

```
if __name__ == '__main__':
    parser = argparse.ArgumentParser()
    parser.add_argument('--epochs', type=int, default=30)
    parser.add_argument('--batch-size', type=int, default=4)
    parser.add_argument('--cfg', type=str, default='cfg/yolov3-
spp.cfg', help="*.cfg path")
    parser.add_argument('--data', type=str, default='data/my_ data.
data', help='*.data path')
    parser.add_argument('--hyp', type=str, default='cfg/hyp.yaml',
help='hyperparameters path')
    parser.add_argument('--multi-scale', type=bool, default=True,
                        help='adjust (67%% - 150%%) img_size every 10
batches')
    parser.add_argument('--img-size', type=int, default=512, help=
'test size')
    parser.add_argument('--rect', action='store_true', help=
'rectangular training')
    parser.add_argument('--savebest', type=bool, default=False,
help='only save best checkpoint')
    parser.add_argument('--notest', action='store_true', help=
'only test final epoch')
    parser.add_argument('--cache-images', action='store_true',
help='cache images for faster training')
    parser.add_argument('--weights', type=str, default='',
                        help='initial weights path')
    parser.add_argument('--name', default='', help='renames results.
txt to results_name.txt if supplied')
    parser.add_argument('--device', default='cuda:0', help='device
id (i.e. 0 or 0,1 or cpu)')
    parser.add_argument('--single-cls', action='store_true', help=
'train as single-class dataset')
    parser.add_argument('--freeze-layers', type=bool, default=
False, help='Freeze non-output layers')
    opt = parser.parse_args()
```

运行该脚本后，便可以正常训练，训练的过程如图 2-2-62 所示。

图 2-2-62　训练过程

3）模型预测

模型预测脚本 predict_test.py 需要将预测的结果解码到原图像中，并将目标框位置画于图像上。将之前训练的模型通过 model.load_state_dict( )进行加载，预测过程中不需要进行梯度计算。

```
    model.eval()
    with torch.no_grad():
        # init
        img = torch.zeros((1, 3, img_size, img_size), device=device)
        model(img)

        img_o = cv2.imread(img_path)  # BGR
        assert img_o is not None, "Image Not Found " + img_path

        img = img_utils.letterbox(img_o, new_shape=input_size, auto=
True, color=(0, 0, 0))[0]
        # Convert
        img = img[:, :, ::-1].transpose(2, 0, 1)  # BGR to RGB, to 3x
416x416
        img = np.ascontiguousarray(img)

        img = torch.from_numpy(img).to(device).float()
        img /= 255.0  # scale (0, 255) to (0, 1)
        img = img.unsqueeze(0)  # add batch dimension

        t1 = torch_utils.time_synchronized()
        pred = model(img)[0]  # only get inference result
        t2 = torch_utils.time_synchronized()
        print(t2 - t1)

        pred = utils.non_max_suppression(pred, conf_thres=0.1, iou_
thres=0.6, multi_label=True)[0]
        t3 = time.time()
        print(t3 - t2)
```

将画框的这一步封装成一个函数 draw_box( )，并通过 draw.line( )函数将目标框画于原图上，并将目标类别信息写于目标框左上方。最终的图像检测结果如图 2-2-63 所示。

```
def draw_box(image, boxes, classes, scores, category_index, thresh=0.1, line_thickness=3):
    box_to_display_str_map = collections.defaultdict(list)
    box_to_color_map = collections.defaultdict(str)
    filter_low_thresh(boxes, scores, classes, category_index, thresh, box_to_display_str_map, box_to_color_map)

    # Draw all boxes onto image.
    if isinstance(image, np.ndarray):
        image = Image.fromarray(image)
    draw = ImageDraw.Draw(image)
    im_width, im_height = image.size
    for box, color in box_to_color_map.items():
        xmin, ymin, xmax, ymax = box
        (left, right, top, bottom) = (xmin * 1, xmax * 1,
                                      ymin * 1, ymax * 1)
        draw.line([(left, top), (left, bottom), (right, bottom),
                   (right, top), (left, top)], width=line_thickness, fill=color)
        draw_text(draw, box_to_display_str_map, box, left, right, top, bottom, color)
    return image
```

代码中提供了视频监测脚本，将输入信息转化为视频中的单帧图像，逐帧检测即可，最终视频的检测结果如图 2-2-64 所示。

图 2-2-63　图像检测结果

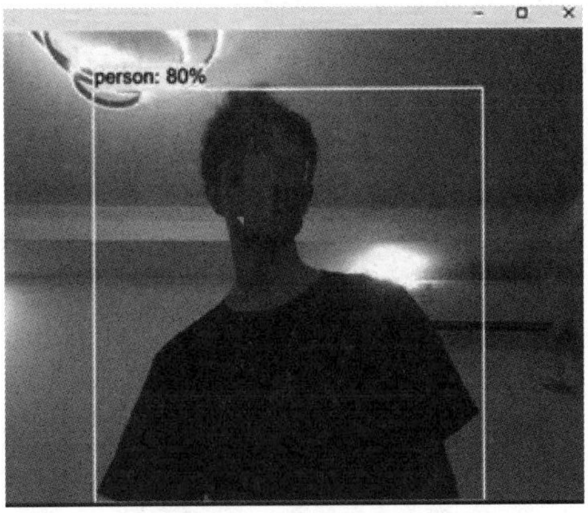

图 2-2-64　视频检测结果

第3章 激光雷达的原理与应用

3.1 激光雷达的原理

3.1.1 激光雷达的定义

动画：激光雷达的工作原理

激光雷达（Light Detection and Ranging，LiDAR）是一种光学遥感传感器（见图 3-1-1），它通过向目标物体发射激光，再根据接收—反射的时间间隔确定目标物体的实际距离，根据距离及激光发射的角度，通过几何变化推导出物体的位置信息。激光雷达是集激光、全球定位系统（GPS）和 IMU（Inertial Measurem Unit，惯性测量装置）三大技术为一体的系统，能够确定物体的位置、大小、运动速度、外部形貌甚至材质。

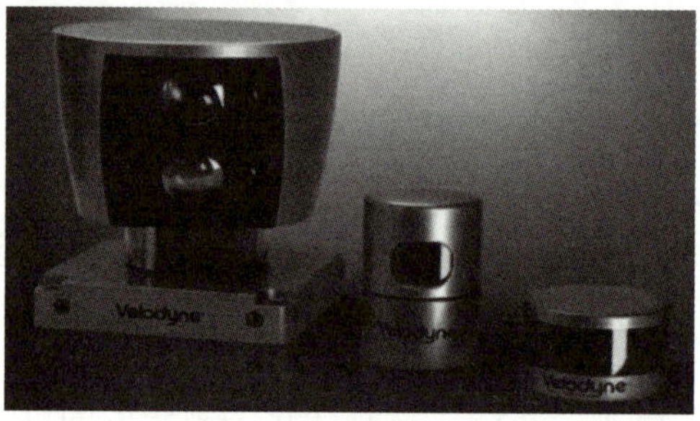

图 3-1-1　多线激光雷达

激光雷达采集到的物体信息呈现出一系列分散的、具有准确角度和距离信息的点，被称为点云。图 3-1-2 所示为多线激光雷达扫描的不同类型障碍物的点云图，包括汽车、人、墙、树木、公交车和小货车等。

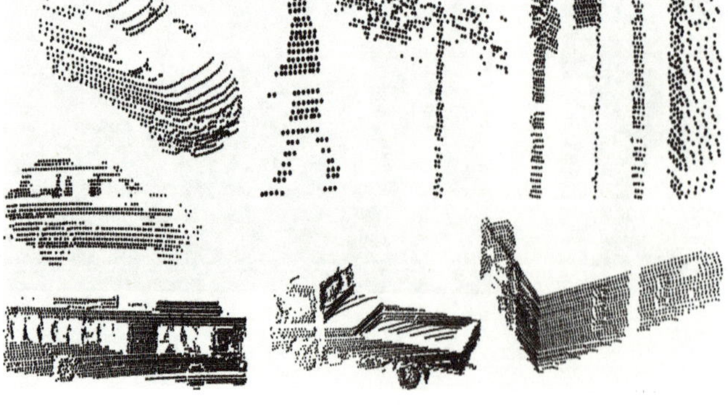

图 3-1-2　多线激光雷达点云图

微课：激光雷达在智能网联汽车中的主要应用场景

相比传统雷达技术，激光雷达以它的高测量精度、精细的时间和空间分辨率以及大的探测距离而成为一种重要的主动遥感工具，不但能够精确测距，而且能够精确测速、精确跟踪，在民用、军用领域具有广阔的应用前景。

3.1.2　激光雷达的特点

激光雷达主要有如下几方面的优点：

（1）具有极高的分辨率。激光雷达工作于光学波段，频率比微波高 2 ~ 3 个数量级，因此，与微波雷达相比，激光雷达具有极高的距离分辨率、角分辨率和速度分辨率。

（2）抗干扰能力强。激光波长短，可发射发散角非常小（μrad 量级）的激光束，多路径效应小（不会形成定向发射，与微波或者毫米波产生多路径效应），可探测低空/超低空目标。

（3）获取的信息量丰富。可直接获取目标的距离、角度、反射强度、速度等信息，生成目标多维度图像。

（4）可全天时工作。激光主动探测不依赖于外界光照条件或目标本身的辐射特性。它只需发射自己的激光束，通过探测发射激光束的回波信号来获取目标信息。

3.1.3　激光雷达的基本组成

激光雷达由发射光学系统、接收光学系统、主控及处理电路板、探测器接收电路模块、激光器及驱动模块组成。图 3-1-3 所示为单线激光雷达内部结构。

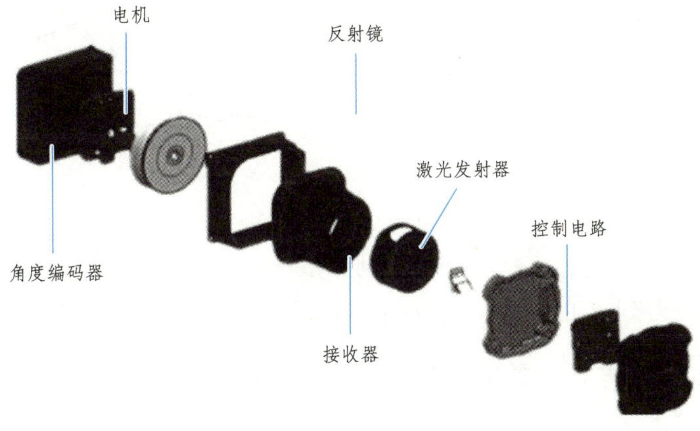

图 3-1-3　激光雷达零件分解图

采用激光三角测距原理测距的过程中，激光雷达发射经过调制的红外激光信号，该激光信号在照射到目标物体后产生的反光将被激光雷达的视觉采集系统接收，然后经过嵌入在内部的处理器实时解算障碍物到被照射到的目标物体的距离。

1. 激光器

激光器是激光雷达中的激光发射机构。在工作过程中，它会以脉冲的方式点亮。思岚科技的 RPLIDAR A3 系列雷达，每秒会点亮和熄灭 16 000 次。

2. 接收器

激光器发射的激光照射到障碍物以后，通过障碍物的反射，反射光线会经由镜头组汇聚到接收器上。

3. 信号处理单元

信号处理单元负责控制激光器的发射，以及接收器收到的信号的处理。根据这些信息计算出目标物体的距离信息。

4. 旋转机构

以上 3 个组件构成了测量的核心部件。旋转机构负责将上述核心部件以稳定的转速旋转起来，从而实现对所在平面的扫描，并产生实时的平面图信息。

3.1.4 激光雷达测距原理

当今市场上主流的车载激光雷达主要是基于三种原理测距：三角测距法、飞行时间法和调幅连续波测距法。

1. 三角测距法

三角测距其原理是：激光信号以一定的入射角照射到被测物体表面后产生反射，反射光斑经过光学透镜在 CCD 传感器上成像。当被测物体沿激光方向发生移动时，CCD 上的光斑产生移动，可由光斑移动距离计算出被测物体与基线的距离值。由入射光、反射光构成一个三角形，基于三角关系，可计算出目标物体与雷达的距离值、相对方位角度值，如图 3-1-4 所示。

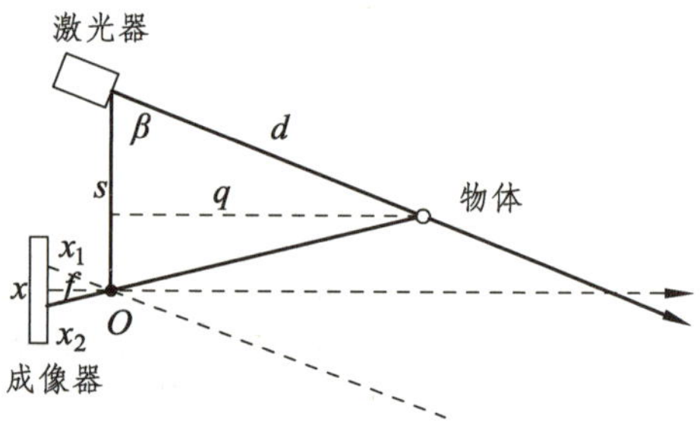

图 3-1-4 三角测距原理

激光雷达发射器先发射激光，经过物体反射后被成像器捕捉，设捕捉点为 x_2。现过焦点 O 作一条虚线平行于入射光线，交成像器于 x_1，由于 β 已知，所以可得到 x_1 的位置。记 x_1x_2 之间距离为 x，易得左右两个三角形相似，所以有：$\dfrac{q}{f}=\dfrac{s}{x}$，又有 $\sin\beta=\dfrac{q}{d}$，二者联立可得 $d=\dfrac{sf}{x\sin\beta}$。

这样就可得到物体到激光发射器的距离了，激光雷达将这样的发射器和接收器组装在一起，经过机械旋转 360°即可得到周围障碍物的距离。

2. 飞行时间（ToF）法激光雷达

飞行时间（Time of Flight，ToF）法激光雷达的测距原理：如图 3-1-5、3-1-6 所示，ToF 法测距的基本原理是通过测算激光发射信号与激光回波信号的往返时间，从而计算出目标的距离。首先，激光雷达发出激光束，激光束碰到障碍物后被反射回来，由激光接收系统接收和处理，从而得知激光从发射至被反射回来并接收之间的时间，即激光的飞行时间，根据飞行时间，可以计算出障碍物的距离。

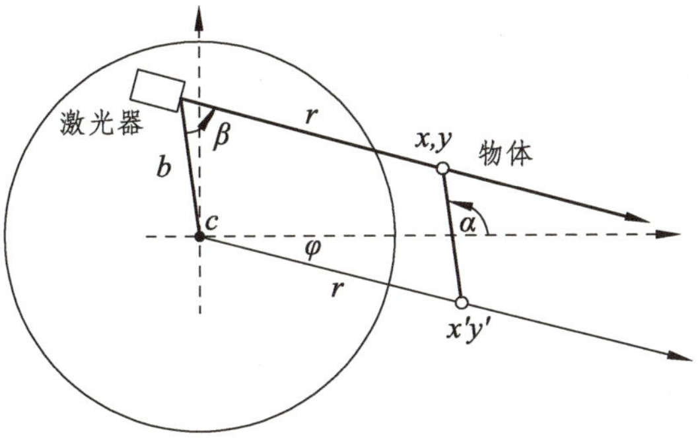

图 3-1-5　飞行时间（ToF）法激光雷达的测距原理

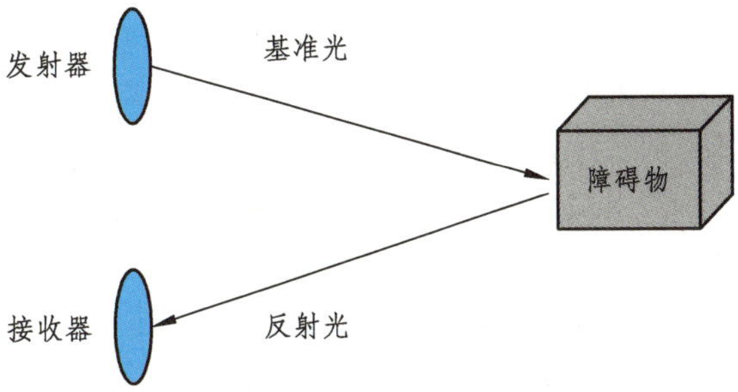

图 3-1-6　飞行时间法测距

3. 调幅连续波测距法（AMCW）

调幅连续波测距法（AMCW）通过对光波的强度进行调制（如正弦波或三角波等），使光波在投射到物体再返回探测器的过程中在光强波形上形成一个相位差，那么通过测量相位差，就可以间接获取光的飞行时间，从而反推飞行距离。

通常测量相位差要比直接测量飞行时间更容易，开发也更容易，因此基于 AMCW 的激光雷达成本要比 ToF 雷达稍低，而且其独特的探测方式较容易实现固态面阵 FLASH 扫描。和 ToF 不同的是，由于 AMCW 采用连续光波调制，所以在远距离探测时需要较大的光功率，尤其在百米级探测距离下，存在人眼安全隐患，这显然是无法通过车规的。

三种测距方案各具优缺点，表 3-1-1 将车载激光雷达需具备的 5 个核心能力作为选型的维度对上述三种测距方法进行了总结对比。

表 3-1-1　激光雷达三种测距方案对比

测距方案	探测距离	探测精度	抗强光能力	光功率	成本
三角法	最近	近距离精度高 远距离精度低	不具备	低	低
ToF	最远	高	强	适中	适中
AMCW	适中	适中	适中	高	适中

3.1.5　激光雷达成像原理

扫描式激光成像方法目前已经相当成熟，在地形测量、工程建设，汽车导航领域有着非常广泛的应用。它由单点激光测距配合快速光束扫描器件来实现对目标上各点距离信息的获取，再将这些距离信息与该点对应。光束指向的方位角和俯仰角结合得到目标的距离-角度-角度图像（Rang-Angle-Angle）又称为三维图像。

扫描三维成像也被广泛地应用于汽车自动驾驶技术。为了提高扫描的速率，市面上的车载激光雷达往往采用发射激光阵列的形式进行扫描成像，这也被称为多线束成像。其中 Velodyne 公司以 360°旋转的多线束激光雷达为主要产品，扫描线数达到了 16 线、32 线及 64 线，是机械旋转加多线扫描成像的典型代表，技术较为成熟。

扫描成像的激光雷达捕获的原始数据是三维点云，需要通过拼接才能生成可用的三维图像。点云数据的处理一般包括滤波去噪、简化压缩、拼接配准和三角网格化等，具体如下：

（1）滤波去噪。由于仪器本身问题，以及被测物体的运动或其他人为操作因素，扫描系统得到的数据会包含较多的误差，这需要在数据处理过程中对其进行剔除，即去噪和滤波平滑处理，才能得到准确的点云测量数据。

（2）简化压缩。扫描得到的点云数据往往数据量极大，为了便于后续处理，提高计算效率，需要在不影响测量目标特征的情况下对其进行简化压缩。

（3）拼接配准。不同扫描仪所测得点云的坐标系各不相同，需要将其转换到同一坐标系下，即点云配准，其实质就是求点云之间的旋转平移矩阵，将源点云变换到目标点云相同的坐标系下。

（4）三角网格化。由于扫描得到的点云是散乱无序的点云，不包含几何拓扑关系，为了实现点云数据后期的渲染显示，需要对其进行三角网格化，即建立拓扑关系，以保证曲面重建的正常进行。

综上，点云数据处理流程一般如图 3-1-7 所示。

图 3-1-7　点云数据处理常规流程

为了克服单点扫描成像激光雷达系统成像速度慢的缺点，扫描成像激光雷达逐渐从单点扫描向小面阵扫描和线阵推扫式成像过渡。而且，为了减小系统的体积、重量、功耗，扫描成像激光雷达系统的探测器也逐渐由线性探测器向灵敏度更高的光子计数探测器过渡。

除了这种扫描遍历目标的成像方式，面阵式激光成像是一种更为快速的成像方式。相比于扫描式激光成像需要逐点扫描测距的方式，面阵式激光成像则仅需发射一次激光脉冲即可以得到一整幅三维图像。如果把扫描成像的方式比作用手指摸索目标全貌，那么面阵成像就像是用巨大的手掌直接覆盖目标。同时，因为没有扫描结构，所以面阵式系统整机结构更加紧凑，体积更小。按照探测器的不同，面阵三维成像大致可以分为 APD 阵列和 CCD 相机两种探测方式。

APD 阵列的每个像元都是一个单点激光测距的单元，它能够直接给出与其对应的距离信息。20 世纪 90 年代后期，美国麻省理工学院林肯实验室（MIT/LL）用盖格模式下的雪崩光电二极管焦平面阵列（GM-APDFPAs）作为面阵三维成像激光雷达的探测器，其阵列的规模日益增大，从 4×4、8×8 到 128×32 乃至 256×256。2003 年 MIT/LL 对地面目标进行了机载三维成像试验和机载植被穿透实验，实验表明采用焦平面探测器的面阵式三维成像激光雷达可以快速获取目标三维图像，可有效地识别林中隐蔽的坦克（见图 3-1-8）。

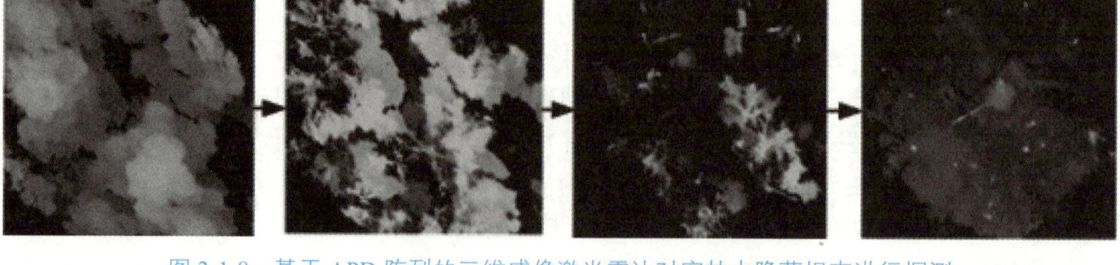

图 3-1-8　基于 APD 阵列的三维成像激光雷达对密林中隐蔽坦克进行探测

2018 年，中国科学院光电技术研究所提出了基于偏振调制的激光三维成像方法（见图 3-1-9）。该方法利用 EMCCD 相机作为探测器，提高了系统的探测灵敏度；同时，利用偏振调制技术从 EMCCD 拍摄图像的灰度信息得到脉冲飞行的时间，从而实现距离的测量。该系统仅需发射一次脉冲即可获得一幅三维图像，因而可以用于高速运动平台或高动态目标的三维成像。

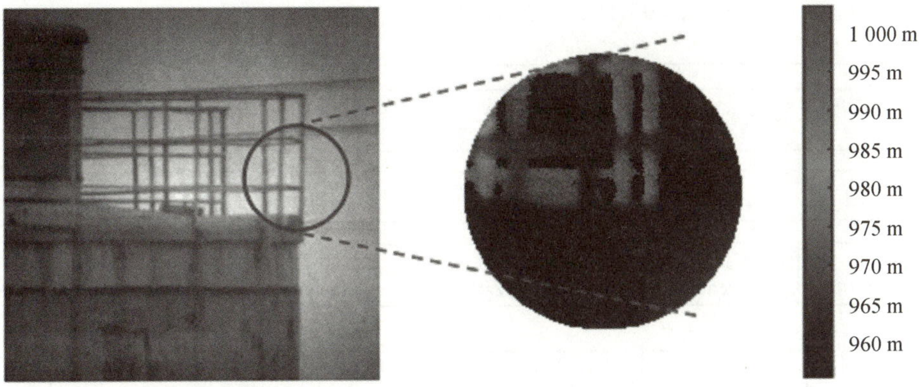

（a）灰度图像　　（b）距离图像

图 3-1-9　中科院光电所研制的偏振三维成像

面阵三维成像虽然成像速度快，不需要扫描结构，但是它将系统接收的回波功率平均分布到每个探测像元上，探测像元越多，分散到每个像元上的回波功率就越低，因此面阵成像系统的测距范围远小于单点扫描测距系统，一般仅适用于较近距离的成像探测。

3.1.6　激光雷达点云处理库 PCL

点云库（PointCloudsLibrary，PCL）是用于 2D/3D 图像和点云处理的大规模开放项目。PCL 框架包含众多最新算法，包括过滤，特征估计，表面重建，配准，模型拟合和分段。这些算法可用于从嘈杂的数据中过滤离群值、将 3D 点云缝合在一起、分割场景的相关部分，以及提取关键点并计算描述符以根据物体的几何外观识别世界上的物体，并从中创建表面点云并将其可视化。

PCL 架构图如图 3-1-10 所示。对于 3D 点云处理来说，PCL 完全是一个模块化的现代 C++ 模板库。其基于以下第三方库：Boost.Eigen、FLANN、VTK、CUDA、OpenNI.QHull，实现点云相关的获取、滤波、分割、配准、检索、特征提取、识别、追踪、曲面重建、可视化等。PCL 利用 OpenMP、GPU、CUDA 等先进高性能计算技术，通过并行化提高程序实时性。K 近邻搜索操作的构架是基于 FLANN（Fast Library for Approximate Nearest Neighbors）所实现的，也是目前技术中速度最快的。PCL 中的所有模块和算法都是通过 Boost 共享指针来传送数据，因而避免了多次复制系统中已存在的数据的需要，从 0.6 版本开始，PCL 就已经被移入 Windows、MacOS 和 Linux 系统，并且在 Android 系统也开始投入使用，这使得 PCL 的应用容易移植与多方发布。从算法的角度，PCL 是指纳入了多种操作点云数据的三维处理算法，其中包括过滤、特征估计、表面重建、模型拟合和分割、定位搜索等。每一套算法都是通过基类进行划分的，试图把贯穿整个流水线处理技术的所有常见功能整合在一起，从而保持了整个算法实现过程中的紧凑和结构清晰，提高代码的复用性、简洁可读。在 PCL 中一个处理管道的基本接口程序如下：

（1）创建处理对象，如过滤、特征估计、分割等。

（2）使用 setInputCloud 通过输入点云数据处理模块。

（3）设置算法相关参数。

（4）调用计算（或过滤、分割等）得到输出。

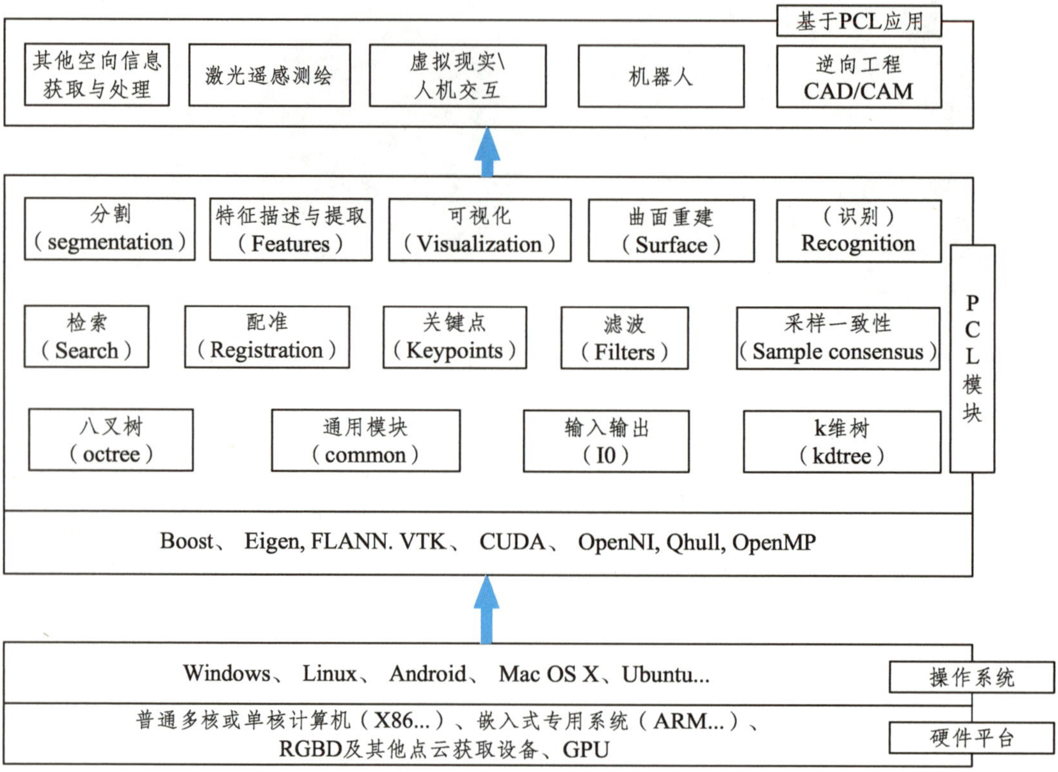

图 3-1-10　PCL 架构

为了进一步简化和开发，PCL 被分成一系列较小的代码库，使其模块化，以便能够单独编译使用提高可配置性，特别适用于嵌入式处理器：

（1）libpclfilters：如采样、去除离群点、特征提取、拟合估计等数据实现过滤器。

（2）libpelfeatures：实现多种三维特征，如曲面法线、曲率、边界点估计、矩不变量、主曲率、PFH 和 FPFH 特征、旋转图像、积分图像、NARF 描述子、RIFT、相对标准偏差、数据强度的筛选等。

（3）libpclI/O：实现数据的输入和输出操作，如点云数据文件（PCD）的读/写。

（4）libpclsegmentation：实现聚类提取，如通过采样一致性方法对一系列参数模型（如平面、柱面、球面、直线等）进行模型拟合点云分割提取，提取多边形棱镜内部点云等。

（5）libpclsurface：实现表面重建技术，如网格重建、凸包重建、移动最小二乘法平滑等。

（6）libpclregister：实现点云配准方法，如 ICP 等。

（7）libpclkeypoints：实现不同的关键点的提取方法，这可以用来作为预处理步骤，决定在哪儿提取特征描述符。

（8）libpclrange：实现支持不同点云数据集生成的范围图像。

为了保证 PCL 中操作的正确性，上述提到的库中的方法和类包含了单位和回归测试。这套单元测试通常是由专门的构建部门按需求进行编译和验证。当某一部分测试失败时，每个特定部分的作者就会立即被告知。这样彻底保证了代码测试过程出现的任何变故，以及新功能或修改，都不会破坏 PCL 中已经存在的代码。

3.1.7　激光雷达技术参数

（1）线数。单线激光雷达只能获取二维平面信息，多线即可获取三维信息（通常来说，线束越多，对环境描述越充分）。

（2）量程。激光雷达以量程远且精度高为特性，所标称的量程多以 10%反射率的漫反射物体（如白纸）作为测试基准。同时由于近物距时存在反射强度过高等问题（可理解为过曝），不建议在物距过近时使用激光雷达。

（3）波长。业界常用 905 nm 和 1 550 nm 两种激光波长（自然光 390 ~ 780 nm）。其中，905 nm 波长激光光损失较小，且探测器价格较低，应用更为广泛；1 550 nm 波长激光器对人眼安全性更高，价格也相对更高（通常短距采用 905 nm，长距采用 1 550 nm）。

（4）准度（绝对精度）。表示在目标物距离确定时，单通道测量值与真值的差值（室外，30 °C，10%反射率），主要受目标物距离、环境温度及目标物反射率的影响。

（5）精度（重复性精度）。表示在目标物距离确定时，单通道多次测量值的标准差（室外，30 °C，10%反射率），同样受目标物距离、环境温度及目标物反射率的影响。

（6）视场角。主要分为水平视场角及竖直视场角（类比相机）。水平视场角通常为 360°，竖直视场角与激光发射/接收装置的排列有关。

（7）角分辨率。与扫描频率有关，可理解为点频（每秒点云数）固定，扫描频率越高，角分辨率便越低，针对细小物体的辨别能力也就越弱。水平角分辨率通常是均匀的，但竖直角分辨率可能不均（与场景有关，如中间分辨率高，两侧分辨率低等）。

（8）扫描频率。转速（也可理解为帧率，设备采集一圈为一帧），雷达通常按梯度配置为可调，便于角分辨率的选择。

（9）回波模式。表示激光雷达打出一束激光后可以接收几个回波（激光点有一定面积，可能出现一个激光点打到两个物体上情况；若单回波模式可能导致一个物体上的激光点没有被捕捉到，造成信息丢失）。

3.1.8　激光雷达的类型

目前激光雷达主要分为机械旋转式、半固态式、固态式三类，由于机械旋转式激光雷达发展早，技术路线较为成熟，目前主流的激光雷达供应商都是以机械旋转式的产品线为主。半固态式、固态式激光雷达相较于机械旋转式激光雷达，具有量产成本低、精度高、数据采集速度快等特点。其中，半固态式激光雷达又分为微振镜和转镜方案，固态式又分为 Flash 面阵式和 OPA 光学相控技术方案，具体分类如表 3-1-2 所示。

表 3-1-2　激光雷达分类表

激光雷达分类		技术特点	适合测距	体积	量产成本	技术成熟度
机械旋转式		通过电机带动收发阵列进行整体旋转，实现对空间水平360°范围的扫描，测距能力在水平 360°范围内保持一致。扫描速度快，接收视场小，抗光干扰能力强，信噪比高	中远距离	大	结构复杂，成本较高，技术难度下降	高
半固态式	微振镜方案	收发单元与扫描部件解耦，收发单元（如激光器、探测器）不再进行机械运动，采用高速振动的二维振镜实现对空间一定范围的扫描测量	中远距离	小	较低	中
	转镜方案	收发模块保持不动，电机在带动转镜运动的过程中将光束反射至空间的一定范围，从而实现扫描探测	中远距离	小	较低	中
固态式	Flash 面阵式	不再包含任何机械运动部件，非扫描式，发射面阵光，以二维或三维图像为重点输出内容	近距离	较小	低	中
	OPA 光学相控技术	不再包含任何机械运动能件，通过施加电压调节每个相控单元的相位关系，利用相干原理，实现发射光束的偏转，完成系统对空间一定范围的扫描测量	中远距离	极小	目前较高，但未来有改进空间	低

3.1.8.1　机械式激光雷达

机械式激光雷达通过机械式旋转来实现激光扫描，多束激光纵向排列，纵向叠加后呈现出三维立体图形（见图 3-1-11）。机械式激光雷达作为自动驾驶领域最早开始应用的传统激光雷达，历经多年迭代技术已较为成熟，可实现量产，预计在相当长一段时间内都是 Robotaxi 的主流方案。其优点为性价比高、线别丰富（有 32 线、16 线、8 线、4 线等不同价格），360°视角广；缺点为体积大、笨重、成本较高。

3.1.8.2　固态激光雷达

固态激光雷达可以安装在汽车 logo 下方、保险杠下方、挡风玻璃后方以及车的侧面任何部位，方便实现隐藏式安装，分为 MEMS、FLASH、OPA、棱镜等几类。

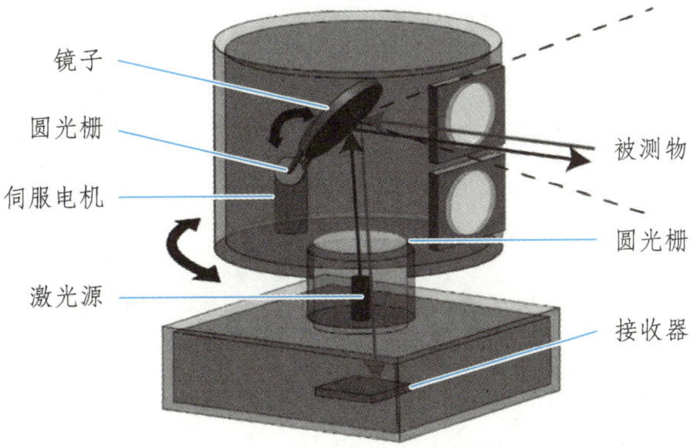

图 3-1-11　机械激光雷达示意图

1. MEMS 激光雷达

MEMS 激光雷达用微振镜代替机械式旋转装置，由微振镜反射激光形成较广的扫描角度和较大的扫描范围。相比机械式，MEMS（微机电系统）激光雷达具有芯片化方案、无机械组件等优点，兼顾车规量产与高性能的需求。但 MEMS 激光功率较低，有效距离较短，且激光扫描范围受微振镜面积限制，视场角（FOV）相对较窄。MEMS 有效克服了机械式激光雷达在寿命、成本和良品率等方面的问题，将在未来五年占主导地位。2019 年至 2020 年期间，市场上的激光雷达大部分都是 MEMS。例如，大疆的 Livox HAP 采用一边厚一边薄的双楔形棱镜方案，通过两个棱镜转速的调整，改变激光扫描方向，无需多个模组拼接就能实现更大的 FOV，以较少的收发单元，就能达到较高的点云密度（见图 3-1-12）。

（a）外观

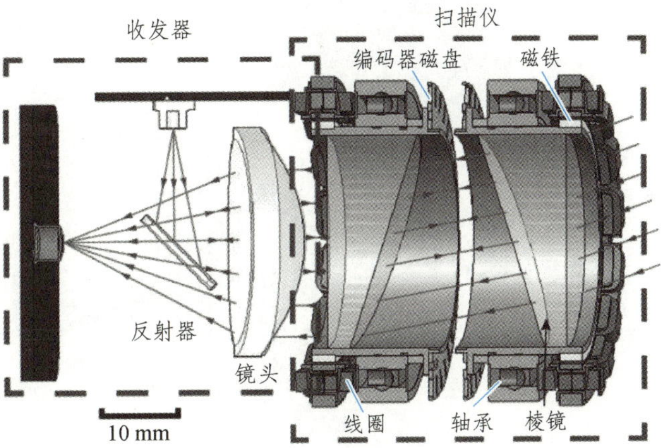

（b）工作原理

图 3-1-12　Livox Hap

2. 泛光面阵式激光雷达（Flash，固态）

泛光面阵式激光雷达的工作原理类似相机，利用冷光闪的方式，在短时间内发射一大片覆盖探测区域的面阵光，再以高度灵敏的接收器来完成对环境周围图像的绘制（见图 3-1-13），属于非扫描式雷达。因为光源的能量被分散到整个面，能量相对较少，需要对光源能量、发射方式进行创新，部分方案采用 CMOS 接收。其特点是稳定性高、成本低，不必耗费巨量的人工校准时间。在量产成本与量产时间上都有巨大的优势。其主要问题在于其探测距离较短，视场角受限，扫描速率较低，能耗高。该方式主要应用在机器人场景。

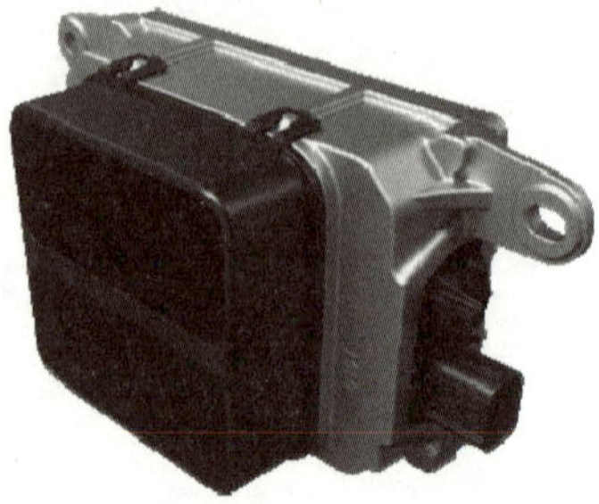

图 3-1-13　HFL118 高分辨率闪光式固态车规激光雷达

3. OPA 光学相控式激光雷达（OPA，固态）

OPA 光学相控式激光雷达通过波的干涉判断被测物体的距离和速度，有的方向互相增强，有的方向互相抵消，增强的方向即激光扫描方向。相较于 MEMS，OPA 完全取消了机械结构，结构更加简单，体积更小，激光控制全部集成在一块光学相控阵（OpticalPhased Array，OPA）芯片上。但因其上游核心电子元器件、技术支持不成熟，几乎没有零部件供应商，需要企业自己研发，而 OPA 制造工艺难度大，产业化尚待时日。

相控阵激光雷达采用多个光源组成阵列，通过控制各光源发光时间差（相对相位），合成具有特定方向的主光束，加以控制便可实现不同方向的扫描（见图 3-1-14）。光学 9 相控阵要求单元尺寸不大于半个波长，目前激光雷达的工作波长均在 1 000 nm 左右，故阵列单元的尺寸不得大于 500 nm，加工难度较大。

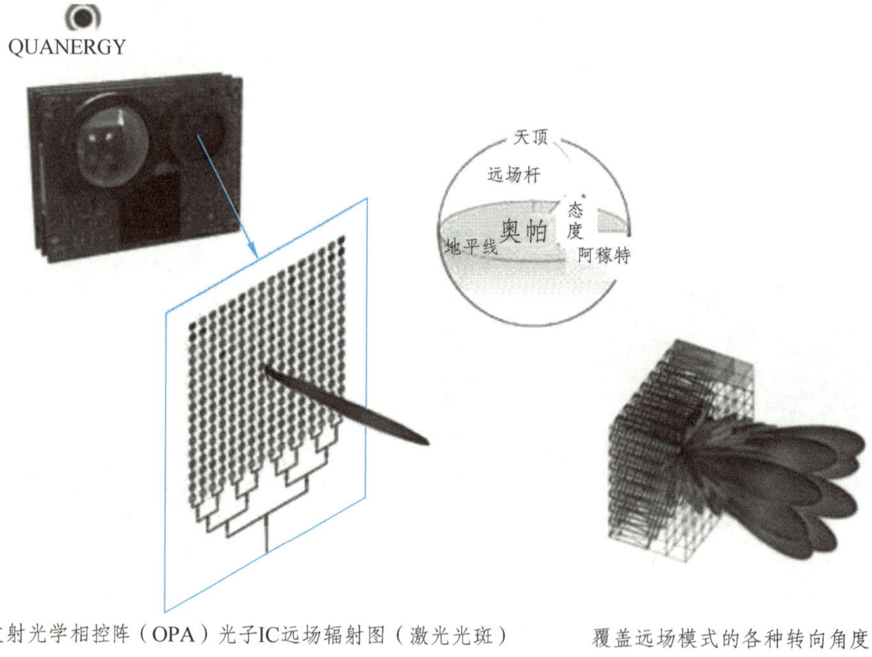

图 3-1-14　OPA 固态激光雷达 S3 系列工作原理

4. 棱　镜

棱镜的发射和接收端固定，通过旋转调整两块棱镜实现特定轨迹的非重复扫描，扫出来一个 3D 激光雷达的多线的状态，并擅长波束赋形扫描。如果时间足够，它可以检测一个视场角。传统机械扫描是发射器和接收器 360°重复扫描，而大疆览沃（Livox）则实现了非重复扫描（每次光线轨迹不重复）。棱镜的优势在于视场角丰富，但仍需电机驱动，会引入波动。

5. 微转镜激光雷达

微转镜激光雷达将发射和接收端固定，激光通过旋转镜面系统进行扫描，通过较少光源的机械光路实现收发。该技术路线为最早过车规的路线（Scala1），华为、Innovusion 也使用类似方案。此方案可以控制扫描区域，提高关键区域的扫描密度，但电机驱动的方式具有一定不稳定性，光源能量分散也对光源功率提出一定要求，部分厂商采用了精度相对靠后的 1 550 nm 光源方案和 SPAD 方案。

3.2 单线激光雷达安装与应用

3.2.1 激光雷达的标定

激光雷达与车体为刚性连接，两者的相对位置不变，为了建立计算激光雷达与车辆间的相对位置关系，需要对激光雷达进行标定，使激光雷达搜集的数据由激光雷达坐标系统一到车体坐标系上。

激光雷达的标定是指通过建立车辆质心坐标系、雷达基准坐标系以及车载激光雷达坐标系，将激光雷达的数据转换到基准坐标系中，再将其统一转换到车辆坐标系下。激光雷达外部安装参数的标定通常采用等腰直角三角标定板和正方形标定板来完成。需要标定的激光雷达的安装参数包括激光雷达的俯仰角与侧倾角等。其他较好的标定方法还包括交互信息最大化外部自动标定法、激光摄像头融合的边缘对齐联合自动标定法和测距与图像融合的基于线段外部参数标定法等。

外参是激光雷达与其他坐标系（如车辆后轴中心）之间的坐标系转换关系。我们主要标定的是俯仰角（X 轴）和侧倾角（Y 轴），如图 3-2-1 所示。

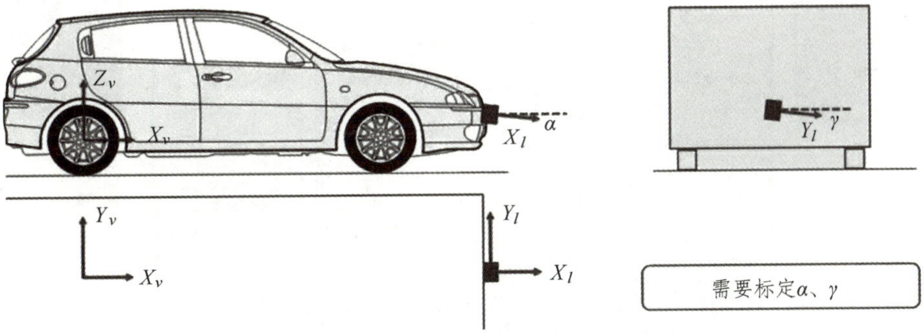

图 3-2-1　激光雷达的标定

3.2.2 激光雷达数据解析

激光雷达的数据主要包含雷达自身的设备状态以及激光雷达通过扫描获得的周围环境数据——点云数据。不同种类的激光雷达的数据交互所使用的通信协议不尽相同，但对点云数据和雷达设备状态都有一定的描述，以 RS-LiDAR-16 为例，RS-LiDAR-16 与计算机之间的通信协议主要分为下列三类（见表 3-2-1）：

（1）主数据流输出协议（MSOP）：将激光雷达扫描出来的距离、角度、反射率等信息封装成包输出给计算机。

（2）设备信息输出协议（DIFOP）：将激光雷达当前状态的各种配置信息输出给计算机。

（3）用户权限写入协议（UCWP）：用户可以根据自己需求，重新修改激光雷达的某些配置参数。

表 3-2-1　RS-LiDAR-16 与计算机之间的通信协议

（协议/包）名称	简写	功能	类型	包大小	发送间隔
主数据流输出协议	MSOP	扫描数据输出	UDP	1 248 字节	约 1.33 ms
设备信息输出协议	DIFOP	设备信息输出	UDP	1 248 字节	约 100 ms
用户权限写入协议	UCWP	配置设备参数输入	UDP	1 248 字节	INF

以主数据流输出协议（MSOP）为例，MSOP 包完成三维测量相关数据输出，包括激光测距值、回波的反射率值、水平旋转角度值和时间戳。MSOP 包的有效载荷长度为 1 248 字节，其中包括 42 字节的同步帧头（Header），1 200 字节的数据块区间（共 12 个 100 字节的 data block），以及 6 字节帧尾（Tail）（见图 3-2-2）。

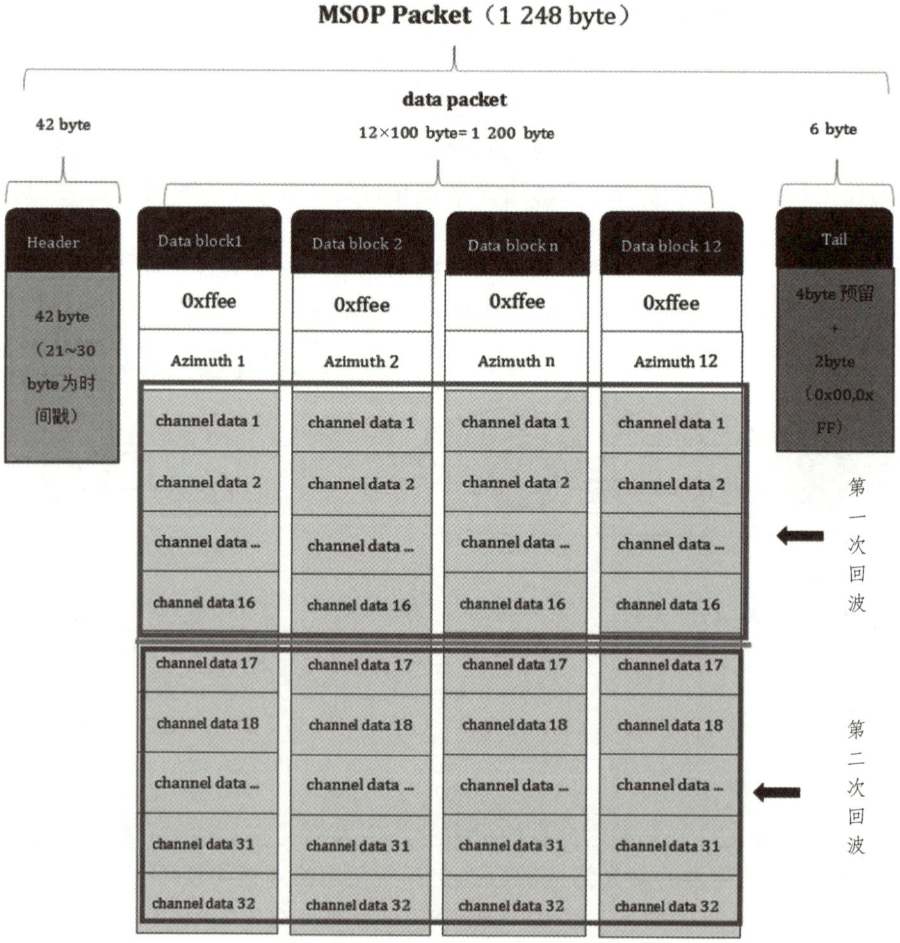

图 3-2-2　MSOP 数据包定义示意

帧头（Header）共 42 字节，用于识别出数据的开始位置。在 Header 的 42 字节数据中有 8 字节用于数据包头的检测，剩下 34 字节中 21 ~ 30 字节存储时间戳，第 31 字节用于表示激光雷达的型号，其余作预留处理，供后续更新升级使用。Header 的 8 字节定义为 0x55、0xAA、0x05、0x0A、0x5A、0xA5、0x50、0xA0，可作为包的检查。

数据块区间是 MSOP 包中传感器的测量值部分，共 1 200 字节。它由 12 个数据块（datablock）组成，每个块（block）长度为 100 字节，代表一组完整的测距数据。数据块中 100 字节的空间包括：2 字节的标志位，使用 0xffee 表示；2 字节的 Azimuth，表示水平旋转角度信息；每个角度信息对应着 32 个 channeldata，包含 2 组完整的 16 通道信息。

在每个 Block 中，RS-LiDAR-16 输出的水平角度值是该 Block 中第一个通道激光测距时的角度值。角度值来源于角度编码器，角度编码器的零位即角度的零点，水平旋转角度值的分辨率为 0.01°。事实上每个 datablock 区域有 32 组的 channeldata，对应两次 16 线测距信息，而每个 datablock 只有一个水平旋转角度值，因此单回波模式下每个 datablock 水平旋转角度值对应于该 datablock 中的第一次 16 线测距中的第一通道的测量时的水平角度，第二次 16 线测距中的第一通道的水平角度对应需通过在点云解析过程中进行插值计算得到新的角度。

Channeldata 为 3 字节，高两字节用于表示距离信息，低一字节用于表示反射率信息，其中 Distance 为 2 字节，单位为 cm，分辨率因为雷达固件版本的不同，有 1 cm 和 0.5 cm 的区别。Reflectivity 为 1 字节，反射率信息为相对反射率，反射率信息可以反映实测环境下系统的反射率性能，通过反射率信息可以完成对不材质物体的区分。

帧尾（Tail）长度为 6 字节，其中 4 字节为预留信息，2 字节为 0x00、0xFF。

激光雷达采用 UDP 协议传输数据，获取激光雷达数据的方法：

（1）自编写代码获取雷达的数据。

（2）通过 Wireshark 软件实时获取激光雷达的数据，通过 Wireshark 软件查看激光雷达返回给计算机的 16 进制的数据（见图 3-2-3）。

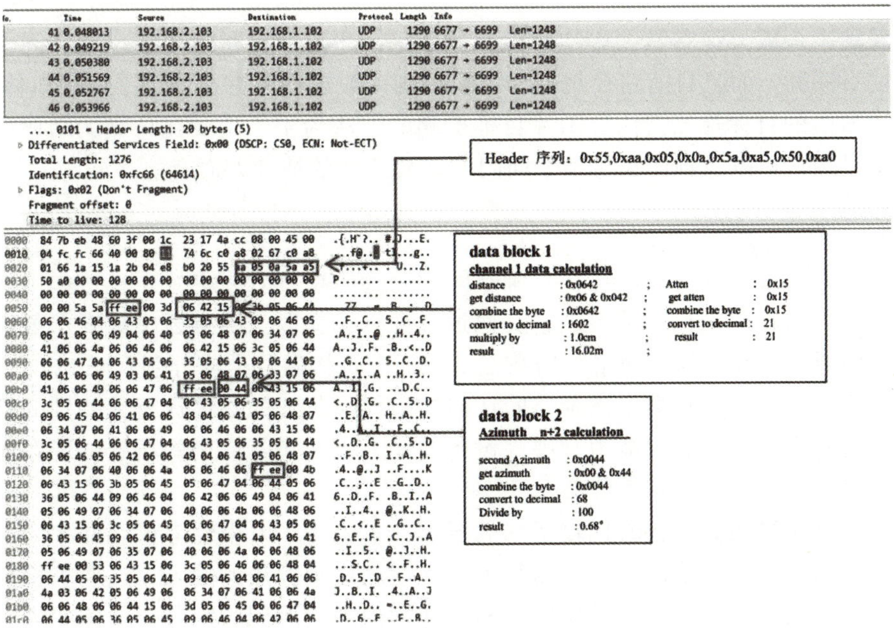

图 3-2-3　激光雷达扫描数据解析

3.2.3 激光雷达物体检测算法

激光雷达物体检测算法分类如图 3-2-4 所示。

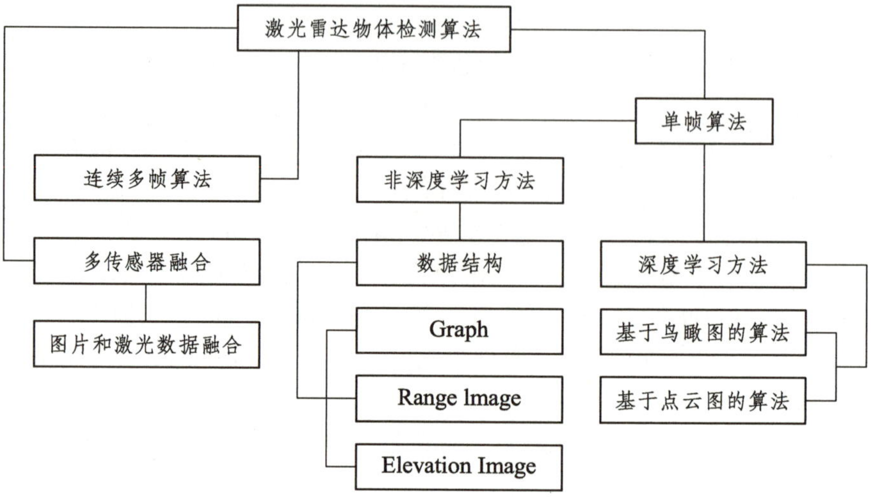

图 3-2-4 激光雷达物体检测算法

物体检测算法的思路是：先做地面分割，然后做聚类，最后将聚类得到的物体进行识别。为了提高算法的速度，很多算法并不直接作用于三维点云数据，而是先将点云数据映射到二维平面中然后再处理。常见的二维数据形式的有 Range Image 和 Elevation Image，本课程只简述单帧算法。

3.2.3.1 单帧算法——深度学习算法

1. 基于鸟瞰图的算法

自动驾驶中一般关注鸟瞰图中物体检测的效果，主要原因是直接在三维空间中做物体检测的精确度不够高，而且目前路径规划和车辆控制一般也只考虑在二维平面中车体的运动。

在鸟瞰图中的目标检测方法以图片目标检测的方法为主，主要在鸟瞰图结构的建立、物体的空间位置的估计以及物体在二维平面内的旋转角度的估计方面有所不同。

2. 基于点云图的算法

从检测结果来看，这类算法比在三维空间中的物体检测效果更好。直接作用在三维空间中的物体检测方法近年来也有所突破，其通过某种算子提取三维点云中具有点云顺序不变性的特征，然后通过特殊设计的网络结构在三维点云上直接做分类或分割。

这类方法的优点是能对整个三维空间任何方向任何位置的物体进行无差别的检测，其思路新颖但是受限于算法本身的能力、硬件设备的能力以及实际应用的场景，现在还不能在实际中广泛地使用。

自动驾驶对于检测算法有着比较特殊的要求：首先为了安全性考虑召回率要高，即不能漏检；其次因为检测到的物体是下游路径规划和运动决策算法的输入，这要求检测到的目标在连续帧中具有较好的稳定性，具体而言即在连续帧中检测到的同一个物体的类别、尺寸、位置和方向不能有剧烈的变化。与此同时因为激光点云的稀疏性，现有算法单用一帧点云数据无法在小物体、远处物体和被遮挡物体的检测上得到令人满意的结果。

3.2.3.2　单帧算法——非深度学习算法

常见的算法流程如下：

（1）将三维点云映射为某种结构，如图形（Graph）和范围图像（Range Image）。

a. 图形（Graph）。

图形在计算机科学中通常指的是由节点（vertices）和连接这些节点的边（edges）组成的数据结构。图形可以用来表示许多不同的事物和关系，例如社交网络中的用户和他们之间的关系、道路网络中的交叉口和道路、计算机程序中的函数调用关系等。图形可以是有向的（边有方向）或无向的，也可以有权重（边具有权值）或无权重。

图形在算法设计、网络分析、社交网络分析等领域具有广泛的应用。常见的图形算法包括深度优先搜索（DFS）、广度优先搜索（BFS）、最短路径算法（例如 Dijkstra 算法和 Floyd-Warshall 算法）等。

b. 范围图像（Range Image）。

范围图像是计算机视觉中的一个概念，它是一种二维图像，其中每个像素值表示了在三维空间中的某个点到传感器的距离。范围图像常用于 3D 物体重建、物体识别、环境感知等应用。它可以通过激光雷达、深度相机等传感器获取。

范围图像可以用来捕捉物体的几何形状和空间位置信息，因此在自动驾驶、机器人导航、虚拟现实等领域具有重要作用。处理范围图像需要涉及点云处理、表面重建、物体分割等技术。

c. 图形与范围图像的关系。

图形和范围图像在某种程度上都与对象之间的关系有关。图形可以用来表示对象之间的关系网络，而范围图像则提供了关于对象的三维空间位置和几何信息。在一些应用中，可以将范围图像转化为图形，以便进行对象识别、场景分析等任务。

（2）提取每个节点或像素的特征。

（3）将节点或像素聚类。

（4）通过一定规则或分类器将一个或多个聚类确定为地面。

（5）结合地面信息，通过分类器对其他聚类进行物体级别的识别。

（6）把所有的检测、识别的结果映射回三维点云中。

基于 Graph 或是基于 Range Image 的结构都比单纯的点云蕴涵了更多的信息。在这些结构中有时使用简单的基于规则的方法就可以得到比较好的结果，这一点在实际应用中非常重要。例如，在物体检测任务中出现了训练集合中未出现过的物体，基于学习的方法一般无法正确地将其检测出来。但是基于简单规则的方法却可以正常给出检测结果，虽然此时分类结果往往是未知的。

在自动驾驶中检测算法的漏检问题远比错分类问题严重很多，从这个角度说，基于简单规则的方法是保证安全的一把锁。从实时数据预处理的效率来说，在实际环境中为了提高检测精度需要将离散的噪声点和不在检测范围内的物体过滤掉。在 Graph 和 Range Image 中进行噪声数据的过滤有时比直接在点云上做效率高。

3.2.4 激光雷达 SLAM 定义

3.2.4.1 SLAM 建图

三维建模技术来源已久、方法多样，包括传统人工建模、计算机批量规则建模、三维激光点云建模、倾斜摄影技术建模等，室内建模通常以基于测绘数据的人工建模为主，SLAM（Simultaneous Localization and Mapping）技术作为拥有精确、高效、逼真等建模特点的技术手段，近年来被广泛使用。

SLAM 是一种用于同时进行定位和地图构建的技术，常用于无人车、无人机、机器人等领域。以下是一个简单的 SLAM 建图实例，基于 Python 和 Robot Operating System（ROS）。

（1）安装 ROS。如果尚未安装 ROS，可以在 Linux 上通过以下方式进行安装：

```
sudo apt-get update
sudo apt-get install ros-melodic-desktop-full    # 请根据您的 ROS 版本进行更改
```

（2）创建 ROS 工作空间。如果没有 ROS 工作空间，执行以下步骤：

```
mkdir -p ~/catkin_ws/src
cd ~/catkin_ws/catkin_make
```

（3）安装 GMapping 包。GMapping 是一个常用的 SLAM 算法包，用于建立 2D 地图。在终端中运行以下命令：

```
sudo apt-get install ros-melodic-slam-gmapping
```

（4）启动 GMapping 节点。在终端中运行以下命令，启动 GMapping 节点，从激光雷达数据中构建地图：

```
roslaunch turtlebot3_gazebo turtlebot3_world.launch
roslaunch turtlebot3_slam turtlebot3_slam.launch slam_methods :=gmapping
```

（5）控制机器人移动。打开一个新的终端窗口，运行以下命令，控制机器人在仿真环境中移动：

```
roslaunch turtlebot3_teleop turtlebot3_teleop_key.launch
```

使用键盘的方向键可以控制机器人的运动，让机器人在环境中移动以便建立地图。

（6）保存地图。当机器人移动时，GMapping 会根据激光雷达数据构建地图。建立好地图之后，可以使用以下命令保存地图：

```
rosrun map_server map_saver -f /path/to/map_name
```

将/path/to/map_name 替换为要保存地图的文件路径和名称。

请注意，上述示例假设已经安装了适当的 ROS 软件包，并且使用了仿真环境。在实际应用中，需要根据硬件设备、传感器数据和环境进行调整。同时，还有其他 SLAM 算法可供选择，例如，Hector SLAM、Cartographer 等，具体选择根据需求和场景确定。

目前，SLAM 技术的研究领域主要分为激光 SLAM 与视觉 SLAM 两大类。基于激光雷达的 SLAM 技术主要依靠激光扫描匹配进行研究，根据数据维度，又可分为 2D-SLAM 和 3D-SLAM，可以通俗地理解为使用二维激光雷达传感器的 SLAM 技术称为 2D-SLAM；而使用三维激光雷达传感器（包含多个非共面二维激光雷达组成的雷达系统）的 SLAM 技术称为

3D-SLAM。其中 2D-SLAM 技术多数用于室内环境的定位，而 3D-SLAM 技术在室内室外场景都较为常见（见图 3-2-5）。

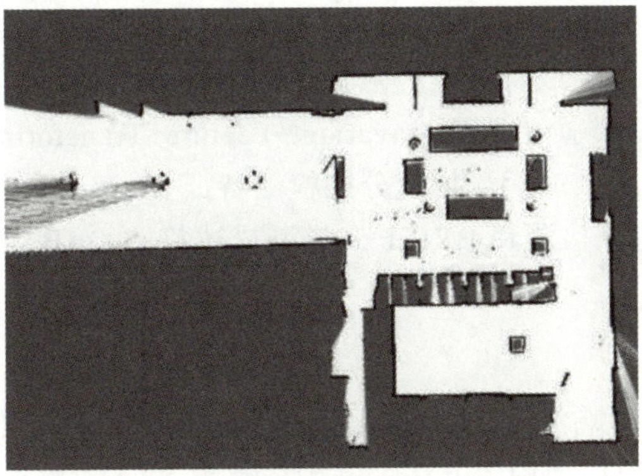

（a）二维栅格地图

（b）三维点云地图

图 3-2-5　SLAM 地图

1. 2D-SLAM 建图

基于二维激光雷达的同步定位与地图构建技术的研究工作开展得比较早，早在 1988 年就已经出现完整的激光 SLAM 技术了。进入 21 世纪后，以 2007 年 Grisetti 提出的基于粒子滤波的 SLAM 算法 Gmapping、2011 年 Kohlbrecher 提出的 HectorSLAM 以及 2010 年 Konolige 提出的 Karto SLAM 最具有代表性。Gmapping 采用改进的 Rao-Blackwellized 粒子滤波方法，将 SLAM 分为定位与建图两个过程，改善了里程计运动模型的提议分布导致大部分粒子偏离真实位置的问题和粒子重采样导致的粒子发散问题，但是其基础还是基于粒子滤波理论，不能解决粒子成倍增长带来的计算问题，导致 Gmapping 不适用于大地图场景；Hector SLAM 采用 scan-to-map 的方法，并利用双线性插值法计算栅格占用率，从而实现地图的配准，且不需要里程计，建图简单，但它对传感器的频率要求较高，并且无回环检测模块，不适合大场景地图；Karto 是首个使用图优化方法的框架，建立雷达位姿与路标点的约束关系，并进行了优化，Karto 认识到了稀疏性，采用高度优化和非迭代 cholesky 分解进行稀疏系统解耦，然后将解耦结果作为解，但是其计算比较费时；2016 年 Google 公司开源了 Cartographer 方法，采用帧到局部地图（Scan-to-submap）的方法，并优化了局部地图，增加闭环检测确保了地图一致性，是目前 2D 开源算法中表现最优秀的。

2. 3D-SLAM 建图

相较于 2D-SLAM，三维激光雷达的同步定位与地图构建技术发展较晚，3D-SLAM 的激光传感器不仅限于三维激光雷达，还包括多个非共面的二维激光雷达组成的系统以及二维激光雷达与 INS 组合成的系统。有学者提出了 2D Lidar 与 INS 组合方案。2014 年，Zhang Ji 提出的激光里程计与建图方法（Lidar Odometry and Mapping，LOAM）代表了当前 3D-SLAM 方法中的最高水平。该方法提出了高低搭配的方案，即高频的激光里程计部分与低频的地图匹配部分相搭配的方法，并用地图匹配来修正激光里程计的误差，保证了实时性与精确性；同时该方法还在特征点的提取中采用提取边缘点和平面点的方法，总共提取 5 个点就可以得到曲率，节省了计算时间。

1）基于视觉的 SLAM 研究

视觉里程计是指通过分析图像来确定相机载体的位置与姿态，根据是否需要提取图像特征分为特征点法和直接法。直接法则是基于像素灰度信息，通过像素灰度的差异，最小化光度误差来计算相机载体的运动；特征点法从图像中提取特征点，然后在图像间完成特征点匹配估计载体位姿。常用的特征点有尺度不变特征转换（Scale-Invariant Feature Transform，SIFT）、加速鲁棒特征（Speeded up Robust Features，SURF）、加速分割检测特征（Features from Accelerated Segment，FAST）以及融合了 FAST 特征检测和 BRIEF 二进制描述符的 ORB 特征（Oriented Fast and BRIEF）。

2）基于特征点法的 SLAM 研究

由于特征点法运行稳定，不易受光照条件的影响等特点，使得特征点法成为视觉里程计中的成熟方法。相较于基于激光雷达的同步定位与地图构建方法，基于视觉的 SLAM 解决方案出现较晚。2006 年 Davison 提出的 MonoSLAM 是第一个成功基于单目摄像头的纯视觉 SLAM 系统，这也标志着视觉 SLAM（Visual SLAM，V-SLAM）时代的到来。MonoSLAM 采用扩展卡尔曼滤波的（Extended Kalman Filter，EKF）方法，由相机运动参数和所有三维点的位置构成其运动状态，求解这个概率模型来估计载体的位姿，但是扩展卡尔曼滤波在解决 SLAM 中的非线性问题效果不佳，而且单目相机还存在尺度不确定性的问题。随着计算机计算能力的提升以及对稀疏矩阵稀疏性的利用，基于优化方法的 SLAM 系统开始出现。2007 年 Klein 提出的 PTAM 是首个基于关键帧的 BA（Bundle Adjustment）V-SLAM 系统，其将相机跟踪和地图构建作为两个独立的线程并行执行，确立了后续 V-SLAM 技术的基本框架，在 V-SLAM 的发展史上具有重要的意义。2015 年 Mur-Artal 等人提出的视觉 SLAM 技术 ORB-SLAM 基本上采用 PTAM 的框架，对特征点方法做了修改，替换为 ORB 特征，具有更好的视角不变性，并加入了回环检测模块，可以消除大场景建图带来的累积误差问题，可以说是增强版的 PTAM，也是目前最稳定的 V-SLAM 方法。2017 年 Mur-Artal 等人又在 ORB-SLAM 基础上增加了对双目相机和 RGB-D 相机的支持，形成了 ORB-SLAM2。

3）基于直接法的 SLAM 研究

基于特征点的方法只利用了图像中的部分信息，舍弃了大部分有用的信息，并且特征点法在特征缺失的场景中容易失效，直接法应运而生。2011 年 Newcombe 提出的 DTAM 单目 V-SLAM 系统，能够实时恢复场景的三维模型，对特征缺失和图像模糊的场景具有很好的鲁棒性，但是由于其恢复的是稠密地图，计算量很大，需要采用 GPU 加速。2013 年 Engel 将直接法应用到半稠密视觉里程计中，并在之后拓展为著名的半稠密 LSD-SLAM（Large-Scale Direct SLAM）。2014 年 Forster 提出半直接法视觉里程计（Semi-direct Visual Odometry，SVO），将特征点法与直接法相融合，跟踪特征点，利用直接法恢复特征点周围的像素信息实现相机载体的位姿估计，并首次提出深度滤波器的概念，由于该方法的特点，不需要计算描述子，计算速度比较快，算法的适用范围比较广。

3.2.4.2 SLAM 实景建模的特点

激光 SLAM 是目前比较成熟的定位导航方案，而视觉 SLAM 是未来研究的一个主流方向，多传感器融合的方案也将是未来的一个主要趋势。激光 SLAM 和视觉 SLAM 的优缺点如表 3-2-2 所示。

表 3-2-2　激光 SLAM 和视觉 SLAM 优缺点对比

优/劣势	激光 SLAM	视觉 SLAM
优势	可靠性高，技术成熟	结构简单，安装方式多元化
	建图直观，精度高，累积误差小	无传感器探测距离限制，成本低
	地图可用于路径规划	可提取语义信息
劣势	受雷达探测范围限制	环境光影响大，暗处，无纹理等情况无法正常工作
	安装结构有要求	运算负荷大，构建的地图本身难以直接用于路径规划及导航
	地图缺乏语义信息	传感器动态性能还需要提高，地图构建时，会存在累积误差
	回环不好建立	需后端优化

3.2.5　激光雷达在智能网联汽车的主要应用场景

智能网联汽车通过激光雷达对周边环境进行扫描识别，从而引导车辆行进。激光雷达在智能网联汽车中起着类似于“眼睛”的功能，能够根据扫描到的点云数据快速绘制 3D 全景地图。

其主要应用场景有：障碍物分类、障碍物跟踪、路沿可行驶区域检测、车道标志线检测和高精度定位等。接下来介绍典型应用案例。

3.2.5.1　障碍物识别

一般而言，在原始点云数据基础上的目标检测可分为特征提取和分类/聚类两大步骤。特征提取指的根据不同目标的几何、运动、属性等特点，从原始数据中挖掘信息，用于原始数据点的聚类或分类。分类/聚类指的是基于不同的机器学习模型，从数据中获取知识，实现所探测环境的感知或认知。

三维数据中能够提取的特征可分为显性特征和隐性特征两大类别。其中，显性特征依赖于人工定义，按基元不同主要有：基于点的特征提取、基于体素的特征提取、基于切片的特征提取、基于对象的特征提取、基于关键点的提取等方法。特征描述能力不足，是目前分类和目标提取质量无法满足应用需求，限制三维点云使用价值最主要的原因。隐性特征随着深度学习的发展而普及，即通过卷积、池化、采样等操作提取反映数据本质、分布式的特征表示，突破了传统分类方法中过度依赖人工定义特征的困难，被认为是类脑人工智能发展至今最成功的案例。

在分类/聚类方面，根据机器学习模型的深度不同，可分为浅层学习模型和深度学习模型两大类。

在浅层学习方面，主要模型有线性回归、逻辑回归、决策树、SVM 等分类方法，以及 K-Means、Mean shift、层次聚类等聚类方法。

应用到激光雷达领域，主要方法包括：

（1）基于模型拟合的提取方法：主要利用三维局部特征描述算子、霍夫变换算法和随机抽样一致性算法及其改进算法识别与提取点云场景中的线、面、圆、柱、体等简单几何对象及其组合对象。例如，利用柱与面提取交通指示牌，用柱与体提取树木等。这类方法简单快捷，但精度不高，适合对象有限。

（2）基于区域生长的提取方法：针对特定目标对象设定或选取种子，根据对象特征设定相应的生长规则与终止条件，基于种子生长提取出对象。该方法能够用于提取大多数对象，其精度完全取决于种子选取和生长规则的合理性，难度较大，同时提取速度较慢。

（3）基于聚类分析的提取方法：在特征计算基础上，利用逐点分类方法或类簇分类方法对点云标识，并对目标进行提取。

常用方法有人工经验阈值分类方法（包括基于特征和基于特征的模型）和基于机器学习的监督分类方法。这些方法都依赖特征计算，其中对于基于学习的方法还需要提供相应的训练样本。

在深度学习方面，主要模型有卷积神经网络（CNN）、递归神经网络（RNN）、深度置信网络（DBN）及图网络（GN）等，这些都是当前点云数据感知领域的研究热点。例如，百度于 2016 年将全卷积网络技术应用于三维距离扫描数据的检测任务中，通过 Velodyne 64E 激光雷达获取的数据，将车辆检测任务在 2D 点图上进行呈现，并采用单个 2D 端到端全卷积网络同时预测目标置信度与边框，借助边框编码技术，实现了从 2D 卷积网络到完整 3D 边框预测的跨越。然而，在三维点云场景的目标对象提取与精细分类领域，仍面临诸多挑战，包括构建大规模数据集样本库、设计适用于三维结构特征学习的神经网络模型，以及在大场景三维数据解译中的有效应用等。为解决这些问题，未来研究可聚焦于三维目标多尺度全局与局部特征的学习、结合语义理解和先验知识的目标结构分析，以及利用第三方辅助数据引导的多目标提取与分类方法。在点云 3D 物体检测方面，VoxelNet 模型仅依赖点云数据，在无人驾驶环境中展现了高精度的检测能力。它通过将三维点云划分为 Voxel 单元，结合 VFE（Voxel Feature Encoding）层进行局部特征提取，再经 3D 卷积中间层抽象特征，最后利用 RPN（Region Proposal Network）进行物体分类与位置回归。此外，PIXOR、LaserNet、VoteNet 等模型也相继提出，分别通过优化输入表示、网络结构、引入 Hough 投票机制或结合深度点集网络，实现了高效、实时的三维物体检测。特别是 VoteNet，通过投票机制定位目标中心并预测 3D 边框及语义类别，展现了强大的检测能力。最新提出的点体素 RCNN（PV-RCNN）框架，则创新性地融合了三维体素 CNN 与基于点云的集合抽象技术，显著提升了点云特征的鉴别能力，在多个基准数据集上的实验证明，其性能已超越当前最先进的 3D 检测方法，仅利用点云数据即可实现高精度的三维目标检测（见图 3-2-6）。

3.2.5.2 障碍物跟踪

激光雷达采用相关算法对比前后帧障碍物的变化，利用同一障碍物的坐标变化，实现对障碍物的速度和航向的检测跟踪，为后续避障提供可靠的数据信息，如图 3-2-7 所示。目标跟踪就是在连续的数据序列中，建立所需跟踪目标的位置关系，得到目标完整的运动轨迹。通常是给定上一帧的目标位置特征，在下一帧中对该目标的位置以及边界框的尺寸大小进行预测。

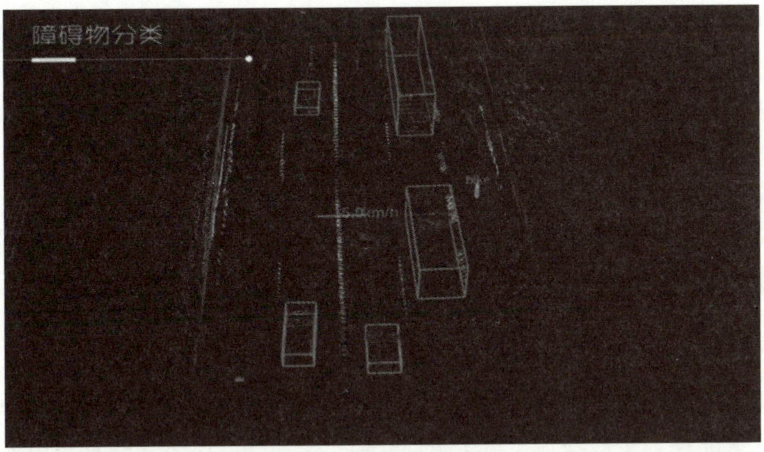

图 3-2-6　障碍物分类

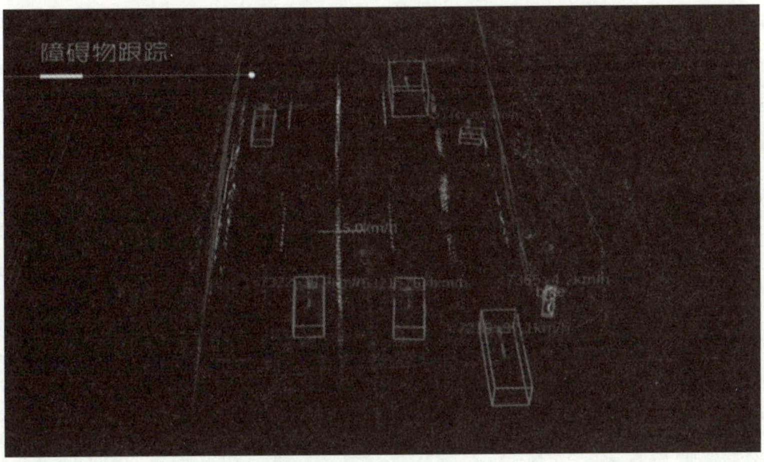

图 3-2-7　障碍物追踪

目标跟踪的常用算法有很多，从传统的滤波算法到深度学习的网络预测，可以分为两大类：

（1）生成式模型：建立目标模型或者提取目标特征，利用外观表征在后续帧中进行相似性搜索，最小化跟踪目标和候选目标之间的误差进行定位。

（2）判别式模型：通过对比目标模型和背景信息的差异，将目标模型提取出来，从而得到当前帧中的目标位置。

传统的跟踪算法大多属于生成式模型，而深度学习的算法大多属于判别式模型，几种经典的算法如下：

（1）基于均值漂移的跟踪：均值漂移是基于概率密度分布，使目标的搜索一直沿着概率梯度上升的方向，迭代收敛到概率分布的峰值上。

（2）基于卡尔曼滤波的跟踪：通过检测或者其他方式得到目标的观测位置，并根据运动方程从上一时刻的位置信息预测当前时刻的位置信息，将观测结果和预测结果进行加权平均得到最终的目标位置信息。

（3）基于粒子滤波的跟踪：对目标基于粒子分布进行建模，定义一种相似度度量来确定与目标之间的匹配程度。然后按照高斯分布撒粒子，统计其相似度来确定目标可能的位置信息。

（4）基于核相关滤波的跟踪：通过设计一个滤波模板，利用该模板与目标候选区域做相关运算，最大输出响应的位置即为当前帧的位置信息。

（5）基于深度学习的跟踪：利用卷积神经网络将目标从背景中提取出来，利用其对目标强大的特征抽象能力以及对目标运动过程的拟合能力实现跟踪任务。

均值漂移和卡尔曼滤波算法实现简单，但是参数调节麻烦，鲁棒性一般；相关滤波类算法跟踪速度较快，深度学习类方法精度较高，但是对硬件资源有一定要求。根据不同的需要选择最适合的滤波算法是工程的关键。

3.2.5.3 高精度定位

首先由 GPS 给定初始位置，通过 IMU（惯性测量元件）和车辆的 Encoder（编码器）可以得到车辆的初始位置，然后对激光雷达的局部点云信息，包括点线面的几何信息和语义信息进行特征提取，并结合车辆初始位置进行空间变换，获取基于全局坐标系下的矢量特征，接着将这些特征与高精度地图的特征信息进行匹配，获取一个准确的定位，如图 3-2-8 所示。

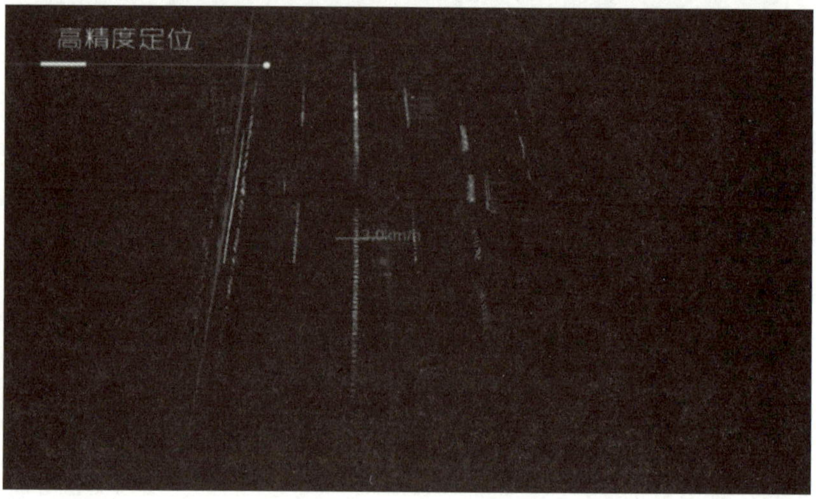

图 3-2-8 高精度定位

3.2.6 激光雷达应用案例

3.2.6.1 单线激光雷达 SLAM 建图

1. Catographer 算法介绍

Cartographer 是 Google 推出的一套基于图优化的激光 SLAM 算法，它同时支持 2D 和 3D 激光 SLAM，可以跨平台使用，支持 Lidar、IMU、Odemetry、GPS、Landmark 等多种传感器配置。Cartographer 是目前落地应用最广泛的激光 SLAM 算法之一。Cartographer 是在利用大量雷达数据计算闭合约束时，一种减少计算量的新方法。这让 Cartographer 能够绘制楼层非常大的地图，能达到成千上万平方米

Cartographer 结合了 Local SLAM 和 Global SLAM 自救，两个 SLAM 过程都需要优化的就是位姿，也就是雷达观测数据的（x, y, θ），这些位姿被称为 Scans（因为是 2D，所以 x 和 y

是平移，θ 是旋转角）。研究人员把雷达装在背包上，所以他们的平台是不稳的，因此在背包上装了一个 IMU（Inertial Measurement Unit，惯性测量单元）。IMU 会给出重力方向，用于把雷达数据投影到 2D 平面。

在 Local SLAM 中，每一帧扫描结果都会匹配世界的一小块区域，世界的这些一小块一小块的区域称为 Submap（子图）。使用非线性优化将 Scan 与 Submap 对齐，这个过程进一步称为 Scan Matching（扫描匹配）。Scan Matching 会随着时间存在累计误差，Global SLAM 会消除这些误差。

1）Scans

这是 Local SLAM 的第一部分，拿到每帧雷达数据[一堆（x, y）点]后，是依靠变换矩阵 $\boldsymbol{T}$ 将 Scan 的点变换到 Submap 下的 Submap 的构建就是将 Scan 不断与 Submap 的坐标系对齐的迭代过程。假设 Submap 的坐标系原点是 $0\in\mathbf{R}^2$，每一个雷达扫描点为 p，那么这一帧雷达的数据为 $H=\{h_k\}_{k=1,\cdots,K}$，$h_k\in\mathbf{R}^2$，当前雷达帧在 Submap 坐标系下的位姿为 T_δ，用下面的公式就可以把 Scan 的扫描点转到 Submap 坐标系下。

$$T_\xi p=\underbrace{\begin{pmatrix}\cos\xi_\theta & -\sin\xi_\theta\\ \sin\xi_\theta & \cos\xi_\theta\end{pmatrix}}_{R_\xi}p+\underbrace{\begin{pmatrix}\xi_x\\ \xi_y\end{pmatrix}}_{t_\xi}$$

2）Submaps

这是 Local SLAM 的第二部分，Submap 是概率网格地图（见图 3-2-9），地图每个点都是该点是否被占用的概率值，通过计算 Hit 点集合 Miss 点集以及公式更新每个点的值连续的几帧 Scan 会组成一个 Submap，Submap 实际是一个概率网格地图 M:rZ × rZ→[$p_{\min}$, $p_{\max}$]。

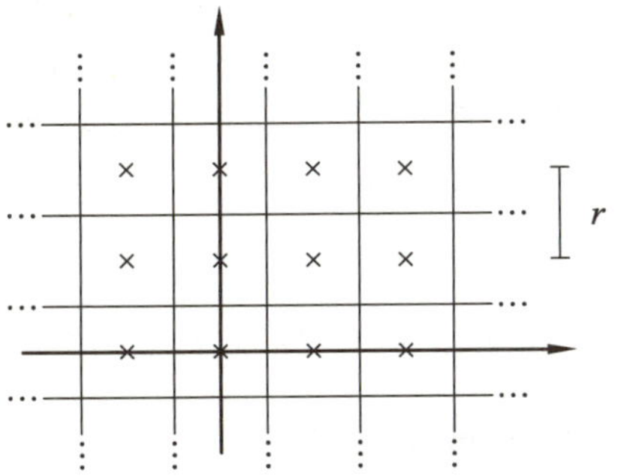

图 3-2-9 概率网格地图

r 是网格地图的分辨率，比如 5 cm。每一个格子的值代表当前网格被堵住（有东西）的概率。对于每个网格点，我们定义该网格的像素由最接近该网格点的所有点“影响”的。每一次 Scan 插入 Submap（也可以认为是现在说的这个概率地图）的时候，都要确定 Hit（命中）的点和 Miss（未命中）的点集。命中就是网格里有雷达数据点，未命中就是没雷达数据点。

每一个 Hit 的点（下图阴影且画 × 的），对应的格子点加入 Hit set（命中点）集中。每一个 Miss 的点（见图 3-2-10 中阴影部分），雷达原点到扫描点中间的点全部加到 Miss set（未命中点集）中，如果这个点已经在命中点集中则不处理。

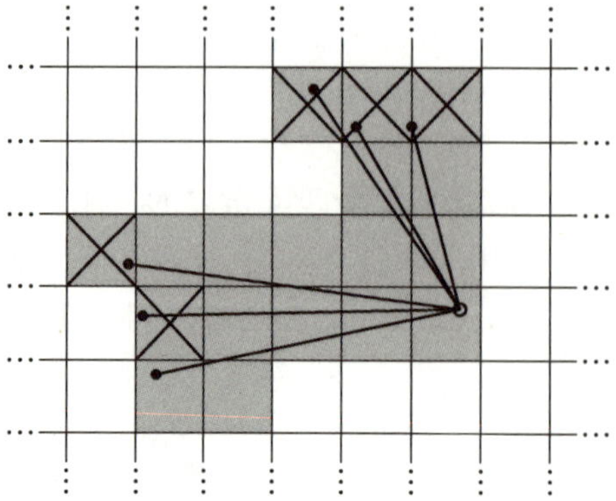

图 3-2-10　命中点与未命中点

每个还未观察到的网格，可以自定义赋值为一个 p_{Miss} 或者 p_{Hit} 值（一般用 0.5，即不知道这个格子有没有被占用），已经观察到的网格，它的赔率（命中比上未命中的概率）odds 更新为（odds 可以理解为发生和不发生的比例，用它来描述概率）。

$$\text{oddx}(p) = \frac{p}{1-p}$$

每个网格的命中概率更新公式为

$$M_{\text{new}}(x) = \text{clamp}(\text{odds}^{-1}(\text{odds}(M_{\text{old}}(x)) \cdot \text{odds}(p_{\text{Hit}})))$$

其中，clamp( )表示将数字限制在一个范围[min, max]内，用在这里可以理解为将结果限制在[0, 1]之间。

3）Ceres scan matching

这是 Local SLAM 的第三部分，新的 Scan 是通过变换矩阵 $\boldsymbol{T}$ 插入 Submap 中。变换矩阵 $\boldsymbol{T}$ 是经过 IMU 的初值，并通过最小二乘法求出的一帧 Scan 插入 Submap 之前，首先要对这帧 Scan 的位姿进行优化。代码中使用的是基于 Ceres 库的 Scan Matcher。Scan Matcher 的目标就是寻找一个最优位姿，这个位姿能让 Scan 中的点最大概率地匹配到 Submap 上。优化问题被看成了一个非线性最小二乘问题。

$$\underset{\xi}{\text{argmin}} \sum_{k=1}^{K} (1 - M_{\text{smooth}}(T_{\xi} h_k))^2$$

函数 M_{smooth} 实际上就是把每个 Submap 中的雷达点，变成了是否在 Submap 中的概率值，每个雷达点通过变换后函数 M 后如果都能趋近于 1，意味着新的这帧 Scan 很好地匹配了 Submap，这也是此优化函数的目的，最小化公式的结果就是令求和号里的每一项都尽量趋近于 1。

在 Global SLAM 中，Submap 之间存在累计误差，那么这些 Submap 靠回环检测和全局优化形成一整张地图。由于 Scans 仅与 Submap 中最近的一些 Scan 进行匹配，会有累计误差。对于仅几十个连续的 Scans，累计误差很小；但子图越多累计误差越大。累计误差不可避免，且解决累计误差十分重要。

Cartographer 的方法是优化所有 Scan 和 Submap 的位姿，遵循稀疏姿态调整。Scan 插入时的相对姿态（相对于 Submap 的）存储在内存中，用于闭环优化。除了这些相对姿态外，一且 Submap 不再更改了，则将考虑由 Scan 和 Submap 组成的对进行循环闭合。Scan Matcher 在后台运行，如果找到匹配的对象，则将对应的相对姿态添加到优化问题中。每一个 Scan 在 Cartographer 程序中被写成一个 node，每一个 node（也就是每一帧 Scan）将和一个 Submap 存在一个位姿变换。Submap 可以是自己所处的 Submap，也可以是其他 Submap。能够建立 constraint 的位姿将被优化

2. GMapping 算法介绍

GMapping 是一种基于 RBPF 的 SLAM 解决方案。这种解决方案是先估计的机器人运动轨迹，再根据机器人的状态估计环境地图；然后反过来又用这个环境地图更新机器人的运动轨迹。在算法中的每个粒子都独立地记录了一条可能的机器人轨迹及其对应的环境地图。相当于牺牲了空间（存储）而赢得了时间（计算效率）。但由于 GMapping 本身每个粒子都会携带自己的地图，其不适用于大场景，由于大场景建图每个粒子都存在很大的地图，这样导致存储容量不足。

对于一个 SLAM 的问题，可以描述为如下的后验概率的问题。GMapping 其实就是移动机器人从开机到 t 时刻的一系列传感器测量数据 $z_1{:}t$ 以及一系列控制数据 $u_1{:}t$ 的条件下，同时对地图 m、机器人轨迹状态 $x_1{:}t$ 进行的估计。

$$p(x_1:t,m\,|\,u_1:t,z_1:t)$$

而上面的公式，可以分解为下面的形式：

$$p(x_1:t,m\,|\,u_1:t,z_1:t)=p(x_1:t\,|\,u_1:t,z_1:t)p(m\,|\,u_1:t,z_1:t)=p(x_1:t\,|\,u_1:t,z_1:t)p(m\,|\,z_1:t)$$

一个是机器人定位问题（确定机器人的轨迹），另一个是已知机器人位姿（轨迹）的地图构建的问题。

其中，$p(x_1{:}t \mid u_1{:}t,\ z_1{:}t)$表示估计机器人的轨迹；$p(m|x_1{:}t,\ z1{:}t)$表示在已知机器人轨迹和传感器观测数据情况下，进行地图构建的闭式计算。这样 SLAM 问题就分解成两个问题。其中已知机器人位姿的地图构建是个简单问题，所以机器人位姿的估计是一个重点问题。

FastSLAM 算法采用粒子滤波来估计机器人的位姿，并且为每一个粒子构建一个地图。所以，每一个粒子都包含了机器人的轨迹和对应的环境地图。每一个粒子都包含自己的栅格地图，对于一个稍微大一点的环境来说，每一个粒子都会占用比较大的内存。如果机器人里程计的误差比较大，即 proposal 分布（提议分布）跟实际分布相差较大，则需要较多的粒子才能比较好的表示机器人位姿的估计，这样将会造成内存爆炸。

GMapping 算法通过降低粒子数量的方法大幅度缓解内存爆炸，具体的做法是通过最近一帧的观测（Scan），把 proposal 分布限制在一个狭小的有效区域。然后再用正常方式对 proposal 分布进行采样。

Mapping 算法采用粒子滤波算法对移动机器人轨迹进行估计，必然少不了粒子重采样的过程。随着采样次数的增多，会出现所有粒子都从一个粒子复制而来，这样粒子的多样性就完全丧失了。为了缓解粒子耗散，GMapping 提出了选择性重采样的方法，根据所有粒子自身权重的离散程度（也就是权重方差）来决定是否进行粒子重采样的操作。于是就出现了下式，当 N_{eff} 小于某个阈值，说明粒子差异性过大，进行重采样，否则，不进行。

$$N_{\mathrm{eff}}=\frac{1}{\sum(w^i)^2}$$

最后，GMapping 算法会构建一个栅格地图，对二维环境进行了栅格尺度划分，而假设每一个栅格的状态是独立的。对于环境中的一个点，用 $p(s=1)$来表示它是自由状态的概率，用 $p(s=0)$来表示被占有状态的概率。每获得一次测量值，都用加减法对点状态进行更新，从而完成更新地图的工作。

3. 单线激光雷达 Catographer 建图案例

整个实验过程均以 ubuntu18.04 为操作系统，使用的单线激光雷达为思岚 A1，且需读者自行安装 ROS。

1）安装单线激光雷达 A1 的 ROS 驱动

（1）在终端输入以下命令创建一个工作空间，并进入 src 下载 RPLIDAR A1 的驱动。

```
mkdir -p ~/turtlebot_ws/src
cd~/turtlebot_ws/src
git clone https://github.com/ncnynl/rplidar_ros.git
```

（2）对驱动进行编译

```
cd ..
catkin_make
```

（3）编译完成后，通过 USB 接口将 A1 雷达与计算机相连，另起一个终端给 USB 接口赋予权限（见图 3-2-11）。

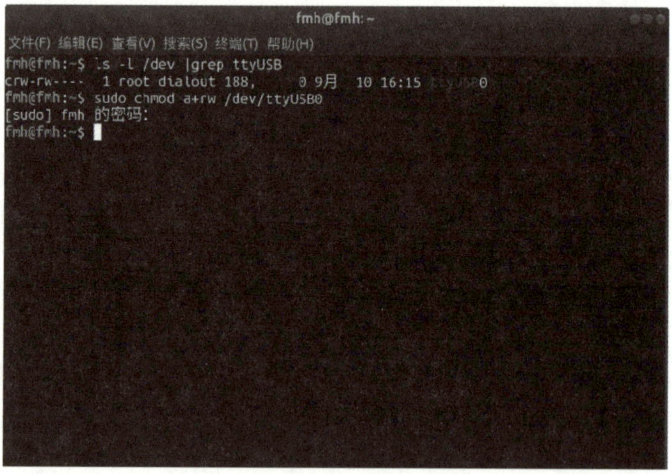

图 3-2-11　编译后结果

（4）启动 ROS。

在终端输入 roscore 启动终端（见图 3-2-12）。

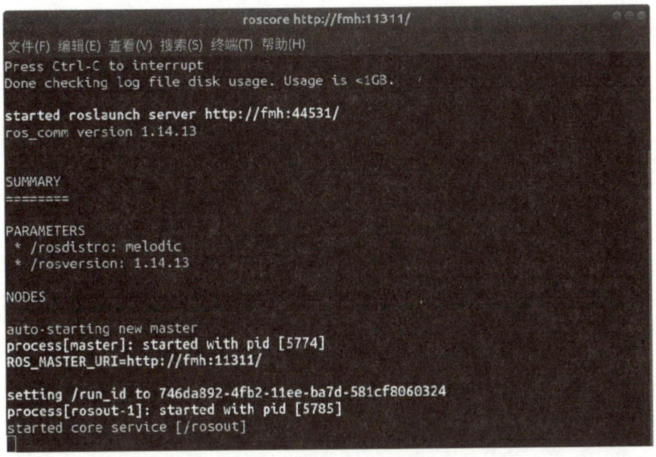

图 3-2-12　启动终端

（5）进入工作空间，并启动 rplidar 的驱动（见图 3-2-13）。

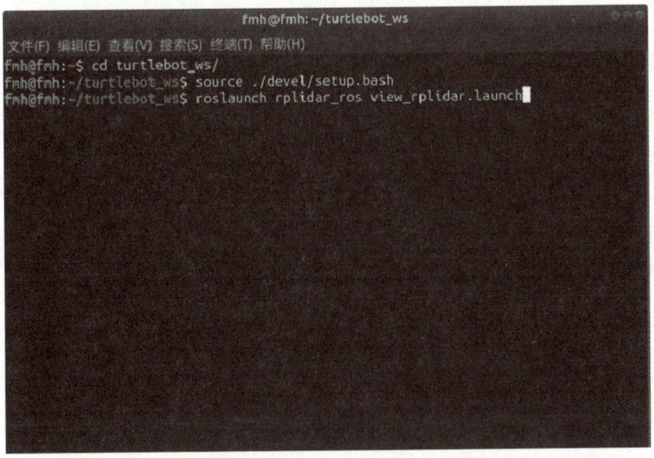

图 3-2-13　启动 rplidar

最终可以在 RVIZ 界面看到单线激光雷达的点，如图 3-2-14 所示。

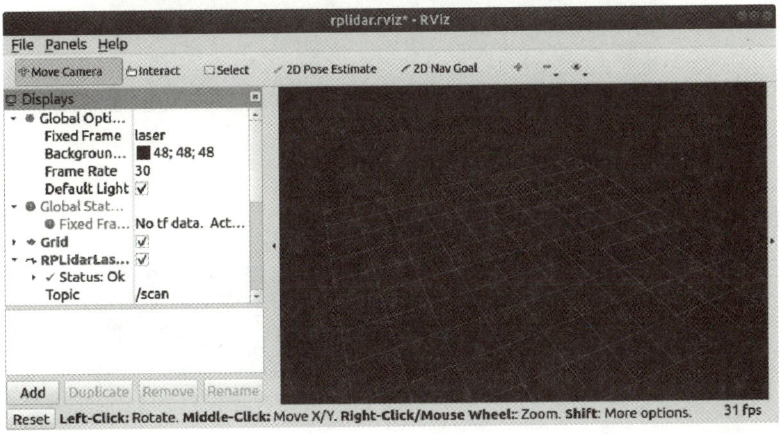

图 3-2-14　RVIZ 界面

2）安装 catographer

能正常启动雷达驱动后，便可以使用 catographer 建图了，在建图之前需要先安装 catographer。

（1）安装 catographer 所需的一些依赖：

① sudo apt-get update

② sudo apt-get install -y google-mock libboost-all-dev libeigen3-dev libgflags-dev libgoogle-glog-dev liblua5.2-dev libprotobuf-dev libsuitesparse-dev libwebp-dev ninja-build protobuf-compiler python-sphinx ros-melodic-tf2-eigen libatlas-base-dev libsuitesparse-dev liblapack-dev

sudo apt-get install -y python-wstool python-rosdep ninja-build stow

（2）创建初始化空间。

```
mkdir cartographer_ws
cd cartographer_ws
wstool init src
```

（3）从 gitee 上下载 catographer 的代码。

先进入 src 文件夹：

```
cd src
```

下载代码：

```
git clone https://gitee.com/liu_xiao_eu/cartographer.git
git clone https://gitee.com/liu_xiao_eu/cartographer_ros.git
wget ceres-solver.org/ceres-solver-1.13.0.tar.gz
```

需要对 ceres-solver-1.13.0.tar.gz 进行解压：

```
tar xvf ceres-solver-1.13.0.tar.gz
```

（4）对解压后的文件进行单独编译（见图 3-2-15）。

```
cd ceres-solver-1.13.0
mkdir build
cd build
cmake ..
make
```

图 3-2-15

然后进行测试和安装（见图 3-2-16、图 3-2-17）。

```
make test
sudo make install
```

图 3-2-16

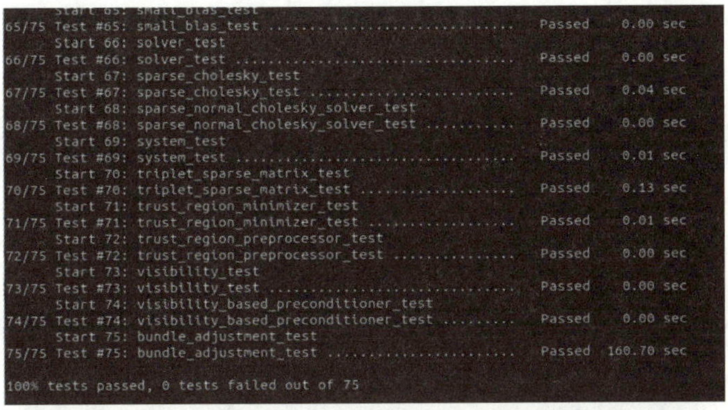

图 3-2-17

（5）安装 cartographer_ros 的依赖。

通过 sudo pip install rosdepc 安装 rosdepc（见图 3-2-18）。

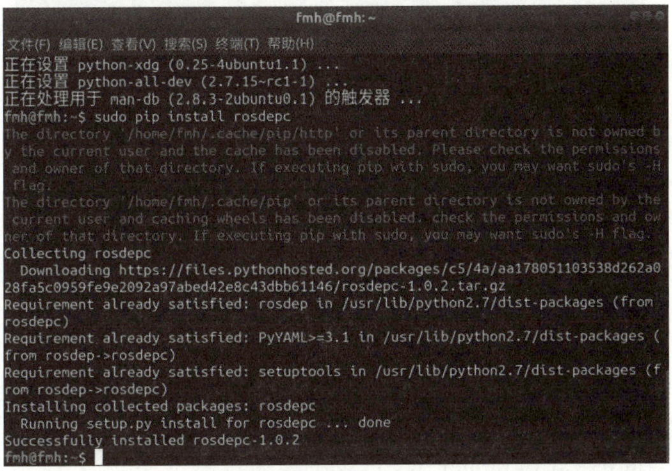

图 3-2-18

然后运行 sudo rosdepc init 和 rosdepc update 指令（见图 3-2-19）。

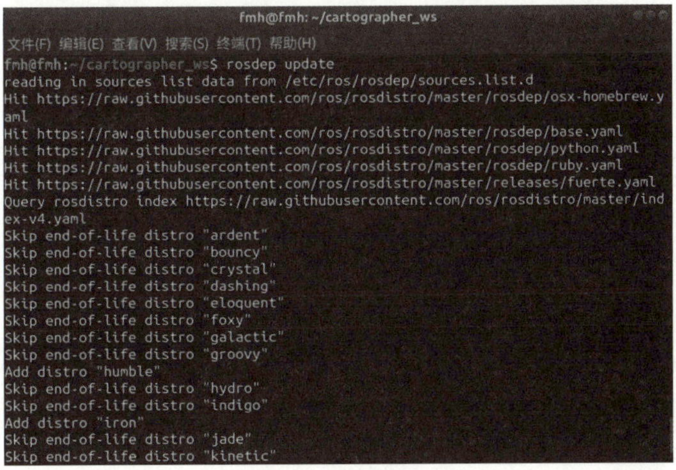

图 3-2-19

```
rosdepc install --from-paths src --ignore-src --rosdistro=${ROS_DISTRO} -y
```

至此依赖安装完成。

Cartographer 还需要 abseil-cpp library，这两个库可以通过以下命令安装：

```
src/cartographer/scripts/install_abseil.sh
```

这一步可能需要较长时间。

（6）编译。

编译需要进入 cartographer_ws 目录（见图 3-2-20）：

```
catkin_make_isolated --install --use-ninja
```

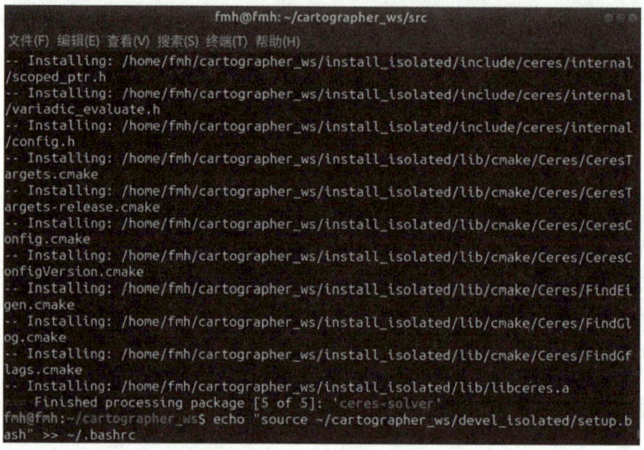

图 3-2-20

（7）下载官网提供的数据包并进行测试。

```
wget-P ~ /Downloads  https://storage.googleapis.com/cartographer-public-data/bags/backpack_ 2d/cartographer_paper_deutsches_museum.bag
```

此时应在工作空间的 cartographer_ws 目录下，执行测试：

① source install_isolated/setup.bash

② roslaunch cartographer_ros demo_backpack_2d.launch bag_filename:=${HOME}/Downloads/cartographer_paper_deutsches_museum.bag

最终的效果如图 3-2-21 所示。

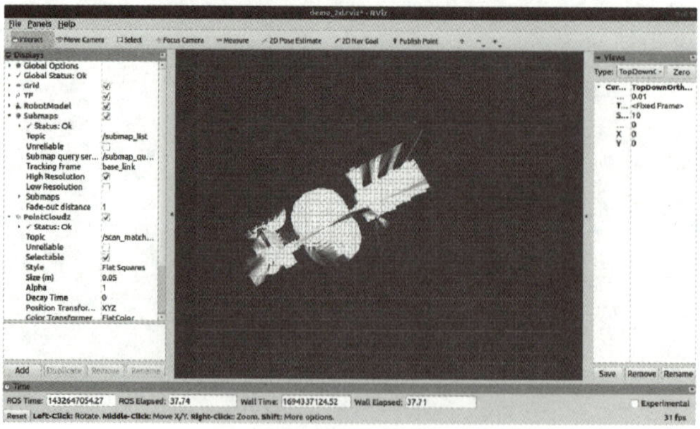

图 3-2-21　Cartographer 安装成功示例

3）运行单线激光雷达 cartographer 建图

（1）先按步骤 1）中的方法启动 rplidar 的节点。

（2）启动 catographer 节点。

进入 catographer_ws 目录，启动 catographer 节点（见图 3-2-22）。

```
source install_isolated/setup.bash
roslanuch catographer_ros demo_revo_lds.lanuch
```

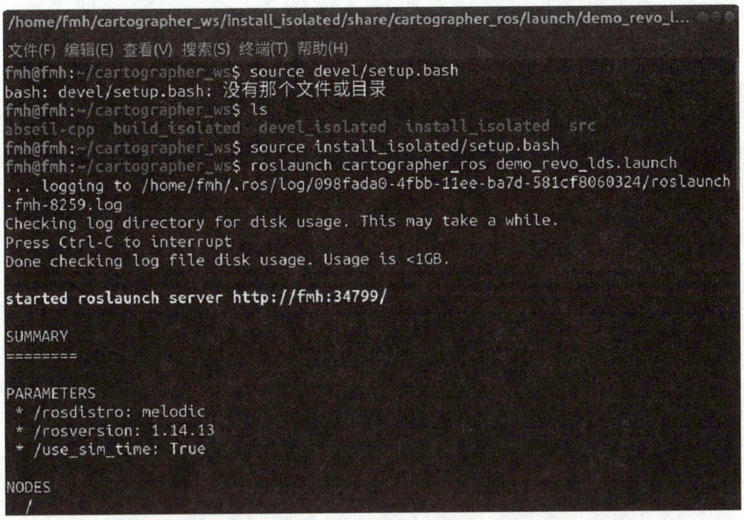

图 3-2-22

最后的效果如图 3-2-23 所示。

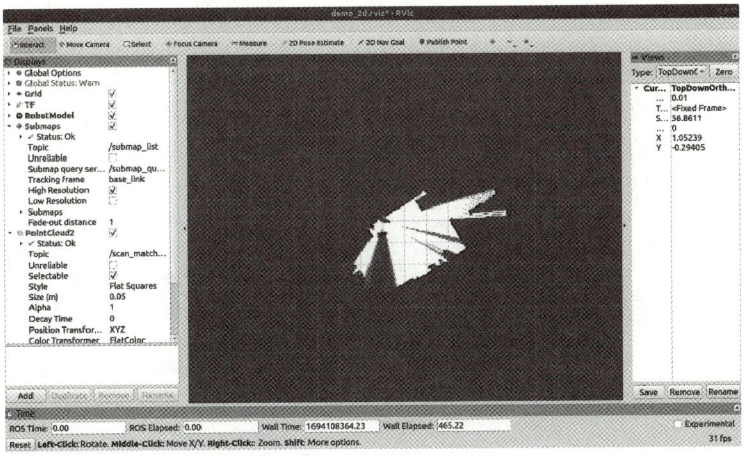

图 3-2-23　Cartographer 建图示例

4. 单线激光雷达 GMapping 建图案例

1）安装 laser_scan_matcher

（1）创建工作空间。

与 catographer 建图类似，先创建工作空间：

```
mkdir -p ~/RPLIDAR_test_ws/src
cd  ~/RPLIDAR_test_ws/src
git clone https://github.com/ccny-ros-pkg/scan_tools.git
```

（2）编译。

在编译之前需要先安装 csm，命令如下：

```
sudo apt-get install ros-melodic-csm
```

然后进入 RPLIDAR_test_ws 目录进行编译（见图 3-2-24），命令如下：

```
catkin_make
```

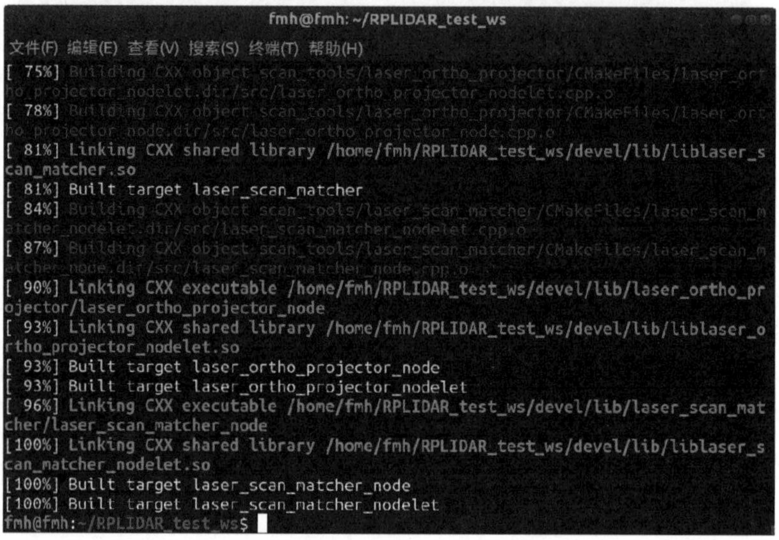

图 3-2-24

（3）launch 文件修改。

在编译完成之后，为了使用实际的 A1 雷达，需要修改 ~ /RPLiDAR_test_ws/src/laser_scan_matcher/demo 文件夹下的 demo_gmapping.launch，该文件的数据接收来源是 bag 包，将它改成实际激光雷达即可，具体的修改如下。

```
<!--
Example launch file: uses laser_scan_matcher together with
slam_gmapping
-->

<launch>

  #### set up data playback from bag ##############################
  <!-- 此处，用激光数据 替换掉 bag 数据   -->
  <!-- <param name="/use_sim_time" value="true"/> -->
  <!-- <node pkg="rosbag" type="play" name="play"
    args="$(find laser_scan_matcher)/demo/demo.bag delay=5 clock"
/> -->
```

```
    <include file="$(find rplidar_ros)/launch/rplidar.launch"/>

    #### publish an example base_link -> laser transform ##########

    <node  pkg="tf"  type="static_transform_publisher"  name="base_
link_to_laser"
      args="0.0 0.0 0.0 0.0 0.0 0.0 /base_link /laser 40" />

    #### start rviz ################################################

    <node pkg="rviz" type="rviz" name="rviz"
      args="-d $(find laser_scan_matcher)/demo/demo_gmapping.rviz"/>

    #### start the laser scan_matcher ##############################

    <node pkg="laser_scan_matcher" type="laser_scan_matcher_node"
      name="laser_scan_matcher_node" output="screen">

      <param name="fixed_frame" value = "odom"/>
      <param name="max_iterations" value="10"/>

    </node>

    #### start gmapping ############################################

    <node pkg="gmapping" type="slam_gmapping" name="slam_gmapping"
output="screen">
      <param name="map_udpate_interval" value="1.0"/>
      <param name="maxUrange" value="12.0"/>
      <param name="sigma" value="0.1"/>
      <param name="kernelSize" value="1"/>
      <param name="lstep" value="0.15"/>
      <param name="astep" value="0.15"/>
      <param name="iterations" value="1"/>
      <param name="lsigma" value="0.1"/>
      <param name="ogain" value="3.0"/>
      <param name="lskip" value="1"/>
      <param name="srr" value="0.1"/>
      <param name="srt" value="0.2"/>
      <param name="str" value="0.1"/>
```

```
    <param name="stt" value="0.2"/>
    <param name="linearUpdate" value="1.0"/>
    <param name="angularUpdate" value="0.5"/>
    <param name="temporalUpdate" value="0.4"/>
    <param name="resampleThreshold" value="0.5"/>
    <param name="particles" value="10"/>
    <param name="xmin" value="-10.0"/>
    <param name="ymin" value="-10.0"/>
    <param name="xmax" value="10.0"/>
    <param name="ymax" value="10.0"/>
    <param name="delta" value="0.02"/>
    <param name="llsamplerange" value="0.01"/>
    <param name="llsamplestep" value="0.05"/>
    <param name="lasamplerange" value="0.05"/>
    <param name="lasamplestep" value="0.05"/>
  </node>

</launch>
```

在 src 文件夹下安装驱动（见图 3-2-25）。

图 3-2-25

2）实际激光雷达 GMapping 建图

给 USB 接口赋予权限，然后运行以下代码（见图 3-2-26）。

```
source./devel/setup.bash
roslaunch laser_scan_matcher demo_gmapping.launch
```

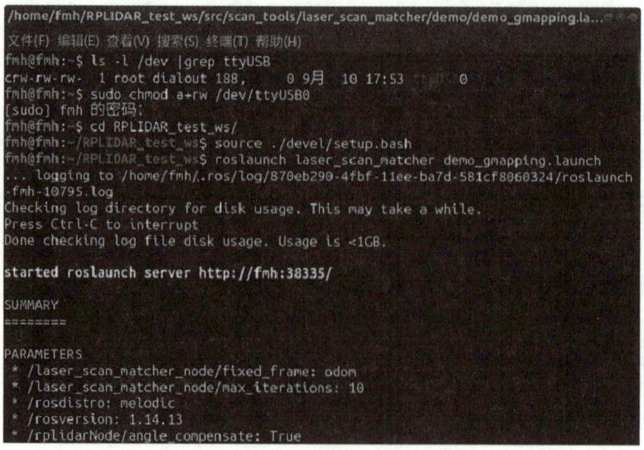

图 3-2-26

最后的效果如图 3-2-27 所示。

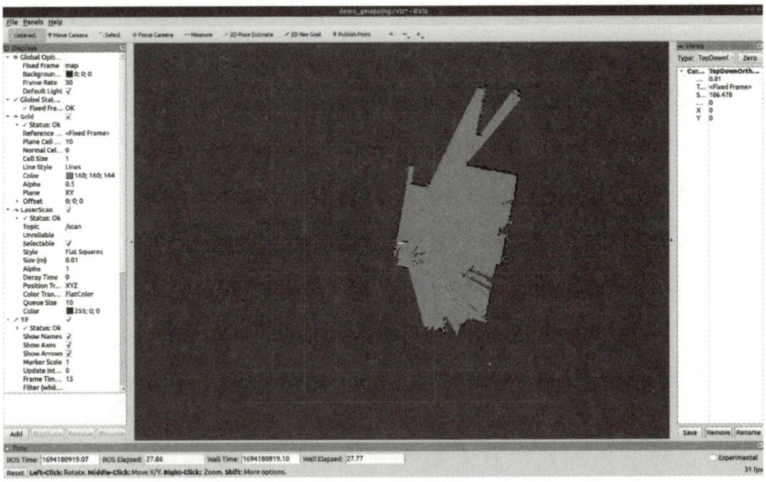

图 3-2-27　GMapping 建图效果示例

3.2.6.2　多线激光雷达 SLAM 建图

1. LeGO-LOAM 算法原理

LeGO-LOAM 是 Shan 等人提出的一套轻量级的 SLAM 算法。LeGO-LOAM 在 LOAM 的基础上，针对特征提取和位姿估计进行了优化改进，并添加全局优化和回环检测，构建了一个完整的 SLAM 系统。

如图 3-2-28 所示是 LeGO-LOAM 的算法框架。SLAM 系统的输入为三维激光点云，输出为六自由度的位姿估计。SLAM 系统由 5 个模块组成，分别是：点云分割、特征提取、激光雷达里程计、激光雷达地图构建和转换模块。首先，投影单帧点云生成 range image，用于点云分割，然后对分割后的点云进行特征提取操作；之后激光雷达里程计通过多帧的点云特征，估计连续帧之间的位姿变化；激光雷达地图构建模块进一步处理点云特征，构建全局点云地图；最后，转换模块融合激光雷达里程计和激光雷达地图构建两个模块的位姿估计结果，输出最终的位姿估计结果。算法框架继承了 LOAM 高频激光里程计和低频激光建图的组合方式，并在建图模块补充了回环检测，组成完整的 SLAM 系统。

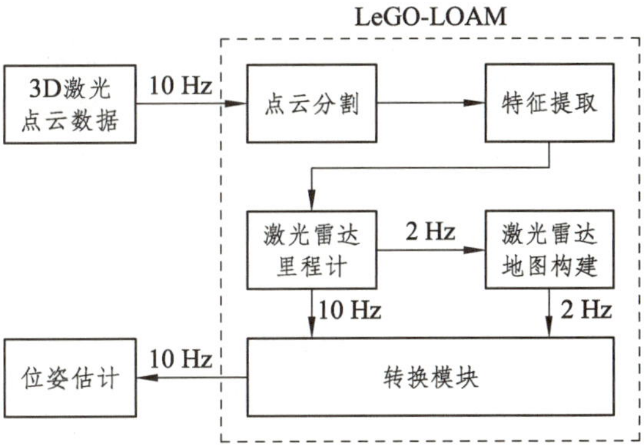

图 3-2-28　LeGO-LOAM 算法框架

下面将阐述这些模块的详细信息。

首先将点云编码，生成 range image，计算点云和激光雷达之间的欧式距离。因为实际场景中斜坡较多，采用逐列估计的方式，提取点云中的地面点，这些地面点不用于后续的点云分割。然后，通过基于图像的分割方法，将点云聚类为多个簇，对每个簇分配唯一的标签。考虑到连续帧扫描不容易采集到相同的细小物体，这些细小物体会产生不可靠的特征，可以视为环境噪声，因此忽略少于 30 个点的聚类。在这一过程之后，仅保留树干和地面等大物体点云，用于进一步处理。这些点云具有三个属性：地面点或非地面点的标签、点云在 range image 上的行和列索引，以及它们和激光雷达的距离。

特征提取过程和 Zhang 等人采用的方法相似，但是直接从分割后的点云提取特征，而不是从原始点云中提取特征。通过下式计算点云的粗糙度，其中 S 表示 range image 中同一行连续点云 p_i 的集合，r_i 是点云分割模块计算的欧式距离：

$$c=\frac{1}{|S|\cdot\|r_i\|}\left\|\sum_{j\in S,j\neq i}(r_j-r_i)\right\|$$

为了从 360°的水平视角均匀提取特征，在水平方向上分割 range image 生成 6 个大小相同的子图。和 LOAM 相似，使用阈值 c_{th} 区分不同类别的特征，如果点云的粗糙度 c 大于阈值 c_{th}，就定义其为一个边缘点。与之相反，当点云粗糙度 c 小于 c_{th}，则定义其为一个平面点。然后从每一个子图中选择非地面点中具有最大粗糙度的 $n_{Z\text{e}}$ 个边缘点，以相同的方式选择具有最小粗糙度的 $n_{Z\text{p}}$ 个平面点，可以是地面点也可以是非地面点。Z_e 和 Z_p 分别是所有子图的边缘点和平面点的集合。之后从每一个子图中选择非地面点中具有最大粗糙的 $n_{F\text{e}}$ 个非地面点的边缘点，以同样的方式选择具有最小粗糙度的 $n_{F\text{p}}$ 个平面点，这些点必须是地面点。F_e 和 F_p 分别是该过程中所有边缘点和平面点的集合，并且 F_e 和 F_p 分别是 Z_e 和 Z_p 的子集。

通过前面的特征提取模块，获得 4 个特征点集 $\{F_\text{e}, F_\text{p}, Z_\text{e}, Z_\text{p}\}$，用于估计两个连续帧的位姿变换矩阵。激光雷达里程计选择 t 时刻的特征点集 F_e^t 和上一时刻 t-1 的特征点集 Z_e^{t-1}，构建 F_e^t 和 Z_e^{t-1} 的点和线的对应关系；选择 t 时刻的特征点集 F_p^t 和上一时刻 t-1 的特征点集 Z_p^{t-1}，构建 F_p^t 和 Z_p^{t-1} 的点和面的对应关系。在上述构建过程中，通过标签匹配的方式进行关联点的搜索，提高匹配的准确性和效率。对于边缘点，在上一帧 Z_e^{t-1} 中具有非地面点标签的点云中搜寻 F_e^t 对应的关联点；对于平面点，在上一帧 Z_p^{t-1} 中具有地面点标签的点云中搜寻 F_p^t 对应的关联点。

为了进一步提高特征匹配的准确性和效率，采用两步 LM 优化计算六自由度位姿变换矩阵。因为地面点在相邻两帧间基本保持不变，所以匹配 F_p^t 和 Z_p^{t-1} 的平面点，估计 t_z、θ_{roll} 和 θ_{pitch}。并将 t_z、θ_{roll} 和 θ_{pitch} 作为第二步优化的约束，减少迭代次数，匹配 F_e^t 和 Z_e^{t-1} 的边缘点，估计 t_x、t_y 和 θ_{yaw}。最终融合两步 LM 优化的结果，得到六自由度的位姿变换矩阵，在减少大约 35%计算时间的同时，获得相近的精度（见图 3-2-29）。

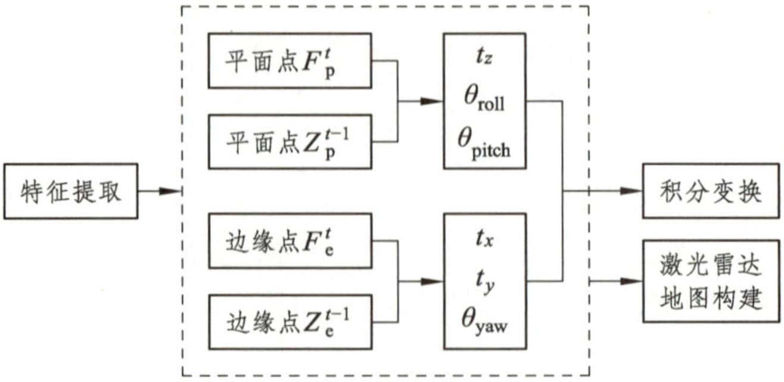

图 3-2-29　激光雷达里程计两步 LM 优化

激光雷达地图构建模块执行低频率高精度的配准，将特征点集 Z_e^t 和 Z_p^t 与周围的点云地图 Q^{t-1} 进行匹配，进一步优化姿态变换，然后使用通过 LM 优化算法获得的最终位姿变换矩阵来添加点云地图当前帧和之前关键帧之间的空间约束，并通过回环检测添加新约束。之后基于 GTSAM 库对位姿图进行图优化，并更新之前的位姿估计。转换模块融合激光雷达里程计和激光雷达地图构建模块的位姿估计结果，输出最终的位姿变换矩阵。

回环检测模块使用 KD tree 进行搜索，基于欧式距离在历史位姿中搜索和当前帧位姿及其附近点云相似的历史帧，通过 ICP 算法计算匹配度并估计位姿，最后使用相似度最高的历史帧添加后端优化的约束，更新点云地图以获得全局一致的轨迹和地图。虽然采用 KD tree 结构在三维点云中搜索，但是回环检测算法仍然计算量大，检测效率低。为了兼顾实时性和准确性，在激光雷达地图构建模块添加回环检测，以较低的频率检测回环，但在大场景的地图构建中存在较大的累积误差。

2. 多线激光雷达的 SLAM 建图案例

1）安装 gtsam 因子图库

在终端运行以下命令，下载安装 gtsam 因子图库：

（1）wget -O ~ /Downloads/gtsam.zip https://github.com/borglab/gtsam/archive/4.0.0-alpha2. zip

（2）cd ~ /Downloads/ && unzip gtsam.zip -d ~ /Downloads/

（3）cd ~ /Downloads/gtsam-4.0.0-alpha2/

（4）mkdir build && cd build

（5）cmake ..

sudo make install

编译后的结果如图 3-2-30 所示。

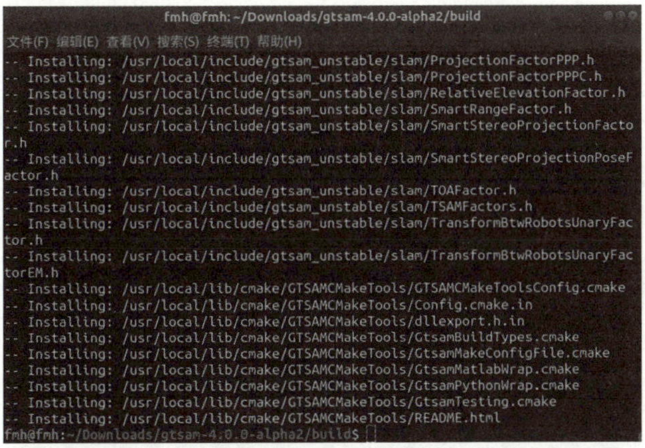
```
fmh@fmh: ~/Downloads/gtsam-4.0.0-alpha2/build
文件(F) 编辑(E) 查看(V) 搜索(S) 终端(T) 帮助(H)
-- Installing: /usr/local/include/gtsam_unstable/slam/ProjectionFactorPPP.h
-- Installing: /usr/local/include/gtsam_unstable/slam/ProjectionFactorPPPC.h
-- Installing: /usr/local/include/gtsam_unstable/slam/RelativeElevationFactor.h
-- Installing: /usr/local/include/gtsam_unstable/slam/SmartRangeFactor.h
-- Installing: /usr/local/include/gtsam_unstable/slam/SmartStereoProjectionFacto
r.h
-- Installing: /usr/local/include/gtsam_unstable/slam/SmartStereoProjectionPoseF
actor.h
-- Installing: /usr/local/include/gtsam_unstable/slam/TOAFactor.h
-- Installing: /usr/local/include/gtsam_unstable/slam/TSAMFactors.h
-- Installing: /usr/local/include/gtsam_unstable/slam/TransformBtwRobotsUnaryFac
tor.h
-- Installing: /usr/local/include/gtsam_unstable/slam/TransformBtwRobotsUnaryFac
torEM.h
-- Installing: /usr/local/lib/cmake/GTSAMCMakeTools/GTSAMCMakeToolsConfig.cmake
-- Installing: /usr/local/lib/cmake/GTSAMCMakeTools/Config.cmake.in
-- Installing: /usr/local/lib/cmake/GTSAMCMakeTools/dllexport.h.in
-- Installing: /usr/local/lib/cmake/GTSAMCMakeTools/GtsamBuildTypes.cmake
-- Installing: /usr/local/lib/cmake/GTSAMCMakeTools/GtsamMakeConfigFile.cmake
-- Installing: /usr/local/lib/cmake/GTSAMCMakeTools/GtsamMatlabWrap.cmake
-- Installing: /usr/local/lib/cmake/GTSAMCMakeTools/GtsamPythonWrap.cmake
-- Installing: /usr/local/lib/cmake/GTSAMCMakeTools/GtsamTesting.cmake
-- Installing: /usr/local/lib/cmake/GTSAMCMakeTools/README.html
fmh@fmh:~/Downloads/gtsam-4.0.0-alpha2/build$
```

图 3-2-30

2）创建一个工作空间

在终端输入以下命令，创建一个名为 catkin_ws 的工作空间。

```
mkdir catkin_ws
cd catkin_ws
```

```
mkdir src
catkin_make
```

3）下载编译 LeGO-LOAM

进入 src 目录，将文件下载到 src 目录后，退回 catkin_ws 目录下进行编译。

```
cd src
git clone https://github.com/RobustFieldAutonomyLab/LeGO-LOAM.git
cd ..
catkin_make -j1
```

编译的示例如图 3-2-31 所示。

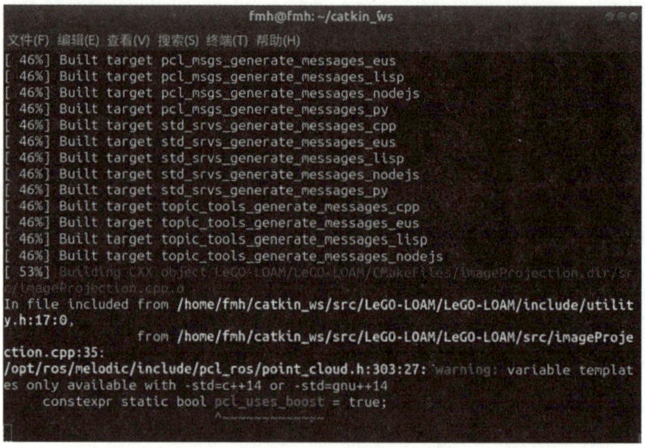

图 3-2-31

4）运行数据包，进行 LeGO-LOAM 建图

下载相应的数据包，并进入数据包所在的目录，通过 rosbag play 指令播放激光雷达数据（见图 3-2-32）。

```
rosbag play *.bag --clock --topic /velodyne_points /imu/data
```

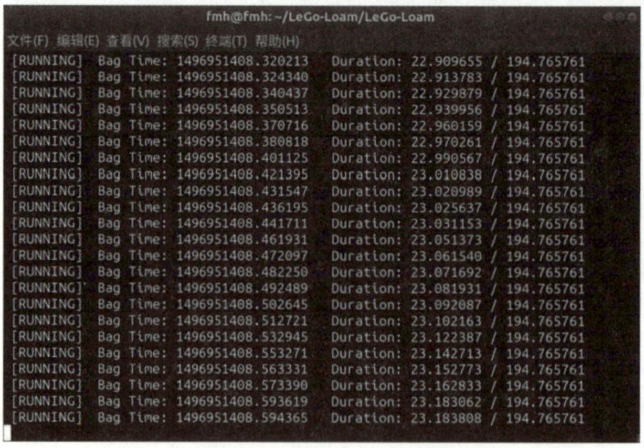

图 3-2-32

5）启动 LeGO-LOAM 节点

进入 catkin_ws 目录，启动 LeGO-LOAM 节点。

```
source ~/devel/setup.bash
roslaunch lego_loam run.launch
```

最终的运行结果，如图 3-2-33 所示。

图 3-2-33　多线激光雷达 SLAM 建图运行结果

6）安装镭神 C16 激光雷达驱动

（1）设置计算机 IP。

镭神 C16 激光雷达默认的 IP 地址为 192.168.1.200，我们使用 ping ip 可以查看计算机与其是否成功连接。设置计算机的静态 IP 为 192.168.1.102，激光雷达将会把数据发送至 192.168.1.102 这个目标 IP 地址（见图 3-2-34）。

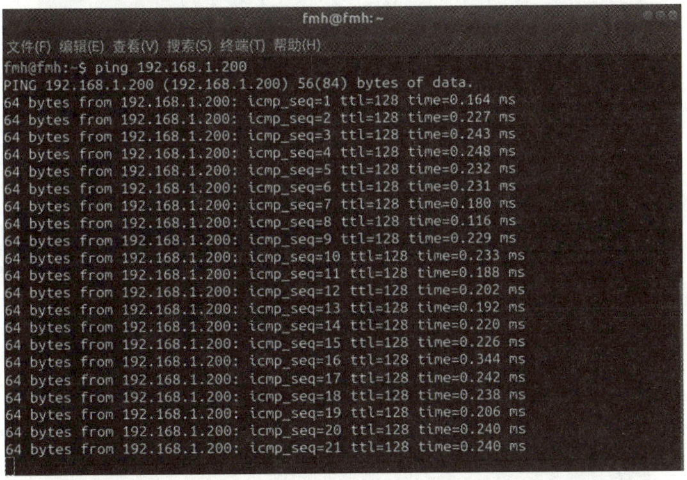

图 3-2-34

（2）创建一个工作空间。

```
mkdir -p ~/lslidar_ws/src
cd ~/lslidar_ws/
```

将提供的功能包 lslidar_ros 和 pointcloud_to_laserscan 复制到 src 目录。

```
catkin_make
```

如果报错，则需要安装一些依赖：

```
# pcap.h  报错
sudo apt-get install libpcap-dev
# tf2_sensor_msgs 报错
sudo apt-get install ros-melodic-tf2-sensor-msgs
```

（3）获取点云数据。

安装完驱动之后，便可以运行对应的 launch 文件，获取点云数据，并将其显示到 Rviz 中。新建一个终端，驱动雷达驱动（见图 3-2-35）。

```
# cd 到工作空间
cd ~/lslidar
source ./devel/setup.bash
roslaunch lslidar_driver start.launch
```

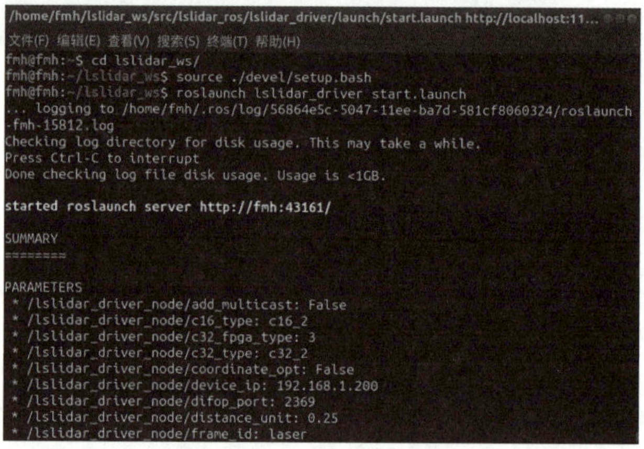

图 3-2-35

再新建一个终端，启动雷达 pointcloud_scan.launch 节点（见图 3-2-36）。

```
source ./devel/setup.bash
roslaunch pointcloud_to_laserscan pointcloud_scan.launch
```

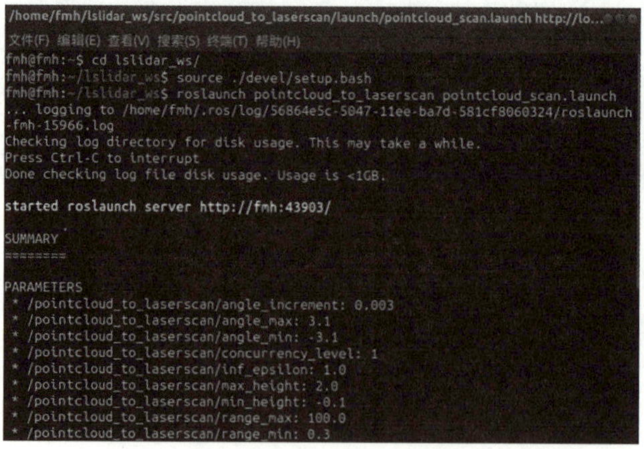

图 3-2-36

最后新建第三个终端，在终端输入 rviz 启动 Rviz 进行可视化，在可视化的时候需要将 Frame 改为 laser（见图 3-2-37）。

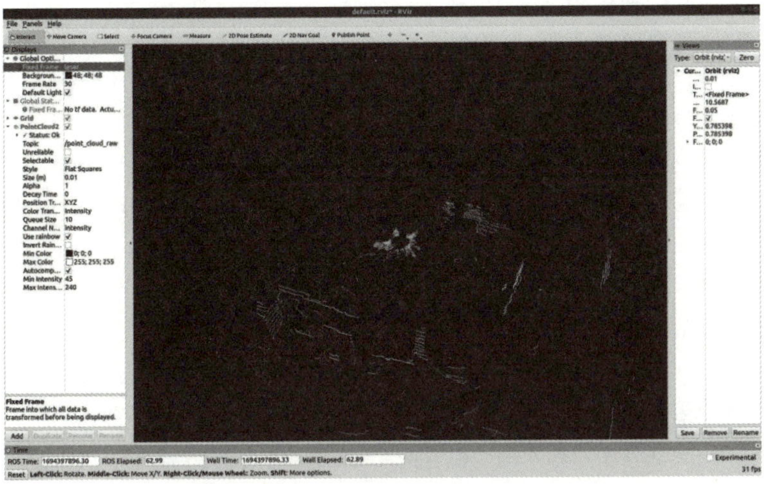

图 3-2-37　Rviz 可视化界面

7）修改节点信息，使用实际激光雷达建图

（1）修改雷达信息。

在之前 catkin_ws/src/LeGO-LOAM/LeGO-LOAM/include 文件夹下的 utility.h 文件，将雷达的线束，角分辨率等信息修改成自己雷达的信息。

```
    // Save pcd
    extern const string fileDirectory = "/tmp/";

    // Using velodyne cloud "ring" channel for image projection (other
lidar may have different name for this channel, change "PointXYZIR"
below)
    extern const bool useCloudRing = false; // if true, ang_res_y and
ang_bottom are not used

    // VLP-16
    extern const int N_SCAN = 16;
    //extern const int Horizon_SCAN = 1800;
    extern const int Horizon_SCAN = 2000;
    extern const float ang_res_x = 0.2;
    extern const float ang_res_y = 2.0;
    extern const float ang_bottom = 15.0+0.1;
    //extern const float ang_bottom = 15.0;
    extern const int groundScanInd = 7;
```

（2）修改雷达数据接收方式。

在 catkin_ws/src/LeGO-LOAM/LeGO-LOAM/launch 文件夹下，修改 run.launch 文件，将 value 的 true 改成 false，如下所示。

```
<!--- Sim Time --/>_
<param name="/use_sim_time" value="false" />
```

（3）修改激光雷达驱动节点的 frame id 和 topic name。

进入镭神激光雷达驱动所在的文件位置，修改 start.launch 中的 frame_id 和 topic name，LeGO-LOAM 默认的接受的 topic name 是 velodyne_points，点云的 frame_id 是 velodyne，所以将 start.launch 中的 frame_id 和 topic name 改成 velodyne 和 velodyne_points 即可。

（4）实际效果展示。

按上文所述，先启动激光雷达驱动：

```
cd ~ /lslidar
source ./devel/setup.bash
roslaunch lslidar_driver start.launch
```

然后启动 LeGO-LOAM：

```
cd ~ /catkin_ws
source ./devel/setup.bash
roslaunch lego_loam run.launch
```

最终实际激光雷达的 LeGO-LOAM 建图效果如图 3-2-38 所示（由于激光雷达移动范围小，且手持转动，所以导致效果不佳）。

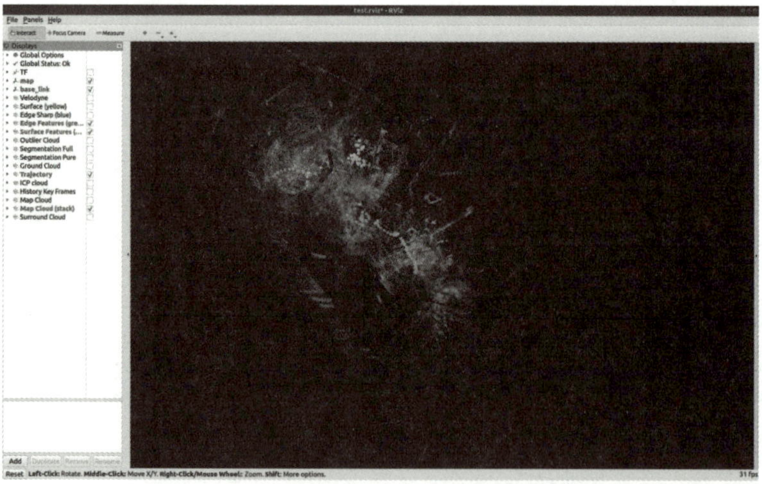

图 3-2-38　实际激光雷达的 LeGO-LOAM 建图效果

3.2.6.3　基于传统方法的激光雷达目标检测

1. 激光雷达目标检测流程

就无人车的环境感知方案很多，根据使用的传感器的不同，算法也截然不同，有单纯基于图像视觉的方法，也有基于激光雷达的方法。激光雷达以其稳定可靠、精度高并且能同时应用于定位和环境感知而被广泛采用。激光雷达环境感知一般的流程为：

（1）分割地面，从而减少地面的点对目标检测的影响。

（2）点云聚类，将目标按照点的分布进行聚类，从而降低后续计算的计算量。

（3）模式识别，对分割得到的点云进行特征提取，使用提取出来的特征训练分类器进行模式识别，近年来深度学习取得进展，也有不少使用深度神经网络的端到端检测算法。

（4）目标追踪，在完成模式识别以后，我们实际上已经得到了目标障碍物的类别（是行人还是车辆还是别的）、障碍物的轮廓（一个 3 维的 bounding box）、障碍物的位置（障碍物形心相对于激光雷达的 *xyz* 坐标）。为了方便规划模块完成对障碍物的预测，我们需要建立障碍物在前后帧（来自传感器的前后两次信号）的关系，即需要给障碍物一个 ID，并且能够持续追踪这个障碍物，在目标追踪中，卡尔曼滤波、扩展卡尔曼滤波和无损卡尔曼滤波被广泛使用。

当然，根据使用的传感器的不同，在点云聚类完成以后，对障碍物进一步的模式识别通常有两种做法：

（1）直接针对分割出来的点云进行模式识别。

（2）使用相机对目标进行模式识别（图像），将相机和雷达进行联合标定，将相机得到的检测目标投射到 3 维的点云空间，融合图像检测和点云聚类的结果实现目标检测和分类。

目前来说，第一种方法依赖于密集的点云才能达到稳定可靠的效果，为了实现密集点云，通常使用高线激光雷达（如 Velodyne 的 HDL-64），或者采用多雷达组合（单个 32 线雷达+多个 16 线雷达）来实现密集点云，这类方法要达到安全稳定的感知效果成本高昂。第二种方法依赖于图像检测的精度，由于深度神经网络的发展，基于图像的目标检测已经非常稳定可靠了。但是，多路图像的深度学习检测依赖于强大的芯片，而满足车规级要求的深度学习芯片较为缺乏。

可见点云聚类是激光雷达环境感知中的重要步骤，实际上，在低速、简单场景下，仅使用聚类已经能够达到很好的障碍物感知效果了。

2. 欧几里得聚类

在介绍欧几里得聚类之前，我们首先理解欧几里得聚类中使用的基本的数据结构——KD Tree（*k*-维树）。*k*-维树是在一个欧几里得空间中组织点的基本数据结构，它本质上就是一个每个节点都为 *k* 维点的二叉树。在 PCL 中，由于点云的三维属性，所用到的 *k*-维树即为 3 维树。在代码中，实际上仅使用了一个 2 维树，我们将点云压缩成 2 维——即将所有点的 *z* 值（高度）设为 0，这么做的原因在于一方面我们并不关心点云簇在 *z* 方向的搜索顺序（两个物体在 *z* 方向叠在一起我们可以将其视为一个障碍物），另一方面我们希望能够加快我们的聚类速度以满足无人车感知实时性的需求。此外，一个 2 维树可以更方便理解 KD Tree。使用 2 维树对平面上的点进行划分如图 3-2-39 所示。

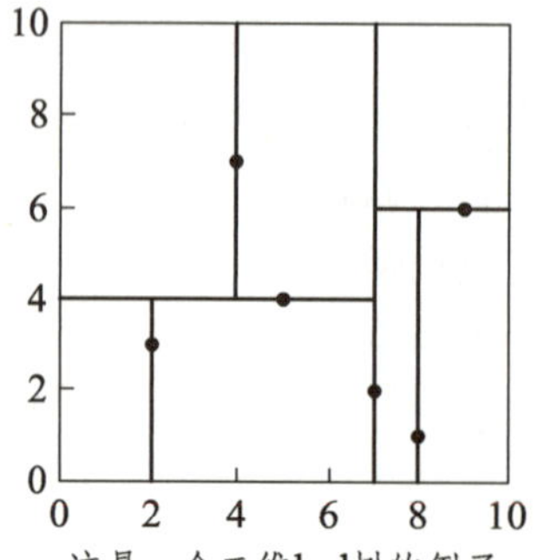

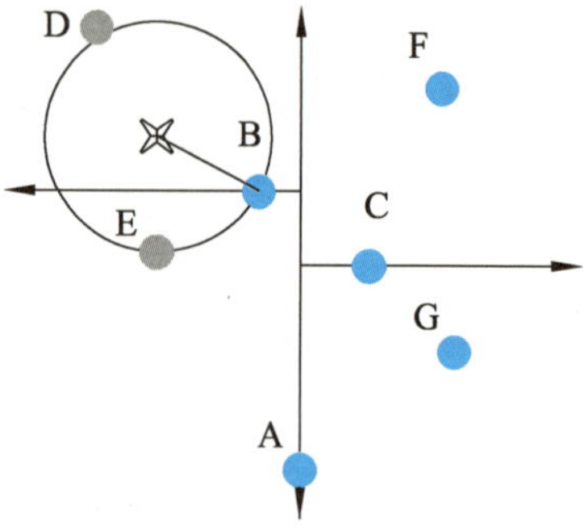

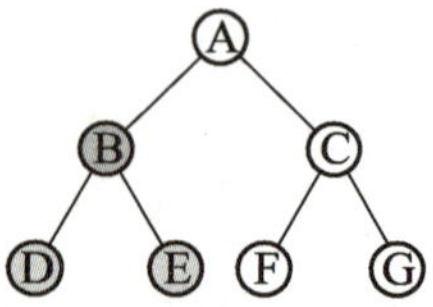

图 3-2-39 使用二维树划分效果

图 3-2-39 中，使用一个二叉树组织所有的点。点与点的距离表示其邻近距离，二叉树的所有非叶子节点可以视作用一个超平面把空间分割成两个半空间。节点左边的子树代表在超平面左边的点，节点右边的子树代表在超平面右边的点。选择超平面的方法如下：每个节点都与 k 维中垂直于超平面的那一维有关。因此，如果选择按照 x 轴划分，所有 x 值小于指定值的节点都会出现在左子树，所有 x 值大于指定值的节点都会出现在右子树。这样，超平面可以用该 x 值来确定，其法线为 x 轴的单位向量。

3. 实际代码实现

1）地面滤除

（1）首先在我们的 catkin workspace 中新建一个 package，将它命名为 pcl_test，可以通过如下指令生成 workspace 和 package：

```
cd ~
mkdir -p pcl_ws/src
cd pcl_ws
catkin_make
source devel/setup.bash
cd src
catkin_create_pkg pcl_test roscpp sensor_msgs pcl_ros
```

（2）将准备好的 pcl_test 文件夹复制到 src 文件夹下，并进行编译。

```
catkin_make
```

（3）编译成功后启动这个节点并运行 bag 数据包：

```
roslaunch pcl_test pcl_test.launch
```

新建终端，在 bag 包所在的目录下运行以下指令。

```
rosbag play --clock test.bag
```

打开第三个终端，运行 Rviz：

```
rosrun rviz rviz
```

最终可以看到地面滤除后的效果，Fixed frame 需要修改为 velodyne，效果如图 3-2-40 所示。

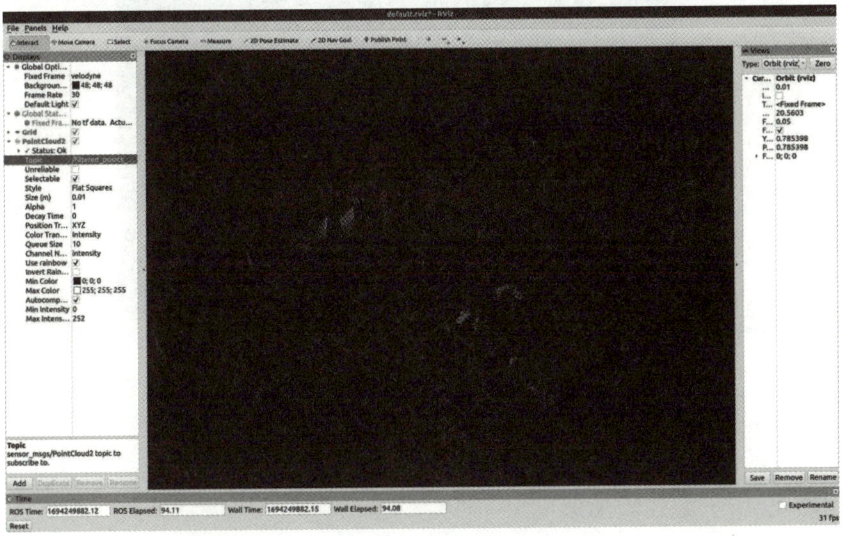

图 3-2-40　使用二维树划分效果图

2）点云聚类

（1）新建一个工作空间：

```
cd ~
mkdir -p cluster_ws/src
cd cluster_ws
```

（2）将装备好的 euclidean_cluster 文件复制到 src 文件夹下，并编译。

```
catkin_make
```

（3）启动上面的地面滤除节点与该聚类节点。

进入 pcl_ws：

```
source devel/setup.bash
roslaunch pcl_test pcl_test.launch
```

新建一个终端，启动聚类节点。

进入 cluster_ws 文件夹：

```
source devel/setup.bash
roslaunch euclidean_cluster euclidean_cluster.launch
```

新建终端，在 bag 包所在的目录下运行以下指令。

```
rosbag play --clock test.bag
```

打开第四个终端，运行 Rviz：

```
rosrun rviz rviz
```

最终可以看到目标聚类的效果，Fixed frame 需要修改为 velodyne，如图 3-2-41 所示。

图 3-2-41　目标聚类效果示意

如果没有 BoundingBox 则需要安装 jsk_rvize_plugins，命令如下：

```
sudo apt-get install ros-melodic-jsk-rviz-plugins
```

按如图 3-2-42 所示方式添加即可。

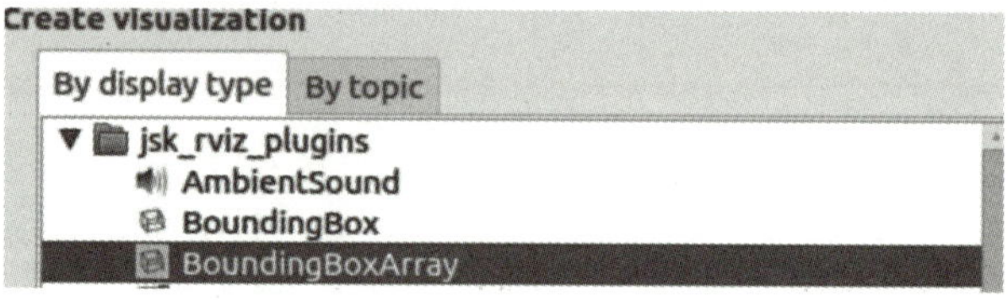

图 3-2-42　安装 jsk_rvize_plugins

3.2.6.4　基于 PointPillars 目标检测（汽车、行人）

1. PointPillars 算法介绍

PointPillars 是一个一阶段（one-stage）端到端（end-to-end）的点云物体检测网络。在提取特征上用了 PointNet 的网络结构，但是同时采用了 voxel 的思想：在一定范围内垂直的 columns 中，我们对这个范围内的点进行整理，忽略其 z 方向的信息，这样就能够用 2D 卷积进行处理。

PointPillars 分为以下三个阶段：

（1）将点云转换成伪图像。

（2）利用 2D 卷积进行特征提取。

（3）detection head 进行 3D box 的回归预测。

具体的网络结构如图 3-2-43。

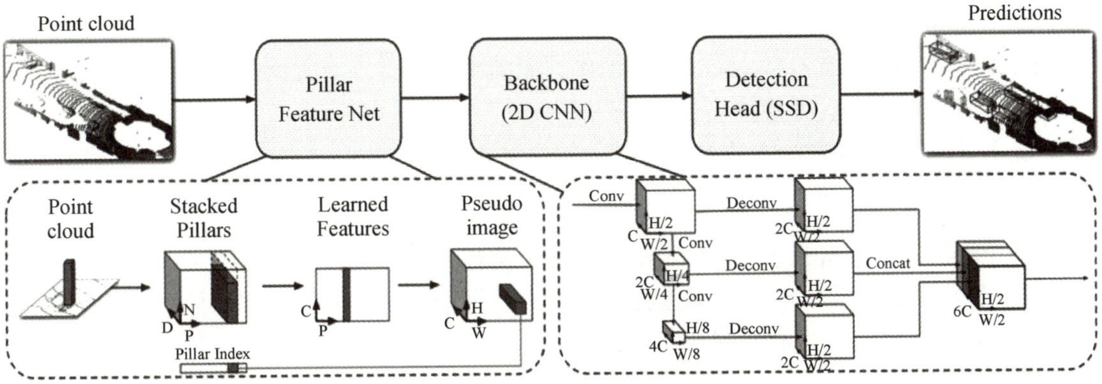

图 3-2-43　PointPillars 算法网络结构

可以看到以上的架构主要分为 3 个部分：Pillar Feature Net、2D CNN Backbone 和 Detection Head。其中，最大的亮点在 Pillar Feature Net 这个部分。

1 ）Pillar Feature Net

Pillar Feature Net 的作用是将点云数据转换为图片的形式。首先对点云进行区域的划分，这个步骤和 voxel 类似，构造出的 pillar 和 voxel 最大的不同在于 pillar 在 z 方向上没有高度的限制。对 pillar 中的点还需要进行增广操作，从原始 4 维信息增广到 9 维（多出的 5 维分别是 pillar 的中心点三维坐标以及每个点 x、y 到中心的距离），增广操作被称为 decoration。

由于点云分布不均匀的问题，要对非空的 pillar 进行一次采样，限制其中点的个数，得到（D, P, N）的 tensor：D 是特征的维度，这里为 9；P 是每次抽样中非空 pillar 的个数；N 是每个 pillar 中点的个数。

接下来用到 PointNet 的简单版本对（D, P, N）tensor 进行特征提取生成（C, P, N）尺寸的新 tensor，然后进行通道上的 max operation 降维成（C, P）的 tensor。最后 scatter back 回原来的 pillar location 去构造大小为（C, H, W）的伪图片。其中 H 是高度，W 是宽度。通过 pillar 我们可以跳过复杂的 3D 卷积计算而采用 2D 卷积。

2 ）Backbone

Backbone 主干特征提取网络如图 3-2-44 所示，具有两个子网络：一个自上而下网络以递增的小空间分辨率产生特征，以及第二个网络执行自上而下特征的上采样和级联。这部分有点类似 VoxelNet 中 RPN 的结构，2D 卷积实现端到端的特征提取的优势包括以下 4 个方面：

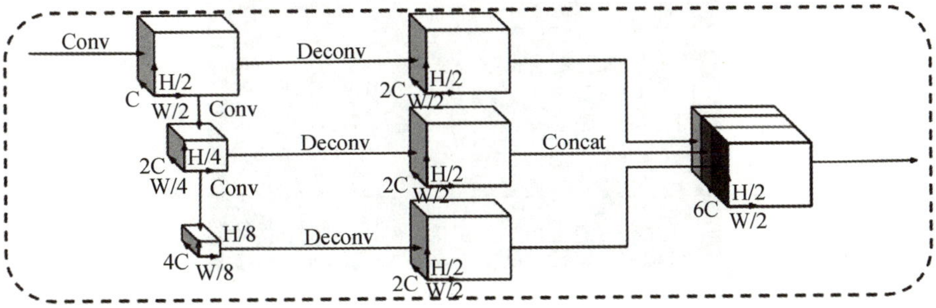

图 3-2-44　Backbone 结构

（1）充分利用点云信息。

（2）通过对 pillar 而不是 voxel 进行操作，无须手动调整垂直方向的装箱。

（3）采用 2D 卷积，处理速度快。

（4）不需要手动调整就能学习不同点云的信息。

3）Detection Head

PointPillars 使用 Single Shot Detector（SSD）设置来执行 3D 对象检测。与 SSD 类似，使用 2D 中的 IoU 将先验框与真实框进行匹配。边界框的高度和海拔不用于匹配；相反，给定 2D 匹配，高度和海拔成为额外的回归目标。

2. PointPillars 算法案例实现

1）环境安装

在 anaconda 环境中安装库，通过 pip install（库名）指令安装，如图 3-2-45 所示。

```
numba==0.48.0
numpy==1.19.5
open3d==0.14.1
opencv_python==4.5.5.62
pointpillars.egg==info
PyYAML==6.0
setuptools==58.0.4
torch==1.8.1+cu111
tqdm==4.62.3
```

图 3-2-45

2）数据集准备

由于训练的数据需要标定，所以可以先使用公开数据集 KITTI，KITTI 数据集由德国卡尔斯鲁厄理工学院和丰田美国技术研究院联合创办，是目前国际上最大的自动驾驶场景下的计算机视觉算法评测数据集。该数据集用于评测立体图像（stereo）、光流（optical flow）、视觉测距（visual odometry）、3D 物体检测（object detection）和 3D 跟踪（tracking）等计算机视觉技术在车载环境下的性能。KITTI 包含市区、乡村和高速公路等场景采集的真实图像数据，每张图像中最多达 15 辆车和 30 个行人，还有各种程度的遮挡与截断。整个数据集由 389 对立体图像和光流图、39.2 km 视觉测距序列以及超过 200k 3D 标注物体的图像组成，以 10 Hz 的频率采样及同步。总体上看，原始数据集被分类为 Road、City、Residential、Campus 和 Person。对于 3D 物体检测，label 细分为 car、van、truck、pedestrian、pedestrian（sitting）、cyclist、tram 以及 misc。数据集格式如图 3-2-46 所示。

```
kitti
    |- training
        |- calib (#7481 .txt)
        |- image_2 (#7481 .png)
        |- label_2 (#7481 .txt)
        |- velodyne (#7481 .bin)
    |- testing
        |- calib (#7518 .txt)
        |- image_2 (#7518 .png)
        |- velodyne (#7418 .bin)
```

图 3-2-46

安装完数据集后，运行相应的脚本 python pre_process_kitti.py --data_root your_path_ to_kitti，生成训练所需要的数据集格式。

```
    import argparse
    import cv2
    import numpy as np
    import os
    from tqdm import tqdm
    import sys
    CUR = os.path.dirname(os.path.abspath(__file__))
    sys.path.append(CUR)

    from utils import read_points, write_points, read_calib, read_label, \
        write_pickle, remove_outside_points, get_points_num_in_bbox, \
        points_in_bboxes_v2


    def judge_difficulty(annotation_dict):
        truncated = annotation_dict['truncated']
        occluded = annotation_dict['occluded']
        bbox = annotation_dict['bbox']
        height = bbox[:, 3] - bbox[:, 1]

        MIN_HEIGHTS = [40, 25, 25]
        MAX_OCCLUSION = [0, 1, 2]
        MAX_TRUNCATION = [0.15, 0.30, 0.50]
        difficultys = []
        for h, o, t in zip(height, occluded, truncated):
            difficulty = -1
            for i in range(2, -1, -1):
                if h > MIN_HEIGHTS[i] and o <= MAX_OCCLUSION[i] and t <=
MAX_TRUNCATION[i]:
                    difficulty = i
            difficultys.append(difficulty)
        return np.array(difficultys, dtype=np.int64)


    def create_data_info_pkl(data_root, data_type, prefix, label=True,
db=False):
        sep = os.path.sep
        print(f"Processing {data_type} data..")
        ids_file = os.path.join(CUR, 'dataset', 'ImageSets', f'{data_
```

```
type}.txt')
        with open(ids_file, 'r') as f:
            ids = [id.strip() for id in f.readlines()]

        split = 'training' if label else 'testing'

        kitti_infos_dict = {}
        if db:
            kitti_dbinfos_train = {}
            db_points_saved_path = os.path.join(data_root, f'{prefix}_
gt_database')
            os.makedirs(db_points_saved_path, exist_ok=True)
        for id in tqdm(ids):
            cur_info_dict={}
            img_path = os.path.join(data_root, split, 'image_2', f'
{id}.png')
            lidar_path = os.path.join(data_root, split, 'velodyne', f'
{id}.bin')
            calib_path = os.path.join(data_root, split, 'calib', f'
{id}.txt')
            cur_info_dict['velodyne_path'] = sep.join(lidar_path.split
(sep)[-3:])

            img = cv2.imread(img_path)
            image_shape = img.shape[:2]
            cur_info_dict['image'] = {
                'image_shape': image_shape,
                'image_path': sep.join(img_path.split(sep)[-3:]),
                'image_idx': int(id),
            }

            calib_dict = read_calib(calib_path)
            cur_info_dict['calib'] = calib_dict

            lidar_points = read_points(lidar_path)
            reduced_lidar_points = remove_outside_points(
                points=lidar_points,
                r0_rect=calib_dict['R0_rect'],
                tr_velo_to_cam=calib_dict['Tr_velo_to_cam'],
                P2=calib_dict['P2'],
```

```
            image_shape=image_shape)
        saved_reduced_path = os.path.join(data_root, split, 'velodyne_
reduced')
        os.makedirs(saved_reduced_path, exist_ok=True)
        saved_reduced_points_name  =  os.path.join(saved_reduced_
path, f'{id}.bin')
        write_points(reduced_lidar_points,
saved_reduced_points_name)

        if label:
            label_path = os.path.join(data_root, split, 'label_2',
f'{id}.txt')
            annotation_dict = read_label(label_path)
            annotation_dict['difficulty'] = judge_difficulty
(annotation_dict)
            annotation_dict['num_points_in_gt']  =  get_points_num_
in_bbox(
                points=reduced_lidar_points,
                r0_rect=calib_dict['R0_rect'],
                tr_velo_to_cam=calib_dict['Tr_velo_to_cam'],
                dimensions=annotation_dict['dimensions'],
                location=annotation_dict['location'],
                rotation_y=annotation_dict['rotation_y'],
                name=annotation_dict['name'])
            cur_info_dict['annos'] = annotation_dict

            if db:
                indices, n_total_bbox, n_valid_bbox, bboxes_lidar,
name = \
                    points_in_bboxes_v2(
                        points=lidar_points,
                        r0_rect=calib_dict['R0_rect'].astype(np.
float32),
                        tr_velo_to_cam=calib_dict['Tr_velo_to_cam'].
astype(np.float32),
                        dimensions=annotation_dict['dimensions'].
astype(np.float32),
                        location=annotation_dict['location'].astype
(np.float32),
```

```
                        rotation_y=annotation_dict['rotation_y'].
astype(np.float32),
                        name=annotation_dict['name']
                    )
                for j in range(n_valid_bbox):
                    db_points = lidar_points[indices[:, j]]
                    db_points[:, :3] -= bboxes_lidar[j, :3]
                    db_points_saved_name = os.path.join(db_points_
saved_path, f'{int(id)}_{name[j]}_{j}.bin')
                    write_points(db_points, db_points_saved_name)

                    db_info={
                        'name': name[j],
                        'path': os.path.join(os.path.basename(db_
points_saved_path), f'{int(id)}_{name[j]}_{j}.bin'),
                        'box3d_lidar': bboxes_lidar[j],
                        'difficulty': annotation_dict['difficulty']
[j],

                        'num_points_in_gt': len(db_points),
                    }
                    if name[j] not in kitti_dbinfos_train:
                        kitti_dbinfos_train[name[j]] = [db_info]
                    else:
                        kitti_dbinfos_train[name[j]].append(db_info)

            kitti_infos_dict[int(id)] = cur_info_dict

        saved_path = os.path.join(data_root, f'{prefix}_infos_{data_
type}.pkl')
        write_pickle(kitti_infos_dict, saved_path)
        if db:
            saved_db_path = os.path.join(data_root, f'{prefix}_dbinfos_
train.pkl')
            write_pickle(kitti_dbinfos_train, saved_db_path)
        return kitti_infos_dict


    def main(args):
        data_root = args.data_root
        prefix = args.prefix
```

```
        ## 1. train: create data infomation pkl file && create reduced
point clouds
        ##             && create database(points in gt bbox) for data
aumentation
        kitti_train_infos_dict = create_data_info_pkl(data_root, 'train',
prefix, db=True)

        ## 2. val: create data infomation pkl file && create reduced point
clouds
        kitti_val_infos_dict = create_data_info_pkl(data_root, 'val',
prefix)

        ## 3. trainval: create data infomation pkl file
        kitti_trainval_infos_dict = {**kitti_train_infos_dict, **kitti_
val_infos_dict}
        saved_path = os.path.join(data_root, f'{prefix}_infos_trainval.
pkl')
        write_pickle(kitti_trainval_infos_dict, saved_path)

        ## 4. test: create data infomation pkl file && create reduced
point clouds
        kitti_test_infos_dict = create_data_info_pkl(data_root, 'test',
prefix, label=False)


    if __name__ == '__main__':
        parser = argparse.ArgumentParser(description='Dataset
infomation')
        parser.add_argument('--data_root', default='D:/3D_Object_
Detection/kitti',
                            help='your data root for kitti')
        parser.add_argument('--prefix', default='kitti',
                            help='the prefix name for the saved .pkl file')
        args = parser.parse_args()

        main(args)
```

生成的数据集格式如图 3-2-47 所示。

```
kitti
    |- training
        |- calib (#7481 .txt)
        |- image_2 (#7481 .png)
        |- label_2 (#7481 .txt)
        |- velodyne (#7481 .bin)
        |- velodyne_reduced (#7481 .bin)
    |- testing
        |- calib (#7518 .txt)
        |- image_2 (#7518 .png)
        |- velodyne (#7518 .bin)
        |- velodyne_reduced (#7518 .bin)
    |- kitti_gt_database (# 19700 .bin)
    |- kitti_infos_train.pkl
    |- kitti_infos_val.pkl
    |- kitti_infos_trainval.pkl
    |- kitti_infos_test.pkl
    |- kitti_dbinfos_train.pkl
```

图 3-2-47

3）训练模型

进入 PointPillars 文件夹，在终端输入以下命令，your_path_to_kitti 改成自己计算机的实际路径。

```
cd Pointpillars/
python train.py --data_root your_path_to_kitti
```

4）模型预测

训练完成后，便可以用训练得到的模型对点云进行检测。具体的命令如下：

```
python test.py --ckpt pretrained/epoch_160.pth --pc_path /home/lifa/data/KITTI/training/velodyne_reduced/000134.bin
```

其中，ckpt 为模型权重路径，pc_path 为点云实际路径。

最终的检测结果如图 3-2-48 所示。

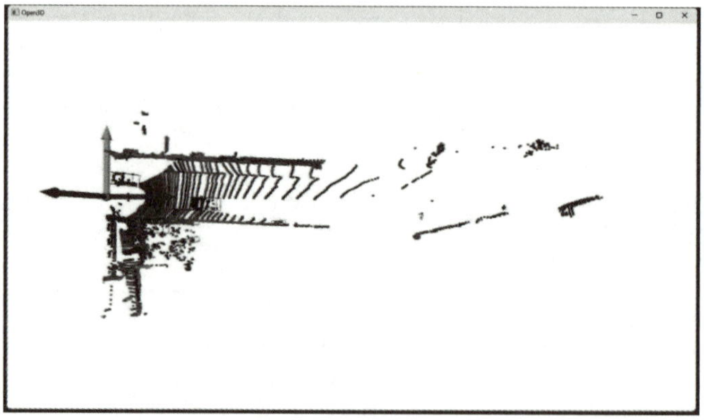

图 3-2-48　PointPillars 检测结果

如果有对应的图像标定关系，也可以在图像界面生成三维框信息。具体的命令为：

python test.py

--ckpt 权重路径

--pc_path 点云路径

--calib_path 标定转换矩阵路径

--img_path 图像路径

最后可以得到图像上的三维框投影，如图 3-2-49 所示。

图 3-2-49　图像三维框投影

第 4 章　毫米波雷达的原理与应用

4.1　毫米波雷达的原理

4.1.1　毫米波雷达的定义

毫米波雷达（Millimeter-Wave Radar）是一种主要操作于毫米波段（通常频率为 30 ~ 300 GHz）的雷达系统，主要用于目标探测、距离测量、成像和追踪。以下是毫米波雷达的具体定义。

（1）频率范围：毫米波雷达工作在毫米波段，这个频段通常涵盖了 30 ~ 300 GHz 的频率范围。这一频段具有独特的特性，适用于许多应用领域。

（2）波长特点：毫米波雷达所使用的波长通常为 1 ~ 10 mm，波长相对较短。较短的波长允许雷达系统产生更高分辨率的图像，使其能够精确检测小目标和细节。

（3）目标检测：毫米波雷达系统通过发射毫米波信号并接收反射回来的信号来检测目标。目标可以是地面上的物体、飞行器、车辆、建筑物等，具体取决于应用领域。

（4）测距能力：毫米波雷达可以测量目标与雷达之间的距离，通过计算信号的时延来实现距离测量。这对于许多应用，如导航、自动驾驶汽车和无人机操作非常重要。

（5）成像能力：毫米波雷达可以生成高分辨率的图像，使用户能够看到目标的形状、大小和位置。这对于目标识别和检测非常有用。

（6）穿透能力：毫米波信号在大气中的传播损耗相对较小，因此在雨雪等恶劣天气条件下仍能有效工作，而且对一些材料（如塑料和绝缘材料）有较好的穿透能力。

总之，毫米波雷达是一种操作在毫米波段的雷达技术，具有高分辨率、测距、成像和穿透能力。目前，毫米波雷达广泛应用于各个领域，包括军事、工业、民用等。在军事领域，它用于目标追踪和飞行器导航。在工业领域，它用于车辆碰撞避免系统和工业自动化。在民用领域，它被用于汽车雷达、安全检测、人体成像、通信系统等。毫米波雷达外观如图 4-1-1 所示。

图 4-1-1　车载毫米波雷达外观

4.1.2　毫米波雷达特点

1. 毫米波雷达优点

毫米波雷达具有多项优点，这些优点使其在各种应用领域中得到广泛应用。以下是毫米波雷达的主要优点：

（1）高分辨率：毫米波波长相对较短，因此具有出色的空间分辨率。这使得毫米波雷达能够精确检测小目标和细节，特别适用于高精度的测量和成像任务。

（2）穿透能力：毫米波信号在大气中的传播损耗相对较小，对大部分气象条件不敏感，能够在雨、雪、雾等恶劣天气条件下有效工作。此外，毫米波信号对一些非导电材料（如塑料和绝缘材料）具有较好的穿透能力，这在一些特殊应用中非常有用。

（3）避免频段拥挤：毫米波频段通常不会有频段拥挤的问题，因为这个频段相对较少被其他通信系统或雷达系统使用。这降低了频谱干扰的风险，有助于提高雷达系统的性能。

（4）高精度距离测量：毫米波雷达能够实现高精度的距离测量，对于导航、障碍物检测和自动驾驶汽车等应用至关重要。

（5）能见度改善：在雾、烟雾或低能见度条件下，毫米波雷达可以提供较好的目标检测性能，有助于改善交通安全和导航能力。

（6）实时性：毫米波雷达通常具有高速数据采集和信号处理能力，能够提供实时目标检测和追踪。

（7）多功能性：毫米波雷达不仅可以用于目标检测和测距，还可以实现目标成像、速度测量、运动检测等多种功能，因此适用于多种应用领域，如军事、工业、民用等。

（8）隐蔽性：毫米波信号相对较短的波长使其在隐蔽性方面表现良好，有助于探测一些难以察觉的目标，如低可觉察目标或隐藏在杂乱环境中的目标。

2. 毫米波雷达缺点

尽管毫米波雷达在许多方面具有许多优点，但它也存在一些缺点和挑战，这些因素需要在设计和应用中予以考虑。以下是毫米波雷达的一些主要缺点：

（1）大气传播损耗：毫米波信号在大气中的传播损耗相对较小，但在特定的气象条件下，加强雨、雾、大气湿度高的情况下，毫米波信号的传播损耗会增加，影响雷达性能。

（2）反射表面散射：毫米波信号在与物体表面交互时，会受到散射和反射的影响。这可能导致信号反射回雷达系统，形成回波干扰，影响目标检测和成像的准确性。

（3）目标掩蔽：毫米波雷达信号对于小目标或低高度目标的探测可能受到限制，因为这些目标可能会被地物或其他障碍物所遮挡，导致检测不准确。

（4）成本较高：毫米波雷达系统通常较昂贵，包括发射和接收设备、信号处理单元以及其他硬件和软件组件。这可能对一些应用的成本效益造成挑战。

（5）设计与维护复杂：毫米波雷达系统的设计和维护通常较为复杂，需要高度专业的知识和技能，这可能对操作和维护造成一定的困难。

（6）隐私问题：毫米波雷达在人体成像等应用中可能引发隐私问题，因为它能够穿透衣物并生成人体轮廓图像，这可能引发隐私担忧和法律问题。

（7）频段竞争：尽管毫米波频段通常不容易遇到频段拥挤问题，但随着 5G 通信等新兴技术的发展，毫米波频段也可能面临更多的频谱竞争。

（8）复杂环境下的性能下降：在复杂的环境条件下（如城市或林地），毫米波雷达系统的性能可能会受到地物反射和多路径干扰的影响，从而导致性能下降。

虽然毫米波雷达具有众多优点，但在具体应用中需要充分考虑这些缺点，并采取适当的措施来克服或减轻这些问题。不同应用领域的需求和环境条件也会影响毫米波雷达系统的性能和适用性。

4.1.3 毫米波雷达的组成

动画：毫米波雷达的结构

毫米波雷达探测系统通常由以下主要组成部分组成：

（1）发射模块（Transmitter Module）：发射模块产生毫米波信号，并将其发射到目标区域。发射模块可以是固态发射器或者电子管等设备，用于产生高频率、窄束宽的电磁波。

（2）接收模块（Receiver Module）：接收模块接收从目标返回的回波信号，并将其转换为电信号。接收模块通常需要具备高灵敏度和高动态范围，以便捕捉弱信号并抑制噪声。

（3）天线（Antenna）：天线用于辐射发射出的电磁波，并接收目标返回的回波信号。毫米波雷达常使用带有高增益和窄波束的天线，以提高方向性和接收灵敏度。

（4）信号处理模块（Signal Processing Module）：信号处理模块对接收到的回波信号进行处理和分析。这包括滤波、放大、混频、数字化和其他信号处理算法，以提取目标信息和去除干扰。

（5）控制单元（Control Unit）：控制单元用于管理和控制毫米波雷达系统的运行。它通常包括微处理器、控制软件和用户界面，用于设置雷达参数、处理数据和控制系统操作。

（6）数据显示和分析单元（Data Display and Analysis Unit）：这个部分用于显示和解释从毫米波雷达系统中获取的数据。它可以是一个计算机界面、监视器或其他设备，用于实时显示目标的位置、速度、尺寸等信息，并进行进一步的数据分析和处理。

以上是毫米波雷达探测系统的主要组成部分，不同应用场景下可能会有一些额外的组件和功能，但总体上这些组成部分构成了一个基本的毫米波雷达探测系统。

单个毫米波雷达的组成如图 4-1-2 所示，包括发射模块、接收模块、信号处理模块及天线。毫米波雷达在工作状态时，发射模块生成射频电信号，通过天线将电信号（电能）转换为电磁波发出，接收模块接收到射频信号后，将射频信号转换为低频信号，再由信号处理模块从信号中获取距离、速度和角度等信息。毫米波雷达工作的必要条件还在于软件算法的实现。

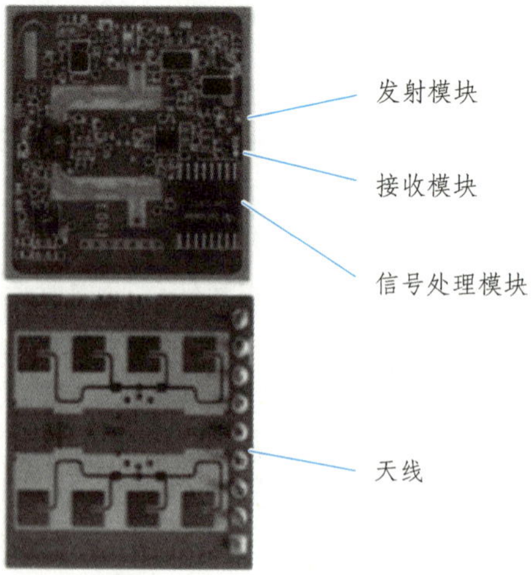

图 4-1-2　毫米波雷达的组成

4.1.4　毫米波雷达测量原理

微课：毫米波雷达测量原理

车载毫米波雷达工作路径简图如图 4-1-3 所示，雷达利用天线向外发射毫米波，通过接收器接收目标的回波信号，经过信号处理器对雷达信号进行处理后得到车身周围的目标信息，如目标的相对距离、相对速度、相对加速度、相对角度等，然后根据获得的目标的物理信息进行障碍物的分类识别和跟踪预测，最后通过车载 ECU 进行数据的处理决策。

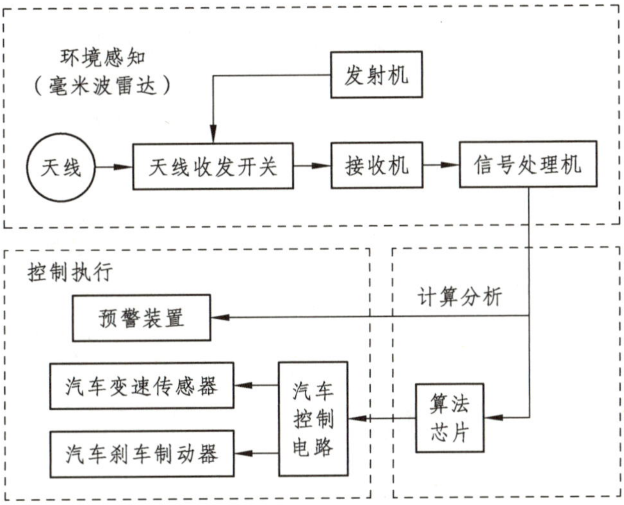

图 4-1-3　毫米波雷达工作路径

目前，常见的毫米波雷达按照电磁能量辐射特征，可以分为脉冲（Pulse）雷达和连续波（Continuous Wave，CW）雷达两种，它们的雷达发射功率示意如图 4-1-4 所示。

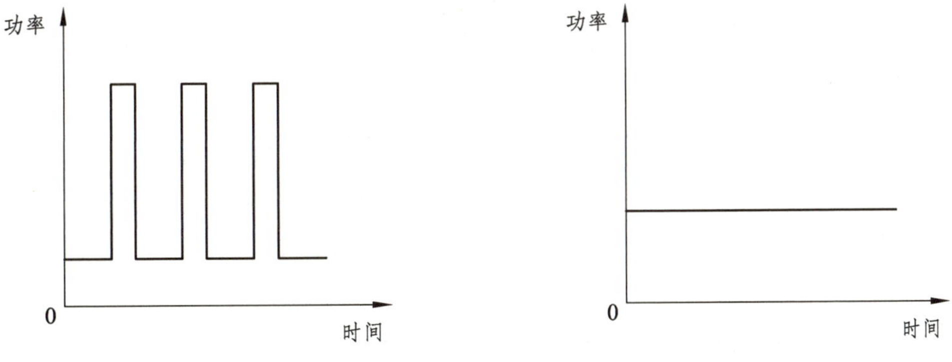

图 4-1-4　脉冲雷达和连续波雷达发射功率示意图

其中，脉冲雷达通过计算两相邻脉冲信号时延，可以进行远距离目标检测，在近距离目标检测时，由于脉冲信号宽度的限制存在盲区，且脉冲雷达发射功率高，不适合在电磁敏感、无盲区及距离精度要求高等场合使用。连续波雷达是根据发射和回收的信号的频率差进行工作的，根据发射信号的不同，连续波雷达又可以分为非调频连续波雷达和调频连续波雷达

（Frequency Modulated Carrier Wave Radar，FMCW）。非调频毫米波雷达可以获得车辆的速度信息，但无法得知距离信息；调频毫米波雷达除了速度和距离信息，还可以获得目标的运动方向，因此，调频毫米波雷达在 ADAS 系统得到了广泛的应用。

FMCW 雷达的结构如图 4-1-5 所示，其主要由波形发生器、接收器、调制信号源、耦合器和混频器等组成。其基本原理如下：调制波形作用于压控振荡器（Voltage-Controlled Oscillator，VCO），信号调频后从耦合器-环形器-发射天线进行信号发射，当检测到障碍物时信号发射被雷达天线接收，反射回来的信号同当前信号在混频器中混频形成差频信号，差频信号中包含目标的相对距离和相对速度等信息，通过对差频信号进行频谱分析和处理可以获得目标和雷达之间的相对距离、相对速度、相对加速度和方位角等信息。FMCW 雷达有多种不同的频率调制方式，如三角波调制、正弦波调制、锯齿波调制等，不同的调频方式硬件构成基本相同，只有小部分电路模块、电路参数和信号处理算法有略微区别。下面以三角波为例说明 FMCW 毫米波雷达的测距、测速等原理。

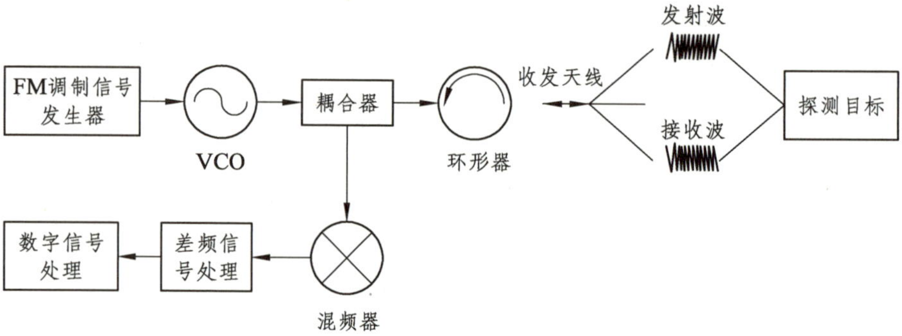

图 4-1-5　FMCW 雷达结构

4.1.4.1　测距测速原理

在自动驾驶中，为了确定前方物体的运动状态，需要建立毫米波雷达目标检测区域，如图 4-1-6 所示。

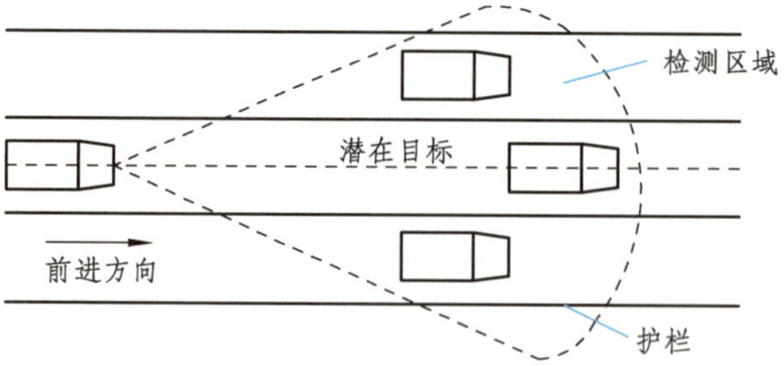

图 4-1-6　毫米波雷达目标检测模型

由图 4-1-6 可知，检测区域毫米波雷达在进行前方目前检测时，会检测到各种各样的目标，有静止目标，如护栏，指示牌等；有反向运动的车辆；有同车道行驶的车辆。这些目标中，同车道以及旁车道的车辆是检测的重点，称之为有效目标。为了获得有效目标，首先需要根据毫米波雷达反射回波的频移进行静止目标以及运动目标的界定。建立车辆行驶坐标系，以汽车行驶方向为 X 轴，垂直于 X 轴方向为 Y 轴，Y 轴与车辆行驶方向相互垂直，如图 4-1-7 所示。

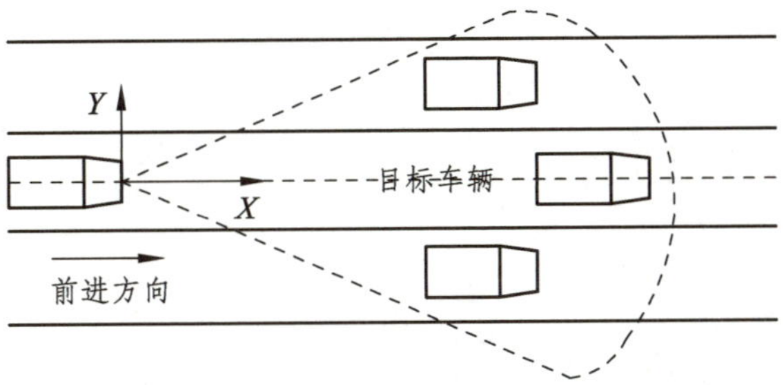

图 4-1-7　车辆行驶坐标系

下面以三角波调制为例介绍 FMCW 雷达的工作原理。当探测目标与雷达相对静止时，雷达发出的发射信号与碰到障碍物后反射形成的回波信号具有相同的形状，如图 4-1-8 所示。

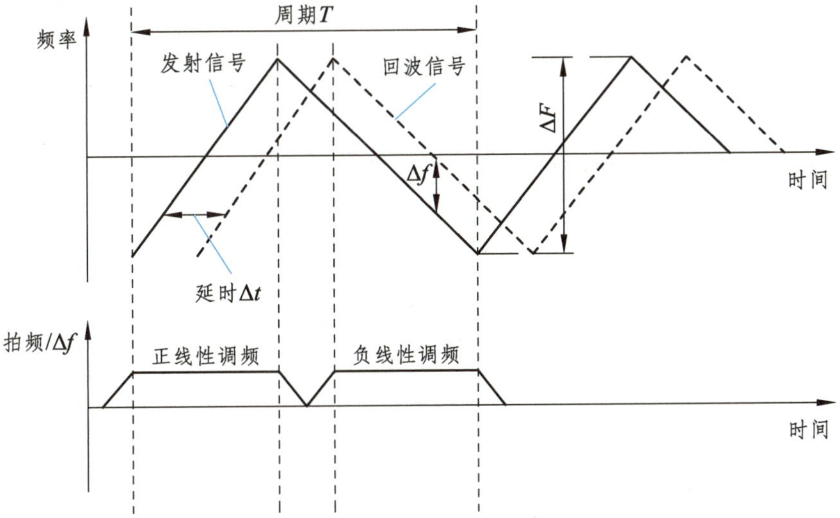

图 4-1-8　相对静止目标回波信号

图 4-1-8 中，回波信号相对于发射信号延迟了 Δt 的时间，即

$$\Delta t = 2d / c$$

式中，d 为探测目标的相对距离；c 为光速。

Δf 是发射信号与回波信号的频率差，根据相似三角形判定定理可得

$$\frac{\Delta t}{\Delta f} = \frac{T}{2\Delta F}$$

式中，T 为扫频周期；ΔF 为调制带宽，将 Δt 代入上式，得到障碍物目标的距离为

$$d = \frac{cT}{4\Delta F}\Delta f$$

从上式可以看出，相对静止障碍物的目标距离由扫频周期 T、调制带宽 ΔF 和中频信号频率 Δf 计算得到。

当探测目标与雷达相对运动时，由于多普勒效应，回波信号产生多普勒频移现象，如图 4-1-9 所示。

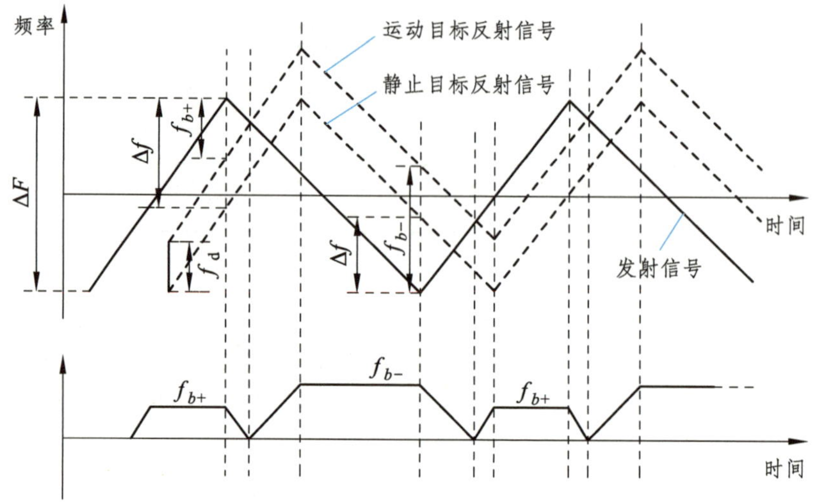

图 4-1-9　相对运动目标回波信号

混频后三角波上升沿和下降沿的中频频率可分别表示为

$$f_{b+} = \Delta f - f_d$$
$$f_{b-} = \Delta f + f_d$$

式中，f_d是障碍物移动时的多普勒频移，$f_d = \dfrac{2vf_0}{c}$；f_0为发射信号中心频率，由上式可得

$$f_d = (f_{b-} - f_{b+})/2$$
$$\Delta f = (f_{b-} + f_{b+})/2$$

根据多普勒频移和距离公式可以计算出运动障碍物的相对距离和速度：

$$d = \frac{cT}{4\Delta F}(f_{b-} + f_{b+})/2$$

$$v = \frac{c}{2f_0}(f_{b-} - f_{b+})/2$$

从上面公式可以看出，在雷达调制信号周期和带宽确定的情况下，调制三角波的上升沿和下降沿中频频率 f_{b-} 和 f_{b+} 是计算运动障碍物相对距离和速度的关键。

4.1.4.2　测量方位角原理

毫米波雷达（毫米波雷达）在探测被检测目标的方位角时，通常使用以下原理。

1. 波束赋形

毫米波雷达系统通常采用相控阵技术，其中包含多个单元天线。这些单元天线可以独立调整其相位，从而使雷达波束能够在水平方向上定向到特定的方向。通过改变每个单元天线的相位设置，系统可以快速扫描目标区域，并定位目标的方位角。这称为波束赋形（beamforming）。

2. 回波信号处理

当毫米波信号与目标相互作用并被目标反射回来时，接收天线会接收到回波信号。接收到的回波信号会传送到信号处理单元，该单元使用波束赋形信息来确定目标的方位角。

3. 相位差分

在相控阵中，通过记录每个单元天线的相位设置，系统可以计算出目标方向与各个单元天线之间的相位差分。这些相位差分信息用于确定目标相对于雷达系统的方位角。

4. 信号处理和计算

信号处理单元使用相位差分信息以及雷达波束的定向信息来计算目标的方位角。通常这需要复杂的数学运算和信号处理算法，以精确地确定目标的方位角。

关于被监测目标的方位角测量问题，毫米雷达的计算如图 4-1-10 所示，计算方位角 α_{AZ} 时，需要通过毫米波雷达接收天线 RX_1 和接收天线 RX_2 之间的几何距离 d，以及两根毫米波雷达天线所收到反射回波的相位差 b，经三角函数计算得到。

$$\alpha_{AZ} = \arcsin\left(\frac{\lambda b}{2\pi d}\right)$$

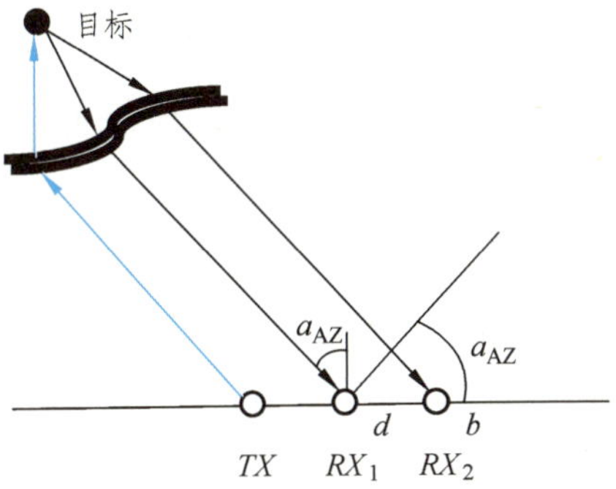

图 4-1-10　毫米波雷达测量方位角的原理

位置、速度和方位角监测是毫米波雷达所擅长的，再结合毫米波雷达较强的抗干扰能力，可以全天候全天时稳定工作。因此，毫米波雷达被选为汽车核心传感技术。

4.1.5　毫米波雷达技术参数

毫米波雷达的技术参数主要有最大探测距离、距离分辨率、距离测量精度、最大探测速度、速度分辨率、速度测量精度、视场角、角度分辨率和角度测量精度等。

4.1.5.1　最大探测距离

最大探测距离是指毫米波雷达所能检测目标的最大距离，不同毫米波雷达的最大探测距离也不同。毫米波雷达的最大探测距离取决于多个因素，包括雷达系统的发射功率、接收灵敏度、天线增益、目标的反射截面面积以及环境条件等。通常来说，毫米波雷达的最大探测距离相对较短，因为毫米波频段的电磁波受到大气吸收和散射的影响，限制了其传播距离。

在理想条件下，一些现代毫米波雷达系统可以达到几千米的最大探测距离，但这通常是在特定环境和目标条件下，如大型目标、高发射功率、高灵敏度等。对于小型目标，尤其是在恶劣天气条件下，最大探测距离可能会更短。

总的来说，毫米波雷达通常用于近距离和中距离目标探测和测距应用，例如，在汽车雷达中用于障碍物检测和自动驾驶系统中。最大探测距离的具体数值会因不同的雷达系统和应用而异。要确定特定毫米波雷达系统的最大探测距离，需要考虑具体的技术参数和性能规格。

4.1.5.2 距离分辨率

毫米波雷达的距离分辨率是指其能够将两个靠近的目标或物体区分开的能力，即能够测量两个目标之间的最小距离差异。距离分辨率通常受到雷达系统的带宽（频谱宽度）的影响，因为带宽决定了雷达脉冲的时间展宽，从而影响了距离分辨率。距离分辨率与脉冲宽度之间存在直接关系，通常由以下公式表示：

$$\Delta R = c \,/\, (2\Delta f)$$

式中：ΔR——距离分辨率（m）；

c——光速，约等于 3×10^8 m/s；

Δf——雷达脉冲的带宽（Hz）。

从这个公式可以看出，距离分辨率与带宽成反比关系。因此，较宽带宽的雷达系统通常具有更好的距离分辨率，能够更精确地区分靠近的目标。

毫米波雷达通常使用较高的频率范围（如毫米波波段通常为 30 ~ 300 GHz），因此具有相对较小的波长，这有助于实现较好的距离分辨率。这使得毫米波雷达在精确测量和检测靠近的目标时表现出色，因此在自动驾驶汽车应用中得到了广泛使用。然而，具体的距离分辨率仍然取决于雷达系统的设计和性能规格。

4.1.5.3 距离测量精度

距离测量精度表示测量单目标的距离测量精度。毫米波雷达的距离测量精度取决于多个因素，主要包括：

（1）脉冲宽度（Pulse Width）。脉冲宽度是雷达发射脉冲的时间持续长度。较短的脉冲宽度通常可以提供更高的距离分辨率，因为它们可以更精确地测量目标的往返时间。较长的脉冲宽度可能导致距离测量的模糊性。

（2）带宽（Bandwidth）。带宽指的是雷达信号的频谱宽度。较宽的带宽通常有助于提高距离测量的精度，因为它们可以提供更精确的频率信息，从而实现更精确的距离测量。

（3）接收灵敏度和信噪比（Receiver Sensitivity and Signal-to-Noise Ratio，SNR）。较高的接收灵敏度和信噪比可以提高目标回波信号的质量，从而提高距离测量的精度。更清晰的回波信号更容易确定目标的距离。

（4）多普勒效应。如果目标具有速度，那么多普勒效应会影响距离测量。雷达需要考虑目标的速度来修正测量结果，以获得准确的距离信息。

（5）系统校准和误差补偿。毫米波雷达系统通常需要进行校准以减小系统误差。误差补偿技术可用于消除信号传播和处理中的误差，提高距离测量的准确性。

（6）大气条件。大气条件对于毫米波信号的传播也有影响。大气折射和散射可能会导致距离测量误差，特别是在恶劣天气条件下。

总的来说，毫米波雷达通常能够提供相对高精度的距离测量，特别是在短距离至中距离范围内。精度的确切数值会因雷达系统的设计、性能和环境条件的不同而有所差异。

4.1.5.4　最大探测速度

最大探测速度是指毫米波雷达能够探测目标的最大速度。毫米波雷达的最大探测速度也取决于多个因素，包括雷达系统的设计、技术规格、目标属性和环境条件。最大探测速度通常是指雷达系统能够可靠测量和跟踪目标的最高速度。以下是一些影响毫米波雷达最大探测速度的因素：

（1）脉冲重复频率（Pulse Repetition Frequency，PRF）。PRF 是雷达发射脉冲的频率。较高的 PRF 通常可以提高雷达对高速目标的探测和测速性能，因为它允许雷达更频繁地发射脉冲并接收回波。

（2）脉冲宽度（Pulse Width）。脉冲宽度影响雷达系统对速度的分辨能力。较短的脉冲宽度通常可以提供更好的速度分辨率，使雷达能够区分高速目标和低速目标。

（3）多普勒频率。多普勒频率是由于目标运动引起的频率偏移。毫米波雷达可以通过分析回波信号的多普勒频率来测量目标的速度。

（4）信号处理和跟踪算法。高级信号处理和跟踪算法可以帮助雷达系统更准确地测量和跟踪高速目标。

（5）目标反射截面面积。大的目标反射截面面积（RCS）通常更容易被雷达探测和测速。小型目标可能需要更高的 PRF 和更先进的信号处理技术才能被可靠探测和测速。

（6）环境条件。天气、大气条件和地形等环境因素也可能影响毫米波雷达的性能。例如，强降雨或大雾可能会减少雷达的探测距离和测速能力。

4.1.5.5　速度分辨率

毫米波雷达的速度分辨率是指其能够区分不同目标或物体的速度差异的能力。速度分辨率通常受到雷达系统的带宽（频谱宽度）的影响，因为带宽决定了雷达脉冲的频率分辨力，从而影响了速度分辨率。速度分辨率与脉冲宽度之间存在直接关系，速度分辨率与带宽成反比关系。因此，较宽带宽的雷达系统通常具有更好的速度分辨率，能够更精确地区分不同速度的目标。

4.1.5.6　速度测量精度

速度测量精度表示测量单目标的速度测量精度，取决于信噪比。速度测量精度受多项因素的影响，包括雷达系统的设计、性能规格以及测量环境。

1. 脉冲宽度和带宽

脉冲宽度和带宽直接影响速度测量的精度。较短的脉冲宽度和较宽的带宽通常有助于提高速度分辨率和测量精度。

2. 脉冲重复频率（PRF）

PRF 是雷达系统发射脉冲的频率。较高的 PRF 可以提供更好的速度测量精度，特别是对于高速目标，因为它允许雷达更频繁地测量速度。

3. 多普勒频移

多普勒频移是由于目标运动引起的频率偏移。雷达可以通过分析回波信号的多普勒频移来测量目标的速度。

4. 信号处理算法

高级信号处理算法可以提高速度测量的精度。例如，采用多普勒滤波和最小二乘估计等技术来减小速度估计误差。

5. 目标属性

目标的反射截面面积（RCS）和形状会影响速度测量的精度。大的、反射截面面积高的目标通常更容易被测量其速度，而小目标可能需要更高级的信号处理技术。

6. 环境条件

天气、大气条件和地形等环境因素可能影响速度测量的精度。例如，强降雨、雪、大雾或大气湍流可能会导致速度测量误差。

7. 系统校准和误差补偿

毫米波雷达系统通常需要进行校准以减小系统误差。误差补偿技术可以用于消除信号传播和处理中的误差，提高速度测量的准确性。

最终的速度测量精度取决于对这些因素的综合考虑，并且需要在具体的应用和实际操作中进行调整和优化。

4.1.5.7 视场角

毫米波雷达的视场角（Field of View，FOV）是指雷达系统能够覆盖或监测的角度范围，通常以度（°）为单位表示。视场角决定了雷达系统能够检测和跟踪目标的方向范围。毫米波雷达通常使用波束天线或相控阵天线来控制其视场角。

视场角的具体数值取决于雷达系统的设计和应用需求。以下是一些常见的毫米波雷达视场角的示例：

（1）单波束毫米波雷达。一些毫米波雷达系统具有固定的视场角，通常在几度到几十度之间。这种类型的雷达通常用于特定的应用，如安全监控、目标检测或航空导航等。

（2）相控阵雷达。相控阵雷达可以通过调整阵列中各个单元的相位来实现电子扫描，从而实现可变的视场角。这使得相控阵雷达可以在更广泛的方向范围内检测目标。视场角可以根据需要进行动态调整，以满足不同的任务要求。

（3）机动雷达系统。一些毫米波雷达系统具有机动性能，可以通过机械装置或机械旋转来改变其视场角。这使得雷达系统可以在不同方向上进行检测，如用于搜索和跟踪目标。

（4）全向雷达。一些应用需要全向视场，这意味着雷达需要覆盖 360°的方向范围。全向雷达通常在自动驾驶汽车、无人机导航和航空领域中使用。

毫米波雷达的视场角是根据应用需求进行选择和设计的关键参数之一。不同应用可能需要不同的视场角来实现其目标。因此，在选择毫米波雷达系统时，需要考虑视场角以确保系统能够满足特定任务的需求。

4.1.5.8　角度分辨率

毫米波雷达的角分辨率是指其能够区分两个靠近的目标或物体之间的角度差异的能力。角分辨率通常受到雷达系统的天线尺寸、波束宽度，以及信号处理技术的影响。角分辨率与波束宽度之间存在直接关系，通常由以下公式表示：

$$\Delta\theta \approx \lambda / D$$

式中：$\Delta\theta$——角分辨率（rad）；

　　λ——雷达波长（m）；

　　D——天线的口径或尺寸（m）。

从上式可以看出，角分辨率与波长和天线尺寸成反比关系。因此，较小波长和较大天线口径的雷达系统通常具有更好的角分辨率，能够更精确地区分靠近的目标。

毫米波雷达通常使用较高频率的电磁波，具有较小的波长，这样有助于实现较好的角分辨率。因此，毫米波雷达在检测和跟踪目标的方向时表现出色。在许多应用中，精确的角分辨率对于区分目标、测量它们的位置以及执行精确的测角任务非常重要。

需要注意的是，实际的角分辨率也受到信号处理技术和系统设计的影响。一些高级信号处理算法可以提高角分辨率（如波束成形技术和多普勒处理技术），以实现更高精度的角度测量。因此，在选择毫米波雷达系统时，需要综合考虑天线尺寸、波束宽度和信号处理能力，以确保系统能够满足特定任务的角度测量需求。

4.1.5.9　角度测量精度

角度测量精度表示测量单目标的角度测量精度。这个精度取决于多个因素，包括雷达系统的设计、技术规格、天线配置、信号处理算法、目标属性和环境条件等。以下是一些影响毫米波雷达角度测量精度的关键因素：

（1）天线分辨率。天线分辨率是指雷达系统能够区分两个靠近的目标或物体之间的最小角度差异的能力。较高分辨率的天线通常可以提供更好的角度测量精度。

（2）波束宽度。波束宽度是指雷达系统的主波束在水平和垂直方向上的宽度。较窄的波束通常具有更好的角度测量精度，因为它们能够提供更精细的方向信息。

（3）信号处理技术。先进的信号处理算法可以帮助提高角度测量的精度，如多普勒处理、波束成形和最小二乘估计等技术。

（4）多普勒效应。目标的速度会引起多普勒频移，影响角度测量。雷达系统需要考虑目标的速度来纠正角度测量结果。

（5）目标属性。目标的反射截面面积（RCS）、形状和特性会影响角度测量的精度。大的、反射截面面积高的目标通常更容易被测量其方向。

（6）环境条件。天气、大气条件和地形等环境因素可能会影响角度测量的精度，特别是在恶劣天气条件下。

（7）校准和误差补偿。精确的系统校准和误差补偿技术可以帮助减小测量误差，提高角度测量的准确性。

最终的角度测量精度取决于综合考虑这些因素，并且通常在具体的应用和实际操作中进行调整和优化。在需要高精度角度测量的应用中（如目标跟踪、导航、自动驾驶），通常会采用高性能的毫米波雷达系统，并进行精确的系统校准和信号处理，以确保测量精度满足要求。

4.1.6 毫米波雷达的类型

各大国的车载雷达频段主要集中在 23 ~ 24 GHz、60 ~ 61 GHz 和 76 ~ 79 GHz 这 3 个频段，如图 4-1-11 所示，不同频段的毫米波雷达有着不同的性能，其中最常使用的是 24 GHz 和 77 GHz 频段，毫米波雷达的频率越高，波长越短，其测距测速的精度就越高，其中 24 GHz 雷达主要用于近距离探测，76 ~ 79 GHz 雷达主要用于中远距离探测。毫米波雷达的发展是由低频到高频，目前其关键技术主要由博世、大陆、电装等传统零部件供应商掌握，国内 24 GHz 的毫米波雷达技术已经取得突破，77 GHz 汽车毫米波雷达的关键技术还在持续研究中。

图 4-1-11 毫米波雷达类型

1. 24 GHz 频段

24 GHz 频段的毫米波雷达工作在 24 GHz 的中频范围内，具有相对较长的波长。这个频段位于微波和毫米波之间，因此有时也称为 Ku 波段。24 GHz 频段毫米波雷达的波长约为 1.25 cm，适用于短距离和中距离目标检测。

24 GHz 毫米波雷达适用于中短距离探测和测量任务。它们通常具有较低的分辨率和探测距离，适用于车辆和物体的近距离检测和跟踪，在不同领域具有广泛应用，包括但不限于：

（1）自动驾驶汽车：用于障碍物检测、自动刹车、自适应巡航控制和车道保持等安全和自动驾驶功能。

（2）工业自动化：在工厂和仓库中用于物料处理、自动导航和机器人操作等应用。

（3）门禁系统：用于自动门、门禁通行、出入口控制和人员计数等应用。

（4）运动追踪：用于体育场馆和体育比赛中的人员和物体追踪。

（5）环境监测：用于测量和监测环境参数，如湿度、液位和温度。

由于频率较低，24 GHz 毫米波雷达通常具有相对较低的成本，使其在大规模应用中更加经济实惠。总之，24 GHz 频段的毫米波雷达在汽车行业中主要用于低速操作和辅助驾驶功能。它们在提高驾驶安全性、减少碰撞风险和改善驾驶体验方面发挥着重要作用。然而，对于高速自动驾驶等更复杂的应用，通常需要使用更高频率的毫米波雷达。

2. 77 GHz 频段

77 GHz 频段的毫米波雷达工作在 77 千兆赫兹（GHz）的频率范围内，具有较短的波长，约为 3.9 mm。这个频段处于毫米波和微波之间，对于高精度目标检测和跟踪非常有用。性能良好的 77 GHz 毫米波雷达的最大检测距离可以达到 160 m 以上，因此常被安装在前保险杠上，正对汽车的行驶方向。长距离雷达能够用于实现紧急制动、自适应巡航等 ADAS 功能，同时也能满足自动驾驶领域对障碍物距离、速度和角度的测量需求。

图 4-1-12 所示为 Audi A8 的传感器布局，其中角雷达（Corner radar）和后向雷达（Rear radar）就是频段在 24 GHz 左右的短距离毫米波雷达。被标注为绿色框的长距离雷达（Long-range radar）为频段在 77 GHz 左右的长距离毫米波雷达。

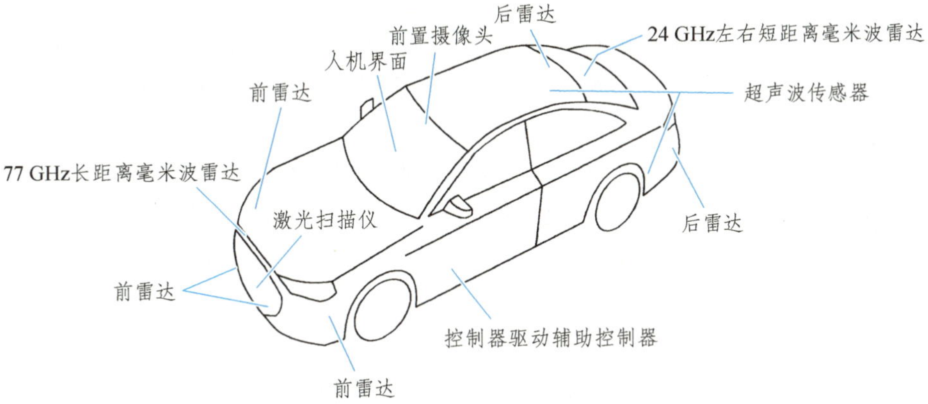

图 4-1-12　Audi A8 的传感器布局

3. 79 GHz 频段

79 GHz 的波长约为 3.8 mm，频率相对较高。这个频段处于毫米波频谱中的高频端，波长更短，因此具有更高的分辨率。该频段的传感器能够实现的功能和 77 GHz 频段的传感器一样，也是用于长距离的测量。

根据公式：光速=波长×频率（$v=\lambda f$，$f=1/T$），频率越高的毫米波雷达波长越短，波长越短意味着分辨率越高；而分辨率越高意味着在距离、速度、角度上的测量精度越高。因此 79 GHz 的毫米波雷达必然是未来的发展趋势。

不同频段的选择取决于系统的性能需求和应用场景。总体来说，77 GHz 和 79 GHz 频段的毫米波雷达在高速自动驾驶汽车中更为常见，因为它们提供了更好的性能和精度，而 24 GHz 频段的毫米波雷达通常用于较低速度的辅助驾驶系统。这些不同频段的毫米波雷达在汽车行业中扮演着关键的角色，用于增强驾驶安全性和自动驾驶功能。

4.1.7 位置布置

毫米波雷达在智能网联汽车上的布置如图 4-1-13 所示，位置布置分为正向毫米波雷达布置、侧向毫米波雷达布置、毫米波雷达布置的高度。

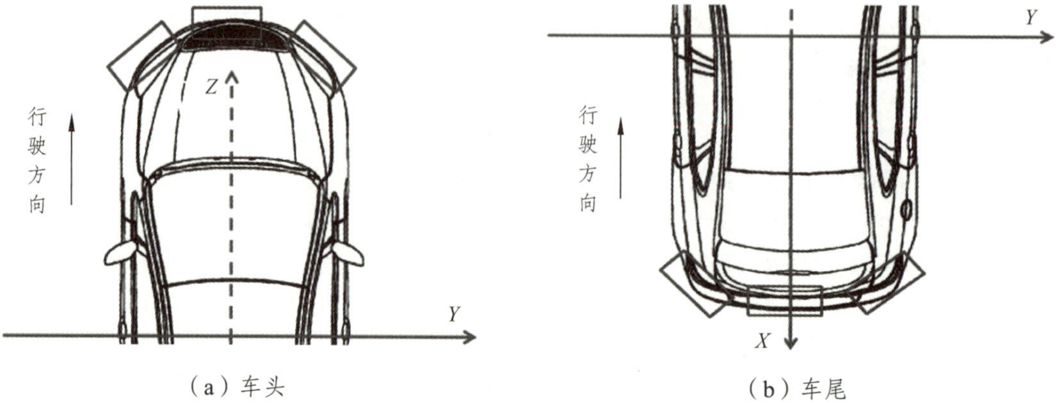

图 4-1-13　毫米波雷达布置位置

1. 正向毫米波雷达布置

正向毫米波雷达一般布置在车辆中轴线，外露或隐藏在保险杠内部。雷达波束的中心平面要求与路面基本平行，考虑雷达系统误差、结构安装误差、车辆载荷变化后，需保证与路面夹角的最大偏差不超过 5°。

另外，在某些特殊情况下，正向毫米波雷达一般布置在车辆中轴线上时，允许正 Y 向最大偏置距离为 300 mm，偏置距离过大会影响毫米波雷达的有效探测范围。

2. 侧向毫米波雷达布置

侧向毫米波雷达在车辆四角呈左右对称布置，前侧向毫米波雷达与车辆行驶方向成 45°夹角，后侧向毫米波雷达与车辆行驶方向成 30°角，雷达波束的中心平面与路面基本平行，角度最大偏差仍需控制在 5°以内。

3. 毫米波雷达布置的高度

毫米波雷达在 Z 方向探测角度一般只有±5°，雷达安装高度太高会导致盲区增大，太低又会导致雷达波束射向地面，地面反射带来杂波干扰，影响雷达的判断。因此，毫米波雷达的布置高度（即地面到雷达模块中心点的距离），一般建议为 500 mm（满载状态）~ 800 mm（空载状态），如图 4-1-14 所示。

图 4-1-14　毫米波雷达布置高度

毫米波雷达在布置时，还需要兼顾考虑其他因素，如雷达区域外造型的美观性、对行人保护的影响、设计安装结构的可行性、雷达调试的便利性、售后维修成本等。

4.2　毫米波雷达的应用

4.2.1　毫米波雷达配置

以德国大陆公司的ARS408毫米波雷达为例，其雷达配置共有6个选项，分别是雷达基本配置、雷达基本状态查询、雷达过滤器配置、雷达过滤器状态查询、碰撞检测区域配置及多边形探测区域配置（见图 4-2-1）。

图 4-2-1　大陆雷达调试软件

1. 雷达的基本配置

雷达的基本配置主要包含了永久存储、雷达 ID、检测目标类型、最大检测距离、雷达功率、发送目标质量信息、发送目标扩展信息等信息（见图 4-2-2）。以检测目标类型为例，将是否配置打开到 ON，选择配置值点击发送配置，显示发送成功，则配置完成（见图 4-2-3）。

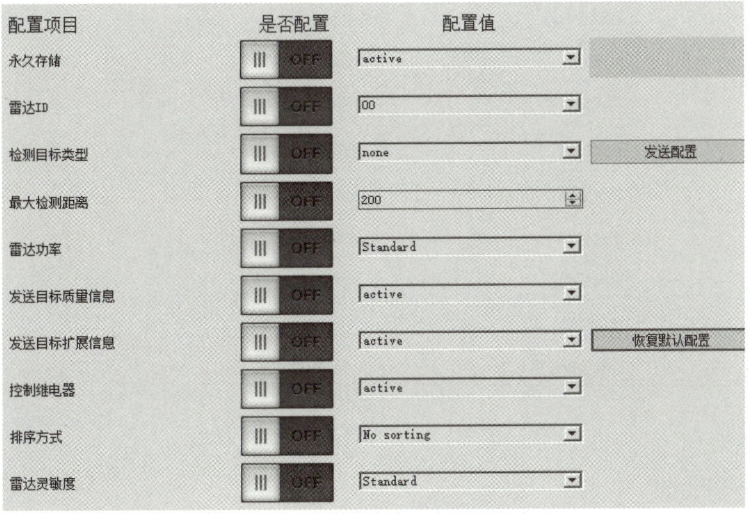

图 4-2-2　雷达基本配置

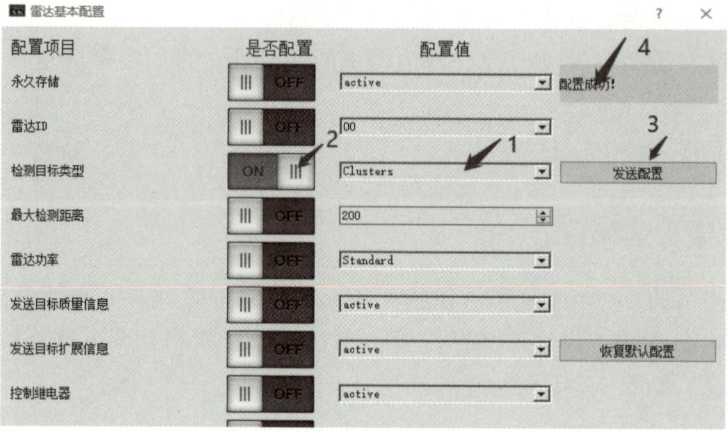

图 4-2-3　检测目标类型配置

2. 雷达基本状态查询

状态查询主要是查看雷达基本配置是否设置成功，这里可以看到刚才设置的类别（Clusters）已生效（见图 4-2-4）。

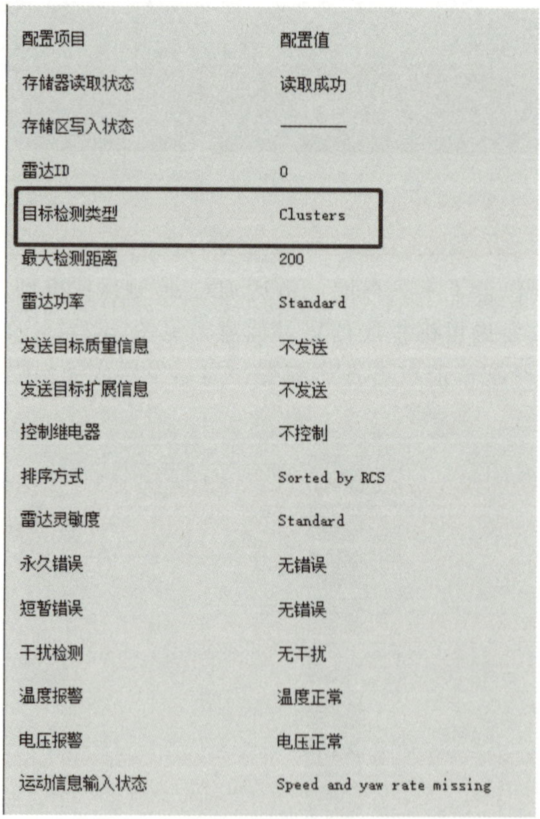

图 4-2-4　目标检测类型修改成功

3. 雷达过滤器设置

雷达过滤器设置主要设置检测物体的参数属性。例如，设置输出目标数量的最大值为

1。当没有更改最大值输出目标数时，可看到检测到的 clusters 有很多，如图 4-2-5、图 4-2-6 所示。

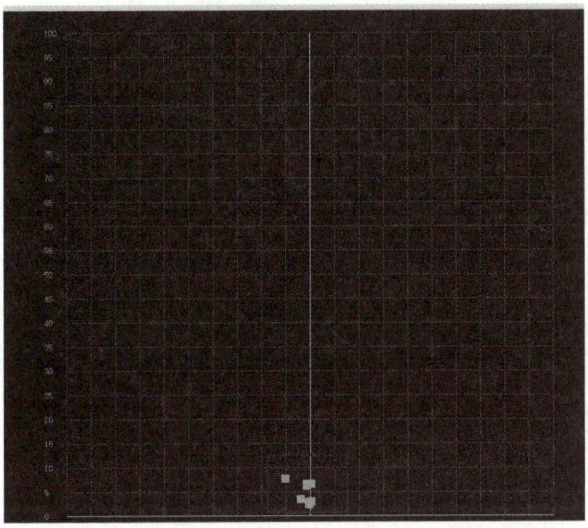

图 4-2-5　默认输出目标数量

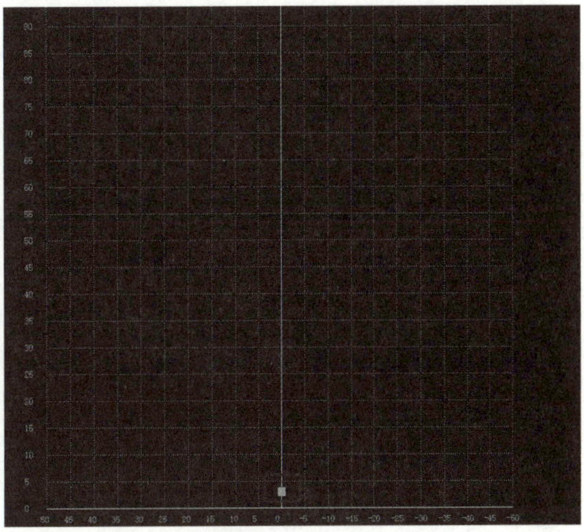

图 4-2-6　设置输出目标数量为 1

4. 雷达过滤器状态查询

此选项可以查看雷达过滤器设置是否设置成功，如图 4-2-7 所示，设置的输出目标数量最大值为 1，已设置成功。

雷达过滤器状态查询　? ×

查 询		类型: Clusters	查询成功!
过滤器项目	是否使能	最小值	最大值
输出目标数量（个）	是	0	1
径向距离（m）	是	0.0	100.0
水平角度（°）	是	-50.00	50.00
径向来向速度（m/s）	是	0.00	20.00
径向去向速度（m/s）	是	0.00	20.00
雷达反射截面积（dBm2）	是	-10.00	10.00

图 4-2-7　雷达过滤器状态查询

5. 碰撞检测区域配置

此选项主要包含了碰撞检测配置、碰撞检测区域设置（见图 4-2-8）。

碰撞检测配置作用主要用于清除设置的区域、报警信息重置、是否失能、最短时间是否生效，设置完以后可发送配置，然后可通过碰撞检测状态查看是否设置成功。

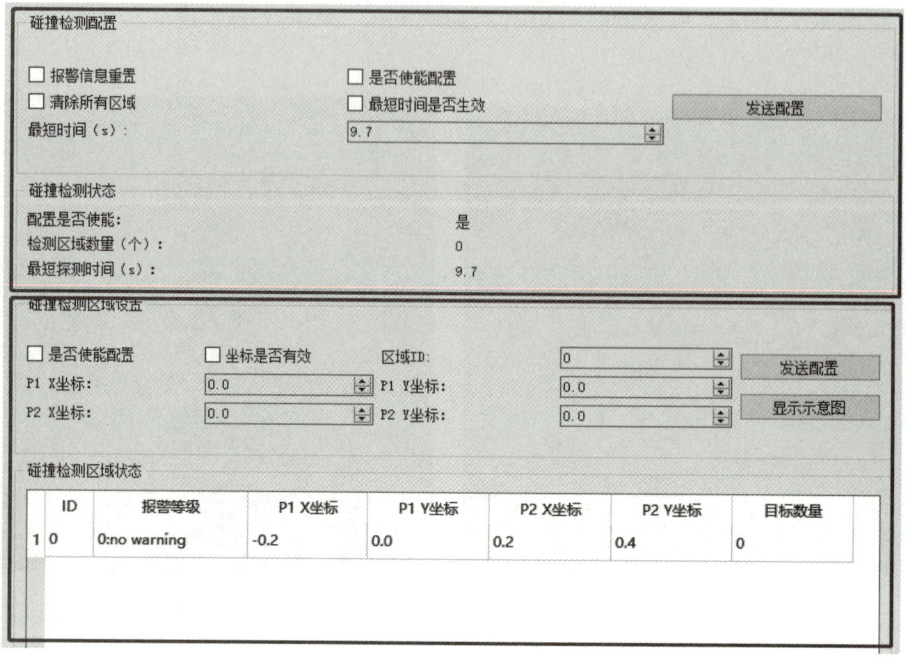

图 4-2-8　碰撞检测区域配置

碰撞检测区域设置通过设置矩形的对角点（坐标系如图 4-2-9 所示）。碰撞检测区域最多可设置 8 个区域。碰撞检测区域状态是根据设置好的区域，是否有物体闯入报警，闯入的物体数量多少。

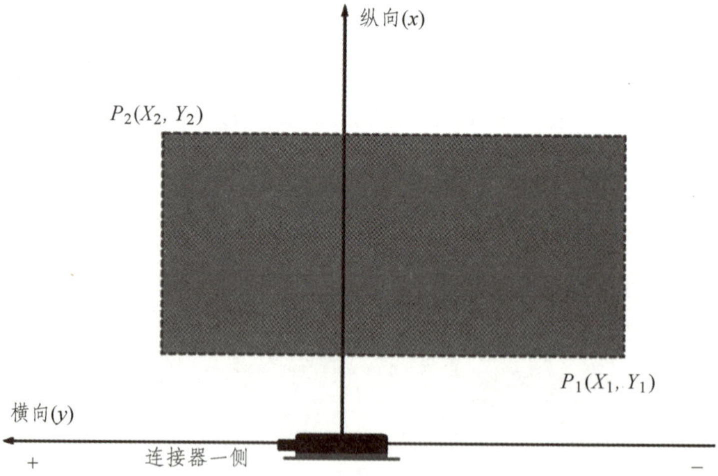

图 4-2-9　碰撞检测区域坐标系

6. 显示设置

显示设置（见图 4-2-10）主要分为四类：坐标轴设置、显示目标信息、显示目标属性以及显示附属信息。

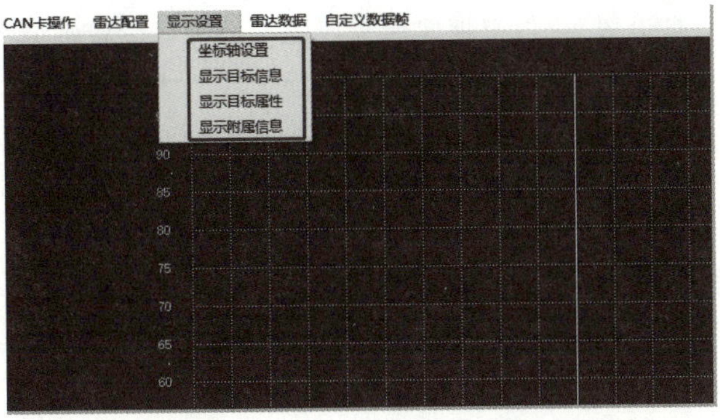

图 4-2-10　碰撞检测区域坐标系

在坐标轴设置中，可通过更改数字对坐标轴的量程进行更改，如图 4-2-11 所示。

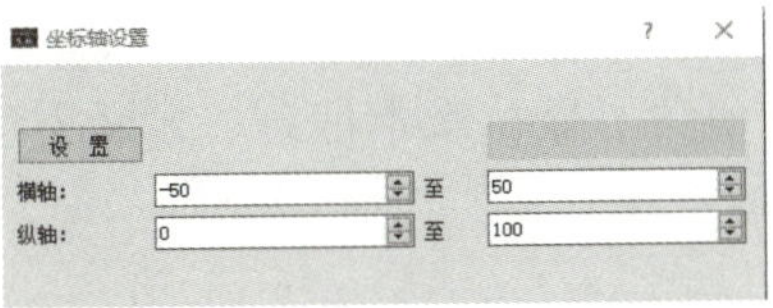

图 4-2-11　更改坐标轴的量程

选择“显示目标信息设置”，勾选对应的选项可在主界面显示相应的数据信息（见图 4-2-12）。

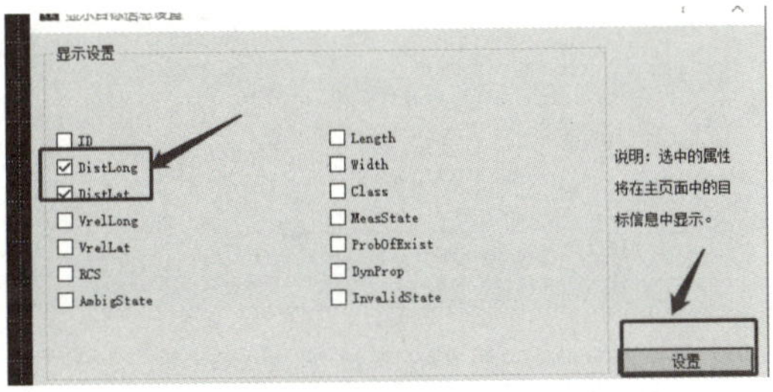

图 4-2-12　修改目标信息设置

设置完成后，在画面中会出现设置的对应信息（见图 4-2-13）。

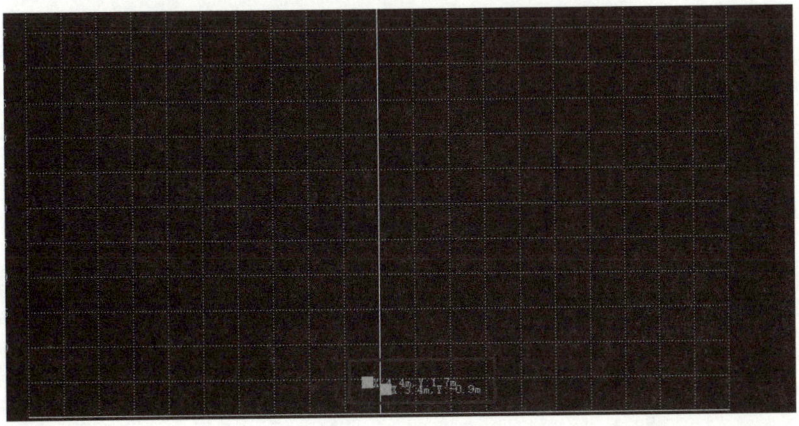

图 4-2-13　修改目标信息设置

选择“显示属性信息设置”，可根据实际需要的参数进行设置（见图 4-2-14）。

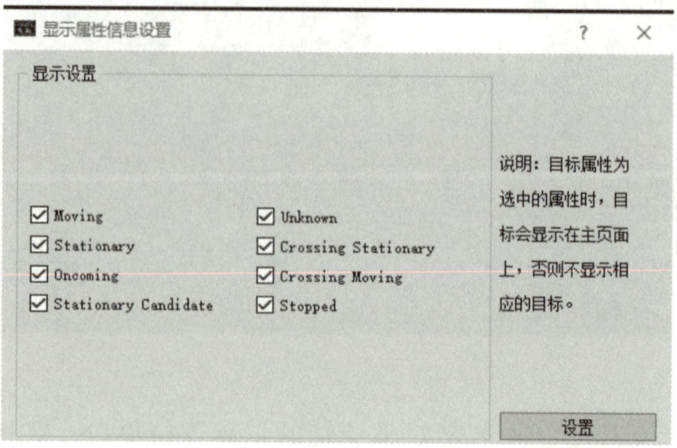

图 4-2-14　修改目标信息设置

“附属信息显示设置”主要包含了显示版本信息、显示雷达状态以及显示目标数量（见图 4-2-15）。

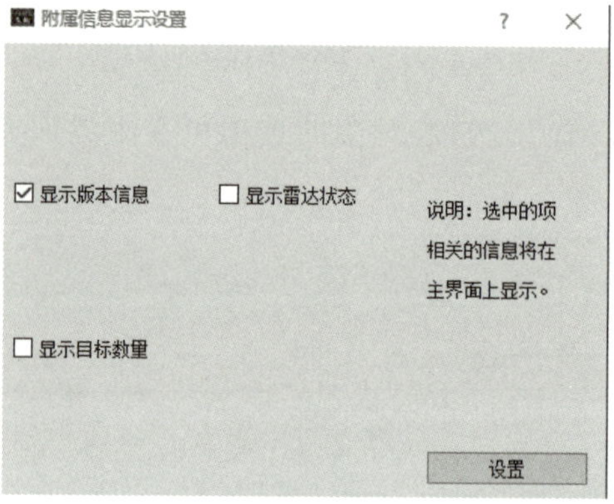

图 4-2-15　附属信息显示设置

7. 雷达数据（显示和保存数据）

“显示数据”主要是显示目标物的物体特性，如距离、速度信息等（见图 4-2-16）。

	timestamp(ms)	ID	DistLong(m)	DistLat(m)	VrelLong(m/s)	VrelLat(m/s)	DynProp	RCS(dBm2)	DistLong_rms(m)	DistLat_rms(m)
1	11177789.8	0	2.2	-2.5	0.00	0.00	stationary candidate	4.0	<0.005	<0.005
2	11177789.8	1	3.6	1.3	0.00	0.00	stationary	-10.0	<0.005	<0.005

图 4-2-16　雷达显示数据

“保存数据”主要就是把前面显示的数据保存为.csv 的文档，保存下来（见图 4-2-17）。

timestamp(	ID	DistLong(m	DistLat(m)	VrelLong(m	VrelLat(m/	DynProp	RCS(dBm2)	DistLong_r	DistLat_rm	VrelLong_r	VrelLat_rm	Pdh0	AmbigState	InvalidState
937267.6	0	3	2.5	0	0	stationary	3.5	<0.616	<0.616	<0.371	<0.011	<25%	unambiguou	0x0
937267.6	1	3.4	3.1	0	0	stationary	-8.5	<0.616	<0.616	<0.371	<0.011	<75%	unambiguou	0xb
937342.5	0	3	2.5	0	0	stationary	3.5	<0.616	<0.616	<0.371	<0.011	<25%	unambiguou	0x0
937412.5	0	3	2.5	0	0	stationary	3.5	<0.616	<0.616	<0.371	<0.011	<25%	unambiguou	0x0
937482.4	0	3	2.5	0	0	stationary	3	<0.616	<0.616	<0.371	<0.011	<25%	unambiguou	0x0

图 4-2-17　雷达显示数据 excel 文件

4.2.2　毫米波雷达信号解析

毫米波雷达信号解析的主要步骤包括：预处理、目标检测和跟踪、参数估计以及数据分析等。

（1）在预处理阶段，首先对接收到的连续波或脉冲波形信号进行滤波、放大和混频等处理，以增强信号质量和减小噪声。

（2）在目标检测和跟踪阶段，通过算法和技术对处理后的信号进行分析，从中提取出目标在距离、速度和角度等方面的信息。常用的算法有快速傅里叶变换（FFT）用于从时域转换到频域、自相关和互相关用于目标的距离和速度估计、扩展卡尔曼滤波器（EKF）用于目标的跟踪等。

（3）在参数估计阶段，主要是根据目标的回波信号对目标的特征进行识别和估计，如目标的尺寸、速度、方位角等。这一步骤通常使用模式识别和机器学习技术，如支持向量机（SVM）、神经网络等。

（4）在数据分析阶段，对解析得到的目标信息进行进一步分析和处理，以满足具体应用需求，如目标识别、场景重建等。

总之，毫米波雷达信号解析是对接收到的毫米波雷达信号进行处理和分析的过程，通过利用各种算法和技术，提取出目标的相关信息，为实际应用提供有用的数据和判断依据。

4.2.3　目标识别流程

毫米波雷达的目标识别是分析回波特征信息，采用数学手段通过各种特征空间变换来抽取目标的特性参数，如大小、材质、形状等，并将抽取的特性参数与已建立的数据库中的目标特征参数进行比较、辨别和分类，其流程如图 4-2-18 所示。

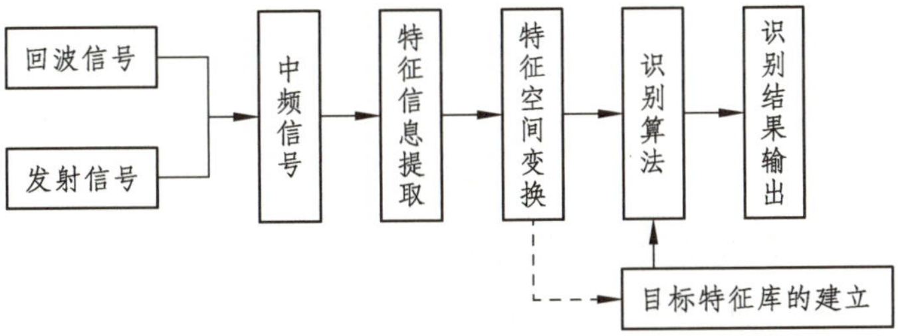

图 4-2-18　毫米波雷达的目标识别流程

1. 特征信息提取

毫米波雷达目标 RCS 特征（RCS 是目标在雷达接收方向反射雷达信号能力的一个量度，RCS 越大，表示目标反射的雷达信号能量越大，目标越容易被检测出来）易受外形、材料、雷达与目标的位置角度以及雷达载波频率等因素的影响，目标 RCS 波动较大，严重影响目标识别精度。通过获取目标距离-多普勒（Range-Doppler，RD）图、微多普勒特征、RD 图 HOG 特征和时频图 HOG 特征，作为目标识别特征。由于 RD 图呈现目标整体运动信息，距离-多普勒矩阵中大部分位置不包含目标信息，因此需要截取窗对 RD 图进行截取，扩大目标在 RD 图上的特征。目标相对雷达运动时，除主体运动外，组成目标的各个部分旋转、振动等非主体部分的运动产生微多普勒特征。利用目标在 RD 图 HOG 特征和时频图 HOG 特征两类图像上边缘特征的差异性，实现对行人、自行车和小轿车三类目标的识别，图 4-2-19 所示为三类目标的 RD 图。

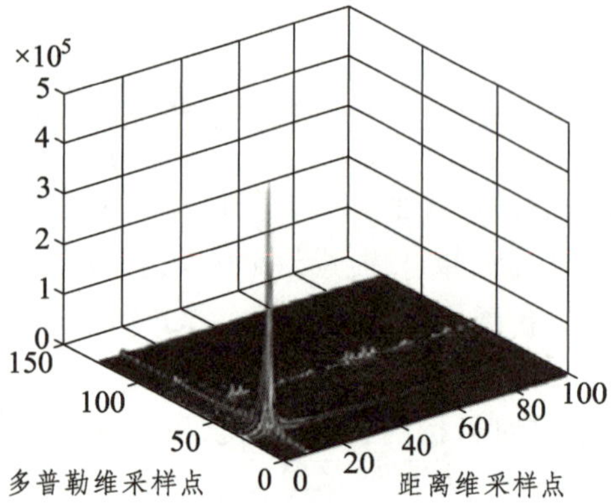

（a）行人 RD

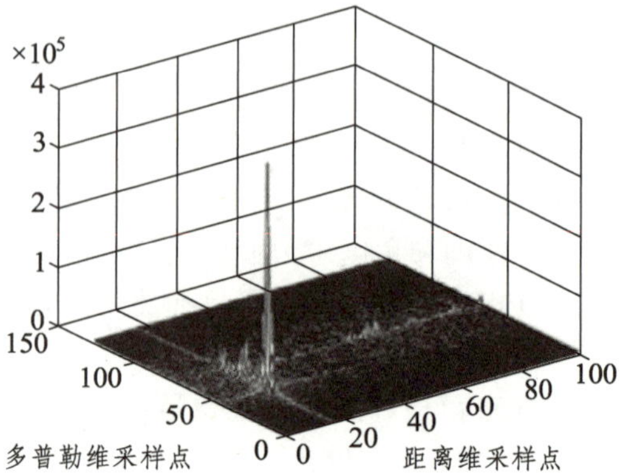

（b）自行车

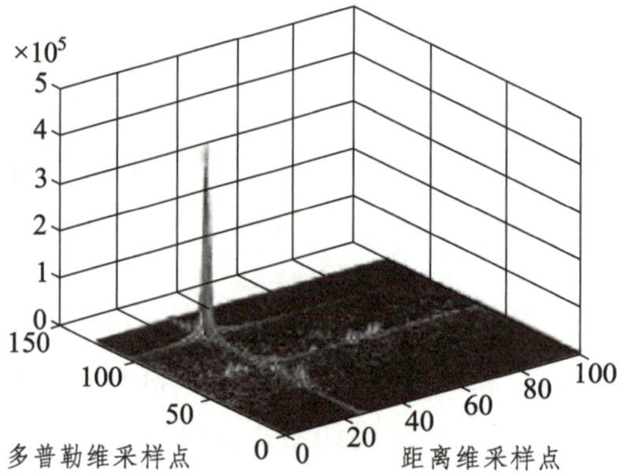

（c）小轿车

图 4-2-19　行人、自行车和小轿车 RD 图

2. 特征空间变换

特征空间变换是利用梅林变换、沃尔什变换、马氏距离线性变换等正交变换方法，解除不同目标特征间的相关性，加强不同目标特征间的可分离性，最终剔除冗余特征，达到减少计算量的目的。

3. 识别算法

不同类型的运动目标在距离维和多普勒维存在不同程度的能量泄漏现象。由于行人和自行车体积较小，速度较慢，导致目标在 RD 图上特征不明显，难以识别，而行人由于运动状态复杂，产生了微多普勒扩展，在时频图上与自行车和小轿车差异明显，很容易识别。

识别算法也可以分为基于机器学习的识别算法和基于深度学习的识别算法。在视觉传感器章节介绍的 SVM 算法属于机器学习的范畴，可以用于毫米波雷达的目标检测。也可以利用目标的 RCS、时频 HOG 特征和 RD 图 HOG 特征实现基于 SVM 的识别分类。

深度学习的方法则是利用网络来处理特征，比如可以利用轻量级深度 MobileNetv2 网络，并结合目标的 RD 图和时频图特征的互补性来提高网络识别速度和识别精度。从时频图和 RD

图整体来看，不同目标间差异较为明显，因此使用能够增大感受野的空洞卷积和并行空洞卷积增强网络对数据特征的感知，可以进一步提高目标识别准确率。

4. 目标特征库的建立

目标特征库的建立有三种方法：通过实际试验数据建立、通过半实物仿真数据建立、通过虚拟仿真数据建立。毫米波雷达目标特征库的建立是为了对不同类型的目标或物体进行识别和分类，以及进行目标跟踪和识别。建立毫米波雷达目标特征库一般分为以下步骤：

（1）数据采集。首先，需要使用毫米波雷达系统采集足够数量的数据，包括各种类型的目标或物体，以及不同姿态、距离和速度下的目标。这些数据可以来自实地测试、模拟实验或仿真。

（2）数据预处理。对采集的数据进行预处理，包括去除噪声、校正雷达系统的误差以及进行数据对齐和同步，以确保数据的准确性和一致性。

（3）目标特征提取。从数据中提取目标的特征，这些特征可能包括目标的尺寸、形状、反射截面面积（RCS）、多普勒频率、速度、方向等。不同的特征可以用于识别和分类目标。

（4）特征表示。将提取的目标特征表示为数字或向量形式，以便进行后续的数据分析和处理。这些特征向量将成为目标特征库的基础。

（5）数据标注和分类。对采集的数据进行标注，即为每个目标或物体分配标签或类别。这需要人工或自动标注过程，以指示每个样本属于哪个类别。

（6）目标特征库的组织。将提取的特征向量和相应的标签组织成一个目标特征库。这个库可以使用数据库管理系统进行组织和存储，以便快速检索和访问。

（7）机器学习和模型训练。可以使用机器学习技术，如支持向量机、深度学习神经网络等，对目标特征库进行训练，以建立识别和分类模型。这些模型可以用于自动目标识别和跟踪。

（8）性能评估。对建立的目标特征库和模型进行性能评估，使用不同的测试数据集来评估识别和分类的准确性和鲁棒性。

（9）持续更新和维护。随着时间的推移，可以不断更新目标特征库，添加新的目标类型和样本，以确保系统可以应对不断变化的目标环境。

（10）应用。最终的目标特征库可以用于各种应用，如目标检测、跟踪、导航、自动驾驶、军事用途等。

建立毫米波雷达目标特征库是一个复杂的过程，通常需要多学科的知识，包括雷达技术、信号处理、机器学习和数据科学。此外，精确的目标特征库对于提高毫米波雷达系统的性能和应用的有效性至关重要。

5. 识别结果输出

把识别结果输出到有关的控制系统中，完成相应的控制功能。

4.2.4　毫米波雷达功能应用

1. 汽车前向 ACC/FCW/AEB

用于汽车 ACC/FCW/AEB 的雷达传感器一般安装在车头中央位置，如车标位置或其上下（见图 4-2-20、图 4-2-21）。

图 4-2-20　汽车 AEB 雷达安装示例

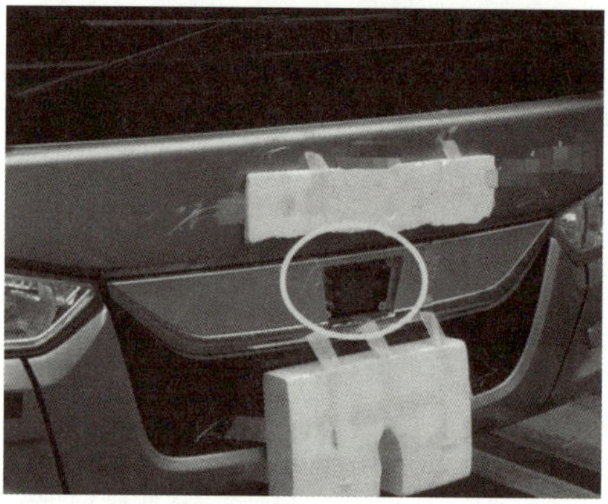

图 4-2-21　大陆 ARS408 雷达在运营客车上装车实例

部分自动驾驶研究机构使用大陆的 ARS408 雷达用于前向 AEC/ACC/FCW，如图 4-2-22 所示。

图 4-2-22　大陆 ARS408 雷达在自动驾驶试验车上装车实例

2. 汽车盲区监控（BSD/LCA）

用于汽车侧面、测角盲区的监控或用于自动泊车的雷达传感器的具体安装位置根据需要监控的范围和雷达水平视场角（FOV）来确定。

例如，部分系统集成商/自动驾驶研究单位在乘用车上将大陆雷达用于其盲区探测（见图4-2-23）。

图 4-2-23　大陆雷达自动驾驶试验车上装车实例

3. 桥墩、码头防撞等其他

毫米波雷达的其他使用场景包括但不限于：大桥桥墩的避撞预警、码头测量附近轮船运行状态和避撞预警、港口港机与货轮船桥避撞预警、公路养护作业区的防撞预警、火车测速等其他非车辆场景的距离和运动目标检测。图 4-2-24 所示为安装在岸边检测河道中船只的实测视频，由于船只体量大、表面起伏较多，所以雷达会输出多个目标，但运动速度一样，和岸边的静止物体还是能很好区分开来。

图 4-2-24　大陆雷达用于码头和桥墩附近船只监测效果

第 5 章 超声波雷达的原理与应用

5.1 超声波雷达的原理

5.1.1 超声波雷达的定义

动画：超声波雷达的工作原理

超声波是指振动频率在 20 kHz 以上的机械波。超声波穿透性较强，具有一定的方向性，传输过程中衰减较小，反射能力较强。

常见的超声波雷达有两种：第一种是安装在汽车前后保险杠上的，也就是用于测量汽车前后障碍物的倒车雷达，业内称为 UPA；第二种是安装在汽车侧面的，用于测量侧方障碍物距离的超声波雷达，业内称为 APA。

UPA 超声波雷达的探测距离一般为 15 ~ 250 cm，主要用于测量汽车前后方的障碍物。APA 超声波雷达的探测距离一般为 30 ~ 500 cm。APA 的探测范围更远，因此相比于 UPA 成本更高，功率也更大。APA 的探测距离优势让它不仅能够检测左右侧的障碍物，而且还能根据超声波雷达返回的数据判断停车库位是否存在。

车载的超声波雷达一般安装在汽车的保险杠上方，隐藏在保险杠的某个位置，外观如图 5-1-1 箭头处的圆点所示。

图 5-1-1 超声波雷达安装位置

5.1.2 超声波雷达特点

在实际使用中，超声波能量消耗较为缓慢，且防水、防尘，即使有少量的泥沙遮挡也不受影响，在介质中的传播距离较远，穿透性强，测距方法简单，成本低且不受光线的条件的影响，有着众多的优点，在短距离测量中（如 0.1 ~ 3 m），超声波雷达测距有着非常大的优势。

同时，超声波是一种机械波，使得超声波雷达测距有着以下局限性。

1. 温度敏感

超声波雷达的测距原理和之前介绍的激光雷达、毫米波雷达类似，距离=传播速度×传播时间/2。不同的是激光雷达和毫米波雷达的波速都为光速，而超声波雷达的波速与温度有关。近似关系如下：$C=C_0+0.607T$，其中 C 为声波速度（单位：m/s），C_0 为零度时的声波速度（332 m/s），T 为温度（单位：°C）。

例如，温度为 0 °C 时，超声波的传播速度为 332 m/s；温度为 30 °C 时，超声波的传播速度为 350 m/s。对于相对位置相同的障碍物，在不同温度的情况下，其测量得出的距离不同。对传感器精度要求极高的自动驾驶系统来说，要么选择对超声波雷达的测距值进行保守计算；要么将温度信息引入自动驾驶系统，以提升测量精度。

2. 无法精确描述障碍物位置

超声波雷达到探测距离的峰值时会返回一个探测距离的值，如图 5-1-2 所示。处于 A 处和处于 B 处的障碍物都会返回相同的探测距离 d。所以在仅知道探测距离 d 的情况下，通过单个雷达的信息是无法确定障碍物是在 A 处还是在 B 处的。

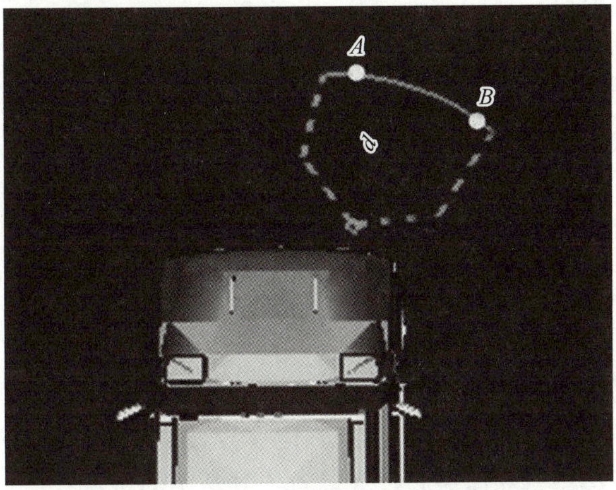

图 5-1-2　超声波雷达无法精确描述障碍物位置

综上分析，超声波雷达在智能网联汽车上主要用于低速、短程的距离测量，如泊车、倒车和启动车辆时。

5.1.3　超声波雷达的组成

超声波雷达的结构如图 5-1-3 所示，其内部有一个发射头和一个接收头。在有效的检测距离内，发射头发射特定频率的超声波，遇到检测面反射部分超声波；接收头接收返回的超声波，由芯片记录声波的往返时间，并计算出距离值；超声波雷达可以通过模拟接口和 IIC 接口两种方式将数据传输给控制单元。

模拟接口（Analog Interface）和 IIC 接口（Inter-Integrated Circuit，IIC）是电子设备中常见的两种不同类型的接口，用于连接和通信。它们在不同方面具有不同的特点和用途。

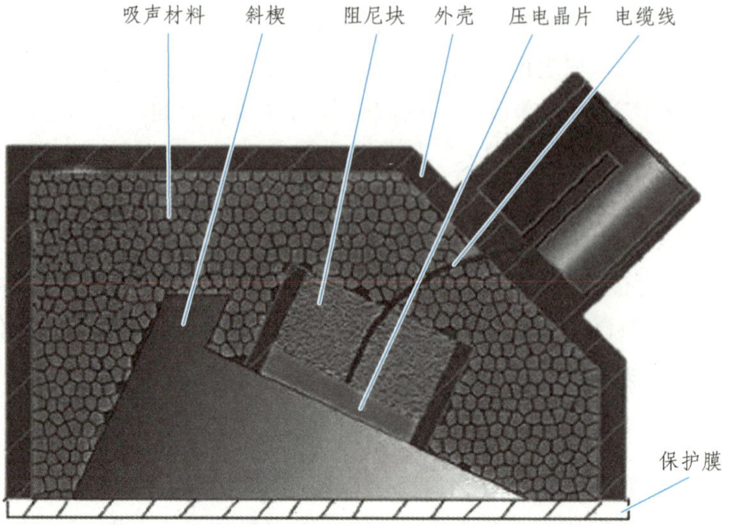

图 5-1-3 超声波雷达结构组成

1. 模拟接口（Analog Interface）

模拟接口是用于传输连续信号的接口，通常涉及模拟电压或电流的传输。模拟接口在许多传感器和电子设备中用于测量和传输物理量，如温度、压力、光强等。其基本的特点包括：

（1）连续信号：模拟接口传输的信号是连续的，它可以在一定范围内取任意值。

（2）电压或电流：信号通常表示为电压或电流值，这些值直接与物理量相关联。

（3）精度：模拟接口通常需要处理信号的精度和噪声，因为连续信号可能受到干扰。

（4）硬件复杂度：由于需要处理连续信号和精度问题，模拟接口通常需要较复杂的电路设计。

2. IIC 接口（Inter-Integrated Circuit，IIC）

IIC 接口是一种数字串行通信协议，用于在电子设备之间进行数字数据的传输。它被广泛用于连接微控制器、传感器、存储器芯片等设备。其基本的特点包括：

（1）数字信号：IIC 接口传输的是数字信号，通常表示为 0 和 1。

（2）双线制：IIC 使用两条线路（SCL 和 SDA）进行通信，其中 SCL 是时钟线，SDA 是数据线。

（3）多设备通信：IIC 支持多设备在同一总线上通信，每个设备都有一个唯一的地址。

（4）简化连接：由于采用数字通信，IIC 接口在硬件设计上相对简单，适用于连接多种设备。

3. 模拟接口和 IIC 接口的比较

（1）信号类型：模拟接口传输连续信号，而 IIC 接口传输数字信号。

（2）信号表示：模拟接口用于传输电压或电流值，而 IIC 接口传输 0 和 1 表示的数字值。

（3）精度和噪声：模拟接口需要处理信号精度和噪声，而 IIC 接口在数字传输中较少受到干扰。

（4）应用领域：模拟接口常用于传感器和测量设备，而 IIC 接口在数字设备连接和通信中被广泛应用。

选择使用哪种接口取决于具体的应用需求，以及设备之间通信的性质。模拟接口适用于需要测量和传输连续物理量的场景，而 IIC 接口适用于数字设备之间的通信和控制。

5.1.4　超声波雷达测量原理

超声波雷达是模拟蝙蝠利用超声波探测环境中障碍物的原理开发的一种环境感知传感器，超声波雷达进行环境感知时发射的超声波波形可由下式所示的经高斯包络调制的正弦曲线表示：

$$w(t)=\exp\left[\frac{-t^2}{2\sigma^2}\right]\sin(2\pi ft)$$

式中，t 为脉冲持续时间；σ 为高斯包络的标准差；f 为传感器的谐振频率。

在超声波雷达发射的超声波遇到障碍物时，会被障碍物反射形成超声波回波，超声波回波的波形 $r(t)$可由下式表示：

$$r(t)=w(t)\cdot p(t)$$

式中，$w(t)$为超声波雷达发射脉冲波形；$p(t)$为目标物脉冲响应。

超声波雷达探头的形状近似为圆柱体，超声波雷达的轴线即为此等效圆柱体的轴线。以超声波雷达为圆心，将目标物依次放在与超声波雷达距离相同的圆弧上，定义目标物在雷达轴线左侧时夹角为负，目标物在雷达轴线右侧时夹角为正，设置目标物与超声波雷达的连线与超声波雷达轴线的夹角分别成 0°，±10°，±20°，±30°和±40°，则根据公式超声波回波的波形 $r(t)$得出的回波波形如图 5-1-4 所示。

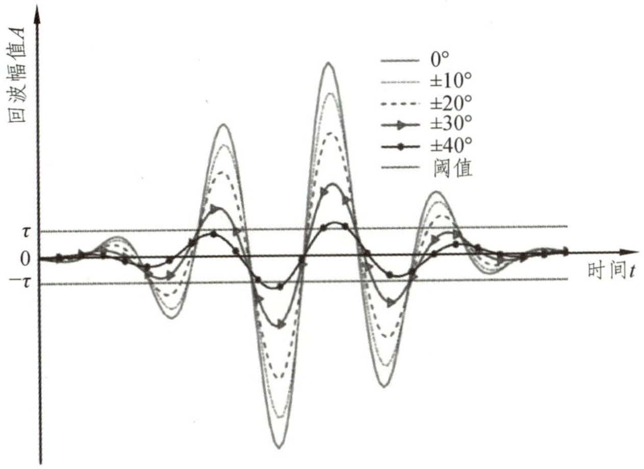

图 5-1-4　超声波雷达回波波形

可见，目标物与超声波雷达的相对方位会影响回波波形。同时超声波传播的距离越远空气吸收造成的能量损失越大，因此目标物与超声波雷达的相对距离也会影响回波波形。当回波幅值 A 小于超声波雷达设置的回波能量接收阈值 τ 时，回波会被当作噪声过滤掉，反之会被超声波雷达识别，并根据超声波发出时刻与回波接收时刻的时间差 ToF（Time of Fly，飞行时间），利用公式求得目标物距离 s_s：

$$s_s = v_s \cdot \frac{t_s}{2}$$

式中，t_s 为超声波雷达计时器测量的 TOF 值；v_s 为超声波雷达内部设置的声速值，v_s 的计算公式一般为

$$v_s=331.33967+0.606516 \cdot c$$

式中，c 为空气的摄氏温度（°C）。

超声波在传播过程中会有多种不可逆的能量损失，根据超声波雷达的工作原理可知，这些能量损失导致超声波雷达的检测范围是有限的，它可分为吸收损失和传播损失两大类型，这两种能量损失类型又各自包含两类细分的能量损失类型，如表 5-1-1 所示。

表 5-1-1 能量损失类型

吸收损失	空气吸收损失
	目标物吸收损失
传播损失	球面扩散损失
	目标物反射损失

在超声波雷达发出的超声波能量不变以及回波能量接收阈值不变的前提下，表中的能量损失决定了超声波雷达的检测范围，以下对各种损失做一个简要分析。

1. 空气吸收损失

超声波频率 f、空气热力学温度 T、空气湿度 h 以及空气压力 P_s 是影响超声波能量空气吸收损失的四个主要因素，超声波能量吸收损失的空气吸收系数计算公式如下所示：

$$\alpha = \frac{p_s}{p_{s0}} F^2 \left\{ 1.84 \times 10^{-11} \left(\frac{T}{T_0} \right)^{\frac{1}{2}} + \left(\frac{T}{T_0} \right)^{-\frac{2}{5}} \cdot \beta \right\}$$

式中，α 为空气吸收系数，Np/m；$F=f/p_s$；$p_{s0}=latm$，为参考大气压力；T_0=273.15 K，为基准空气温度；β 为方便公式表达创建的临时变量，β 的计算公式如下：

$$\beta = 0.012\,78 \times \frac{\exp\left(\frac{-2239.1}{T} \right)}{F_{r,o} + \frac{F^2}{F_{r,o}}} + 0.1068 \times \frac{\exp\left(\frac{-3352}{T} \right)}{F_{r,N} + \frac{F^2}{F_{r,N}}}$$

式中，$F_{r,o}$ 为氧气的弛豫频率；$F_{r,N}$ 为氮气的弛豫频率。$F_{r,o}$ 和 $F_{r,N}$ 的计算公式如下：

$$F_{r,o} = 24 + 4.40 \times 10^4 \cdot h \cdot \frac{0.02 + h}{0.0391 + h}$$

$$F_{r,N} = \left(\frac{T_0}{T} \right)^{\frac{1}{2}} \left(9 + 280h \cdot \exp\left\{ -4.17 \times \left[\left(\frac{T_0}{T} \right)^{\frac{1}{3}} - 1 \right] \right\} \right)$$

式中：h 为空气的绝对湿度。

2. 目标物吸收损失

在超声波传播到目标障碍物后，不同物理属性的目标障碍物会对超声波能量有不同程度的吸收。设超声波垂直入射到目标障碍物的强度为 I_i，目标障碍物反射的超声波强度为 I_r，利用波动方程与声学的边界条件可以得到 I_i 和 I_r 的关系为

$$R_I = \frac{I_r}{I_i} = \left(\frac{Z_2 - Z_1}{Z_2 + Z_1}\right)^2 = \left(\frac{\rho_2 v_2 - \rho_1 v_1}{\rho_2 v_2 + \rho_1 v_1}\right)^2$$

式中，R_I 为声强反射系数；Z_1 为空气的声阻抗；Z_2 为目标反射物的声阻抗；ρ_1 为空气的密度；ρ_2 为目标反射物介质的密度；v_1 为声波在空气中的传播速度；v_2 为声波在目标反射物介质中的传播速度。

车身外轮廓结构一般为金属或塑料材料，这些车身外轮廓材料的密度远高于空气的密度，同时车身外轮廓材料中超声波的传播速度也远高于空气。以钢板为例，钢板的密度为 7.9 g/cm^3，声音在钢板中的传播速度为 5 900 m/s，近似取声音在空气中的传播速度为 340 m/s，取空气的密度为 0.001 3 g/cm^3，可以求出 $R = 99.998\% \approx 1$，所以可以认为在这种情况下，超声波能量并未发生目标物吸收损失。

3. 传播损失

假设与超声波雷达相距为 z 的一点 P 和雷达的连线与雷达轴线夹角为 θ，则点 P 处的超声波振幅 A_p 为

$$A_p = \left(\frac{A_0}{z}\right)\cdot \exp\left(-\frac{2\theta^2}{\theta_0^2}\right)$$

式中，A_0 为超声波发射脉冲的振幅；θ_0 为超声波雷达的波束角，θ_0 通过下式计算：

$$\theta_0 = \arcsin\left(\frac{0.61\lambda}{q}\right)$$

式中，λ 为超声波波长；q 为超声波雷达探头的半径。

由超声波振幅 A_p 计算公式可知，超声波的振幅与超声波的传播距离成反比，即超声波的传播距离越大，超声波波束的波前面积越大，则单位波前面积上分布的超声波能量越小，此即超声波能量球面扩散的原因。

上一节中已经证明了车身材质几乎不吸收声能，且车身表面的粗糙度远小于超声波波长，故而超声波在车辆包围盒平面上的反射可以看作是镜面反射。超声波脉冲的反射示意如图 5-1-5 所示。

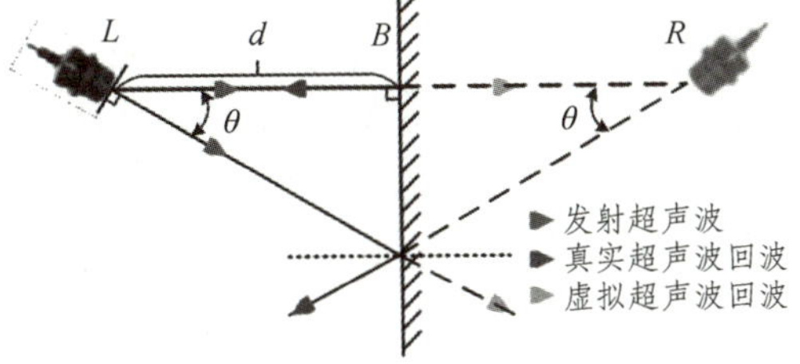

图 5-1-5　超声波脉冲的反射示意图

设超声波雷达处于点 L 处，目标物平面位于雷达右侧，B 点为超声波雷达在平面上的投影点，LB 线段长度为 d，LB 线段与超声波雷达轴线的夹角为 θ，当超声波雷达可以接收到目标物反射回来的回波时，超声波的传播路径为从点 L 出发，沿 LB 线段传播，经平面上点 B 的反射沿原路径返回，被 L 处的超声波雷达接收。根据镜面反射原理，传播路径等效于从发射器 L 出发，到达点 L 关于点 B 的对称点 R 处。因此整个超声波传播过程可以分为 LB 段和 BR 段两段。可以求出超声波脉冲到达 B 点时的强度为

$$A_{\mathrm{B}}=\frac{1}{d}\cdot A_0\cdot\exp\left(-\frac{2\theta^2}{\theta_0^2}\right)$$

以收发一体的超声波雷达为例，这种超声波雷达的接收模式与发射模式相同，由声场互易原理可知从 B 点到 R 点的超声波强度计算同样适用下面公式，又因为镜面反射中，线段 BR 与接收器的轴线夹角也为θ，因此接收器接收到的超声波强度为

$$A_{\mathrm{R}}=\frac{1}{2}\cdot A_{\mathrm{B}}\cdot\exp\left(-\frac{2\theta^2}{\theta_0^2}\right)=\frac{1}{2d}\cdot A_0\cdot\exp\left(-\frac{4\theta^2}{\theta_0^2}\right)$$

4. 检测范围计算

超声波雷达的检测范围由超声波能量的吸收损失和传播损失两者共同决定，对于一款超声波雷达而言，超声波雷达发射波的幅值 A_0 与超声波回波接收能量阈值 τ 都是定值，可知两者之间存在比例关系，设发射幅值 $A_0=1$，可得回波幅值 A_{echo} 为

$$A_{\mathrm{echo}}=\frac{1}{2}\cdot A_0\cdot\exp\left(-\frac{4\theta^2}{\theta_0^2}\right)=\frac{1}{2d}\cdot A_0\cdot\exp\left[-\left(2d\alpha+\frac{4\theta^2}{\theta_0^2}\right)\right]$$

当 A_{echo} 等于回波接收能量阈值 τ 时，即说明目标物处于超声波雷达的最大检测范围边界上。因此，首先进行模型标定，进行一组超声波雷达测距试验，得到任意一个角度的目标物最远检测距离，代入上述公式即可求出超声波雷达的回波幅值，进而求出超声波能量接收阈值 τ，之后便可计算超声波雷达各个方位上目标物的最远检测距离，即得到了超声波雷达的最大探测范围；同时，超声波雷达因为振铃现象而存在一定的检测盲区，即存在一个检测范围下限值d，通常为 20 cm 左右。

5.1.5 超声波雷达技术参数

1. 工作频率

工作频率就是压电晶片的共振频率。当加到它两端的交流电压的频率和晶片的共振频率相等时，输出的能量最大，灵敏度也最高。超声波探头是在超声波检测过程中发射和接收超声波的装置。常用探头的工作频率有 40 kHz，48 kHz 和 58 kHz 三种。一般来说，频率越高，灵敏度越高，但水平与垂直方向的探测角度就越小，故一般采用 40 kHz 的探头。

压电晶片（Piezoelectric Chip）是一种应用压电效应的微型元件，能够将机械应变转换为电信号，或者将电信号转换为机械位移。压电效应是一种材料特性，指的是某些晶体材料在受到机械压力或应变时，会产生电荷分离，从而产生电势差，或者相反地，当施加电场时，会引起晶体的机械变形。

2. 发射声压级（Sound Pressure Level）

发射声压级（Sound Pressure Level，SPL）是衡量声音强度的物理量之一，用来描述声波的强度或振幅，通常以分贝（decibel，dB）为单位。发射声压级是声音能量传播的一种度量，用于衡量声音的相对强度，以及声音对人耳的听觉感知。

SPL 的计算公式如下：

$$SPL=20\times \lg p/p_0$$

式中，SPL——发射声压级（dB）；

p——声压，即声波对单位面积的作用力（Pa）；

p_0——参考声压，通常取为标准大气压下的声压，约为 2×10^{-5} Pa。

发射声压级可以用来衡量不同声音的强度差异，例如测量环境中的噪声水平、音乐音响系统的音量、工业噪声等。人耳对声音的感知是对数尺度的，这就意味着每增加一个分贝，声音的强度大约增加了一倍。

以 106 dB（10 $V_{p\text{-}p}$，30 cm）为例，此发射声压级表明在峰值为 10V 的电压的激励下，在离探头 30 cm 的区域能产生压强为

$$2\times 10^{-5}\times 10^{\frac{106}{20}}=3.99\ \text{Pa}$$

发射声压级越高，发射能量越强，所能测量的距离也越长。在同等的电压激励下，发射声压级越高，则表明探头将电能转换为机械能的效率越高。

3. 波束角度

由于波的固有特性，声波的散射导致波束以一定角度向外发射。采用发射功率为中心线一半的方向角度（-6 dB directivity）表示，也称为半功率角。半功率角表明与中心线所呈的夹角，其超声波发射频度为中心线方向的一半。

波束角度越大则超声波方向性越差，横向探测区域增加，但纵向探测区域由于超声波能量的发散会相应减少，同时会增加照地的风险。

4. 接收灵敏度

表征探头在声波的激励下发生共振并产生电信号的能力。取决于制造晶片本身。机电耦合系数大，则接收灵敏度高。将待测灵敏度 S(V/Pa)与参考灵敏度 S_{ref}(V/Pa)的比值取常用对数，再乘以 20 得到，即

$$Sensitivy=20\lg\left(\frac{S(\text{V/Pa})}{S_{ref}(\text{V/Pa})}\right)$$

参考灵敏度的单位是分贝（dB）。灵敏度为−72 dB（0 dB=10 V/Pa）的探头，压强为 1 Pa 的超声波所能产生的电信号幅度为

$$10(\text{V/Pa})\times 10^{\frac{-72}{20}}\times 1\ \text{Pa}=2.51\ \text{mV}$$

表征探头（Probe Characterization）是指对探头或传感器的性能、特性和行为进行分析和评估的过程。在科学、工程和技术应用中，探头通常是用于测量、监测或探测某种物理量或

现象的设备。表征探头的过程可以帮助确定探头的灵敏度、精度、线性度、噪声特性等，从而保证其在实际应用中的可靠性和准确性。

表征探头的过程通常涵盖以下方面：

（1）灵敏度。灵敏度是指探头对于所测量物理量变化的响应程度。表征探头时需要测量不同输入信号下的输出响应，以了解其灵敏度特性。

（2）线性度。探头的线性度指的是输入信号与输出响应之间的线性关系。测试探头在不同输入范围内的线性性能，确保其输出与输入之间的关系是可预测和稳定的。

（3）精度和准确度。精度是指探头输出值与实际值之间的误差程度，而准确度是指这个误差相对于测量范围的百分比。表征探头需要评估其测量的精度和准确度。

（4）噪声特性。噪声是探头输出中的随机波动，可以影响测量结果的稳定性和可靠性。通过分析探头的噪声特性，可以选择适当的滤波和信号处理方法。

（5）响应时间。响应时间是探头从接收到输入信号到产生输出响应的时间。了解探头的响应时间可以帮助确定其在快速变化条件下的适用性。

（6）校准和校正。表征探头后，可能需要进行校准和校正，以修正探头可能存在的偏差或误差，确保测量结果的准确性。

机电耦合（Electromechanical Coupling）是指机械系统和电气（电子）系统之间的相互作用和能量转换关系。在机电耦合系统中，机械部件的运动或应变会引起电气信号的产生或改变，反之亦然，电气信号的变化也可以影响机械部件的状态或运动。

机电耦合在各种应用领域中都有重要作用，包括工程、物理、医学、生物学等。以下是一些机电耦合的示例：

（1）压电效应。压电材料具有机电耦合性质，当施加机械应力或压力时，它们会产生电荷分离，从而产生电势差。这种现象被广泛应用于传感器、声学装置、振动发生器等。

（2）振动能量收集。在一些应用中，机械系统的振动可以转换为电能，用于供电或能量收集。例如，通过将机械振动转换为电能，可以为一些无线传感器节点提供持续的电源。

（3）电机和发电机。电机将电能转换为机械运动，而发电机则将机械运动转换为电能。这种机电耦合在工业、交通和能源领域中都得到了广泛应用。

（4）电致变形。一些材料在受到电场作用时会发生形状变化，这种现象被称为电致变形。它可以用于制造可调整形状的器件，如电致变形镜头、电致变形阀门等。

（5）生物医学应用。在生物医学领域，机电耦合可以用于制造生物传感器、生物激活器等设备，用于监测和影响生物体的状态。

5. 余　振

由于超声波雷达探头集发射和接收于一体。在撤销探头的激励电压后，由于压电晶片固有的机械惯性，压电晶片仍会作阻尼振荡并向外发射超声波。这就是余振。

如果探头在余振期间接收到被障碍物反射回来的回波信号，回波将与余振混在一起而无法区分。因此会形成测距的盲区，测距盲区为（声速 × 余振长度）/2；以 1.6 ms 的余振为例，测距盲区为

$$\frac{340(\text{m/s})\times 1.6(\text{ms})}{2}=0.272\ (\text{m})$$

这意味着当我们倒车时，距离车 0.272 m 的障碍物是无法被检测到的。

激励电压（Excitation Voltage）是指在某些电子系统中，为了激活或驱动特定元件或设备，而提供给其的电压。这种电压通常用于激发系统中的传感器、执行器、电机、发电机等组件，以引发预期的响应或动作。

激励电压的作用是为了启动或激发特定装置，使其进入工作状态并产生相应的效果。激励电压可以具有不同的波形、幅度和频率，具体取决于所驱动的组件的特性和应用需求。以下是一些应用示例：

（1）传感器激励。在传感器应用中（如压力传感器、温度传感器、光敏传感器等），激励电压可以用来引发传感器响应，并将传感器产生的信号转换为可测量的电信号。

（2）电机驱动。对于直流电机或步进电机等，激励电压是为了引发电机转动，从而实现机械运动。电机的转速和力矩通常取决于激励电压的幅度。

（3）振动激励。在某些应用中，如振动传感器或振动测试系统，激励电压可以用来产生特定的机械振动，以便进行振动分析或结构测试。

（4）声学激励。在声学应用中（如扬声器或声音发生器），激励电压用于产生声波信号，从而产生听觉效果。

（5）发电机激励。在电力系统中，发电机需要一定的激励电压来启动其产生电能的过程，这通常由励磁系统提供。

6. 感　度

压电晶片转换出来的电信号通过放大、滤波、整形后得到数字信号。

感度表明系统检测回波信号的能力，不仅与接收灵敏度有关，而且与放大、滤波、整形等电路有关。感度越大，侦测能力越强。

必须根据探头的接收灵敏度、运放的输入噪声、CMRR、PSRR、滤波器的频率特性、接收信号的频率特性，以及接收信号的信噪比等合理设计电路，以获得最理想的感度。

7. 工作温度

由于超声波雷达应用广泛，有的应用场景要求温度很高，有的应用场景要求温度很低，因此，超声波雷达必须满足工作温度的要求，一般为-30 ~ +80 °C。

8. 测量精度

测量精度是指传感器测量值与真实值的偏差。超声波雷达测量精度主要受被测物体体积、表面形状、表面材料等影响。测量精度越高，感知信息越可靠。测量精度要求在±10 cm 以内。

5.1.6　车载超声波雷达的分类

车载超声波雷达在汽车领域应用广泛，包括辅助驾驶、自动驾驶和泊车等场景。以下是一些常见的车载超声波雷达的种类：

（1）泊车辅助超声波雷达。这种类型的超声波雷达主要用于车辆泊车辅助系统，帮助驾驶员进行停车和倒车操作。它可以检测车辆周围的障碍物，发出声音或显示屏幕上的警告信号，以指示驾驶员距离障碍物的距离。

（2）盲区检测超声波雷达。这种超声波雷达被安装在车辆的后部、前部和侧部，用于检测驾驶员视线盲区内的障碍物。它可以在变道或并线时发出警告，以帮助驾驶员避免潜在的碰撞。

（3）自动驾驶超声波雷达。在自动驾驶技术中，超声波雷达可以用来辅助环境感知和障碍物检测。它可以配合其他传感器（如激光雷达、摄像头等）使用，提供多维度的环境信息，帮助车辆实现自主导航和避障。

（4）车道保持超声波雷达。这种类型的超声波雷达用于车道保持系统，可以检测车辆与车道边缘之间的距离，并在车辆偏离车道时发出警告或进行纠正。

（5）智能制动超声波雷达。超声波雷达可以用于智能制动系统，当与前车的距离过近时，系统可以发出警告或自动进行制动，以避免碰撞。

（6）交通标志识别超声波雷达。这种超声波雷达可以用来识别交通标志、路牌等，帮助驾驶员了解当前道路情况。

（7）侧面碰撞预警超声波雷达。安装在车辆的侧面，用于监测侧面交通或行人，提供侧面碰撞的预警。

需要注意的是，不同车辆制造商和超声波雷达供应商可能会有不同型号和配置的车载超声波雷达，以满足不同的功能需求和性能要求。车载超声波雷达通常是车辆安全系统中的重要组成部分，可以提升驾驶安全性和便利性。

5.1.7 超声波雷达技术现状和发展趋势

5.1.7.1 技术方案

当前主机厂推出的自动泊车 APA 方案基本采用 12 颗超声波雷达（见图 5-1-6）。其中宝马、别克等以纯超声波雷达方案为主，部分主机厂则开始采用超声波+环视摄像头融合方案提高车辆自动泊车系统的泊入/泊出成功率，主要集中在自主品牌如蔚来、小鹏、长安、吉利等。

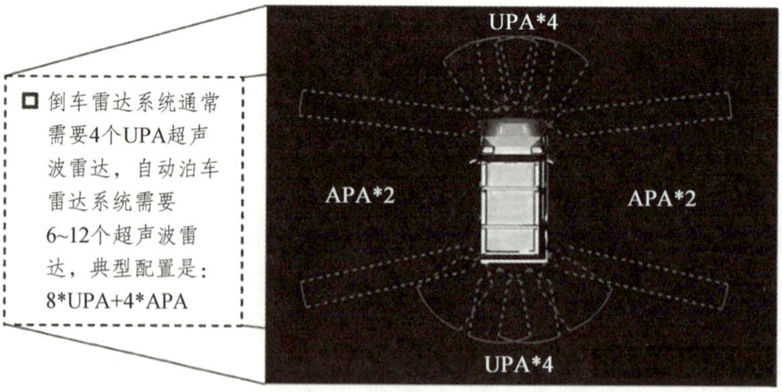

图 5-1-6 车载超声波雷达搭载方案

超声波雷达还应用于高速横向辅助，特斯拉 Model S 车型是一个很好的例子。特斯拉 Model S 在行驶过程中，如果左后方有车辆渐渐驶近，在离本车距离较近时，Model S 在确保右侧有足够空间的情况下，会自主向右微调，降低与左侧车辆碰撞风险。但在 2022 年 10 月，特斯拉官方发表声明，取消了超声波雷达，采用纯视觉方案。

5.1.7.2 发展趋势

1. “超声波雷达+视觉”融合传感器方案将成主流技术路线

从需求、智能化应用、技术发展路线、整车配置、成本等多方面考虑，“超声波雷达为基础+环视系统为辅助”将成为行业未来发展的主流技术路线，同时“超声波雷达+视觉”解决方案能以更高的性价比达到政策的安全要求，并为驾驶员带来更良好的驾驶体验。

2. 高级超声波雷达将逐渐替代普通倒车雷达成为核心产品

未来，超声波雷达的国内市场竞争格局将会出现两极分化的形态。

（1）一种是传统的仅对障碍物距离做预判的普通的倒车雷达产品市场，这类产品市场的特征是技术门槛较低，产品附加值不高。其主要利润来自大规模的量产数量和有效降低硬件及生产成本，在未来的几年内市场占有率会受到挤压。

（2）另一种是支持紧急制动、错误加速、360°防撞等高级功能的产品市场，只有这类超声波传感器产品才具备与视觉系统融合的基础条件，也是具备最终达到 L2 级别的全自动和智能泊车的产品。随着对自动及智能泊车的市场需求，和新车型的更新换代，具备高级功能的超声波雷达会有一个爆炸性的市场需求增长。

5.2 超声波雷达的应用

5.2.1 超声波雷达测距应用案例

（1）距离测量。超声波雷达可用于测量目标与雷达之间的距离。例如，在工业自动化中，可以使用超声波雷达来测量物体的位置，实现反射板或物体的距离检测。

（2）障碍物检测和避障。超声波雷达可以检测到目标物体的位置和距离，从而实现障碍物的检测和避障。例如，自动驾驶汽车和机器人可以使用超声波雷达来检测周围环境中的障碍物，并采取相应的行动避免碰撞。

（3）测量流体水位。超声波雷达可以用于测量液体容器或河流等流体的水位。通过测量超声波从液体表面发射并返回所需的时间，可以确定液体的水位高度（见图 5-2-1）。

图 5-2-1 超声波雷达在测量流体水位中的应用

（4）航空和航海应用。超声波雷达在航空和航海领域中具有重要应用。例如，在飞机上，超声波雷达可用于测量飞机与地面之间的高度，以辅助飞行员进行起降操作。在船舶上，超声波雷达可以用于测量船舶与岸线或其他船只之间的距离，以确保安全导航。

（5）人体姿势监测。超声波雷达可以用于监测人体的姿势和动作。通过将超声波传感器放置在特定位置，可以测量和跟踪人体的运动，并用于姿势分析、健身追踪等应用。

（6）超声波雷达还可以应用到机器人的避障系统中。超声波雷达的优点是成本非常低、实施简单、可识别透明物体；缺点是检测距离近、三维轮廓识别精度不高。因此它对桌腿等复杂轮廓的物体识别不好，但是可以识别玻璃、镜面等物体，在机器人的避障系统中与激光雷达配合使用可大幅度提升机器人性能（见图 5-2-2）。

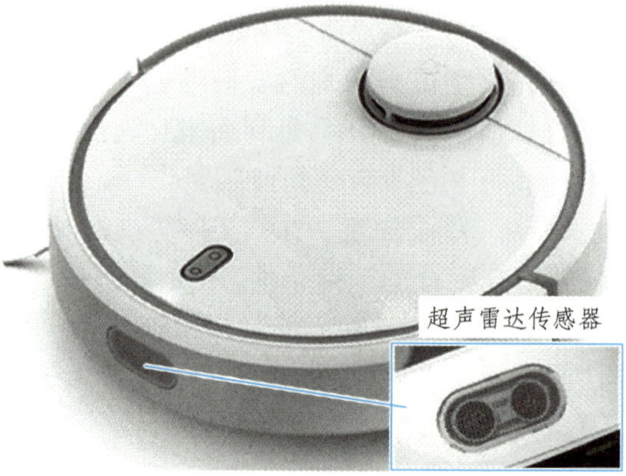

图 5-2-2　超声波雷达在扫地机器人中的应用

这些仅是超声波雷达测距应用的一小部分示例，实际上超声波雷达在工业、医疗、安全、环境监测等领域都有广泛的应用。随着技术的不断发展，超声波雷达的应用领域还将进一步扩展。

5.2.2　智能网联汽车中的超声波雷达测距技术

智能网联汽车中的超声波雷达测距技术是自动驾驶和高级驾驶辅助系统（ADAS）的关键组成部分。这种技术利用超声波传感器来测量车辆周围物体的距离，从而实现障碍物检测、自动泊车、交通跟随等功能。以下是关于智能网联汽车中超声波雷达测距的一些重要信息。

微课：智能网联汽车中的超声波雷达测距技术

1. 功能与应用

超声波雷达在智能网联汽车中的主要功能之一是实现低速行驶环境下的障碍物检测和距离测量。这种技术特别适用于低速的停车、泊车、拐弯等场景。具体应用包括：

（1）自动泊车。超声波雷达可以检测周围的障碍物，帮助车辆进行精准的自动泊车操作，避免与障碍物碰撞。

（2）交通跟随。在缓慢的交通流中，超声波雷达可以感知前方车辆的距离，从而帮助车辆维持安全的跟车距离。

（3）低速障碍物检测。在低速行驶中，超声波雷达可以及时检测靠近车辆的障碍物，防止碰撞。

2. 工作原理

智能网联汽车中的超声波雷达工作原理与一般的超声波测距类似，但在设计和应用上更加复杂和精确。具体步骤如下：

（1）超声波发射。车辆上安装的超声波传感器会发射超声波信号。

（2）回波接收。当超声波信号遇到车辆周围的物体，一部分信号会被反射回来形成回波。

（3）时间测量。传感器记录发射信号和回波信号之间的时间间隔，即超声波从发射到返回的时间。

（4）距离计算。利用声速和测得的时间间隔，计算出车辆与周围物体的距离。

3. 限制和挑战

尽管超声波雷达在低速环境下有许多优势，但也存在一些限制和挑战：

（1）测量范围。超声波的传播范围相对有限，通常在几米到十几米之间，不适用于高速行驶或远距离测量。

（2）盲区。超声波雷达在车辆前方可能存在盲区，导致无法检测到近距离障碍物。

（3）精度。超声波测量受到环境条件（如温度、湿度）和物体表面特性的影响，可能导致测量误差。

（4）多传感器融合。在复杂环境中，单一传感器可能无法全面准确地感知，需要与其他传感器如摄像头、激光雷达等进行融合，提高系统的鲁棒性和准确性。

超声波雷达测距技术在智能网联汽车的安全性和舒适性方面发挥着重要作用，尤其是在低速场景下。然而，在更高速度和更复杂的道路环境中，其他传感器的配合和融合仍然是必要的。

5.2.3　超声波雷达数据与可视化界面同步编程应用实例

创建一个超声波雷达数据与可视化界面同步的编程应用是一个有趣的项目，可以结合超声波传感器的测量数据与图形界面进行实时显示。以下是一个示例，演示如何使用 Arduino 和 Processing 创建这样的应用。

5.2.3.1　材料和组件

- Arduino 开发板（如 Arduino UNO）
- HC-SR04 超声波传感器模块
- USB 连接线
- 计算机（用于运行 Processing）

Processing 开发环境可以从官方网站下载，它是一种用于创作视觉艺术、图形设计、交互式媒体以及计算机图形编程的编程语言和环境，最初由 Ben Fry 和 Casey Reas 于 2001 年创建，旨在为艺术家、设计师和初学者提供一个简单易用的工具，用于创造各种各样的可视化作品和互动体验。

Processing 具有简洁的语法和丰富的图形绘制功能，使得用户能够轻松地创建图像、动画、交互式应用程序等。它支持 2D 和基本的 3D 绘图，允许用户在一个类似于绘图画布的环境中编写代码，并即时查看结果。此外，Processing 还提供了许多内置函数和库，用于处理图像、声音、文本等各种媒体类型。

由于其易学易用的特性，Processing 被广泛应用于教育领域，帮助学生理解编程和计算机图形的基本概念。它也在艺术家和设计师社区中受到欢迎，用于创作各种创意作品，包括艺术装置、互动艺术、数据可视化等。

Processing 的语法类似于 Java 编程语言，因此熟悉 Java 的人员更容易上手使用。它可以在多个平台上运行，包括 Windows、macOS 和 Linux 等。

5.2.3.2 主要实现步骤

1. 连接硬件

（1）将 HC-SR04 超声波传感器连接到 Arduino 的数字引脚（如 D2 和 D3）。

（2）将 Arduino 连接到计算机，确保供电正常。

2. 编写 Arduino 代码

（1）使用 Arduino IDE 编写代码，通过超声波传感器测量距离，并将数据通过串口发送给计算机。

（2）使用 Serial.println( )将距离数据发送到计算机。

3. 编写 Processing 代码

（1）打开 Processing IDE，创建一个新的项目。

（2）使用 Serial 类来接收 Arduino 发送的距离数据。在 Processing 中，可以使用 Serial.available( )和 Serial.readStringUntil( )来获取串口数据。

（3）将接收到的距离数据绘制成图形，可以使用 Processing 的绘图函数。

4. 实时可视化

（1）在 Processing 代码中，使用绘图函数[如 ellipse( )或 line( )]将接收到的距离数据以某种形式绘制在界面上，以实现实时的可视化。

（2）可以将时间作为 X 轴，距离作为 Y 轴，绘制一个动态的图形来表示随时间变化的距离数据。

5. 调试和优化

（1）测试代码，确保数据能够正确传输和显示。

（2）根据需要，可以对图形界面进行美化或添加额外的交互元素。

6. 数据处理和存储（可选）

（1）如果需要，可以在 Processing 中对接收到的数据进行更复杂的处理，如平均值计算、滤波等。

（2）还可以将数据保存到文件中，以便以后进行分析。

7. 运行应用

在 Arduino 代码和 Processing 代码都准备好后，分别将代码上传到开发板，然后运行 Processing 代码。在 Processing 界面上看到超声波雷达数据的实时可视化结果。

第6章 定位传感器原理与应用

6.1 定位传感器的原理

动画：车载导航定位系统组成

6.1.1 导航定位技术

6.1.1.1 导航的空间维度

导航的空间维度可以从载体运动空间的角度分为一维空间的导航、二维空间的导航和三维空间的导航。在汽车导航领域，汽车和行人的运动空间一般是地面上的道路，道路是一种一维空间，因此汽车和行人的导航是一维空间的导航。当然，汽车导航并不是严格意义上的一维导航，还可以做进一步细化。例如，对汽车和行人在道路上的导航，由于存在从一条道路到另一条道路的变化，或者转向和变道形成道路网，使得汽车和行人的运动空间也不是严格的一维空间，而是介于一维空间和二维空间之间。

导航的空间维度在很大程度上决定了对导航技术和导航系统性能的要求，不同空间维度的导航，对导航系统性能和导航技术的要求差别很大。在道路网这种介于一维和二维之间的空间，载体运动的自由度受到限制，要求导航系统有精度较高的二维空间的定位，同时还需要有标示道路网的地图。

6.1.1.2 导航的三个基本要素

在一次导航中，需要回答三个基本问题：① 车辆的目标位置；② 车辆的当前位置或出发位置；③ 车辆的出发位置和目标位置之间的路径。只要确定了载体的出发位置、目标位置以及出发位置和目标位置之间的路径，就可以完成对载体的导航。因此，我们把载体的当前位置、目标位置以及当前位置和目标位置之间的路径称为导航的三个基本要素。车辆的当前位置和目标位置可以通过卫星定位技术、地基无线定位技术等确定。当前位置和目标位置之间的路径是由首尾相连的道路连接而成，是在导航地理数据库中的道路网上通过一定的路径规划算法获得的。

6.1.1.3 导航中的定位技术

想要解决前两个导航要素，就需要定位技术来支持。常用的定位技术主要包括自主定位、地基无线定位和天基卫星定位三种。大众导航领域用得更多的是地基无线定位和天基卫星定位。

1. 自主定位

自主定位指的是定位终端不借助任何其他外界设施，仅依靠自身运动的一些状态的定位技术。惯性定位就是一种典型的自主定位技术，它根据陀螺和加速度计的状态信息来进行航位推算（Dead Reckoning，DR）。但是其定位精度随着时间的推移会越来越低，而且硬件成本也很高，因此在面向大众的导航服务应用中基本上不使用这种定位技术。

惯性定位的意义在于，当已知汽车的出发位置、汽车的初始行进方向，以及汽车每一时刻的行进方向和速度，就能随着单位时间的推移，在不考虑各种误差时，得出汽车现在的行进方向和位置。汽车行进方向和位置的改变需要各种传感器来感知，而惯性导航之所以叫作惯性导航，就是因为使用的是加速度计和陀螺仪传感器来感知汽车行进的方向和位置。

2. 地基无线定位

地基无线定位是当前无线通信网络中应用最为广泛的定位方式，尤其是随着移动通信网络定位技术的发展，小区 ID（Cell-ID）、TOA（Time of Arrival，信号达时间）、TDOA（Time Difference of Arrival，信号到达时间差）等一大批无线定位技术都得到了比较好的应用。WLAN（Wave Local Area Network，无线局域网）、蓝牙（Bluetooth）等专用局域网络的场强定位也取得了一定的效果。

3. 天基无线定位

天基卫星定位技术是以 GPS（Global Positioning System，全球定位系统）为代表，使用地球上空的导航卫星系统进行观测来获取用户的地理坐标；和 GPS 类似的卫星定位技术还包括俄罗斯的 GLONASS（Global Navigation Satellite System，全球导航卫星系统）、欧盟正在筹建中的 Galileo（Galileo Satellite Navigation System，伽利略卫星导航系统）和我国的 BDS（Beidou Navigation Satellite Navigation，北斗卫星导航系统）等。这些定位技术都能够获取较高精度的用户位置坐标。在天基卫星定位技术中，GPS 是应用最广也是最成熟的技术。

6.1.1.4 惯性定位导航技术与系统

定位传感器是一种用于测量物体或个体在空间中的位置或位置变化的设备，通过探测目标物体与参考点之间的相对位置关系或特定的地标，以提供准确的位置信息，通常用于导航、跟踪、控制和地理信息系统等应用领域。

现阶段，智能网联汽车定位导航技术主要有卫星定位技术、惯性导航技术以及高精地图匹配技术。

卫星定位技术是通过接收北斗、GPS 等卫星数据信息，进而获取车辆当前位置坐标、行驶方向、海拔和驾驶速度等信息。但在一些特殊环境下无法实现精准定位甚至无有效信号，如雷雨天气、隧道、高架桥、建筑遮挡和强电磁场环境下；受价格因素影响，车载卫星接收机的定位误差≥10 m，不能和高精地图进行良好的匹配。因此，不能将卫星定位技术单独应用于智能网联汽车的定位导航。

惯性定位导航技术是在初始条件下，通过惯性传感器测量车辆角速度及加速度等参数，进而计算出车辆惯性空间的航向角、位移及瞬时速度。惯性导航技术的优点包括：不依赖于任何外部信息，也不向外部辐射能量的自主式系统，隐蔽性好；不受外界电磁干扰的影响，可全天候、全时间地工作于空中、道路甚至水下；能提供位置、速度、航向和姿态角数据，所产生的导航信息连续性好而且噪声低；数据更新率高、短期精度和稳定性好。但其也存在一些缺陷：导航信息经过积分而产生，定位误差会随时间而增大，长期精度差；每次使用之前需要较长的初始对准时间；不能给出时间信息。

因此，基于卫星定位技术和惯性导航技术的组合定位导航系统可有效规避两者的缺点并发扬这两项技术的优点，从而实现智能网联汽车定位导航的精准化，为辅助驾驶、路线规划和路径跟踪提供有力保障。

卫星定位系统由空间卫星、地面控制台和车载卫星信号接收机组成。车载卫星接收机的主要功能是捕获卫星信号，当接收机捕获到跟踪的卫星信号后，即可获得接收天线至卫星的伪距离、距离的变化率、卫星轨道参数等数据，进而计算出用户所在地理位置的经纬度、高度、速度、时间等信息。车载卫星接收机主要由天线单元和计算单元组成。由于卫星信号经过大气层的衰减后，其强度较为微弱（-166 dBm 左右），因此，对车载卫星接收机的天线单元具有较高性能要求，通常采用带有镀银层的陶瓷极化天线。

惯性导航系统是以牛顿力学定律为基础，从已知点的位置根据连续测得的运动体航向角和速度推算出其下一点的位置，进而可连续测出运动体的运动轨迹。陀螺仪用来形成一个导航坐标系，使加速度计的测量轴稳定在该坐标系中，并给出航向和姿态角；加速度传感器用来测量运动体的加速度，经过对时间的一次积分得到速度，速度再经过对时间的一次积分即可得到位移。陀螺仪和加速度传感器是惯性定位导航系统中的核心传感器。陀螺仪的漂移误差和加速度传感器的零偏稳定性是影响惯导系统精度的重要的因素。因此，如何改善惯性器件的性能，提高惯性组件的测量精度，特别是陀螺仪的测量精度，一直是惯性导航领域研究的重点。

6.1.2　定位传感器的组成与工作原理

6.1.2.1　全球导航卫星系统

动画：GPS 系统的组成

全球导航卫星系统（Global Navigation Satellite System，GNSS）是所有导航定位卫星的总称。凡是可以通过捕获跟踪其卫星信号实现定位的系统，均可纳入 GNSS 系统的范围，其中包含了美国的 GPS、中国的 BDS、俄罗斯的 GLONASS 和欧洲的 Galileo 等。我们也可以将 GNSS 简单理解为是一种以人造地球卫星为基础的定位系统，它在全球任何地方和近地空间都能够提供准确的地理位置、速度以及时间信息。GNSS 定位是基于无线电波的传播速度恒定以及其传播路径的线性性质，通过测量空间中的电波的传播时间来确定卫星和用户接收机天线之间的距离差、距离和测量值，再以这些距离差为半径进行三球交会，根据联立方程求解用户位置。

从目前来看，GPS 是全球范围内精度最高、覆盖范围最广的导航定位系统。全球定位系统由空间部分（GPS 卫星）、地面监控部分和用户部分组成。

空间部分可连续向用户收发导航定位的测距信号和电文，接收来自地面监控系统的信息，以维持系统的正常运转。

地面监控系统的主要功能是：跟踪 GPS 卫星，对其进行距离测量，确定卫星的运行轨道及卫星钟改正数；进行预报后，再按规定格式编制成导航电文，并通过注入站送往卫星；通过注入站向卫星发布各种指令，调整卫星的轨道及时钟读数，修复故障或启用备用件等。

用户则用 GPS 接收机来测定从接收机至 GPS 卫星的距离，并根据卫星星历所给出的观测瞬间卫星在空间的位置等信息求出自己的三维位置、三维运动速度和钟差等参数。目前，美国正致力于进一步改善整个系统的功能，如通过卫星间的相互跟踪来确定卫星轨道，以减少对地面监控系统的依赖程度，增强系统的自主性。

1. 空间部分

（1）组成：24 颗工作卫星。

GPS 的空间部分是由 24 颗（21 颗工作卫星+3 颗备用卫星）工作卫星组成，均匀分布在 6 个轨道面上（每个轨道面 4 颗），运行周期为 12 h，保证地球上任一时刻、高度角 15°以上的任一地点都能够观测到 4 颗以上的卫星，并能保持良好定位解算精度的几何图形，这就提供了在时间上连续的全球导航能力。

GPS 卫星两侧有太阳能帆板，能自动对日定向。太阳能电池为卫星提供工作用电。每颗卫星都配备有多台原子钟，可为卫星提供高精度的时间标准。卫星上带有燃料和喷管，可在地面控制系统的控制下调整自己的运行轨道。

（2）GPS 卫星的作用包括：接收并存储来自地面控制系统的导航电文；在原子钟的控制下自动生成测距码和载波；并将测距码和导航电文调制在载波上播发给用户；按照地面控制系统的命令调整轨道，调整卫星钟，修复故障或启用备用件以维护整个系统的正常工作。

不同型号的卫星的外形也各不相同，图 6-1-1 所示为某 GPS 卫星的外观示例。

图 6-1-1　GPS 卫星

2. 控制部分

（1）组成：1 个主控站+5 个全球监测站+3 个地面控制站。

（2）作用：监测和控制卫星运行。

监测站设有 GPS 用户接收机、原子钟、收集当地气象数据的传感器和进行数据初步处理的计算机。监测站的主要任务是取得卫星观测数据并将这些数据传送至主控站。注入站的作用是将主控站计算出的卫星星历和卫星钟的改正数等注入卫星（见图 6-1-2）。每颗 GPS 卫星每天进行一次这种注入数据的动作，并且是在卫星离开注入站作用范围之前进行最后的注入。

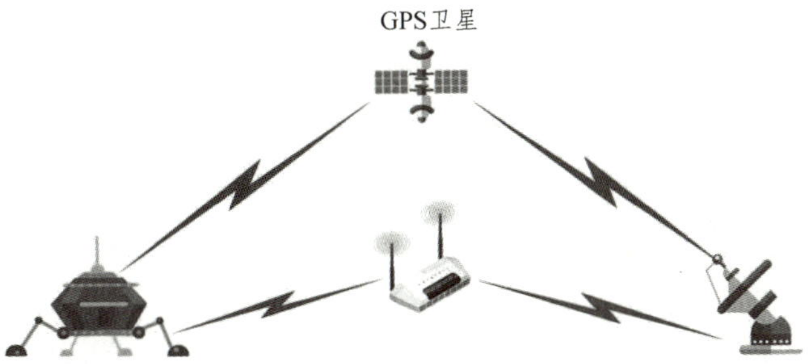

图 6-1-2　地面监控系统的运作

3. 用户部分

（1）组成：GPS 用户设备。

GPS 用户部分主要由接收机硬件、GPS 芯片、机内软件以及 GPS 数据的后处理软件包等共同构成。GPS 用户设备包括车载/船载 GPS 导航仪、GPS 测绘设备、内置 GPS 功能的手机等移动设备等。GPS 用户设备也被称为 GPS 接收机。

GPS 接收机的结构分为天线单元和接收单元两部分。接收机一般采用机内和机外两种直流电源，设置机内电源的目的在于更换外电源时不中断连续观测。使用机外电源时，机内电池自动充电。关机后，机内电池为 RAM 存储器供电，以防止数据丢失。目前各种类型的接收机体积越来越小，重量越来越轻，便于野外观测使用。

（2）作用：跟踪和接收卫星信号。

用户设备部分即 GPS 信号接收机，其主要功能是能够捕获到按一定卫星截止高度角所选择的待测卫星，并跟踪这些卫星的运行。当接收机捕获到跟踪的卫星信号后，即可测量出接收天线至卫星的伪距离和距离的变化率，解调出卫星轨道参数等数据。根据这些数据，接收机中的微处理计算机就可按定位计算方法进行定位计算，计算出用户所在地理位置的经纬度、高度、速度、时间等信息。

4. GPS 工作原理

GPS 的工作原理简单来说就是由多颗卫星同时发送信号，由于地面各接收装置与卫星的距离不一样，卫星所发出的信号到达各接收装置的时间也不一样，利用这些信号传输时间差就可以计算出接收装置的坐标，进而达到定位的目的。

例如，小 A 的左边和右边各有一个人，同时向小 A 发出声音，左边的声音 1 s 后被小 A 接收到，右边的声音 2 s 后被接收到，也就是说左边的人距离小 A 340 m，而右边的人距离小 A 680 m，如果已知二个人的距离，就可以计算出小 A 与左右二人的相对位置。

GPS 实施的是“到达时间差”（时延）的概念：利用每一颗 GPS 卫星的精确位置和连续发送的星上原子钟生成的导航信息获得从卫星至接收机的到达时间差。

GPS 卫星在空中连续发送带有时间和位置信息的无线电信号，供 GPS 接收机接收。由于传输的距离因素，接收机接收到信号的时刻要比卫星发送信号的时刻延迟，通常称之为时延。因此，也可以通过时延来确定距离。卫星和接收机同时产生同样的伪随机码，一旦两个码实现时间同步，接收机便能测定时延；将时延乘上光速，便能得到距离。图 6-1-3 所示为 GPS 系统的时延原理。

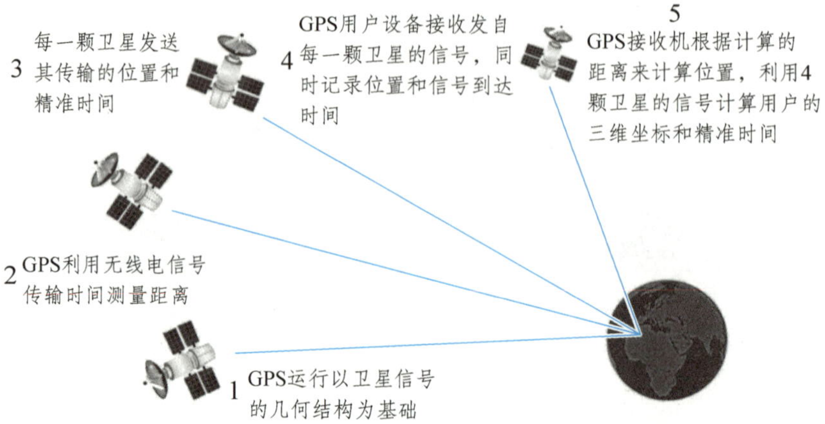

图 6-1-3　到达时间差原理

每颗 GPS 卫星上的计算机和导航信号发生器非常精确地了解其轨道位置和系统时间，全球监测站网则连续跟踪这些卫星的轨道位置和系统时间。位于科罗拉多州施里弗（Schriever）空军基地内的主控站，每天至少对每颗 GPS 卫星注入一次校正数据。注入数据包括星座中每颗卫星的轨道位置测定和星上时钟的校正。这些校正数据是在复杂模型的基础上算出的，有效期可长达几个星期。

伪距定位 GPS 的工作概念是基于卫星的距离修正。用户通过测量到天空中各可视卫星的距离来计算他们的当前位置，卫星的作用相当于精确的已知参考点。每颗卫星时刻发布其位置和时间数据信号，用户接收机可以测量每颗卫星信号到接收机的时间延迟，然后根据信号传输的速度计算出接收机到不同卫星的距离。

设 ρ_i 为移动终端观测各卫星所得的伪距，(X_i, Y_i, Z_i)为所观测卫星的位置，C 为无线电波的传播速度，ΔT_i 为已知的卫星钟差改正，若接收机钟差为 ΔT，移动终端的坐标为（X, Y, Z），则有公式

$$\rho_i = \sqrt{(X-X_i)^2+(Y-Y_i)^2+(Z-Z_i)^2}+C(\Delta T_i-\Delta T)$$

上式中有 4 个未知参数，因此如果同时对 4 颗卫星进行观测即可以解算出移动终端当前的位置。

在 GPS 伪距导航定位中，主要的误差源包括卫星星历误差、卫星钟误差和设备延迟误差、用户接收机测量误差、用户计算误差、电离层信号延迟、对流层信号延迟和多路径效应等。

卫星导航原理：卫星至用户间的距离测量是基于卫星信号的发射时间与到达接收机的时间之差，称为伪距。为了计算用户的三维位置和接收机时钟偏差，伪距测量要求至少接收来自 4 颗卫星的信号。

6.1.2.2　惯性导航系统

惯性导航系统（Inertial Navigation System，INS）通常由惯性测量单元（IMU）、计算机、控制显示器等组成。惯性导航系统是以牛顿力学定律为基础，从已知点的位置根据连续测得的运动体航向角和速度推算出其下一点的位置，进而可连续测出运动体的运动轨迹。陀螺仪用来形成一个导航坐标系，使加速度计的测量轴稳定在该坐标系中，并给出航向和姿态角；

加速度传感器用来测量运动体的加速度，经过对时间的一次积分得到速度，速度再经过对时间的一次积分即可得到位移。陀螺仪和加速度传感器是惯性定位导航系统中的核心传感器。陀螺仪的漂移误差和加速度传感器的零偏稳定性是影响惯导系统精度的重要的因素。因此，如何改善惯性器件的性能，提高惯性组件的测量精度，特别是陀螺仪的测量精度，一直是惯性导航领域研究的重点。

1. 惯性导航系统工作原理

惯性导航系统的工作机理是建立在牛顿经典力学的基础上的，即一个物体如果没有外力作用，将保持静止或匀速直线运动。根据测量数据，可以得到以下测量过程：如果能够测到加速度，通过加速度对时间的两次积分能够获得位移，以此实现位置定位；如果能够测量到角速度，通过积分可以获取位置信息；将它们结合在一起可以获得物体的实际状态。因此，惯性导航传感器能够测量高精度位置、速度、姿态信息。惯性导航系统原理如图 6-1-4 所示。

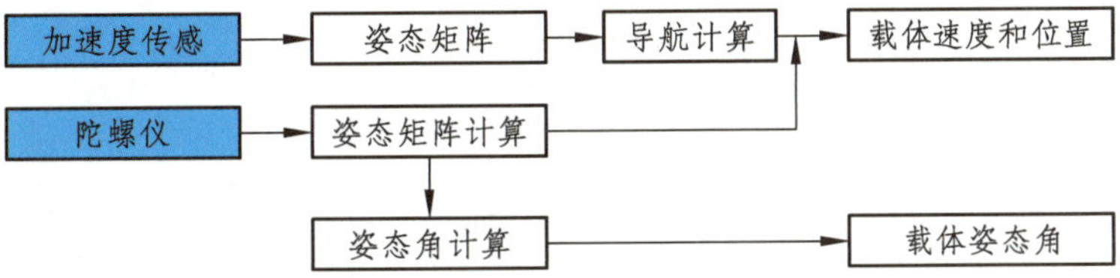

图 6-1-4　惯性导航系统原理框图

2. 惯性测量单元（IMU）

惯性测量单元（IMU）包括加速度计和陀螺仪，又称惯性导航组合。一般情况下，一个 IMU 包含了 3 个单轴的加速度计和 3 个单轴的陀螺仪，还可能包含磁力计，其组合形式如表 6-1-1 所示。

动画：IMU 磁力计简介

表 6-1-1　IMU 的传感器组合形式

自由度	组成	测量内容
6DOF	3 轴加速度计+3 轴陀螺仪	线性+旋转速率
9DOF	3 轴加速度计+3 轴陀螺仪+3 轴磁力计	线性+旋转速率+磁场
10DOF	3 轴加速度计+3 轴陀螺仪+3 轴磁力计+气压计	线性+旋转速率+磁场+高度

3. 加速度传感器

加速度传感器（Acceleration transducer）是一种将加速度转换为信号的传感器，可用来测量加速力（物体在加速过程中作用于物体的力），它由检测质量（也称敏感质量）、支承、电位器、弹簧、阻尼器和壳体组成。其中，测量飞机过载的加速度计是最早获得应用的飞机仪表之一。加速度计本质上是一个单自由度的振荡系统，需采用阻尼器来改善系统的动态品质。现已广泛应用于汽车制动启动检测、工程测振、地质勘探等多个领域，主要用于汽车安全气囊、牵引控制系统、防抱死系统等方面。

加速度计中的检测质量受支承约束，只能沿一条轴线移动，这条轴通常称为输入轴或敏感轴。当仪表壳体随着运载体沿敏感轴方向作加速运动时，根据牛顿定律，具有一定惯性的检测质量会力图保持其原来的运动状态不变。这导致检测质量与壳体之间产生相对运动，使弹簧发生变形。检测质量在弹簧力的作用下加速运动，直到弹簧力和检测质量加速运动时产生的惯性力达到平衡。此时，检测质量与壳体之间不再有相对运动，弹簧的变形反映被测加速度的大小。电位器作为位移传感元件把加速度信号转换为电信号，以供输出。

加速度传感器在加速过程中，通过对质量块所受惯性力的测量，利用牛顿第二定律获得加速度值。

为了模拟谐振器，可以参考一个简单的质量-弹簧-阻尼系统，如图 6-1-5 所示。系统的运动方程如下：

$$M_{\text{eff}}\frac{\partial^2 x}{\partial t^2}+C_{\text{eff}}\frac{\partial x}{\partial t}+K_{\text{eff}}x=F_{in}$$

式中，F_{in} 为输入力；M_{eff} 为系统的有效质量；K_{eff} 为有效机械刚度；C_{eff} 为系统的有效阻尼系数。

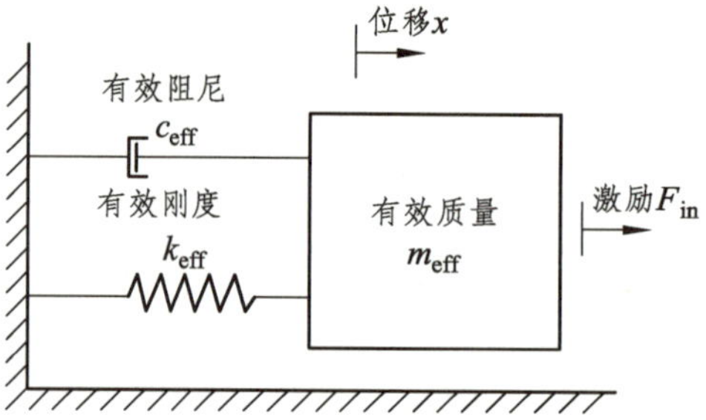

图 6-1-5　表示谐振器的简单质量-弹簧-阻尼系统

4. 陀螺仪

陀螺仪用来测量转动运动，可以测量瞬时角速率或角位置信息，提供各轴（及其上加速度计）在各时刻的方向。其分类方式如表 6-1-2 所示。

表 6-1-2　陀螺仪类型

分类方式	类型
根据陀螺转子主轴的进动程度	二自由度陀螺、单自由度陀螺
根据支撑系统	滚子轴承陀螺、液浮/气浮陀螺和磁悬浮陀螺、挠性陀螺和静电陀螺
根据物理原理	转子陀螺、半球谐振陀螺、微机械陀螺、环形激光陀螺和光纤陀螺

如图 6-1-6 所示，陀螺仪是一种绕支点高速旋转的物体，其结构组成一般由转子（旋转轮）、内框和外框组成。

转子可以在内部框架内高速旋转，内框可以绕内框轴相对于外框自由转动，外框绕外框轴相对于支架自由转动，两个旋转的角速度称为牵连角速度。旋转轴、内框架轴和外框架轴的轴线相交于一点，称为陀螺支点，整个陀螺可以围绕支点任意旋转。当它在高速运行时，可以直立地立在地面上而不会倾倒。这表明高速旋转的物体具有保持其旋转轴方向恒定的特性。

图 6-1-6　陀螺仪

目前，惯性导航技术已经实现了高精度、高可靠性、低成本、小型化、数字化，陀螺仪精度不断提高，漂移高达 6° ~ 10°/h。另外，RLG、FOG、MEMS 等新型固态陀螺仪技术的成熟也推动惯性导航系统在各领域得到了广泛的研究和应用。

计算机根据测得的加速度信号计算出速度和位置数据。用于进行积分、相加、乘除和三角函数等数学计算。由于平台要始终保持水平并指向地理北向，因此平台要随汽车运动和地球自转相对惯性空间不断运动。这样，导航计算机还要不断计算出修正平台位置的指令信号，同时还要计算并补偿有害加速度等。

1）陀螺仪工作原理

如图 6-1-7 所示，在一个角速度为 ω 逆时针转动的圆盘上有两个点 A 和 B，O 为圆盘中心，且 $OA>OB$。在 A 点以相对于圆盘的速度 v 沿半径方向向 B 点抛出一个球。如果圆盘是静止的，则经过一段时间[$\Delta t=(OA-OB)/v$]后，球会到达点 B。在圆盘运动的情况下，球到达了 B 转动的前方一点 B'。这是由于圆盘的转动导致球在离开 A 点后，除了拥有径向速度 v'之外，还有切向速度，而 B 点的切向速度为 v_B，由于 B 比 A 更靠近圆心，故 $v_A>v_B$。在盘外不转动的惯性参考系下垂直于 AB 的方向上，球运动的轨迹比 B 远些。

在惯性参考系下球的运动轨迹如图 6-1-8 所示。

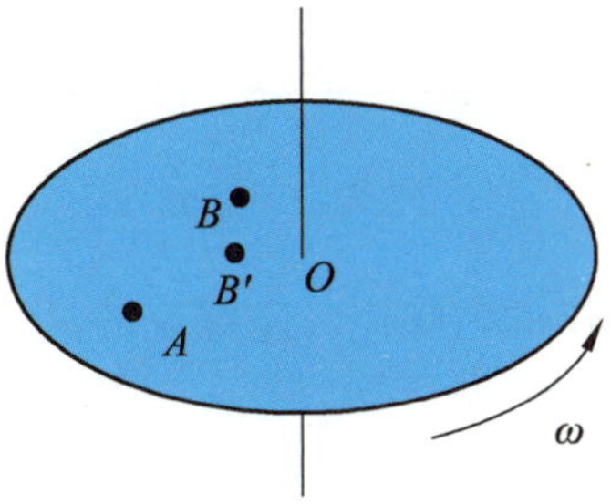

图 6-1-7 惯性系下小球的运动

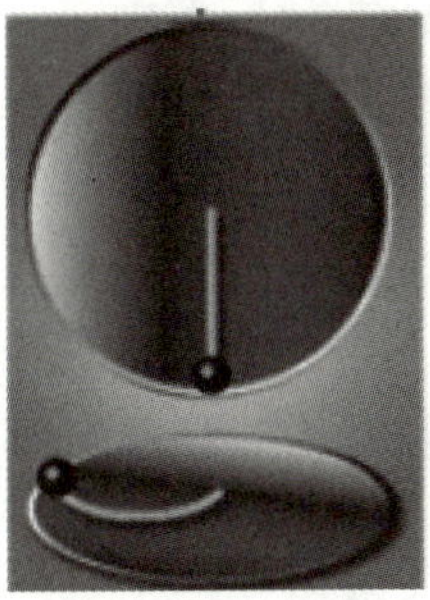

图 6-1-8 惯性系下小球的运动轨迹

在以圆盘为参考系的 B 点，可以看到球自 A 点以初速度向其抛来，但球未直接到达，而是向运动的右前方抛去。根据牛顿第二定律，小球是受到了一个垂直于速度 v 方向的惯性力 F_c 作用，这种在转动参考系中观察到的运动物体的加速现象被称为科里奥利效应，产生的虚拟惯性力被称为科里奥利力（简称科氏力）。

科里奥利加速度大小为

$$a=2\omega v$$

陀螺仪正是利用科氏力检测角速度的。如图 6-1-9 所示，整个陀螺仪沿着 z 轴方向旋转，并在 x 方向上对质量块施加一个驱动力。由于科里奥利力的作用，通过对 y 轴方向上分布的电容来检测质心在 y 方向上的受力情况。并利用公式 $a=2\omega v$ 可以求得角速度 ω 的大小。

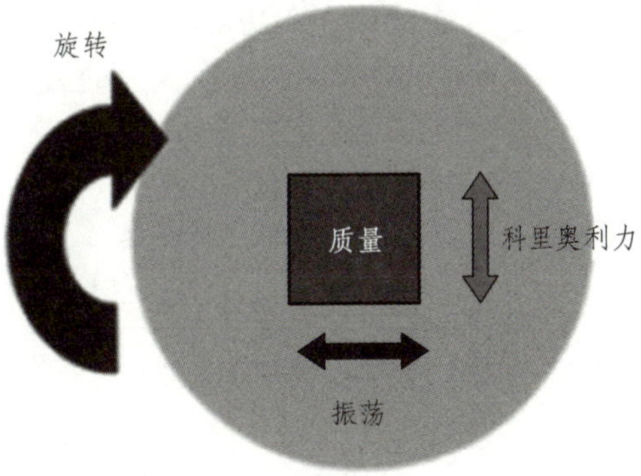

图 6-1-9 陀螺仪的工作原理

2）陀螺仪的性能指标

惯性导航传感器的技术指标包括量程、灵敏度、角度随机游走、零偏、灵敏度、最大脉冲等参数。能够全面地表现陀螺仪的性能。

（1）角度随机游走。

陀螺的角速率输出随着时间缓慢变化，通常由系统误差引起，如环境温度的缓慢变化，可以用来衡量零偏的变化规律。

（2）零偏。

零偏又可称为零位漂移或零位偏移。零偏应理解为陀螺仪的输出信号围绕其均值的起伏或波动，习惯上用标准差（σ）或均方根（RMS）表示，一般折算为等效输入角速率（°/h）。在角速度输入为零时，陀螺仪的输出是一条复合白噪声信号缓慢变化的曲线，曲线的峰-峰值就是零偏值（drift），如图 6-1-10 所示。在整个性能指标集中，零偏是评价陀螺仪性能优劣的最重要指标。

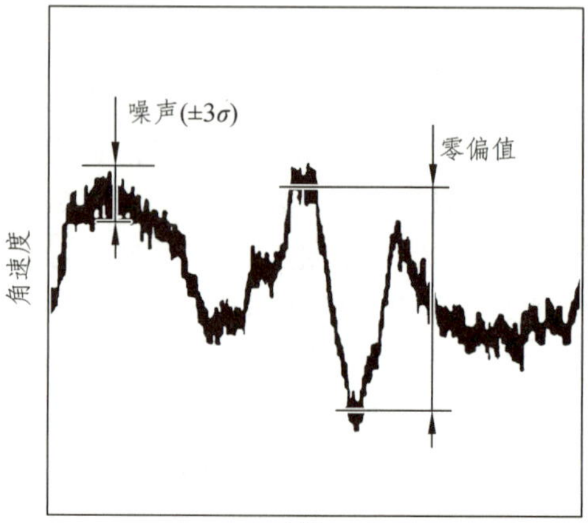

图 6-1-10　零输入陀螺仪的输出

（3）灵敏度。

灵敏度是表示在规定的输入角速率下能感知的最小输入角速率的增量，该参数一般取决于陀螺仪的白噪声。陀螺仪的灵敏度主要体现了陀螺仪的内部性能和抗干扰能力。

（4）带宽。

带宽代表能够保持输入-输出关系的输入频率范围，带宽数值越大表明陀螺仪的动态响应性能越强。通常来说，带宽的边缘可以容忍大小为 3 dB 的数值变化。

（5）动态范围。

陀螺在正、反方向能检测到的输入角速率的最大值代表陀螺的测量范围。该最大值除以阈值即为陀螺的动态范围，该值越大表示陀螺检测速率的能力越强。

（6）陀螺仪误差的计算——Allan 方差。

在陀螺仪的实际工作情况下角随机游走和零偏是影响最大的两种误差。然而利用传统的统计学方法（如标准差）无法得出收敛的结果。故一般采用 Allan 方差对陀螺仪的误差进行表示。

利用 Allan 方法估算和表示误差的方法如下：

① 利用公式推导出数据样本的数值。

推导角度随机游走的积分为

$$\sigma_{\mathrm{ARW}}^{2}(\tau)=4\int_{0}^{\infty}N^{2}\frac{\sin^{4}(\pi f\tau)}{(\pi f\tau)^{2}}\mathrm{d}f=\frac{N^{2}}{\tau}$$

零偏不稳定噪声的求解积分为

$$\sigma_{\mathrm{ARW}}^{2}(\tau)=4\int_{0}^{\infty}\frac{B^{2}}{2\pi f}\frac{\sin^{4}(\pi f\tau)}{(\pi f\tau)^{2}}\mathrm{d}f=\frac{4B^{2}}{9}$$

角速率随机游走的求解积分为

$$\sigma_{\mathrm{ARW}}^2(\tau)=4\int_0^{\infty}\frac{K^2}{2\pi f}\frac{\sin^4(\pi f\tau)}{(\pi f\tau)^2}\mathrm{d}f=\frac{K^2\tau}{3}$$

② 收集数据样本并将数据均匀分组。

$$\underbrace{\omega_1,\omega_2,\cdots,\omega_M}_{K=1},\underbrace{\omega_{M+1},\omega_{M+2},\cdots,\omega_{2M}}_{K=2},\cdots,\underbrace{\omega_{N-M+1},\omega_{M-M+2},\cdots,\omega_N}_{K=K}$$

计算各组的平均值：

$$\bar{\omega}_k(M)=\frac{1}{M}\sum_{i=1}^{M}\omega(k-1)\cdot M+i$$

Allan 方差的平均值：

$$\sigma_A^2(\tau_M)=\frac{1}{2(K-1)}\sum_{j=1}^{K-1}[\bar{\omega}_{k+1}(M)-\bar{\omega}_k(M)]^2$$

利用上述方法可以得出陀螺仪误差所引起的 Allan 方差变化。图 6-1-11 所示为包含了角度随机游走、零偏不稳定噪声、角速率随机游走三种随机性误差的 Allan 方差图。

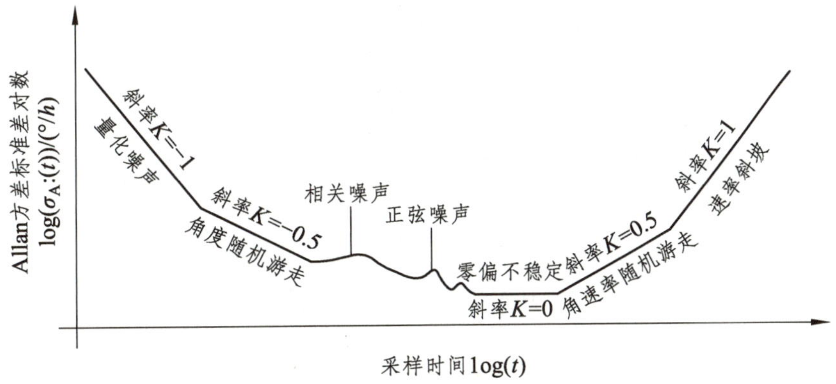

图 6-1-11 陀螺仪的 Allan 方差图

从图中可以看出陀螺仪的 Allan 方差。

陀螺仪不同等级以及其所对应的参数指标如表 6-1-3 所示。

表 6-1-3 陀螺仪不同等级以及其所对应的参数指标

参数	角速度级	战术级	惯性级
随机角度游走/（°/$\sqrt{\mathrm{h}}$）	>0.5	0.5 ~ 0.05	<0.001
零偏/（°/h）	10 ~ 1 000	0.1 ~ 10	<0.01
灵敏度/%	0.1 ~ 1	0.01 ~ 0.1	<0.001
量程/（°/sec）	50 ~ 1 000	>500	>400
1 ms 所受最大冲击/g's	10^3	10^3 ~ 10^4	10^3
带宽/Hz	>70	大约为 100	约为 100

3）线振动陀螺仪

线振动陀螺仪是在 x-y 面内进行的平面运动。在以质量块平稳振动为基础的微机械陀螺中，质量块被驱动沿 x 轴方向谐振，x 轴被认为是驱动方向；衬底绕 z 轴旋转在 y 方向引起谐振科氏力，y 轴被认为是敏感轴；所有的运动确定在 x-y 面内。为了得到其简化的动力学方程，可以作如下假设：绕 z 轴输入的角速度不大，x 轴和 y 轴方向没有角速度输入，z 轴方向没有振动信号的输入。线振动陀螺仪的简化机械结构如图 6-1-12 所示。

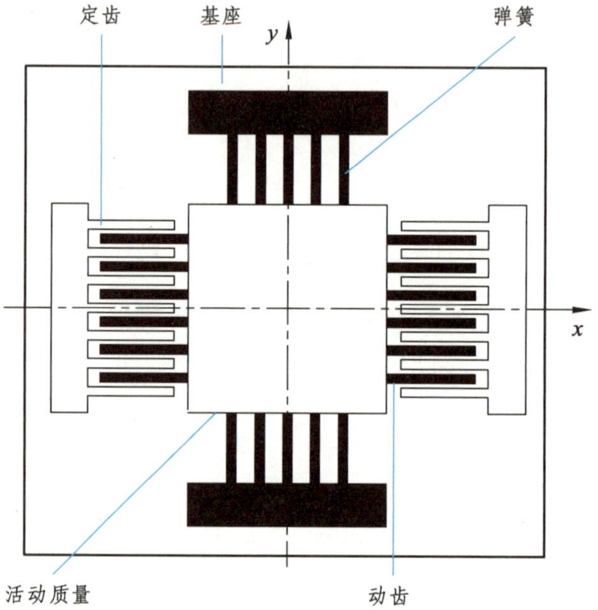

图 6-1-12　线振动陀螺仪的简化机械结构

从振动力学的角度分析，由于 MEMS 陀螺在驱动和检测方向上互不影响，故可以用“弹簧-质量块-阻尼”二自由度振动系统来研究。陀螺仪的振动力学模型如图 6-1-13 所示。

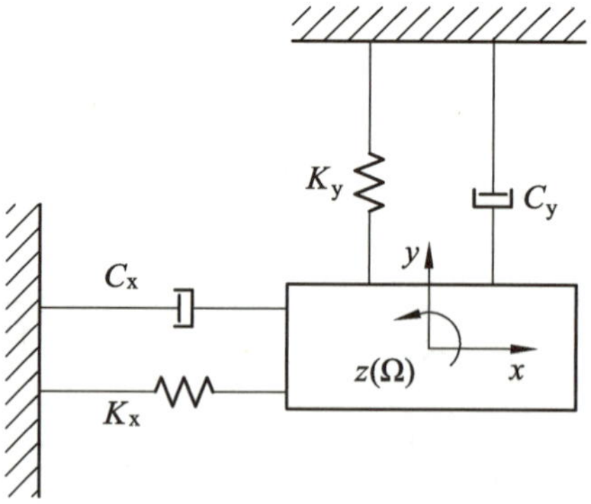

图 6-1-13　陀螺仪的振动力学模型

其中 x 方向收到谐振力 $F_x\sin(\omega t)$作用，y 方向收到科里奥利力作用，MEMS 陀螺的基本动力学方程在时域上可以用一个常系数非齐次二阶微分方程表示：

$$m\frac{\mathrm{d}^2}{\mathrm{d}t^2}x+c_x\frac{\mathrm{d}}{\mathrm{d}t}x+k_x x=F_x\sin(\omega t)$$

$$m\frac{d^2}{dt^2}x+c_y\frac{d}{dt}y+k_yy=-2m\Omega_z\frac{d}{dt}x$$

求解微分方程组，可得驱动模态下的位移：

$$x(t)=A_xe^{-\xi_x\omega_xt}\sin(\sqrt{1-\xi_x^2}\omega_xt+\alpha)+B_x\sin(\omega t-\varphi_x)$$

其中：

$$B_x=\frac{F_x}{m\omega_x^2\sqrt{\left(1-\frac{\omega^2}{\omega_x^2}\right)^2+4\xi_x^2\left(\frac{\omega}{\omega_x}\right)^2}}\quad\varphi_x=\tan^{-1}\frac{2\xi_x\omega_x\omega}{\omega_x^2-\omega^2}$$

其中，微分方程解的第一项为方程的瞬态解，第二项为稳态解；由瞬态解构成的振动随时间指数衰减，因而当陀螺仪工作在稳定状态下时，系统仅在稳态解形式的振动规律下运动。

将稳态解代入方程中，可得检测模态的微分方程为

$$\frac{d^2}{dt^2}y+2\xi_y\omega_y\frac{d}{dt}y+\omega_y^2y=-2\Omega_zB_x\omega\cos(\omega t-\varphi_x)$$

可得出检测模态的位移为

$$y(t)=Ae^{-\xi_y\omega_yt}\sin(\sqrt{1-\xi_y^2}\omega_yt+\alpha)+B_y\sin(\omega t-\varphi_y)$$

其中：

$$B_y=\frac{2\Omega_zF_x\omega}{m\omega_x^2\omega_y^2}\frac{1}{m\omega_x^2\sqrt{\left(1-\frac{\omega^2}{\omega_x^2}\right)^2+4\xi_x^2\left(\frac{\omega}{\omega_x}\right)^2}}\frac{1}{m\omega_x^2\sqrt{\left(1-\frac{\omega^2}{\omega_y^2}\right)^2+4\xi_y^2\left(\frac{\omega}{\omega_y}\right)^2}}$$

$$\varphi_y=\tan^{-1}\frac{2\xi_y\omega_y\omega}{\omega_y^2-\omega^2}+\varphi_x$$

上式中第一项为振动的瞬态项，由初始条件决定，它随时间指数衰减，衰减振动频率为 $\sqrt{1-\xi_y^2}\omega_y$，时间常数为 $1/\xi_y\omega_y$，第二项为检测仪器所需的有效输出信号。

根据公式可以获得驱动方向和检测方向上频率与振幅的关系图，如图 6-1-14 所示。

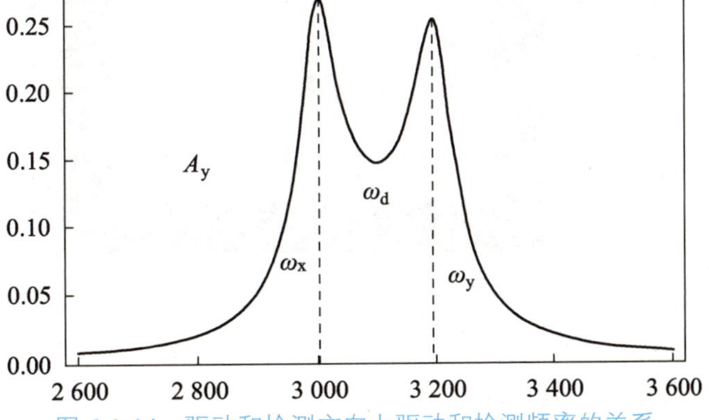

图 6-1-14　驱动和检测方向上驱动和检测频率的关系

在汽车实际行驶过程中，陀螺仪容易受到角速度和线性加速度作用，从而对检验质量块产生干扰。Bosch 公司设计了一种全对称的线振动陀螺仪，如图 6-1-15 所示，该结构检测框位于内侧，科氏力框位于中间，驱动框位于最外侧。各个框之间采用 U 形梁相互连接，同时，左右两侧利用耦合梁的连接以保证驱动和检测模态的完全解耦。

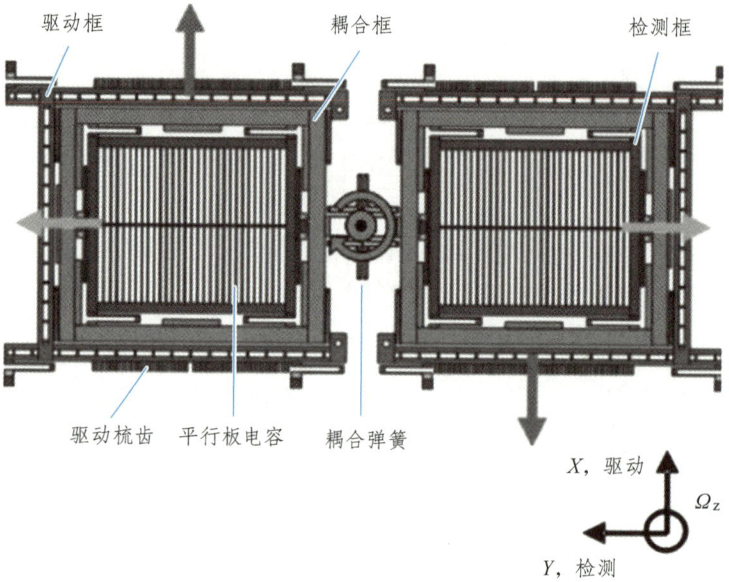

图 6-1-15　Bosch 公司设计的线振动陀螺仪

利用较高机械非线性的 U 形梁，采用解耦结构设计并保证驱动与检测模态的高品质因数值，该结构具有高偏置稳定性并能够在很大程度上减小外界的振动、冲击等扰动所带来的影响。

为了解决驱动与检测模态频率的频率匹配问题，加利福尼亚大学的 Andrei 提出了一种多自由度感应模式的线振动陀螺仪，他基于传统的二自由度模型，使用两个相互连接的质量块，并保证质量块之间在感应方向上相互耦合，其模型的示意如图 6-1-16 所示。

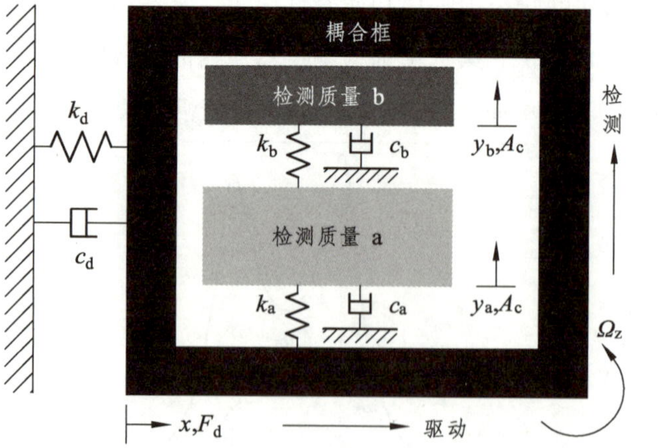

图 6-1-16　多自由度陀螺仪的振动力学模型

根据上述结构，可以列出其运动学方程如下：

$$\ddot{x}+\frac{c_{\mathrm{d}}}{M_{\mathrm{d}}}\dot{x}+\frac{k_{\mathrm{d}}}{M_{\mathrm{d}}}x=\frac{F_{\mathrm{d}}}{M_{\mathrm{d}}}$$

$$\ddot{y}_{\mathrm{a}}+\frac{c_{\mathrm{a}}}{m_{\mathrm{a}}}\dot{y}_{\mathrm{a}}+\left(\frac{k_{\mathrm{a}}+k_{\mathrm{b}}}{m_{\mathrm{a}}}\right)y_{\mathrm{a}}-\frac{k_{\mathrm{b}}}{m_{\mathrm{b}}}y_{\mathrm{b}}=-2\dot{x}\Omega_{z}$$

$$\ddot{y}_{\mathrm{b}}+\frac{c_{\mathrm{b}}}{m_{\mathrm{b}}}\dot{y}_{\mathrm{b}}+\frac{k_{\mathrm{b}}}{m_{\mathrm{b}}}y_{\mathrm{b}}-\frac{k_{\mathrm{b}}}{m_{\mathrm{b}}}y_{\mathrm{a}}=-2\dot{x}\Omega_{z}$$

该模型采用 2 自由度系统，其结构拥有两个谐振峰，谐振峰之间的区域也较为平坦。在该平坦区域内，响应受到固有频率和振动的变化较小，这使得该结构拥有更好的对温度变化和加工误差时的鲁棒性。该结构随着频率变化产生的频率响应如图 6-1-17 所示。

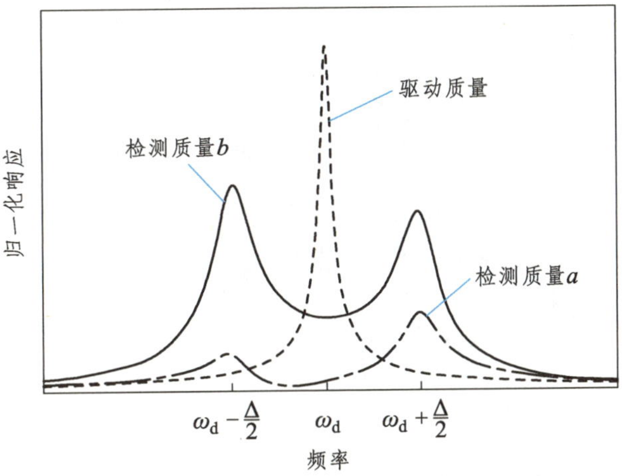

图 6-1-17　频率响应显示的叠加的驱动和感应模式

与传统的陀螺仪相比，由于设计的特征变成了工作频率 ω_d，以及较高和较低频率 ω_1 和 ω_2，使多自由度传感器具有更大的设计空间。由于多自由度陀螺仪的驱动方向为一自由度与传统陀螺仪一致，故其结构的设计重点在于其二自由度的感测模式。Anderi 设计的陀螺仪如图 6-1-18 所示。

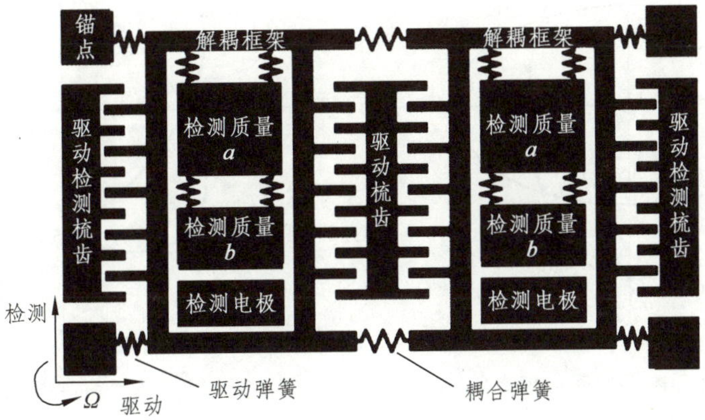

图 6-1-18　多自由度音叉陀螺的结构模型

从图 6-1-18 中可以看出，该陀螺仪由左侧和右侧两个完全相同的两自由度系统组成，左右两侧由上下两个耦合弹簧相连接。与传统陀螺仪相同，该陀螺仪的检测方向是基于驱动框架反向运动的。由于驱动框做反向运动，对应的科里奥利响应也反相，因此检测信号的差分将保留角速率信号。同时可以拒绝振动等外界输入的共模误差。

4）振动环 MEMS 陀螺仪

随着技术的发展，振动环陀螺仪由于其良好的对称性导致其驱动和检测模态拥有十分相近的属性，同时对随机振动、温度变化等随机因素的影响不敏感，导致其结构特性明显优于线振动陀螺仪。近年来，振动环陀螺仪已经在航空航天、精密机器人等行业有了充分的应用。

振动环式 MEMS 陀螺仪的组成部分包括：振动环、半圆形的弹性支承悬梁、驱动电极和传感电极。如图 6-1-19 所示，环形结构良好的对称性使得驱动和检测两模态具有十分相近的属性，同时对摄动、温度变化等非理想因素的敏感度较低，能够实现较高的性能。

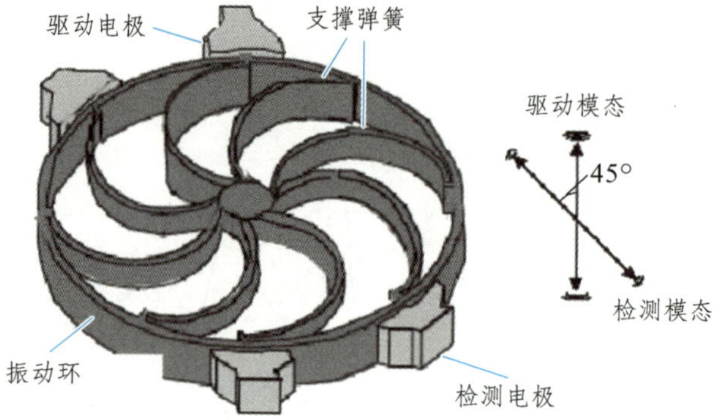

图 6-1-19 振动环式 MEMS 陀螺仪结构

振动环式陀螺仪的模态是一种形变振动，如图 6-1-20 所示，可以看出，两种振动模态的波节和波腹是互补的，即第一种模态的波节和波腹对应第二种模态的波腹和波节。因此两个振动模态是相互独立的，而且相差 45°。

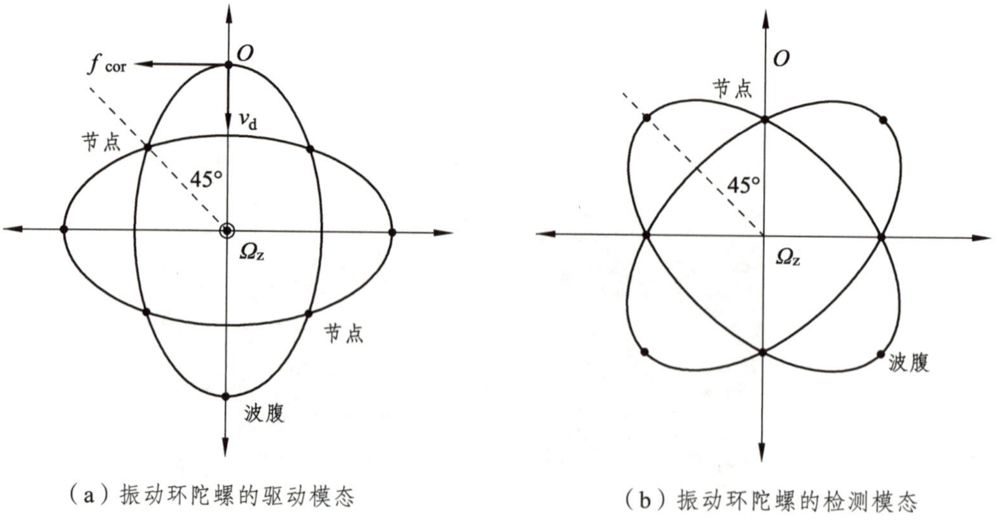

图 6-1-20 振动环陀螺的模态

因此，振动环陀螺振动环任意位置的振动状态可以表示为上述两种基础模态的叠加：

$$u(t,\theta)=q_1(t)\varphi_1(\theta)+q_2(t)\varphi_2(\theta)$$

其中，q_1, q_2 分别为驱动模态和检测模态的振幅，当在驱动电极上施加交变驱动电压时，振动环在静电力的作用下作驱动模态的形变振动。当有旋转角速输入时，科里奥利力诱导振动环检测模态的振动。驱动模态的振幅和感应模态的振幅两者有如下关系：

$$q_2=4A_g\frac{Q}{\omega}q_1\Omega_s$$

其中，A 为环形角增益，对于环形陀螺该值为固定值 0.37；Q 为机械结构的品质因数，与结构的参数与工艺相关。ω 为结构的固有振动频率，当驱动模式的振幅已知的情况下，可以通过测量 q_2 的变化量来测得角速度的大小，而 q_2 的测量又是通过测量检测电极电容的变化得到。

6.1.3　GPS 系统特点

GPS 是目前最为成功的卫星定位系统，被誉为人类定位技术的一个里程碑。表 6-1-4 归纳了 GPS 系统的特点。

表 6-1-4　GPS 特点详解

特点	简介
全球，全天候连续不断的导航定位能力	GPS 能为全球任何地点或近地空间的各类用户提供连续的、全天候的导航定位能力，用户不用发射信号，因而能满足多用户使用
实时导航，定位精度高，观测时间短。	随着 GPS 系统的不断完善和软件的不断更新，利用 GPS 定位时，在 1 s 内可以取得几次位置数据，这种近乎实时的导航能力对于高动态用户具有很大的意义，同时能为用户提供连续的三维位置、三维速度和精确的时间信息
测站无需通视	GPS 测量只要求测站上空开阔，不要求测站之间互相通视，因此可节省大量的造标费用。由于无须点间通视，点位位置可根据需要可疏可密，这样就使得选点工作变得非常灵活，也可省去经典测量中的传算点、过渡点的测量工作
可提供全球统一的三维地心坐标	GPS 测量可同时精确测定测站平面位置和大地高程。目前 GPS 水准可满足四等水准测量的精度，另外，GPS 定位是在全球统一的 WGS-84 坐标系统中计算的，因此全球不同地点的测量成果是相互关联的
仪器操作简便	随着 GPS 接收机的不断改进，GPS 测量的自动化程度越来越高。在观测中测量员只需安置仪器，连接电缆线，量取天线高，监测仪器的工作状态，而其他观测工作，如卫星的捕获，跟踪观测和记录等均由仪器自动完成，结束测量时，仅需关闭电源，收好接收机，便完成了野外数据采集任务
抗干扰能力强、保密性好	GPS 采用扩频技术和伪码技术，用户只需接收 GPS 信号，自身不会发射信号，不会受到外界其他信号源的干扰
功能多、应用广泛	GPS 是军、民两用系统，其应用范围十分广泛。具体的应用实例包括：汽车导航和交通管理、巡线车辆管理、道路工程、个人定位以及导航仪等

6.1.4 惯性导航传感器分类

6.1.4.1 按传感器的数量分类

1. 3 轴 IMU

此类惯性导航传感器只有 3 轴陀螺仪的 IMU，因其只有一个 3 轴陀螺仪，所以只能感知载体 roll（翻滚角）、pitch（俯仰角）、yaw（偏航角）共 3 个自由度的姿态信息。

2. 6 轴 IMU

此类惯性导航传感器在 3 轴 IMU 的基础上加装了 3 轴加速度计，因此在感知载体姿态的基础上，还能感知载体 3 个自由度上的加速度信息。

3. 9 轴 IMU

此类惯性导航传感器在 6 轴 IMU 的基础上加装了 3 轴磁强计，由于 3 轴陀螺仪只能估计载体自身的相对位姿变化，单凭 3 轴陀螺仪无法获取载体的全部姿态信息，而通过 3 轴磁强计就可以，本质上磁强计的感知原理类似于指南针。

6.1.4.2 按照力学编排实现形式分类

1. 捷联式惯性导航系统

捷联式惯性导航系统（见图 6-1-21）采用数学算法确定出导航坐标系，即将加速度计和陀螺仪直接安装在运载体上，陀螺仪输出用来计算运载体相对导航坐标系的姿态变化，加速度计输出经姿态变化至导航坐标系内。捷联式基于数学平台，与载体直接相连，易于安装、维修和更换，且体积小；其缺点是惯性测量装置与载体相连，导致其工作环境恶化，测量精度下降。

（a）imu500t　　（b）imu501

图 6-1-21　惯性导航装置

2. 平台式惯性导航系统

平台式惯导是采用物理平台模拟导航坐标系统，即将加速度计安装在稳定平台上，稳定平台由陀螺仪控制，使平台始终跟踪要求的导航坐标系。

在惯性器件性能要求和计算量等方面，捷联式惯导系统要求更为苛刻，但同时减少了对于复杂机电平台的要求。捷联式系统的抵抗振动和冲击能力比较强，在体积和成本方面具有优势，同时由于激光陀螺仪、光纤陀螺仪等惯性器件的出现以及计算机技术的快速发展，捷联式惯导的性能优势也逐步显现。

因此，从 20 世纪 80 年代开始，平台式惯导的开发工作已经基本终止，捷联式惯导将是未来惯导系统发展的主流形式。

不同类型惯性导航系统的发展前景如表 6-1-5 所示。

表 6-1-5　不同类型惯性导航系统的发展前景

类别	主要应用级别	定位误差典型值/（n mile/h）	定向误差典型值	技术特征	环境适应性	发展前景
平台式惯性导航	中高导航级、运动隔离	1～2	0.1°～0.2°	机电一体化系统，系统内部有 3～4 个实体框架	抗震、抗冲击能力有限	局部被淘汰，市场萎缩
捷联式惯导系统	高中低导航级、稳定控制	<1	0.05°～0.1°	电子数字化系统，系统内部没有活动部件	抗震、抗冲击能力强	主流应用形式

6.1.5　惯性导航误差

惯性传感器测量的数据通常都会有一定误差。

（1）偏移误差。表现为陀螺仪和加速度计即使在没有旋转或加速的情况下也会有非零的数据输出。位移数据是对加速度计的输出进行两次积分，因此，两次积分后，即使很小的偏移误差也会被放大。随着时间推进，位移误差会不断积累，最终导致无法再跟踪汽车的位置。

（2）比例误差。即所测量的输出和被检测输入的变化之间的比例的误差。与偏移误差相似，在两次积分后，随着时间推进，其造成的位移误差也会不断积累。

（3）背景白噪声。通常用于描述一种在图像、声音或信号中存在的类型噪声。这种噪声在频谱上具有均匀分布的特点，因此也被称为均匀噪声。背景白噪声的特点是在所有频率上都有相等的能量，不受频率的影响，类似于光学中的白光，包含所有可见光颜色的组合。该误差如果不纠正，也会导致无法再跟踪汽车的位置。

（4）每次使用之前需要较长的初始对准时间。

为了纠正这些误差，必须对惯性传感器进行校准，找出偏移误差、比例误差，然后使用校准参数对惯性传感器原数据进行修正。但是，惯性传感器的误差也会随着温度而变化。即使校准得再好，随着时间的推进，位移的误差还是会不断积累，所以很难单独使用惯性传感器对汽车进行定位。

如图 6-1-22 所示，在黑暗中什么都看不见的情况下，人们只能根据自己的经验，极为谨慎地走小碎步，并不断用手摸周围的东西，用以确定自己所在的位置。

IMU 的原理和黑暗中走小碎步很相似。在黑暗中，由于自己对步长的估计和实际走的距离存在误差，走的步数越来越多时，自己估计的位置与实际的位置相差会越来越远。

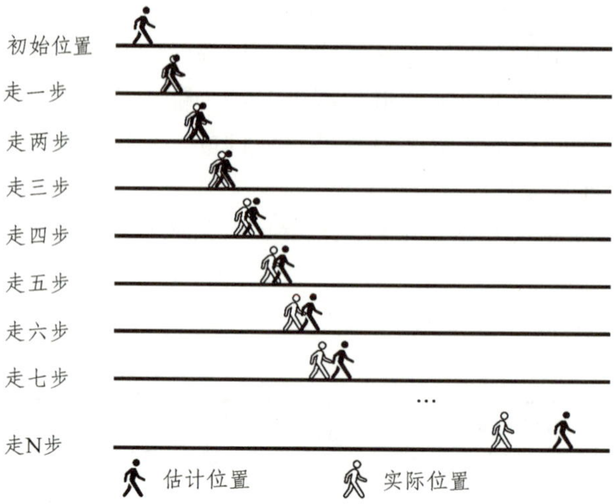

图 6-1-22　黑暗中走小碎步图示

6.1.6　定位传感器技术参数

定位传感器的技术参数因不同类型和品牌的传感器而异。以下是一些常见的定位传感器技术参数：

（1）精度。精度是定位传感器最重要的技术参数之一，它表示传感器输出数据与实际位置之间的误差。通常以米（m）为单位表示，较高的精度意味着更准确的定位。

（2）分辨率。分辨率是指传感器能够识别和测量位置变化的最小单位。较高的分辨率意味着传感器可以更细微地检测位置变化。

（3）更新频率。更新频率是指传感器每秒提供测量数据的次数。较高的更新频率可以提供更实时的定位信息。

（4）工作范围。工作范围是指传感器能够正常工作的距离范围。不同类型的定位传感器可能有不同的工作范围限制。

（5）可靠性和稳定性。传感器的可靠性表示其在长时间使用中的稳定性和准确性。具有良好可靠性和稳定性的传感器能够提供一致的性能。

（6）功耗。功耗是指传感器在工作过程中消耗的能量。低功耗设计可以延长传感器的使用寿命或减少电池更换频率。

（7）界面和通信。传感器通常需要与其他设备进行数据交互，因此具有适配不同接口和通信协议的能力是重要的技术参数。

（8）尺寸和重量。尺寸和重量影响着传感器的集成性和使用便携性。小巧轻便的传感器适合于一些特殊应用场景和移动设备上的集成。

以上仅为定位传感器的一些常见技术参数，实际参数会根据不同的传感器类型（如 GPS、惯性测量单元、视觉系统等）和制造商的规格而有所差异。在选择和比较定位传感器时，需要根据特定应用需求和实际情况来考虑各项技术参数。

6.2　定位传感器的应用

微课：定位传感器的应用

6.2.1　惯性导航系统的应用

1. 全球导航卫星系统（GNSS）和惯性导航系统（INS）的组合应用

INS 利用安装在载体上的惯性器件敏感载体的运动，输出载体的姿态和位置信息，具有很强的自主性、保密性、灵活性且机动性强，具备多功能参数输出，但是由于导航精度随时变化，INS 不能长时间单独工作，必须连续校准。GNSS 由于需要接收足够数量的卫星信号才能够实现定位，受各种物理、电磁信号等遮挡影响比较大。

从 GNSS 和 INS 的优缺点来看，两者具有很强的互补性。在短时间内，INS 的误差比 GNSS 小，但长时间使用时，必须通过 GNSS 离散测量值进行修正，通过抓取系统漂移量，达到快速估计状态参数与收敛的目的。

当卫星定位导航信号受到高强度干扰或卫星系统接收器故障时，惯性导航系统可独立进行导航定位。另外，惯性导航系统具有定位精度高、数据采样率高等特点，能在短时间内为卫星定位导航提供辅助信息，利用这些辅助信息，接收器可以保持较低的跟踪带宽，从而提高系统获取卫星信号的能力。当卫星定位导航信号条件显著改善以允许跟踪时，惯性导航系统向卫星定位导航接收器提供有关初始位置、速度等信息，以便快速重新获取导航代码和载波。GNSS 的定位传感器相对准确，但更新频率较低，不能满足实时计算的要求。INS 的定位误差会随着运行时间的增加而增大，但由于它采用了高频传感器，所以可在短时间内提供稳定的实时位置更新。

2. 惯性导航系统（INS）的其他应用

惯性导航系统的另一功能是辅助激光雷达、摄像头等车载局部环境感知系统，获取车辆与环境的高精度位置关系。在车辆行驶过程的侧倾、俯仰、横摆等运动情况下，惯性导航系统为车载传感器提供车辆的空间位置和姿态，用于修正传感器对环境的检测，建立更加准确的环境感知。

6.2.2　定位卫星系统参数

定位卫星系统参数主要是指全球定位系统（GPS）卫星系统的一些关键参数。以下是一些常见的定位卫星系统参数：

（1）卫星数量。全球定位系统通常由一组卫星组成，具体数量可以根据系统的设计和需求而变化。例如，GPS 系统由 24 颗卫星组成。

（2）轨道高度。卫星轨道的高度是指卫星相对地球表面的距离。在 GPS 系统中，卫星的轨道高度约为 20 200 km。

（3）轨道类型。卫星的轨道可以是圆形轨道、椭圆轨道或其他类型的轨道。在 GPS 系统中，卫星的轨道是椭圆轨道，被称为中心细长圆锥体轨道。

（4）轨道倾角。轨道倾角是指卫星轨道平面与地球赤道平面之间的夹角。在 GPS 系统中，卫星的轨道倾角约为 55°。

（5）轨道周期。轨道周期是指卫星完成一次完整轨道运行所需的时间。在 GPS 系统中，轨道周期约为 12 h。

（6）接收信号频率。GPS 接收器接收来自卫星的无线电信号，该信号具有特定的频率。GPS 系统使用 L 波段和 C 波段频率进行定位信号传输。

（7）时间同步精度。GPS 系统提供高精度的时间同步功能，精度通常在纳秒级别。这对于一些需要精确时间标记的应用非常重要。

（8）可视卫星数。可视卫星数是指在特定位置和时间下，用户能够同时接收到的可用卫星数量。较高的可视卫星数可以提供更好的定位精度和稳定性。

这些参数是全球定位系统（如 GPS）中一些关键的技术参数，它们决定了定位卫星系统的性能和功能。这些参数保证了卫星系统的正常运行，并提供准确的定位和时间信息。

6.2.3 GPS 软件参数

6.2.3.1 星位视图

星位视图（Star Chart）是一种以星座和星星的位置为基础的天文图表或图象。它显示了特定时刻在天空中可见的星座、恒星和其他天体的相对位置（见图 6-2-1）。

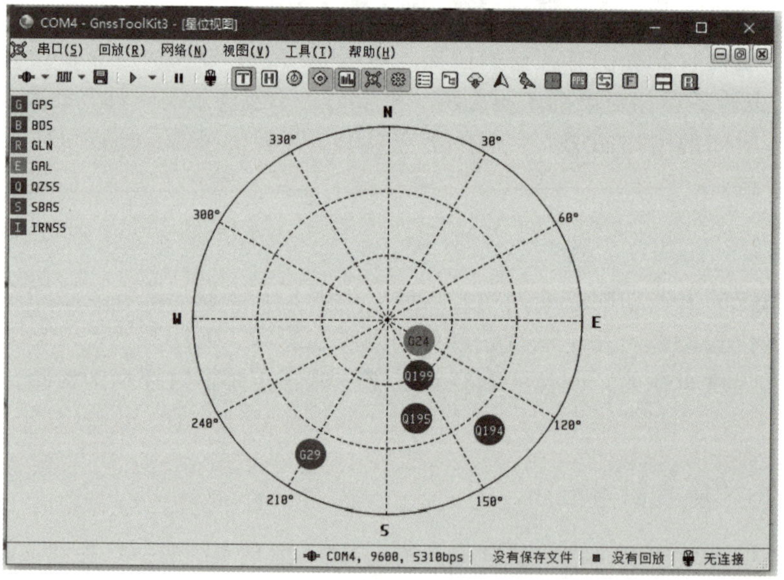

图 6-2-1　某软件星位视图界面

星位视图通常使用一种特殊的投影方式来呈现天空的样貌，常见的包括极坐标投影和等距投影。在视图上，星座和星星以点、线或其他符号表示，并标注有名称或代号，以便识别和辨认。

星位视图可以为天文学爱好者、导航员和观测者提供一个更直观的了解天空格局的方式。通过观察星位视图，人们可以了解到不同星座的位置、走向和相对距离，也可以用它来确定特定时间和地点下可见的恒星和行星等天体。

如今，随着智能手机和计算机应用的发展，人们可以通过各种天文软件或应用程序获取实时的星位视图。这些应用通常具有交互式功能，允许用户根据自己的位置和时间来生成个性化的星位视图，并提供更多的天文信息和导航功能。

总之，星位视图是一种图形化的展示方式，用于显示天空中星座、恒星和其他天体的相对位置，帮助人们更好地理解和观测天空。

6.2.3.2　定位点视图

定位点视图（Positioning View）是指以地理坐标系统为基础的地图或图表，用于显示特定位置或点的位置信息和相关数据（见图 6-2-2）。

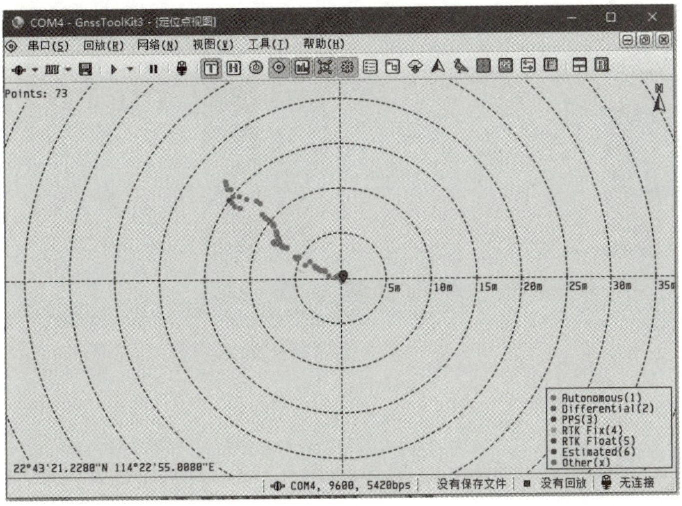

图 6-2-2　某软件定位点视图界面

在定位点视图中，地球表面上的不同位置被标注为点或符号，并通过经度（Longitude）和纬度（Latitude）等地理坐标来表示其准确的位置。这些点可以是城市、地标、GPS 测量点、设备安装点等。

除了显示位置坐标之外，定位点视图还可以提供其他附加信息，如地点名称、海拔、地点类型、地址、联系方式等。这些附加信息有助于更全面地描述和了解每个定位点。

定位点视图通常在地图应用、导航软件和 GIS（地理信息系统）等工具中使用。它们对于定位、导航、旅行规划、地理分析等任务都非常有用。通过查看定位点视图，用户可以直观地了解不同位置的地理关系，帮助他们做出决策和进行导航。

现代的地图应用和导航软件通常具有交互性，用户可以缩放、平移和搜索来获取特定位置的详细信息。一些应用还可以提供路线规划、交通情况、附近兴趣点等功能，使用户能够更好地利用定位点视图进行导航和位置选择。

6.2.3.3　载噪比视图

GPS 载噪比（Carrier to Noise Ratio，C/N_0）视图是一种用来分析全球定位系统（GPS）信号质量的图形表示。C/N_0 用于衡量接收信号强度与背景噪声之间的比率，可以作为评估 GPS 接收机性能和信号强度的指标。

通常，GPS 载噪比视图以信号的载波频谱密度为横坐标，并以 C/N_0 值为纵坐标。这个视图显示了不同频率下的 C/N_0 值，使得用户可以对接收到的 GPS 信号的强度有一个直观的了解（见图 6-2-3）。

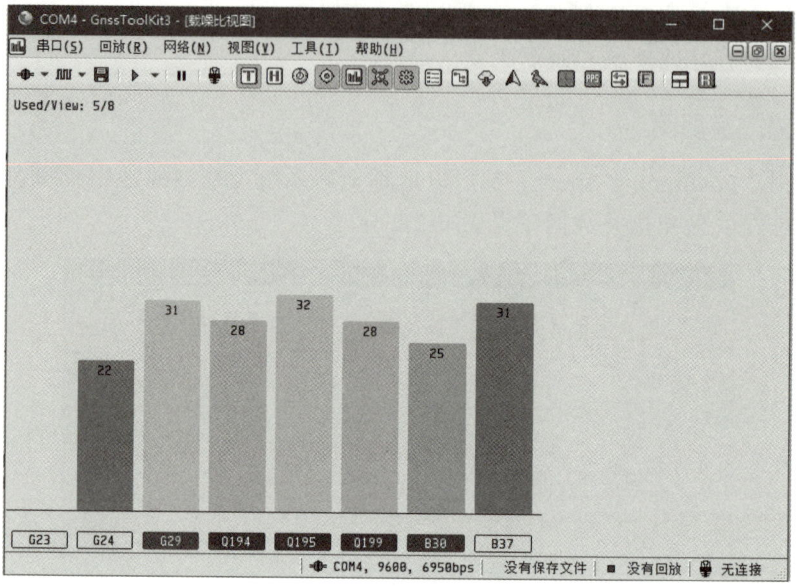

图 6-2-3　某软件降噪比视图界面

6.2.3.4　NMEA 视图

NMEA（National Marine Electronics Association）是为海用电子设备制定的标准格式。同时也表示数据传输标准工业协会。在这里，实际上应为 NMEA 0183。它是一套定义接收机输出的标准信息，有几种不同的格式，每种都是独立相关的 ASCII 格式，以逗点隔开数据流，数据流长度从 30 ~ 100 字符不等，通常以每秒的间隔选择输出，最常用的格式为 GGA，它包含了定位时间、纬度、经度、高度、定位所用的卫星数、DOP 值、差分状态和校正时段等，其他的有速度、跟踪、日期等。NMEA 实际上已成为所有的 GPS 接收机和最通用的数据输出格式，同时它也被用于与 GPS 接收机接口的大多数的软件包。

NMEA 视图指的是 NMEA 格式的数据显示或解释界面。NMEA 这种通信协议主要应用于海洋和航海领域，用于传输导航和位置信息等数据。NMEA 数据通常由 GPS 接收器、导航设备和其他传感器生成，并以文本格式进行传输。

NMEA 视图可以是一个软件应用程序、设备显示屏或图形用户界面（见图 6-2-4），用于解释和可视化从 NMEA 数据流中获取的信息。这些视图可以将 NMEA 数据转换为可读的格式，如地理坐标、速度、航向等，以便船员、导航员或用户能够更容易地理解和利用这些数据。

典型的 NMEA 视图可能包括：

（1）地图显示。NMEA 数据中的经纬度信息可以在地图上显示船舶或设备的实时位置。

（2）速度和航向显示。NMEA 数据中的速度和航向信息可以以数字或图形方式显示，帮助用户了解船舶或车辆的移动情况。

（3）高度和深度显示。对于海洋应用，NMEA 数据可能包含高度和深度信息，这些数据可以以数字或图表形式显示。

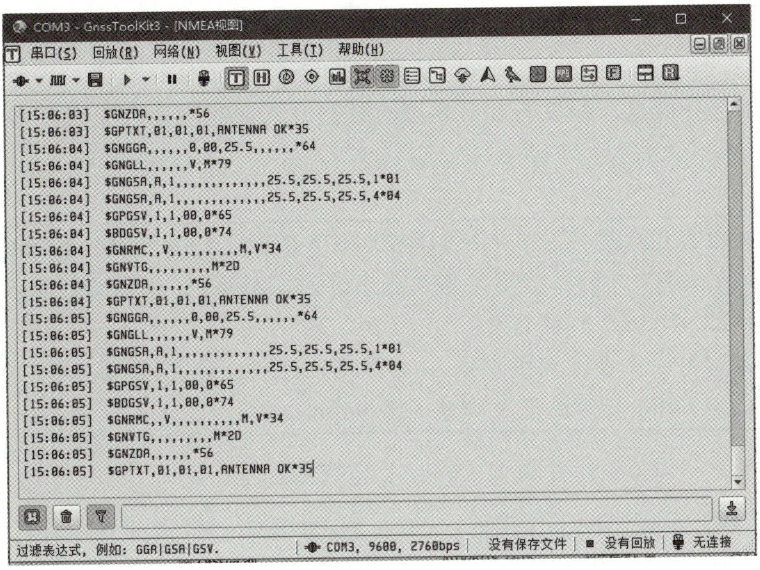

图 6-2-4　某软件 NMEA 视图界面

（4）时间信息。NMEA 数据通常包含时间戳，NMEA 视图可以显示时间信息以及与其他数据的时间关联。

（5）报警和警告。基于 NMEA 数据，视图可以触发报警或警告。例如，当船舶偏离预定路径时。

（6）数据记录。NMEA 视图可能允许用户记录和保存 NMEA 数据，以供分析或后续使用。

1. GGA 语句组成

GGA 语句包含使用单一卫星导航系统 GPS/GLONASS/Galileo/BDS 的测时、定位相关数据。用发送设备标识符 GP 表示使用 GPS 系统，用 GL 表示使用 GLONASS 系统，用 GA 表示使用 Galileo 系统，用 BD 表示使用 BDS 系统，用 GN 表示使用 GNSS 系统等，如图 6-2-5 所示。

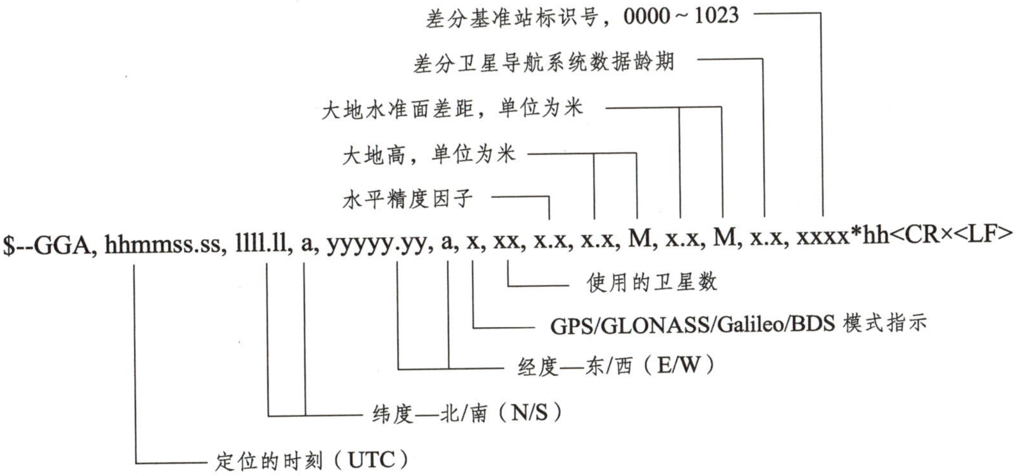

图 6-2-5　GGA 语句解析

若定位的时刻（UTC）、纬度、经度和大地高字段的小数部分位数过多使 GGA 语句字符总数超过最大字符数 82，可发送多条具有相同时间标签的 GGA 语句。每条语句字符总数不超过 82，仅携带部分信息，即仅有部分字段有数据，其余字段为空字段。多条语句组合得到完整信息。

例如：

$GNGGA,064324.000,2243.35026,N,11422.92036,E,1,07,4.5,47.4,M,-2.1,M,,*65

064324.000 为 UTC 时间，如要换算成北京时间，则要+8 小时（注意日期是否变更）。2243.35026,N,11422.92036,E 为经纬度。

1,07,4,5,47,4,M 中，1 表示定位模式，=0 时定位无效，通常>0 时有效；07 表示使用了 7 颗卫星进行定位；47.4,M 表示高度（海拔）为 94 m。

2. GSA 语句——GNSS 精度因子（DOP）与有效卫星

本语句包含 GNSS 接收机工作模式、GGA 或 GNS 语句报告的导航解算中用到的卫星以及精度因子（DOP）的值，如图 6-2-6 所示。

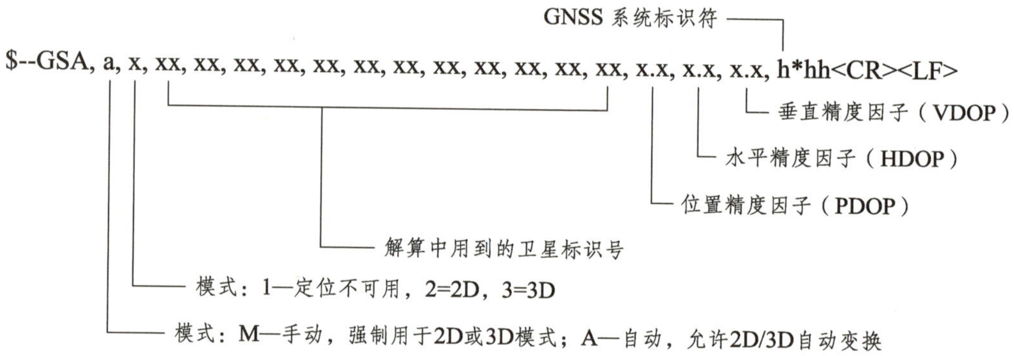

图 6-2-6　GSA 语句解析

注：卫星标识号。为了避免多系统共用时卫星标识号重复造成的混淆，采用如下的规定。

（1）GPS 卫星的卫星标识符为 PRN 编号，从 1 ~ 32。GPS SBAS 卫星的卫星标识号 33 ~ 64，SBAS 系统 PRN 编号为 120 ~ 158，故 NMEA SBAS 卫星标识号到 SBAS PRN 编号的偏移量为 87，即 PRN 编号为 120 的 SBAS 卫星的标识号为 120-87=33。

（2）GLONASS 卫星标识号为 65 ~ 96。目前 GLONASS 星座有 24 颗在轨卫星，使用标识号 65 ~ 88。当 GLONASS 继续发射在轨卫星，则使用 89 ~ 96 的标志号。

（3）为了适应未来的新导航系统，添加了 GNSS 系统标识符字段，由系统标识符和卫星标识号共同确定使用的卫星，从而不必为新系统定义新的语句。目前，上述对 GPS 和 GLOASS 的编号仍继续使用，GNSS 系统标识符字段同时需要指示相应的系统。

（4）当发送设备标识符为 GN 时，仅能使用 GNSS 系统标识符来确定 SVID 的含义。GNSS 系统标识符的值为 3 或以上时，SVID 指代卫星编号，GNSS 系统 ID 不应为空。

例如：

$GNGSA,A,3,05,12,18,194,195,199,,,,,,,5.9,4.5,3.7,1*07

$GNGSA,A,3,24,,,,,,,,,,,,5.9,4.5,3.7,4*3B

其中 GNSS 系统标识符：

1 GPS (GP)

2 GLONASS (GL)

3 Galileo (GA)

4 BDS (BD)

上面的例子中，第一行表示使用了 05,12,18,194,195,199 这 6 颗 GPS 卫星，第二行表示使用了 24 这一颗北斗卫星。

3. GSV 语句——可视的 GNSS 卫星

本语句包含可视的卫星数、卫星标识号、仰角、方位角、载噪比。每次传送最多为 4 颗卫星，传送的语句总数和传送的语句号在前两个字段中显示，如图 6-2-7 所示。

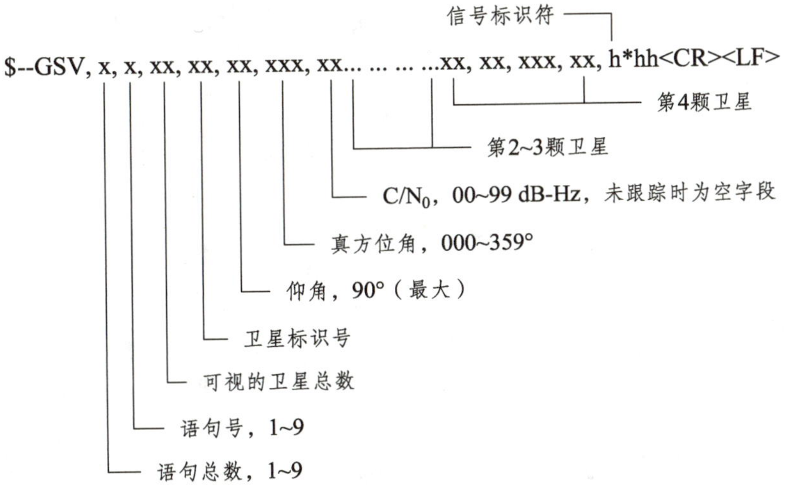

图 6-2-7　GSV 语句解析

注 1：语句总数和语句号，在传送一条完整的信息时，卫星信息可用多条语句传送，所有的语句都含有相同的字段格式。第一个字段规定语句的总数，最小值为 1。第二个字段规定语句的顺序号（语句号），最小值为 1。当后续语句的数据相对于第一条语句没有变化时，为提高效率，建议在后续语句中使用空字段。

注 2：第 2 ~ 3 颗卫星和第 4 颗卫星，在每条语句中，允许“卫星标识符-仰角-方位角-SNR”参数组数量是可变的，最多为 4 组。当发送的组数少于 4 个时，不必对未使用的参数组使用空字段。

例如：

$GPGSV,3,1,12,05,12,120,30,10,32,327,,12,24,125,28,18,56,210,24,0*62$GPGSV,3,2,12,22,06,263,,23,58,355,,24,56,039,,25,18,163,,0*6C

$GPGSV,3,3,12,32,24,281,,194,36,125,27,195,24,168,19,199,60,150,25,0*58 $BDGSV,1,1,

04,09,58,263,,24,63,115,18,38,69,150,,43,22,219,,0*71

上面的例子中，有三行 GPGSV，共 12 颗 GPS 卫星；有一行 BDGSV，共 4 颗北斗卫星。

下画线部分为语句总数、语句号、可见的卫星总数。每颗卫星的数据由 4 段组成，分别为卫星标识号、仰角、方位角、信噪比。

4. RMB 语句——推荐的最少导航信息

本语句包含由 GNSS 或组合导航系统提供的，从当前位置到目的地航路点的导航数据，如图 6-2-8 所示。当目的地有效时，这条语句随着 RMC 语句一起发送。

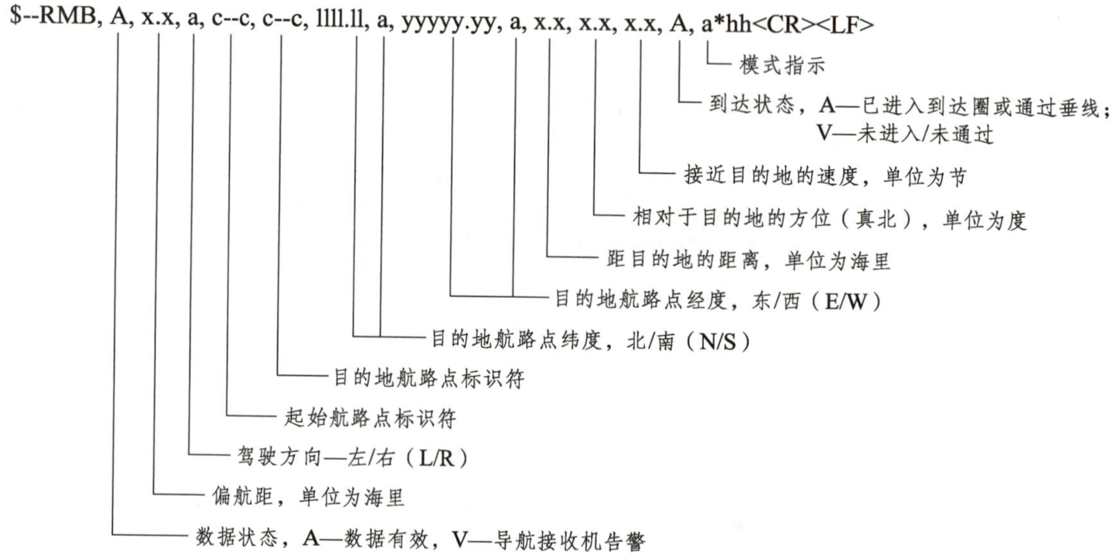

图 6-2-8　RMB 语句解析

注 1：模式指示和数据状态，定位系统模式指示字段中，除 A（自主）和 D（差分）之外，对于指示的所有模式，状态字段应被设置为 V（无效）。定位系统模式指示和状态字段不应该为空字段。

注 2：偏航距，如果交叉航迹误差超过 9.99 海里（n mile），则显示 9.99。

注 3：距目的地的距离，如果到目的地的距离超过 999.9 海里，则显示 999.9。

注 4：定位系统模式指示：A—自主模式；D—差分模式；E—估算（航位推算）模式；M—手动输入模式；S—模拟器模式；N—数据无效。

5. VTG——对地航线和地速

本语句用于相对于地面的实际航向和速度。语句说明如图 6-2-9 所示。

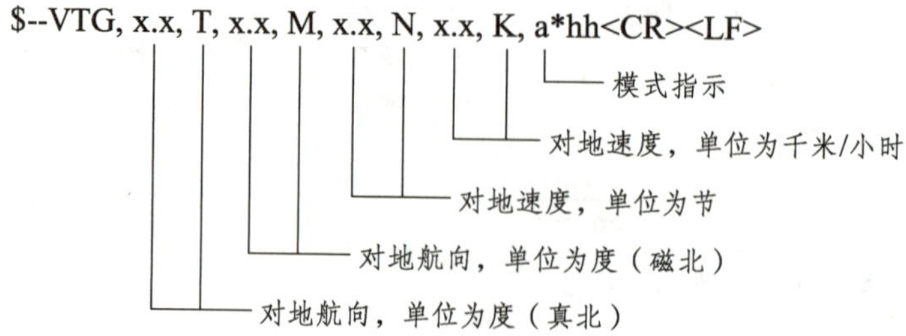

图 6-2-9　VTG 语句解析

注：定位系统模式指示：A—自主模式；D—差分模式；E—估算（航位推算）模式；M—手动输入模式；S—模拟器模式；N—数据无效。

例如：

$GNVTG,294.14,T,,M,0.00,N,0.00,K,A*29

其中，294.14 为角度（运动方向与正北的角度）。角度正北为 0，正东为 90，正南为 180，正西为 270。

0.00,N 为速度（单位：节），0.00,K 为速度（单位：km/h）。

6. ZDA——时间与日期

UTC 时间：日、月、年及本地时区，语句说明如图 6-2-10 所示。

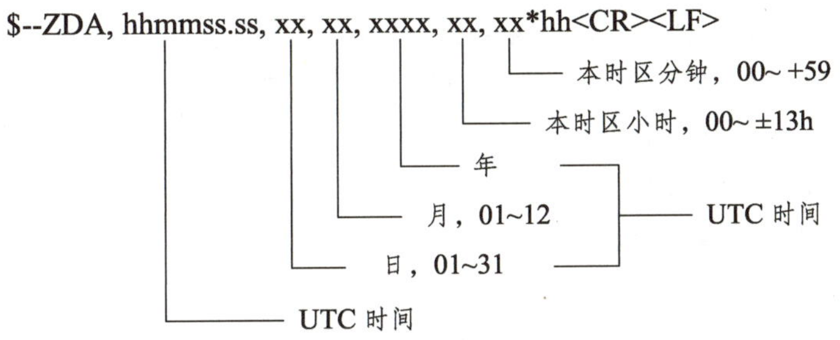

图 6-2-10　ZDA 语句解析

注：本地时区（小时加分钟，以及表示本地区时区的符号）加上本地时间，得到 UTC 时间。通常以负值表示东经，靠近国际日更线的地区除外。

示例：

在 Chatham 岛（新西兰），1995 年 6 月 10 日当地时间 12:30:50（中午）：$GPZDA,123050,09,06,1995,-12,45*6C<CR><LR>

7. TXT 语句——文本传送

本语句用于文本信息的传送，较长的文本信息可用多语句传送。语句说明如图 6-2-11 所示。

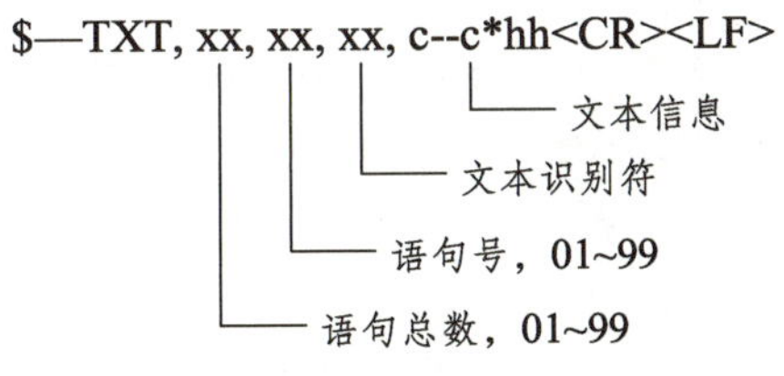

图 6-2-11　TXT 语句解析

注 1：当发送一条完整的信息时，文本信息可由多语句传送，所有的语句都包含有相同的字段格式。第一个字段规定了语句的总数，最小值 1。第二个字段标识了语句的顺序（语句号），最小值 1。如果数据相对于第一条语句没有变化时，为了提高效率，建议在随后语句中使用空字段。

注 2：文本标识符范围是 01 ~ 99，用于标识不同的文本信息。

注 3：ASCII 字符，需要时可有编码定界符，可达到语句允许的最大长度（即包括定界符在内最多 61 个字符）。

6.2.3.5 卫星信息获取

获取卫星信息通常是通过卫星追踪系统或卫星数据服务来实现的。以下是一些常见的方法和资源：

（1）卫星追踪网站。许多网站提供在线卫星追踪工具，如 N2YO、Heavens Above 和 Celestrak。这些网站通常允许用户输入特定的卫星名称或标识符，并提供卫星的实时位置、轨道信息、预测的过境时间等。

（2）天文应用和软件。有许多天文应用和软件可供下载，如 Star Walk、SkySafari 和 Google Earth 等。这些应用和软件通常具有卫星追踪功能，可以显示卫星的实时位置、轨道路径和相关信息。

（3）卫星数据服务供应商。一些公司提供实时卫星数据和图象的订阅服务，如 DigitalGlobe（现在是 Maxar Technologies）、Planet Labs 和 Sentinel Hub 等。这些服务可以提供高分辨率的卫星图像、影像产品和地理信息，适用于各种应用，包括农业、环境监测和城市规划等。

（4）国家太空机构或科学机构。许多国家的太空机构和科学机构都会发布有关卫星和太空任务的信息，如美国国家航空航天局（NASA）和欧洲空间局（ESA）等机构提供了官方的卫星数据、观测计划和科学成果。

无论是使用在线工具、应用软件，还是订阅卫星数据服务，用户可以根据自己的需求和兴趣获取卫星的位置、轨道信息、图像和其他相关数据。请注意，某些卫星数据和服务可能需要付费或订阅才能获得更全面的资讯。

6.2.4 IMU 数据协议解析

以串行通信协议为例，IMU 数据以十六进制的方式进行传输，每一帧数据占 40 个字节，以下面这帧数据为例进行解析。

A5 5A 25 06 14 01 FF DA 2B 61 33 1C 00 01 FF FE 00 01 FF D0 FF 32 FF B0 00 00 00 00 12 7C 00 01 29 F6 01 E5 AA

每一帧的数据包含以下信息：

（1）帧头（字节 1～2）占两个字节；帧尾（字节 40）占一个字节。

（2）长度段（25）：字节 3 为长度段，所表示的是数据所占字节数，将十六进制数 25 转换为十进制可得 37，除去帧头和帧尾所占三个字节，一帧共 37 个字节数据。

（3）字节 4～9 从左到右依次为航向、俯仰、横滚，每个数据的长度段为两字节，将数据帧中十六进制数转换为十进制数再乘以 0.1 就可得到相应数据的值。

（4）加速度（字节 10～15）：从左到右依次为 X 轴加速度、Y 轴加速度、Z 轴加速度，长度段都为两字节，转为十进制数之后除以 16 384 可得相应数据的值。

（5）角速度（字节 16～21）：从左到右依次为 X 轴角速度、Y 轴角速度、Z 轴角速度，转为十进制数之后除以 32.8 可得相应数据的值。

（6）磁强度（字节 22～27）：从左到右依次为 X 轴磁强度、Y 轴磁强度、Z 轴磁强度，转为十进制数之后乘以 0.001 5 可得相应数据的值。

（7）字节 28～31 缺省，长度段为 4 个字节，数值为 0。

（8）温度（字节 32～33）：计算方式为相应十进制数乘以 0.01。

（9）时间戳（字节 34 ~ 37）：长度段为 4 个字节，转换为十进制数可得数据相应的值，单位为毫秒（ms）。

（10）字节 38 ~ 39 分别为磁状态标志和校验和。

某软件数据协议解析界面如图 6-2-12 所示。

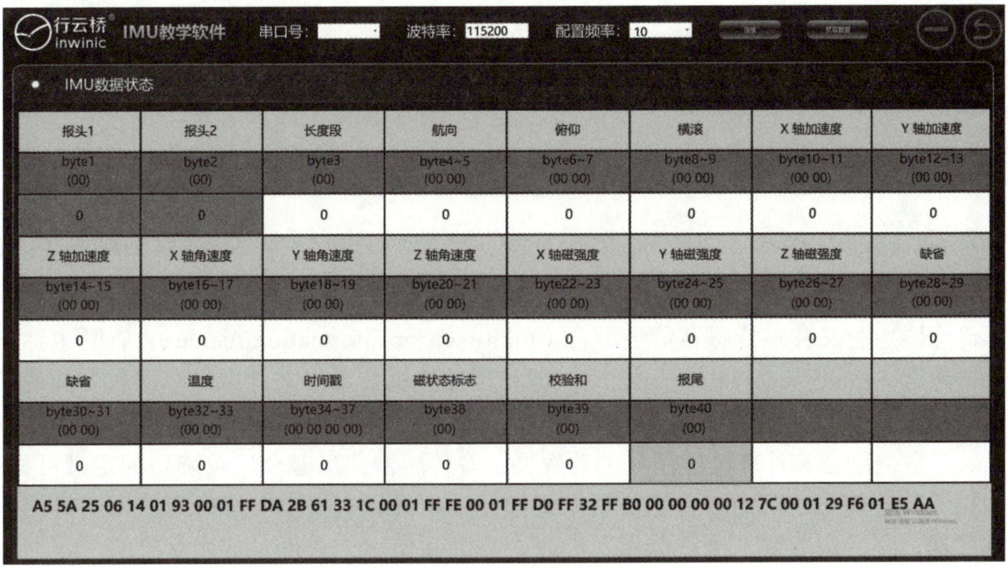

图 6-2-12　某软件数据协议解析界面

第 7 章　多源传感器融合技术

7.1　多源传感器融合技术的基本认知

7.1.1　多源传感器融合的定义

1. 定　义

多传感器融合又称多传感器信息融合（multi-sensor information fusion），有时也称作多传感器数据融合（multi-sensor data fusion），即利用计算机技术将来自多传感器或多源的信息和数据，在一定的准则下加以自动分析和综合，以完成所需要的决策和估计而进行的信息处理过程。随着数据融合和计算机应用技术的发展，多传感器信息融合比较确切的定义可概括为：充分利用不同时间与空间的多传感器数据资源，采用计算机技术对按时间序列获得的多传感器观测数据，在一定准则下进行分析、综合、支配和使用，获得对被测对象的一致性解释与描述，进而实现相应的决策和估计，使系统获得比它的各组成部分更充分的信息。

2. 融合优化

从多信息的视角进行处理及综合，得到各种信息的内在联系和规律，从而剔除无用和错误的信息，保留正确和有用的成分，最终实现信息的优化，也为智能信息处理技术的研究提供了新的思路。

在这一方法中，信息被视为具有多重维度和多层次的数据，这些数据可以来自不同的来源，如各种传感器数据等。通过将这些多样的信息汇聚在一起，可以获得更全面的理解，有助于降低信息碎片化和失真。

此外，融合优化的另一个关键方面是挖掘信息之间的潜在联系和模式。通过应用统计分析、机器学习和数据挖掘技术，可以识别出不同信息之间的相关性，这有助于更准确地预测未来趋势、发现隐藏的知识和识别异常情况。

这一方法还涉及信息的筛选和过滤，以剔除无效或不准确的信息，从而确保最终使用的信息是可靠和有用的。这种信息的净化过程对于决策制定和问题解决非常关键，因为错误或无关的信息可能导致不良的结果。

总之，多传感器融合的信息处理优化方法不仅可以提高信息的质量和可用性，还有助于更好地理解和利用信息以支持智能决策制定和高效任务执行。

3. 多传感器融合优势

多传感器融合系统具有如下优点：

（1）增强感知能力。多传感器融合能够集成来自不同类型传感器的数据，如视觉、声音、雷达、GPS 等。这样，系统能够获得多个角度和信息层面，提高对环境的全面理解。例如，在自动驾驶汽车中，结合视觉、雷达和 LIDAR 数据可以更好地检测周围车辆、行人和道路状况，从而提高行车安全性。

（2）提高鲁棒性。多传感器融合有助于应对传感器单点故障或干扰。如果一个传感器受到干扰或失效，其他传感器可以提供冗余信息，以维持系统的性能。

（3）提高准确性。融合来自多个传感器的信息可以提高对目标状态的估计的准确性。例如，一个单独的 GPS 接收器可能在某些地区信号不稳定，但将 GPS 数据与惯性测量单元（IMU）的数据相结合可以提供更准确的位置和导航信息。

（4）降低虚警率。多传感器融合可降低误报率。通过同时使用多个传感器的信息，系统可以进行更准确的目标识别和事件检测，减少虚警情况。在智能车辆应用中，这对于识别车辆和行人非常重要。

（5）提高实时性。若多个传感器各自观测信息更新频率不同，则某个传感器在某个时段内可能探测到其他传感器还未探测的目标，多个传感器的协同作用可以提高前方目标被检测的概率。

（6）增大可信度。相同覆盖范围内多传感器对同一目标的冗余检测可提高该目标信息的可信度。

概括来说，数据融合的优势在于：充分利用不同时间与空间的多传感器数据资源，采用计算机技术按时间序列获得多传感器的观测数据，在一定准则下进行分析、综合、支配和使用。获得对被测对象的一致性解释与描述，进而实现相应的决策和估计，使系统获得比各组成部分更为充分的信息。

7.1.2　多源传感器融合的基本原理

微课：多源传感器融合的基本原理

多传感器数据融合技术的基本原理就像人脑综合处理信息一样，充分利用多个传感器资源，通过对多传感器及其观测信息的合理支配和使用，把多传感器在空间或时间上冗余或互补信息依据某种准则来进行组合，以获得被测对象的一致性解释或描述（见图 7-1-1）。具体地说，多传感器数据融合原理如下：

（1）由 N 个不同类型的传感器（有源或无源的）收集观测目标的数据。

（2）对传感器的输出数据（离散的或连续的时间函数数据、输出矢量、成像数据或一个直接的属性说明）进行特征提取的变换，提取代表观测数据的特征矢量。

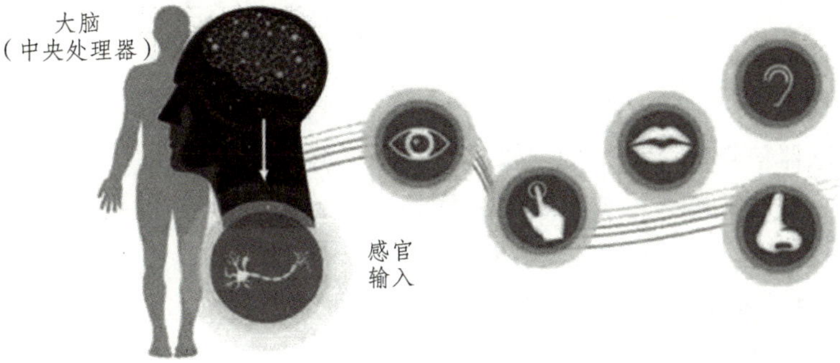

图 7-1-1　多传感器信息融合概念

（3）对特征矢量进行模式识别处理（如聚类算法、自适应神经网络或其他能将特征矢量变换成目标属性判决的统计模式识别法等）完成各传感器关于目标的说明。

（4）将各传感器关于目标的说明数据按同一目标进行分组，即关联。

（5）利用融合算法将每一目标各传感器数据进行合成，得到该目标的一致性解释与描述。

7.1.3　多源传感器融合体系

多传感器融合的体系结构分为分布式、集中式和混合式。

1. 分布式

先对各个独立传感器所获得的原始数据进行局部处理，然后再将结果送入信息融合中心进行智能优化组合来获得最终的结果。分布式多传感器对通信带宽的需求低、计算速度快、可靠性和延续性好，但跟踪的精度却远没有集中式高，如图 7-1-2 所示。

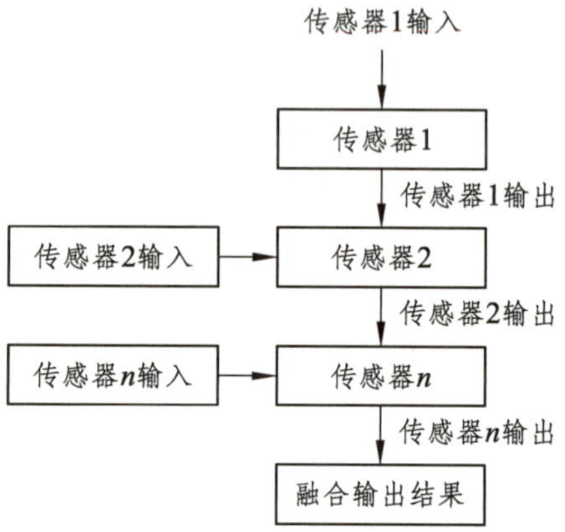

图 7-1-2　分布式多传感器结构

2. 集中式

集中式多传感器将各传感器获得的原始数据直接送至信息融合中心进行融合处理，可以实现实时融合。其优点是数据处理的精度高，算法灵活；缺点是对处理器的要求高，可靠性较低，数据量大，故难以实现，如图 7-1-3 所示。

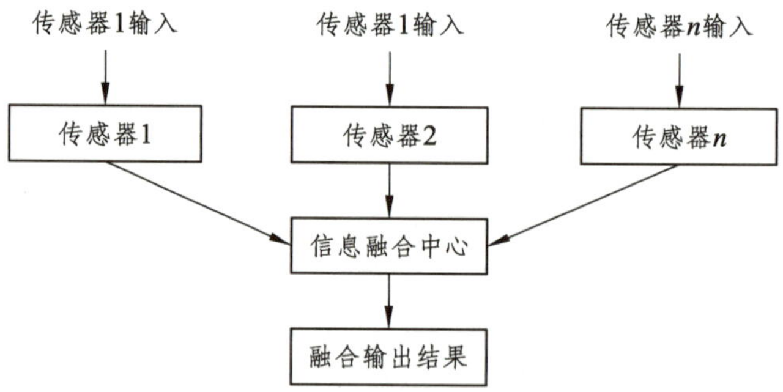

图 7-1-3　集中式多传感器结构

3. 混合式

混合式多传感器信息融合框架中，部分传感器采用集中式融合方式，剩余的传感器采用分布式融合方式。混合式融合框架具有较强的适应能力，兼顾集中式融合和分布式的优点，稳定性强。混合式融合方式的结构比前两种融合方式的结构复杂，这样就加大通信和计算上的代价，如图 7-1-4 所示。

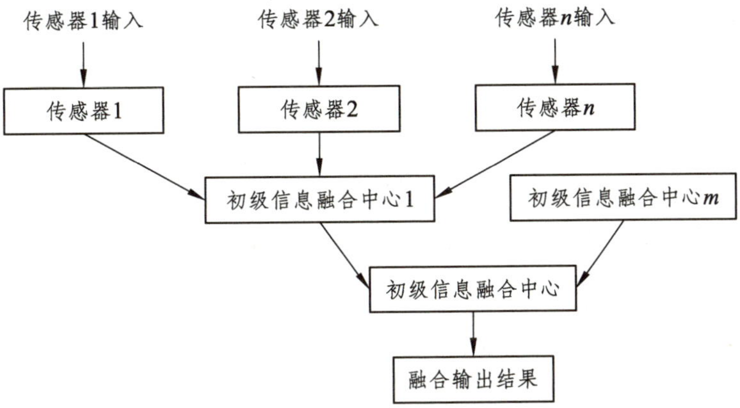

图 7-1-4　混合式多传感器结构

7.1.4　多源传感器融合的特点

1. 信息的冗余性

对于环境的某个特征，可以通过多个传感器（或者单个传感器的多个不同时刻）得到它的多份信息，这些信息是冗余的，并且具有不同的可靠性，通过融合处理，可以从中提取出更加准确和可靠的信息。此外，信息的冗余性可以提高系统的稳定性，从而能够避免因单个传感器失效而对整个系统所造成的影响。

2. 信息的互补性

不同种类的传感器可以为系统提供不同性质的信息，这些信息所描述的对象是不同的环境特征，它们彼此之间具有互补性。如果定义一个由所有特征构成的坐标空间，那么每个传感器所提供的信息只属于整个空间的一个子空间，和其他传感器形成的空间相互独立。

3. 信息处理的及时性

各传感器的处理过程相互独立，整个处理过程可以采用并行导热处理机制，从而使系统具有更快的处理速度，提供更加及时的处理结果。

4. 信息处理的低成本性

多个传感器可以花费更少的代价来得到相当于单传感器所能得到的信息量。另一方面，如果不将单个传感器所提供的信息用来实现其他功能，单个传感器的成本和多传感器的成本之和是相当的。

7.1.5　多源传感器融合的方法

利用多个传感器所获取的关于对象和环境全面、完整的信息，主要体现在融合算法上。因此，多传感器系统的核心问题是选择合适的融合算法。对于多传感器系统来说，信息具有多样性和复杂性，因此，对信息融合方法的基本要求是具有鲁棒性和并行处理能力。此外，还有方法的运算速度和精度；与前续预处理系统和后续信息识别系统的接口性能；与不同技术和方法的协调能力；对信息样本的要求等。一般情况下，基于非线性的数学方法，如果它具有容错性、自适应性、联想记忆和并行处理能力，则都可以用来作为融合方法。

多传感器数据融合虽然未形成完整的理论体系和有效的融合算法，但在不少应用领域根据各自的具体应用背景，已经提出了许多成熟并且有效的融合方法。多传感器数据融合的常用方法基本上可以概括为随机和人工智能两大类，随机类方法有加权平均法、卡尔曼滤波法、多贝叶斯估计法、Dempster-Shafer（D-S）证据推理、产生式规则等；而人工智能类则有模糊逻辑理论、神经网络、粗糙集理论、专家系统等。可以预见，神经网络和人工智能等新概念、新技术在多传感器数据融合中将起到越来越重要的作用。

7.1.5.1 随机类方法

1. 加权平均法

融合方法最简单、最直观的方法是加权平均法，该方法将一组传感器提供的冗余信息进行加权平均，结果作为融合值，该方法是一种直接对数据源进行操作的方法。

2. 卡尔曼滤波法

卡尔曼滤波主要用于融合低层次实时动态多传感器冗余数据。该方法用测量模型的统计特性递推，决定统计意义下的最优融合和数据估计。如果系统具有线性动力学模型，且系统与传感器的误差符合高斯白噪声模型，则卡尔曼滤波将为融合数据提供唯一统计意义下的最优估计。卡尔曼滤波的递推特性使系统处理不需要大量的数据存储和计算。但是，采用单一的卡尔曼滤波器对多传感器组合系统进行数据统计时，存在很多严重的问题，例如：① 在组合信息大量冗余的情况下，计算量将以滤波器维数的三次方剧增，实时性不能满足；② 传感器子系统的增加使故障随之增加，在某一系统出现故障而没有来得及被检测出时，故障会污染整个系统，使可靠性降低。

3. 多贝叶斯估计法

贝叶斯估计为数据融合提供了一种手段，是融合静态环境中多传感器高层信息的常用方法。它使传感器信息依据概率原则进行组合，测量不确定性以条件概率表示，当传感器组的观测坐标一致时，可以直接对传感器的数据进行融合，但大多数情况下，传感器测量数据要以间接方式采用贝叶斯估计进行数据融合。

多贝叶斯估计将每一个传感器作为一个贝叶斯估计，将各个单独物体的关联概率分布合成一个联合的后验的概率分布函数，通过使用联合分布函数的似然函数为最小，提供多传感器信息的最终融合值，融合信息与环境的一个先验模型提供整个环境的一个特征描述。

4. D-S 证据推理方法

D-S 证据推理是贝叶斯推理的扩充，其 3 个基本要点是：基本概率赋值函数、信任函数和似然函数。D-S 方法的推理结构是自上而下的，分三级：第 1 级为目标合成，其作用是把来自独立传感器的观测结果合成为一个总的输出结果（ID）；第 2 级为推断，其作用是获得传感器的观测结果并进行推断，将传感器观测结果扩展成目标报告，这种推理的基础是：一定的传感器报告以某种可信度在逻辑上会产生可信的某些目标报告；第 3 级为更新，各种传感器一般都存在随机误差，所以，在时间上充分独立的来自同一传感器的一组连续报告比任何单一报告可靠。因此，在推理和多传感器合成之前，要先组合（更新）传感器的观测数据。

5. 产生式规则

产生式规则采用符号表示目标特征和相应传感器信息之间的联系，与每一个规则相联系的置信因子表示它的不确定性程度。当在同一个逻辑推理过程中，2 个或多个规则形成一个联合规则时，可以产生融合。应用产生式规则进行融合的主要问题是每个规则的置信因子的定义与系统中其他规则的置信因子相关，如果系统中引入新的传感器，需要加入相应的附加规则。

7.1.5.2　人工智能类方法

1. 模糊逻辑推理

模糊逻辑是多值逻辑，通过指定一个 0 到 1 之间的实数表示真实度，相当于隐含算子的前提，允许将多个传感器信息融合过程中的不确定性直接表示在推理过程中。如果采用某种系统化的方法对融合过程中的不确定性进行推理建模，则可以产生一致性模糊推理。与概率统计方法相比，逻辑推理存在许多优点，它在一定程度上克服了概率论所面临的问题，它对信息的表示和处理更加接近人类的思维方式，它一般比较适合于在高层次上的应用（如决策），但是，逻辑推理本身还不够成熟和系统化。此外，由于逻辑推理对信息的描述存在很大的主观因素，所以，信息的表示和处理缺乏客观性。

模糊集合理论对于数据融合的实际价值在于它外延到模糊逻辑，模糊逻辑是一种多值逻辑，隶属度可视为一个数据真值的不精确表示。在 MSF 过程中，存在的不确定性可以直接用模糊逻辑表示，然后，使用多值逻辑推理，根据模糊集合理论的各种演算对各种命题进行合并，进而实现数据融合。

2. 人工神经网络法

神经网络具有很强的容错性以及自学习、自组织及自适应能力，能够模拟复杂的非线性映射。神经网络的这些特性和强大的非线性处理能力，恰好满足了多传感器数据融合技术处理的要求。在多传感器系统中，各信息源所提供的环境信息都具有一定程度的不确定性，对这些不确定信息的融合过程实际上是一个不确定性推理过程。神经网络根据当前系统所接受的样本相似性确定分类标准，这种确定方法主要表现在网络的权重分布上，同时，可以采用一定的学习算法来获取知识，得到不确定性推理机制。利用神经网络的信号处理能力和自动推理功能，即实现了多传感器数据融合。

7.1.6　多源传感器融合的级别

在以目标身份估计为目的的体系结构下，根据多传感器信息融合技术抽象程度的不同，可以将其划分为 3 个层次：像素级融合、特征级融合、决策级融合，一般情况下，具体应用方案根据系统特点进行合理选择。

1. 像素级融合

像素级融合又称为数据级融合，如图 7-1-5 所示，它将同类别的传感器采集的原始数据进行融合，最大可能地保留了各预处理阶段的细微信息。但是，由于融合进行在数据的最底层，计算量大且容易受不稳定性、不确定性因素的影响。同时，数据融合精确到像素级的准确度，因而无法处理异构数据。

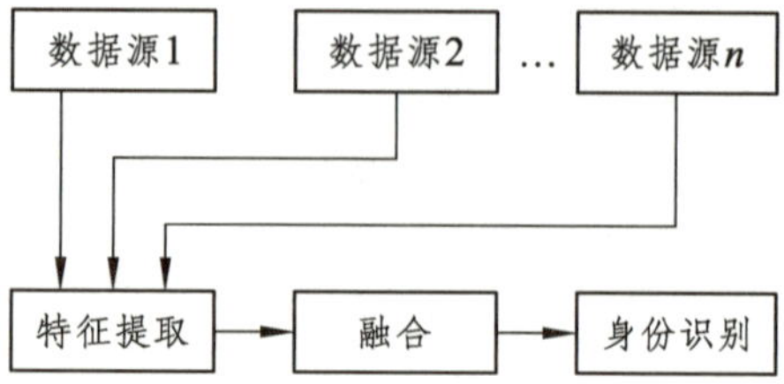

图 7-1-5　像素级融合

像素级融合首先基于各传感器原始数据进行关联和配准，然后通过融合获得融合数据信息，最终在融合数据基础上完成特征提取与属性判决得到目标身份说明。该融合方式属于低级融合，在融合过程中对原始数据很少处理甚至不做处理，但它是高层次融合的基础，也是目前信息融合研究的重点之一。相较于其他层次的融合，像素级融合能够保留足够多的原始观测数据，提供更加精确、更加精密的信息，但数据处理信息量大，对处理器性能及通信带宽提出更高要求。

2. 特征级融合

如图 7-1-6 所示，特征级融合是通过各传感器的原始数据结合决策推理算法，对信息进行分类、汇集和综合，提取出具有充分表示量和统计量的属性特征。根据融合内容，特征级融合又可以分为目标状态信息融合和目标特性融合两大类。其中，前者的特点是先进行数据配准，以实现对状态和参数相关估计，更加适用于目标跟踪。后者是借用传统模式识别技术，在特征预处理的前提下进行分类组合。

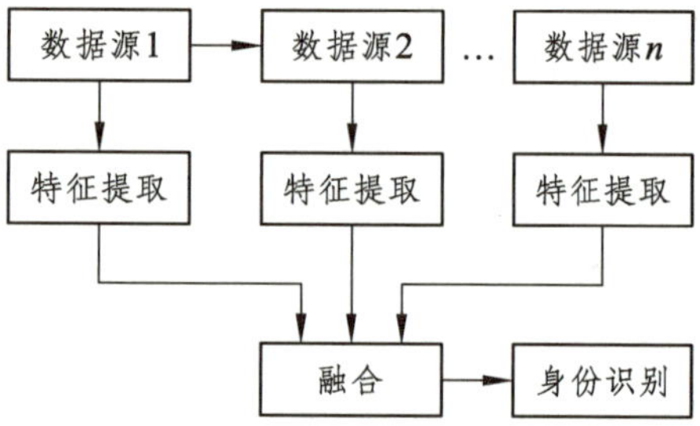

图 7-1-6　特征级融合

特征级融合是中间层次的融合。该融合方式分别对各传感器原始观测数据各自独立地进行分析并完成特征提取，为便于对特征的描述，将所提取的特征分别创建为特征矢量，然后对来自不同传感器的特征矢量做关联处理并在融合中心完成融合获得融合特征矢量，最终基于融合特征矢量实现目标身份估计。

3. 决策级融合

决策级融合的特点是高层次，需要处理不同类型的传感器对同一观测目标的原始数据，并完成特征提取、分类判别，生成初步结论，然后根据决策对象的具体需求，进行相关处理和高级决策判决，获得简明的综合推断结果，如图 7-1-7 所示。决策级融合具有实时性好、容错性高的优点，面对一个或者部分传感器失效时，仍能给出合理决策。

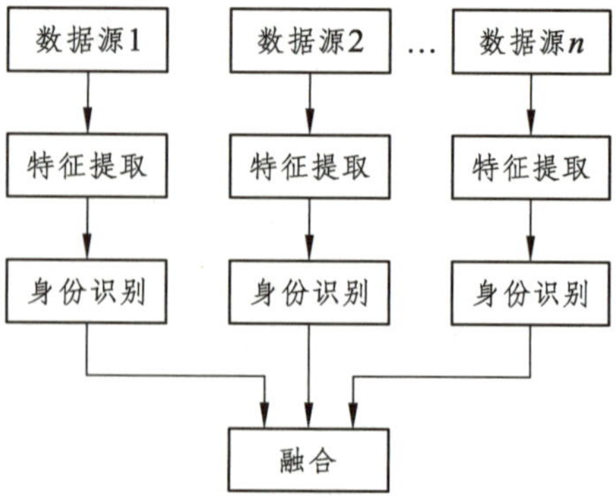

图 7-1-7　决策级融合

决策级融合首先基于各传感器原始观测数据各自独立地进行预处理、特征提取与模式分类并作出判决，然后再将各判决信息进行关联，最终完成融合得到最终的判决结果。决策级融合需要基于各个传感器独立地完成预处理、特征提取等操作，所以其明显缺点就是预处理代价高。而其能够得到广泛应用的原因主要在于它众多的优点：① 容错性强，能够将单个传感器失效或误判给最终推断结果带来的影响降到最小；② 灵活性高，通信量小；③ 对是否为同质传感器没有要求；④ 数据融合运算量小。

7.2　多源传感器融合技术的应用

7.2.1　“摄像头与毫米波雷达（Radar）”融合

7.2.1.1　控制方式

摄像头与毫米波雷达（Radar）融合方式及内容如表 7-2-1 所示。

表 7-2-1　摄像头与毫米波雷达（Radar）融合

融合方式	融合内容
输入	图像视频分辨率（整型 int）
	图像视频格式（RGB、YUV、MP4 等）
	毫米波雷达点云信息〔点云坐标位置（x，y），浮点型 float〕
	摄像头标定参数〔中心位置（x，y）和 5 个畸变系数（2 径向、2 切向、1 棱向），浮点型 float〕
	摄像头初始化参数（摄像头初始位置和三个坐标方向的旋转角度，车辆宽度高度车速等，浮点型 float）
输出	利用 kalman 滤波融合后的摄像头与毫米波雷达点云信息〔点云坐标位置（x，y），浮点型 float〕
	融合后的 image/video（RGB、YUV、MP4 等）
	目标物与车辆的距离（浮点型 float）
	目标物的识别（整型 int）

7.2.1.2　功能定义

1. 时间戳的融合

摄像头的时间戳和雷达的时间戳是不一致的。先要实现时间戳上的融合和空间上的融合。将摄像头检测得到的目标物转换到世界坐标系中，与雷达所检测得到的点源信息相融合。

2. 融合算法

融合算法的准确性决定了融合的结果。

3. 摄像头测距

由于雷达的测距是点源信息，如果要得到摄像头上图像连续的距离需要通过像素获得，因此，需要通过雷达来标定摄像头的外参。

4. 融合平台的开发

融合之前分别获得雷达、摄像头检测的结果，其中又包括了滤波、摄像头的测距等算法。

7.2.1.3 融合技术路线方案

视觉摄像头与雷达各有所长。毫米波雷达与摄像头融合介绍如表 7-2-2 所示。

表 7-2-2 毫米波雷达与摄像头融合

方案	范围	误差
雷达测速(m/s)	-50 ~ 50	0.1 ~ 0.2
雷达测距/m	120 ~ 130	双目摄像头为 2.5%以内，单目摄像头为 8% ~ 10%
融合方法	特征融合，数据融合	

在 Python 中实现摄像头和毫米波雷达的融合涉及到数据处理、传感器融合和决策制定等方面的任务。以下为一个简单的示例，演示了如何使用 Python 进行摄像头和雷达数据的简单融合。

首先，假设已有一个摄像头传感器和一个毫米波雷达传感器，分别提供图像数据和距离信息。以下是一个伪代码示例，说明如何将它们简单地融合。

```
import numpy as np
#模拟摄像头数据，例如检测到的目标位置
camera_data={"x":100,"y":50}
#模拟毫米波雷达数据，例如距离和速度信息
radar_data={"distance":80,"velocity": 10}
#合并摄像头和雷达数据
fused_data ={
  "camera_x": camera_data["x"],
  "camera_y": camera_data["y"],
  "radar_distance": radar_data["distance"],
  "radar_velocity": radar_data["velocity"]
}
#做出融合后的决策，例如判断目标是否在危险距离内
if fused data["radar distance"]< 100:
   print("目标在危险距离内!")
#打印融合后的数据
print( “融合后的数据:", fused_data)
```

这只是一个简单的示例，实际应用中，传感器融合需要使用更复杂的算法。例如，卡尔曼滤波、粒子滤波等来融合不同传感器的数据，从而得到更准确的目标状态估计。同时，还需要根据实际应用制定合适的决策策略。

7.2.2　视觉激光雷达融合

在实际驾驶过程中，驾驶员获取的信息绝大部分来自视觉，如车身四周的机动车、非机动车、行人、动物、道路标识、道路本身、车道线等。而摄像头拥有最丰富的线性密度，其数据量远超其他类型的传感器。基于图像信息密度最高的优势，使得视频视觉识别处于整个感知融合的中心地位。但摄像头需要识别和估算的目标繁多，导致基于目标检测与识别的学习算法变得十分复杂。

激光雷达相对于毫米波雷达等其他传感器具有分辨率高、识别效果好等优点，已越来越成为主流的自动驾驶汽车传感器，但其成本从根本上阻碍了自动驾驶汽车的普及与商用。目前激光雷达正在向着低成本、小型化的固态扫描或机械固态混合扫描形式发展，但仍存在量产规模和成本等问题。

摄像头产生的数据是 2D 图像，对于物体的形状和类别的感知精度较高。深度学习技术的成功起源于计算机视觉任务，很多成功的算法也是基于对图像数据的处理，因此目前基于图像的感知技术已经相对成熟。图像数据的缺点在于受外界光照条件的影响较大，很难适用于所有的天气条件。对于单目系统来说，获取场景和物体的深度（距离）信息也比较困难。双目系统可以解决深度信息获取的问题，但是计算量很大。激光雷达在一定程度上弥补了摄像头的缺点，可以精确地感知物体的距离，但是限制在于成本较高，车规要求难以满足，因此在量产方面比较困难。同时，激光雷达生成的 3D 点云比较稀疏（比如垂直扫描线只有 64 或 128）。对于远距离物体或者小物体来说，反射点的数量会非常少。

图像数据和点云存在着巨大的差别（见图 7-2-1）。首先是视角不同，图像数据是真实世界通过透视投影得到的二维表示，而三维点云则包含了真实世界欧式坐标系中的三维信息，可以投影到多种视图。其次是数据结构不同，图像数据是规则的、有序的、稠密的，而点云数据是不规则的、无序的、稀疏的。在空间分辨率方面图像数据也比点云数据高很多。

	图像	点云
排列	有序	无序
数据结构	规则	不规则
数据类型	离散	连续
尺寸	二维	三维
坐标	投影	欧式聚类
分辨率	高	低

图 7-2-1　图像数据与点云数据的对比

自动驾驶感知系统中有两个典型的任务：物体检测和语义分割。由于语义分割可以由物体检测扩展得到，我们主要以物体检测任务为主学习不同的融合方法。

物体检测的策略分为：决策层融合，决策+特征层融合，以及特征层融合。在决策层融合中，图像和点云分别得到物体检测结果（BoundingBox），转换到统一坐标系后再进行合并。这种策略中用到的大都是一些传统的方法，如 IoU 计算、卡尔曼滤波等，与深度学习关系不大，本文就不做介绍了。下面重点来讲讲后两种融合策略。

决策+特征层融合策略的主要思路是将先通过一种数据生成物体的候选框（Proposal）。如果采用图像数据，那么生成的就是 2D 候选框，如果采用点云数据，那么生成的就是 3D 候选框。然后将候选框与另外一种数据相结合来生成最终的物体检测结果（也可以再重复利用生成候选框的数据）。这个结合的过程就是将候选框和数据统一到相同的坐标系下，可以是 3D 点云坐标（如 F-PointNet），也可以是 2D 图像坐标（如 IPOD）。

F-PointNet 由图像数据生成 2D 物体候选框，然后将这些候选框投影到 3D 空间。每个 2D 候选框在 3D 空间对应一个视椎体（Frustum），并将落到视椎体中所有点合并起来作为该候选框的特征。视椎体中的点可能来自前景的遮挡物体或者背景物体，所以需要进行 3D 实例分割来去除这些干扰，只保留物体上的点，用来进行后续的物体框估计（类似 PointNet 中的处理方式）。这种基于视椎的方法，其缺点在于每个视椎中只能处理一个要检测的物体，这对于拥挤的场景和小目标（如行人）来说是不能满足要求的。

IPOD 提出采用 2D 语义分割来替换 2D 物体检测。首先，图像上的语义分割结果被用来去除点云中的背景点，这是通过将点云投影到 2D 图像空间来完成的。接下来，在每个前景点处生成候选物体框，并采用 NMS 去除重叠的候选框，最后每帧点云大约保留 500 个候选框。同时，PointNet++网格被用来进行点特征提取。有了候选框和点特征，最后一步采用一个小规模的 PointNet++来预测类别和准确的物体框（当然这里也可以用别的网络，如 MLP）。IPOD 在语义分割的基础上生成了稠密的候选物体框，因此在含有大量物体和互相遮挡的场景中效果比较好。

决策+特征层融合的特点是以物体候选框为中心来融合不同的特征，融合的过程中一般会用到 ROI pooling（如双线性插值），而这个操作会导致空间细节特征的丢失。另外一种思路是特征层融合，也就是直接融合多种特征。比如说将点云映射到图像空间，作为带有深度信息的额外通道与图像的 RGB 通道进行合并。这种思路简单直接，对于 2D 物体检测来说效果不错。但是融合的过程丢失了很多 3D 空间信息，因此对于 3D 物体检测来说效果并不好。由于 3D 物体检测领域的迅速发展，特征层融合也更倾向于在 3D 坐标下完成，这样可以为 3D 物体检测提供更多信息。

ContFuse 采用连续卷积（Continuous Convolution）来融合点云和图像特征。融合过程在 BEV 视图下完成。对于 BEV 上的一个像素（网格），首先在点云数据中找到其 K 个最邻近的点，然后将这些 3D 空间中的点映射到图像空间，以此得到每个点的图像特征。同时，每个点的几何特征则是该点到相应 BEV 像素的 XY 偏移量。将图像特征和几何特征合并作为点特征，然后按照连续卷积的做法对其进行加权求和（权重依赖于 XY 偏移量），以得到相应 BEV 像素处的特征值。对 BEV 的每个像素进行类似处理，就得到了一个 BEV 特征图。这样就完成了图像特征到 BEV 视图的转换，之后就可以很方便地与来自点云的 BEV 特征进行融合。ContFuse 在多个空间分辨率下进行了上述的特征融合，以提高对不同大小物体的检测能力。

PointPainting 把点云投影到图像语义分割的结果中，这与 IPOD 中的做法类似（见图 7-2-2）。但是，PointPainting 没有利用语义分割的结果来分离前景点，而是直接将语义分割的信息附加到点云上。这样做的好处是，融合之后的数据还是点云（但是具有更为丰富的语义信息），可以采用任何点云物体检测网络来处理，如 PointRCNN，VoxelNet，PointPillar 等。

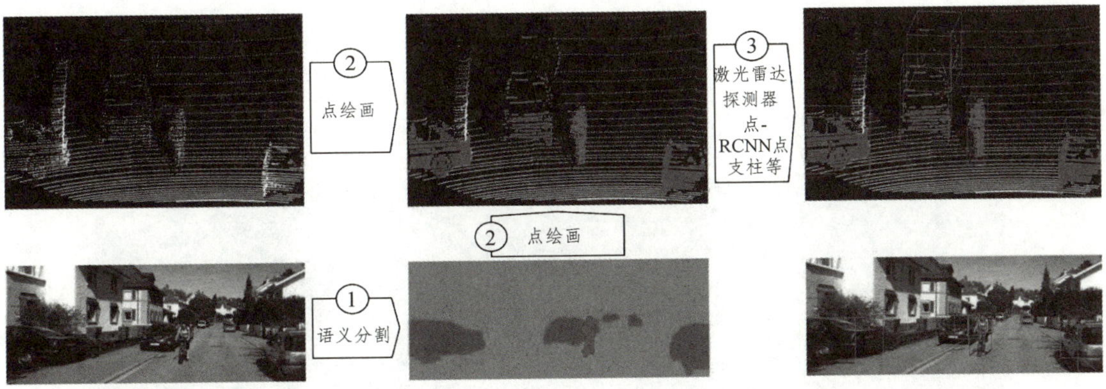

图 7-2-2　PointPainting 的融合流程

雷达点云和视觉图像融合，充分利用点云的 3D 和图像的纹理颜色信息，将极大提高感知和定位的精度。在原始数 据融合的过程中，需要标定相机的内参，雷达与相机数据同步，雷达相机外参标定以及数据融合。

7.2.2.1　视觉激光雷达联合标定

1. 联合标定

联合标定的作用就是建立点云的 point 和图像 pixel 之间的对应关系。激光雷达能够获得目标相当精确的三维坐标信息，但是分辨率低，目前主流的为 64 线和 32 线，稀疏的点云数据为模式识别带来了困难。融合相机和激光雷达对目标障碍物完成检测，在图像层面使用深度学习算法将目标检测识别，然后将目标从二维图像映射到三维点云，从而画出目标在三维空间的位置以及边界（三维的 bounding box）。实现这一映射的前提是完成 Camera 到激光雷达的组合标定。

2. 联合标定实例

例如，目前雷达 RS-LiDAR-32 的工作频率为 10 Hz，LI-USB30-AR0231-AP0200-GMSL2 相机为 28 Hz，BFLY-PGE-23S6C-C 相机为 40 Hz。相机的频率会受到光照的影响，当光照较暗时帧率会下降，而雷达的工作频率非常稳定，几乎不受外界干扰，现以雷达数据为基准，根据两种相机的特性使用以下的同步策略。

1）时间戳同步

LI-USB30-AR0231-AP0200-GMSL2 相机不支持软件触发，使用时间戳和相位匹配来同步点云和图像数据，理论最大误差为 17.8 ms。

2）软件触发

使用软件触发来同步点云和 BFLY-PGE-23S6C-C 相机的图像数据，根据雷达点云数据的相位和雷达相机结构信息发送触发信号，理论同步误差为 0.6 ms。

雷达相机数据融合之前必须知道两者之间的位置关系，获得这一对应关系的过程就是雷达相机标定，基于特定形状以及雷达反射率来提取特征，确定在相同坐标系下，激光雷达点云和相机图像的位置关系，即可将点云转换到图像坐标系下，匹配相应的物体。

3. 视觉激光雷达融合实例

现在很多智能网联汽车采用了“激光雷达+摄像头”的融合的实例，如 Waymo 即采用了多颗低线束激光雷达融合摄像头的技术方案，如图 7-2-3 所示。

图 7-2-3　Waymo 智能车

7.2.3　激光雷达与 IMU 融合

当今导航定位领域的主流自主定位手段是使用惯性导航系统（Inertial Navigation System，INS）+里程计（Odometry，OD）+高程计的组合定位方式，但是该系统本身存在的误差会随着时间不断发散，需要靠其他传感器来进行辅助定位。三维点云激光雷达定位作为一种新兴的定位手段，具有不受光线影响、分辨率高、测量距离远的优点。激光雷达和惯性导航进行组合的定位方式也是当今实现无人驾驶的主流技术途径之一。为了满足该系统的定位精度，传感器之间的参数标定至关重要，参数标定精度直接影响融合定位结果。

针对车载激光雷达和惯性测量单元（Inertial Measurement Unit，IMU）的坐标系联合标定过程如下：首先通过区域分割、地面滤除和标志点提取的预处理方法来提取标志点；然后借鉴 3D 点云匹配的方法，将坐标系联合标定转化为点云匹配问题，使用迭代最近邻点（Iterative Closest Point，ICP）算法求得两坐标系的坐标转换矩阵；最后，将标定结果与基于最小二乘法的标定结果进行对比，结果表明使用 3D 点云匹配的标定方法是可行的。

三维点云激光雷达定位作为一个新兴的手段，具有不受光线影响、分辨率高、测量距离远的优点。激光雷达和惯性导航进行组合的定位方式也是当今实现无人驾驶的主流技术途径之一。为了满足该系统的定位精度，传感器之间的参数标定至关重要，参数标定精度直接影响融合定位结果。

7.2.3.1　IMU 标定和激光雷达标定

激光雷达主要利用外部的经纬仪和测距仪直接进行轮廓测量，以此得到标定参数，但是这种方法过于烦琐且精度较低。目前已经提出了多种针对激光雷达位姿的标定方法，例如，程金龙采用三面靶标的激光雷达外参数标定的方法，使用随机采样一致性算法完成了平面分割和同名向量的提取，最后解出标定参数；韩正勇提出了一种可以在采样帧数比较少的情况下获得较高精度的参数矩阵的方法，该方法采用棋盘面对应性的性质，将坐标系标定问题转换为三维空间中旋转和缩放矩阵的求解问题；韩栋斌提出了一种在非理想参数初值的条件下依然可以获得较好标定结果的方法，该方法采用多对点云同时匹配迭代生成外参数来进行参数解算。

7.2.3.2　激光雷达与 IMU 融合标定

激光雷达与 IMU 之间存在安装误差角和位置误差，因此两个传感器测量得到的同一组标志点的三维坐标不同，可以通过对应坐标点的关系来计算得到坐标系之间的转换矩阵，完成激光雷达与 IMU 坐标系的联合标定。其流程如图 7-2-4 所示。

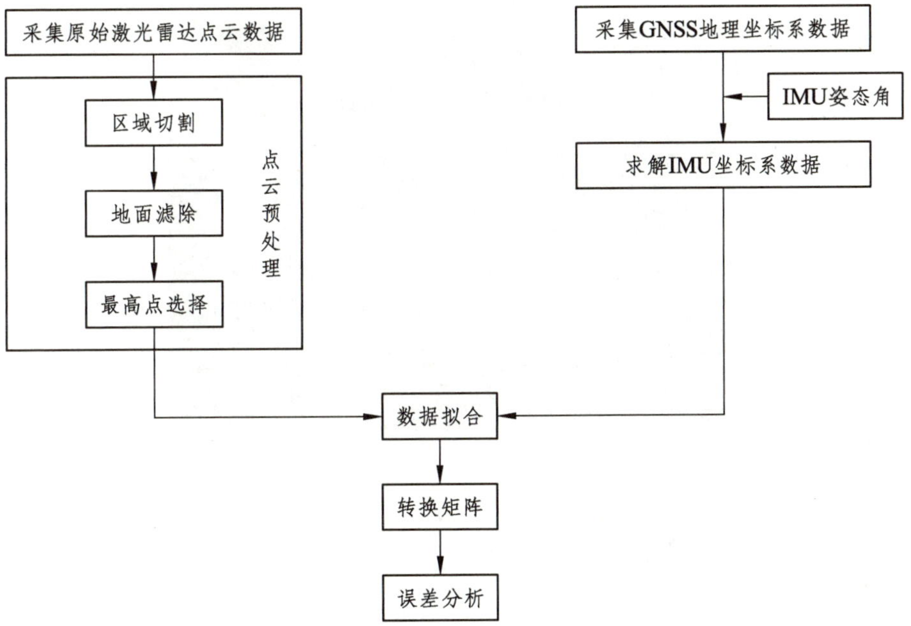

图 7-2-4　激光雷达和 IMU 坐标系参数标定流程

如图 7-2-5 所示，（$OX_1Y_1Z_1$）为地理坐标系 M，（$OX_2Y_2Z_2$）为 IMU 坐标系 N，（$OX_3Y_3Z_3$）为激光雷达坐标系 T，通过移动角反射器可获得在雷达坐标系下标志物在不同位置的坐标，并同时采用差分 GPS 获得标志物在当前位置的地理坐标系下的坐标。因标定场地不水平，通过车载 IMU 测得车辆相对地理坐标系的姿态角及 IMU 处的地理坐标系坐标，通过坐标变换将标志物在地理坐标系下的坐标转换到 IMU 坐标系下。

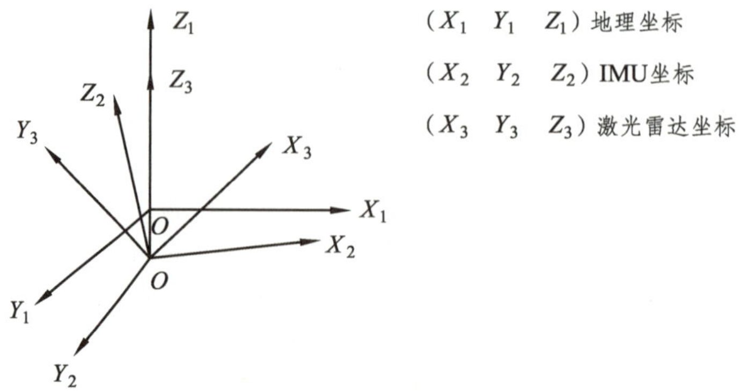

图 7-2-5　三维坐标的关系模型

7.2.3.3　激光雷达与 IMU 融合实例

美国移动出行公司 First Transit 与休斯敦地铁共同在美国得克萨斯州南方大学（以下简称南得州大学）推出了无人小巴服务，这也是得克萨斯州落地的首个无人驾驶运营项目。该小巴内置有激光雷达、毫米波雷达、IMU 惯性测量单元、GPS 等多种传感器，且可通过定位算法与多传感器融合技术，进行精确定位（见图 7-2-6）。

图 7-2-6　无人小巴在得州首次落地测试运营

将激光雷达（Lidar）和惯性测量单元（IMU）数据进行融合，可以提高定位和环境感知的准确性。下面是一个基于 Linux 平台的激光雷达和 IMU 数据融合的简单示例，使用了 Python 和 ROS（Robot Operating System）。

1. 安装 ROS

如果尚未安装 ROS，可以在 Linux 上通过以下方式进行安装：

```
sudo apt-get update
sudo apt-get install ros-melodic-desktop-full        # 请根据 ROS 的版
本进行更改
```

2. 创建 ROS 工作空间

如果没有 ROS 工作空间，可以执行以下步骤：

```
mkdir -p ~/catkin ws/src
cd -/catkin ws/
catkin make
```

3. 安装相应的 ROS 软件包

针对激光雷达和 IMU，您可能需要安装适当的 ROS 软件包。例如，如果您使用的是 Velodyne 激光雷达和 IMU，可以使用以下命令安装相应的软件包：

```
sudo apt-get install ros-melodic-velodyne-*
sudo apt-get install ros-melodic-imu-tools
```

4. 创建 ROS 节点

在 ROS 工作空间的 src 目录中创建一个 ROS 节点，用于接收激光雷达和 IMU 数据，进行融合并发布融合后的数据。以下是一个简单的示例：

在 ~ /catkin_ws/src 目录下创建一个名为 lidar_imu_fusion 的文件夹，并在该文件夹下创建一个名为 src 的子文件夹。在 src 文件夹中创建一个 Python 脚本文件，例如，lidar_imu_fusion_node.py，用于编写 ROS 节点的逻辑。

示例脚本 lidar_imu_fusion_node.py：

```
#!/usr/bin/env python
import rospy
from sensor_msgs .msg import LaserScan , Imu
from geometry_msgs .msg import PoseStamped
def  lidar callback(scan):
# 在此处实现激光雷达数字处理逻辑
pass
def  imu_callback(imu):
# 在此处实现 IMU 数据处理逻辑
pass
def  fusion_and_publish( ):
# 在此处实现激光雷达和 IMU 数据融合逻辑，并发布融合后的数据
pass
if  __name__ == '__main_':
rospy .init_node( lidar_imu_fusion_node')
rospy.Subscriber("/lidar_topic , LaserScan, lidar_callback)
rospy.Subscriber( /imu_topic , Imu, imu_callback)
fusion pub = rospy,Publisher('/fusion topic', Posestamped, queue
size=10)
rate = rospy.Rate(18)  # 发布频率
while not rospy.is_shutdown( ):
Fusion_and_publish( )
rate.sleep( )
```

5. 编译和运行

编译 ROS 工作空间并运行节点。

```
cd ~/catkin ws/
catkin_make
source devel/setup,bash
rosrun lidar_imu_fusion lidar_imu_fusion_node.py
```

请注意，上述示例仅为演示用途，实际中需要根据使用的激光雷达、IMU 以及融合算法来进行相应的代码编写。同时，具体的消息类型和话题名称需要根据实际情况进行调整。此外，ROS 提供了丰富的工具和库，可用于实现更高级的激光雷达和 IMU 数据融合。

运行 ROS 节点后，可以在终端窗口中看到节点输出的日志信息。节点会根据您在代码中编写的逻辑，对激光雷达和 IMU 数据进行处理、融合，并发布融合后的数据。

通常情况下，会看到类似下面的输出。

```
[INFO] [1629999999.123456]: 融合后的数据: x=100, y=50, distance=80, velocity=10
```

这个输出取决于在代码中如何处理和融合激光雷达和 IMU 数据。融合后的数据将包含来自激光雷达和 IMU 的信息，可以根据具体需求进行进一步的处理和决策。

请注意，运行结果会因为具体实现、数据处理逻辑和算法的不同而有所不同。如果遇到问题，可以查看终端中的错误信息，以便进行调试和修复。

7.2.4 “激光雷达+摄像头+毫米波雷达”的融合方案

目前很多企业也提出了基于“激光雷达+摄像头+毫米波雷达”的融合方案。图 7-2-7 所示为 ROADSTAR.AI 提出的传感器融合方案。在这个机顶盒上包含了 5 个低线束激光雷达、6 个摄像头、3 个毫米波雷达和 1 套 GPS&IMU 系统。所有的传感器都会在这个机顶盒中做处理，包含异构多传感器同步技术。处理好的数据会通过一根线输入控制 ECU 当中，ECU 接入这个数据后进行检测、决策、定位算法，最终会通过控制单元来控制车辆。

图 7-2-7　ROADSTAR.AI 传感器融合方案

7.2.5 多传感器融合技术相关算法

当涉及多传感器融合算法时，通常涉及将来自不同传感器的信息合并以获得更准确、可靠的结果。这种融合可以在多个层面进行，包括数据级、特征级和决策级。下面将详细介绍这些层面上常用的多传感器融合算法。

7.2.5.1　数据级融合

数据级融合涉及将来自不同传感器的原始数据进行组合，以便获得更全面、更准确的信息。常用的数据级融合算法包括：

1. 加权平均法

加权平均法是一种简单而常用的数据级融合方法，用于将来自不同传感器的测量值进行融合。它适用于各种应用，从环境监测到定位系统，以及其他需要综合多个传感器信息的领域。

1）基本思想

加权平均法的基本思想是为每个传感器分配一个权重，然后将各传感器的测量值乘以相应的权重，并将加权后的测量值进行平均，从而得到融合后的结果。

2）步　骤

（1）权重分配。首先，需要确定每个传感器的权重。这些权重可以基于传感器的性能、精度、可靠性等进行设置。通常，性能更好的传感器会被赋予更高的权重。

（2）测量值加权。对于每个传感器，将其测量值与相应的权重相乘，得到加权后的测量值。

（3）加权平均。将所有加权后的测量值进行求和，然后除以总权重的和，得到加权平均值作为融合结果。

3）示　例

假设有两个传感器，传感器 A 和传感器 B，分别测量温度。传感器 A 的测量值为 25 °C，传感器 B 的测量值为 23 °C。给定权重为 0.6 和 0.4，分别对应传感器 A 和传感器 B。则融合后的温度可以通过以下计算得到：

融合温度=(0.6*25 °C+0.4*23 °C)/(0.6+0.4)=24 °C

4）优　点

（1）简单易实现，计算成本较低。

（2）可适用于各种传感器类型和数据类型。

5）限　制

（1）忽略了传感器之间的相关性和误差特性。

（2）对于不同质量的传感器，权重分配可能较为主观，需要仔细考虑。

加权平均法虽然简单，但在一些情况下仍然可以提供有效的融合结果。然而，在需要更高级别的融合精度和性能时，可能需要考虑更复杂的融合算法。

2. 卡尔曼滤波

卡尔曼滤波（Kalman Filtering）是一种用于状态估计的递归算法，广泛应用于多传感器融合、控制系统、导航以及信号处理等领域。它能够结合系统模型和测量值，通过迭代的方式逐步优化状态估计，从而提供更准确的估计结果。

1）基本思想

卡尔曼滤波的核心思想是将系统建模为线性动态系统，然后通过预测和更新两个步骤来估计系统的状态。预测步骤基于系统的动态模型预测下一个状态，然后通过更新步骤结合测量值来修正预测结果，得到更准确的状态估计。

2）步　骤

（1）预测（时间更新）。基于系统的动态模型，通过状态转移方程预测下一个状态的均值和协方差。

（2）更新（测量更新）。利用测量值对预测的状态进行校正，通过测量模型将预测状态映射到测量空间，然后计算卡尔曼增益，将测量值引入估计。

（3）迭代。重复执行预测和更新步骤，逐步优化状态估计，获得更准确的估计结果。

应用示例：无人机的自主导航。通过结合惯性测量单元（IMU）的加速度和陀螺仪数据，以及全球定位系统（GPS）的位置测量，卡尔曼滤波可以提供准确的无人机位置和姿态估计。

3）优　点

（1）能够有效处理噪声和不确定性，适用于实际测量中的误差。

（2）在迭代中逐步逼近真实状态，适用于动态系统。

（3）较为高效，适用于实时应用。

4）限　制

（1）对于非线性系统，需要进行扩展卡尔曼滤波（EKF）或无迹卡尔曼滤波（UKF）等扩展。

（2）需要准确的系统模型和测量模型。

5）示　例

以一个常见的小车运动为例。如图 7-2-8 所示，有辆小车在道路上水平向右侧匀速运动，在左侧 o 点安装了传感器，传感器每隔 1 s 测量一次小车的位置 s 和运动速度 v。

则状态向量为

$$x_t = \begin{bmatrix} s_t \\ v_t \end{bmatrix}$$

式中，x_t 表示小车在 t 时刻的运动状态；v_t 表示小车在 t 时刻的速度。

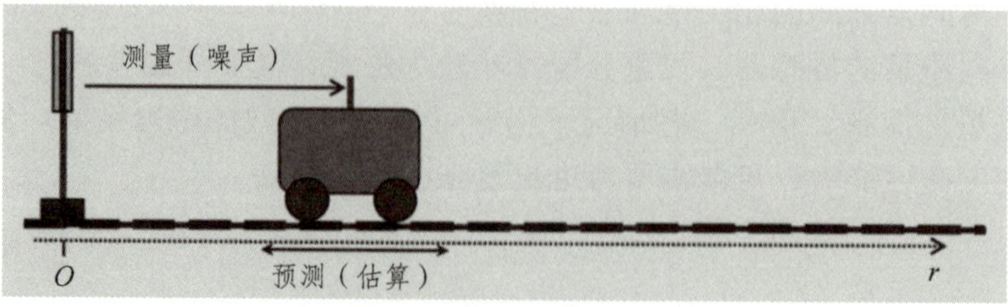

图 7-2-8　小车运动状态示例

由于传感器自身测量误差的存在，无法直接获取小车的真实位置，只能获取在真值附近的一个近似值，可以假设测量值在真值附近服从高斯分布，如图 7-2-9 所示。中间部分为测量值。

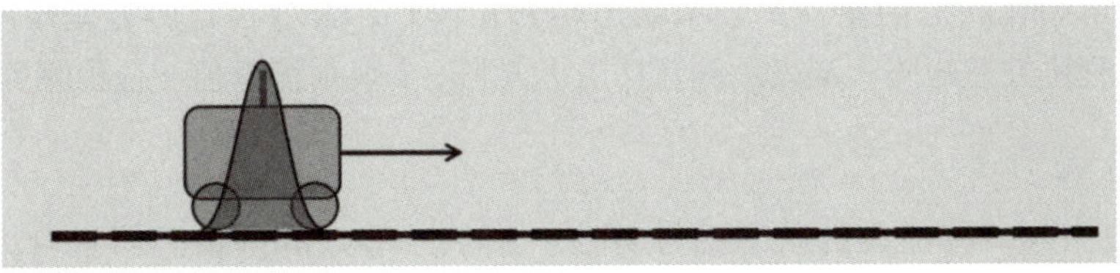

图 7-2-9　小车位置测量值

在初始的时候，由于不存在上一时刻的状态，我们设初始的状态向量为测量值，因此有：

$$x_1 = z_1 = \begin{bmatrix} s_1 \\ v_1 \end{bmatrix}$$

卡尔曼滤波大致分为两步。第一步为状态预测（prediction）。现在我们已经有了小车第 1 秒的状态 x_1，可以预测小车在第 2 秒的状态，小车所处位置假设如图 7-2-10 所示。

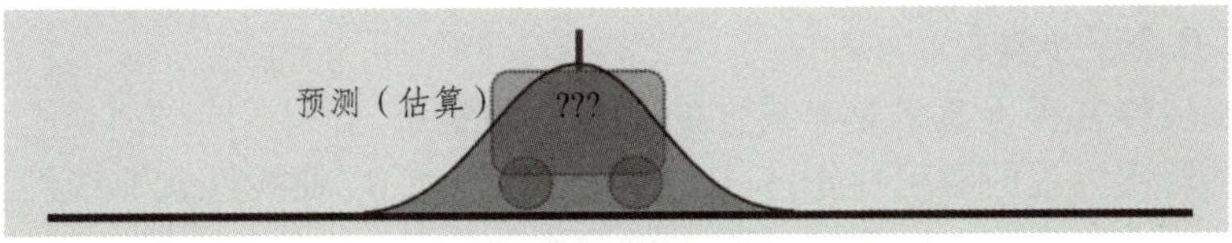

图 7-2-10　小车位置假设

由于小车是做匀速运动，因此小车在第 2 秒时的预测状态为

$$x_{pre} = \begin{bmatrix} s_1 + v_1 \\ v_1 \end{bmatrix}$$

现在我们已经预测了小车在第 2 秒的状态，同时传感器也测量出小车在第 2 秒时的位置，测量结果用 z_2 表示，则：

$$z_2 = \begin{bmatrix} s_1 \\ v_1 \end{bmatrix}$$

由于传感器本身存在着测量噪声，测量结果存在很大不确定性，将小车预测位置与测量值进行比较，小车的真实位置应该处于测量值与预测值之间。对测量值与预测值进行加权，这样，根据第 2 秒的预测值和测量值，我们就能得到第 2 秒的状态向量 x_2。同理，按照上述预测、更新的过程，我们就能得到第 3 秒，第 4 秒…第 n 秒的状态向量 x_n。

卡尔曼滤波的数学公式如下。

状态预测方程：

$$x' = \boldsymbol{F}x + u$$

$$P' = \boldsymbol{FPF}^{\mathrm{T}} + \boldsymbol{Q}$$

更新：

$$y = z - \boldsymbol{H}x'$$

$$S = \boldsymbol{H}P'\boldsymbol{H}^{\mathrm{T}} + \boldsymbol{R}$$

$$K = P'\boldsymbol{H}^{\mathrm{T}}S^{-1}$$

$$x = x' + Ky$$

$$\boldsymbol{P} = (1 - \boldsymbol{KH})P'$$

其中，x 表示始化状态向量；$\boldsymbol{F}$ 表示状态转移矩阵；$\boldsymbol{P}$ 表示状态协方差矩阵；$\boldsymbol{H}$ 表示测量矩阵；$\boldsymbol{Q}$ 表示过程协方差矩阵；$\boldsymbol{R}$ 表示测量协方差矩阵；y 表示测量值 z 与预测值 x' 之间的差值。

3. 扩展卡尔曼滤波

卡尔曼滤波作为一种经典的状态估计算法，提供了有效的多传感器融合方式，但在处理复杂非线性系统或噪声较大的情况下，可能需要使用扩展版本或其他更高级的滤波方法。

扩展卡尔曼滤波（Extended Kalman Filter，EKF）是卡尔曼滤波器的一种变种，用于估计系统的状态和状态不确定性，特别是在非线性系统中。与标准卡尔曼滤波器不同，EKF 能够处理非线性系统模型。

以下是扩展卡尔曼滤波的一般步骤：

（1）初始化。初始化系统状态估计和协方差矩阵。

（2）预测步骤。在预测步骤中，使用系统模型来预测系统的下一个状态和协方差矩阵。这一步包括以下几个子步骤：

① 使用状态转移方程（通常是非线性的）来预测状态。

② 计算状态转移方程的雅可比矩阵（Jacobian 矩阵），以便线性化非线性系统模型。

③ 使用过程噪声协方差矩阵来估计预测的状态协方差。

（3）测量步骤。在测量步骤中，使用传感器测量值来校正先前的状态估计。这一步包括以下几个子步骤：

① 使用测量模型（通常是非线性的）将预测的状态映射到测量空间。

② 计算测量模型的雅可比矩阵，以便线性化非线性测量模型。

③ 计算预测的测量协方差矩阵。

④ 计算卡尔曼增益，用于将测量与预测的状态进行融合。

⑤ 使用卡尔曼增益来更新状态估计和协方差矩阵。

（4）重复预测和测量步骤。以固定的时间间隔重复执行预测和测量步骤，以不断更新系统状态的估计。

扩展卡尔曼滤波在处理非线性系统时表现良好，但它的性能高度依赖于对系统模型的准确性和对噪声的正确建模。如果系统模型不够准确或者噪声模型不合适，滤波器可能会产生不稳定或不准确的估计。

4. 粒子滤波

粒子滤波（Particle Filtering）也被称为蒙特卡洛滤波（Monte Carlo Filtering），是一种用于非线性和非高斯系统的状态估计方法。粒子滤波通过随机采样一组粒子来近似表示状态空间，然后通过重采样和权重更新来逼近真实状态分布。

1）基本思想

粒子滤波基于贝叶斯滤波理论，通过粒子的概率分布来近似表示真实状态的后验概率分布。它通过随机采样一组粒子，并赋予每个粒子一个权重来表示其在状态空间中的概率分布。随着时间的推移，通过不断重采样和更新粒子的权重，可以逐步逼近真实状态分布。

2）步 骤

（1）初始化。随机生成一组粒子，分布在可能的状态空间中。

（2）预测（重采样）。使用系统动态模型对每个粒子进行预测，得到下一个时间步的粒子。

（3）更新（权重更新）。使用测量模型将预测的粒子映射到测量空间，并计算每个粒子的权重，权重表示粒子与测量值之间的拟合程度。

（4）归一化权重。对粒子的权重进行归一化，以确保它们构成一个概率分布。

（5）重采样。通过基于权重的随机采样，从当前粒子集合中重新选择粒子，使具有较高权重的粒子更有可能被选中，而具有较低权重的粒子更有可能被淘汰。

（6）迭代。重复执行预测、更新、归一化、重采样等步骤，逐步逼近真实状态分布。

3）应用示例

可应用于机器人定位与导航。在室内环境中，机器人可以使用传感器（如激光雷达、相机）获取周围信息，并通过粒子滤波来估计其在地图中的位置和姿态。

4）优 点

（1）适用于非线性和非高斯系统，能够处理较为复杂的系统模型和测量模型。

（2）能够在多模态分布或不确定性较大的情况下提供良好的估计。

5）限 制

（1）随着粒子数量的增加，计算复杂度也会增加，需要权衡粒子数量和计算效率。

（2）重采样过程可能导致粒子退化问题，即少数粒子占据了大部分权重，需要采用一些技术来缓解这个问题（如重采样策略的优化）。

粒子滤波是一种强大的状态估计方法，尤其适用于那些传统的线性滤波方法无法有效应对的情况。

7.2.5.2 特征级融合

特征级融合涉及从每个传感器提取特征，然后将这些特征进行融合，以得到更丰富的信息。常用的特征级融合算法包括以下步骤。

1. 主成分分析（PCA）

主成分分析（Principal Component Analysis，PCA）是一种常用的统计分析方法，用于降低数据维度、提取数据特征以及进行数据压缩。PCA 将高维数据转换为一组彼此不相关的低维变量，称为主成分，以捕捉原始数据中的主要信息和变化模式。

1）基本思想

PCA 的核心思想是通过线性变换，将原始数据投影到新的坐标系中，使得在新坐标系中的第一个主成分方向上数据方差最大，第二个主成分方向上数据方差次大，依此类推。这些主成分是数据中最重要的方向，其他次要的方向被忽略，从而实现维度的降低。

2）步 骤

（1）数据中心化。将原始数据的每个特征减去其均值，以确保数据的中心位于原点。

（2）计算协方差矩阵。计算数据特征之间的协方差矩阵。

（3）计算特征向量和特征值。对协方差矩阵进行特征值分解，得到特征向量和特征值。

（4）选择主成分。根据特征值的大小，选择前几个特征向量作为主成分，这些主成分对应于数据中的最大方差。

（5）数据投影。将数据投影到选择的主成分上，得到降维后的数据表示。

3）应用示例

可应用于图像压缩。PCA 可以将图像数据的高维像素表示转换为主成分表示，从而实现对图像数据的压缩，同时保留了图像的主要特征。

4）优　点

（1）能够帮助识别数据中的主要变化模式，提取数据的主要特征。

（2）可用于数据降维，减少存储和计算成本。

（3）可去除数据中的冗余信息，提高数据处理效率。

5）限　制

（1）PCA 假设数据是线性相关的，对于非线性关系可能表现不佳。

（2）在高维度数据中，可能会导致计算复杂度增加。

（3）降维过程可能导致某些信息损失，因此需要权衡维度降低和信息保留之间的平衡。

主成分分析是一个强大的工具，特别适用于数据预处理、特征提取和降维等领域，可以帮助从复杂的高维数据中获得更加简洁的表示。

2. 小波变换

小波变换（Wavelet Transform）是一种用于信号处理和数据分析的数学工具，它可以在时间和频率两个维度上同时提供信息，因此在处理非平稳信号和非平稳过程时具有优势。小波变换能够将信号分解成不同尺度（频率）的成分，从而捕捉信号的局部特征和变化。

1）基本思想

小波变换基于一组小波函数（母小波），这些小波函数是局部化的，可以对信号在不同时间尺度上进行分解。通过连续或离散的小波变换，信号可以分解为不同频率范围和尺度的成分，从而得到信号在频率-时间域上的表示。

2）步　骤

（1）连续小波变换（CWT）步骤：

① 选择母小波。选择适合任务的母小波函数，如 Morlet、Haar、Daubechies 等。

② 卷积。将选定的母小波函数与信号进行连续卷积，得到不同尺度和平移下的小波系数。

（2）离散小波变换（DWT）步骤：

① 选择小波。选择合适的小波基，通常使用的是 Daubechies、Symlet、Coiflet 等。

② 分解。将信号进行多级分解，每一级分解都将信号分解成近似系数和细节系数。近似系数捕捉信号的低频信息，而细节系数捕捉信号的高频细节。

③ 重构。可以根据需要，通过逆变换将分解的近似系数和细节系数重构成原始信号。

3）应用示例

小波变换广泛应用于信号处理、图像压缩、振动分析、语音识别、生物医学信号分析等领域。

4）优　点

（1）能够捕捉信号的局部特征和变化，适用于非平稳信号分析。

（2）在不同尺度上提供信号信息，便于频率和时间分析。

5）限　制

（1）选择合适的小波基和尺度可能需要一些领域知识。

（2）在计算上可能比较复杂，尤其是连续小波变换。

小波变换是一种强大的信号处理工具，适用于多个领域中的信号分析和特征提取，尤其在需要同时考虑时间和频率信息的情况下具有很大的优势。

3. 特征融合网络

特征融合网络是指在深度学习中使用的一类网络架构，旨在将来自不同来源或不同层次的特征进行融合，以便更好地捕捉数据的丰富信息并提升模型性能。这种融合可以发生在不同层次、不同模态或不同任务的特征之间。

1）基本思想

特征融合网络的主要思想是将来自不同特征源的信息进行整合，以提高模型的表现。通过融合，网络可以更全面地理解数据，更好地捕捉数据的关联性和复杂性，从而提高了模型的泛化能力和性能。

2）步　骤

（1）不同类型的特征融合：

① 层次特征融合。在深度卷积神经网络中，可以将来自不同卷积层的特征进行融合。这种融合有助于模型从不同层次提取抽象特征。

② 模态特征融合。在多模态任务中，比如图像与文本的联合处理，可以将图像特征和文本特征进行融合，以获得更综合的信息。

③ 任务特征融合。在多任务学习中，可以将来自不同任务的特征进行融合，使模型能够同时学习多个任务的知识。

（2）融合方法：

① 加法融合。将不同特征直接相加，用于简单地将特征融合起来。

② 乘法融合。将不同特征逐元素相乘，强调共同的信息。

③ 拼接融合。将不同特征在某个维度上进行拼接，构建更大的特征向量。

④ 注意力融合。使用注意力机制来动态地调整不同特征的权重，以便更有针对性地融合信息。

⑤ 卷积融合。使用卷积操作将不同特征进行组合，类似于卷积层的操作。

3）应用示例

视觉问答（Visual Question Answering，VQA）中，将图像特征和问题文本特征融合，以便更好地回答与图像相关的问题。

4）优　点

（1）提高了模型的泛化能力，捕捉了更多的信息。

（2）增加了模型的复杂性，使其能够处理多样化的任务和数据。

5）限　制

（1）需要谨慎设计融合方式，避免过多的复杂性导致模型过拟合。

（2）不同特征的质量差异可能影响融合效果。

特征融合网络在深度学习中扮演着重要角色，有助于提高模型的性能和适应性，特别是在需要综合不同信息源的任务中。不同的融合方式可以根据具体问题的特点进行选择和设计。

7.2.5.3　决策级融合

决策级融合涉及将各传感器的决策或分类结果进行融合，从而做出更综合的判断。常用的决策级融合算法如下。

1. 多数投票法

多数投票法（Majority Voting）是一种集成学习（Ensemble Learning）方法，用于在多个预测器或分类器的预测结果之间进行决策。它适用于分类问题，通过汇总多个模型的预测结果，选择获得最多投票的类别作为最终的预测结果。

1）基本思想

多数投票法利用了集体智慧的概念，假设多个分类器一起合作比单个分类器更能准确地进行分类。每个分类器对输入样本进行预测后，将所有分类器的预测结果进行统计，选择出现次数最多的类别作为最终预测结果。

2）步　骤

（1）训练多个分类器。首先，训练多个独立的分类器，这些分类器可以使用不同的算法、参数或训练数据。

（2）集成预测。当需要进行预测时，每个分类器对输入样本进行独立的预测。

（3）投票决策。统计所有分类器的预测结果，选择获得最多投票的类别作为最终预测结果。

3）优　点

（1）提高分类准确度。通过结合多个分类器的意见，可以降低个别分类器的错误影响，提高整体预测准确度。

（2）减少过拟合。当训练数据有限时，多数投票法可以减少过拟合的风险，因为它结合了多个分类器的多样性。

4）限　制

（1）对于一致性错误。如果多个分类器在同一类别上犯了相同的错误，多数投票法可能无法正确预测。

（2）需要训练多个分类器。训练多个独立的分类器可能需要更多的计算资源和时间。

5）变　体

（1）加权多数投票。给不同分类器的预测结果分配权重，根据分类器的可信度进行投票，权重高的分类器的预测结果对最终结果的影响更大。

（2）软投票（Soft Voting）。在软投票中，分类器预测的概率被用来进行投票，最终结果是类别概率加权平均最高的类别。

多数投票法是一种简单但有效的集成学习方法，特别适用于多个独立预测器的情况，可以提高分类准确度并提供一种对抗过拟合的手段。

2. 加权决策

加权决策是一种决策制定方法，其中不同选项或方案根据其重要性或优势被分配不同的权重，然后这些权重被用来做出最终决策。这种方法适用于各种决策情境，从简单的日常选择到复杂的战略规划。

1）基本思想

加权决策的基本思想是考虑不同因素的重要性或影响，并对这些因素进行加权，以便更准确地评估各种选择。通过分配权重，可以强调某些因素，而对其他因素进行较低的考虑。

2）步　骤

（1）确定决策因素。识别与决策相关的各种因素、选项或方案。

（2）分配权重。为每个决策因素分配权重，这些权重可以是基于专业知识、经验或定量数据的结果。

（3）加权评估。对每个决策因素进行评估，并将其与相应的权重相乘以计算加权分数。

（4）加权求和。将所有加权分数相加，得到每个选项或方案的总体加权评分。

（5）最终决策。根据加权评分，选择具有最高加权评分的选项或方案作为最终决策。

3）优　点

（1）综合考虑。加权决策允许综合考虑多个因素的重要性，避免过于片面或单一的决策依据。

（2）灵活性。可根据不同情境和目标调整权重，以适应不同的决策需求。

（3）透明度。加权决策可以提供一个明确的决策过程，使决策的逻辑和依据更加明确。

4）限　制

（1）权重确定。权重的确定可能受到主观因素影响，需要谨慎考虑。

（2）数据不确定性。如果基于不准确或不完整的数据进行权重分配，可能导致决策失误。

（3）权衡取舍。加权决策需要在不同因素之间进行权衡，可能需要在权重分配中做出权衡取舍。

5）应用示例

加权决策可用于投资决策、供应链管理、项目选择、人才招聘等各个领域。

加权决策是一种在权衡不同因素和选择时非常有用的方法，它能够在决策过程中提供更为细致和准确的考虑，有助于做出更明智的决策。

3. 贝叶斯决策理论

加权决策是一种决策制定方法，其中不同选项或方案根据其重要性或优势被分配不同的权重，然后这些权重被用来做出最终决策。这种方法适用于各种决策情境，从简单的日常选择到复杂的战略规划。

1）基本思想

加权决策的基本思想是考虑不同因素的重要性或影响，并对这些因素进行加权，以便更准确地评估各种选择。通过分配权重，可以强调某些因素，而对其他因素进行较低的考虑。

2）步　骤

（1）确定决策因素。识别与决策相关的各种因素、选项或方案。

（2）分配权重。为每个决策因素分配权重，这些权重可以是基于专业知识、经验或定量数据的结果。

（3）加权评估。对每个决策因素进行评估，并将其与相应的权重相乘以计算加权分数。

（4）加权求和。将所有加权分数相加，得到每个选项或方案的总体加权评分。

（5）最终决策。根据加权评分，选择具有最高加权评分的选项或方案作为最终决策。

3）优　点

（1）综合考虑。加权决策允许综合考虑多个因素的重要性，避免过于片面或单一的决策依据。

（2）灵活性。可根据不同情境和目标调整权重，以适应不同的决策需求。

（3）透明度。加权决策可以提供一个明确的决策过程，使决策的逻辑和依据更加明确。

4）限　制

（1）权重确定。权重的确定可能受到主观因素影响，需要谨慎考虑。

（2）数据不确定性。如果基于不准确或不完整的数据进行权重分配，可能导致决策失误。

（3）权衡取舍。加权决策需要在不同因素之间进行权衡，可能需要在权重分配中做出权衡取舍。

5）应用示例

加权决策可用于投资决策、供应链管理、项目选择、人才招聘等各个领域。

加权决策是一种在权衡不同因素和选择时非常有用的方法，它能够在决策过程中提供更为细致和准确的考虑，有助于做出更明智的决策。

7.2.6　IMU 和 GNSS 融合定位

IMU（惯性测量单元）和 GNSS（全球导航卫星系统）融合是一种常见的技术，用于精确的位置和姿态估计，尤其是在无人机、自动驾驶汽车、航空导航和室内导航等领域。这种融合充分利用了两种不同传感器的优势，解决了各自的局限性。

以下为应用扩展卡尔曼滤波算法融合案例。

1. IMU 误差方程

$$
\begin{aligned}
\dot{\phi} &= \phi \times w_{ie}^{n} - \delta w_{ib}^{n} \\
\delta\dot{V} &= f^{n} \times \phi + \delta f^{n} \\
\delta\dot{P} &= \delta V
\end{aligned} \tag{7-1}
$$

其中，$\phi = [\phi_{\mathrm{N}}, \phi_{\mathrm{E}}, \phi_{\mathrm{D}}]^{\mathrm{T}}$ 称为失准角，可以理解为旋转的误差，其为轴角的表示[导航系使用的是北东地(NED)]。

$w_{ie}^{n} = [w\cos L, 0, -w\sin L]^{\mathrm{T}}$ 地球自转角速度的分量，$w = 7.292115\mathrm{e}(-5)\mathrm{rad/s}$，$L$ 是当前的维度。

$\delta w_{ib}^{n} = C_b^n * [\varepsilon_x \;\; \varepsilon_y \;\; \varepsilon_z]^{\mathrm{T}}, \varepsilon$ 是陀螺仪的 bias 在 body frame 坐标系下的分量，C_b^n 是当前 IMU body frame 到导航系的变换矩阵。

$f^{n} = [f_N \;\; f_E \;\; f_D]^{\mathrm{T}}$ 是 IMU 测量的加速度在导航系下的表示。

$\delta f^{n} = C_b^n * [\nabla_x \;\; \nabla_y \;\; \nabla_z]^{\mathrm{T}}, \nabla$ 是加速度计的 bias 在 body frame 下的分量。

然后将上述变量代入式（7-1）中可得

$$
\begin{bmatrix} \dot{\phi}_{\mathrm{N}} \\ \dot{\phi}_{\mathrm{E}} \\ \dot{\phi}_{\mathrm{D}} \end{bmatrix} = \begin{bmatrix} 0 & -\phi_{\mathrm{D}} & \phi_{\mathrm{E}} \\ \phi_{\mathrm{D}} & 0 & -\phi_{\mathrm{N}} \\ -\phi_{\mathrm{E}} & \phi_{\mathrm{N}} & 0 \end{bmatrix} \begin{bmatrix} w\cos L \\ 0 \\ -w\sin L \end{bmatrix} - C_b^n \begin{bmatrix} \varepsilon_x \\ \varepsilon_y \\ \varepsilon_z \end{bmatrix} \tag{7-2}
$$

$$
\begin{bmatrix} \delta\dot{V}_{\mathrm{N}} \\ \delta\dot{V}_{\mathrm{E}} \\ \delta\dot{V}_{\mathrm{D}} \end{bmatrix} = \begin{bmatrix} 0 & -f_{\mathrm{D}} & f_{\mathrm{E}} \\ f_{\mathrm{D}} & 0 & -f_{\mathrm{N}} \\ -f_{\mathrm{E}} & f_{\mathrm{N}} & 0 \end{bmatrix} \begin{bmatrix} \phi_{\mathrm{N}} \\ \phi_{\mathrm{E}} \\ \phi_{\mathrm{D}} \end{bmatrix} + C_b^n \begin{bmatrix} \nabla_x \\ \nabla_y \\ \nabla_z \end{bmatrix} \tag{7-3}
$$

$$
\begin{bmatrix} \delta\dot{P}_{\mathrm{N}} \\ \delta\dot{P}_{\mathrm{E}} \\ \delta\dot{P}_{\mathrm{D}} \end{bmatrix} = \begin{bmatrix} \delta V_{\mathrm{N}} \\ \delta V_{\mathrm{E}} \\ \delta V_{\mathrm{D}} \end{bmatrix} \tag{7-4}
$$

由于在做 IMU 的解算时，是直接对测量数据进行操作的，而测量数据是带有噪声的，它势必会导致积分 IMU 产生误差，而且在建模时模型误差也会导致 IMU 积分出现误差。ESKF 要做的就是对误差进行滤波，获得当前情况下误差的最优估计，然后将计算出来的位移、速度、姿态等量减去这个误差，修正由于近似带来的不准确。

在滤波器中，状态方程一般都是写为如下形式：

$$
\dot{X} = F_t X + B_t W
$$

其中，X 就是我们要估计的状态量，对于 IMU+GPS 的融合系统，需要估计的状态量可以有多种选择，这里我们选：位移误差、速度误差、姿态误差、陀螺仪的 bias 误差、加速度计的 bias 误差，将其写成向量如下：

$$
X = [\delta P^{\mathrm{T}} \;\; \delta V^{\mathrm{T}} \;\; \delta\phi^{\mathrm{T}} \;\; \varepsilon^{\mathrm{T}} \;\; \nabla^{\mathrm{T}}]^{\mathrm{T}}
$$

其中：

$$\delta P^{\mathrm{T}} = [\delta P_{\mathrm{N}} \quad \delta P_{\mathrm{E}} \quad \delta P_D]^{\mathrm{T}}$$

$$\delta V^{\mathrm{T}} = [\delta V_{\mathrm{N}} \quad \delta V_{\mathrm{E}} \quad \delta V_D]^{\mathrm{T}}$$

$$\delta \phi^{\mathrm{T}} = [\delta \phi_{\mathrm{N}} \quad \delta \phi_{\mathrm{E}} \quad \delta \phi_D]^{\mathrm{T}}$$

$$\varepsilon^{\mathrm{T}} = [\delta \varepsilon_x \quad \varepsilon_y \quad \varepsilon_z]^{\mathrm{T}}$$

$$\nabla^{\mathrm{T}} = [\nabla_x \; \nabla_y \; \nabla_z]^{\mathrm{T}}$$

对于 B_t 和 W，它们分别代表了噪声转移矩阵和 IMU 中陀螺仪与加速度计的 bias 噪声。预测值是来自 IMU，而对于观测值采用的是 GPS 的观测。
在滤波器中，观测方程的形式比较统一，一般写为

$$Y = G_t X + G_t N$$

最终的卡尔曼滤波器方程为

$$\begin{aligned}
\breve{X}_k &= F_{k-1}\hat{X}_{k-1} + B_{k-1}W_k \\
\breve{P}_k &= F_{k-1}\hat{P}_{k-1}F_{k-1}^T + B_{k-1}Q_k B_{k-1}^T \\
K_k &= \breve{P}_k G_k^T (G_k \breve{P}_K G_k^T + C_k R_k C_k^T)^{-1} \\
\hat{P}_k &= (I - K_k G_k)\breve{P}_k \\
\hat{X}_k &= \breve{X}_k + K_k (Y_k - G_k \breve{X}_k)
\end{aligned}$$

前两个等式对应的是预测过程，它主要用来预测状态量和状态量对应的协方差，第三个等式的 K_k 是卡尔曼增益，它是用来决策当前次的预测和测量中，更应该相信谁。第四个和第五个等式则是矫正前两个方程预测时的误差。至此，整个基于 IMU 和 GPS 的状态误差卡尔曼滤波（ESKF）推导完成。

2. 代码操作

将文件复制到自己的计算机上，里面已经包含了 IMU 和 GPS 的数据，通过以下命令进行编译。

```
cd eskf-gps-imu-fusion
mkdir build
cd build
cmake ..
make
```

编译的界面如图 7-2-11 所示。

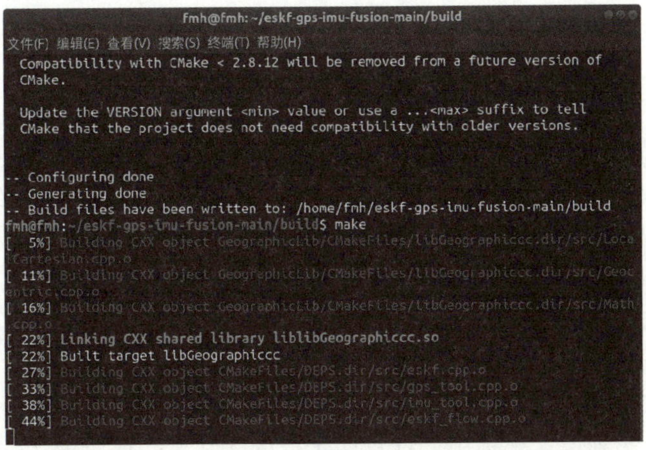

图 7-2-11

在编译完之后，可以运行 gps_imu_fusion 脚本，对 IMU 和 GPS 进行滤波融合，获得融合后的路径，如图 7-2-12 所示。

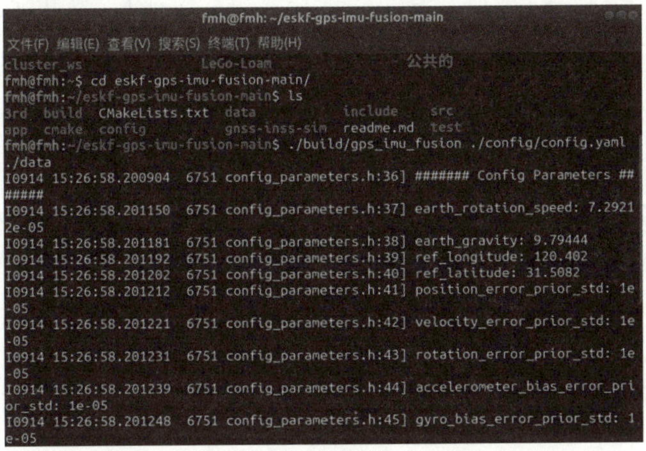

图 7-2-12

为了更加清晰地看到融合后的路径，可以通过 display_path.py 脚本进行可视化，如图 7-2-13 所示。

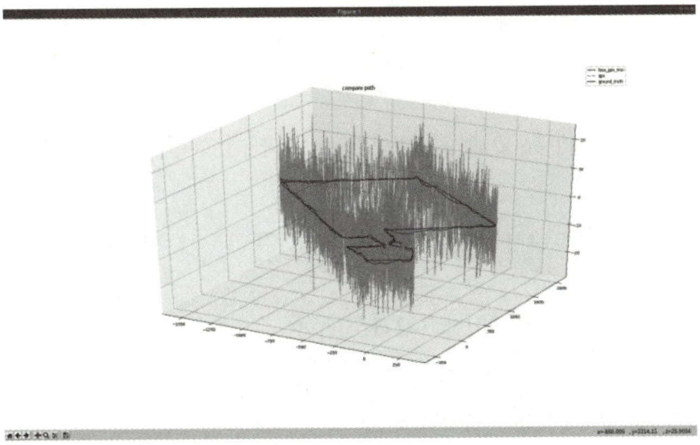

图 7-2-13　通过 display_path.py 脚本进行可视化

7.2.7 视觉与激光雷达融合

7.2.7.1 视觉与激光雷达融合的算法思路

在摄像头与激光雷达的融合过程中，为了利用图像与点云数据实现更好的检测效果，首先将两种数据在时间与空间上进行匹配。在时间上将各传感器采样时间统一到同一时间戳；在空间上利用摄像头的内外参标定矩阵，建立两传感器坐标空间转换模型，最终通过点云映射到图像的方式检验数据匹配的效果。

主要的思路如图 7-2-14 所示。

（1）先做点云分割，把非地面点提取出来，然后用非地面点做聚类，聚类出 3D 目标框。

（2）使用 YOLO 检测图像，进行 2D 目标检测。

（3）将 3D 框投影到像素坐标中，计算两个框的交并比，保留大于阈值的框。

（4）最后将视觉检测得到的物体类别信息赋给 3D 目标框，完成最后的融合。

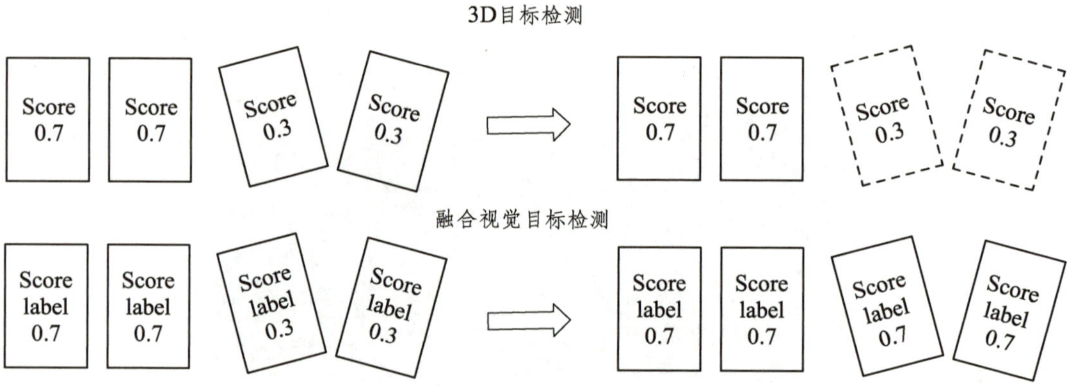

图 7-2-14 视觉与激光雷达融合算法思路

7.2.7.2 实际代码操作

1. 环境安装

进入 autoware 网站对基础环境进行配置安装，具体网址如下（请手动安装，不要自动安装）。

https://autowarefoundation.github.io/autoware-documentation/main/installation/autoware/source-installation/

2. 将工程代码进行编译

将 CCCMORE_AUTO 文件夹复制到自己的计算机上，并运行以下指令。

```
cd CCCMORE_AUTO
colcon build --symlink-install --cmake-args -DCMAKE_BUILD_TYPE=Release
```

编译成功后，启动节点，结果如图 7-2-15 所示。

```
source install/setup.bash
ros2 launch autoware_launch kitti.launch.xml
```

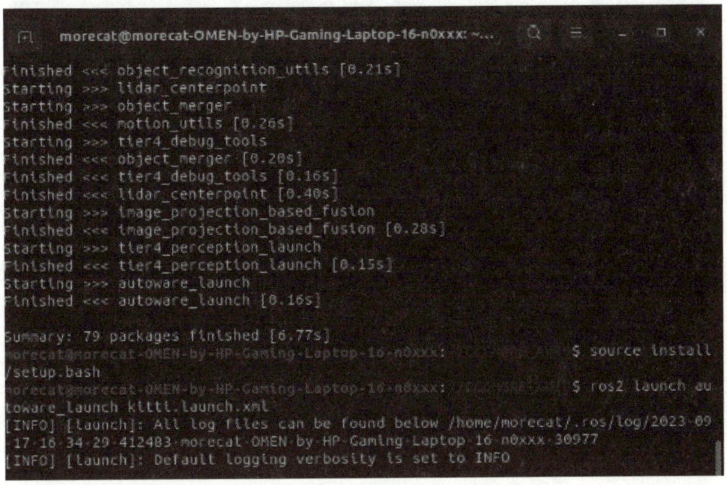

图 7-2-15

3. 启动 Rviz 节点

另启一个终端，进入 CCCMORE_AUTO 路径下，输入以下指令，启动 Rviz，结果如图 7-2-16。

```
source install /setup.bash
rviz2 -d cccmore.rviz
```

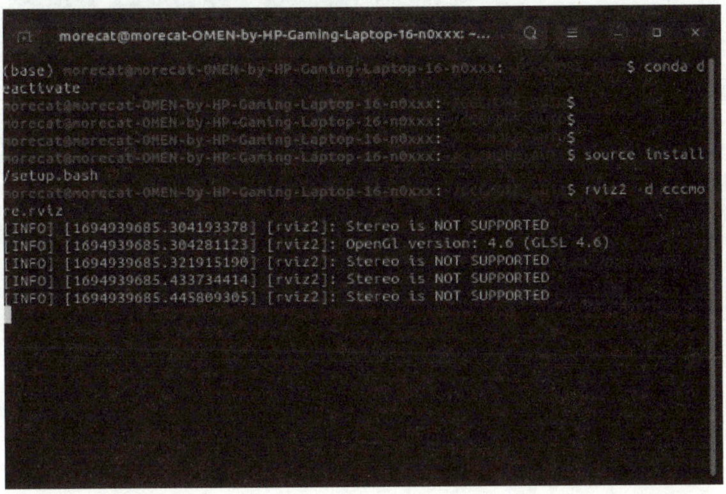

图 7-2-16

4. 播放数据包

下载数据包，到数据包目录下播放数据包，如图 7-2-17 所示。

```
ros2 bag play kitti_2011_10_03_drive_0047_synced.db3
```

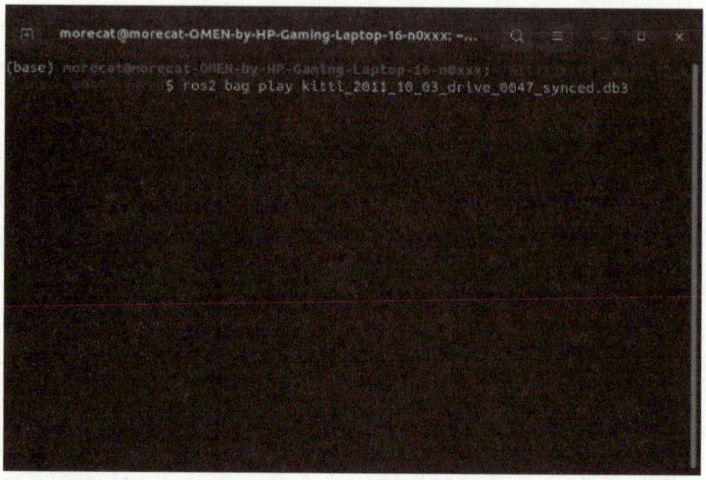

图 7-2-17

5. 最终效果

最终的效果如图 7-2-18 所示，可以看到，激光雷达聚类出来的物体既有类别信息又有空间位置信息。

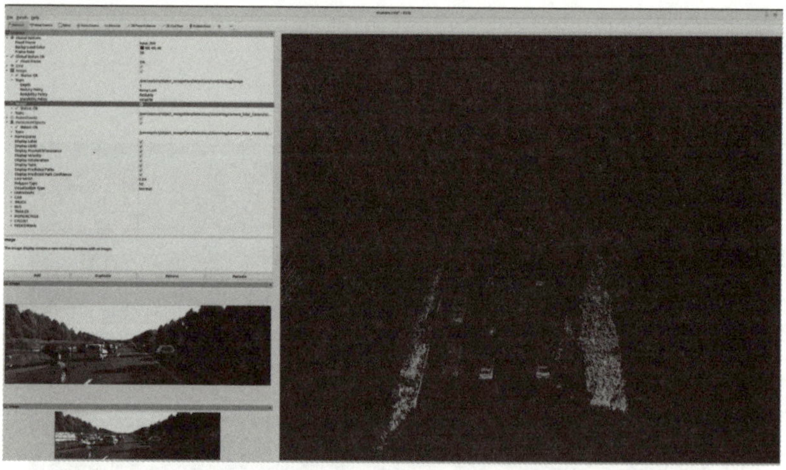

图 7-2-18　视觉与激光雷达融合效果点云图

第8章 车路协同 CAN 通信原理与应用

8.1 车联网体系架构

动画：认识车联网体系架构

车联网体系架构是指整个车联网系统的组织结构和功能分布，主要由云、管、端三个部分组成。云部分涵盖了协议层中的应用层与平台层，其主要功能是提供面向车联网产业的各类应用和应用支撑系统。在云端，各种车联网相关的应用，如智能交通管理、车辆远程控制、车辆信息监测等都得以部署和运行，并通过平台层提供的服务实现数据管理、分析和处理等功能。管部分对应网络层，包括 4G/5G 基站、路测设备 RSU、移动边缘计算设施等。这些设施构成了车联网的通信基础设施，负责提供网络连接和数据传输服务。通过这些设备，车辆可以与云端进行数据交换、通信互动，实现车辆之间、车辆与道路设施之间的信息传递和交互。端部分对应设备层，包括了车联网中所有能够实现无线通信的车载终端和各类基础设施终端。车载终端可以是安装在车辆上的硬件设备，如车载通信模块、车载传感器等，用于实现车辆与车辆、车辆与道路设施之间的通信和信息交换。而基础设施终端则是指部署在道路上的设备，如路测设备 RSU，用于提供道路信息和交通管理服务。

在网络通信方面，车联网利用了各种通信技术，包括 V2X、蜂窝网络等，实现了 V2V、V2I、V2P、V2N 等全方位的网络连接和信息交互。通过这些技术手段，车辆可以及时获取道路信息、交通状态等数据，实现智能化的驾驶辅助和交通管理，提升行车安全性和交通效率。

车联网体系架构通过云、管、端三个部分的有机组合，构建了一个完整的车辆网络通信系统，实现了车辆之间、车辆与道路设施之间的信息共享和协同，为智能交通、智能驾驶等应用提供了强大的支撑。

8.2 CAN 通信技术原理

最近的几年时间里，智能驾驶和智能网联汽车始终是汽车行业的一个热门方向。而在这个方向中，车路协同又是其中非常重要的一个环节。CAN 通信技术原理与应用是车联网的基础组成部分，也是车路协同里面最重要的部分。

8.2.1 CAN 总线的定义

CAN 是控制器局域网络（Controller Area Network）的缩写，是 ISO 的国际标准化串行通信协议。在汽车产业中，出于对安全性、舒适性、方便性、低功耗、低成本的要求，开发了各种各样的电子控制系统。

由于这些系统之间通信所用的数据类型及对可靠性的要求不尽相同，由多条总线构成的情况很多，线束的数量也随之增加。为适应“减少线束的数量”“通过多个 LAN 进行大量数据的高速通信”的需要，1986 年德国电气商博世公司开发出面向汽车的 CAN 通信协议。此后，CAN 通过 ISO 11898 及 ISO 11519 进行标准化，成为国际上应用最广泛的现场总线之一。（ISO11898 与 ISO11519-2 物理层的主要不同点如表 8-2-1 所示。）现场总线是当今自动化领域技术发展的热点之一，被誉为自动化领域的计算机局域网。它的出现为分布式控制系统实现各节点之间实时、可靠的数据通信提供了强有力的技术支持。

表 8-2-1　ISO 11898 与 ISO 11519-2 物理层的主要不同点

物理层	ISO11898（High speed：高速）	ISO 11519-2（Low speed：低速）
通信速率	最大值：1 Mb/s	最大值：125 kb/s
总线最大长度	40 m（1 Mb/s）	1 km（40 kb/s）
连接单元数	最大值：30	最大值：20
特征	双绞线（屏蔽/非屏蔽） 闭环总线 阻抗（Z）：120 Ω 总线电阻率（r）：70 mΩ/m 总线延迟时间：5 ns/m 终端电阻：120 Ω	双绞线（屏蔽/非屏蔽） 开环总线 阻抗（Z）：120 Ω 总线电阻率（r）：90 mΩ/m 总线延迟时间：5 ns/m 终端电阻：2.20 kΩ CAN_L 与 GND 间静电容量：30 pF/m CAN_H 与 GND 间静电容量：30 pF/m

CAN 总线协议，凭借自身高可靠性和良好的错误检测能力，被广泛地应用于工业自动化、船舶、医疗设备、工业设备、汽车计算机系统等方面，成为汽车计算机控制系统和嵌入式工业控制局域网的标准总线。

8.2.2　CAN 总线的工作原理

8.2.2.1　CAN 物理层

与 I2C、SPI 等具有时钟信号的同步通信方式不同，CAN 通信并不是以时钟信号来进行同步的，而是一种异步通信，利用 CAN_High 和 CAN_Low 两条信号线来共同组成一组差分信号线，以差分信号的形式进行通信。

根据 ISO 11898 与 ISO 11519 的不同，CAN 物理层的体现形式也区分为闭环总线网络和开环总线网络两类。

1. 闭环总线网络

CAN 闭环总线网络是遵循了 ISO 11898 标准的高速率、短距离的总线网络，总线最大长度为 40 m，通信最大传输速率为 1 Mb/s，总线两端各要求一个阻值为 120 Ω 的电阻，如图 8-2-1 所示。

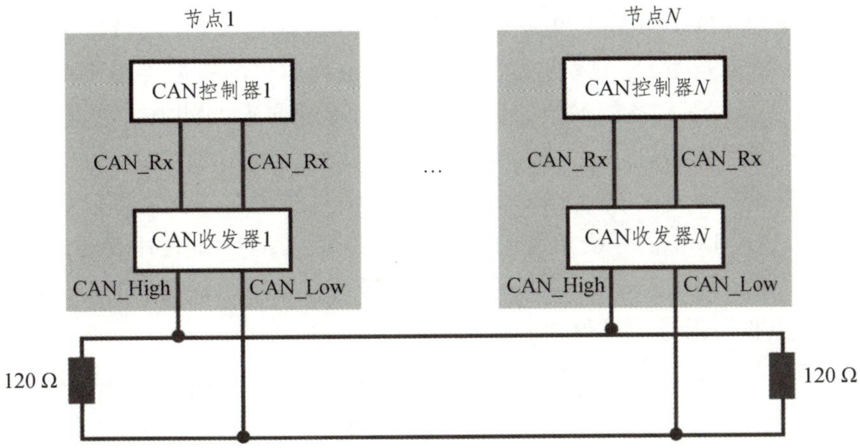

图 8-2-1　闭环总线网络

2. 开环总线网络

CAN 开环总线网络是遵循了 ISO 11519-2 标准的低速率、远距离的总线网络，最大传输距离为 1 km，通信最大传输速率为 125 kb/s，两根总线是独立的、不形成闭环，要求每根总线上各串联有一个阻值为 2.20 kΩ 的电阻，如图 8-2-2 所示。

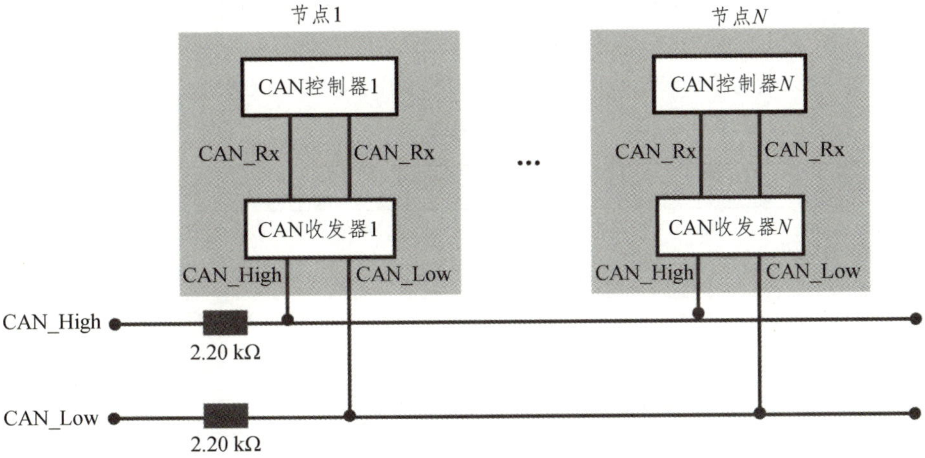

图 8-2-2　开环总线网络

3. CAN 通信节点

在 CAN 总线通信网络上，我们可以观察到，总线上可以挂载多个通信节点，节点之间的信号经过总线传输实现节点间的通信。并且，CAN 总线没有主从节点之分，所有 CAN 总线上的节点都是地位等价的。当 CAN 总线上的一个节点发送数据时，它以报文的形式广播给网络中的所有节点；这样对于每个节点来说，无论数据是否发给自己，都对其进行接收。

由于 CAN 通信协议不对节点进行地址编码，而是对数据内容进行编码，因此网络中的节点个数理论上不受限制，只要总线的负载足够即可，可以通过中继器增强负载。

CAN 通信节点通常由两部分组成：CAN 控制器与 CAN 收发器。CAN 收发器可以将 CAN 控制器的 TTL/CMOS 电平信号转换为 CAN 差分模拟电平信号进行数据传输；也将 CAN 的差分模拟电平信号转换为 TTL/CMOS 的电平信号送到 CAN 控制器，以实现完整的双向通信。CAN 控制器一般负责解析来自 CAN 收发器送来的数据，也将用户的数据传送到 CAN 收发器并发送出去；CAN 控制器一般具备数据帧的解析与解码，数据屏蔽与滤波，数据帧的打包与封装等功能，是与用户交互的端口。

控制器与收发器之间通过 CAN_Tx 及 CAN_Rx 信号线相连，收发器与 CAN 总线之间使用 CAN_High 及 CAN_Low 信号线相连。其中 CAN_Tx 及 CAN_Rx 使用普通的类似 TTL 逻辑信号线，而 CAN_High 及 CAN_Low 是一对差分信号线，使用比较特别的差分信号。

CAN 通信节点收发信号的过程如下：

当 CAN 节点需要发送数据时，控制器把要发送的二进制编码通过 CAN_Tx 线发送到收发器，然后由收发器把这个普通的逻辑电平信号转化成差分信号，通过差分线 CAN_High 和 CAN_Low 线输出到 CAN 总线网络。而通过收发器接收总线上的数据到控制器时，则是相反的过程，收发器把总线上收到的 CAN_High 及 CAN_Low 信号转化成普通的逻辑电平信号，通过 CAN_Rx 输出到控制器中。

4. 差分信号

差分信号又称差模信号，与传统使用单根信号线电压表示逻辑的方式有区别，使用差分信号传输时，需要两根信号线，这两个信号的振幅相等，相位相反，通过两根信号线的电压差值来表示。

相对于单信号线传输的方式，使用差分信号传输的优点如表 8-2-2 所示。

表 8-2-2 差分信号的优点

优点	描述
抗干扰能力强	当外界存在噪声干扰时，几乎会同时耦合到两条信号线上，而接收端只关心两个信号的差值，所以外界的共模噪声可以被完全抵消
能有效抑制它对外部的电磁干扰	差分信号的两根信号极性相反，对外辐射的电磁场可以相互抵消。两根信号线如同拧麻花一样耦合得越紧密，泄放到外界的电磁能量越少，电磁干扰就越容易抵消
时序定位精确	差分信号受工艺，温度的影响小，能降低时序上的误差，同时也更适合于低幅度信号的电路

由于差分信号线具有这些优点，所以在 USB 协议、485 协议、以太网协议及 CAN 协议的物理层中，都使用了差分信号传输。

5. CAN 协议中的差分信号

CAN 总线使用差分信号进行数据传输，表示数据是通过两条信号线（CAN_High 和 CAN_Low）信号之间的电压差来传输的。在 CAN 通信中，有两种不同的电压状态：显性电平和隐性电平。其中，显性电平是指总线电压为低电平，对应逻辑 0；隐性电平是指总线电压为高电平，对应逻辑 1。当 CAN 节点发送一个“逻辑 0”位时，总线会拉至低电平，即显性电平状态；当 CAN 节点发送一个“逻辑 1”位时，总线会拉至高电平，即隐性电平状态。CAN

总线电压状态由线路上的电压和终端电阻的状态来决定，若总线上没有数据传输，终端电阻会使总线电压保持在隐性电平状态。

CAN 协议中对它使用的 CAN_High 及 CAN_Low 表示的差分信号电压做了规定，如表 8-2-3 所示。

表 8-2-3　CAN 协议差分信号内容

信号	ISO 11898（高速）						ISO 11519-2（低速）					
信号内容	隐性（逻辑 1）			显性（逻辑 0）			隐性（逻辑 1）			显性（逻辑 0）		
	最小值	典型值	最大值	最小值	典型值	最大值	最小值	典型值	最大值	最小值	典型值	最大值
CAN_High/V	2.0	2.5	3.0	2.75	3.5	4.5	1.6	1.75	1.9	3.85	4.0	5.0
CAN_High/V	2.0	2.5	3.0	0.5	1.5	2.25	3.10	3.25	3.4	0	1.0	1.15
High-Low 电位差/V	-0.5	0	0.05	1.5	2.0	3.0	-0.3	-1.5	—	0.3	3.0	—

以高速 CAN 协议为例，我们来学习电平状态变化过程。

在图 8-2-3 中，当 CAN 收发器从 CAN_Tx 线接收到来自 CAN 控制器的电平信号（逻辑 1）时，CAN_High 和 CAN_Low 都会输出电平 2.5 V，从而输出隐性电平，表示逻辑 1。当 CAN 收发器从 CAN_Tx 线接收到来自 CAN 控制器的低电平信号时（逻辑 0），它会使 CAN_High 输出电平 3.5 V，同时 CAN_Low 输出电平 1.5 V，从而输出显性电平，表示逻辑 0。

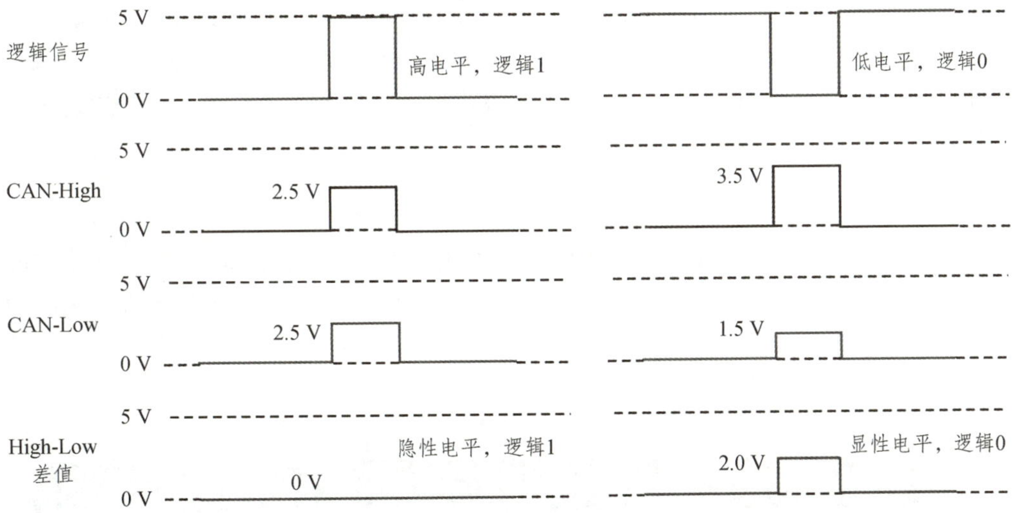

图 8-2-3　高速 CAN 协议（ISO 11898）电平状态

对于多个 CAN 通信节点同时输出，有的输出隐性电平，有的输出显性电平，CAN 总线会通过“线与”的逻辑使输出信号处于显性电平状态，即显性电平状态具有优先级。所以，在 CAN 总线上，只有当所有单元都输出隐性电平时，CAN 总线才会呈现隐性电平状态，其余情况均为显性电平状态。

由于 CAN 总线协议的物理层只有 1 对差分线，在一个时刻只能表示一个信号，所以对通信节点来说，CAN 通信是半双工的，收发数据需要分时进行。在 CAN 的通信网络中，因为共用总线，在整个网络中同一时刻只能有一个通信节点发送信号，其余的节点在该时刻都只能接收。

8.2.2.2 CAN 协议层

1. CAN 的位同步

在 CAN 通信中，有两种位同步机制：硬同步和重新同步。

硬同步发生在 SOF 位（帧起始位）。硬同步过程可以理解为，在发现不同步的情况时，节点自己“强制”平移时序段到正确位置，以达到同步。具体来说，当某节点检测到总线的帧起始信号不在节点内部时序的首位（SS 位）范围，节点会自行判断内部时序与总线不同步，节点就会“强制”将自己的位时序中的 SS 段平移至总线出现下降沿的部分，获得同步，同步后采样点就可以采集到正确数据了。但这样“强制”执行的后果有一个弊端，无法确保后续连串的位时序都是同步的。

重新同步发生在一个报文 SOF 位之外的其他位的场内，是利用普通数据位的高至低电平的跳变沿来实现同步。当接收节点 Node B 当前位的下降沿落在了发送节点 Node A 当前位的同步段之外时发生重新同步。重新同步的方式分为超前和滞后两种情况，会分别导致相位缓冲段 1（PBS1 段）的延长和相位缓冲段 2（PBS2 段）的缩短，从而保证采样点的准确，实现同步。

在重新同步的时候，PBS1 和 PBS2 中增加或减少的这段时间长度被定义为重新同步补偿宽度（reSynchronization Jump Width，SJW）。一般来说 CAN 控制器会限定 SJW 的最大值，单次同步调整的范围不能超过 SJW 的最大值，所以一般情况，控制器会通过多次小幅度调整来实现同步。当控制器设置的 SJW 极限值较大时，可以吸收的误差加大，但通信的速度会下降。

通过位同步，CAN 能够提升抗干扰能力，吸收误差，实现对总线电平信号进行正确的采样，确保通信正常。

2. 位时序分解

为了实现位同步，CAN 协议把每个数据位的时序（Nominal Bit Time，NBT）分解成如图 8-2-4 所示的 4 个时间段：SS 段、PTS 段、PBS1 段、PBS2 段，这四段的长度加起来即为一个 CAN 数据位的长度。

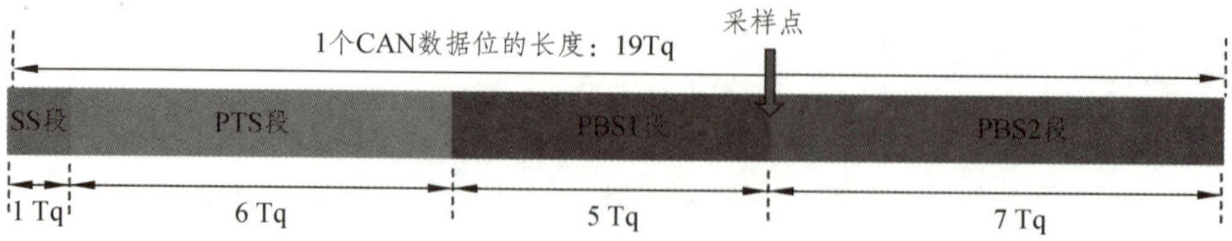

图 8-2-4　CAN 通信信号数据位时序分解

在图中，Tq（Time quanta，时隙）表示分解后最小的时间单位。CAN 通信信号每一个数据位的长度为 19 Tq，其中 SS 段占 1 Tq，PTS 段占 6 Tq，PBS1 段占 5 Tq，PBS2 段占 7 Tq。信号的采样点位于 PBS1 段与 PBS2 段之间，通过控制各段的长度，可以对采样点的位置进行偏移，以便准确地采样。在采样点对应的这个时间点，读取总线电平进行分析。

各段的作用如介绍下：

1）SS 段

SS 段（Synchronization Segment），即同步段，用于同步 CAN 总线上的各个节点。若通信节点检测到总线上信号的跳变沿被包含在 SS 段的范围之内，则表示节点与总线的时序是同步的，当节点与总线同步时，采样点采集到的总线电平即可被确定为该位的电平。SS 段的大小固定为 1 Tq。

2）PTS 段

PTS 段（Propagation Segment），即传播段，用于补偿各节点之间的物理传输延迟时间。传输延迟时间是总线上输入比较器延时和输出驱动器延时总和的两倍。PTS 段的长度有个取值范围，一般为 1 ~ 8 Tq，不同控制器对应的 PTS 段长度不同。

3）PBS1 段

PBS1 段（Phase Buffer Segment 1），即相位缓冲段，主要用来补偿总线上边沿阶段的相位误差，它的时间长度在重新同步的时候可以加长。PBS1 段的初始大小可以为 1 ~ 8 Tq。

4）PBS2 段

PBS2 段同样是相位缓冲段，作用与 PBS1 段相同，它的时间长度在重新同步时可以缩短。PBS2 段的初始大小可以为 2 ~ 8 Tq。

3. CAN 通信的波特率

信息在通信通道中传输的速率被称为波特率，可理解为数据在网络上的传输速率，单位为比特/秒（b/s 或 bps）。由于 CAN 属于异步通信，没有时钟信号线，连接在同一个总线网络中的各个节点会使用约定好的波特率进行通信。CAN 总线上支持许多不同的波特率，如 125 kb/s、250 kb/s、500 kb/s、1 Mb/s 等，用户可以根据不同的需求来选择设置 CAN 总线波特率。

CAN 总线波特率可以通过 Tq 位时间长度和数据位长度来计算得出。

例如，假设图 8-2-4 中的 1 Tq=1 μs，而每个数据位由 19 个 Tq 组成，则传输一位数据需要时间为 19 μs，从而每秒可以传输的数据位个数为：$1 \times 10^6/19 = 52\,631.6$ (b/s)，计算得出的波特率为 52 631.6 (b/s)。

8.2.3　CAN 总线报文

8.2.3.1　CAN 总线报文的种类

为了更有效地控制通信，CAN 一共规定了 5 种类型的帧，帧的类型及用途说明如表 8-2-4 所示。其中报文传输主要是由前 4 种帧来实现的。

1. 数据帧

一个完整的数据帧由 7 部分组成（见图 8-2-5），依次为帧起始（SOF）、仲裁场（Arbitration Field）、控制场（Control Field）、数据场（Data Field）、CRC 场、应答场（ACK Field）、帧结尾（EOF）。

表 8-2-4　CAN 报文的帧分类

种类	用途
数据帧	用于节点向外传送数据
远程帧	用于向远端节点请求数据
错误帧	用于向远端节点通知校验错误，请求重新发送上一个数据
过载帧	用于通知远端节点：本节点尚未做好准备，并提供一个附加的延时。
帧间隔	用于将数据帧/远程帧与其他的帧分隔开来

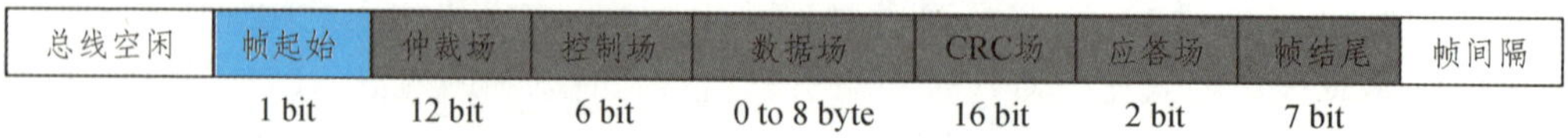

图 8-2-5　数据帧结构

图 8-2-5 是一个数据帧结构的示意图。其中白色标识隐性，蓝色表示显性，灰色标识显性或隐性（见图 8-2-6）。

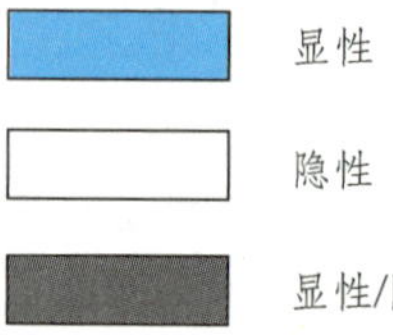

图 8-2-6　数据帧结构说明

1）帧起始

帧起始（SOF 段，Start of Frame）是数据帧和远程帧开始的标志，帧起始信号只有一个数据位，是一个显性电平，用于通知各个节点将有数据传输，其他节点通过帧起始信号的电平跳变沿来进行硬同步。一个 CAN 节点只有在总线处于空闲状态时才可以发送帧起始。

2）仲裁场

仲裁场在帧起始之后，控制场之前，共 12 位（注：协议的讲解以 CAN2.0A 为基础，CAN2.0B 版本的仲裁场为 32 位）。仲裁场的内容主要分为两部分，11 位的 ID 信息（标识符）和 1 位的远程发送请求位（Remote Transmission Request Bit，RTR）。仲裁场的主要使用场景为：当同时有两个报文被发送时，CAN 总线会根据仲裁场的内容决定哪个数据包能被传输，仲裁场起到“仲裁”的作用。

标准格式的 ID 信息长度为 11 位（见图 8-2-7）。在 CAN 协议中，ID 起着重要的作用，它决定着数据帧发送的优先级，也决定着其他节点是否会接收这个数据帧。RTR 位是用于区分数据帧和远程帧的，当它为显性电平时表示数据帧，而作为隐性电平时表示远程帧。所以如果相同标识符的数据帧与远程帧发生冲突，数据帧优先。

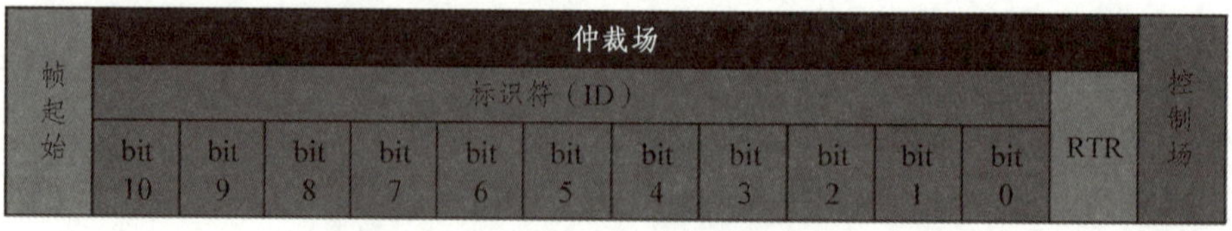

图 8-2-7　仲裁场结构

3）控制场

在控制场中的 r1 和 r0 为保留位（见图 8-2-8），默认设置为显性位。控制场中最重要的内容为数据长度代码（Data Length Code，DLC），用于表示数据场中字节的个数（范围通常为数字 0 ~ 8）。图 8-2-9 说明了数据长度的大小在 DLC 的表示。

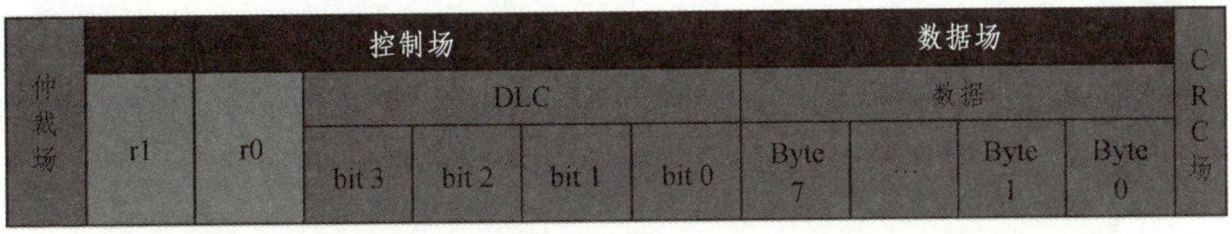

图 8-2-8　控制场及数据场结构

No. of Data Byte	Data Length Code(DLC)			
	DLC3	DLC2	DLC1	DLC0
[illegible]	D	D	D	D
[illegible]	D	D	D	R
[illegible]	D	D	R	D
[illegible]	D	D	R	R
[illegible]	D	R	D	D
[illegible]	D	R	D	R
[illegible]	D	R	R	D
[illegible]	D	R	R	R
[illegible]	R	D/R	D/R	D/R

图 8-2-9　DLC 中数据长度表示

对于超出 8 的情况，各厂家有不同的实现。有的实现会忽略“越界”的 DLC、传输 8 byte 的数据和“错误”的 DLC。有的传输 8 byte 的数据并改 DLC 为 8。有的直接不传输任何东西。

4）数据场

数据场在控制场之后，是数据帧中的核心内容，是节点要发送的原始信息。传输数据的长度由 DLC 决定。如果 DLC 为 0，则没有数据场。数据场中高位先传输。

5）CRC 场

CRC 场在控制场和数据场之后，由 CRC 校验码和 CRC 界定符组成（见图 8-2-10）。一旦接收节点算出的 CRC 码跟接收到的 CRC 码不同，则它会向发送节点反馈出错信息，利用错误帧请求它重新发送，能够有效保证报文的正确传输。其中 CRC 校验码的生成多项式为 $X^{15}+X^{14}+ X^{10}+X^{8}+X^{7}+X^{4}+X^{3}+1$。CRC 序列之后是一个“隐性”CRC 界定符，主要作用是把 CRC 校验码与后面的 ACK 段间隔起来。

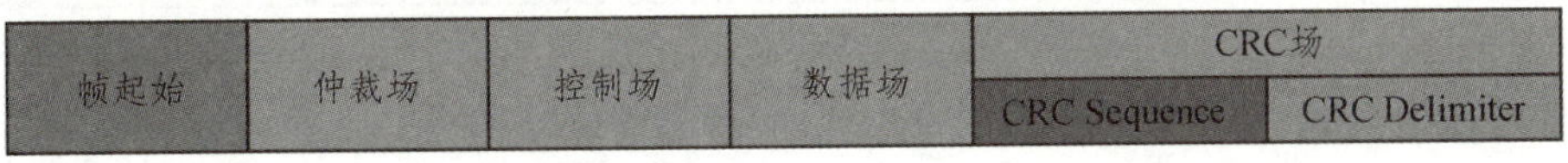

图 8-2-10　CRC 场结构

6）应答场

应答场又称 ACK 段，由 2 个位组成，ACK 槽位和 ACK 界定符位。在 ACK 槽位中，发射单元会发送“隐性位”隐性至总线上。而接收单元如果接收到的数据都是有效的，会在这一位中发送“显性位”以示应答。因此，一个有效的数据帧，ACK 槽位在总线上应该表现为

"显性"。在 ACK 槽和帧结束之间由 ACK 界定符间隔开（见图 8-2-11）。

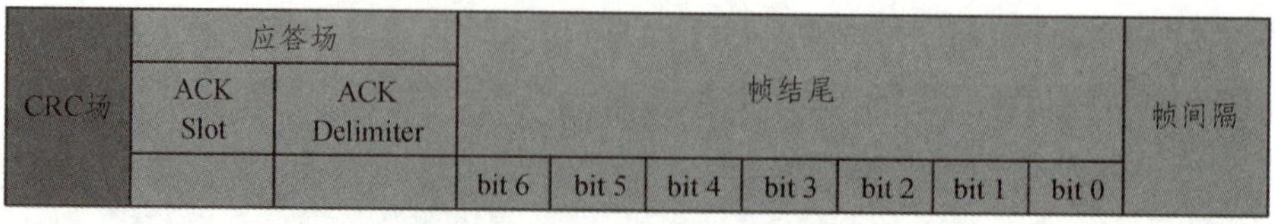

图 8-2-11　应答场及帧结尾结构

7）帧结尾

帧结尾，又称 EOF 段（End of Frame），位于数据帧的最后，由 7 个连续的隐性位组成，表示该数据帧的结束。

2. 远程帧

远程帧的主要作用是向其他的 CAN 节点发送数据请求，发送相同标识符的数据帧。与数据帧相比，远程帧的 RTR 位是隐性的，而且没有数据场。DLC 中的值是数据帧的数据长度（见图 8-2-12）。

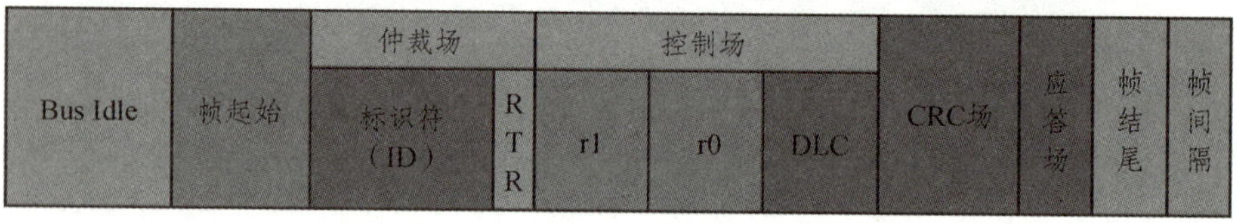

图 8-2-12　远程帧结构

3. 错误帧

错误帧由错误标志的叠加和结束符组成。

错误标志有主动错误标志与被动错误标志。主动错误标志为 6 个显性位，被动错误标志为 6 个隐性位。

错误主动节点与错误被动节点（参考"CAN 节点的错误状态"）对错误的反应是不一样的。

当错误主动节点检测到错误时，会发送主动错误标志。而主动错误标志又会影响总线上原有传输内容的结构，从而让其他未检测到错误的节点发现错误。一种情况是错误帧破坏了应答场和帧结尾的固有形式；另一种情况是错误帧破坏了位填充规则。当其他节点发现错误后，也会发送错误帧。这样就会造成一个错误标志的叠加，会有 6 ~ 12 bit 大小（见图 8-2-13）。

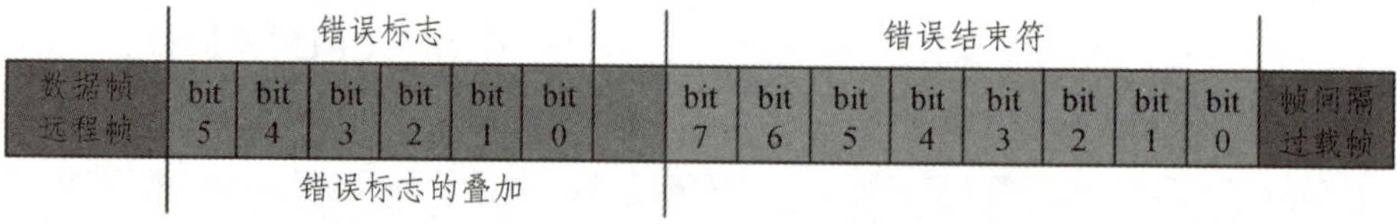

图 8-2-13　错误帧结构

图 8-2-14 就演示了第二种情况时的各个节点发送错误帧的情况。节点 1 首先检测到错误，发送错误帧，在连续发送了 6 个显性位之后，节点 2 和 3 检测到位填充错误，也发送错误帧。这样总线上错误帧的叠加就达到了 12 位。

所有节点发送完错误标志之后就会发送一个隐性位，并监控总线，直到总线上出现一个隐性位。然后再发送 7 个隐性位。这样一个错误帧就发送完毕了。

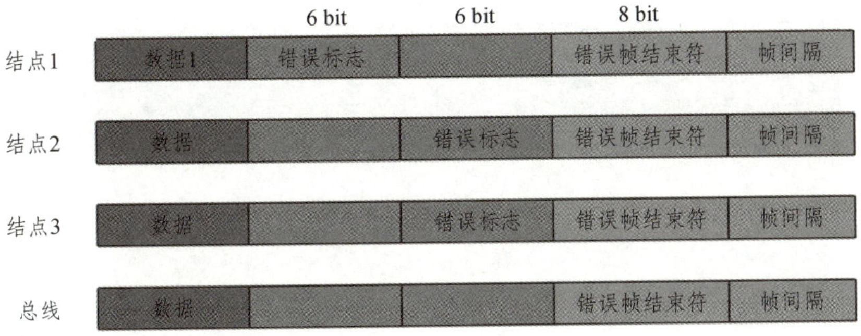

图 8-2-14　发送错误帧过程演示

4. 过载帧

过载帧与主动错误帧非常类似，特别是位的组成和全局化的过程。主要的差别在于错误帧发生于数据帧、远程帧期间。而过载帧发生于间歇字段期间。

过载帧是由过载标志的叠加和过载结束符组成。有两种情况可以触发过载帧：

（1）CAN 节点的内部需求，例如需要时间准备数据帧的数据。这种情况下过载帧只允许起始于帧间隔的第一位。

（2）在帧间隔内侦测到显性位。这种情况下，过载帧起始于检测到显性位的后一位。

过载标志由 6 个显性位组成，过载帧破坏了间歇字段的结构从而导致了过载帧的全局化。发完过载标志后，CAN 节点会往总线发送隐性位，并监控总线直至出现隐性位。然后再发送 7 个隐性位（见图 8-2-15）。

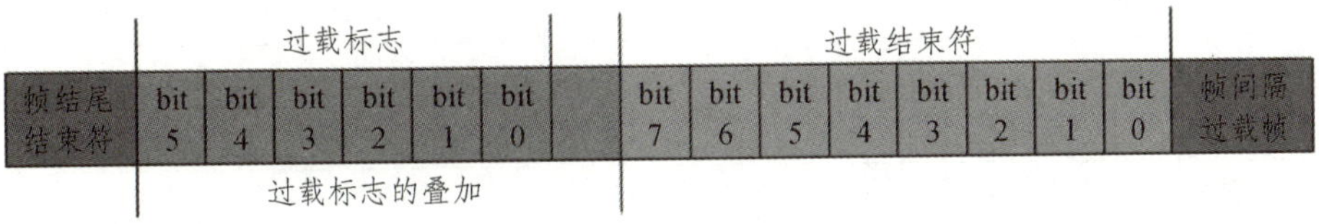

图 8-2-15　过载帧结构

5. 帧间空间

数据帧与远程帧的前面必然有帧间空间。对于主动错误节点和被动错误节点，帧间空间的结构稍有不同。对于主动错误节点，帧间空间由 3 个显性位的间歇字段和总线空闲组成（见图 8-2-16）。在间歇字段不允许发送数据帧与远程帧。总线空闲的长度任意，当有显性位时就被认为是帧起始。

被动错误标志除了上边两部分外，在间歇字段之后还有 8 个显性位的挂起传输（见图 8-2-17）。在挂起传输阶段被动错误节点不可以发送数据帧与远程帧。

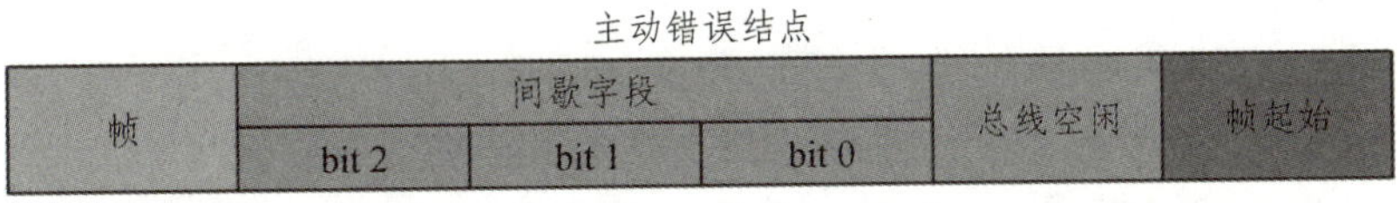

图 8-2-16　主动错误节点的帧间空间

被动错误结点

帧	间歇字段			挂起传输								总线空闲	帧起始
	bit 2	bit 1	bit 0	bit 7	bit 6	bit 5	bit 4	bit 3	bit 2	bit 1	bit 0		

图 8-2-17　被动错误节点的帧间空间

8.2.3.2　CAN 总线工具——CANoe

目前，在汽车领域内，较为广泛使用的 CAN 总线工具是德国 Nector 公司推出的一款总线开发环境 CANoe。CANoe 全称为 CAN open environment，前期是为了对 CAN 通信网络进行建模、仿真、测试和开发，后来扩展加入了 LIN、Ethernet、FlexRay、MOST 等网络，是网络和 ECU 开发、测试和分析的专业工具，支持从需求分析到系统实现的整个系统的开发过程。

1. CANoe 功能介绍

CANoe 的主要功能如表 8-2-5 所示。

表 8-2-5　CANoe 的主要功能

使用场景	相应功能
真实 ECU 节点通信分析	ISO TP、KWP2000 和 Diagnostics Observer
诊断功能测试	Diagnostic Console（诊断控制台）
故障查询	Fault Memory Window（故障记忆窗口）
安全保护及会话控制	Session Control Window（会话控制窗口）
OBD 诊断	OBD　II　Windows（OBD II 窗口）
诊断功能设计	系统/剩余总线仿真
仿真 ECU 中诊断实现	TP DLL、ECU 仿真和 CAPL 编程仿真
规范测试/集成测试/回归测试包括 TP 层故障注入	TPDLL+TP 故障注入、CAPL 编程仿真、TFS 测试功能库

CANoe 可以支持强大的诊断功能，当用户导入诊断描述文件后，CANoe 会依据该描述文件，自动为用户生成诊断测试相关的窗口。此外，CANoe 提供了强大的总线测量和分析功能，在测量数据的记录和处理的过程中，数据流的显示与配置均以图形化的形式进行操作，数据流结构如图 8-2-18 所示。

2. CANoe 软件常用菜单及窗口

CANoe 软件常用菜单及窗口说明如下：

（1）File 菜单：用来新建工程和通用设置，内置丰富的通信协议模板。

（2）Home 菜单如图 8-2-19 所示。

- Start/Stop：配置好文件后，点击开始/停止工作。
- Step：按照设置的步长值，实施单步执行。
- Online Mode：实时模式，可以仿真或实时控制器在运行（下拉的离线模式为用记录文件进行回放分析）。

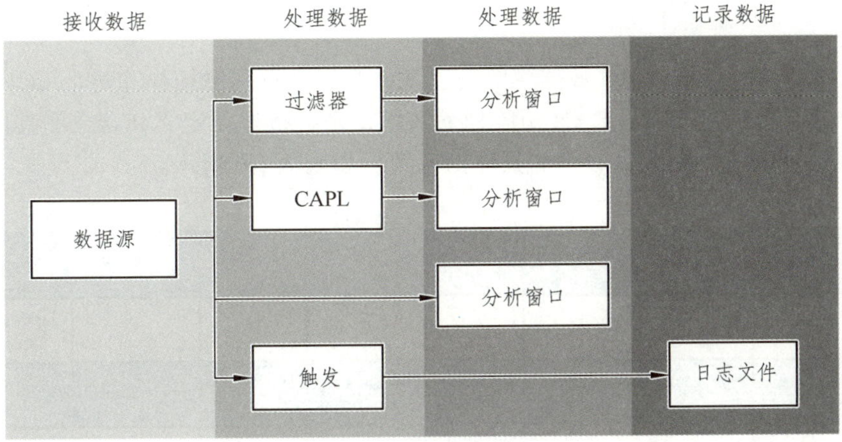

图 8-2-18　CANoe 数据流结构

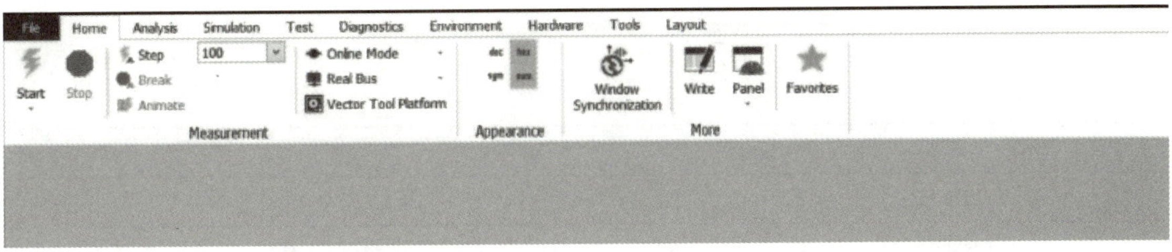

图 8-2-19　Home 菜单页面

• Real Bus：实际的网络环境，在实车测试时应选择该模式。

• Write 窗口：查看输出信息。

• Panel 面板：调用已制作好的可视化面板，可实时查看数据状态。

（3）分析菜单如图 8-2-20 所示。

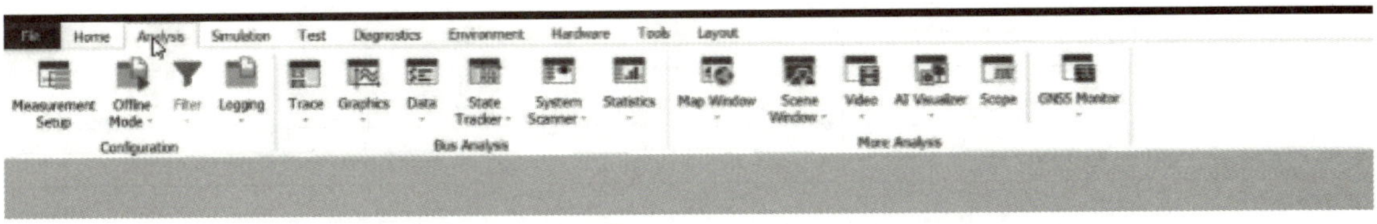

图 8-2-20　Analysis（分析）菜单页面

分析菜单中，使用最频繁的是 Measurement Setup（测量设置）窗口，其中较为重要的几个窗口为 CAN Statistics 窗口、Trace 追踪窗口、Data 窗口、Graphic 图形界面。

• CAN Statistics 窗口：查看网络运行状态，包括错误统计值。

• Trace 追踪窗口：将信号以列表的形式全部展现出来。

• Data 窗口：可以选择要查看数据的具体值。

• Graphic 图形界面：可以直观看到信号数值的改变和状态的跳变。

（4）Simulation 菜单：仿真设置功能区，其中 Simulation Setup 窗口主要是加载已经制作完成的数据库。数据库的作用是将 CAN 信号的 0、1 信号“翻译”成具体的数据信息和状态信息。

3. CAN 报文定义和含义解析

CANoe 软件中，制作 DBC 数据库的前置工作为定义行网络拓扑和每个 ECU 收发报文的内容及含义。接下来通过一个 CAN 矩阵列表实例，来解析报文定义和含义的具体内容。

CAN 矩阵列表（见图 8-2-21）的具体内容解析如表 8-2-6 所示。

ECU	Message ID	Message Name	Cycle Time (ms)	Mesage Length (Byte)	Byte Position	bit Position	DLC	Signal Name	Signal Symbol
BCM	301	BCM_ Control	20	1	0	7	1	Driver_ Door	D_Door
Unit	Resolution	Offset	Signal Value (MIN)	Signal Value (MAX)	Physical Value (MIN)	Physical Value (MAX)	Unavailable Value	Coding	
-	-	-	-	-	-	-	-	0b:Door Close 1b:Door Open	

图 8-2-21　CAN 矩阵列表

表 8-2-6　CANoe 的主要功能

内容	含义
ECU	ECU 的名称
Message ID	发送报文的 ID
Message Name	发送报文的名称
Cycle Time(ms)	发送报文的周期（单位：ms）
Message Length(Byte)	字节长度
byte Position	字节位置
bit Position	数据位置
DLC	数据长度
Signal Name	信号名称
Signal Symbol	信号符号
Unit	单位
Resolution	系数
Offset	偏置数
Signal Value (Min/Max)	信号原始最小/最大值
Physical Value (Min/Max)	换算后的物理值的最小/最大值
Unavailable Value	当控制单元发生故障或信有误时，发送的默认值，表示此时信号出错，其他控制设备需要接收该信号。
Coding	对状态信号的翻译内容。示例中，门的 0/1 信号分别代表门的关闭和打开

其中，字节位置与数据位置两个参数的内容共同组成了该信号的坐标。CANoe 将 64 位数据场划分为 8×8 的 64 格，字节纵向排列，字节中的每位信号横向排列。需要注意的是，数

据场中，byte Position 从上到下是第 0 ~ 7 个字节，bit Position 从左到右是第 7 ~ 0 位（见图 8-2-22）。

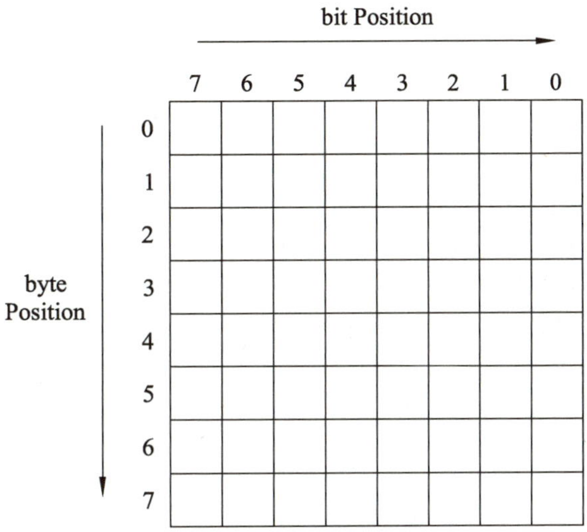

图 8-2-22　64 位数据场示意图

数据场矩阵内的原始值需要乘以系数，加上偏置数，才能得到最终的物理值。公式如下：

*Physical=Signal*Resolution+Offset*

8.2.3.3　DBC 文件结构解析

汽车设计中，在网络架构确定以后，需要定义各个通信节点的通信报文。各个通信节点的通信报文的集合形成 DBC 文件。DBC 文件是输入主机厂输入给供应商进行产品开发的重要文件。DBC 文件是以 Tag（标签）来标识每一个元素的。

一般来说，DBC 文件包括以下 9 类信息：版本、新符号内容、波特率定义、网络节点的定义、报文帧的定义、信号的定义、注解部分、特征部分以及数值表部分。接下来，以某 DBC 文件实例，对这 9 类信息进行说明。

```
1.VERSION " "
2.NS_ :
3. NS_DESC_
4. CM_
5. BA_DEF_
6. BA_
7. VAL_
8. CAT_DEF_
9. CAT_
10. FILTER
11. BA_DEF_DEF_
12. EV_DATA_
13. ENVVAR_DATA_
```

```
SGTYPE_
SGTYPE_VAL_
BA_DEF_SGTYPE_
BA_SGTYPE_
SIG_TYPE_REF_
VAL TABLE_
SIG_GROUP_
SIG_VALTYPE_
SIGTYPE_VALTYPE_
BO_TX BU_
BA_DEF_REL_
BA_REL_
BA_DEF_DEF_REL_
BU_SG_REL_
BU_EV_REL_
BU_BO_REL_
SG_MUL_VAL_

BS_:

BU_: AVNT ACU HUD

BO_ 996 HUD_1_B: 8 HUD

SG_ HUD_HeightLv : 7|7@0+ (1,0) [0|127] "lv" ACU,AVNT
SG_ HUD_BrightnessLv : 15|4@0+ (1,0) [0|15] "lv" ACU,AVNT

CM_ BO_ 996 "The message of control hud status";
CM_ SG_ 996 HUD_BrightnessLv "Control hud brightness level";

BA_DEF_ SG_  "MyTry" INT 0 11;
BA_DEF_ SG_  "New_AttrDef_3" INT 0 1;

BA_DEF_DEF_  "MyTry" 0;
BA_DEF_DEF_  "New_AttrDef_3" INT 0 ;

VAL_ 996 HUD_HeightLv 3 "Lv4" 2 "Lv3" 2 "Lv1" 1 "Lv0"
VAL_ 996 HUD_BrightnessLv  3 "Lv4" 2 "Lv3" 2 "Lv1" 1 "Lv0"
```

（1）VERSION：一般存储版本信息，可以为空，也可以用户自行定义。

（2）NS_：New Symbol 新符号信息，当创建 dbc 文件时自动生成的信息。示例中的第 2～30 行均为新符号信息。

（3）BS_：波特率定义（示例中的第 32 行），格式为

```
BS_: [baudrate:BTR1,BTR2];
```

其中 BS_为关键字，用于定义 CAN 网络的波特率；[ ]内容表示为可选部分，可以省略，但必须保留 BS_：标签。

（4）BU_：网络节点定义，后面的信息为网络节点名称，中间用空格隔开。

第 34 行的含义为，定义了 AVNT、ACU、HUD 三个网络节点。

（5）BO_：报文帧定义。格式如下：

```
BO_ MessageId MessageName: MessageSize Transmitter
```

具体含义如表 8-2-7 所示：

表 8-2-7　报文帧定义参数内容

参数	含义
BO_	关键字，表示报文
MessageId	报文 ID，以 10 进制数表示
MessageName	报文的名字
MessageSize	报文数据域字节数
Transmitter	该报文的网络节点，如果该报文没有指定发送节点，则该值需设置为“Vector__XXX”

在例子中，第 36 行的含义为：BO_表示为报文帧定义，报文 ID 为 0x3E4（十进制为 996），报文的名字为 HUD_1_B；报文数据域字节数为 8；发送该报文的节点为 HUD。

（6）SG_：信号定义。格式如下：

```
SG_ SignalName (SigTypeDefinition) : StartBit|SignalSize@ByteOrder
ValueType (Factor,Offset) [Min|Max] Unit Receiver
```

具体含义如表 8-2-8 所示：

表 8-2-8　信号定义参数内容

参数	含义
SG_	关键字，表示信号
SignalName	信号的名字
SigTypeDefinition	多路选择信号，为可选项。有 3 种格式。当它为空时，表示该信号为普通信号。当它为 M 时，表示该信号为多路选择器信号。当它为 m50 时，表示该信号是被多路选择器选择的信号，只有当 M 定义的信号的值等于 50 的时候，该报文才能使用此通路
StartBit	信号起始位
SignalSize	信号长度
ByteOrder	信号的字节顺序：0 代表 Motorola 格式，1 代表 Inter 格式

续表

参数	含义
ValueType	该信号的数值类型：+表示无符号数，-表示有符号数
Factor，Offset	因子，偏移量。这两个值用于信号的原始值与物理值之间的转换。转换如下：物理值=原始值*因子+偏移量
Min|Max	信号的最小值和最大值，指定了该信号值的范围
Unit	该信号的物理单位，为字符串类型
Receiver	信号的接收节点，该信号没有指定的接收节点，则必须设置为“Vector__XXX”

在示例中，第 38 行所示的第一个信号：

```
SG_ HUD_HeightLv: 7|7@0+ (1,0) [0|127] "lv" ACU,AVNT
```

表示定义了一个命名为 HUD_HeightLv 的普通信号，其起始位是第 7 位，信号长度为 7 bit；信号是 Motorola 格式，数值类型为无符号类型数；因子为 1，偏移量为 0；信号取值范围为 0 到 127；信号物理单位为字符串“lv”；该信号接收节点为 ACU，AVNT 这两个节点。

同样，可以对例子中第 39 行所示的第二个信号进行分析。

```
SG_ HUD_BrightnessLv: 15|4@0+ (1,0) [0|15] "lv" ACU,AVNT
```

表示定义了一个命名为 HUD_BrightnessLv 的普通信号，其起始位是第 15 位，信号长度为 4 bit；信号是 Motorola 格式，数值类型为无符号类型数；因子为 1，偏移量为 0；信号取值范围为 0 到 15；信号物理单位为字符串“lv”；该信号接收节点为 ACU，AVNT 这两个节点。

（7）CM_：注解部分。格式如下：

```
CM_ Object MessageId/NodeName "Comment"
```

具体含义如表 8-2-9 所示：

表 8-2-9　注解部分参数内容

参数	含义
CM_	关键字，表示报文
Object	注解的对象类型，如节点“BU_”、报文“BO_”、信号“SG_”
MessageId/NodeName	注解的对象。若注解对象为信号或报文，MessageId 表示报文的 ID（10 进制数表示）；若注解对象为节点类型，NodeName 表示该节点的名称
Comment	注解的文本信息。文本内部不允许再出现”号

在例子中，第 42 行所示的注解信息

```
CM_ SG_ 996 HUD_BrightnessLv "Control hud brightness level";
```

表示对 ID 为 996(0x3E4)这条报文下的名为“HUD_BrightnessLv”的信号进行注解说明，说明的内容为“Control hud brightness level”。

（8）特征部分。特征部分的标签有三类：BA_DEF_、BA_DEF_DEF_、BA_。

BA_DEF_：特征名称类型定义。格式如下：

```
BA_DEF_ Object AttributeName ValueType Min Max;
```

具体含义如表 8-2-10 所示：

表 8-2-10 特征部分参数内容

参数	含义
BA_DEF	标签
Object	特征类型，BU_（节点特征定义）、BO_（报文特征定义）、SG_（信号特征定义）、空格（项目特征定义）
AttributeName	特征名称
ValueType	特征值类型：十进制、十六进制、浮点数、枚举、字符型
Min Max	如果特征是数值类型，该参数表示数值范围；如果特征是枚举类型，该参数表示枚举值，如果特征是字符类型，该参数是空

在示例中，第 44 行所示的特征信息：BA_DEF_ SG_ "MyTry" INT 0 11。表示对定义了一个针对消息类型的特征，特征名为“MyTry”，特征值是整型数据，取值范围为 0 ~ 11。

BA_DEF_DEF_：特征默认值定义。格式如下：

```
BA_DEF_DEF_ AttributeName DefaultValue;
```

后两个参数分别表示特征名称和特征的默认值。

在示例中，第 47 行所示的特征信息：BA_DEF_DEF_ "MyTry" 0；表示“MyTry”这个消息特征的特征默认值为 0。

BA_：特征项目设置值定义。格式如下：

```
BA_ AttributeName projectValue;
```

后两个参数分别表示特征名称和特征设置值。举例，如 BA_ “GenMsgCycleTime” BO_ 400 100。表示定义了一个针对报文类型的特征“GenMsgCycleTime”，CAN ID 为 400 的报文特征值设置为 100。

（9）VAL_：数值部分。格式如下：

```
VAL_ MessageId SignalName N "DefineN" ...... 0 "Define0";
```

具体含义如表 8-2-11 所示。

表 8-2-11 数值部分参数内容

参数	含义
VAL_	关键字，表示数值表定义
MessageId	该信号所属的报文 ID（十进制数表示）
SignalName	信号名
N “DefineN” …… 0 “Define0”	表示定义的数值表内容，即该信号的有效值分别用设定的符号表示

在示例中，第 50 行：

```
VAL_ 996 HUD_HeightLv 3 "Lv4" 2 "Lv3" 2 "Lv1" 1 "Lv0"
```

表示对 ID 为 996(0x3E4)的这条报文下的，一个命名为“HUD_HeightLv”的信号进行其数值表的定义，用“Lv4”取代 3；用“Lv3”取代 2；“Lv2”取代 1；“Lv1”取代 0。

8.2.4 CAN 网络在汽车上的应用

8.2.4.1 在车辆控制系统上的应用

微课：CAN 网络在汽车上的应用

随着汽车技术的发展，车内电控单元、电子通信系统和需要通信的模块越来越多，如电子燃油喷射装置、防抱死制动装置（ABS）、安全气囊装置、门窗控制、巡航控制、主动悬架等。此外，车辆控制系统所包含的发动机控制系统、变速器控制系统、刹车系统、转向系统等系统都需要实时地收集、处理和传输大量的数据和信息，对控制要求也越来越高。在这种情况下，如果仍采用常规的点对点导线布线方式，将导致车上电线数目急剧增加，且无法应对更为复杂的数据交换需求和系统控制需求。需要采用一种新的串行数据传输系统方式，利用总线式系统连接的方式去满足上述要求。

因此，CAN 总线应运而生。它是一种多主总线，通信介质可以是双绞线、同轴电缆或光导纤维。CAN 总线具有较强的纠错能力，支持差分收发，因而适合高干扰环境，并具有较远的传输距离。功能上，CAN 总线可以简化车身线路布局，提高车身电控系统的稳定性，使汽车在控制方面更加智能、精确，是目前应用最多的总线标准之一。并且，CAN 网络的高速和实时性能可以满足车辆控制系统那些包含的子系统对数据的快速传输和处理需求。同时，CAN 网络还具有高度的可靠性和安全性，可以保证车辆系统的安全和可靠运行。

CAN 总线网络可连接汽车系统中的各种控制模块，如发动机控制模块、变速器控制模块、制动系统控制模块等，以实现这些模块之间的信息交换和协调工作，如图 8-2-23 所示。

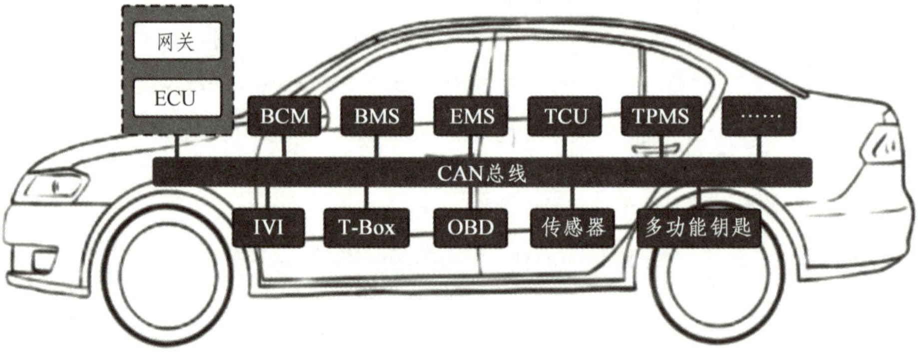

ECU—电子控制单元；BCM—车身控制器；BMS—电池管理系统；EMS—发动管理系统；TCU—自动变速器电子控制系统；TPMS—轮胎压力检测系统；IVI—车载信息娱乐系统；T-Box—汽车无线网关；OBD—车载自诊断系统。

图 8-2-23 CAN 总线在汽车上的应用

具体来说，针对不同的控制系统，CAN 的总线分布和使用也根据控制系统功能而定。对于发动机控制系统（EMS）、自动变速器电子控制系统（TCU）、防抱死制动装置（ABS）、电子车身稳定系统（ESP）等对通信实时要求高的系统，网络连接方式会选择高速 CAN 总线。而对于自动空调、电动车窗、连接灯光、信息显示系统等低速电动机或开关量器件，对实时性要求低且数量多，通常会选择适合车身系统的低速 CAN 总线。因此，数百个 ECU（电子控制单元）根据功能的不同被划分到不同系统对应的网络子系统中。不同速度的 CAN 总线通过网关连接，并设置合适的 CAN 通道波特率，将这些子网络连通，合成整个汽车 CAN 网络（见图 8-2-24）。

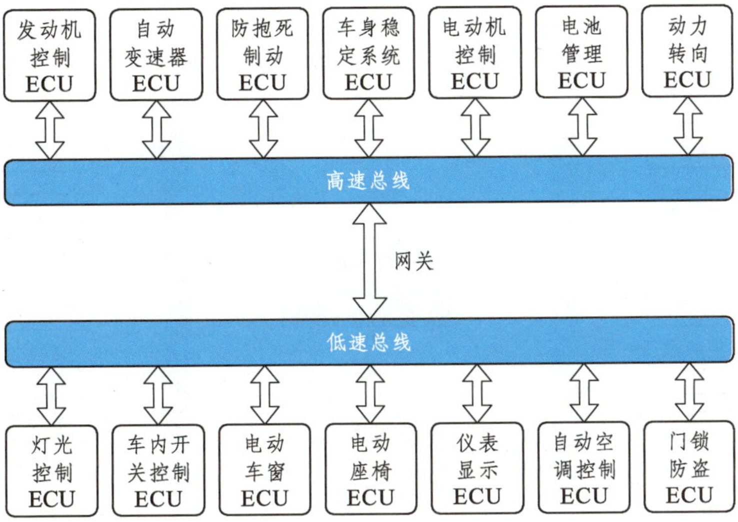

图 8-2-24　CAN 高/低总线应用分布

在车内网络中，各个 ECU 之间是通 CAN 网络进行相互连接的，通过 CAN 报文进行通信。同时，配置网关接口，将子网络进行连通之外，还可以将外部扩展的数据采集终端连接到车内网的 CAN 总线上。此外，在车内 CAN 总线上还留有外部的总线接口或诊断 OBD 接口，外部扩展设备可通过此类接口或者蓝牙、Wi-Fi 等无线通信模块连接进 CAN 网络（见图 8-2-25）。

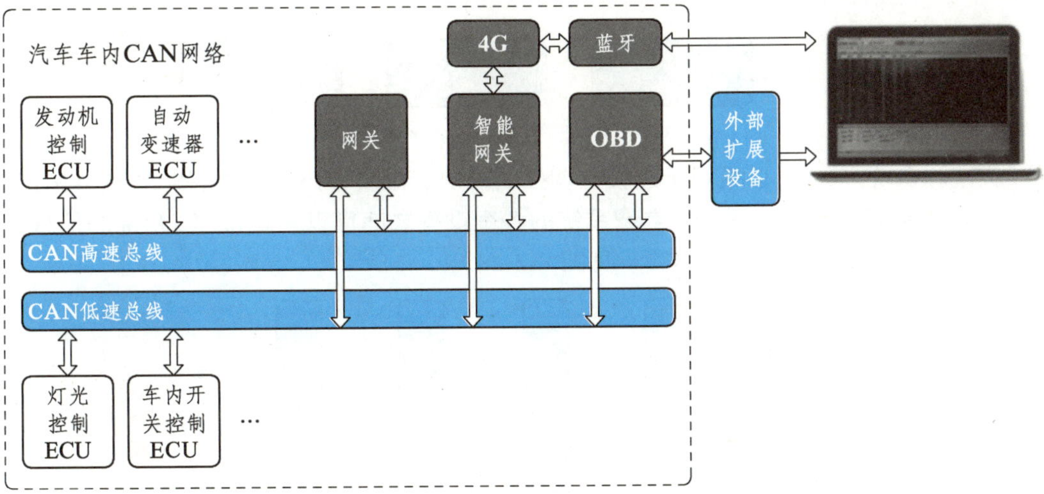

图 8-2-25　CAN 车内网络结构

接下来对汽车控制系统中较为重要的几个系统的 CAN 总线应用进行详细说明。

（1）发动机控制系统。CAN 总线用于连接发动机控制模块、传感器等设备，实现发动机控制、燃油喷射、点火控制等功能。通过 CAN 总线，各个设备之间可以实现高速、可靠的信息交换提高发动机的性能和燃油效率（见图 8-2-26）。

（2）制动系统。CAN 总线用于连接制动系统控制模块、轮速传感器等设备，实现制动控制、制动力分配等功能。通过 CAN 总线，制动系统的各个设备之间可以实现实时、准确的信息交换提高整车的制动效率和安全性（见图 8-2-27）。

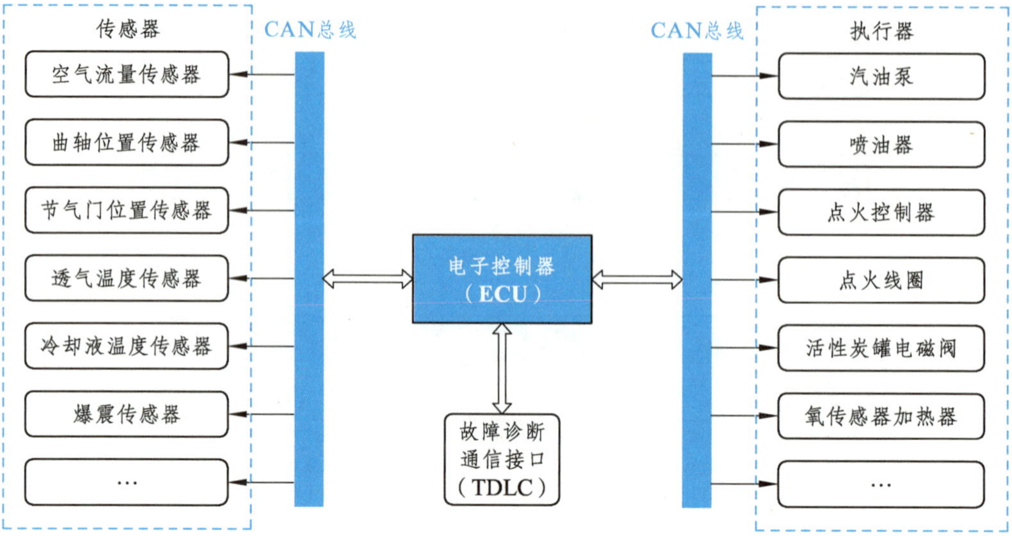

图 8-2-26　CAN 总线在发动机控制系统上的应用

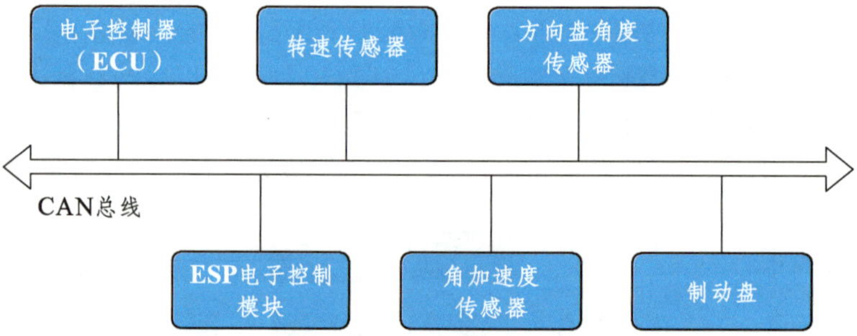

图 8-2-27　CAN 总线在制动系统上的应用

（3）空调系统。CAN 总线用于连接空调控制模块、温度传感器等设备，实现空调控制、温度调节等功能。通过 CAN 总线，空调系统的各个设备之间可以实现快速、精准的信息交换，提高车内舒适度和驾驶员的驾驶体验（见图 8-2-28）。

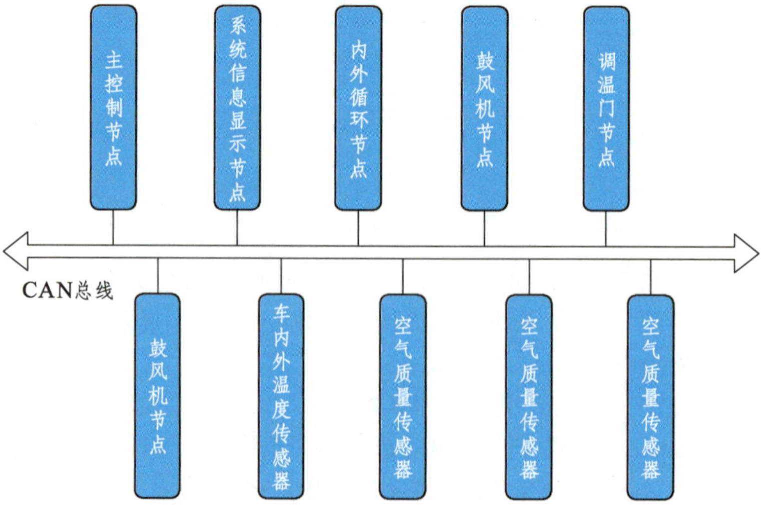

图 8-2-28　CAN 总线在空调系统上的应用

8.2.4.2 CAN 网络在信息娱乐系统上的应用

车载信息娱乐系统（In-Vehicle Infotainment，IVI）是目前汽车上重要的信息显示系统，主要由两个部分组成，车载信息系统和车载娱乐系统。如图 8-2-29 所示，随着信息技术和汽车电子的迅速发展，信息娱乐系统集成的功能也越来越丰富，包括音频播放、视频播放、移动电视、生活资讯、导航定位、移动上网、辅助驾驶、远程诊断、云端升级等。

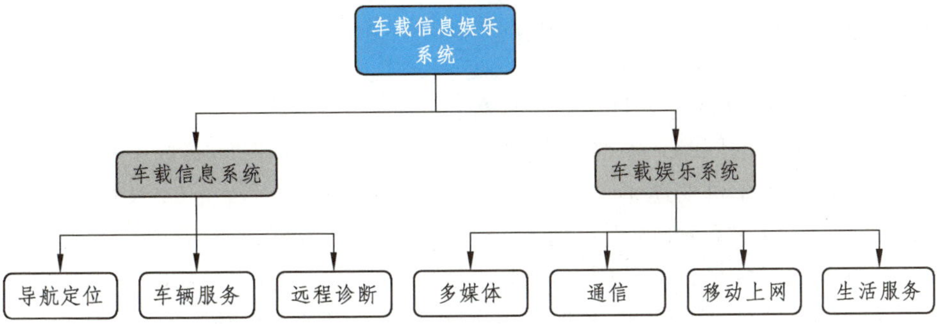

图 8-2-29 车载信息娱乐系统的组成

车载信息娱乐系统中，系统控制单元（ECU）所关联的硬件模块非常丰富，有接收信号和发送音视频信息的硬件，如中控显示屏、麦克风、USB 信号源、扬声器、行车记录仪、组合仪表等等，还有连通提供 ADAS 信息交换功能的 ADAS 控制器。此外，系统控制单元通过网关连通整车的各类控制器。各模块之间均可以通过 CAN 网络来连通，实现各个模块之间的数据传输和共享。

例如，麦克风获取音频信息可以通过 CAN 网络传输到控制单元，控制单元在发送给扬声器播放音频信息的同时，可以向中控显示屏传递音频的相关信息数据，实现中控盘显示。车载导航模块可以通过 CAN 网络向组合仪表板模块传递位置信息进行显示。CAN 网络的高速和可靠性可以确保各个模块之间数据传输的稳定性和正确性（见图 8-2-30）。

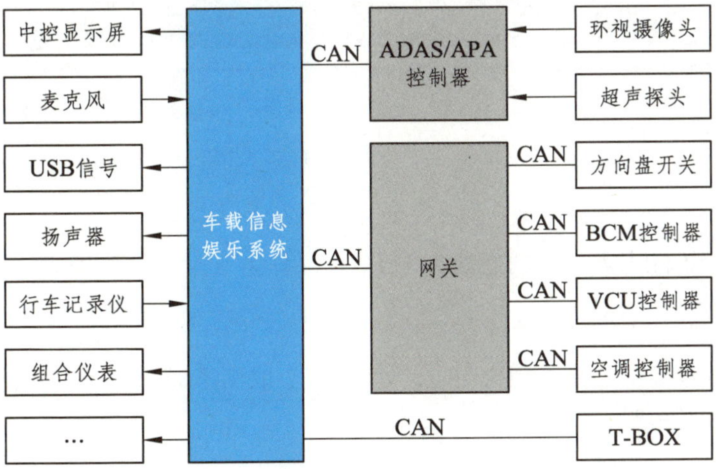

图 8-2-30 CAN 总线在车载信息娱乐系统上的应用

8.2.5 CAN-FD 总线的工作原理

8.2.5.1 CAN-FD 简介

动画：认识 CAN-FD 通信技术

随着汽车电子、工业自动化的蓬勃发展，CAN 总线上的设备数量、数据量都大大增加，给 CAN 总线带来了极大的挑战。为满足更高的带宽及数据吞吐量，CAN-FD（CAN with Flexible Data-Rate）诞生了。CAN-FD 协议于 2012 年由 Bosch 发布，于 2015 年提交国际标准化 ISO 11898 系列。

于传统 CAN，CAN-FD 协议具有以下优势：

（1）在提高位速率的同时，能够提供更短的 CAN 帧，延迟时间更短、实时性能更高。具体来说，CAN-FD 采用了可变速率，最高速率可达到 8 Mb/s，而传统 CAN 协议只有 1 Mb/s。

（2）CAN-FD 可以在 CAN 帧中容纳 8 ~ 64 字节的更多数据，所需的系统开销更小，数据吞吐量更大，在发送较大数据对象时，软件也更简单高效。例如：CAN-FD 总线以 2 Mb/s 的速率、64 位数据与 CAN 250 kb/s、8 位数据传输对比，很明显在相同时间下，CAN-FD 的有效传输负载是 CAN 传输负载的 8 倍。

（3）CAN FD 具有更高性能的 CRC（循环冗余校验）算法，能够有效降低未检测到错误的风险。

8.2.5.2 CAN-FD 帧结构

与 CAN 一样，CAN-FD 的帧结构同样包含帧起始、仲裁场、控制场、数据场、CRC 场、ACK 场以及帧结束七大部分，如图 8-2-31 所示。

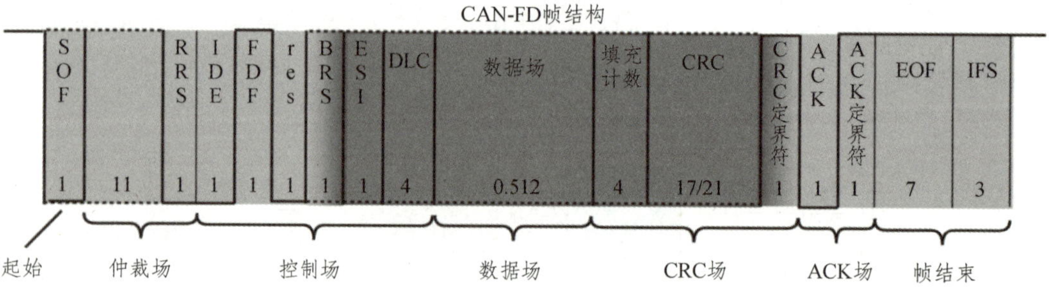

图 8-2-31 CAN-FD 帧结构

1. 帧起始

CAN-FD 帧起始标志着报文的起始，与 CAN 一样由 1 个显性位构成。

2. 仲裁场

CAN-FD 的仲裁场部分是采用 RRS 位为常显位，取消了对远程帧的支持，前 11 位的 IDE 用于区分标准帧和扩展帧。

3. 控制场

CAN-FD 的控制场与 CAN 有相同的 IDE、res 和 DLC 位，同时在 CAN 的基础上增加了

FDF、BRS、ESI 位。

4. 数据场

CAN-FD 兼容 CAN 的数据格式，其中的 DLC 是 4 位，表示数据帧中数据字节的数量。

5. CRC 场

传统的 CAN 的 CRC 为 15 位，而在 CAN-FD 数据帧内，CRC 为 17 位或者 21 位，通过 4 个固定填充位来提高通信可靠性。

6. ACK 场

数据帧内的 ACK 场紧接着 CRC 结束标识位，支持 2 bit 的 ACK 识别。

7. 帧结束

CAN-FD 帧结构的帧结束同样为连续 7 位的隐性位，标识数据帧的结束。

CAN-FD 支持双比特率，从控制场的 BRS 位到 ACK 场之前（含 CRC 分界符）为可变速率，其余部分为原 CAN 总线的速率（1 Mb/s）能够更好地适应通信传输过程中的不同场景，从而缩短位时间提高位速率。

8.2.5.3　CAN-FD 与传统 CAN 的区别

1. 帧格式的比较

图 8-2-32 所示为传统 CAN 与 CAN-FD 的数据帧的帧格式比较，上面是传统的 CAN2.0 标准帧，下面是 CAN-FD 标准帧，两种帧都是单字节。从图中可以看出，两种帧从帧起始（SOF）位到 11 位标识符都相同，但最末端的内容不相同，传统 CAN 的是远程传输请求位（RTR 位），CAN-FD 帧中是远程请求替换位（RRS 位，图中标记为“r1”）。

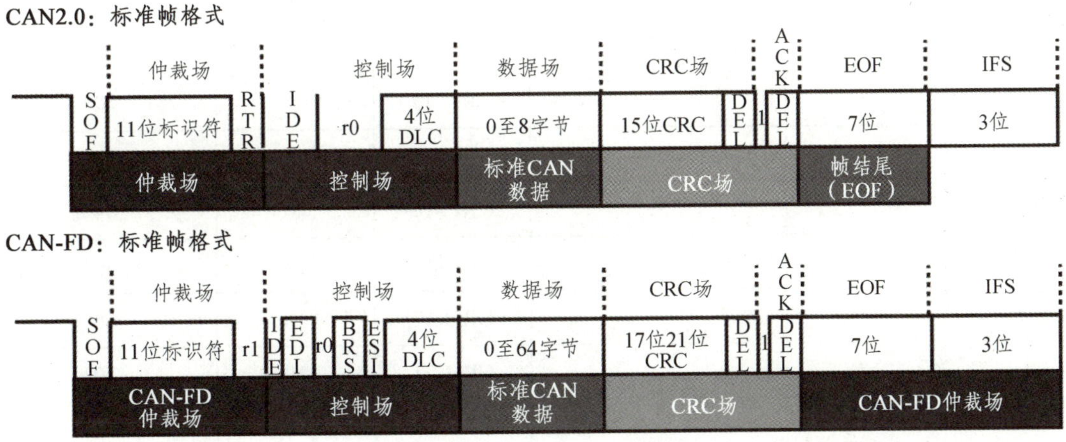

图 8-2-32　CAN 与 CAN-FD 帧格式的比较

此外，CAN-FD 帧格式新增了 FDF、BRS、ESI 位。其中 FDF 位用于区分该报文是 CAN 报文还是 CAN-FD 报文。BRS 位：表示位速率转换，该位隐性时，速率可变（即 BSR 到 CRC 使用转换速率传输），该位为显性时，以正常的 CAN-FD 总线速率传输（恒定速率）。ESI 位表示发送节点错误状态指示。

2. 数据传输速率的比较

在传输数据过程中，传统格式传输一个字节的数据需要 55 位，CAN-FD 格式需要 70 位。如果帧在同一级别的行中超过 5 位，则协议将在帧中添加额外的位用于重新同步，这个过程叫作填充，帧内这些新增加的位在 CAN 协议中被标记为填充位。

3. CRC 编码的比较

传统 CAN 与 CAN-FD 的比较中，CRC 编码的方式也有所不同。传统 CAN 格式对于所有帧类型都使用 15 位 CRC 编码，因为所有帧具有相似的长度。而 CAN-FD 最大为 64 字节帧，情况更复杂一些，因此采用了两种不同的 CRC 长度：如果帧保持 16 字节或更少，则使用 17 位的 CRC-17；如果帧保持 20 字节或更多，则使用具有 21 位的 CRC-21，具体内容如表 8-2-12 所示。

表 8-2-12　传统 CAN 帧与 CAN-FD 帧在数据传输效率及 CRC 编码上的比较

传统 CAN 帧			CAN-FD 帧		
CRC 码	帧字节	数据传输效率 $N\times 8/(56+N\times 8)$	CRC 码	帧字节	数据传输效率 $N\times 8/(67+N\times 8)$
CRC-15	0	0%	CRC-17	0	0%
CRC-15	1	13%	CRC-17	1	11%
CRC-15	2	22%	CRC-17	2	19%
CRC-15	3	30%	CRC-17	3	26%
CRC-15	4	36%	CRC-17	4	32%
CRC-15	5	42%	CRC-17	5	37%
CRC-15	6	46%	CRC-17	6	42%
CRC-15	7	50%	CRC-17	7	46%
CRC-15	8	53%	CRC-17	8	49%
—	—	—	CRC-17	12	59%
—	—	—	CRC-17	16	66%
—	—	—	CRC-21	20	70%
—	—	—	CRC-21	26	74%
—	—	—	CRC-21	32	79%
—	—	—	CRC-21	48	85%
—	—	—	CRC-21	64	88%

8.2.6　车载以太网的工作原理

8.2.6.1　车载以太网简介

以太网（Ethernet）是一种以载波多路访问和冲突检测（Carrier Sense Multiple Access/Collision Direct，CSMA/CD）方式工作的局域网技术。在 IEEE802 标准中，IEEE 802.3 定义载波多路访问和冲突检测的通信方式（CSMA/CD）是以太网核技术。

CSMA/CD 技术中，载波侦听是指发送节点在发送信息帧之前，必须侦听当前的通信媒体是否空闲；多路访问表示多个节点可以同时访问网络媒体，也表示一个节点发送的信息可以被多个节点所接受；冲突检测是指发送节点在发出信息帧的同时，还必须监听媒体，判断是否发生了冲突，此时信息在媒体上的重叠将使接收点无法接收正确的信息。

2011 年，NXP、博通、宝马成立了 OPEN 联盟（One Pair Ethernet），后来哈曼、现代等陆续加入，目前联盟成员已超 300 个。OPEN 联盟的目标是基于以太网的通信建设车载网络技术。OPEN 早期重点是 Broad-Reach 技术，制定了功能性规范、EMC 符合性测试、互操作性规范等，还规范了线缆、连接器、线束等。2015 年，电气和电子工程师协会（IEEE）发布了 802.3BW 标准，也就是 100BASE-T1 标准，成为车载以太网领域内主流的通信标准。

8.2.6.2　以太网的帧结构

IEEE802.3 标准定义了以太网（采用 CSMA/CD 方式）的数据帧结构标准，其帧结构包括 8 个字段，具体为前序（Preamble）、帧起始定界符（Start Frame Delimiter，SFD）、目的地址（Destination MAC Addresses，DA）、源地址（Source MAC Addresses，SA）、长度（Length）、数据（Data）以及帧校验（Frame Check Sequence，FCS），如图 8-2-33 所示。

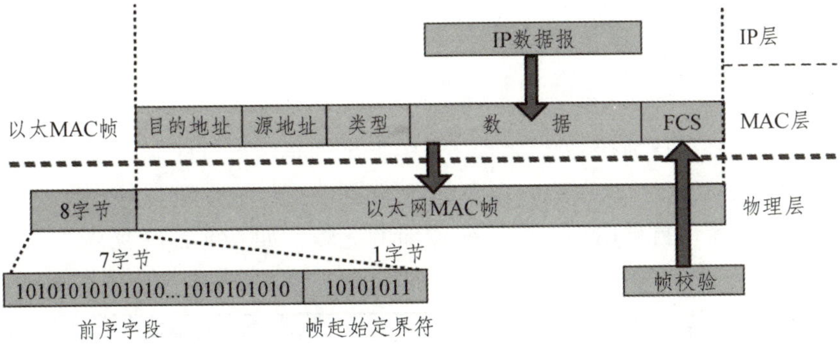

图 8-2-33　以太网的帧结构

1. 前序字段

前序字段由 7 个（IEEE802.3）字节的交替的 1 和 0 组成（10101010），用于指示帧的开始，使得网络中的所有接收器均能与到达帧同步，同时确保与帧起始定界符一起控制各帧之间用于错误检测和恢复操作的时间间隔不小于 9.6 ms。

2. 帧起始定界符字段

作为前序字段的延续，帧起始定界符沿用前序字段的组成方式，占 1 个字节，由 10101011 组成，前 6 个比特位置由交替的 1 和 0 构成，最后两个比特位置为 11，同步消息提醒接受后面跟随的是帧数据，指明数据帧的开始。当控制器将接收帧送入其缓冲器时，前序字段和帧起始定界符均被去除。

3. 目的地址字段

目的地址字段确定帧的接受者，有 2 字节和 6 字节的两种不同字段，对于 IEEE802.3 设备，通常选择 6 个字节的源地址和目的地址字段，用于指明帧被传送的一个或多个目的。

4. 源地址字段

源地址字段标识发送帧的源站点，与目的地址字段类似，源地址字段的长度同样也可以是 2 个或者 6 个字节，使用 6 个字节的源地址字段时，前 3 个字节表示由 IEEE 分配给厂商的地址，将烧录在每一块网络接口卡的 ROM 中，而制造商通常为其每个网络接口卡分派后 3 个字节。

5. 长度字段

用于 IEEE802.3 的长度字段定义了数据字段包含的字节数，占 2 个字节。

6. 数据字段

数据字段包括了从源站到目的站传输的数据，最多包含 1 500 字节。如果长度字段小于 46 字节，那么需要使用到后面的填充字段进行数据填充，以确保帧长至少为 64 字节（从前序字段到 FCS 字段），从而保证有足够的传输时间用于以太网网络接口卡精确地检测冲突。

7. 帧校验字段

帧校验字段主要用于帧校验，占 4 个字节。

最初以太网标准定义最小帧为 64 字节，最大帧为 1 518 字节，包含从目的 MAC 地址字段到帧校验字段的所有字节，帧前序和帧起始定界符字段不包含在内。

8.2.6.3 现有主要车载通信技术间的比较

目前，现有的主要车载通信技术除了上文中提到的传统 CAN、CAN-FD、车载以太网技术之外，还有 LIN、MOST、FlexRay 以及消费端的 USB、HDMI 等技术。下面将从用户访问、数据速率、鲁棒性和目标用例上进行多方面的比较，如表 8-2-13 所示。

表 8-2-13 现有主要车载通信技术间的比较

技术	多用户访问方案	数据速率	鲁棒性	目标用例
CAN（FD）	基于优先级的消息	共享 500 kb/s(2 Mb/s)	差分信号，相对小的速率	可靠的 ECU 控制
LIN	主从和进度表	共享 19.2 kb/s	小数据速率	低成本控制目标
MOST	基于优先级，TDM 和令牌	共享<21.2 MB/s	光通信 MOST 25/150	复杂且高端的音频数据
车载以太网	交换的，用于网络上的每个连接，排队	每个连接和传输方向上的 100～1000 Mb/s	差分信号，智能调制和过滤	高数据速率数据包
FlexRay	灵活的 TDMA	共享<10 Mb/s	差分信号	实时控制，X-By-Wire
USB、HDMI	无，仅在两个端口间通信	最高 5 Gb/s	屏蔽线缆，短连接	消费类设备集成

8.3　汽车诊断技术及应用

CAN 总线被广泛应用于汽车通信。随着汽车电控系统结构的日益复杂，电子系统出现故障的概率随之增加，同时故障发生原因也随之变得复杂。因此，了解汽车诊断技术的基础及目前主流的诊断系统、诊断协议是十分有必要的。

8.3.1　汽车诊断的基础介绍

随着对汽车安全性、发动机油耗及排放的法规要求越来越高，越来越多的传感器应用到车辆中，车辆控制系统也变得越来越复杂。而各控制系统的电子化、复杂化在提高车辆安全性、燃油经济性、动力性以及排放的同时，也给汽车模块间稳定通信带来了巨大的挑战。CAN 总线在信息传输中具有良好的可靠性，因此 CAN 总线被广泛应用于汽车通信。在汽车电控系统结构日益复杂的今天，电子系统出现故障的可能性也相对增加，对故障发生原因和发生部位的判断就变得越来越困难。故汽车故障诊断技术已经成为汽车故障诊断过程中必不可少的工具。

汽车诊断通常采用“问-答”模式，即诊断仪向车辆指定的 ECU 发送请求数据，指定的 ECU 会做出响应，将对应的应答数据返回给诊断仪。利用已定义的诊断描述文件，可将相应的数据解析为可读的诊断信息，诊断过程如图 8-3-1 所示。

图 8-3-1　汽车诊断的基本过程

常见诊断术语：

客户端（Client）：诊断请求的提出者（诊断仪），发送诊断请求。

服务器端（Server）：诊断响应的提供者（ECU），发送诊断响应。

远程客户端/服务器（Remote Client/Server）：与客户端/服务器不在同一个网段。

肯定响应（Positive Response）：服务器端正确执行客户端诊断请求时做出的响应。

否定响应（Negative Response）：服务器端无法正确执行客户端的诊断请求时做出的响应。

故障码（Diagnostic Trouble Code，DTC）：用来标记故障的代码，保存在非易失性存储器中，可实现自动保存。

诊断数据（Diagnostic Data）：可以被诊断设备请求的 ECU 内部数据。通常分为三大类：① 当前数据，即 ECU 正在使用的某个数据，如车速；② 存储数据，即被 ECU 存储在存储器中某一时刻的数据，如 DTC；③ 静态数据，即恒定不变的 ECU 内部数据，如 VIN 码。

诊断会话（Diagnostic Session）：服务器中一些特定的诊断服务和启用功能的集合。通常分为默认会话（Default Session）与用户自定义的会话。

诊断结果（Result）：诊断仪（tester）请求诊断服务执行后，从 ECU 的返回结果。返回结果有两类：① 积极响应（Positive Response，简写为 PosRsp），表示诊断请求执行成功；② 消极响应（Negative Response，简写为 NegRsp）即诊断请求执行失败。

服务识别符（Service Identifier，SID）：诊断协议为每一个诊断服务都分配了唯一一个 SID，SID 编号可以来指代某个具体的诊断服务。

数据标识符（Data Identifier，DID）：可以当作诊断数据的唯一标识符，只需要读取数据的 DID 就可以找到数据内容，不需要知道数据地址。

错误响应码（Negative Response Code，NRC）：诊断协议为每一种执行失败的诊断服务分配的失败原因代号。

8.3.2 汽车诊断的方式

8.3.2.1 OBD 诊断的基本概念及原理

1. OBD 系统的介绍

动画：汽车 CAN 总线的工作特性

车载诊断系统（On Board Diagnostics，OBD），用于跟踪和调节汽车的性能。该系统从车辆内部的传感器网络收集信息，可用于调节汽车系统或是向用户发出问题警报，技术人员只需要插入 OBD 诊断仪就可以收集车辆的数据并对车辆出现的问题进行诊断。随着汽车国际化程度提升，汽车排放和驱动性相关故障的诊断也逐渐标准化，目前主流的标准化系统为 OBD-Ⅱ系统（Ⅱ型车载诊断系统）。所有执行 OBD-Ⅱ标准的汽车都需要具备标准化的车辆数据诊断 OBD 接口、标准化的诊断解码工具、标准化的诊断协议、标准化的故障码定义和标准化的维修服务指南。

OBD 系统由诊断软件与传感器、执行器外围的诊断设备组成。该系统可以随时检测汽车上排放数据，判断汽车尾气是否超标。一旦某些部件出现故障或者排放超标，OBD 会立马发出警告，故障指示灯（MIL）或检查发动机（Check Engine）警告灯点亮，同时动力总成控制模块（PCM）将故障信息存入存储器，通过解码器可以将故障代码读出来。因此可以更准确地判断故障部位和故障原因，提高了诊断的效率。

2. OBD 系统的接口定义

OBD 系统通过 OBD-Ⅱ接口将数据暴露给诊断软件，诊断软件通过美国汽车工程师协会（SAE）制定的一套标准规范解析故障和排放信息。OBD-Ⅱ接口分布及定义分别如图 8-3-2、表 8-3-1 所示。

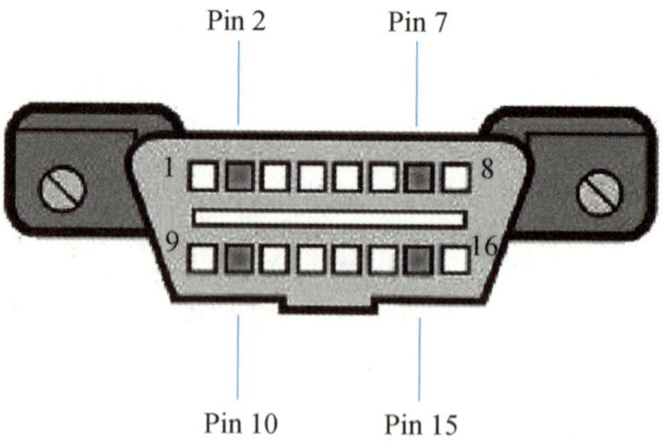

图 8-3-2 OBD-Ⅱ的接口分布

表 8-3-1　OBD-Ⅱ 各接口定义

管脚	管脚定义	管脚	管脚定义
1	制造厂定义	9	制造厂定义
2	数据传输　SAE J1850	10	数据传输　SAE J1850
3	制造厂定义	11	制造厂定义
4	接地线	12	制造厂定义
5	信号地线	13	制造厂定义
6	CAN High	14	CAN Low
7	K 线　ISO 9141	15	L 线　ISO 9141
8	制造厂定义	16	车辆电瓶正极

OBD 接口统一采用梯形的 16 针 DLC 形式接插件，梯形接口是防误插设计。

3. OBD 诊断服务

车载诊断（OBD）功能随着排放法规的引入，从 20 世纪 80 年代至今，已经历了多轮迭代和更新。从 GB 18352.3—2005 到 GB 18352.6—2016《轻型汽车污染物排放限值及测量方法（中国第六阶段）》，汽车排放法规中 OBD 诊断服务采用的标准是 ISO 15031-5-2015《道路车辆. 排放相关诊断用车辆和外部设备之间的通信. 第 5 部分：排放相关的诊断服务》，并通过满足 ISO 15031-4 要求的诊断工具输出信息。从 GB 18352.6—2016 开始，OBD 诊断服务的标准换成了 SAE J1979201202《电子/电气诊断测试模式》（以下简称 J1979）。

J1979 作为当前轻型车主流的 OBD 诊断服务标准，能满足绝大部分情况的需求，实际应用上仍会存在局限。因此，2021 年，SAE J1979-2 202104（以下简称 J1979-2）于 2021 年 4 月正式发布，是基于 UDS 协议针对 J1979 支持的诊断服务（Mode $ 1 ~ $ A）进行升级和扩充。

目前 J1979 具有 9 种服务，而 J1979-2 采用 UDS 协议 ISO 14229-1 中的 4 种服务实现了 J1979 的 9 种服务功能及 3 种升级服务功能，如表 8-3-2 所示。

表 8-3-2　J1979 与 J1979-2 的诊断服务内容对比

服务	J1979	J1979-2
Read data stream（读取诊断数据流）	Service $01	Service $22
Read OBD MIDs（读取诊断 MID 结果）	Service $06	
Read vehicle information（读取车辆信息）	Service $09	
Read freeze frame（读取冻结帧数据）	Service $02	
Read confirmed DTCs（读取确认故障码）	Service $03	

续表

服务	J1979	J1979-2
Read pending DTCs （读取未决故障码）	Service $07	
Read permanent DTCs （读取永久故障码）	Service $0A	
Read DTC extended data records （读取 DTC 扩展数据信息）	——	Service $19
Read DTC readiness by readiness group （读取某就绪状态组的故障信息）	——	
Read supported DTC extended data records （读取 支持的 DTC 扩展数据信息）	——	
Clear DTCs （清除故障码）	Service $04	Service $14
Request test （请求测试）	Service $08	Service $31

4. OBD 系统的具体应用

驾驶员行为监控：与汽车相关的行业越来越多地使用 OBD 系统作为监视驾驶员行为的方式。例如，一些汽车保险公司为使用车辆数据记录器证明其具有安全驾驶习惯的驾驶员提供较低的保费。此外，公司可以在车队或送货车辆中安装类似的数据记录器，实时监控驾驶员的行为，这可以帮助减少事故或降低交通侵权时的责任。

排放测试：OBD-Ⅱ测试现在是在机动车年检年审测试车辆排放的通用方法。作为 OBD-Ⅱ标准的一部分，这些系统密切监控排放，因此检查人员只需使用扫描工具即可检查与排放有关的故障代码，以确保车辆符合要求。

辅助仪表：车辆爱好者和专业驾驶员经常使用OBD系统来监视标准车辆中通常不显示的指标。这些指标可以显示在车辆的自定义安装中，也可以广播到驾驶员的电话。

8.3.2.2 UDS 诊断的基本概念及原理

当前车载网络快速发展，网络总线也不断变化更新，由初始的低速 LIN 总线，到低速容错 CAN 总线、高速 CAN 总线，再到 FlexRay 总线等，越来越多的网络总线和电子控制单元的出现迫切需要统一的车载诊断协议。

诊断服务是介于诊断设备（诊断仪）和被诊断 ECU（电子控制单元）之间的一种信息交互方式。诊断服务是从客户端发起请求服务器信息或修改服务器行为以进行诊断，通常由诊断设备（诊断仪）发出请求，被诊断 ECU（电子控制单元）做出回应

1. UDS 诊断的介绍

统一诊断服务 UDS（Unified diagnostic services）是基于 OSI（Open Systems Interconnection）参考模型设计的，是当前汽车领域广泛使用的一种车载诊断协议标准。目前，车辆上不同诊断协议的开发、调整、实现、维护，均采用了统一的国际标准 UDS ISO 14229，这样降低了系统供应商或 ECU 供应商及整车厂商的开发成本。

IS0 14229 基于 UDS 诊断规范，可应用于多种数据链路网络，是一种可广泛应用的满足诊断需求的协议标准。其中，14229-1 作为总规范，规范了整个 UDS 的规范和要求，而 14229-3（UDSonCAN）、14229-4（UDSonFR）等则进一步规定了 UDS 在各总线上的具体要求。

2. UDS 的服务分类

ISO 14229 对 UDS 的服务共分了六大类，26 种。六个大类（功能组）分别是：诊断和通信管理功能组、数据传输功能组、存储数据传输功能组、输入输出控制功能组、例行程序功能组、上传下载功能组，如表 8-3-3 所示。

表 8-3-3 ISO 14229 定义 UDS 功能分类

功能组	SID	服务	是否包含子功能	默认模式可用
诊断和通信管理	10	诊断会话控制	是	是
	11	ECU 复位	是	是
	27	安全访问	是	
	28	通信控制	是	
	3E	待机在线	是	是
	83	访问时间参数	是	
	84	安全数据传输		
	85	诊断故障码设置控制	是	
	86	事件响应	是	是
	87	链路控制	是	
数据传输功能	22	通过 ID 读数据		是
	23	通过地址读内存		是
	24	通过 ID 读比例数据		是
	2A	通过周期 ID 读数据		
	2C	动态定义 DID	是	是
	2E	通过 ID 写数据		是
	3D	通过地址写内存		是
存储数据传输	14	读取故障码		是
	19	清除故障码	是	是
输入输出控制	2F	通过 ID 输入输出控制		
例行程序功能	31	例程控制	是	是
上传下载功能	34	请求下载		
	35	请求上传		
	36	传输数据		
	37	请求退出传输		
	38	请求文件传输		

3. UDS 诊断原理

汽车上的诊断由请求与响应组成。外部诊断仪（Client）与汽车上的 ECU（Sever）间的通信共同遵循 UDS 协议，诊断仪可以通过 UDS 相应的指令向汽车上的 ECU 发送请求，以获取 ECU 相应的反馈信息，或由诊断仪指令车载 ECU 执行某些指令。汽车中诊断是由外部设备发起（如诊断仪），响应是汽车内部 ECU 执行（如 BCM、GW、PEPS 等车身电子器件）。一个最基本的诊断服务流程为诊断仪发送诊断请求（服务请求码 SID），ECU 接收到请求后返回响应。一个基本的请求与响应过程如图 8-3-3 所示。

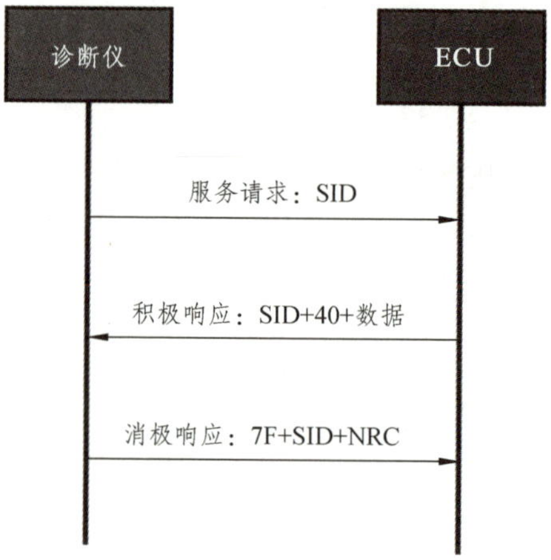

图 8-3-3　UDS 基本请求响应过程

在诊断服务的请求与响应的过程中，我们对请求与响应的帧格式也有标准要求，具体如表 8-3-4 所示。

表 8-3-4　请求与响应的帧格式

服务是否包含子功能	报文类型	格式
是	请求帧	SID + Sub-function + 控制参数
	积极响应帧	<SID+0x40>+ Sub-function + 控制参数
	消极响应帧	0x7F + SID+ NRC
否	请求帧	SID + 控制参数
	积极响应帧	<SID+0x40> + 控制参数
	消极响应帧	0x7F + SID+ NRC

下面是一段实际的诊断通信数据报文地址，通过实例分析来了解基础的诊断请求和响应过程。

```
1  1726 TX >>> 22DD06
2  1726 RX < < < 62DD0604
3  1726 TX >>> 1003
4  1726 RX <<< 5003001901F4
5  1726 TX >>> 2FC19003060000000006000000
6  1726 RX <<< 6FC1900300006D6D
7  1726 TX >>> 2FC190000000
8  1726 RX <<< 7F2F13
```

第 1 行是请求（TX）信息，即诊断工具向编号为 1726 的 BCM 发送了 22DD06；其中 22 代表 SID 编号为 22，对应读取数据功能；（DID）DD06 表示为点火模式。

第 2 行是响应（RX）信息，即诊断工具接收到了编号为 1726 的 BCM 的响应信息：62DD0604；其中 62 表示 SID+40，为积极响应；对于（DID）DD06 点火模式的值为 04（附件模式）。

第 3 和第 4 这两行的请求响应过程实现了诊断工具向编号为 1726 的 BCM 读取车辆点火模式的指令，得到的响应说明目前车辆处于附件模式。

第 5 行是请求（TX）信息，即诊断工具向编号为 1726 的 BCM 发送了 2FC19003060000000006000000。2F 代表“输入输出指令”，03 代表子功能（将相应的输入/输出参数设置为特定值），C190 是要设置的参数 DID，控制参数 0600000006000000 表示按下点火开关按钮。因此第 5 行的含义是诊断工具请求编号为 1726 的 BCM 将点火开关状态信号值设置为“按下”。

用同样的方式，可以分析出第 6 行的含义为该 ECU 积极响应（2F+40=6F），同意将点火开关状态信号值设置为“按下”。

第 7 行是请求（TX）信息：诊断工具向编号为 1726 的 BCM，发送了 2FC190000000。2F 与 C190 的含义同上，000000 代表释放数据信息，整行的含义为是请求编号为 1726 的 BCM 释放输出控制。

第 8 行 BCM 发出“7F 22 13”，为消极响应，说明输入输出指令服务（2F）因为诊断请求数据长度不对（NRC，否定响应代码为 13）的原因无法执行。

NRC 代码的具体含义如表 8-3-5 所示。

表 8-3-5　否定响应代码（NRC）含义

NRC 代码	含义	NRC 代码	含义
01 ~ 0F	ISO 预留，用于扩展	7E	子功能在当前会话中不支持
10	一般拒绝	7F	SID 在当前会话中不支持
11	服务不支持	81	转速高于预设最大阈值
12	子服务不支持	82	转速低于预设最小阈值
13	信息长度或格式不正确	83	发动机在运转
14	响应过长	84	发动机未运转
21	忙于重复请求	85	发动机运转时间低于预期限值
22	条件不正确	86	温度高于预设最大阈值
24	请求顺序错误	87	温度低于预设最小阈值
25	子网部件无响应	88	车速高于预设最大阈值
26	故障阻止请求的执行	89	车速低于预设最小阈值
31	请求超出范围	8A	节气门/加速踏板位置过高
33	安全访问拒绝	8B	节气门/加速踏板位置过低
35	无效秘钥	8C	当前变速器未处于 N 挡
36	超过尝试次数	8D	当前变速器未接合挡
37	延迟时间未达到	8F	制动开关未闭合

续表

NRC 代码	含义	NRC 代码	含义
70	上传或下载失败	90	换挡杆不在 P 挡
71	数据传输中断	91	TCC 锁止
72	一般编程错误	92	电压高于预编程最大阈值
73	块序列计数器错误	93	电压低于预编程最小阈值
78	请求正确接收，响应挂起	F0-FE	车辆制造商规定条件不正确

此外，15～20、23、27～30、32、34、38～6F、74～77、79～7D、8E、94～EF、FF 的代码均为 ISO 预留，用于以后扩展。

8.3.3 汽车诊断协议

8.3.3.1 汽车诊断协议栈

协议栈是指通信网络中各层协议的总和，反映了数据在一个网络中传输的过程：从最高层到最底层，然后再从最底层到最高层。随着 CAN 总线的广泛使用，ISO 标准中对 CAN 线诊断也制定了一系列的诊断协议，形成了车载诊断协议栈，详细的基于 OSI 层次的车载诊断规范结构如表 8-3-6 所示。

表 8-3-6 基于 OSI 层次的车载诊断规范结构

<table>
<tr><th>OSI 结构</th><th>增强诊断</th><th colspan="2">OBD 车载诊断</th><th colspan="2">WWH-OBD 车载诊断</th></tr>
<tr><td>应用层（第 7 层）</td><td>ISO 14229-1
（UDS）
ISO 15765-3</td><td colspan="2">ISO 15031-5</td><td colspan="2"></td></tr>
<tr><td>演示层（第 6 层）</td><td></td><td colspan="2">ISO 15031-2
ISO 15031-5
ISO 15031-6
SAE J1930-DA
SAE J1979-DA
SAE J2012-DA</td><td colspan="2">ISO 27145-2
SAE 1930-DA
SAE J1979-DA
SAE J2012-DA
SAE J1939-DA(SPNs)
SAE J1939-73
Appendix A(FMIs)</td></tr>
<tr><td>会话层（第 5 层）</td><td colspan="5">ISO 14229-2</td></tr>
<tr><td>传输层（第 4 层）</td><td rowspan="2">ISO 15765-2</td><td rowspan="2">ISO 15765-2</td><td rowspan="4">ISO 15765-4</td><td rowspan="2">ISO 15765-4
ISO 15765-2</td><td rowspan="4">ISO 27145-4</td></tr>
<tr><td>网络层（第 3 层）</td></tr>
<tr><td>数据链路层
（第 2 层）</td><td>ISO 11898-1</td><td>ISO 11898-1</td><td>ISO 15765-4
ISO 15765-1</td></tr>
<tr><td>物理层（第 1 层）</td><td>ISO 11898-2
或厂商规定</td><td>ISO 11898-2</td><td>ISO 11898-2</td></tr>
</table>

其中，ISO 14229 是汽车行业诊断通信协议，也称为 UDS 统一诊断服务，ISO 14229 是基

于应用层的服务，规定了诊断工具与 ECU 的诊断协议。

ISO 15765 以 ISO 14229 定义的服务为基础，规范了基于 CAN 总线的诊断服务（UDSonCAN），包括网络管理、网络定时、应用层定时等详细内容，使得该协议的适用性和可操作性更强。ISO 15765 符合现代汽车网络总线系统的发展趋势。

8.3.3.2 ISO 15765 诊断协议介绍

在汽车故障诊断系统中，ISO 15765 协议在我国得到了广泛的应用。其中，ISO 15765-1 包括物理层和数据链路层，ISO 15765-2 对网络层进行说明，ISO 15765-3 则是规定到应用层的具体服务。

ISO 15765 网络层的功能主要有：

（1）为上层的应用层提供接口服务。

（2）进行内部操作。为上层服务提供接口从而实现数据流，主要分为对等实体间的通信提供分段、重组和流控制这几种方法。

（3）网络层中的时间控制。

网络层的具体原语分析如表 8-3-7 所示。

表 8-3-7 网络层的具体原语服务内容

服务原语	作用
要求原语服务	由发送端上层使用。用于向网络层传递控制信息和诊断服务数据
确认原语服务	由发送端网络层使用。用于向上层确认所要求服务的执行结果（成功或失败）
指示原语服务	由接收端网络层使用。用于向上层指示数据接收的 ht 执行结果（成功或失败）

1. 诊断协议的传输内容

ISO 15765 的消息传输简单分为单帧传输和多帧传输两种方式。其中，单帧（Single Frame）的消息传输比较简单，当消息长度小于或等于 7 时，仅用一帧（一个 N_PDU 数据单元）即可完成传输。而当消息长度较大时，则需要采用多个数据单元（N-PDUs）的方式完成数据传输，这就是多帧传输。

一个数据单元 N-PDU 由 3 个域组成：包含地址信息的 N_AI、标识消息类型的控制信息 N_PCI 以及数据场信息 N_Data。不同类型的数据单元（N_PDU）拥有不同的 N-PCI byte 的定义，具体信息如表 8-3-8 所示。

表 8-3-8 N_PDU 中的 N-PCI byte 的定义

N_PDU 类型	N_PCI bytes			
	Byte #1		Byte #2	Byte #3
	bit 7 ~ 4	bit 3 ~ 0		
单帧（Single Frame，SF）	N_PCItype = 0	SF_DL	N/A	N/A
首帧（First Frame，FF）	N_PCItype = 1	FF_DL		N/A
连续帧（Consecutive Frame，CF）	N_PCItype = 2	SN	N/A	N/A
流控帧（Flow Control，FC）	N_PCItype = 3	FS	BS	STmin

表中的首帧（FF）和连续帧（CF）是多帧传输模式中数据单元的重要组成内容，其中第一个 N_PDU 为首帧，后续的 N_PDUs 为连续帧。首帧包括前面 5 个（扩展地址和混合地址）或 6 个（普通地址）字节的内容，以及消息长度信息。连续帧在发送端发送时就已经被编号，以帮助接收端按照顺序重组消息。接收者通过流控帧（FC）的机制，告知发送者自己有多大的接收能力。流控帧主要包含三个字段：流状态（Flow Status，FS）、模块大小（Block Size，BS）和连续帧最小间隔（Separation Time min，STmin）。流状态（FS）用来控制发送方接下来的行为，总共有三个定义，分别是 FC_CTS（继续发送）、FC_WAIT（继续等待）、FC_OVFLW（缓存溢出，此时应该终止发送）。BS 表示发送者最大可发送的连续帧的个数，STmin 表示两个连续帧之间的最小间隔。

信息传输判断过程如下：

程序接收到一条诊断报文后，通过一条宏定义获取 N_PCItype，然后根据不同的类型来处理消息：

（1）单帧的情况下，N_PCItype 第一个字节的低 4 位为 SF_DL（消息长度），范围为 1-6（扩展地址和混合地址）或者 1-7（普通地址）之间，如果 SF DL 错误网络层应该忽略这条 N PDU。

（2）首帧的情况下，N_PCItype 第一个字节的低 4 位和第二个字节共同组成 FF_DL（消息长度），范围在 8-FFF（扩展地址和混合地址）或者 7-FFF（普通地址）之间，如果 FF_DL 大于接收者的接收缓存，网络层应该丢弃这条消息，并且发送 FC with FlowStatus = Overflow。

（3）连续帧情况下，N_PCItype 第一个字节的低 4 位为 SN（SequenceNumber，序号）。发送数据起始，SN=0，首帧之后的第一个连续帧的 SN 应该为 1，之后每发送一个新的连续帧，SN 都增加 1。当 SN 的值达到 15 时，下次发送的连续帧，SN 应被重置为 0。如果 SN 出错，网络层应该丢弃已接收到的消息。

（4）流控帧情况下，N_PCI bytes 第一个字节的低 4 位为 FS（流状态），N_PCI bytes 的第 2 个字节为 BS，N_PCI bytes 的第 3 个字节为 STmin。

2. ISO 15765 协议多帧传输过程

单帧的传输过程较为简单，即发送端发送一帧信息，接收端接收一帧消息。因此，我们主要介绍多帧传输的传输过程。如图 8-3-4 所示，当接收端接收到首帧后，会发送流控帧（Flow Control frame）返回给发送端，主要是告知发送端，在下一次发送流控帧之前，能够接收的最大数量的连续帧，以及两个连续帧之间的时间间隔。在发送端接收到接收端的首次流控帧后，就能“明白”接收端对于连续帧的要求，便按照要求向接收端发送连续帧。若接收端已经收到满足 BS 数量的连续帧但总帧数不够时，接收端会继续发送流控帧以便发送端发送更多的连续帧。

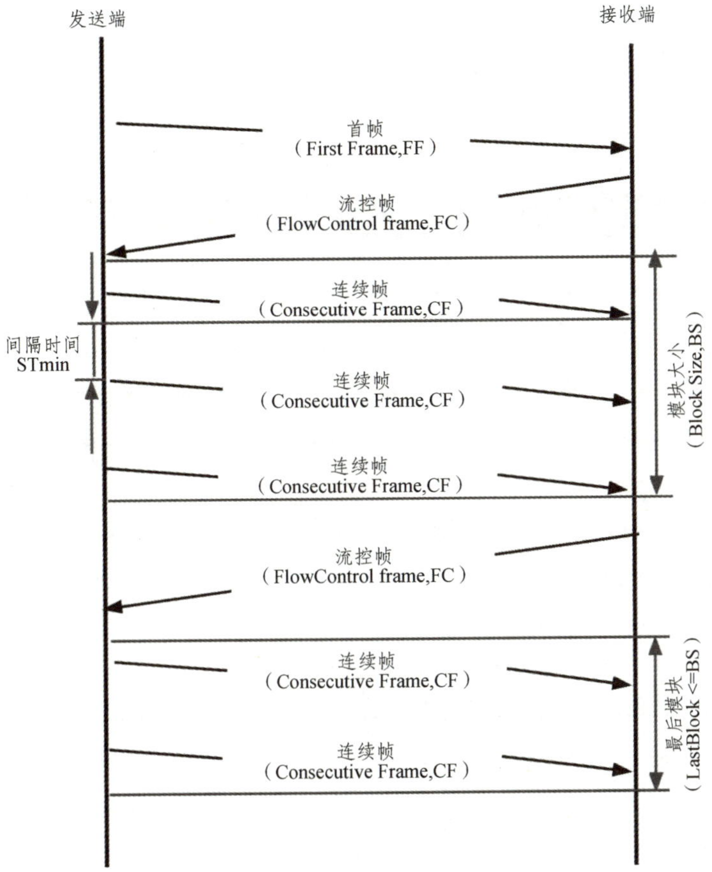

图 8-3-4　ISO 15765 协议多帧传输的工作过程

8.3.3.3　SAE J1979 诊断协议介绍

SAE J1979（汽车 ECU 诊断协议）规程定义了诊断测试模式、请求和响应信息。

1. 诊断协议内容

协议中规定的服务内容有：

（1）请求当前动力总成诊断数据（模拟量输入、输出数字量输入和输出系统状态信息计算值）。

（2）请求相关的动力总成诊断故障代码。

（3）清除/重置与发射相关的诊断信息。

（4）请求氧传感器监测测试结果。

（5）要求非持续监测系统的机载监测测试结果。

（6）连续监测系统的要求板上监测测试结果。

（7）请求控制车系统、测试或组件。

（8）请求车辆信息。

对于每种测试模式，规范中还规定了测试模式的功能描述以及请求和响应消息格式。对于一些更复杂的测试模式，还包括一个消息示例和对这些消息的解释。

2. 诊断消息内容及格式

在 SAE J1979 规范中，定义的最大的有效信息长度为 12 字节。为了符合消息长度的限制，规范中的诊断消息以 3 字节的头部字节为起始字节，最多包含 7 个数据字节，如图 8-3-5 所示，其中包含 ERR（错误检测字节），并允许 RSP（帧内响应字节）。

头字节（十六进制）			数据字节								
优先级/类型	目标地址	源地址	1	2	3	4	5	6	7	ERR	RSP
10.4 kb/s 诊断请求（SAE J1850与ISO 9141-2）											
68	6A	Fx	最多为7个数据字节							包括	不包括
10.4 kb/s 诊断响应（SAE J1850与ISO 9141-2）											
48	6B	addr	最多为7个数据字节							包括	不包括
10.4 kb/s 诊断请求（ISO 14230-4）											
11LL LLLLb	33	Fx	最多为7个数据字节							包括	不包括
10.4 kb/s 诊断响应（ISO 14230-4）											
10LL LLLLb	Fx	addr	最多为7个数据字节							包括	不包括
41.6 kb/s 诊断请求（SAE J1850）											
61	6A	Fx	最多为7个数据字节							包括	包括
41.6 kb/s 诊断响应（SAE J1850）											
41	6B	addr	最多为7个数据字节							包括	包括

LL LLLL：数据字节的长度

图 8-3-5 诊断消息格式

对于 SAE J1850 和 ISO 9141-2 接口，第一个头字节的值取决于数据链路的比特率和消息类型，第二个头字节的值取决于消息的类型，即请求或响应。而对于 ISO 14230-4 接口，第一个头字节的值表示数据字段的长度，第二个头字节是消息接收方的地址。所有接口的第三个头字节是发送消息的设备的物理地址。

头字节后的第一个数据字节表示数据模式，随后的 6 个字节具体内容根据数据模式而定。

对于 SAE J1850，所有诊断消息将使用循环冗余校验（CRC）作为错误检测（ERR）字节。帧内响应（RSP）在 SAE J1850 中定义为可选。当速率为 41.6 kb/s 时，诊断消息内所有请求和响应消息都需要 RSP 字节，而 10.4 kb/s 的消息不允许使用 RSP 字节。

在诊断消息中，数据格式需要进行标准化显示，以便汽车制造商能够编写通用服务信息。表 8-3-9 显示了数据的类型和对数据格式的最低要求。

表 8-3-9 诊断消息内数据的类型和对数据格式的最低要求

数据	模式	显示格式
设备 ID-响应的源地址	所有模式	十六进制（00～FF）
参数 ID（PID）	\$01 和 \$02	十六进制（00～FF）
框架数字	\$02	十进制（0～255）

续表

数据	模式	显示格式
数据值	$01 和$02	5.3
故障诊断代码	$03 和$07	“P”，“B”，“C” 或 “U” 加 4 位数字和/或故障诊断码定义-参见 SAE J2012
测试 ID	$05,$06 和$08	十六进制（00～FF）
试验值和试验限值	$05	试验标识的测试 ID（小于$80） 十进制测试 ID（大于$80）
试验值和试验限值	$06	十进制（0～65 535）
元件识别码	$06 （#3 字节部分）	十六进制（00～7F）
车辆信息类型	$09	十六进制（00～7F）
车辆信息数据	$09	ASCII 信息类型$02 和$04 十六进制信息类型$06

第 9 章 DSRC 技术原理与应用

9.1 DSRC 通信技术原理

9.1.1 DSRC 的相关概念及发展背景

9.1.1.1 DSRC 的相关概念

专用短距通信（Dedicated Short Range Communication，DSRC）是美国主导研发的基于 IEEE 802.11p 和 IEEE 1609 系列标准的车联网通信技术。其中，“专用（Dedicated）”是指美国联邦通信委员会（Federal Communications Commission，FCC）为 DSRC 在 5.9 GHz 分配的指定频段；“短距（Short Range）”是指与蜂窝通信或者 Wi-Fi 相比，通信距离相对较短，通常只有百米级。由于 DSRC 有不同的两个分类，本文介绍的 DSRC 技术均指基于 IEEE 802.11p 的 DSRC。

IEEE 802.11p 是指基于 IEEE 802.11 进行技术改进的车联网无线接入层技术和标准，它制定了更加严格的邻信道抑制指标，配合 FCC 的信道频谱规划，更好地支持了车联网通信高速移动环境，主要应用于车载无线通信，适合智能交通系统的相关应用。IEEE 802.11p 支持 5.9 GHz 工作频率，频道带宽 10 MHz，理论传输距离将达到 1 000 m，很好地支持车速 60 km/h 以上的移动车辆，

IEEE 1609 是基于 IEEE 802.11p 通信标准的上层应用标准。IEEE 1609 这一标准最主要的目的是提供一个可以将车辆中的主要系统如发动机、传动系统、制动、悬架系统等信息与路侧设备进行信息融合的平台，IEEE 802.11p 与 IEEE 1609 共同构成 WAVE 体系。

DSRC 技术是目前实现 V2X 的两大主流技术之一，技术关键是在装有收发模块的通信设备之间直接进行高效的直连通信，无须任何中间设施，且通信时延非常低（见图 9-1-1）。对于缺乏通信基础设施的偏远地区，这项技术的出现与使用意义重大。

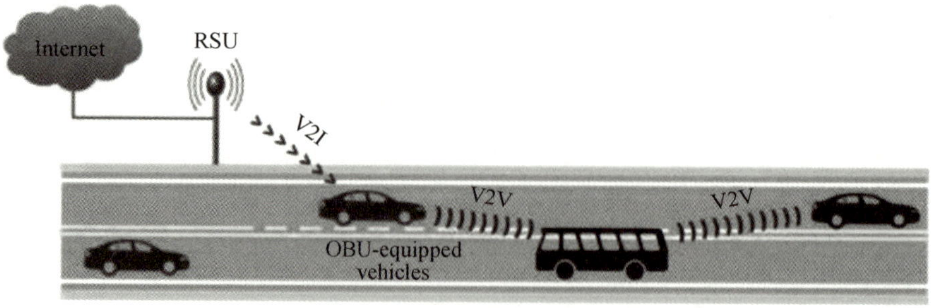

图 9-1-1 DSRC 技术示意图

DSRC 在实现 V2V（车-车端通信）时，可使车辆之间相互直接通信，而不涉及蜂窝技术

或其他基础设施。每辆车以安全匿名的方式每秒发送 10 次其位置、航向和速度等。一定范围内的所有车辆都将接收到该信息，并且每台接收车辆会根据该信息自动评估发送车辆所带来的风险。

DSRC 在实现 V2I（车-设备端通信）时，使车载设备（OBU）与路侧基础设施（RSU）进行通信，路侧设施可以获取附近区域车辆的信息并发布各种实时信息。DSRC 是以网络安全最大化为准则设计的，接收信号的车辆会验证接收到消息的真实性，但不会暴露车辆的身份，因此不会侵犯司机的隐私。

9.1.1.2　DSRC 的发展背景

DSRC 技术的诞生离不开智能交通系统（Intelligent Traffic System，ITS）的发展。1950—1980 年，美国各州广泛兴建州际公路、高速公路，随之出现了新的问题：城市中心交通拥堵、高速碰撞事故造成众多的人员伤亡，同时又增加汽车油耗，拉低空气质量。到了 1986 年，来自科研机构、交通局等的专家在讨论未来交通法规时认为，未来的交通系统必须要同时要保证安全、解决拥堵并且保护环境。1990 年在得克萨斯州的达拉斯市，针对这个问题的研讨达到高潮，与会者提出 IVHS，即智能车辆高速系统的概念，这个概念后来发展成了智能交通系统 ITS。

1991 年，ITS 概念成为联合运输效率法案（Intermodal Surface Transportation Efficiency Act，ISTEA）的一部分。此外，ISTEA 还出资 66 亿美元用于未来 6 年的 ITS 系统的研究及测试。

1992 年，USDOT 在 ITS 的研究中启动了 Automated Highway System 自动高速系统的项目，目的是解放驾驶员的手脚，车辆需要在专门设有磁钉的道路上行驶，这也是历史上第一次实现车辆与高速公路的互联。

在自动高速系统试验之后，1997 年 USDOT 启动 Intelligent Vehicle Initiative 智能车辆计划，目的是加快防碰撞系统的部署。在智能车辆计划的基础上，USDOT 对改善交通拥堵状况和改进电子通信技术提出新的要求。

2001 年，ASTM 标准委员会选定 IEEE 802.11a 作为 DSRC 的底层无线技术，相应的标准于 2002 年发布。

2002—2004 年，美国开始执行车辆安全计划。该计划同时测试多种无线通信技术，包括 DSRC、2.5G/3G 数字蜂窝系统、蓝牙、数字广播电视、IEEE 80211 等，评估它们是否能满足这些行车安全应用的通信需求。

DSRC 的早期发展阶段如图 9-1-2 所示。

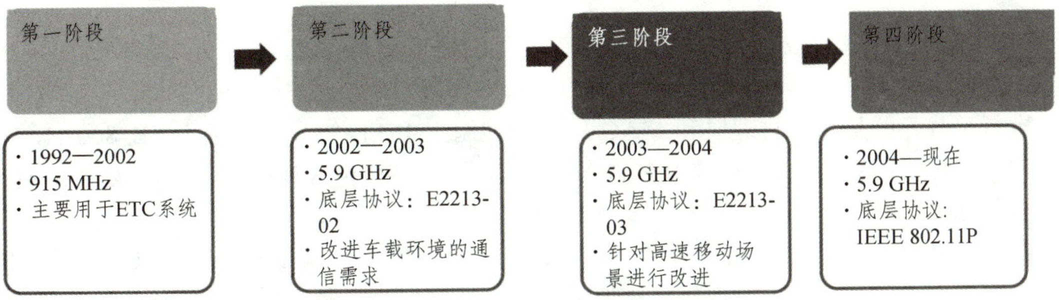

图 9-1-2　DSRC 早期发展阶段

2006 年 12 月，USDOT 与五大汽车厂商联合测试 V2V 和 V2I 在防碰撞系统中的作用，并确立新型的以通信为基础的安全设施，主要包含路边网络（roadside network）和车载设备（on-board vehicle equipment）。

在车辆智能网联与车路协同技术方面，美国通过推动车联网计划，开展了无线通信技术测试验证、立法等工作。欧洲启动重大项目正在进行 Cooperative ITS 路上测试工作。日本在道路交通情报通信系统和不停车电子收费系统 ETC2.0 基础上实施了 Smartway 项目等等。

我国车路协同技术研究始于 2012 年，虽起步晚，但发展迅速。2012 年科技部在 863 计划中设立了我国首个车路协同关键技术研究项目，2014 年清华大学牵头的项目团队研发了智能车路协同集成测试验证实验系统，同济大学研究并构建了车路协同系统仿真验证平台，随后我国分别在上海、重庆等地建立了智能网联汽车测试示范区。

从国外的技术研究现状和发展动态来看，对于车路协同 DSRC 系统的研究已经有相当的规模和一定的成果，技术相较成熟。在国际社会未来的发展中，车与车、车与路协同式交通系统将是未来新一代智能交通的核心任务和发展方向，对于解决当前各国日益突出的交通拥堵、安全、污染问题有着极其重要的意义。

9.1.2 DSRC 通信的标准化进程

DSRC 是一种高效、专用的车辆无线通信技术，适用于 ITS 领域车车之间、车路之间的通信，以及为智能交通系统提供高速的无线通信服务，数据传输率高、传输时延短。

在 2003 第十届能交通系统世界大会上，美国专家正式提出在 5.9 GHz 频谱分配 75 MHz 进行车联网的专用短程通信技术 DSRC 的研究。2004 年，IEEE 工作组开启关于车载通信的标准化工作，该标准将车载环境无线接入系统简称为 WAVE（Wireless Access in Vehicular Environment）系统。2010 年，IEEE 工作组制定了专用于车载环境下无线通信的 IEEE 802.11p 标准。IEEE 802.11p 是在 802.11 系列标准的基础上扩充而来，符合节点快速移动的车联网环境对通信接入效率的更高要求。

目前，国际上 DSRC 标准化体系主要有美国的 ASTM/IEEE、欧洲的 CEN/TC278、和日本的 ARIB T75。而我国实施应用的 DSRC 标准有《电子收费专用短程通信（DSRC）》国家标准 GB/T 20851:2007，该标准是以 CEN/TC278 系列标准为主要参考对象，以满足我国 ETC 应用为主要目的而制定的。下面对各类标准化进程进行介绍。

9.1.2.1 美国 DSRC 标准化进程

DSRC 技术是智能交通系统的基础作为智能交通系统的主要协议栈，WAVE 协议栈由 DSRC 协议演变而来，是 IEEE 协会为适应车联网环境而制定的一整套通信标准。2004 年 11 月为进行车载无线接入中物理层和 MAC 层的标准制定 IEEE 协会成立了 IEEE 802.11p 工作组，在传统无线网络 WLAN 标准 IEEE 802.11a 的基础上为 WAVE 系统的物理层和 MAC 层设计专用标准。

相比于最开始的 915 MHz 带宽处的 DSRC 标准，在 2006 年批准的 5.9 GHz 处的 DSRC 标准系列重点考虑到公共安全应用，提供了一个更高的信息容量，拥有一个更长的通信距离。在这个频谱处的 ITS 可能应用包括碰撞避免、先进的车辆控制、旅行信息、增加的货运支持、运输、停车和交通管理自动化汽车维修信息、电子不停车收费等应用。表 9-1-1 比较了两种标准的不同之处。

表 9-1-1　915 MHz 与 5.9 GHz 标准的对比

对比信息	915 MHz 系统	5.9 GHz 系统
距离/m	<30	可达到 1 000
数据速率/(Mb/s)	0.5	6～27
应用	电子收费等	安全警示、互联网接入、电子收费等
信道	单个无牌照信道	7 个有牌照信道
实现	需要特定芯片和软件	成品芯片和软件

1. 美国 DSRC 协议栈

DSRC 协议是针对固定于车道或路侧的路侧单元与装载于移动车辆上的车载单元之间通信接口的规范。美国标准 DSRC 协议栈采用 OSU 的层次结构，如图 9-1-3 所示。

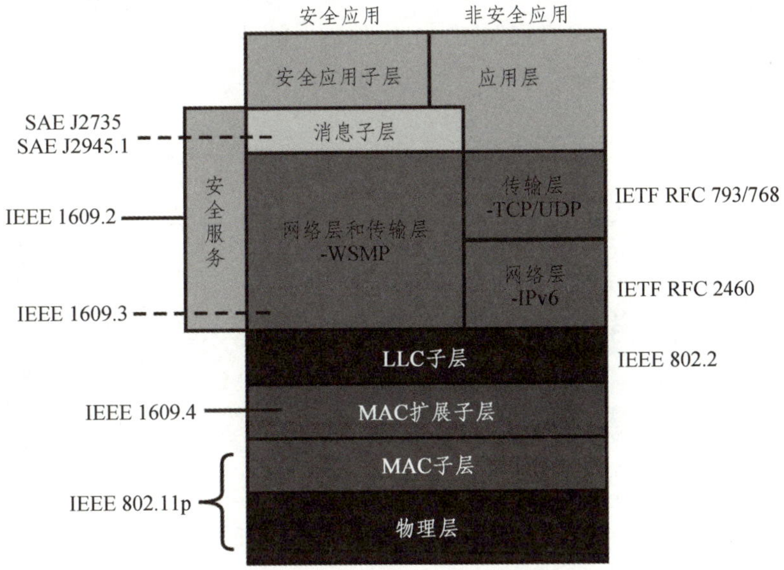

图 9-1-3　DSRC 协议栈结构

在 DSRC 协议栈中，IEEE 802.11p 协议定义了物理层和媒体接入层，常称为 MAC（Medium Access Control）层，而 IEEE 1609 系列标准则是定义了多信道操作、网络服务及各通信实体安全等内容。

具体来说，在 MAC 子层之上，IEEE 1609.4 定义了 MAC 扩展子层，用于支持多信道操作。逻辑链路控制层（Logical Link Control，LLC）对应的是 IEEE 802.2 协议。网络层和传输层针对安全应用与非安全应用，分别提供两种不同的传输方式。对于安全应用而言，IEEE 1609.3 定义了 WAVE 短消息（WAVE Short Message，WSM）和与其对应的 WSMP，用于支持 DSRC 安全应用的网络层和传输层功能。而对于非安全应用，还是使用传统的 TCP/UDP 和 IP 协议进行传输，实现网络层和传输层功能。

在最上层的应用层中，SAE J2735 协议定义了多种数据帧格式及数据元素，便于信息间的交互操作，还制定了固定的消息格式来支持各种基于车辆的应用程序，其中最重要的消息格式是基本安全消息，它传达了重要的车辆状态信息来支持 V2V 安全应用程序。频繁发送 BSM 的车辆可以互相追踪周边其他车辆的运动状态，通过具体算法分析行为轨迹来防止潜在的碰撞。SAE J2945.1 协议则是对通信最低性能要求标准作了详细说明，定义了 BSM 消息的发送速率、信息准确性、拥塞控制机制等内容。

2. 美国 DSRC 信道划分

FCC 已经将 5.850 ~ 5.925 GHz 的 5.9 GHz 频带分配给了 DSRC 通信，这段频谱包含了 7 个 10 MHz 的信道并在最底部预留一个 5 MHz 的保护间隔，同时规定了每个信道是服务信道（Service Channel，SCH）还是控制信道（Contro Channel，CCH）。对应的信号编号是 172、174、176、178（CCH）、180、182 和 184，如图 9-1-4 所示。其中，两个 10 MHz 的信道也能组合成 20 MHz 的信道，如信道 175 和信道 181。美国在有关 DSRC 的测试中大多使用 10 MHz 信道，测试显示，这种带宽很适合在汽车环境中所遇到的延迟和多普勒扩散。信道拥塞问题能通过提升到 20 MHz 的信道容量来解决，这里需要考虑的是，虽然 20 MHz 能降低碰撞概率，但传输一个给定调制方式和编码方式在 10 MHz 信道上的花费只有 20 MHz 上的一半。此外一个 20 MHz 的信道在一个给定背景频谱下会产生更多的噪声。

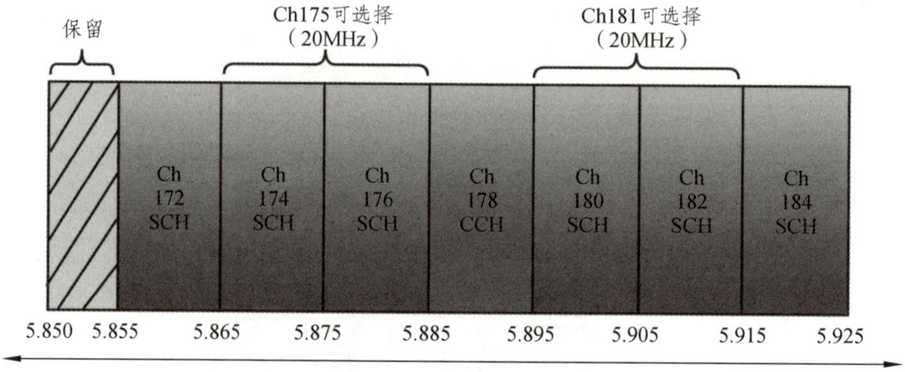

图 9-1-4　美国 DSRC 信道划分

其中，172 信道和 184 信道指定用于公共安全相关的业务，172 侧重于 V2V 之间的 BSM 交互，其最大输出功率限定于 33 dBm，184 侧重于长距离的交叉口安全业务，其最大输出功率可达 40 dBm。174 信道和 176 信道用于中距离的共享公共安全/私有服务，最大输出功率为 33 dBm。178 为控制信道，如果面向私有服务，最大输出功率为 33 dBm，如果面向公共服务，最大输出功率为 44.8 dBm。180 和 182 信道提供短距离的共享公共安全/私有服务、最大输出功率为 23 dBm。

3. 美国 DSRC 标准体系

目前已有的 DSRC 标准体系如图 9-1-5 所示。

美国DSRC标准体系

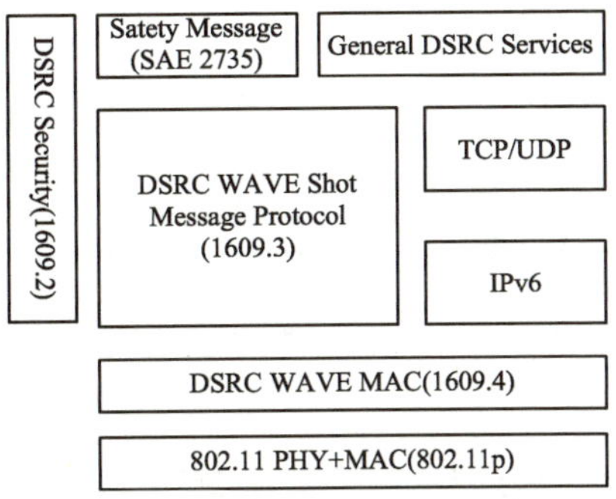

标准号	名称
IEEE 802.11p-2010	无线局域网MAC层和PHY层规范：车联网协议
IEEE 1609.0-2013	WAVE体系架构
IEEE 1609.2-2006（作废）	WAVE体系架构
IEEE 1609.2-2016	WAVE应用和管理消息的安全服务
IEEE 1609.3-2016	WAVE网络服务
IEEE 1609.4-2016	WAVE多信道操作
IEEE 1609.5	WAVE-Communication Manager
IEEE 1609.6	WAVE-Remote Management Service
IEEE 1609.11-2010	WAVE空中电子支付数据交换
IEEE 1609.12-2016	WAVE标识符分配
SAEJ2735-201603	DSRC消息集字典
SAE J2945.1-2015	V2V安全系统车载最小性能要求
SAE J2945.2-2015	V2V安全感知DSRC需求
SAEJ 2945.9-2015	路侧用户安全通信的性能要求

图 9-1-5　美国 DSRC 标准体系

9.1.2.2　欧洲 DSRC 通信标准及项目

1. 欧洲 DSRC 通信标准

在欧洲，欧洲电信标准化协会（European Telecommunications Standards Institute，ETSI）中的 TC ITS 小组负责信息、通信技术相关的全球性应用标准制作。欧洲车联网通信标准由 ETSI 组织在 IEEE 802.11p 标准基础上制定，内容包括地理位置路由协议和用于支持在 5.9 GHz 频段的智能交通系统物理层和 MAC 层标准，并定义了 ITS-G5 协议栈框架（见图 9-1-6）。

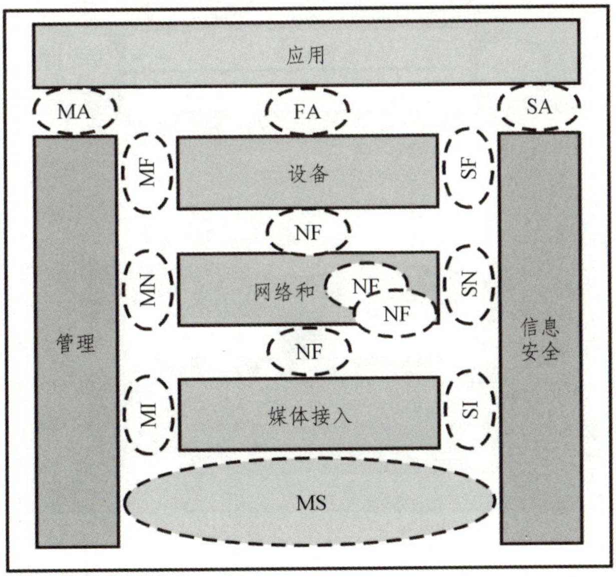

图 9-1-6　ITS-G5 协议栈框架

目前，欧洲也形成了适合车-车/车-路通信的标准体系（协作式智能交通系统 C-ITS），现已在 CVIS、SAFESPOT、GEO-Net 等项目中成功运用。

欧标 C-ITS 拥有自己的通信体系结构，如图 9-1-7 所示，整个通信模块由 5 个主要部分组成：接入、网络与传输、设施、管理以及安全。

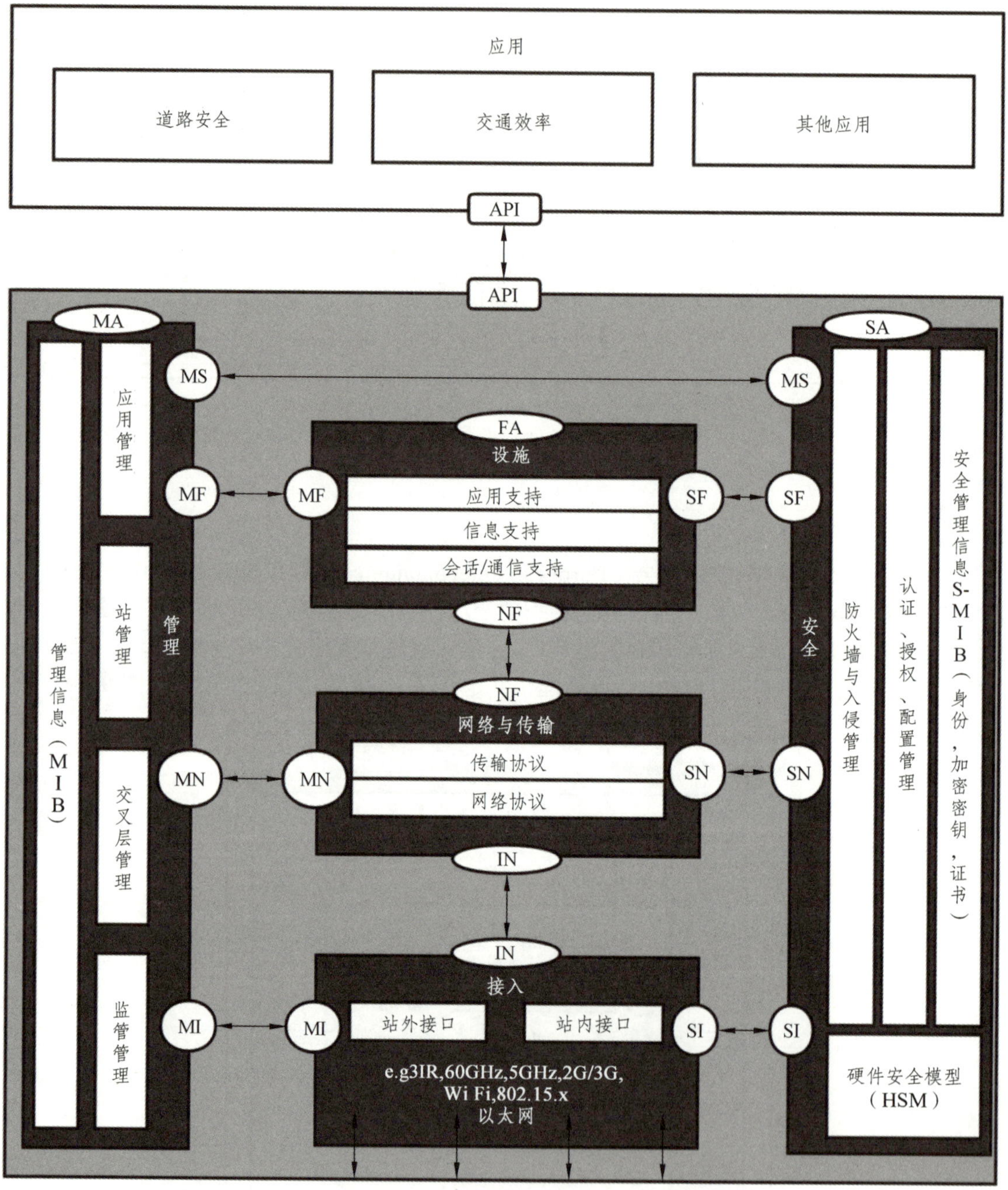

图 9-1-7　欧标 C-ITS 通信体系结构

（1）接入（Access）：对应 OSI 中的物理层和数据链路层，从图 9-1-7 中可以看出 C-ITS 支持多种模式的接入。

（2）网络和传输（Networking&Transport）：对应 OSI 中的网络层和传输层。网络层利用 IP 协议描述了如何寻址和寻找路由，其中定义了一种特殊的组网方式——基于地理位置的组网（GeoNetworking，GN）；传输协议定义数据是如何传输和控制的，如 TCP/UDP 或基本传输协议（Basic Transport Protocol，BTP）。

（3）设施（Facilities）：对应 OSI 中的会话层、表示层、应用层。可以提供通信信息共享的支持，应用的支持，其中包含了消息协议（如 CAM、DENM 和 SPAT）以及 LDM（本地动态地图）的定义。

（4）管理：一个垂直支柱，管理 ITS-S 内所有进程，从底层到顶层。

（5）安全：一个垂直支柱，管理 ITS-S 内端到端的安全，从底层到顶层。

C-ITS 中的所有服务和应用位于顶层的应用层，与协议栈中的更低层通过 API 进行信息交互。

2. 欧洲 DRIVEC2X 项目

2011 年起，欧盟开始开展 DRIVE C2X 项目（2011.1.1—2014.6.30），该项目主要聚焦 V2V 和 V2I 的通信，并通过在欧洲不同地方展开外场测试与对协作系统进行综合评价。欧盟在这之前的项目，如 PREVENT、CVIS、SAFESPOT、COOPERS 和 PRE-DRIVE C2X 已经证明了基于 V2X 通信实现主动安全应用的可行性，此项目希望进一步评测 Come Safety 定义的智能交通通信架构（Cooperative ITS）下的 7 个主动安全应用：绿灯优化速度建议、车辆标识（In-Vehicle Signage，IVS）、天气预警、交通堵塞预报、道路施工警告、摩托车接近指示和紧急电子刹车灯。

9.1.2.3　日本 DSRC 标准及项目

1. 日本 DSRC 标准体系

日本的 DSRC 体系与美国相似，20 世纪 90 年代末，日本无线工业及商贸联合会（Association of Radio Industries and Businesses，ARIB）发布了面向交通信息和控制系统的 DSRC 标准。2001 年发布的标准则对 DSRC 系统中的不同设备间的无线空中接口参数进行了定义和明确。

发表的 ARIB 系列标准包括 L1、L2 和 L7 的标准。ARIB L7 建立在 CEN L7 标准之上，并且与之保持一致性，一个新的标准系列即将完成，将被命名为 ARIB T75，如图 9-1-8 所示。

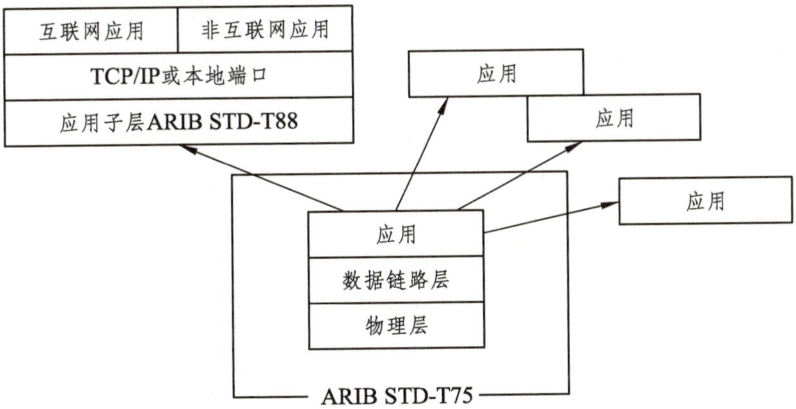

图 9-1-8　日本 DSRC 协议栈示意图

2011 年，日本即开始布设或升级路侧单元为 5.8 GHz 的 DSRC，2012 年 2 月，ARIB 发布的 STD-T109 中将 755.5 ~ 764.5 MHz 频段用于道路安全应用，定义了物理层、数据链路层和应用层。为了更好地实现基于 V2I 的智能交通业务，2022 年 3 月后，日本将汽车信息与通信系统（VICS 系统）从 2.4 GHz 频段转移到 5.8 GHz 频段。

2. 日本 SmartWay 项目

2006 年日本启动了下一代道路服务系统包括车载信息系统和路侧集成系统的开发与试验，该项目名称为“智能道路计划”（Smart Way）。SmartWay 的发展重点是整合日本各项 ITS 的功能，包括先进的 VICS、ETC、DSRC、自动高速公路系统（Automated Highway System，AHS），并建立车载单元的共同平台。之后的 SmartWay 2012 版计划进行更新，更注重加强利用无线通信技术的车-车、车-路间协调系统实用化技术的研发，构筑人、车、路一体化的高度机密的信息网络，研发交通对象协同式安全控制技术以及关注能源、环境效率（见图 9-1-9）。

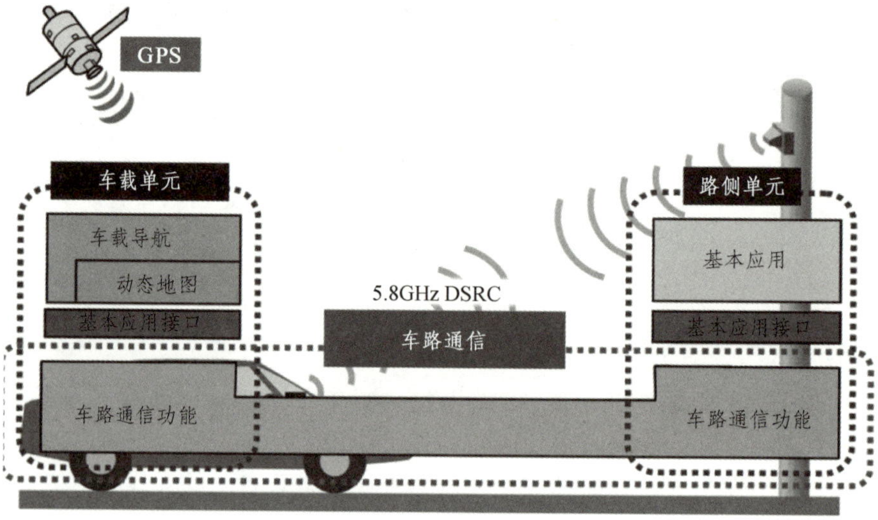

图 9-1-9　SmartWay 2012 版示意图

9.1.2.4　我国 DSRC 标准

国内电子收费专用短程通信技术的发展起步较晚，经过多年的研发和实践，在技术标准和产业链建设等方面均已取得了显著进展。我国实施应用的 DSRC 标准主要有《电子收费专用短程通信（DSRC）》国家标准 GB/T 20851：2019，该标准是以 CEN/TC278 系列标准为主要参考对象，以满足我国 ETC 应用为主要目的而制定的。

GB/T 20851.1-2019 采用了多种先进的通信技术手段，具有以下特点：

（1）高度可靠。采用 FEC 纠错码和 ARQ 自动重传请求技术，能够有效提高数据传输的可靠性。

（2）高速率。支持多种不同的数据传输速率，最高可达到 6.8 Mb/s。

（3）低功耗。设备工作时功耗较低，能够满足电子标签等需要长时间待机的场景需求。

（4）易于维护。具有完善的故障诊断和报警机制，能够快速准确地发现和排除故障。

虽然我国在 DSRC 技术研发起步较晚，但在另一个主流通信技术 C-V2X（蜂窝 V2X）技术上发挥着领军作用，就我车联网及智能网联汽车产业发展而言，我国已进入国际发展中的

"快车道"，C-V2X 相关的详细内容将在下一章揭晓。

9.1.2.5　美标 DSRC 与欧洲 C-ITS 标准对比

在本小节中，主要对目前规范性较强的美国 DSRC 标准化进程与欧标 C-ITS 进行了介绍，接下来将从通信频段和协议栈内容两个方面对它们进行对比分析。

1. 通信频段的对比

就通信频段来说，欧标与美标的 DSRC 频段分配情况如图 9-1-10 所示。在欧洲的 C-ITS 标准中，为 DSRC 预留了 5.9 GHz 频段上的 70 MHz 带宽（在 ETSI TC ITS 和 CALM M5 in ISO TC204 中被称为"ITS-G5"），用于支持快速移动车辆间的通信以及车辆和路边单元的通信。其频段范围为 5 855 ~ 5 925 MHz，与美国标准正好对应起来（见图 9-1-10）。

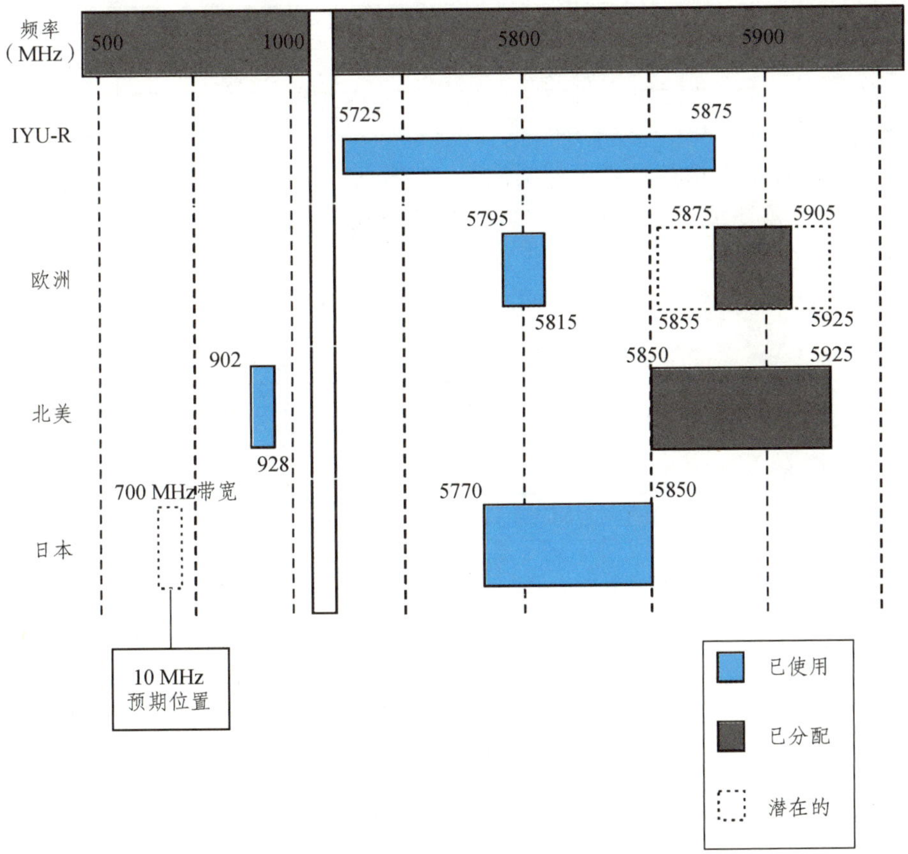

图 9-1-10　欧洲、美国、日本 DSRC 频段区别

在 IEEE 标准中 802.11 的信道只定义了核心频率，并没有定义特定的带宽，而欧盟以及美国的标准中对不同的编号信道还提出了一个特定的信道带宽。如表 9-1-2 所示，欧标的 10 号信道占用了 30 MHz 带宽，2 号信道和 8 号信道占用了 20 MHz 带宽；而在美标中，只有 175 号和 181 号两个可选的信道占用了 20 MHz 带宽。

表 9-1-2　欧标、美标物理信道分配对比

中心频率/MHz	频带宽度/MHz	IEEE Std 802.11 信道编号	欧盟规定的信道编号	美国规定的信道编号
5860	10	172	1	172
5865	20	173	2	—
5870	10	174	3	174
5875	20	175	—	175
5880	10	176	4	176
5890	10	178	5	178
5900	10	180	6	180
	30	180	10	—
5905	20	181	—	181
5915	20	183	8	—
5920	10	184	9	184

欧盟与美国的标准中均有对逻辑控制信道、逻辑服务信道和逻辑安全信道的定义。逻辑控制信道用于传送信令或同步数据，逻辑服务信道用于传递数据，逻辑安全信道（Safety Channel，SFCH）为特定功能的物理信道（如用于保障人身财产安全的信道）。对比欧标和美标的规范，关于 DSRC 的信道定义的不同之处如表 9-1-3 所示。

表 9-1-3　逻辑信道到物理信道的映射关系

欧盟/美国信道编号	欧盟信道用途	美国信道用途
none/none BRAN/U—NII channels	SCH7(ITS—G5C)	—
1/172	SCH4(ITS—G5B)	SCH reserved for SfCH use
2/—	—	—
3/174	SCH3(ITS—G5B)	SCH
—/175	—	SCH
4/176	SCH1(ITS—G5A)	SCH
5/178	SCH2(ITS—G5A)	CCH
6/180	CCH(ITS—G5A) and SfCH	SCH
—/181	—	SCH
7/182	SCH5(ITS—G5D)	SCH
8/—	—	—
9/184	SCH6(ITS—G6D)	SCH reserved for SfCH use
10/—	—	—

对于 5.9 GHz 频带下的逻辑控制信道，CCH 映射到物理信道的方式是不同的。

对于 5.9 GHz 频带下的逻辑安全信道，SFCH 映射到物理信道的方式也不同。

在 ETSI 欧洲标准中相较于美标，数量更少的物理信道被单独映射成逻辑服务信道。

2. 协议栈的对比

欧盟和美国的车联网 DSRC 通信标准主要的区别如表 9-1-4 所示。在接入层、欧标和美标大同小异，都是基于 IEEE 802.11p，采用了多信道调配的机制。不同的是，美国 DSRC 标准只支持单一的接入，而欧标能支持多种模式的接入。主要的区别来自上层，在网络传输层，美标以 WAVE 短消息协议为主，而欧标以基于地理位置的组网/基本传输协议为主。在应用层，美标主要是基于基本安全消息进行信息交换，其中以周期性消息为主，其中又包含了事件触发的消息；而欧标则分别定义了两大类消息：周期性消息（Cooperative Awareness Message，CAM）和事件触发消息（Decentralized Environmental Notification Message，DENM）。

表 9-1-4 欧盟与美国车联网通信标准的对比

国家/组织	频段/GHz	接入层	网络传输层	应用层
美国	5.9	IEEE 802.11p	以 WSMP 为主	以 BSM 为主
欧盟	5.9	以 ITS G5 为主	以 GenNetworking/BTP 为主	以 CAM 和 DENM 为主

具体来说，欧标与美标的映射对比如图 9-1-11 所示，左图为欧标通信架构，右图为美标通信架构。

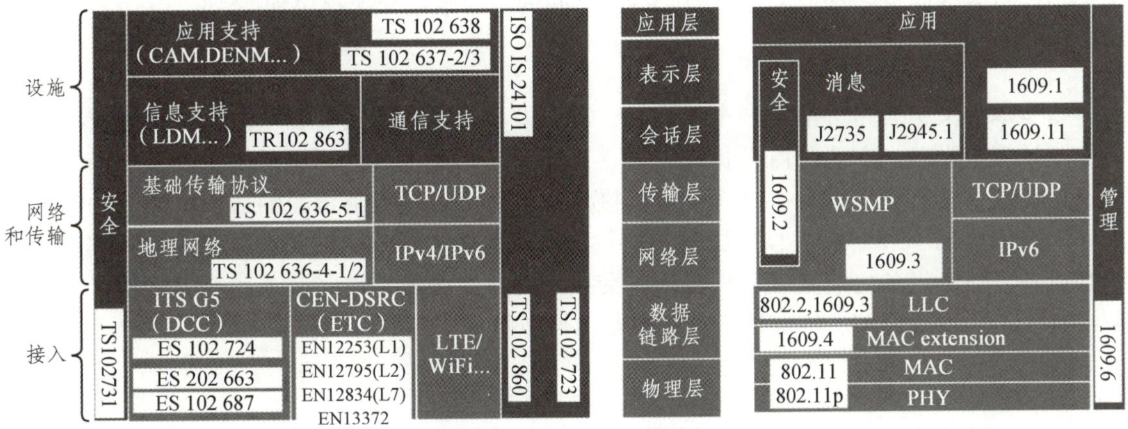

图 9-1-11 欧标与美标的映射（左边为欧标，右边为美标）

在设施层（包括应用层），欧标包含应用支持、信息支持、通信支持三个子层：应用支持为 IIS 基本应用程序集提供应用支持功能。该设备的例子有 CAM 管理和 DENM 管理；信息支持为 ITS 基本应用程序集提供普通数据和数据库管理功能。该设备的例子有本地动态地图（Local Dynamic Map，LDM）；通信支持则为通信和会话管理提供服务；该设备的例子有寻址模式和会话支持。美标则划分为应用子层以及消息子层。

在网络传输层，欧标以 TS102 636.5.1 以及 TS102 636.4.1/2 定义了基本的传输协议（Basic Transport Protocol，BTP）以及地理信息网络（Geographic Information Network，GIN）标准，美标则在 EEE 1609.3 中定义了车载环境下的短消息协议。两种标准均支持 TCP/UDP 和 IPv6 协议，而美标不支持 IPv4 协议。

欧标将接入层纵向划分为 ITSG5、CEN-DSRC(ETC)、LTE/Wi-Fi 三个子层。美标则按照通用协议栈，将其划分为物理层、MAC 层、MAC 扩展子层以及逻辑链路层。若从纵向来看，欧标中的安全协议横跨了设施层、网络层、传输层及接入层，而美标的安全性则是通过 1609.2 协议来保证，它仅仅横跨了应用层和网络传输层。

9.1.3 DSRC 的系统组成及信息传输

9.1.3.1 DSRC 的系统组成

DSRC 系统主要由三部分组成：车载单元（On Board Unit，OBU）、路侧单元（Road Side Unit，RSU）以及专用通信链路。

1. 车载单元（OBU）

OBU 是一种具有微波通信功能、电子防拆功能、信息存储功能的移动识别设备。OBU 本身既可以作为独立的数据载体成为单片式电子标签，也可以通过附加智能卡读写接口，实现扩展的数据存储、处理、访问控制功能，而成为双片式电子标签。

目前国际上使用的 OBU 种类很多，主要差异集中在通信方式和通信频段的不同。在汽车领域，OBU 主要应用在电子自动收费系统，主流的双片式 IC 卡，包含了 CPU 单元、IC 卡存储账号、余额、交易记录和出入口编号等丰富的信息，其中 CPU 单元还存储了车主、车型等、车辆物理参数等固定信息，为 OBU 和 RSU 之间的高速数据交换提供保障。

2. 路侧单元（RSU）

路侧单元又称为路边单元、车道单元、车道设备，主要指安装在车道旁边或车道上方的通信及计算机设备。它通常由设备控制器、天线、抓拍系统、计算机系统及其他辅助设备等组成，参数主要有频率、发射功率、通信接口等，路侧天线能够覆盖的通信区域大约为 3 ~ 30 m。路侧单元（RSU）以 DSRC 通信协议的数据交换方式和微波无线传递手段，实现移动车载设备与路侧设备之间安全可靠的信息交换目的，其功能是与 OBU 组合完成实时高速通信，实施车辆自动识别、特定目标拴检测及图像抓拍等应用。

3. 专用通信链路

DSRC 通信协议是 ITS 标准体系框架中的重要组成部分，是整个智能交通服务系统的基础。信息传输过程中，采用了专用通信链路，分为下行链路和上行链路。

下行链路：从 RSU 到 OBU 采用 ASK 调制 NRZI 编码方式，数据通信速率为 500 kb/s。

上行链路：从 OBU 到 RSURSU 的天线不断向 OBU 发射 58 GHz 连续波，其中一部分作为 OBU 的载波，将数据进行 BPSK 调制后又反射回 RSU。上行数据本身也是 BPSK 调制，载频为 2 ~ 10 MHz。

9.1.3.2 DSRC 的信息传输

DSRC 有两种信息传输形式：主动式和被动式。

1. 主动式

这种系统中 RSU 和 OBU 均有振荡器，都可以发射电磁波。当 RSU 向 OBU 发射询问信号后，OBU 利用自身电池能量发射数据给 RSU。主动式 DSRC 技术中 OBU 必须配置电池。

2. 被动式

被动式又被称为异频收发系统或反向散射系统，是指 RSU 发射电磁信号，OBU 被电磁波激活后进入通信状态，并以一种切换频率反向发送给 RSU 的系统，被动式 OBU 可以是有电源的，也可以是无电源的。

以定点通信、被动式传输为例，DSRC 系统通信过程大体可以分为建立连接、信息交换、释放连接三个阶段（见图 9-1-12）。

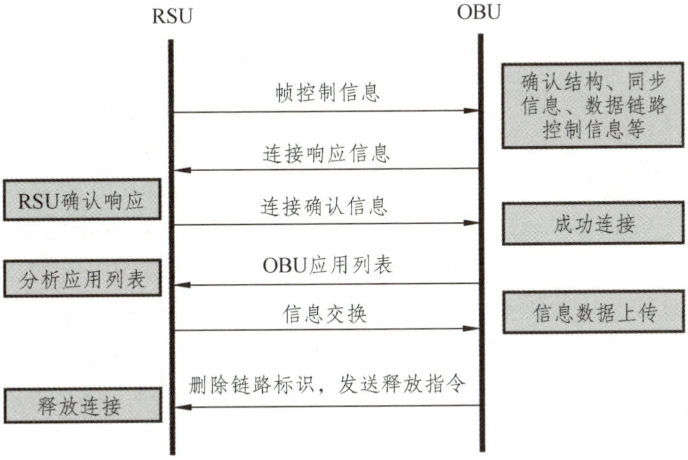

图 9-1-12　定点通信、被动式传输的 DSRC 通信过程

第一阶段：建立连接。RSU 利用下行链路向 OBU 循环广播发送帧控制信息，确定结构、同步信息和数据链路控制等信息，有效通信区域内的 OBU 被激活后即请求建立连接。RSU 进行有效性确认并发送响应信息给对应的 OBU，否则不响应。OBU 收到响应，立即确认并初始化连接 RSU。RSU 确认该 OBU 相关参数后即可成功连接。

第二阶段：信息交换。连接建立后，RSU 分析应用列表调用可用服务的原语进行读/写操作，实现信息交换。在此阶段中，所有帧必须带有 OBU 的私有链路标识，并实施差错控制。可以设置定时器来传计数器，确定重传次数上限。

第三阶段：连接释放。RSU 与 OBU 完成所有应用后，删除该链路标识，发出专用通信链路释放指令，由连接释放计时器根据应用服务释放本次连接。

9.1.4　DSRC 的通信安全

9.1.4.1　DSRC 的信息安全机制

为保证短程通信中的信息安全，系统应提供以下的信息安全服务：

（1）车载单元（OBU）中的电子标签（OBE）要出示正确的访问许可码（Access Credential）才能访问指定的路侧单元（RSU）。

（2）路侧设备（RSE）要提交正确的信息鉴别码（Authenticator），进行信息确认成功，才能对指定的电子标签（OBE）进行读写。

（3）电子标签可对多种应用进行分组管理，不同的应用分组都设置了不同的信息鉴别码进行区分，用于限制某些用户进行跨应用的访问。

（4）对相同的应用而言，每张电子标签的访问许可码（Access Credential）均不相同，无法通过窥探到其中一张标签中的访问许可码就能伪造出可用的电子标签，无法利用掌握其中某一张标签的密码信息去篡改其他标签的数据信息。

（5）每张电子标签中对每个使用的属性数据分组进行保护的信息鉴别码（Authenticator）均由一种私有的过程密钥（Session Key）来产生。有时为了进一步提高安全性，这种私用密钥往往要通过一种称为公用的密钥所派生，公用密钥不能直接用来产生 Authenticator，这就避免它在无线传输过程中即使被人捕获也无法用作模仿性攻击的工具。

9.1.4.2 RSU 单元的身份验证

当车辆上的 OBU 单元中的电子标签（OBE）进行到路侧单元的通信区域内时，会接收到路侧设备（RSE）下传的信标服务表（Beacon Service Table，BST），接着电子标签会返回当前车辆的汽车服务表（Vehicle Service Table，VST），其中包括一些固定信息值（标签 ID 号、当前使用链路 ID 号等）和一些临时的随机数 RndOBE。路侧设备 RSE 接收到 VST 后，首先会根据其中的固定信息值生成数据元访问密钥 Eack（Element Access Key），再对随机数 RndOBE 进行 DES 对称加密，得到这张电子标签特有的访问许可码（Access Credential）。

数据元访问密钥 Eack 是由一个数据元访问主密钥 MEack 对 VST 中的固定信息值（2 字节）进行加密生成的，采用的加密方式是 TDES。为提高通信安全性，MEack 只被保存在路侧设备 RSE 中，而计算出的 Eack 将传输给电子标签 OBE，与最开始的固定信息值保存在一起。

在路侧设备 RSE 加密生成访问许可码的同时，电子标签 OBE 也在用同样的加密方式生成本地的访问许可码。当 RSE 端生成的访问许可码返回到 OBE 后，OBE 将 RSE 端与本地端的两个访问许可码进行对比，若两个访问许可码相同，则表示该 RSU 路侧单元身份可信，可进行下一步的通信。整个 RSU 的身份验证过程如图 9-1-13 所示。

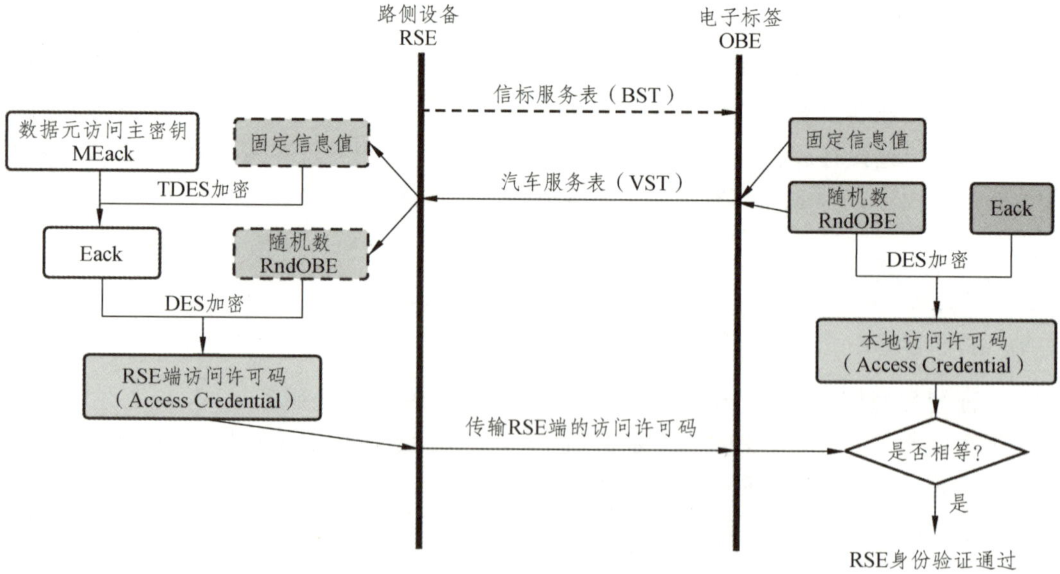

图 9-1-13　RSU 单元的基于 Access Credential 的身份验证

9.1.4.3 OBU 单元的身份验证

在通信过程中，路侧设备 RSE 也是需要对通信区域感应到的 OBU 单元的电子标签进行身份验证，当身份验证成功后，只对合法的电子标签对应的车辆提供相关的通信服务。

OBU 单元的身份验证过程与 RSU 单元的身份验证过程相似，不同点是提出身份验证的发起方是 RSE，RSE 向电子标签 OBE 发出身份验证请求，附带一个密钥函数 Key Ref 和一个随机数 RndRSE。当 OBE 收到验证请求后，根据传来的密钥函数 Key Ref，选择出符合要求的数据元鉴别密钥 Eauk，使用该密钥对需要加密的数据元素进行 DES 加密，生成数据元鉴别码（Authenticator）发送给 RSE。

RSE 将电子标签传来的数据元鉴别码与自身本地加密生成的数据元鉴别码（Authenticator）进行对比，若两值相同则表示 OBU 单元的电子标签身份信息得到确认，可以信赖，具体身份验证过程如图 9-1-14 所示。

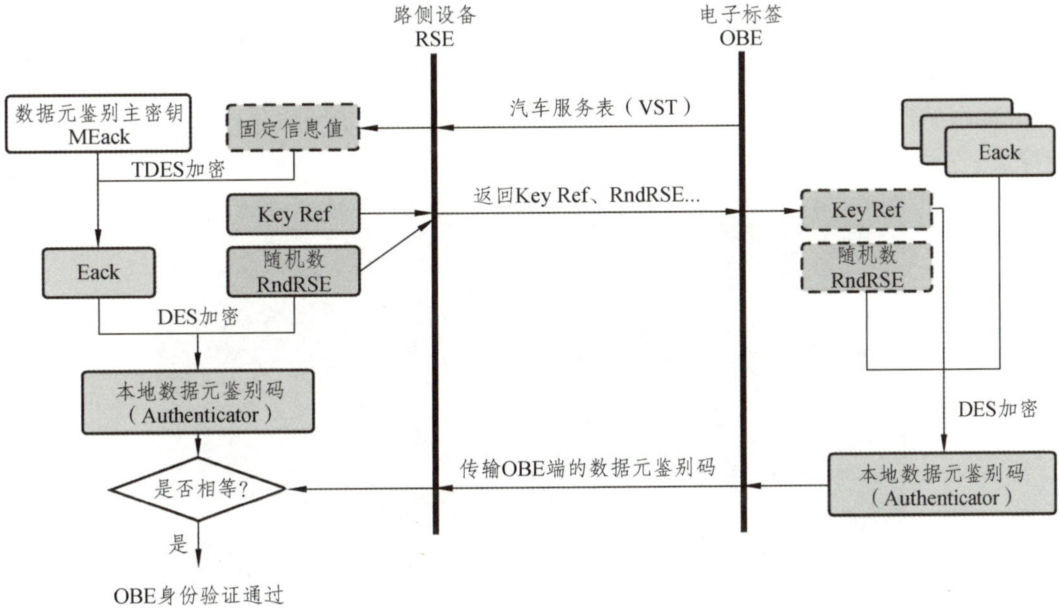

图 9-1-14 OBU 单元的基于 Authenticator 的身份验证

双方的身份验证通过后，RSU 端可以为 OBU 端提供服务，OBU 端允许被 RSU 端读取更多的车载信息，保证了 DSRC 技术的安全通信。

9.2 DSRC 通信技术的应用

微课：DSRC 通信技术的应用

目前，DSRC 已成为车联网和自动驾驶车辆开发中的关键技术，在车联网环境中的 V2V 和 V2I 应用之间可以建立信息双向传输的无线通信机制，使得车辆能够进行高效的通信和合作，提高道路安全性和交通效率。

9.2.1 DSRC 在 ETC 中的应用

对于 DSRC，路侧设备单元（Road Ride Unit，RSU）是实现 V2I 必不可少的组成部分，由于 DSRC 本身基于 802.11p 技术标准，类似于 Wi-Fi 系统，必须要在道路两旁设立通信单元以实现整个车联网进行组网，构建汽车连接生态系统。RSU 在整个系统中充当了网关和小型基站的作用。目前，国内应用最广泛的 DSRC 技术就是高速 ETC 收费系统。ETC（Electronic Toll Collection，电子收费系统），又称自动道路并停车收费系统，其最大特点是车辆可以以相当高的速度通过收费口，无须在收费站前减速和停车交费，可以使公路收费走向无纸化、无现金化管理，还可以节约基建费用和管理费用。

9.2.1.1 ETC 系统的组成及原理

ETC 系统是智能交通系统（Intelligent Transport System，ITS）领域中的一个重要方面。ETC 系统是利用微波（或红外或射频）技术、电子技术、计算机技术、通信和网络技术、信息技术、传感技术、图像识别技术等高新技术设备和软件所组成的先进系统。目前，主流的 ETC 系统均采用微波技术，因此后文提到的 ETC 系统主要是对此类系统进行介绍。

ETC 设备主要由路侧设备（RSU）和车载设备（OBU）组成，路侧设备（RSU）主要是指安装在车道控制系统前端，发挥信息采集作用的专用设备，其由天线和读写控制器组成（见图 9-2-1）；车载设备（OBU）是指安装在用户车辆上作为记录车辆通行信息的电子标签（见图 9-2-2）。

图 9-2-1 高速收费站所设的 ETC 路侧设备（RSU）

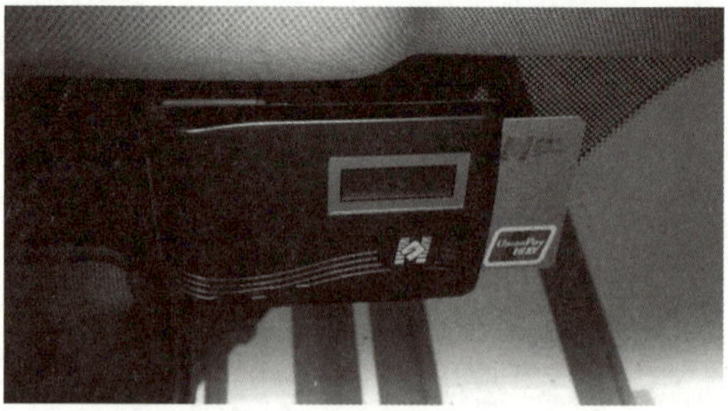

图 9-2-2 车内安装的车载设备（OBU）

ETC 系统主要由车辆自动识别系统、中心管理系统和其他辅助设施等组成。其中，车辆自动识别系统由车载单元（OBU）、路边单元（RSU）、环路感应器等组成。OBU 中存有车辆的识别信息，一般安装于车辆前面的挡风玻璃上，RSU 安装于收费站旁边，环路感应器安装于车道地面下。中心管理系统有大型数据库，存储了大量注册车辆和用户的信息。

车-路通信主要面向非安全性应用，以 ETC 系统为代表，如图 9-2-3 所示。车辆经过特定的 ETC 车道，通过车载 OBU 与路侧 RSU 的通信，无需停车和收费人员采取任何操作就能自动完成收费过程。

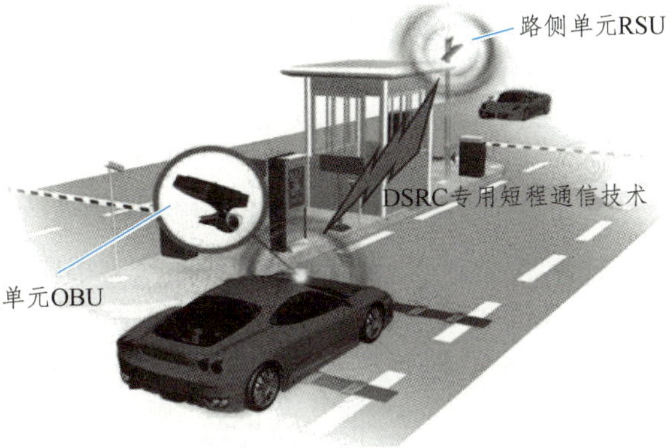

图 9-2-3　DSRC 在 ETC 中的应用

ETC 系统原理如图 9-2-4 所示。OBU 与 RSU 之间采用专用短程通信标准协议（DSRC）进行半双工通信，使用的 ETC 系统频段主要是 5.8 GHz 频段。

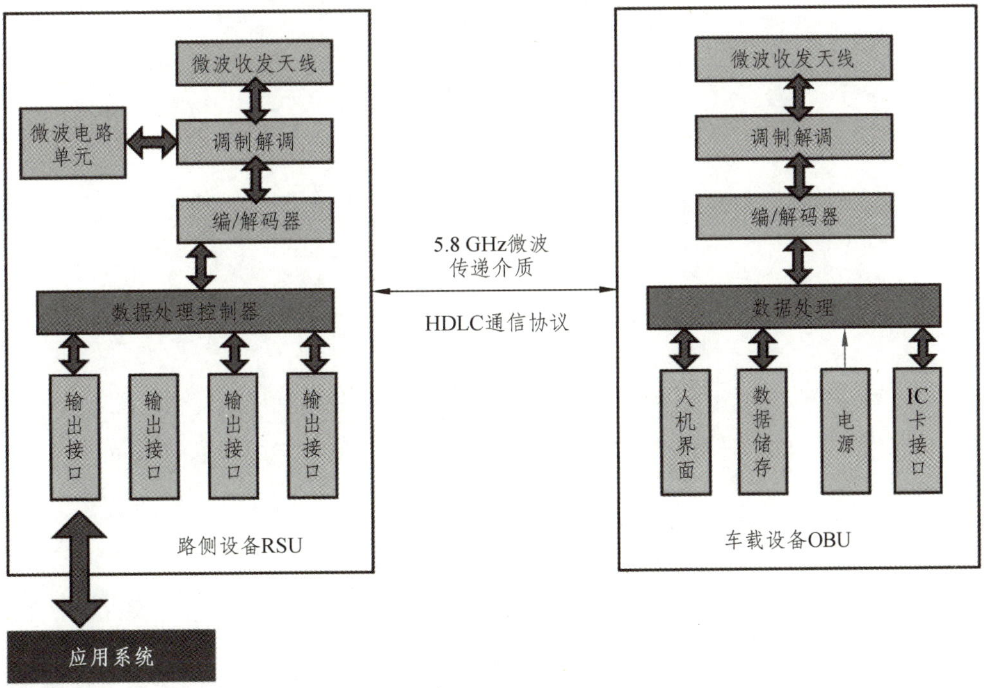

图 9-2-4　ETC 设备组成原理

OBU 与 RSU 间的通信分下行链路和上行链路。

下行链路（由 RSU 到 OBU）：采用 ASK 调制 NRZI 编码方式，数据通信速率 500 kb/s，RSU 天线 E.1.RP 约+33 dBm。上行链路（OBU 到 RSU）：RSU 的天线不断向应答器发射 5.8 GHz

连续波，其中一部分作为应答器的载波，将数据进行 BPSK 调制后又反射回 RSU。上行数据本身也是 BPSK 调制，载频为 2 ~ 10 MHz。

9.2.1.2 ETC 识别过程

ETC 具体识别过程：当车辆通过收费站口时，环路感应器感知车辆，RSU 发出询问信号，OBU 做出响应，并进行双向通信和数据交换；中心管理系统获取车辆识别信息，如汽车 ID 号、车型等信息和数据库中相应信息进行比较判断，根据不同情况来控制管理系统产生不同的动作，如计算机收费管理系统从该车的预付款项账户中扣除此次应交的过路费，或送出指令给其他辅助设施工作。

下面以双片式 ETC 为例，具体介绍 ETC 系统中金额交易的原理过程。如图 9-2-5 所示，ETC 系统中包括 ICC（Integrate Circuit Card，集成电路卡）、OBE（On Board Equipment，车载设备）、RSE（Roadside Equipment，路边设备）和车道控制系统四部分，其中 ICC 和 OBE 组成上文中提到的 OBU（车载单元），RSE 和车道控制系统组成我们了解的 RSU（路边单元）。

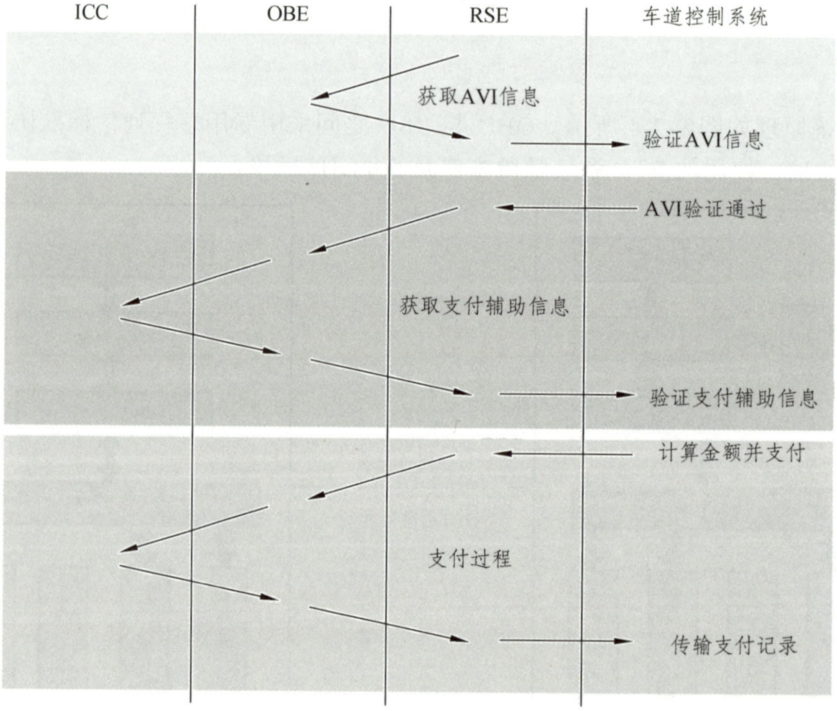

图 9-2-5 双片式类型 OBE 典型 ETC 交易示例

当车辆进入 ETC 通道时，路边设备 RSE 首先向 OBE 获取 AVI（Automatic Vehicle Identification，自动车辆识别）信息，返回到车道控制系统进行验证。当验证信息通过后，RSE 逐步向车载设备 OBE 和集成电路卡 ICC 获取支付辅助信息，再返回至车道控制系统进行验证；最后系统计算需要支付的金额，并完成扣款支付，传输支付记录信息。

ETC 系统能大大提高了高速公路的通行能力和服务水平，简化了收费过程，节约了成本，符合我国的发展现状。

除了已经比较成熟的 ETC 系统外，基于车-路通信的 DSRC 应用还可以用于电子地图的下载和交通调度等。路边的 RSU 接入后备网络与当地的交通信息网或因特网相连，通过 OBU 与 RSU 的通信来获取电子地图和路况等信息，从而可以选择最优路线，缓解交通拥堵。

9.2.1.3　ETC 相关标准介绍

前面介绍了我国实施应用的 DSRC 标准主要有《电子收费专用短程通信（DSRC）》（GB/T 20851:2019）。该标准主要分为 5 个部分：物理层、数据链路层、应用层、设备应用以及物理层主要参数测试方法。

1. 物理层

物理层部分规定了电子收费专用短程通信物理层的基本要求，及下行链路和上行链路技术要求，适用于公路和城市道路电子收费系统，自动车辆识别、车辆出入管理等领域。

2. 数据链路层

数据链路层主要规定了电子收费专用短程通信数据链路层的主要参数、信息帧、专路建立与撤销、MAC 子层、LLC（Logical Link Control，逻辑链路控制）子层的要求。下面重点介绍数据链路层的信息帧格式和链路建立过程。

数据链路层信息交互以帧形式进行，包含 MAC 地址、MAC 控制域、LPDU（可选）和校验几部分。根据 LPDU（LLC Protocol Data Unit，逻辑链路控制协议数据单元）的类型又分为含命令 LPDU 的和含响应 LPDU 的帧，含命令 LPDU 的信息帧结构如图 9-2-6 所示，含响应 LPDU 的信息帧结构如图 9-2-7 所示。而不包含 LPDU 域的帧结构则仅仅包含 MAC 地址、MAC 控制域和帧校验 3 个部分。

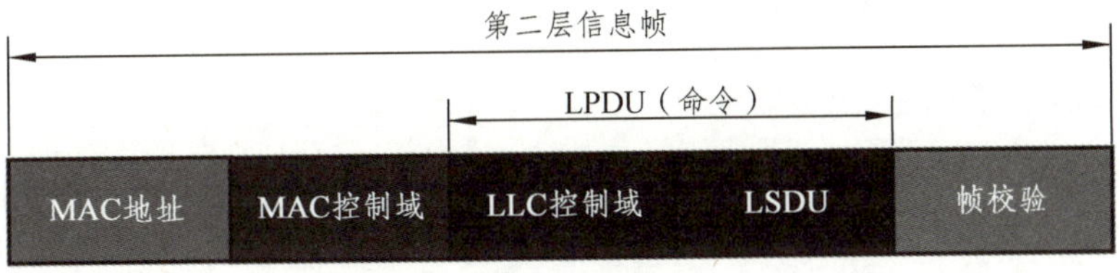

图 9-2-6　含命令 LPDU 的信息帧结构

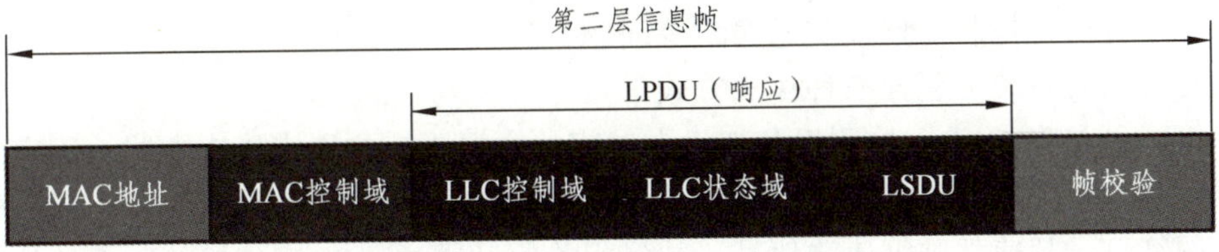

图 9-2-7　含响应 LPDU 的信息帧结构

信息帧采用同步传输方式，帧封装格式如图 9-2-8 所示。其中，灰色部分的帧起始标志和帧结束标志格式均为二进制序列 0111 1110。

图 9-2-8　第二层帧信息封装格式

数据链路层的专用的链路建立过程如下：

（1）RSU 周期性广播 Q 等于 1 的特定 BST 信息。

（2）OBU 接收到发自广播 MAC 地址且 Q 等于 1 的广播后，以专用 MAC 地址向 RSU 发送信息，从而响应 RSU 的特定 BST 信息。

（3）RSU 确认收到合法帧后，登记 OBU 的 MAC 地址，并采用该 MAC 地址与 OBU 通信。

（4）OBU 收到第一个与自身 MAC 地址相符的下行帧后表示专用链路建立。

3. 应用层

应用层部分规定了电子收费专用短程通信应用层的核心框架以及传送内核、初始化内核和广播内核提供的基本服务。

4. 设备应用

设备应用部分规定了用于电子收费专用短程通信设备的应用总则、关键设备总体技术要求、OBE 数据结构、应用结构和应用安全、交易流程等。

5. 物理层主要参数测试方法

该部分主要是规定了电子收费专用短程通信物理层主要参数的主要测试设备和附件推荐特性、测试条件和测试方法。

标准内的具体内容可登录国家标准全文公开系统（网址：https://openstd.samr.gov.cn/bzgk/gb/index），输入对应的标准号进行查询。

9.2.2 DSRC 在车辆自动稽查中的应用

9.2.2.1 车辆自动稽查系统的介绍

车辆自动稽查系统是以 DSRC 技术为基础，结合图像识别系统，对通过检测点的车辆进行自动检测。当有假套牌车或黑名单车通过时，系统会自动报警，显示车辆的相关信息，并将信息传给执法人员，便于他们比对和执法。自动稽查系统应用的普及，能够有效解决车辆盗抢、走私、套牌、抢牌、拖欠交通罚款等问题。

车辆自动稽查系统可包含三种执法方式：

（1）第一种是将 DSRC 检测设备架设在城市的主要干道的固定稽查方式，固定式便于实现 7 × 24 h 的实时监测。DSRC 检测设备能够实时对车辆信号进行读取和分析，可以检测出非法停车、闯红灯、超速驾驶等违法信号，并将相关信息通过 DSRC 传输给附近的执法人员车辆或指挥中心，能够为执法人员布控提供决策，根据实际情况向现场派遣人力进行处理。

（2）第二种是将检测设备安装在执法车上的移动稽查方式，方便驾驶执法车移动作业执法，可移动性灵活，覆盖范围适中。

（3）第三种是执法人员随身携带检测设备的手持稽查方式，检测设备能够与车辆上的电子标签进行通信，与中心数据库进行信息交换，进一步灵活地核实车辆身份。

9.2.2.2 车辆自动稽查系统的基本功能

车辆自动稽查系统主要包括以下几个功能：

（1）车辆信息获取功能。通过 DSRC 技术自动读取 OBU 中的车辆信息。

（2）图像识别功能。自动识别车辆照片中的车牌信息。

（3）查询功能。查询车辆信息库中的黑名单信息、车辆违章信息、车辆缴费情况等。

（4）报警功能。对监测到的违法、违章车辆进行报警。

（5）其他功能。如系统管理、报警日志管理、执法人员管理等。

9.2.2.3　车辆自动稽查系统的系统构成

车辆自动稽查系统包括图像识别子系统、DSRC 子系统、预警子系统、传输子系统、后台信息处理子系统，其系统框架如图 9-2-9 所示。

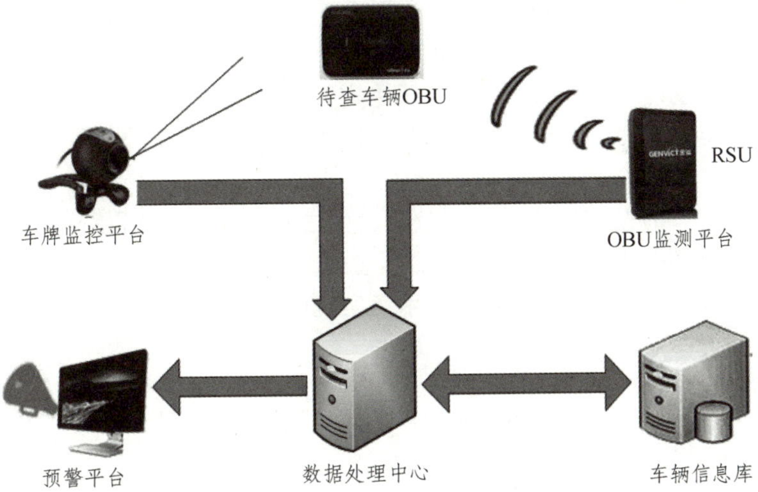

图 9-2-9　DSRC 在车辆自动稽查中的系统架构

1. 图像识别子系统

图像识别子系统主要是使用摄像头对移动车辆进行拍照，对照片进行自动识别，识别出车牌信息。该子系统可联合精度更高的传感器设备，进一步提高稽查的准确性和可靠性。

2. DSRC 子系统

DSRC 子系统包括 OBU、RSU 以及手持式 RSU 设备。OBU 安装在每辆合法车上，内置 ESAM 安全模块，保存了车辆信息。车辆信息具体包括车牌号、车型、载重/座位、车牌颜色、用户类型、尺寸、车轮数、车轴数、轴距、车辆特征、发动机号等。

3. 预警子系统

当监测到有假、套牌车或黑名单车通过时，系统会自动报警，并显示车辆的相关信息，同时会将信息传给相关区域的执法人员，或上传至网络监管平台。

4. 传输子系统

DSRC 子系统和图像识别子系统通过有线或无线网络对采集到的数据进行加密传输，传输到数据处理中心进行处理。

5. 后台信息处理子系统

该子系统的作用是对所有传输过来的数据进行处理，包括车辆信息查询、比对等。

9.2.3 DSRC 在交通预防式安全的应用

9.2.3.1 交通安全领域分类

基于安全应用的不同用途，可以将交通安全领域分为被动安全、主动安全以及预防式安全。

（1）被动安全。被动安全指的是那些在事故中或事故发生后，可以帮助人们避免或减轻伤害的防护功能装置，如安全带、安全气囊、防爆轮胎、安全玻璃等。

（2）主动安全。汽车的主动安全设置是通过车载设备检测到驾驶员不良驾驶习惯、车辆异常驾驶行为后，直接对驾驶员进行主动预警或者对车辆直接进行干预，从而避免造成交通事故，如制动防抱死系统（ABS）、车身电子稳定控制系统（ESP）和基于传感器的创新辅助系统，以及主动巡航、偏航预警、夜视，基于雷达的安全跟随系统等，以此提高车辆驾驶的稳定性和安全性。

（3）预防式安全。预防式安全是指在危险发生之初，车辆具备自行进行判断并主动干预、规避的安全功能。预防式安全功能可以预测紧急态势并采取主动行为加以应对，避免可能的事故，主要是基于 DSRC 中关于 V2V 的技术而实现的功能安全应用。

9.2.3.2 预防式安全应用典型场景

下面介绍部分预防式安全的具体应用。

1. 合作式自适应巡航控制

合作式自适应巡航控制（CACC）是一种可以通过信标消息获取前方车辆动态性，从而提升自适应巡航控制（平顺制动和加速、提升交通流畅性、降低油耗）性能的系统。

2. 合作式减少眩光

合作式减少眩光（CGR）是一种在黑暗条件下能够基于与前方路径区域内的车辆距离自动切换高低光束的系统。

3. 合作式合流辅助

合作式合流辅助（CMA）使车辆可以以安全、自动化的方式加入流动的车流中，它允许匝道车辆加入而不破坏交通流。

如图 9-2-10 所示，1 号车在进入匝道前会与平行方向的 2 号车建立通信，获取 2 号车当前位置、朝向等，同时与 2 号车相邻其他车辆进行通信获取其位置、朝向等作为辅助信息，之后进行合流操作。

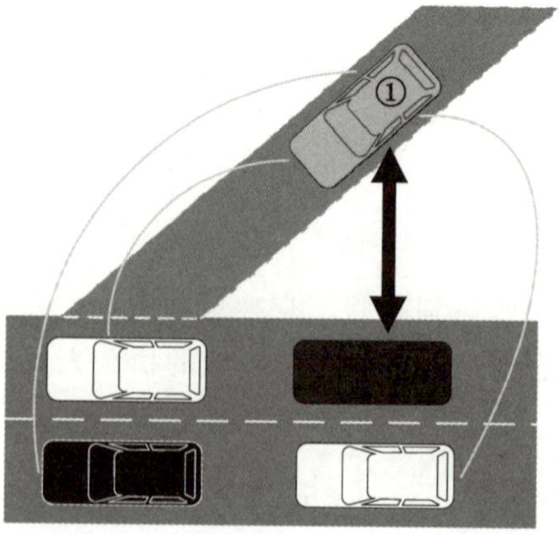

图 9-2-10 合作式合流辅助示意图

4. 预碰撞感知

预碰撞感知（PCS）是一种用于在影响迫在眉睫的情况下优化驾驶人安全的系统。

如图 9-2-11 所示，车辆在进行预碰撞感知时，1 号车判断 2 号车即将对自己进行碰撞，因此尝试建立与 2 号车之间的通信，计算出将要到来的碰撞的具体信息，同时控制车内门窗、安全气囊、安全带等安全保护措施做好碰撞准备，保护驾驶员安全。

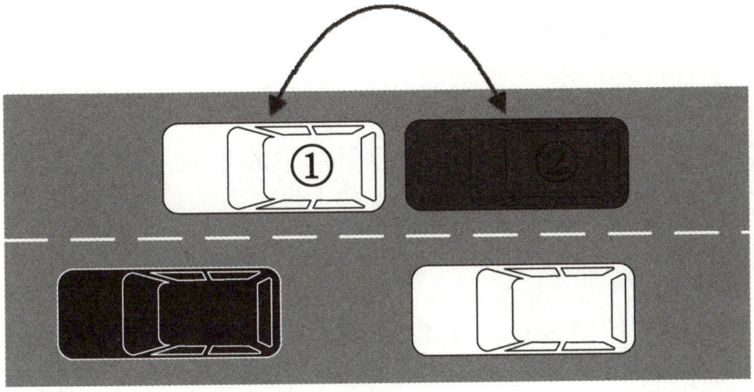

图 9-2-11　预碰撞感知示意图

5. 前向碰撞警告

前向碰撞警告（FCW）是一种与前方车辆可能碰撞时对驾驶人进行警告的系统。当车上的环境感知装置探测到前方的行驶车辆，判断有追尾的危险时，用警报的方式提醒驾驶员。

6. 车道变换辅助

车道变换辅助（LCA）是当驾驶人试图变换车道时，警告驾驶人有其他车辆正在驶进相邻车道。

7. 错向行驶警告

错向行驶警告（WWDW）是一种识别其他车辆行驶方向错误的车辆，并警告驾驶人可能产生的碰撞的系统。

8. 合作式交叉路口碰撞警告

合作式交叉路口碰撞警告（CICW）是一种针对可能发生的交叉路口碰撞警告驾驶人的系统。

9. 紧急电子制动灯

紧急电子制动灯（EEBL）是一种当车辆紧急制动时向后方车辆发出警告的系统。

10. 紧急车辆接近警告

紧急车辆接近警告（AEVW）是指当紧急车辆驶近其他车辆时，向行驶路径上的车辆发出警告，通知其离开道路并让出一些紧急走廊。

11. 火车碰撞警告

火车碰撞警告（RCW）是指穿过车辆道路的火车对周围车辆发送警告。

12. 慢速车辆警告

慢速车辆警告（SVW）是指慢速行驶车辆向后方附近车辆发送警告信息，并告知其自身的慢速行驶行为，从而避免碰撞。

13. 碰撞后警告

碰撞后警告（PCW）是指对交通流产生干扰或引发危险的无法移动的车辆（事故或者机械故障导致），发出警告用于避免碰撞。

14. 前方交通拥塞警告

前方交通拥塞警告（TJAW）是指处于交通阻塞中的车辆发出警告，将阻塞末尾的位置告知驶进的车辆，以避免可能的碰撞。

15. 危险地点通知

危险地点通知（HLN）是指发送由车载传感器（如翻滚、使用气囊）或基础设施（路侧单元）所检测出的危险的警告。

16. 施工区警告

施工区警告（WAW）是指发送道路施工、车道阻断的警告提醒，由基础设施（路侧单元）公布或由其他车辆分发。

17. 限制驶入警告

限制驶入警告（LAW）是指使用基础设施发送警告提醒，告知驾驶人限制性驶入信息，如高度限制或桥上重量限制。

V2V 应用需求可总结为表 9-2-1。

表 9-2-1　V2V 应用需求

应用	通信机制	消息类型	事件紧急程度	应用类型	优先级	PDR(%)	时延/ms
合作式自适应巡航控制	SH	信标	RT	预防式，交通和环境	0	>99	<100
合作式车队	SH，B	信标，正常	RT	交通	0	>99	<100
合作式减少眩光	SH	信标	RT	预防式	0	>95	<100
合作式合流辅助	SH，B	信标，正常	RT	预防式和交通	0	>99	<100
预碰撞感知	SH，FB	信标	RT	预防式	0	>99	<100
前向碰撞警告	SH	信标	RT	预防式	0	>95	<100
车道变换辅助	SH	信标	RT	预防式	0	>95	<100
错向行驶警告	SH	信标	RT	预防式	0	>95	<100
合作式交叉路口碰撞警告	SH	信标，提示	RT	警告	1	>95	<200
紧急电子制动灯	SH	信标，提示	RT	警告	1	>95	<200
紧急车辆接近警告	SH	信标	TTL	警告	1	>95	<200

续表

应用	通信机制	消息类型	事件紧急程度	应用类型	优先级	PDR(%)	时延/ms
火车碰撞警告	SH	信标	TTL	警告	1	>95	<200
慢速车辆警告	MH	信标	TTL	警告	2	>95	<200
碰撞后警告	MH	提示	TTL	警告	2	>95	<400
前方交通拥塞警告	MH	提示	TTL	警告	2	>95	<400
危险地点通知	MH	提示	TTL	警告	2	>95	<400
施工区警告	MH	提示	TTL	警告	2	>95	<400

注：B—双向通信；FB—快速双向通信；SH—基于位置的单跳通信；MH—基于位置的多跳通信；RT—实时；TTL—有效时间；优先级中 0 级别最高，2 级别最低；HMI—人机交互界面；正常—可双向通信交换信息；PDR—包递交率。

在上述的预防式安全的应用场景中，我们选取前向碰撞警告（FCW）系统来对 DSRC 通信的应用进行具体介绍。

9.2.3.3　基于 DSRC 技术的前向碰撞警告（FCW）系统

基于 DSRC 技术的前向碰撞警告（FCW）系统的整体架构如图 9-2-12 所示。

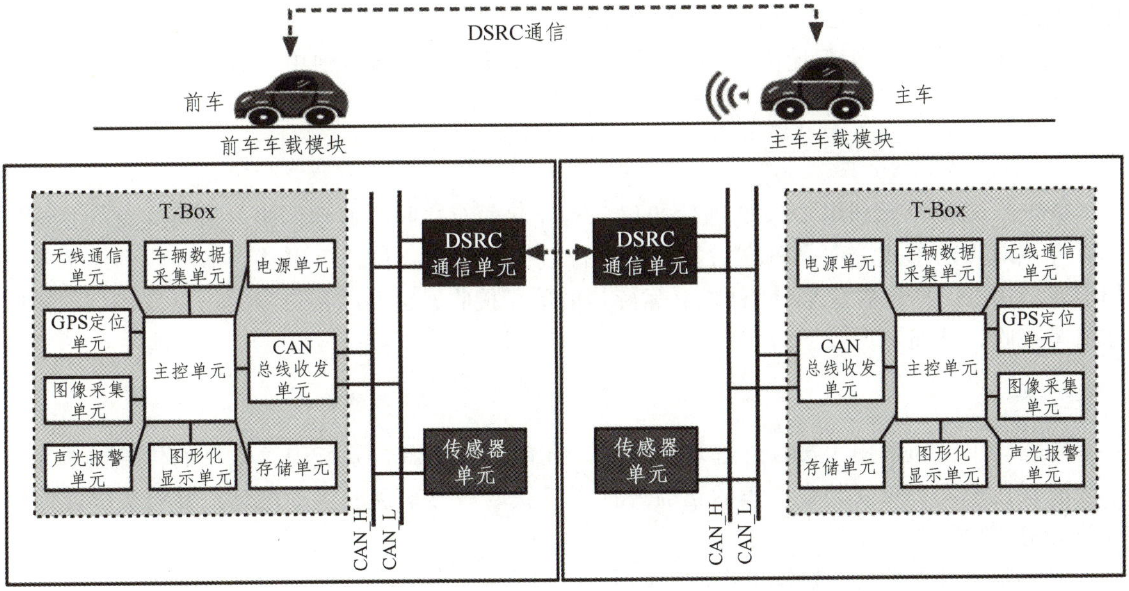

图 9-2-12　基于 DSRC 技术的前向碰撞警告系统的整体架构

整个系统分为主车车载模块和前车车载模块。假设两车均具备接收信号、发送信号以及感应周围车辆状态的环境感知模块，那么这两大模块的内部结构将一模一样，因此，我们以主车车载模块为例，来详细介绍其组成要素。车载模块系统主要由车载终端 T-Box、DSRC 通信单元、传感器单元三部分组成。

1. 车载终端 T-Box

T-Box 主要由主控单元、CAN 总线收发单元、车辆数据采集单元、无线通信单元、GPS

定位单元、图像采集单元、声光报警单元、图形化显示单元、存储单元、电源单元组成。

主控单元由嵌入式处理器构成，主要负责系统的任务调度、数据处理等工作，是整个系统的核心。

CAN 总线收发单元负责接收和发送 CAN 报文，搭建起 T-Box 与 CAN 总线之间的桥梁。

车辆数据采集单元负责采集车辆实时运行信息，如从 OBD 接口中获取车辆的车速、制动状态、节气门开度等参数，并将这些参数发送给主控单元以作进一步处理。

无线通信单元是实现汽车与外界环境进行数据交互的重要通道，一方面可以将车辆的信息上传至外部服务器，另一方面也可以接收远程数据。

GPS 定位单元主要用于获取车辆的位置信息（如经度、维度、海拔高度）、运行信息（如速度、加速度、航向角）等参数，是整个系统主要的数据来源。

图像采集单元主要利用摄像头对车辆前方道路状态进行识别，可以帮助系统更好地适应实际道路环境。

声光报警单元主要负责在系统判定有风险时，通过蜂鸣器或者光电信号向驾驶员发出预警信息，以提醒驾驶员采取必要措施，规避风险。

图形化显示界面主要提供人机交互的界面，可以将系统运行的情况实时地展示出来，方便驾驶员掌握当前的道路状况。

存储单元主要用于存放用户数据，记录系统运行日志信息，方便开发人员查找系统漏洞，也方便用户在使用时快速查找系统不能正常运行的原因。

电源单元是整个系统正常运行的基础保障，可以从汽车蓄电池中或者自备电池中取电，并在进行电压变换等操作之后，向各个单元提供合适的电源供应。

2. DSRC 通信单元

DSRC 通信单元利用 DSRC 通信协议，构建起两车之间的通信网络。值得注意的是该网络并非点对点的形式，而是以广播的形式进行数据的收发，自车可以从广播中收到前车发来的信息，并将信息传输至 CAN 总线上等待其他单元接收，也可以将自身的信息发送到广播中让前车接收，从而实现数据的交互。

3. 传感器单元

传感器单元通常用于接收外部环境信息，在前车碰撞警告系统中，常见的传感器单元有毫米波雷达单元，可安装在自车的正前方，用于获取前方车辆的运动信息，并将数据实时传输至 CAN 总线。

前向碰撞警告系统的整体工作流程如下：

（1）前车 T-Box 获取自身的运行信息之后通过 DSRC 通信单元广播到空中。

（2）主车 T-Box 在某一时刻接收到了前车的运行信息。同时，主车通过传感器单元实时测量到了与前车的距离及相对速度，以及主车 T-Box 的内部运行信息。

（3）距离计算：主车 T-Box 对 DSRC 通信单元接收到的前车运行信息与自车运行信息进行运算处理，得到此时的最小安全距离。

（4）系统将最小安全距离与实测距离进行比较，然后结合其他参数信息由主控单元带入碰撞模型进行风险计算，如存在风险，开启报警，反之解除碰撞危险警告。

（5）将结果图像化显示并在必要时进行声光报警。

9.2.4 DSRC 在其他 ITS 中的应用和发展方向

DSRC 作为一种无线通信方式，在 ETC 系统中具有传输速度快（1 Mb/s）、受扰程度小（专用通信频段 5.8 GHz）、安全性好（伪随机加密算法）等特点，可以灵活地将路边和车辆联系起来，实现路边和车辆信息双向实时传输。基于这些特点，DSRC 在 ITS 的其他方向也得到了广泛应用。

（1）提供道路交通信息。利用 DSRC 系统的双向交互功能，向交通信息中心提供各处的交通信息，中心对信息进行处理后，实时向驾驶员提供道路、交通及其他信息。

（2）车辆监管及防盗功能。对车辆的车主、车型以及牌照等相关信息进行登记记录，DSRC 系统可以实现对车辆的实时管理。在主要路口、收费站安装路边设备，当被盗车辆通过这些路口时，就可以被专用短程通信系统发现。

（3）公共交通管理。采用 DI 编码方式实现运营车辆定位，将车辆的位置数据传输到公交调度中心，实现运营车辆与指挥调度中心的实时通信，根据车辆运营状态的信息实现车辆的优化调度和管理；为乘客提供乘车线路、车票费、发车时间等信息，为驾驶员提供与公交有关的实时拥堵、可利用的停车空间等信息。提高公共交通的舒适性、安全性和通畅性，有效地管理公共交通并采集公交数据信息。

（4）安全行驶支持。路边设备可以探测出前方、后方及周围车辆，并将附近区域车辆的车速、方向等信息经管理中心处理后提供给驾驶员，防止交通事故的发生。

（5）特种车辆管理和紧急救援。通过对车辆属性的识别，实现对特种车辆（如警车、救护车、消防车等）的动态管理。当紧急情况发生后，可以依靠 DSRC 系统进行实时的交通信息和路况信息采集、处理，使紧急救援车辆以最快的速度在最短的时间到达事故发生地点。

（6）为城市规划、道路规划提供交通数据：在需要调查的路段安装路边单元后，DSRC 系统就可以在不停车状况下对不同类型车辆进行实时定点通行记载和交通量统计工作。

第 10 章 C-V2X 技术的原理

10.1 C-V2X 技术与标准介绍

微课：车联网 C-V2X 技术认知

10.1.1 V2X、C-V2X 相关定义

车联网无线通信技术（Vehicle-to-Everything，V2X）是实现车与车、车与人、车与基础设施、车与网络等的全方位连接和信息通信的新一代信息通信技术，也是未来汽车自动驾驶和智能交通系统的核心技术。如图 10-1-1 所示，V2X 通信包括车与车（Vehicle-to-Vehicle，V2V）、车与路（Vehicle-to-Infrastructure，V2I）、车与人（Vehicle-to-Pedestrian，V2P）、车与云（Vehicle-to-Network，V2N）之间的通信。

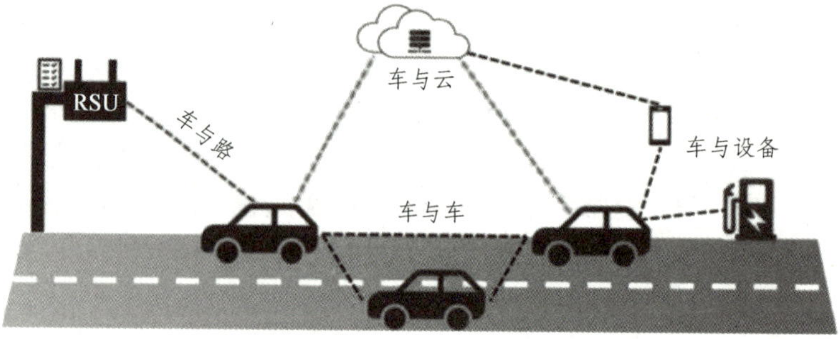

图 10-1-1 V2X 通信的场景分类

C-V2X 即蜂窝 V2X（Cellular V2X）技术，是 5G 汽车协会（5G Automotive Association，5GAA）提出来的区别于 IEEE 802.11p 的全新 V2X 通信技术。C-V2X 基于 3GPP（3rd Generation Partnership Project）标准，包含 LTE-V2X 与 NR-V2X，从技术演进角度讲，LTE-V2X 支持向 NR-V2X 平滑演进。

C-V2X 包含了两种通信接口：一种是车、人、路之间的短距离直接通信接口（PC5），另一种是终端和基站之间的通信接口（Uu）。如图 10-1-2 所示，一方面，C-V2X 通过直接通信方式，将车与道路上的其他车辆、路边基础设施、行人等相互连通，使车辆能够对道路参与者进行及时的感知，并了解整个驾驶场景中其他参与者的意图，从而合理地进行路径规划，避免事故的发生；另一方面，也能通过基站支持车与网络/云端通信，实现高清地图下载、信息查询、娱乐等。

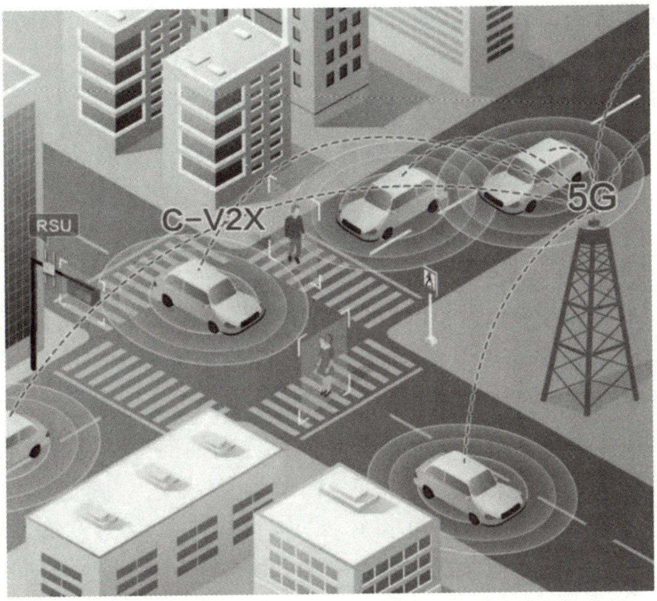

图 10-1-2　C-V2X 技术示意

10.1.2　C-V2X 标准进展及演进

10.1.2.1　C-V2X 标准进展

目前，国际上主流的车联网无线通信技术包括由电子工程师协会（Institute of Electrical and Electronics Engineer，IEEE）主导标准化的 IEEE 802.11p 和由 3GPP 主导标准化的 C-V2X 两条技术路线。2010 年，美国主导完成车联网无线通信标准 IEEE 802.11p，支持运动环境下的车-车和车-路间的直通通信，但仍会存在隐藏终端、连续覆盖效果差、高密度通信延时长等问题。

而随着蜂窝通信技术的发展，其在通信技术中扮演的角色越来越重要。蜂窝通信技术已经从单纯的传递声音变为向传递音频、数据转变，同时也从 Person-to-Person（P2P）向 Machine-to-Machine（M2M）变革，V2X 技术就是 M2M 变革的一项应用。蜂窝通信具有容量大、覆盖广、移动性好的优势，能支持车辆远程信息服务和娱乐信息服务。因此，融合蜂窝通信技术和直通通信两种模式的车联网通信技术就顺势而生了。

陈山枝等团队在 2013 年的世界电信日首次在公开场合提出了 LTE-V2X 车联网核心技术与标准化推进的设想，LTE-V2X 技术是首个融合蜂窝移动通信和直通通信两种模式的车联网通信技术，确立了 C-V2X 的基本系统框架和关键技术原理。

C-V2X 包含了基于 4G LTE 的 LTE-V2X 通信技术和基于 5G 新空口（New Radio，NR）的 NR-V2X 技术，是 DSRC 技术的有力补充。它借助已存在的 LTE 网络设施来实现 V2V、V2N、V2I 的信息交互，这项技术最吸引人的地方是它能紧跟变革，适应更复杂的安全应用场景，满足低延迟、高可靠性和带宽要求。此外，它基于 4G/5G 蜂窝网通信技术演进形成的 V2X 技术，可实现蜂窝通信和直通通信的融合，相较于 IEEE 802.11p，在技术先进性、性能及后续演进等方面具有优势。

3GPP 组织主要是负责 C-V2X 无线通信技术及相关的需求分析、网络架构、安全机制等标准研发。2015 年初，3GPP 需求工作组开展了 C-V2X 需求研究，于 2016 年 3 月完成结项；2016 年初 3GPP 架构工作组启动 C-V2X 架构研究，于 2016 年底完成标准化。

在 C-V2X 研究方面，3GPP 无线技术工作组于 2015 年 7 月启动 SI 立项，于 2016 年 6 月完成结项；2015 年 12 月，针对车-车直连 V2X 标准项目“基于 LTE PC5 接口的 V2V”启动立项，并于 2016 年 9 月完成标准化；2016 年 6 月针对车-路/车-人等 V2X 标准项目“基于 LTE 的 V2X 业务”启动立项，于 2017 年 3 月顺利完成项目研究。C-V2X 在 3GPP 的标准化包括：LTE-V2X（Release-14 和 Release-15）和 NR-V2X（Release-16 和 Release-17 及后续演进）。具体标准化过程可分为下述四个阶段（见图 10-1-3）。

第一个阶段是支持 LTE-V2X 的 Release-14 标准，该标准已于 2017 年 3 月正式发布，这也是全球 C-V2X 商用落地的主要版本。Release-14 标准面向基本道路安全应用业务的需求，引进了工作在 5.9 GHz 频段的直通链路（PC5 接口）通信方式，并对公众基站与终端间的通信接口（Uu 接口）进行了优化。标准内包括车-车（V2V）、车-基础设施（V2I）、车-人（V2P）和车-网络（V2N）4 类业务模式和 TR 22.885 中的业务场景。同时，在业务需求方面，标准也针对 LTE-V2X 支持的最大移动速度、时延、消息发送频率、数据包大小等参数进行了定义，支持基本道路安全应用。

第二阶段是支持 LTE-eV2X 的 Release-15 标准，该标准已于 2018 年 6 月正式发布。Release-15 标准主要是完成了对 LTE-V2X 的增强标准化工作，基于 LTE 技术在 PC5 接口引入了载波聚合、高阶调制等技术，进一步提升 V2X 的数据效率以及可靠性等性能，还引入了降低时延的技术，以进一步满足更高级的如编队行驶、半/全自动驾驶、感知信息交互以及远程驾驶等 C-V2X 增强应用场景需求。其相关技术主要针对 PC5 的增强，可以与 LTE-V2X 用户共存且不互相影响。

第三阶段是支持 NR-V2X 的 Release-16 标准，相关研究工作已于 2018 年 6 月启动，是基于 5G NR 的第一版 V2X 标准，重点面向自动驾驶、车辆编队等高级 V2X 业务需求。主要标准化内容包括：PC5 和 Uu 接口支持高级 V2X 业务；PC5 接口支持单播、多播和广播 3 种模式，以支撑不同业务；NR-V2X 支持蜂窝覆盖内、蜂窝部分覆盖和蜂窝覆盖外；NR-V2X 基于通用的架构支持直通链路在中低频和毫米波频段工作；支持 LTE-V2X 与 NR-V2X 共存。此外，Uu 接口还引入了 V2X 通信切片、边缘计算等特性，以满足车联网低时延、高可靠性、大带宽等需求。2020 年 7 月，3GPP 完成了 NE-V2X 的 Release-16 版本标准。

第四阶段是支持增强 5G-V2X 的 Release-17 标准，相关准备工作已于 2019 年底开展，目前正处于开展 Release-17 的标准化工作过程中，支持增强 V2X 应用。Release-17 标准主要研究包括弱势道路参与在内的应用场景，研究直通链路中终端节点机制、更低功耗的资源选择机制，以及终端之间的资源协调机制，目的是提高直通链路的可靠性和降低传输的时延。此外，从 Release-17 标准起，3GPP SA3 开始研究 V2X 的安全增强，主要围绕 NR-V2X 的安全需求和安全关键问题进行研究。

在 C-V2X 标准持续演进的同时，C-V2X 产业化和应用也在全球快速铺开。2018 年，我国工信部率先将 5.9 GHz 频段的 20 MHz 带宽分配给 LTE-V2X 使用，由此，我国的车联网及智能网联汽车产业发展进入“快车道”。2020 年，欧盟委员会正式宣布由原来的“仅支持 DSRC”态度转变为“技术中立”，欧洲主流车企、电信网络运营商也开始大力推动 C-V2X 产业化落地。2020 年，美国联邦通信委员会（FCC）决定将之前分配给 DSRC 的频段重新分配给 Wi-Fi 和 C-V2X 使用，其中 30 MHz 带宽（5.895 ~ 5.925 GHz）分配给 C-V2X 专用，美国众多公共部门（如美国智能交通协会、汽车创新联盟、5G-美洲等）均达成一致目标：全力支持 C-V2X 部署。

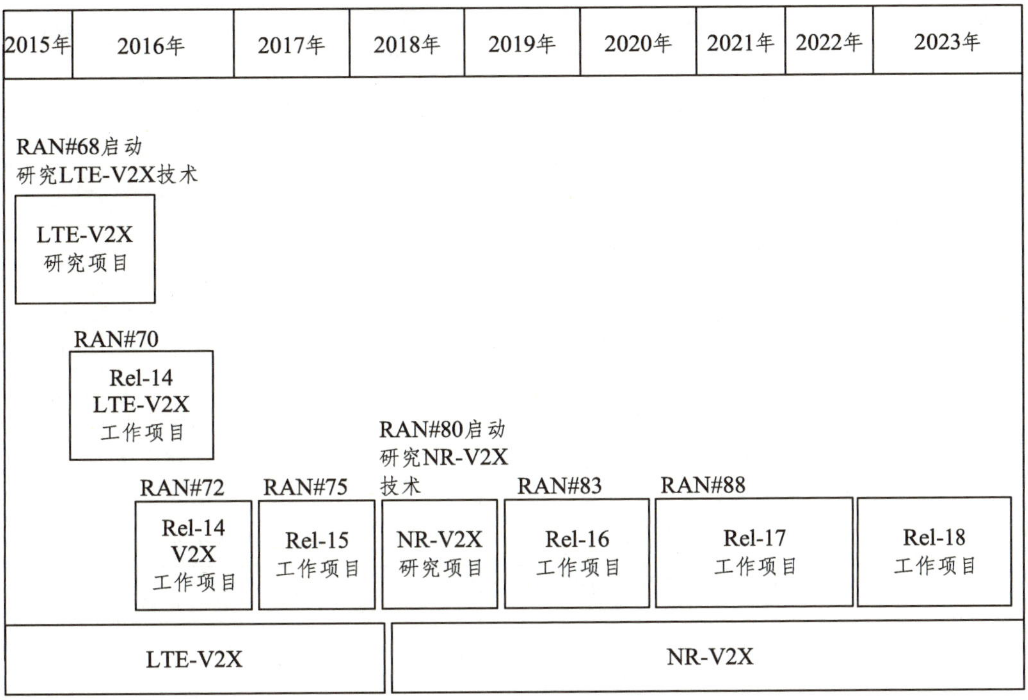

图 10-1-3　C-V2X 发展历程

10.1.2.2　我国 C-V2X 标准化进展

近年来，我国在汽车制造、通信、道路基础建设等多方面均取得了飞速进展。具体来说，在汽车制造领域，我国的汽车产业产能及销量的整体规模保持世界领先，国产自主品牌的国际市场份额也逐步提升，汽车研发尤其是新能源汽车相关的核心技术得到了不断突破。在信息通信领域，我国 4G、5G 通信技术发展处于世界前沿水平，在国际 5G 和 C-V2X 等新一代通信标准制定中也发挥着越来越重要的作用。在道路基础建设领域，我国宽带网络和高速公路网发展速度、发展规模位居世界首位。这些都能为推动我国车联网产业快速发展营造良好的基础环境。

在这样强有力的支持下，我国车联网产业也得到了迅速发展，相关的车联网标准化工作也取得了积极进展。

1. C-V2X 核心技术和设备标准制定、修订基本完成

2018 年 11 月，工业和信息化部无线电管理局正式发布《车联网（智能网联汽车）直连通信使用 5 905 ~ 5 925 MHz 频段的管理规定（暂行）》规划 5 905 ~ 5 925 MHz 频段作为基于 LTE-V2X 技术的车联网直连通信的工作频段，标志着我国 V2X 技术正式进入产业化阶段。

中国通信标准化协会（China Communications Standards Association，CCSA）基本完成了 C-V2X 总体架构、空中接口、安全、网络层、消息层等技术标准和测试规范的制定，以及车

载、路侧、基站、核心网等设备要求和测试方法等基础标准的制定。具体标准进展如表10-1-1所示。

表 10-1-1 国内 C-V2X 标准制定进展

标准分类	标准名称	标准等级	发布单位	制定状态
总体技术要求	合作式智能运输系统 专用短程通信 第1部分：总体技术要求	国家标准	全国智能运输系统标准化技术委员会	2014年完成
	基于LTE的车联网无线通信技术总体技术要求	行业标准	中国通信标准化协会	2017年完成
	基于ISO智能交通系统框架的LTE-V2X技术规范	团体标准	中国智能交通产业联盟	2017年完成
接入层	基于LTE的车联网无线通信技术 空中接口技术要求	行业标准	中国通信标准化协会	2017年完成
网络层	合作式智能运输系统 专用短程通信 第3部分：网络层及应用层技术要求	国家标准	全国智能运输系统标准化技术委员会	2019年完成
应用层	合作式智能运输系统 专用短程通信 第3部分：网络层及应用层技术要求	国家标准	全国智能运输系统标准化技术委员会	2019年完成
	合作式智能运输系统 车用通信系统应用层及应用数据交互标准	团体标准	中国汽车工程学会	2017年完成
安全	智能网联汽车车载端信息安全技术要求	团体标准	车载信息服务产业应用联盟	2018年完成
	车联网网络安全和数据安全标准体系建设指南	国家标准	工信部	2022年完成

2. 行业应用类标准不断完善

在C-V2X融合应用标准方面，在国家制造强国建设领导小组车联网产业发展专委会指导下，工信部、公安部、交通运输部、国家标准化管理委员会联合组织制定并发布《国家车联网产业标准体系建设指南》(下文简称“建设指南”)及各分册，促进C-V2X技术标准在汽车、交通、公安等跨行业领域的应用推广。相应地，汽车、通信、智能运输系统、道路交通管理等相关领域的标准化技术委员会正在加快开展重要标准制订工作。

我国汽车标准委员会（下文简称“汽标委”）下设的“网联功能及应用标准工作组”陆续启动《基于LTE-V2X直连通信的车在信息交互系统技术要求》《道路车辆网联车辆方法论第1部分：通用信息》《道路车辆网联车辆方法论第2部分：设计导则》等国家标准制定项目，推动C-V2X标准向汽车商用方向发展。行业应用类标准将在产业整个周期内长期持续开展，支持商用的系统要求和应用标准还亟待制定。

3. 车联网无线通信安全及数据安全相关标准正在制定中

2017年，汽标委正式成立汽车信息安全标准工作组，已完成《汽车信息安全通用技术要求》《车载网关信息安全技术要求》《汽车信息交互系统信息安全技术要求》等3项汽车信息安全基础标准。

2022 年 2 月，工信部在现有国家车联网产业标准体系的基础上，发布了《车联网网络安全和数据安全标准体系建设指南》，用于指导相关标准研制。指南中要求聚焦车联网终端与设施网络安全、网联通信安全、数据安全、应用服务安全、安全保障与支撑等重点领域，盖车联网网络安全、数据安全的关键领域和关键环节。指南提出，到 2023 年底，初步构建起车联网网络安全和数据安全标准体系。重点研究基础共性、终端与设施网络安全、网联通信安全、数据安全、应用服务安全、安全保障与支撑等标准，完成 50 项以上急需标准的研制。到 2025 年，形成较为完善的车联网网络安全和数据安全标准体系。

10.1.3 C-V2X 的产业架构

10.1.3.1 C-V2X 产业架构的组成

C-V2X 的产业架构由三部分组成：C-V2X 产业链、产业支撑及产业推进。

其中，C-V2X 产业链主要包括通信芯片、通信模组、终端设备、整车、智能道路、测试验证以及运营与服务环节，其中的参与方包括芯片厂商、设备厂商、主机厂、方案商、电信运营商、交通运营部门和交通管理部门等（见图 10-1-4）。

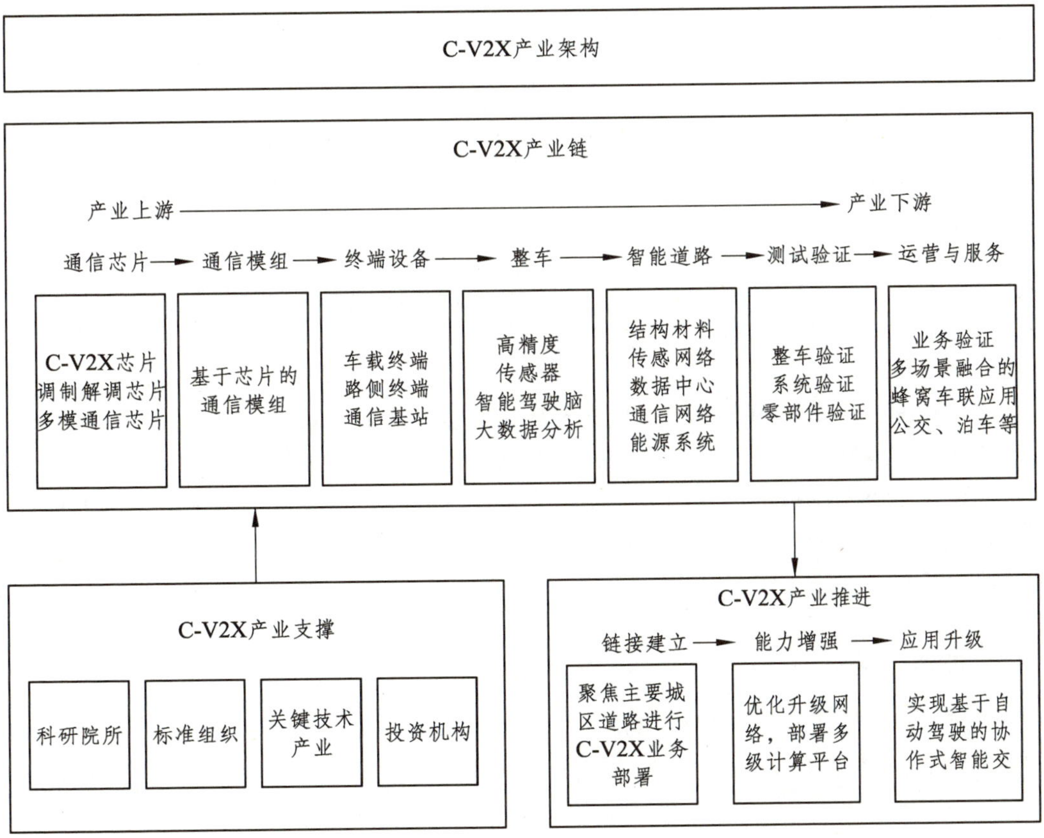

图 10-1-4 C-V2X 产业架构

C-V2X 产业支撑包括科研院所、标准组织、投资机构及关联的技术产业。

C-V2X 产业推进包括链接建立、能力增强和应用升级。

一个完整的C-V2X产业作业链条就是：通信芯片厂商提供C-V2X芯片，由模组终端厂商集成通信模组，研发出相应的车端、路端与通信基站产品；然后整车端与智能道路端集成 C-V2X 终端产品，通过各自的数据感知、分析能力进行车路协同；最后从局部的技术测试验证，逐渐发展出成熟的 C-V2X 运营与服务。

在产业发展前期，科研所、标准组织等机构不断推进技术与标准，助力 C-V2X 产业成熟；中后期产业逐渐通过规模部署、助力实现智能交通。

10.1.3.2 C-V2X 产业架构的意义

1. 提升行驶安全

通过 C-V2X 车载终端设备及智能路侧设备的多源感知融合，对道路环境实时状况进行感知、分析和决策，在可能发生危险或碰撞的情况下，智能网联汽车进行提前告警。

2. 提高交通效率

通过 C-V2X 增强交通感知能力，实现交通系统网联化、智能化，构建智慧交通体系，通过动态调配路网资源，实现拥堵提醒、优化路线诱导，为城市大运量公共运输工具及特殊车辆提供优先通行权限，提升城市交通运行效率。

3. 提供出行信息服务

提供出行信息服务是 C-V2X 应用的重要组成部分，是全面提升政府监管、企业运营、人民出行水平的手段。

4. 支持实现自动驾驶

通过本地信息收集、分析和决策，为智能网联汽车提供碰撞预警等服务，为自动驾驶提供辅助决策能力，提升自动驾驶的安全性；并降低车辆适应各种特殊道路条件的成本，加速自动驾驶汽车落地。

目前，我国已将车联网产业上升到国家战略高度，产业政策持续利好，产业架构基本形成，产业化进程持续加快，围绕 C-V2X 的发展，逐步形成了通信芯片、通信模组、车载终端、路侧设备、整车制造、运营服务、测试认证、高精度定位及地图服务等多方面的产业链生态。各地政府积极响应，建设车联网测试先导区和示范区，为未来的大规模的产业化和商业化奠定了基础。

10.1.4 C-V2X 与 IEEE 802.11p 技术对比

车联网无线通信技术分为 IEEE 802.11（专用短程通信使用的底层无线通信技术，DSRC）和 3GPPC-V2X（基于蜂窝网的 V2X 无线通信技术）两个阵营。在上一章节中，我们了解到基于 IEEE 802.11 的 DSRC 技术，整体而言，DSRC 具有客观的先发优势，技术趋于成熟。而 LTE-V2X 作为一种基于 LTE 演进的车联网技术，则具备后发优势。DSRC 和 C-V2X 关于技术成熟度、部署情况、关键指标、商用实现挑战等多方面的对比如表 10-1-2 所示。

表 10-1-2　DSRC 与 C-V2X 的技术对比

车联网通信技术	DSRC	C-V2X
成熟度	已经是标准技术，美国、欧洲等国家已提出相关标准规格	标准化过程以及相关技术的开发还未完成。R14 标准（LTE-V）在 2017 年完成。基于 5G 新空口的 V2X 通信技术的研究，在 2020 年左右完成标准工作
芯片设计安全性	车用半导体必须要能符合较长使用周期的需求，芯片设计应支持 ISO26262 汽车应用环境安全标准	以 LTE 消费性硬件打造 V2X 功能的客户，恐怕会遭遇可靠性问题
部署	需要安装新的路侧设备，将增加导入成本与时间	采用 LTE-V 能够整合现有基站资源，网络覆盖广，网络运营模式清晰
关键指标	支持车速 200 km/h，反应时间 100 ms，数据传输速率平均 12 Mb/s（最大 27 Mb/s），传输范围 1 km。根据美国交通运输部的报告，违反交通信号灯指示的时延要求是小于 100 ms，车辆防碰撞指示的时延要求是小于 20 ms	LTE-V2X 传输带宽最高可扩展至 100 MHz、峰值速率上行 500 Mb/s，下行 1 Gb/s，用户面时延≤10 ms，控制面时延≤50 ms，支持车速 500 km/h，覆盖范围与 LTE 相同。而 5G-V2X（NR-V2X）支持速率更高，时延更低
政策影响	主要由美国交通部推动	我国中长期看好 LTE 及 5G 在车联网 V2X 领域的发展潜力
V2X 通信和智能交通系统实现的挑战	汽车厂商对于标准的一致意见，数据隐私安全，防部门实施有难度	汽车厂商对于标准的一致意见，数据隐私安全，但跨部门实施有难度

此外，目前已有几个通信领域主流的国际组织（5GAA、NGMN 联盟、5G Americas）对 C-V2X 与 IEEE 802.11p 进行了更加详细的技术层面比较，从物理层设计、MAC 层调度等无线通信角度对比，具体对比如表 10-1-3 所示。

表 10-1-3　C-V2X 与 IEEE 802.11p 技术对比

指标	IEEE 802.11p	LTE-V2X（3GPPR14/R15）	NR-V2X（3GPP R16）	C-V2X
时延	不确定时延	R14：20 ms R15：10 ms	3 ms	低时延
资源分配机制	CAMA/CA	支持感知+半持续调度和动态调度	支持感知+半持续调度和动态调度	利用资源分配机制实现低时延
可靠性	无法保证	R14：>90% R15：>95%	支持 99.999%	可靠性高
信道编码	卷积码	Turbo	LDPC	
重传机制	不支持	支持 HARQ，固定 2 次传输	支持 HARQ，最大传输次数为 32	
资源复用	只支持 TDM	支持 TDM 和 FDM	支持 TDM 和 FDM	资源利用率更高

续表

指标	IEEE 802.11p	LTE-V2X（3GPPR14/R15）	NR-V2X（3GPP R16）	C-V2X
多天线机制	取决于 UE 实现	R14：不支持 R15：发送分集（2Tx，2Rx）	R16：支持 1 个传输块（TB）2 层传输	
同步	不支持	支持	支持	支持同步
通信范围/m	100	R14：320 R15：500	1 000	传输范围更远
波形	OFDM	单载波频分复用	循环前缀-OFDM	
数据传输速率（Mb/s）	典型：6	R14：约 30 R15：约 300	40 MHz 时 R16：400	传输速率更高
调制方式	64QAM	64QAM	256QAM	
网络覆盖内通信	支持程度有限，通过 AP 连接网络	支持	支持	网络融合工作模式更灵活
网络覆盖外操作	支持	支持	支持	

10.2 LTE-V2X 关键技术

LTE-V2X 技术是我国主导推动的基于 3GPP R14 版本全球统一标准的车用无线通信技术，通过将“人、车、路、云”等交通参与要素有机地联系在一起，不仅可以支撑车辆获得比单车感知更多的信息，促进自动驾驶技术的创新和应用，还有利于构建一个智慧的交通体系，促进汽车和交通服务的新模式、新业态发展，对提高交通效率、节省资源、减少污染、降低事故发生率、改善交通管理具有重要意义。

10.2.1 LTE-V2X 通信协议

车联网无线通信技术（Vehicle-to-Everything，V2X），是实现车与车、车与人、车与基础设备的无线通信技术，LTE-V2X 通信协议参考结构如图 10-2-1 所示。

目前 LTE-V2X 标准正处于制定过程中，所以各层对应标准体系尚未完全确定。通信协议结构中各层含义如下：

（1）物理层。处于整个通信协议结构的基础层,可使通信数据在物理媒体介质上的有效传输，可为数据通信提供传输媒体和物理介质。

（2）媒体访问控制层（MAC）。位于物理层之上，是提供网络节点寻址及接入共享通信媒体的控制方式的层。

（3）网络层。介于传输层和媒体访问控制层之间，为传输层实现端对端通信数据的透明传输和数据交换提供网络基础。

（4）传输层。位于网络层的上层，在通信协议架构中负责数据的传输与数据的控制。

（5）应用层。位于协议结构的最顶层，可以为用户提供具体服务，是与用户关系最紧密的一层。

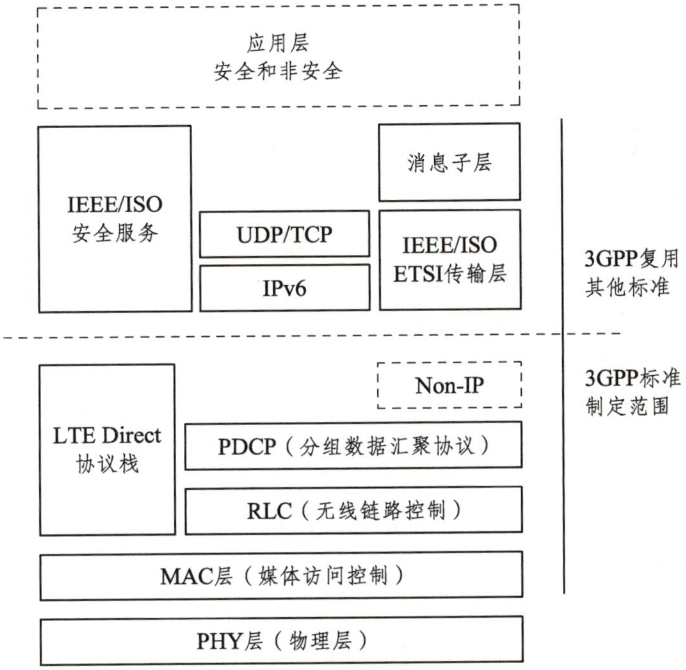

图 10-2-1　LTE-V2X 通信协议参考结构

10.2.2　LTE-V2X 通信方式

LTE-V2X 是以 LTE 蜂窝网络 V2X 系统的车联网专有协议，定义了两种不同的通行方式：直通通信方式与蜂窝通信方式。

10.2.2.1　直通通信方式

直通通信方式是指终端之间采用直通的形式来传输信息，其中终端之间的空中接口称为 PC5 接口。C-V2X 通信协议的 PC5 接口直通网络允许行车直接通信，且无需通过基站集中调度资源，只需要通过分布式调度选择无线通信资源即可（见图 10-2-2）。

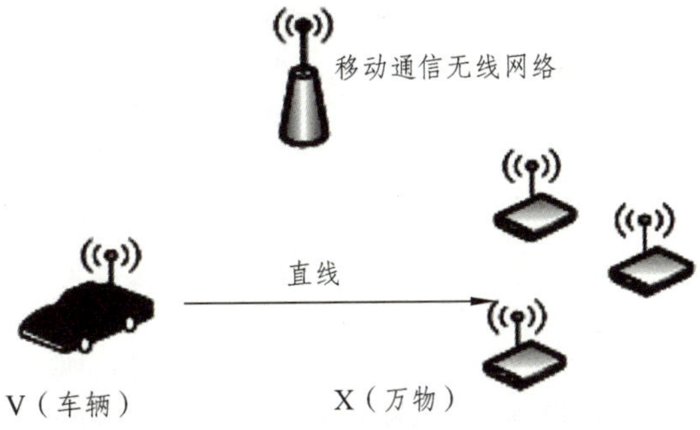

图 10-2-2　C-V2X 通信协议的 PC5 接口直通网络

在这种通信模式的具体应用中，行车无需借助基站等基础设施便能自主选择无线资源进行 V2X 通信，该模式通信主要通过 C-V2X 底层直连蜂窝通信协议接口实现，并通过侧链发送 V2X 信息，为高速公路行车提供高可靠、低延时、高容量通信服务。直通通信方式可工作在蜂窝覆盖内和蜂窝覆盖外，适合于那些要求低延时高可靠传输、节点高速运动的短距离的道路安全业务场景。

10.2.2.2 蜂窝通信方式

蜂窝通信方式更多是用于终端与基站之间的上/下行链路的通信，对应的接口为 Uu 接口。基于 Uu 接口的 LTE-V2X 主要是在 LTE 的上下行传输上做了一些增强。例如，下行缩短 MBMS 的周期以降低延迟，上行引入多个 SPS 进程等（见图 10-2-3）。

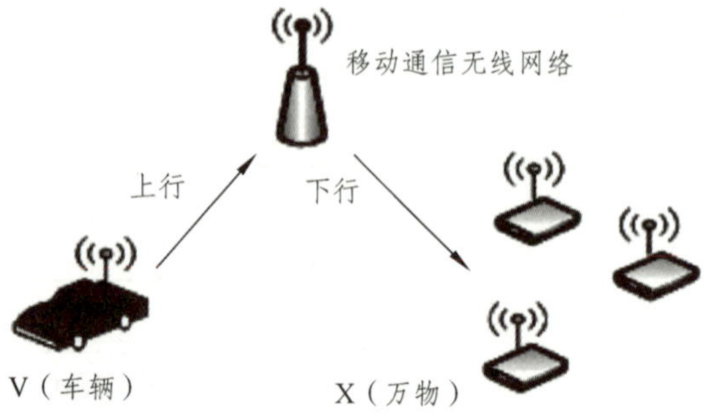

图 10-2-3 C-V2X 通信协议的 Uu 接口通信网络

在这种通信模式的具体应用中，无线资源分配等活动均由基站集中控制管理，只能在基站覆盖区域内进行通信，基站和终端之间的通信接口为 Uu，适用于长距离、大数据量、延时不敏感的 V2X 通信业务。

10.2.2.3 PC5 与 Uu 接口应用的对比

图 10-2-4 所示为 V2X 的接口使用场景示意，其中 PC5 的工作频段为专用频段，为 6 GHz，而 Uu 的工作频段为授权频段，为 2 GHz。

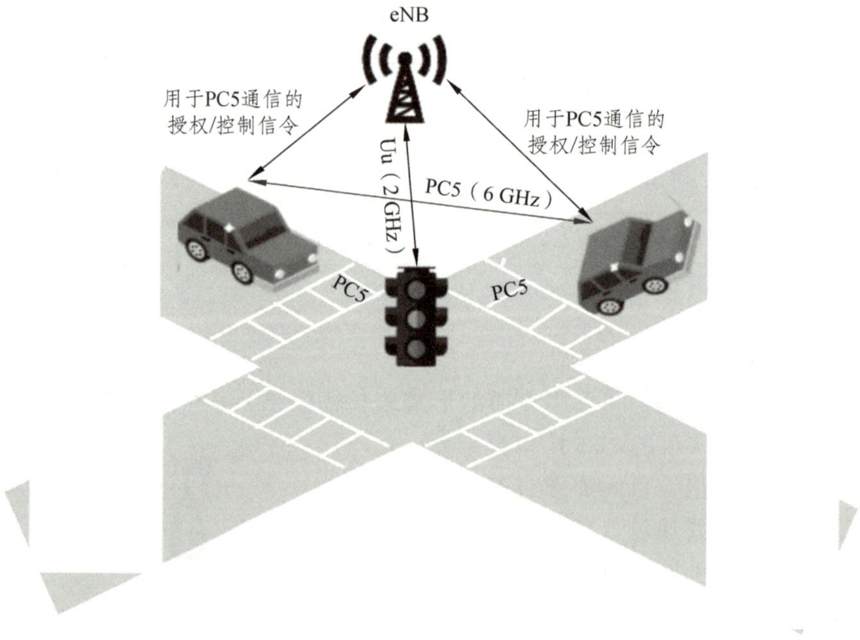

图 10-2-4 LTE-V2X 接口示意图

基于这两种接口的 V2X 应用各有优缺点。

基于 PC5 的 V2X 有利于满足端到端时延要求。一些安全服务（如前碰预警）需要非常小的时延，而在没有其他重要蜂窝技术增强的情况下，基于 Uu 的 V2X 难以满足这一要求。基于 PC5 的 V2X 还能够支持网络覆盖外的操作，在任何地点都能够提供安全服务。而基于 Uu 的 V2X 易于使用多种蜂窝网络特性，覆盖范围比基于 PC5 的大，适用于需要长距离通信的

V2I/N 服务。在不支持 D2D（端到端，Device to Device）的用户终端上也能够提供 V2X 通信，能够最小化用户终端实施成本。

LTE-V2X 的 PC5 接口是在 Release 12 LTE- D2D 基础上进行了多方面的增强设计，从而支持车辆之间的车辆动态信息（如位置、速度、行驶方向等）的快速交换和高效的无线资源分配机制，此外，还对物理层结构进行了增强以便支持更高的移动速度（500 km/h）。而 LTE-V2X 的 Uu 接口是在 LTE 的 Uu 接口基础上进行了针对性的增强，例如，优化了 LTE 广播多播技术来有效支持车联网这种广播范围小且区域灵活可变的业务，对控制信道进行裁剪以便进一步降低延迟。下面会围绕 PC5 接口介绍具体的增强技术。

10.2.3　LTE-V2X 的网络架构

LTE-V2X 的网络架构是 3GPP 在 LTE 4G 蜂窝网络系统架构的基础上制定的。最初版本的 LTE 4G 蜂窝网络系统架构主要是由核心网、接入网及用户终端三部分组成。而在 3GPP R12 版本中，LTE-V2X 网络架构初步形成，在 LTE 4G 蜂窝网络系统架构上扩展，添加了 PC5 和 LTE-Uu 通信相关接口，其中 PC5 口通信支持 VoIP 业务。

随着 LTE-V2X 技术的发展，网络架构也逐渐完善，扩充了支持 V2X 业务的内容。LTE-Uu 方面，加入了 V2X 应用服务器，在核心网中通过 SGi 接口和服务网关（Serving Gateway，SGW）、数据网关（PGW）连接；对于同一终端，添加了 PC5 接口，用户终端之间的直通通信不再经过任何网络侧的网元。具体的网络架构如图 10-2-5 所示。

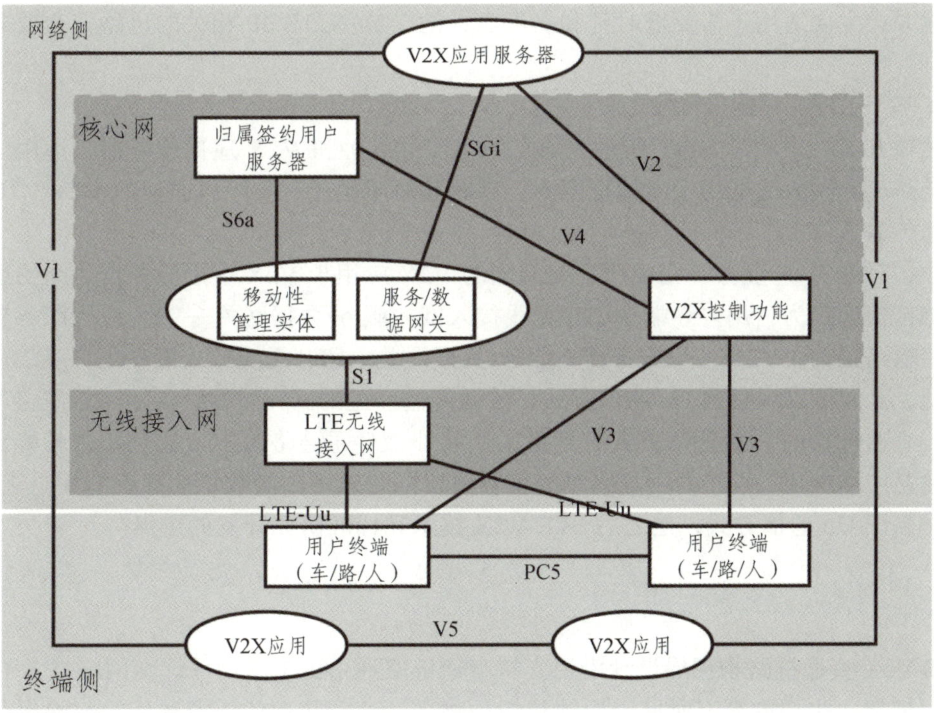

图 10-2-5　LTE-V2X 网络架构

图中相关节点的定义如下：

（1）V1：V2X 通信设备应用与 V2X 应用服务器间接口。

（2）V2：运营商网络中，V2X 应用服务器与 V2X 控制单元之间的接口。

（3）V3：运营商网络中，V2X 用户终端与 V2X 控制单元之间的接口。

（4）V4：归属签约用户服务器（HSS）和运营商网络的 V2X 控制单元之间的接口。

（5）V5：不同 V2X 通信设备的 V2X 应用之间的接口。

（6）LTE-Uu：V2X 功能的用户终端与 LTE 无线接入网（E-UTRAN）之间的接口。

（7）PC5：不同用户终端（UE）之间的接口，不经过网络侧网元。

（8）归属签约用户服务器（Home Subscriber Server，HSS）：用于移动性管理和用户业务数据管理；是用户永久的中心数据库；存储用户签订的业务信息和本地信息；存放用户认证信息；存放签约用户的特定信息、动态信息；存放网络策略规则和设备标识寄存器信息。

（9）移动性管理实体（Mobility Management Entity，MME）：负责空闲时的用户终端的定位、传呼过程；负责信令处理部分；初始化时为用户终端选择一个服务网关，法律许可范围内，进行拦截、监听。

（10）服务网关（Service Gateway，SGW）：合法侦听；基于每 UE、PDN 和 QCI 的上行/下行链路计费。

在图 10-2-5 中的 LTE-V2X 网络架构中，V2X 消息的传输途径分为以下几类：

（1）基于 PC5 接口传输。

用户终端直接通过直通链路进行传输，V2X 消息不经过 LTE 无线接入网（E-UTRAN），该种传输方式主要适用于需要低时延和高可靠性的 V2V/V2I/V2P 相关的道路安全业务的信息传输。

（2）基于 LTE-Uu 接口传输。

该传输方式必须经过 LTE 无线接入网（E-UTRAN）和 V2X 应用服务器，适用上行链路和下行链路。该种方式适用于通信范围大、延时相对不敏感、长距离通信的 V2V/V2I/V2N 业务的信息传输。

其中，对于 V2N 业务，完成用户终端侧的 V2X 应用于 V2X 应用服务器之间的通信，上行通信的传输途径为：用户终端—LTE 无线接入网—服务/数据网关—V2X 应用服务器；下行通信的传输路径为：V2X 应用服务器—服务/数据网关—LTE 无线接入网—用户终端。

因此，我们可以观察到 Uu 通信方式，数据传输经过的网元较多，传输时延就会变大。相比之下，直通链路的 PC5 通信方式时延更小。此外，直通链路的 PC5 通信不依赖蜂窝网络，无线传输是广播性质，发送的用户终端的信号可以同时被不限制数量的邻近的用户终端接收，传播效率高于 Uu 通信方式，是之后 LTE-V2X 技术和标准研究开发的重点。

10.2.4 LTE-V2X 的物理技术

LTE-V2X 直通链路物理层设计沿用支持直通链路通信的 LTE 4G 蜂窝网络技术 PC5 接口的物理层框架，主要内容有时域资源帧结构、物理信道、物理信道资源传输与映射，以及资源池配置等。

10.2.4.1 LTE-V2X 时域的系统帧结构

LTE-V2X 时域上的帧结构主要是指无线帧结构。系统帧周期为 10 240 ms，是由 1 024 个长度为 10 ms 的无线帧组成，而每个无线帧由 10 个长度为 1 ms 的子帧构成。LTE-V2X 时域信息传输的最小单位为子帧，一个子帧包括 2 个长度为 0.5 ms 的时隙。子帧索引编号为 0 ~ 9，而对应时隙的索引为 0 ~ 19。具体结构如图 10-2-6 所示。

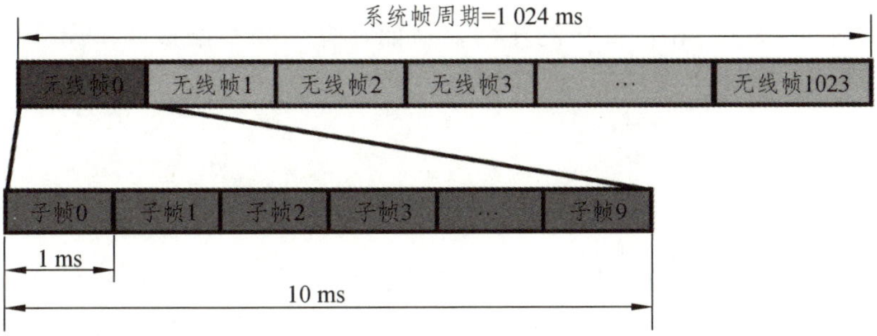

图 10-2-6 LTE-V2X 系统帧结构

10.2.4.2 LTE-V2X 的物理信道及关键技术

1. 物理信道及物理信号

LTE-V2X 的 PC5 接口包含的物理信道有以下 3 类：

（1）物理直通链路控制信道（Physical Sidelink Control Channel，PSCCH）。用于承载物理层的直通链路控制信息（Sidelink Control Information，SCI），信道调制方式固定为 QPSK，采用卷积编码。

（2）物理直通链路共享信道（Physical Sidelink Shared Channel，PSSCH）。用于承载控制信息的信道，支持 QPSK 和 16QAM，采用的编码方式是 Turbo 编码。

（3）物理直通链路广播信道（Physical Sidelink Broadcast Channel，PSBCH）。用于同步控制及调整，传输直通链路系统信息以及同步序列等信息。

物理层相关的信号有：

（1）解调参考信号（Demodulation Reference Signal，DMRS）。

（2）链路同步信号（Sidelink Synchronization Signal，SLSS），包括主链路同步信号和辅链路同步信号。

2. 自动增益控制（AGC）

在车辆短距通信系统的实际工作环境中，用户接收端在相邻子帧中可能收到不同用户终端所发送的传输距离差异很大的信号。例如，高速时，通信目标的通信距离可能大于 300 m，也可能小于 2 m。距离近的路损小，距离远的路损大，导致接收信号强度是动态变化的，且在不同接收子帧之间波动极大。除此之外，还有阴影衰落、瑞利衰落的抖动等余量的影响，则每个子帧都需要重新进行自动增益控制（Automatic Gain Control，AGC），且 AGC 需要支持的增益调整范围需要达到 80 dB 以上。在 LTE-V2X 系统中需要实现快速 AGC 调整，否则会影响后续信号的接收。

3. 频偏估计

LTE-V2X 的工作频点可达 5.9 GHz，当车辆间的相对移动速度达到 240 km/h 时，需要应对的多普勒频移远大于当前 LTE 系统的 2.6 GHz 频段和 120 km/h 移动速度，将引起更严重的性能衰减。因此 LTE-V2X 不能使用 LTE 系统中通常采用的频域频偏估计法，而是采用变换域频偏估计法来估计，即通过估计接收信号的到达时间，计算与本地基准接收时间的时间差；将接收的频域导频序列变换到时域，与经过圆周旋转的本地存储时域导频序列进行对应位的共轭相乘，得到了反映信道相位变化的序列，从而计算出频率偏移。该偏移可以估计绝对值小于 15 kHz 的频偏，满足车联网的通信需求。

10.2.4.3　资源池的资源分配

1. 资源分配方式

LTE-V2X 支持两种资源分配机制，分别为基站调度的资源分配（模式 3）和用户终端（UE）自主的资源分配（模式 4）（见图 10-2-7）。其中，模式 3 是基于 LTE-Uu 接口对用户终端进行集中调度，模式 4 则基于 PC5 接口进行分布式调度。

对于模式 3，eNB 根据用户终端的特定信息（如地理位置、行驶方向、速度等）进行集中调度。例如，基于位置的资源划分，地理位置和资源存在映射关系，车辆只能在指定的资源上传输；或者行驶方向不同的车辆使用不同的资源块，能更好地适应不同方向车辆密度不同的情况。通过 eNB 的集中调度，可提高数据传输的可靠性和效率。

对于模式 4，用户终端进行自主资源选择，不通过基站调度完成直通通信，减少了调度的信令开销。不同业务的资源配置方式也不同，例如，在蜂窝网络覆盖范围内，是通过系统信息或 RRC 信令配置用户终端收发资源池中的信息；在蜂窝网络覆盖范围外，用户终端将会自主选择适合 V2X 应用的时频资源进行发送。

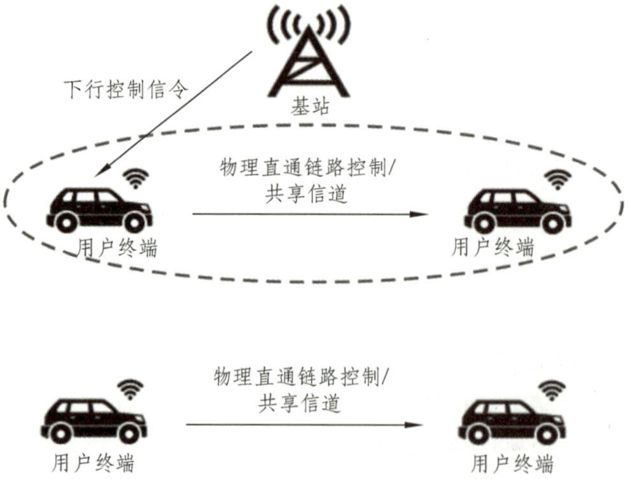

图 10-2-7　LTE-V2X 两种资源配置方法

在资源分配方式上，未来的可能增强方向有半静态调度（Semi-Persistent Scheduling，SPS）机制。考虑到 V2X 业务的周期性，为了减少空口信令开销，LTE-V2X 支持半静态调度，即调度周期（500 ms ~ 1 s）长于广播周期，此时在 SPS 周期内，UE 一直占用同一个资源，因此干扰水平在一定程度上是可预测的。

SPS 机制主要是针对那些具有周期性特征且业务分组大小较为恒定的业务。在半静态调度中，系统的资源（包括上行和下行）只需通过 PSCCH 分配或指定一次，而后就可以周期性地重复使用相同的时频资源。这种方法能够提高资源利用率，尤其是对于周期性消息来说，无须重复申请资源，应用起来更为方便。

例如，对于基于位置的资源划分，地理位置和资源存在映射关系，车辆只能在指定的资源（地理位置）上传输；或者行驶方向不同的车辆使用不同的资源块，从而能更好地适应不同方向车辆密度不同的情况。

2. 资源池

为了提高资源的利用率，LTE-V2X 引入了资源池的概念。资源池即 PC5 传输可使用的时频资源的集合。由资源池管理器提供一定数目的目标资源，当有资源请求时，资源池给其分配通信时频资源，然后将该资源标识为忙，标识为忙的资源不能再被分配使用。LTE-V2X 的资源池分为调度分配（Schedule Assignment，SA）和 DATA（数据）两类信息，在调度分配的过程中，SA 有着重要作用，即负责指明资源的位置，每个数据传输都由 SA 来规划。SA 包含时频资源的位置、重传数、调制编码方案（MCS）、循环冗余校验（CRC）等信息。车辆在 SA 资源池预约 DATA 资源池的资源。每个数据的传输都是由 SA 来调度的，因此，DATA 资源池总是和 SA 资源池相关联，并且从系统资源分布角度来看，它们是频分的（即 SA 与 DATA 信息分别占用不同的频域资源）。如图 10-2-8 所示，SA 和其相关的数据信息的发送方式又可以分为两种：一种是同一个发射节点发出的，SA 和其相关的数据信息必须使用同一个子帧发出，并且它们在频域上是相邻的；另一种是使用不同的子帧发送，或使用同一子帧发送但两者不相邻。

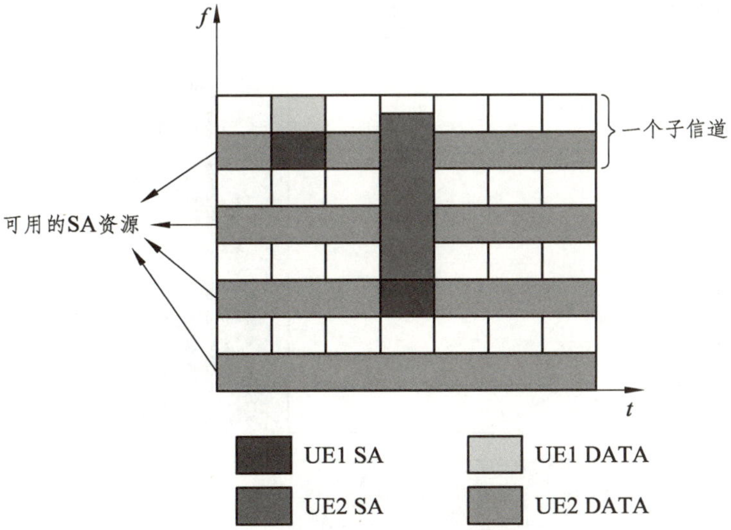

（a）同一子帧，相邻

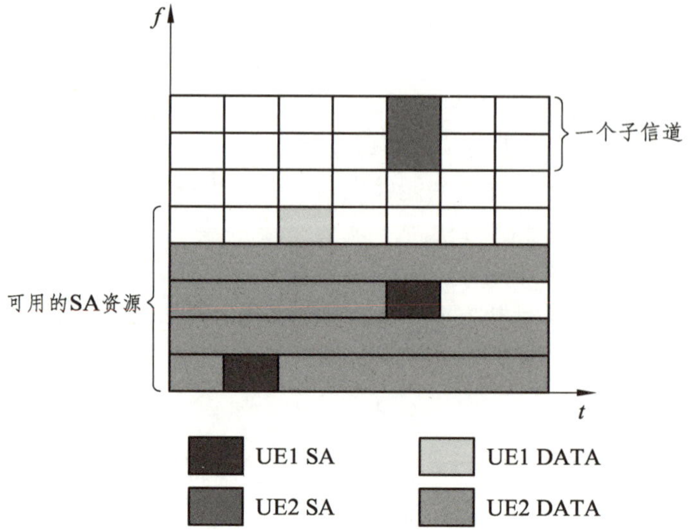

（b）同一子帧，不相邻

图 10-2-8　SA 和其相关的数据信息发送方式

3. 资源分配方法

1）基站调度

在 3GPP 的提案中提到了一种基于位置的资源分配方法。当车辆通过拐角的时候，路径损耗会从视距转变为非视距。如图 10-2-9 所示，A 组中的大部分的 UE（用户终端）均是通过非

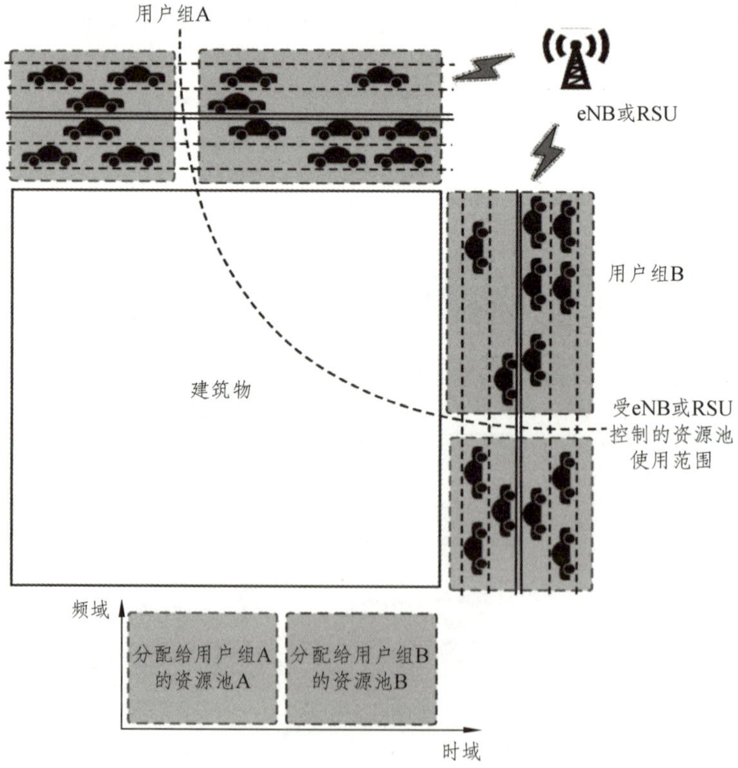

图 10-2-9　一种基于位置的资源分配方法

视距信道与组 B 中的 UE 进行通信，而同组中的 UE 之间则是通过视距信道通信。因此，当组 A 和组 B 同时使用同一资源池发送消息时，较弱的信号（不同组 UE 之间的通信信号）则会受到较强信号（同组 UE 之间的通信信号）的带内干扰，为此提出以时分复用方式来管理资源池。对十字路口的 UE 进行资源分配，避免干扰。根据不同车辆的地理位置，车辆被分为不同的组，每个组内的车辆使用 DATA 资源池中的一部分时隙（组和时隙之间存在某种映射关系）资源。不同组的资源采用 TDMA 而不是 FDMA 方式的原因是为了避免远近效应和带内泄漏。

另一种基站调度下的资源分配方法是基于车辆移动方向进行资源分配。如图 10-2-10 所示，由于不同的车流量密度对资源的需求不同，对服务质量的要求也不同，对于不同行驶方向车流量密度差距较大的场景若采用均分的方式，向不同车道提供相同的服务质量，便会造成资源浪费，车流量密度小的车道资源剩余，车流量密度大的车道资源紧缺，极大地增加了碰撞概率，导致信息不能及时发送。为此可采用动态分配的方式，根据车流量密度调整资源池的分配。

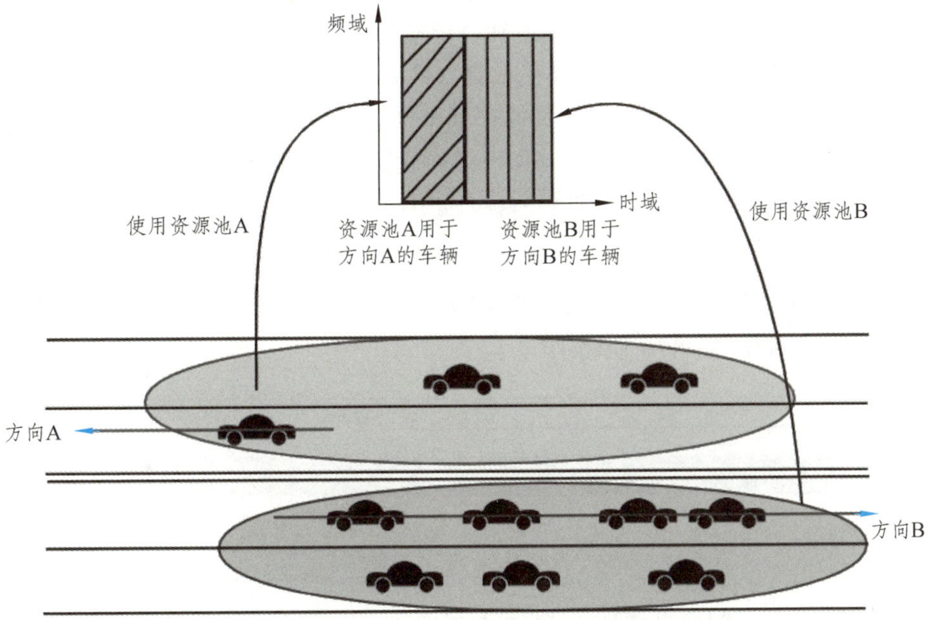

图 10-2-10　一种基于移动方向的资源分配方法

2）基于侦听的半静态资源占用

半静态资源占用（SPS）是指其调度周期（500 ms ~ 1 s）长于广播周期，如图 10-2-11 所示。目前有两种 UE 感知方式，一种是通过功率检测，另一种是通过感知进而解析其他 UE 的 SA。UE 通过是否能够成功解码其他用户的 SA 来判断信道是否被占用。解析 SA 的方法虽然能预知每个资源块的占用情况，但容易受到 SA 解码失败的限制（SA 由于半双工限制发生碰撞或遇到深衰落），且 UE 不知道每个资源上的干扰水平。

此外，鉴于解码范围在一跳至两跳之间，隐藏节点仍然存在，会影响其判断。对于功率检测，UE 通过检测资源池中 DATA 相关功率来判断信道是否被占用。检测的三个测量值分别是：接收到的 DATA 的总功率、DATA 的干扰功率、接收到的 SA 信号功率。接收到的 DATA

总功率越小，资源空闲的概率越高；DATA 的干扰功率越大，资源的信道环境越差；接收到的 SA 信号功率越大，距离发送信号的 UE 越近。虽然 UE 可以建立干扰地图（即每个资源块上的信号干扰水平），但无法预知下一时刻资源的占用情况。两种方法结合则能克服各自的问题。

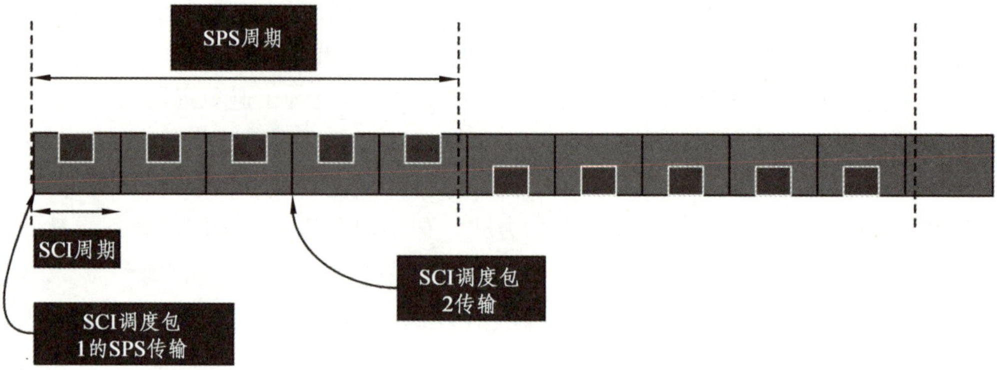

图 10-2-11　基于侦听的半静态资源占用（SPS）

在 Mode 4 的情况下，UE 通过解 SA 和资源块的功率测量来确定可用资源。一旦选择了资源，就一直占用；一段时间后，如果存在有事件触发的消息传输、数据报变大、广播周期变化、碰撞（通过其他车辆的 SA 得知资源冲突）等情况，就重新选择资源。在 Mode 3 模式下，可由基站进行调控，每个 UE 可在 SR 中增加位置信息，以及 UE 检测到的信道占用信息等，从而辅助 eNB 进行 SPS 调度；如果基站有新的控制指令，UE 会重新选择资源。

3）SA 和 DATA 采用不同的关联方式

（1）SA 资源池和 DATA 资源池是 TDM 的关系，PSCCH 的周期为 40 ms。其中 PSCCH 占用 8 ms，PSSCH 占用 32 ms，如图 10-2-12 所示。

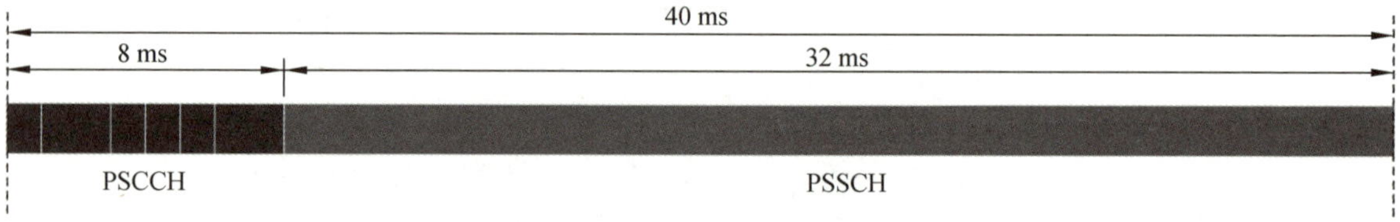

图 10-2-12　SA 资源池和 DATA 资源池是 TDM 关系

（2）SA 资源池与 DATA 资源池是 FDMA 的形式，但不在同一子帧中传输，如图 10-2-13 所示。

图 10-2-13　SA 资源池和 DATA 资源池是 FDMA 的关系

（3）SA 和 DATA 在同一子帧中传输，SA 和 DATA 是相邻的，SA 包含现在和随后的时隙所使用的资源，如图 10-2-14 所示。

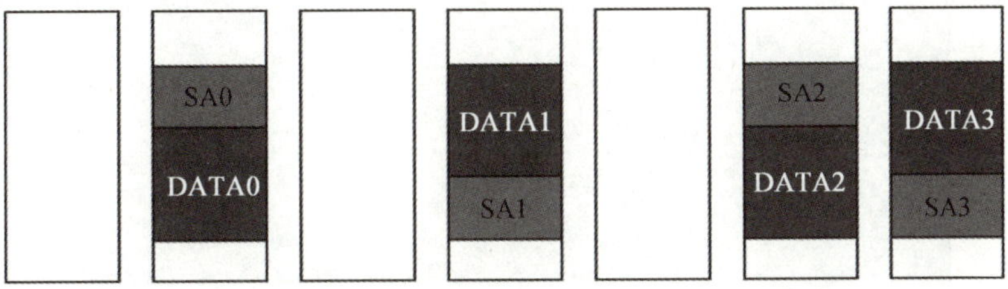

图 10-2-14　SA 和 DATA 在同一个子帧中传输，SA 和 DATA 是相邻的

4）资源池共享

上述情况中，不同 SA 资源池对应的 DATA 资源池无重叠，但对于资源池共享的情况，多个 PSCCH 信道可对应同一块资源池。

对于单个资源池来说，所有用户的资源池边界都是相同的，此时随机化能力有限，如图 10-2-15 所示。

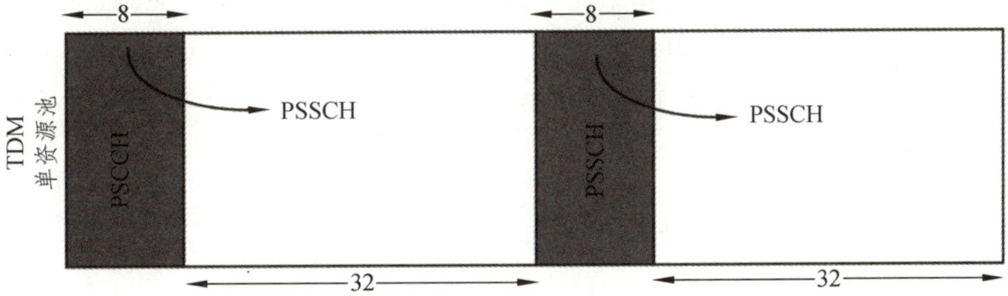

图 10-2-15　基于 TDM 单资源池 PSCCH 信道

对于多个资源池，PSSCH 资源池有重叠。重叠方式分为：基于 FDM 的重叠方式（见图 10-2-16）和基于 TDM 的重叠方式（见图 10-2-17）。采用多个资源池共享方式则可增加额外的随机化，且适用于优先级不同的应用。

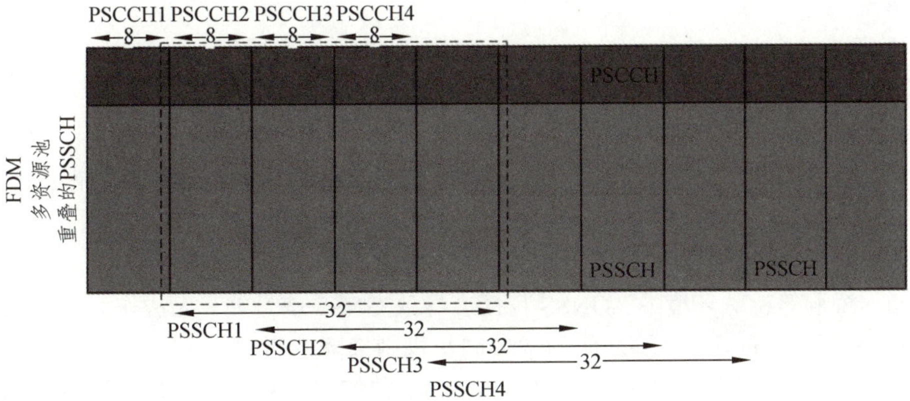

图 10-2-16　基于 FDM 多资源池重叠的 PSSCH

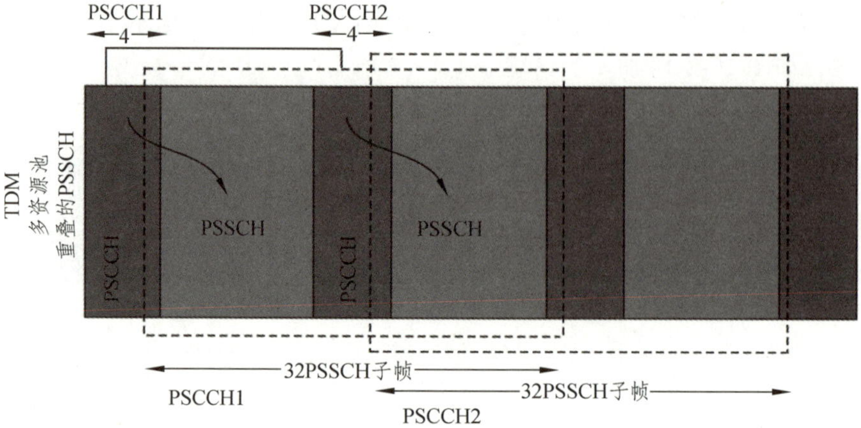

图 10-2-17　基于 TDM 多资源池重叠的 PSSCH

4. 拥塞控制

在 V2X 的通信中，拥塞问题一直是一个影响通信性能的关键问题。尤其是在城市路网场景下。当在有限的通信带宽中，随着车辆密度的提高，拥塞问题会变得更为严重。在 3GPP 的 LTE-V2X 标准制定中，基于中心控制和分布式的拥塞控制机制可以显著提升高密度场景下接入系统的用户数。例如，当车辆使用 PC5 接口进行通信时，车辆通过对 PC5 载波频段的拥塞等级检测，之后自动调节器传输参数来缓解拥塞状况，或者将报告发送至 eNB 来获得一个更合适的通信参数配置。

10.2.5　LTE-V2X 的同步机制

直通链路在设计过程中，为了更好地进行资源池配置及无线传输，系统内要求保持统一的时间和频率基准，有必要设计相关的同步机制。

1. 同步源优先级的选择

在 LTE-V2X 直通链路的同步机制中，通常情况下，GNSS 和基站的同步源具有最高优先级，但处理不同情况，同步源将根据 SLSS ID 按照如下的优先级层级进行选择（级别数字越小，优先级越高）。

第一级：系统内部预配置的 GNSS 或者基站作为同步源。

第二级：能够获取到 GNSS 信号实现与 GNSS 直接同步的用户终端（UE）或路侧设备终端（及内部时钟）作为同步源。

第三级：能够与第二级直接同步、与 GNSS 间接同步的用户终端或路侧设备终端（及内部时钟）作为同步源。

第四级：剩余的用户终端。

在隧道、桥洞等特殊环境中，GNSS 盲区会导致 GNSS 信号差，无法作为同步源，需要物理层直通链路设计基于用户终端之间的空口同步机制来降低影响。主要是通过设备终端在直通链路发送 SLSS 信号来实现，相互传递同步信息，能够快速让所有用户终端达成同步，最终实现全网络同步。

接收端接收到同步信号后，按照搜索到的最高同步优先级的定时作为自己的同步参考，若搜索不到上文中提到的四个级别的同步源，则最后采用自己内部的时钟作为同步参考，将自身的同步级别设置为第四级。

2. 同步子帧的帧格式

LTE-V2X 系统同步周期长度固定为 160 ms，每个系统帧周期内完整的同步周期有 64 个（10240/160=64）。在一个同步周期内，至少需要配置两个同步子帧，使得用户终端能够在一个同步子帧中接收同步信号，在另一个同步子帧里发送自己的同步信号。具体的同步子帧的帧格式如图 10-2-18 所示。

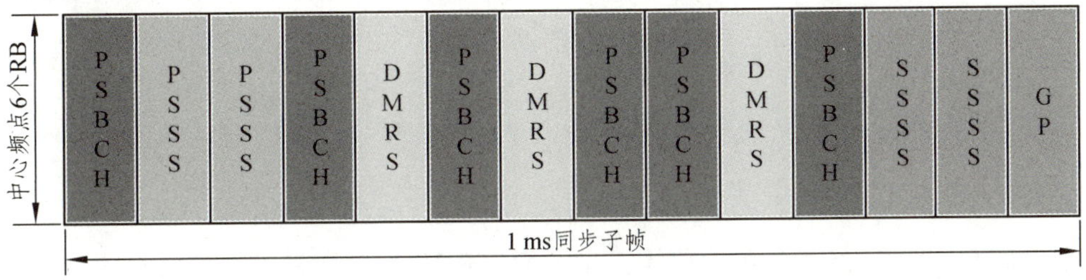

图 10-2-18　LTE-V2X 同步子帧的帧格式

1 ms 同步子帧由 14 个符号构成，具体说明如下：

（1）PSBCH：物理直通链路广播信道（Physical Sidelink Broadcast Channel），用于指示系统带宽、DFN 编号、子帧编号等。

（2）PSSS：主直通链路同步信号（Primary Sidelink Synchronization Signal），用于同步捕获和定时估计。

（3）SSSS：辅直通链路同步信号（Secondary Sidelink Synchronization Signal），用于同步捕获和定时估计。

（4）DMRS：解调参考信号（Demodulation Reference Signal），用于 PSBCH 信道的信道估计，实现相干解调。

（5）GP：保护间隔（Guard Period），用于收发、发收转换。

在同步子帧中，同步序列和 PSBCH 的发送位于系统中心频点的 6 个 RB 上，接收同步信息的用户终端实现时间和频率同步的流程是：

（1）同步信号检测：捕捉 PSBCH 信号、主同步信号（PSSS）和辅同步信号（SSSS）。

（2）获取当前同步子帧的起点，找到同步信号的位置。

（3）根据同步信号搭载的 SLSS ID 来选择当前用户终端的同步信号参考源。

（4）进行 DMRS 解调，进行符号定时同步和频率同步。

（5）进行 PSBCH 信号解调，从 PSBCH 的内容中读取系统带宽、系统帧号、子帧编号等关键信息。

10.3　NR-V2X 关键技术

10.3.1　NR-V2X 的定义

随着云计算、5G 移动通信和互联网等技术的快速发展，在基于蜂窝网的 C-V2X 技术中，以 5G 技术为基础的 5G NR-V2X 技术在智能交通系统中发挥了越来越大的作用。

相较于 4G 技术，5G 在数据传输速率、端到端时延、设备连接密度等多方面有很大的进步。3GPP 在 5G 的 R15 版本标准中规定了 5G 的三大应用场景：适用于超高清视频、虚拟现实（Virtual Reality，VR）等超大流量业务的增强型移动宽带（enhanced-Mobil Broad Band，eMBB）场景；适用于车联网、工业互联网等对网络时延、可靠性要求极高的超可靠低时延通信（Ultra Reliable Low Latency Communication，URLLC）场景；适用于大规模物联网设备连接等应用的海量机器类通信（massive Machine Type Communication，mMTC）场景。在 5G 技术的赋能下，越来越多的新型业务应用将给人们的日常生活、工业生产、城市治理等方方面面带来变革。

10.3.2 NR-V2X 与 LTE-V2X 的对比

10.3.2.1 应用方面的对比

目前，LTE-V2X 已经具备产业应用基础，而 NR-V2X 尚在标准形成过程中。3GPP 定义了 27 个车路协同应用场景（见表 10-3-1），可以分为 V2X 的安全性服务和非安全性服务。

其中，安全服务类应用场景主要用于减少和避免交通事故的发生以及对生命和财产的保护；非安全类应用场景作为补充服务，主要用于提高交通效率和环境性能。

表 10-3-1 3GPP 定义的典型车路协同应用场景

序号	应用	序号	应用
1	前向碰撞预警	15	交通流引导
2	失控预警	16	弯道速度预警
3	紧急车辆预警	17	行人碰撞预警
4	车-车通信场景下紧急制动预警	18	弱势交通参与者碰撞预警
5	协作式自适应巡航	19	基于用户设备类路侧单元的应用
6	车-路通信场景下紧急制动预警	20	最低服务质量
7	队列预警	21	漫游接入
8	道路安全服务	22	通过人车警告信息实现的行人道路安全
9	自动泊车系统	23	混合交通管理
10	错误驾驶预警	24	高精度定位
11	运营商控制的信息传输	25	通信信息保护
12	碰撞感知预警	26	服务信息公告
13	网络覆盖外的 V2X	27	远程诊断
14	基于路侧设备的道路安全服务		

LTE-V2X 与 NR-V2X 可满足不同的业务场景需求。LTE-V2X 位于 NR-V2X 的前一个阶段，目前已经能够解决上述定义场景中的大部分基础安全预警和效率提升类应用需求，主要用于辅助驾驶。NR-V2X 则主要是为了满足未来高等级自动驾驶应用场景需求，两者的业务能力是互补的，将长期共存。

10.3.2.2　无线协议栈上的对比

5G 借用了很多 4G 的结构和功能，因此，NR-V2X 无线协议栈也与 4G 对应的 LTE-V2X 相似，均使用用户面（User Plane，UP）协议和控制面（Control Plane，CP）协议来处理用户终端与网络之间的数据通信。用户面协议用于业务数据传输，控制面协议用于系统控制信令传输。

在用户面协议栈结构上两者也是相似的，如图 10-3-1 所示。不同的是，5G 用户面协议比 4G 多了 SDAP 层。

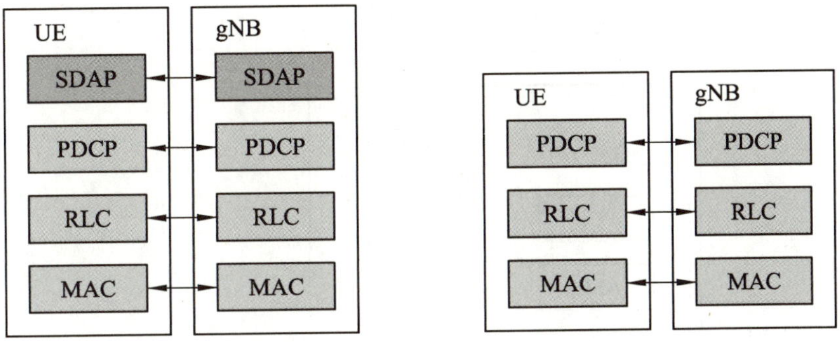

（a）5G 用户面协议栈　　（b）4G 用户面协议栈

图 10-3-1　5G 和 4G 的用户面协议栈结构对比

5G 用户面协议的每层的功能介绍如下：

（1）服务数据调整协议层（Service Data Adaptation Protocol，SDAP）：负责维护 5G 的一个 OoS 流和一个数据无线承载（Data Radio Bearer，DRB）之间的映射，以及对上、下行链路中的帧做 QoS 流标识（QoS Flow Identifier，OFI）。

分组数据汇聚协议层（Packet Data Convergence Protocol，PDCP）有以下功能：

① 数据传输。

② 加密和解密。

③ 维护 PDCPSN（PDCP 序列号）。

④ 使用 ROHC 协议对报头进行压缩和解压缩。

⑤ 完整性保护和完整性验证。

⑥ 分裂承载、寻找路由。

⑦ 基于定时器的服务数据单元（Service Data Unit，SDU）丢弃、复制、重排序和有序交付。

（2）无线链路控制层（Radio Link Control，RLC）：负责将来自 PDCP 层的 PDCPPDU 进行分段处理，分割为适当长度的 RLCPDU。此外，还可以对在传输过程发生错误的 PDU 进行重传，以及删除重复的 PDU。

根据服务类型，RLC 可以配置成以下三种模式：

① 透明传输模式（Transparent Mode，TM）。

② 非确认模式（Unacknowledged Mode，UM）。

③ 确认模式（AcknowledgedMode，AM）。

其中，非确认模式支持分段和重复检测，确认模式支持对错误帧的重传，透明模式不对 PDU 做任何处理。

（3）媒体接入控制层（Media Access Control，MAC）：负责 HARQ 重传、逻辑信道复用、调度以及调度相关功能，包括处理不同的参数集。当使用载波聚合时，MAC 层还负责对跨多个分量载波的数据进行复用和解复用操作。

10.3.3 NR-V2X 的网络架构

NR-V2X 的参考网络架构如图 10-3-2 所示，相应参考接口的说明如表 10-3-2 所示。

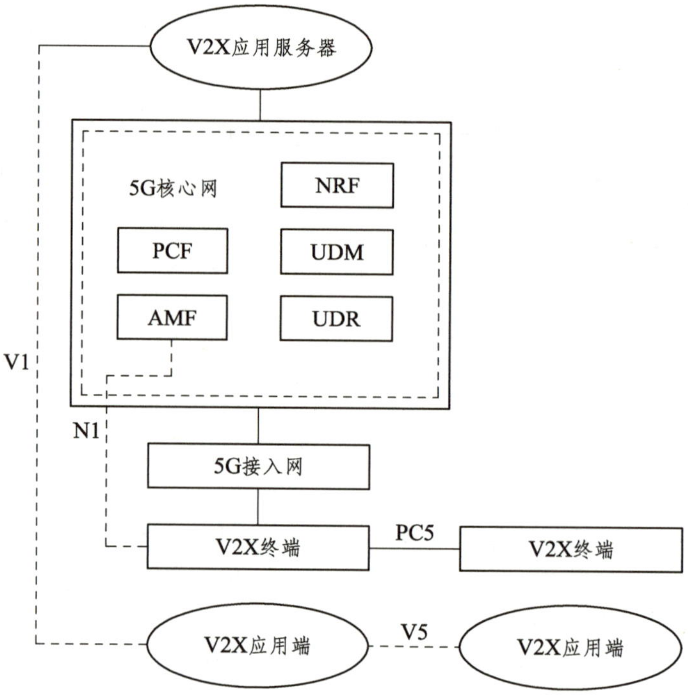

图 10-3-2 NR-V2X 参考网络架构

表 10-3-2 NR-V2X 参考接口的说明

参考接口	功能
V1	终端 V2X 应用与 V2X 应用服务器之间的参考接口
V5	不同终端 V2X 应用之间的参考接口
N1	5G 网络中从接入和移动性管理功能到 V2X 终端之间的参考接口

下面介绍 5G-V2X(NR)参考网络架构中的主要功能实体。

1. V2X 应用服务器

V2X 应用服务器位于蜂窝网之外的 V2X 管理实体，提供对全局 V2X 通信（包括 PC5 和 Uu）的策略和参数的管理功能，以及对 V2X 终端的签约信息和鉴权信息的管理功能。

2. 5G 核心网（5GC）

5GC 与 V2X 应用服务器连接，为蜂窝覆盖内的 V2X 终端提供对 V2X 通信的策略和参数配置及签约信息和鉴权信息的管理功能。与 4G 核心网不同，5G 核心网采用了服务化架构，各个网络功能可以独立演进和扩展，3GPP 在 NR-V2X 中将 4G 核心网中的 V2X 控制功能（VCF）放在 5G 核心网的策略控制功能（Policy Control Function，PCF）中。相应地对 5G 核心网的功能实体进行了扩展：

（1）统一数据存储库（Unified Data Repository，UDR）功能扩展，用于存储 V2X 通信所有参数配置的数据库，可以根据 V2X 应用服务器的数据进行更新。

（2）统一数据管理（Unified Data Management，UDM）功能扩展，用于 V2X 终端 PC5 接口通信的签约信息管理。

（3）策略控制功能（Policy Control Function，PCF）扩展，用于 V2X 终端的鉴权信息管理，以及 V2X 通信（PC5 和 Uu）的策略和参数管理，其中 PCF 通过 UDR 实现参数更新。

（4）接入和移动性管理功能（Access and Mobility Management Function，AMF）扩展。一方面，根据 PCF 提供的 V2X 配置信息给终端 PC5 口通信的策略和参数配置信息；另一方面，根据 PCF 和 UDM 提供的信息，管理终端 PC5 口签约和授权状态的上下文信息。

（5）网络存储库功能（Network Repository Function，NRF）扩展，主要根据 V2X 终端能力上报的信息，选择和发现对应的 PCF 配置。

3. V2X 终端

V2X 终端根据获取的 V2X 通信（PC5 和 Uu）的策略和参数配置信息，在 PC5 或者 Uu 接口上进行 V2X 通信。

V2X 终端获取 V2X 通信的鉴权、签约、策略配置和参数配置等信息的途径主要有 4 种，按照优先级从高到低排序，高优先级的信息可替代低优先级的信息：

（1）通过 PCF 获取的 V2X 配置信息（N1 参考接口）。

（2）通过 V2X 应用服务器获取的 V2X 配置信息（V1 参考接口）。

（3）通过全球用户身份卡（Universal Subscriber Identity Module，USIM）中存储的信息获取 V2X 的配置信息。

（4）通过设备内预配置的信息获取 V2X 配置信息。

10.3.4 NR-V2X 直通链路物理技术

为了满足先进车联网业务更加严苛的性能需求，NR-V2X 引进了一系列新的技术特性，包括增加组播和单播传输模式、混合自动重传请求（Hybrid Automatic Repeat reQues，HARQ）反馈、信道状态信息（Channel State Information，CSI）测量上报、基于同步广播块（Synchronization/PBCH block，SSB）的 SL 同步等，并在物理层架构设计、资源分配等关键技术方面结合了新技术和 NR 空口特性进行了新的设计。

10.3.4.1 NR-V2X 物理层结构

物理层结构部分主要包括：波形和参数、时频资源、物理信道和信号结构等。下面针对各部分的设计进行分别介绍。

1. 波形和参数

目前，对于 NR Uu 接口而言，调制波形有两类：单载波的 DFT-s-OFDM，和多载波的

CP-OFDM。DFT-s-OFDM 利用 DFT 预编码的形式降级传输型号的峰值平均功率比（PAPR），从而提高覆盖距离，但缺点是对接收机的复杂度要求高。鉴于上述考虑，目前 NR-V2X 系统通常采用的波形是单一的 CP-OFDM 波形。

NR-V2X 系统的参数选择主要是指子载波间隔（SCS）和循环前缀（CP）长度这两个参数的选择。子载波间隔的增加，一方面可以缩短符号时域长度，从而增强抵抗信道变化的调节能力，用更少的 DMRS 开销实现更好的信道估计性能。另一方面，子载波间隔的增加能够减少系统对 ICI（Inter Carrier Interference）载波间干扰的敏感度，有助于系统使用高阶调制方式。但高子载波间隔也会对系统接收端的信息处理功能提出更高要求。循环前缀的长度主要是解决 OFDM 符号间干扰及覆盖的问题。NR-V2X 支持的 SCS 和 CP 参数配置如下：

（1）频段 1（FR1）支持的子载波间隔有：15 kHz、30 kHz、60 kHz。

（2）频段 1（FR1）支持的 CP 配置有：正常 CP（15 kHz、30 kHz、60 kHz）、扩展 CP（60 kHz）。

（3）频段 2（FR2）支持的子载波间隔有：60 kHz、120 kHz。

（4）频段 2（FR2）支持的 CP 配置有：正常 CP（60 kHz、120 kHz）、扩展 CP（120 kHz）。

2. 时频资源

时频资源的结构主要包含两部分：时隙结构和频域配置。

在 NR-V2X 中，时域资源的周期为 10 240 ms，由 1 024 个长度为 10 ms 的无线帧构成，其中每个无线帧都由 10 个 1 ms 的子帧构成，每个子帧又由若干个时隙构成。对于 NR-V2X 的直通链路，每个时隙的节点收发状态和接收信号强度变化比较频繁，因此才需要对时隙结构需要进行单独设计。具体设计要求如下：

（1）每个时隙的第一个 OFDM 符号都作为 AGC 符号，用于接受节点进行快速的自动增益控制（ACG）调整，为同时隙中的第二个符号的完全复制映射。

（2）每个时隙中，PSSCH（物理直通链路共享信道）的起始符号为实习中的第二个符号。

（3）每个时隙的最后一个 OFDM 信号都预留为节点收发转换的保护间隔（GP）符号。

具体的时隙结构如图 10-3-3 所示，图（a）为不包含 PSFCH 的时隙结构，图（b）为包含 PSFCH 的时隙结构。在时隙结构中，PSCCH 是从第二个 OFDM 符号开始，连续占用 2 个或 3 个 OFDM 符号。如果当前时隙中包含 PSFCH 资源时，每个 PSFCH 时域上占用时隙倒数第二个和倒数第三个 OFDM 符号，这两个符号以复制（重复）的方式进行传输，以便提高 PSFCH 的可靠性。

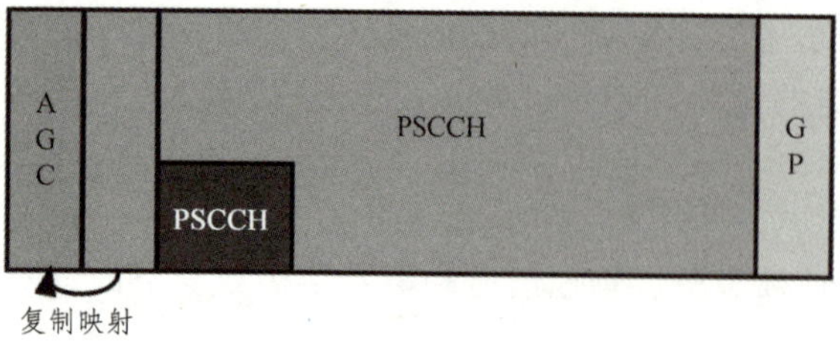

（a）不包含 PSFCH 的时隙结构

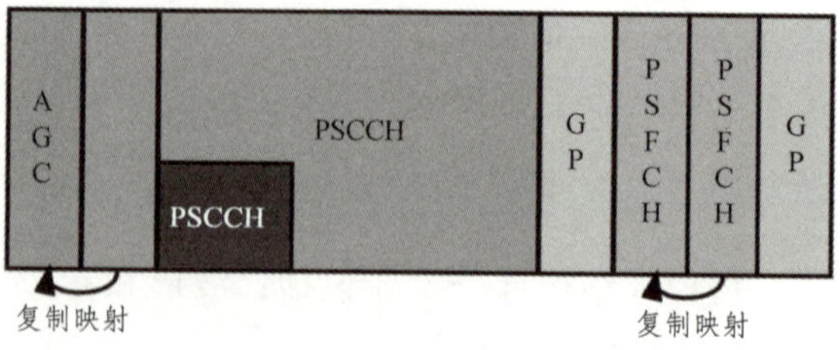

（b）包含 PSFCH 的时隙结构

图 10-3-3　时隙结构

在频域配置方面，NR-V2X 大部分沿用了 NR Uu 口的资源配置方式，UE 在一个载波上最多有 1 个激活的 BWP，收发两端使用相同的 BWP。对于 RRC IDLE 态以及覆盖外的 UE，在 1 个载波上也只配置或预配置 1 个 SLBWP（对于覆盖外的 UE，是预配置一个 SLBWP；对于 RRC IDLE 态，则是通过系统信息配置一个 SLBWP）。RRC 连接态 UE 在一个载波上只激活 1 个 BWP。激活和未激活的 BWP 之间不进行信令交互。

3. 物理信道和信号

物理信道对应于一组特定的时频资源，用于承载高层映射的传输信道，每个传输信道均映射到一个物理信道。在 NR-V2X 的物理信道设计中，相比于 LTE-V2X，多了一些新功能，包括直通链路单播、多播和广播通信模式，直通链路信道状态测量以及直通链路 HARQ 反馈等机制。

NR-V2X 定义的物理信道有：

（1）物理直通链路广播信道（Physical Sidelink Broad cast Channel，PSBCH）。

（2）物理直通链路控制信道（Physical Sidelink Control Channel，PSCCH）。

（3）物理直通链路共享信道（Physical Sidelink Shared Channel，PSSCH）。

（4）物理直通链路反馈信道（Physical Sidelink Feedback Channel，PSFCH）。

各物理信道对应的承载的高层信息如图 10-3-4 所示：

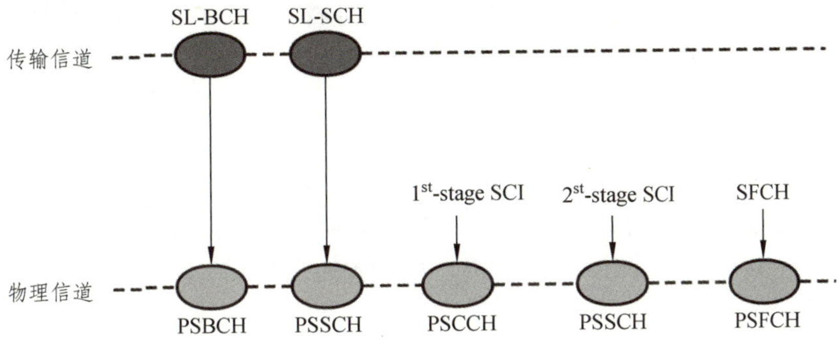

图 10-3-4　传输信道与物理信道的映射关系示意图

其中，SCI 控制信息和 SFCI 控制信息均没有对应的传输信道，而是由物理层内部产生。SCI（Sidelink Control Information，链路控制信息）分为两个阶段进行传输，第一个阶段（1st-stage SCI）信息主要包括 PSSCH 资源配置的信息；第二阶段（2st-stage SCI）主要传输识别和解码相关的信息，以及 HARQ 控制和触发 CSI 反馈相关的信息。SFCI 对应的 PSFCH 是通过长度为 12 的 ZC（Zadoff-Chu）序列，承载 1 bit 的 HARQ ACK/NACK 反馈信息。

NR-V2X 定义的物理信号有：

（1）直通链路主同步信号（Sidelink Primary Synchronization Signal，S-PSS）。

（2）直通链路辅同步信号（Sidelink Secondary Synchronization Signal，S-SSS）。

（3）解调参考信号（Demodulation Reference Signal，DMRS）。

（4）信道状态信息参考信号（Channel State Information Reference Signal，CSI-RS）。

（5）相位跟踪参考信号（Phase Tracking Reference Signal，PT-RS）。

DMRS 包括用于 PSCCH、PSSCH、PSBCH 的解调参考信号，用于各物理信道的信道估计，实现相干解调；CSI-RS 用于单播通信模式中信道状态信息的测量；PT-RS 配合 DMRS 使用，仅用于跟踪高频段传输（FR2）的相位噪声跟踪，估计公共相位误差，进行相位补偿；主辅同步信号 S-PSS 和 S-SSS，则与 PSBCH 一起共同组成了直通链路同步信号块 S-SSB。

4. 直通链路同步信号块 S-SSB 的结构

在上一知识点中，我们了解到，直播链路同步信号块 S-SSB 由 PSBCH、S-PSS 以及 S-SSS 三部分构成，主要用于 NR-V2X 直通链路的同步搜索。S-SSB 的具体时隙结构如图 10-3-5 所示。

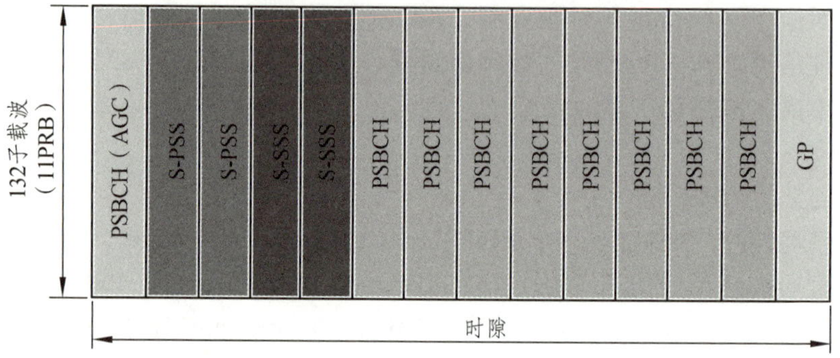

图 10-3-5　直通链路同步信号块 S-SSB 的时隙结构

S-PSS 和 S-SSS 都在用符号重复的方式提高同步搜索的可靠性，其中 S-PSS 使用 m 序列，S-SSS 使用 Gold 序列，各自占用 127 个子载波。在时域上，除了 S-PSS、S-SSS 和 GP 部分，时隙中剩余 OFDM 符号都是 PSBCH。频域上，PSBCH 占用了连续的 11 个物理资源块（PRB）。

10.3.4.2　NR-V2X 直通链路资源池配置

与 LTE-V2X 类似，NR-V2X 同样使用直通链路资源池来配置各个信道传输的时频资源集合。NR-V2X 资源池的时域资源配置同样也是以帧周期 10 240 ms 进行配置的，通过位图重复的方式来指示整个帧周期中的时频资源，基本的配置原理与 LTE-V2X 相似，可查阅前面关于时域资源配置的描述。

1. 资源池配置

此外，NR-V2X 资源池也是定义在逻辑时隙上的，NR-V2X 逻辑时隙与 LTE-V2X 逻辑子帧类似，不包含用于 S-SSB 传输的时隙，也不包含由位图的长度导致的预留时隙。

NR-V2X 直通链路可以与 NR Uu 共享载波，且只占用共享载波的上行资源进行传输。而在时隙设计中，为了更适应于不同的业务，配置时隙内部会同时包含下行 OFDM 符号和上行 OFDM 符号，类似于 LTE Uu 的 TDD 特殊子帧。

NR-V2X 资源池的频域资源通常位于直通链路部分带宽（SL-BWP）的内部，资源配置以子信道为基本单位，主要包括资源池的起始子信道的 PRB 的索引、大小及参数。

NR-V2X 资源池配置还包括 PSFCH 资源的配置。在上文中介绍了 PSFCH 的物理结构，在时域上占用了一个时隙的倒数第二个和倒数第三个 OFDM 符号，频域上占用一个 PRB。为减少信道中资源池的开销，设置 PSFCH 资源在时域上是每间隔 N 个时隙再出现，其中 N 属于 $\{0,1,2,4\}$。当 N=0 时，表示该资源池没有配置 PSFCH 资源，从而不支持直通链路的 HARQ 反馈的操作。当 N=2 时，PSFCH 资源时域配置示例如图 10-3-6 所示。

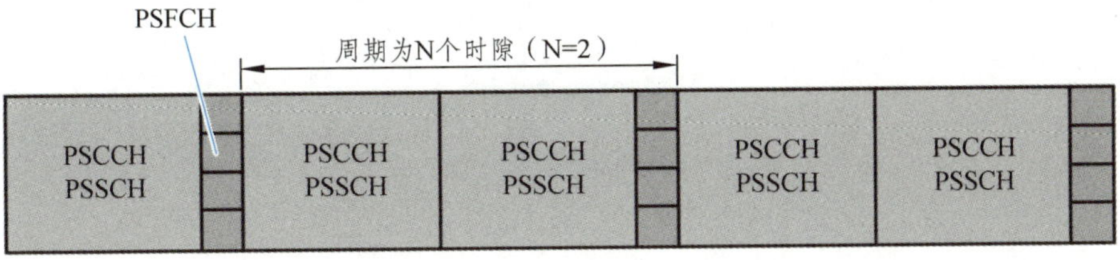

图 10-3-6　PSFCH 资源的时域配置示例（N=2）

2. NR-V2X 资源分配方式

NR-V2X 资源分配包括两种模式，分别是模式 1（Mode 1）资源分配和模式 2（Mode 2）资源分配。

1）Mode 1 资源分配

Mode 1 资源分配又称为基站调度资源模式，即直通链路的通信资源全部由基站分配，资源选择碰撞的概率较低，系统稳定性高。终端用户根据直通链路的业务情况，向基站发送调度请求，等待基站分配资源。Mode 1 资源调度有两类方式：动态调度和配置授权。

动态调度是指基站通过下行控制信令给用户分配一次或多次的传输块资源。

配置授权的类型有：① NR 基站通过 RRC 信令给 NR 终端提供所有传输参数，包括时频资源、周期，当 NR 终端接收到 RRC 信令配置时，可以成功建立直通链路传输通道。② NR 基站通过 RRC 信令给 NR 终端配置传输周期，由下行控制信令（Downlink Control Information，DCI）激活直通链路的连续传输。

2）Mode 2 资源分配

Mode 2 资源分配是基于 NR-V2X 系统进行新的链路（Sidelink）设计，能够支持增强应用，满足更低延时、更可靠、更大覆盖范围、更多业务类型的需求。模式 2 资源分配是终端用户基于感知自主进行资源分配，是一种完全分布式的资源选择方法。资源选择方式有两种：① 通过信道侦听选择，无须预留第一次传输的资源，协议支持的侦听窗如图 10-3-7 所示；② 经过 SCI 指示传输预留资源，通过预配置激活资源特性。

为了提升传输可靠性同时降低时延，模式 2 资源分配支持为一个 TB 的重传预留传输资源，当发送终端接收到 HARQ 反馈需要重传时，可以直接利用预留的资源进行 PSSCH 重传。

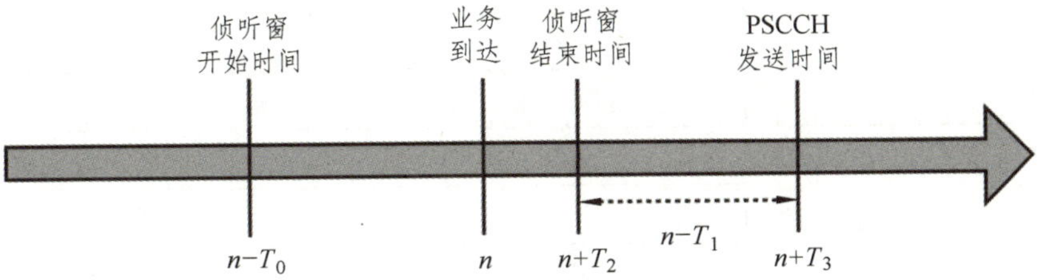

图 10-3-7　NR-V2X 模式 2 帧听窗设计

第11章 车路协同典型场景应用

11.1 V2X通信协议测试基础

11.1.1 车联网交通测试场景

目前，中国汽车工程学会制定了《车用通信系统应用层及应用数据交互标准》，对车联网技术应用先后做了两期应用讲解。一期应用中选取涵盖安全、效率、信息服务三大类的17个典型应用，如表11-1-1所示。

表11-1-1 一期车联网V2X应用列表

序号	类别	通信方式	应用名称
1	安全	V2V	前向碰撞预警
2		V2V/V2I	交叉路口碰撞预警
3		V2V/V2I	左转辅助
4		V2V	盲区预警/变道辅助
5		V2V	逆向超车预警
6		V2V-Event	紧急制动预警
7		V2V-Event	异常车辆预警
8		V2V-Event	车辆失控预警
9		V2I	道路危险状况提示
10		V2I	限速预警
11		V2I	闯红灯预警
12		V2P/V2I	弱势交通参与者碰撞预警
13	效率	V2I	绿波车速引导
14		V2I	车内标牌
15		V2I	前方拥堵提醒
16		V2V	紧急车辆提醒
17	信息服务	V2I	汽车近场支付

二期应用中选择面向安全、效率、信息服务、交通管理、高级智能驾驶等领域的12个典型应用，具体应用如表11-1-2所示。

表 11-1-2　二期车联网 V2X 应用列表

序号	场景	通信方式	应用名称	触发方式	主要消息
1	安全	V2V/V2I	感知数据共享	Event	Msg_SSM
2	安全	V2V/V2I	协作式变道	Event	Msg_VIR
3	安全/效率	V2I	协作式车辆汇入	Event	Msg_RSC MSg_VIR
4	安全/效率	V2I	协作式交叉口通行	Event/Period	Msg_RSC
5	信息服务	V2I	差分数据服务	Period	Msg_RTCM
6	效率/交通管理	V2I	动态车道管理	Event/Period	Msg_RSC
7	效率	V2I	协作式先行车辆通行	Event	Msg_RSC MSg_VIR
8	信息服务	V2I	场站路径引导服务	Event/Period	Msg_PAM Msg_VIR
9	交通管理	V2I	浮动车数据采集	Event/Period	Msg_BSM Msg_VIR Msg_SSM
10	安全	P2X	弱势交通参与者安全通行	Period	Msg_PSM
11	高级智能驾驶	V2V	协作式车辆编队管理	Event/Period	Msg_CLPMM
12	效率/信息服务	V2I	道路收费服务	Event/Period	Msg_VPM

注：表中的“主要消息”列出的是对应的应用场景的主要交互消息，实际应用中，使用到的消息类型更多。

11.1.2　车联网交通测试相关法规

随着智能网联汽车的发展，我国陆续出台多项支持企业测试示范的法规政策。相关行业企业也积极进行产品研发验证，各方面对道路测试和示范应用的需求十分迫切。2018 年 4 月 3 日，工业和信息化部、公安部、交通运输部联合发布《智能网联汽车道路测试管理规范（试行）》（简称《规范》）。《规范》自 2018 年 5 月 1 日起实施，对测试主体、测试驾驶人及测试车辆、测试申请及审核、测试管理、交通违法和事故处理等进行了明确规定，统一各地方基础性检测项目（见表 11-1-3）进一步规范智能网联汽车道路测试管理，推动汽车智能化、网联化技术发展和产业应用，推进交通运输转型升级创新发展。

表 11-1-3　智能网联汽车自动驾驶功能通用检测项目

序号	检测项目
1	交通标志和标线的识别及响应
2	交通信号灯的识别及响应*
3	前方车辆（含对向车辆）行驶状态的识别及响应
4	障碍物的识别及响应

续表

序号	检测项目
5	行人和非机动车的识别及响应*
6	跟车行驶（包括停车和起步）
7	靠路边停车
8	超车
9	并道行驶
10	交叉路口通行*
11	环形路口通行*
12	自动紧急制动
13	人工操作接管
14	联网通信*

注：1. 标注*的项目为选测项目。
2. 企业声明车辆具有标注*项目的自动驾驶功能或者测试路段涉及相应场景的，应进行相关项目的检测。

2021 年 7 月 27 日，工业和信息化部、公安部、交通运输部联合印发《智能网联汽车道路测试与示范应用管理规范（试行）》，更新了道路测试相关内容、补充示范应用相关内容，于 2021 年 9 月 1 日正式实施。更新的智能网联汽车自动驾驶功能通用检测项目如表 11-1-4 所示。

表 11-1-4　智能网联汽车自动驾驶功能通用检测项目

序号	检测项目
1	交通信号灯识别及响应 （包括交通信号灯、交通标志、交通标线等）
2	道路交通基础设施与障碍物识别及响应
3	行人与非机动车识别及响应 （包括横穿道路和沿道路行驶）
4	周边车辆行驶状态识别及响应 （包括影响本车行驶的周边车辆加减速，切入，切出及静止等状态）
5	动态驾驶任务干预及接管
6	风险减缓策略及最小风险状态
7	自动紧急避险 （包括自动驾驶系统开启及关闭状态）
8	车辆定位

注：除检测以上通用项目外，还应检测智能网联汽车自动驾驶功能设计运行范围涉及的项目，如 C-V2X 联网通信等。

截至 2022 年 7 月，我国已在 6 个细分技术领域内，报批和发布标准共 39 项，立项和起草标准 42 项，推动标准化需求研究实现应用 31 项，完成标准实验验证 40 余次，各省市级关于智能网联汽车的测试示范建设工作成效显著，第一阶段目标顺利完成。近 5 年来，智能网联汽车领域最新的政策或推动性举措如表 11-1-5 所示。

表 11-1-5　智能网联汽车领域近五年相关政策或推动性举措

时间	内容
2016 年	在上海安亭镇建设了国内首个智能网联汽车试点示范区，打造公共服务和研发平台，成为世界上最大智能网联汽车研发和试验基地
2017 年 6 月	工业和信息化部发布《国家车联网产业标准体系建设指南（智能网联汽车）(2017)》，确立了我国发展智能网联汽车将“以汽车为重点和以智能化为主、兼顾网联化”的总体思路
2017 年 12 月	全国汽车标准化技术委员会智能网联汽车分技术委员会获批成立
2018 年 3 月	全国首批 3 张智能网联汽车开放道路测试号牌在上海发放，上海汽车集团股份有限公司和上海蔚来汽车有限公司获得第一批智能网联汽车开放道路测试号牌，获得智能网联汽车测试道路的资格
2018 年 4 月	工业和信息化部、公安部、交通运输部联合发布《智能网联汽车道路测试管理规范（试行）》
2018 年 10 月	工业和信息化部印发《车联网（智能网联汽车）直连通信使用 5 905～5 925 MHz 频段管理规定（暂行）》，规划 5 905～5 925 MHz 频段作为基于 LTE-V2X 技术的车联网（智能网联汽车）直连通信的工作频段
2018 年 12 月	天津市交通运输委、市工业和信息化局和市公安局联合制定并发布了《天津市智能网联汽车道路测试管理办法（试行）》，在西青区和东丽区开放了首批智能网联测试道路
2018 年 12 月	工业和信息化部印发《车联网（智能网联汽车）产业发展行动计划》
2020 年 8 月	深圳市发布关于智能网联汽车应用示范的指导意见
2020 年 11 月	清华大学教授、国家智能网联汽车创新中心首席科学家李克强在 2020 世界智能网联汽车大会正式发布了《智能网联汽车技术路线图 2.0》
2021 年 3 月	沧州市工业和信息化局等三部门联合颁发了首批智能网联汽车道路测试通知书和示范运营通知书，标志着河北首个智能网联汽车城市开放路网从测试转向商用
2021 年 4 月	北京市依托高级别自动驾驶示范区设立北京市首个智能网联汽车政策先行区。政策先行区适度超前并系统构建了智能网联汽车道路测试、示范应用、商业运营服务以及路侧基础设施建设运营等政策体系，是全国首个以管理政策创新为核心的先行区
2021 年 4 月	住房和城乡建设部工业和信息化部确定智慧城市基础设施与智能网联汽车协同发展第一批试点城市为北京、上海、广州、武汉、长沙、无锡
2021 年 7 月	工业和信息化部、公安部、交通运输部联合印发《智能网联汽车道路测试与示范应用管理规范（试行）》。要求道路测试与示范应用主体、驾驶人及车辆，道路测试申请，示范应用申请，道路测试与示范应用管理，交通违法与事故处理
2021 年 8 月	工信部印发《关于加强智能网联汽车生产企业及产品准入管理的意见》，要求加强汽车数据安全、网络安全、软件升级、功能安全和预期功能安全管理。其中明确提出，在中华人民共和国境内运营中收集和产生的个人信息和重要数据应当按照有关法律法规规定在境内存储

续表

时间	内容
2021 年 10 月	上海市人民政府发布上海市智能网联汽车测试与示范实施办法
2021 年 11 月	北京发布北京市智能网联汽车政策先行区自动驾驶出行服务商业化试点管理实施细则（试行）
2021 年 12 月	上海市人民政府发布上海市智能网联汽车测试与应用管理办法
2022 年 1 月	重庆市人民政府发布重庆市智能网联汽车道路测试与应用管理试行办法
2022 年 7 月	深圳市发布深圳经济特区智能网联汽车管理条例

未来，我国将持续推进智能网联汽车标准体系修订完善，加快汽车产品、产业管理支撑类标准研制，强化智能网联汽车相关标准实施应用，大力开展标准实施应用效果评估、示范应用与创新实践等活动。

11.1.3 V2X 协议栈的基础知识

11.1.3.1 V2X 协议栈结构

ITS 系统逻辑架构应包括个人子系统（PSS）、车辆子系统（VSS）、道路子系统（RSS）、中心子系统（CSS）和网络子系统（NSS），如图 11-1-1 所示。

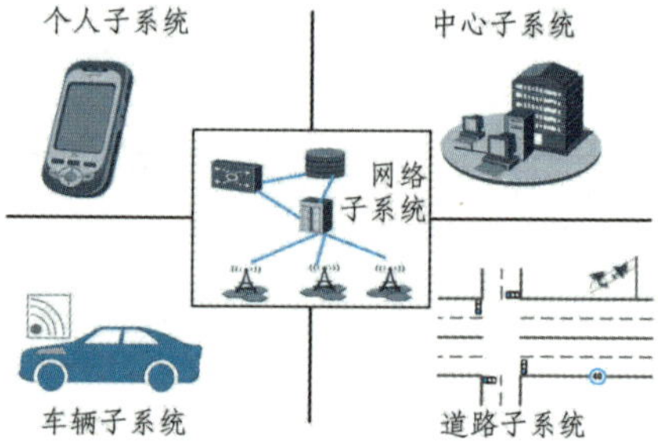

图 11-1-1　ITS 通信系统参考架构

（1）个人子系统：为个人和移动设备提供 ITS 应用，通过蜂窝或短距与其他子系统进行通信。

（2）车辆子系统：为驾驶员或乘客提供应用服务，主要由车载单元 OBU 构成。

（3）道路子系统：通过道路安装的各类传感器和设备为车辆和交通管理提供 ITS 应用所需的信息，并根据应用需求，执行相应控制指示。包括路侧单元（RSU）、信号控制单元、能源管理单元、电子标识牌单元、感知单元（如智能摄像头、雷达）等。

（4）中心子系统：通过车辆子系统和道路子系统汇聚的数据，提供全局或者局部的 ITS 应用服务。中心子系统应包括处理局部和时延敏感业务的边缘服务单元（ESU）和处理全局和非时延敏感业务的中心服务单元（CSU）。二者在对交通业务的管控上分工协作，根据业务需要 ESU/CSU 都可能与其他子系统进行交互。

（5）网络子系统：为其他 4 个子系统提供低时延、高可靠、高带宽的通信连接及数据传输服务。依据部署和性能需求，网络子系统的实现 ITS 系统参考协议栈的网络、传输层和接入层。网络子系统采用有线或无线通信方式，无线可使用蜂窝无线通信和短距通信，包括 LTE/LTE-V、5G、DSRC 等，对应的通信架构及协议由 3GPP 等进行标准化。

根据 ITS 通信系统、LTE-V2X 通信标准架构功能要求分析，设计出的车联网协议栈系统如图 11-1-2 所示，协议栈主要分为三层：接入层、网络层和应用层。

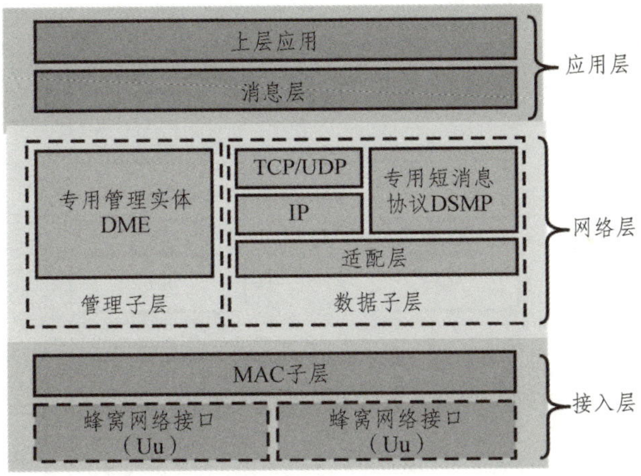

图 11-1-2　V2X 协议栈系统模型

协议栈系统的应用层包括消息层和上层应用。其中，消息层的作用是生成和处理车联网消息。上层应用的作用是根据车联网消息所完成相应业务。

网络层包括管理子层和数据子层，管理子层用于用户业务注册、管理和通知等，数据子层的功能主要是对应用层的车联网消息进行打包封装，送入接入层通过空中接口发送，或将空中接口接收到的车联网消息进行筛选、拆包并传输至应用层。

接入层支持 3GPP 规定的 Mode 3 即蜂窝网络通信方式（Uu 接口）以及 Mode 4 即车辆设备之间的直连通信方式（PC5 接口）两种空中接口技术。Mode3 为基站统一调度无线资源，Mode4 为 VUE 自主选择无线通信资源发送。

11.1.3.2　V2X 协议栈数据流

上层应用通过协议栈接口对协议栈进行消息传输，通过数据传输实现通信，具体数据流结构如图 11-1-3 所示。

数据流工作的具体流程如下：

（1）传感器将采集的车联网车辆相关信息传输到发送端的消息层。

（2）消息层创建消息帧并填充，消息帧进行编码后传输到网络层。

（3）网络层根据消息类型对消息帧进行封装，形成数据包，传输到接入层。

（4）接入层对数据包进行封装后，传输给物理层的相应的空中接口，将数据包发送给接收端。

（5）接收端的接入层在指定频段接收到数据包，并对其进行 MAC 层筛选、拆封帧头，传输到网络层。

（6）网络层根据数据子层封装的帧头再次筛选，剥离数据子层帧头，传输给消息层。

（7）消息层对接收到的消息进行解码，数据处理，传输给上层应用。

协议栈各层之间均为封装模块，层与层之间进行交互由暴露出来的相关接口（API）完成，API 大多以套接字（Socket）的形式呈现。

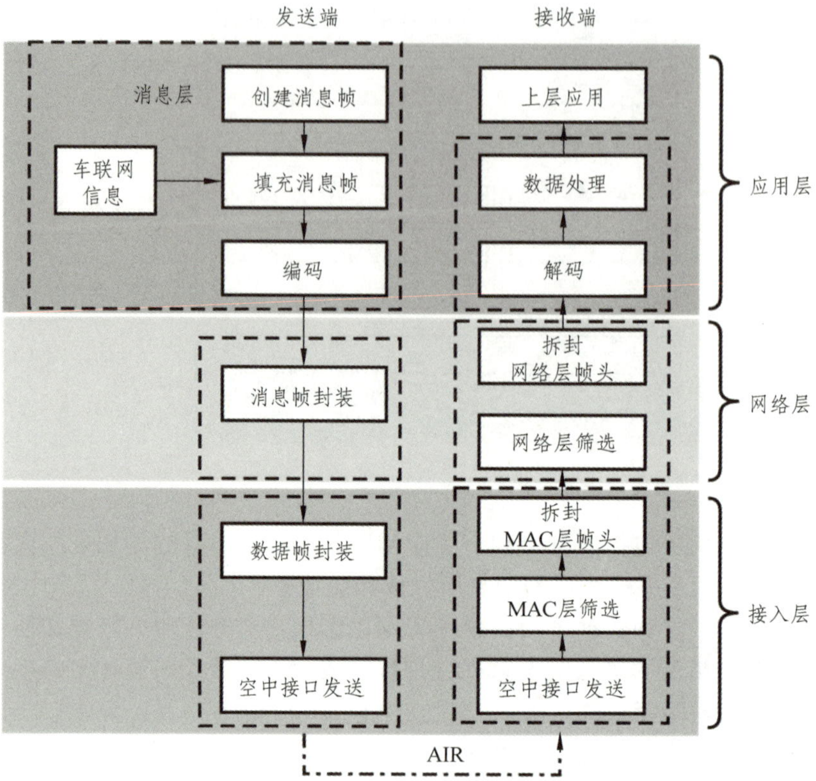

图 11-1-3　V2X 协议栈数据流

11.1.4　V2X 协议栈应用层开发

本章重点讲解 V2X 应用场景实现及解析传输消息的知识，因此，将侧重于协议栈的应用层结构及开发内容，其他两层开发内容不展开描述。

动画：V2X 应用层基础消息的分类

应用层处于协议栈的上层，负责对顶级应用层和下层网络层传输的消息分别进行封装和解封。按照其他帧头规定的参数进行数据传递，并在不同的通信实体间进行数据收发。

按照国标规定，协议栈应用层分为用户应用和消息层。消息层需要完成 5 类基本消息的设计，包括车辆基本安全信息（Basic Safety Message，BSM）、地图消息（Map Message，MAP）、路侧单元信息（Roadside Information，RSI）、路侧安全信息（Road side Safety Message，RSM）以及信号相位与时序消息（Signal Phase and Timing Message，SPAT），具体介绍如表 11-1-6 所示。其中 BSM 支持的通信方式为 V2V，其他四类消息对应的通信方式为 V2I。

表 11-1-6　V2X 应用层的五类基本消息

序号	消息体	含义
1	BSM	车辆基本安全消息，用于在车辆之间交互安全状态数据。车辆在行驶过程中不断广播 BSM 消息，将自车状态信息实时地告知周围车辆或设备，以此支持一系列的车辆预警或车车协同应用

续表

序号	消息体	含义
2	MAP	地图消息，主要是由路侧设备向车辆广播的局域地区地图消息，具体包括路口信息、路段信息、车道信息、道路连接关系等
3	RSI	由路侧设备向周围车辆广播的交通事件消息和交通标志牌信息。其中，交通事件信息参考 GB/T 29100—2012，交通标志牌信息参考 GB 5768
4	RSM	路侧安全消息，由路侧设备向周围车辆广播的安全消息（包括路侧单元本身、周围车辆、非机动车、行人等周围交通参与者的实时状态信息）
5	SPAT	信号相位与时序消息。包含路侧单元所在区域内一个或多个路口的信号灯状态信息，可用于与 MAP 消息结合，为车辆通报前方道路实时的信号灯状态

车联网消息集由专用于数据表示的抽象语法标记（Abstract Syntax Notation one，ASN.1）语言进行描述，适用于结构化数据传输，遵循“消息集-数据帧-数据元素”的逻辑，数据集编解码采用非对齐压缩编码规则（Unaligned Packet Encoding Rules，UPER）。

1. BSM 消息体结构

BSM 消息体是车联网中最基本且应用范围最大的安全信息消息。BSM 消息数据结构及内容如图 11-1-4 所示。

```
<MessageFrame>  <!--消息体-->
    <bsmFrame> <!-- BSM消息 -->
        <MsgCnt></MsgCnt><!-- 消息序列 -->
        <id></id><!-- 用户标识 -->
        <secMark></secMark> <!-- 安全标识 -->
        <pos></pos><!-- 位置信息 -->
        <transmission></transmission> <!-- 车辆档位信息 -->
        <speed></speed><!-- 车辆速度 -->
        <heading></heading><!-- 航向角 -->
        <accelSet></accelSet><!-- 车辆四轴加速度 -->
        <brakes></brakes><!-- 车辆刹车系统状态 -->
        <size></size><!-- 车辆尺寸 -->
        <vehicleClass></vehicleClass><!-- 车辆基本类型 -->
        <safetyExt></safetyExt><!-- 车辆安全辅助信息 -->
    </bsmFrame>
</MessageFrame>
```

图 11-1-4　BSM 消息体内容

BSM 信息体的这些消息是由 CAN 总线以及 GPS 定位模块获取，存储在消息层内。在完成 BSM 消息的构造后，形成.asn 文件，使用编解码编辑器 asnlc 在 BSMEncode_To_( )函数中选择 UPER 编码方式对.asn 文件进行编译，生成应用层设计所需要的消息体数据结构。

接下来以实际案例来具体分析 BSM 结构。

```
<MessageFrame>
  <bsmFrame>
```

```
  <msgCnt>1</msgCnt>
  <id>A1 A0 A0 A2 00 00 00 00</id>
  <secMark>0</secMark>
  <pos>
     <lat>34</lat>
     <long>108</long>
  </pos>
   <transmission><neutral/></transmission>
   <speed>0</speed>
   <heading>0</heading>
   <angle>2</angle>
   <accelSet>
      <long>0</long>
      <lat>0</lat>
      <vert>0</vert>
      <yaw>0</yaw>
   </accelSet>
   <brakes>
      <brakePadel><on/></brakePadel>
      <wheelBrakes>00101000</wheelBrakes>
      <traction><on/></traction>
      <abs><on/></abs>
      <scs><on/></scs>
      <brakeBoost><on/></brakeBoost>
      <auxBrakes><on/></auxBrakes>
   </brakes>
   <size>
      <width>166</width>
      <length>443</length>
      <height>150</height>
   </size>
   <vehicleClass>
      <classification>0</classification></vehicleClass>
   <safetyExt>
      <events>0110001000000000</events>
   </safetyExt>
  </bsmFrame>
</MessageFrame>
```

消息解析如下：

第 3 行：msgCnt 表示 MsgCount（消息编号），编号数值范围为 0 ~ 127。本例设置消息编号为 1。

第 4 行：表示用户（车辆）标识 ID 为 A1 A0 A0 A2 00 00 00 00。

第 5 行：安全标识信息设置为 0。

第 6 ~ 9 行：pos 表示 PositionOffsetLLV，用于定义三维的相对位置（相对经纬度和相对高程）。示例中的相对经纬度为（34，108）。

第 10 行：transmission 表示 TransmissionState，即车辆挡位信息。共有 4 个挡位信息，Neutral：空挡（用 0 来表示）；Park：停止挡（用 1 来表示）；ForwardGears：前进挡（用 2 来表示）；ReverseGears：倒挡（用 3 来表示）。示例中，设置汽车挡位为空挡。

第 11 行：当前速度信息为 0。

第 12 行：车辆航向角。

第 13 行：angle 表示为 Steering Wheel Angle，当前角度信息为 2。

第 14 ~ 19 行：accelSet 表示 AccelerationSet4Way，用于定义车辆四轴加速度信息。其中，Long 表示纵向加速度，向前加速为正，反向为负。Lat 表示横向加速度，向右加速为正，反向为负。Vert 表示为垂直加速度，沿重力方向向下为正，反向为负。Yaw 表示横摆角速度，顺时针旋转为正，反向为负。示例中，4 个方向的加速度信息均为 0。

第 20 ~ 28 行：刹车系统状态信息，示例中刹车踏板踩下（brakePadel）为开启状态，车轮制动（wheelBrakes）信息为 00101000；牵引力控制系统状态为开启状态；制动防抱死（ABS）为开启状态；车身稳定控制系统（SCS）为开启状态；刹车指示灯为开启状态；刹车助力系统作用（brakeBoost）为开启状态；辅助制动系统（auxBrakes）为开启状态。

第 29 ~ 33 行：设置车辆尺寸信息，宽度 166（cm）、长度 443（cm）、高度 150（cm）

第 34 ~ 35 行：设置车辆类型为传统类型（默认类型）。

第 36 ~ 38 行：车辆安全辅助信息扩展部分为 011000100000000。

注：其余 4 类信息的具体配置可见标准 T/CSAE 53-2017。

2. MAP 消息体结构

MAP 消息即地图消息，由路侧单元（Rode Side Unit，RSU）广播，向车辆传递局部区域的地图信息。MAP 消息主要是层层嵌套的关系，主体框架是“路口节点（node）-路段（link）-车道（lane）”，每层结构的还包括对应的基础信息（ID、位置信息、名称）、与上下游的连接关系、中心线序列号等。

MAP 消息数据结构及内容如图 11-1-5 所示。

node 路口节点信息包括节点名称、节点 ID、节点位置（经纬度信息）、当前节点与上游节点的路段集合信息。

link 路段信息包括上游路口节点 ID、路段名称、路段的道路宽度、路段限速、路段中心线点序列、与下游路段连接关系，以及路段包含的道路集合。

lane 车道信息包括车道 ID、车道宽度、车道行为、车道限速、连接下游路段车道的连接关系（下游路段出口节点 ID、下游路段信息、相位号）、车道中心线点序列集合等内容。

```
<MapData> <!--MAP数据-->
    <mgsCnt></msgCnt> <!--消息编号-->
    <nodes> <!--路口节点-->
        <node>
        <id></id> <!--路口节点ID-->
        <refPos></refPos> <!--路口节点位置-->
        <inlinks> <!--当前节点与上游节点的路段-->
            <link>  <!--路段-->
                <upstreamNodeId></upstreamNodeId> <!--上游节点ID-->
                <landeWidth></landeWidth> <!--路段宽度-->
                <name></name>  <!--路段名称-->
                <speedLimits></speedLimits> <!--路段限速-->
                <points></points> <!--路段中心线点序列-->
                <movements></movements> <!--当前路段与下游路段的连接关系-->
                <lanes> <!--路段间车道集合-->
                    <lane> <!--车道-->
                        <LaneID></LaneID> <!--车道ID-->
                        <Width></Width> <!--车道宽度-->
                        <maneuvers></maneuvers> <!--车道行为（直行、左转等）-->
                        <connectsTo> <!--车道与下游路段车道的连接关系-->
                            <Connection>
                                <remoteIntersection> <!--下游路段出口节点ID-->
                                    <region></region>
                                    <id></id>
                                </remoteIntersection>
                                <connectingLane>  <!--下游路段信息-->
                                    <lane></lane>
                                    <maneuver><maneuver>
                                </connectingLane>
                                <phaseld></phaseld> <!--相位号-->
                            </Connection>
                        </connectsTo>
                        <points></points> <!--车道中心线点序列集合-->
                        <speedLimits></speedLimits> <!--当前车道限速-->
                    </lane>
                </lanes>
            </link>
        </inlinks>
    </nodes>
</MapData>
```

图 11-1-5　MAP 消息体内容

3. RSI 消息体内容

RSI 消息是指路侧交通事件及交通标志消息。该消息帧能够打包一个或多个交通事件信息或者交通标志信息，同时包含发送该消息的路侧单元编号以及参考位置坐标。

交通事件采用《道路交通信息服务 交通事件分类与编码》（GB/T 29100—2012）中的格式，其中包括交通事故、交通灾害、交通气象、路面状况等事件。交通标志采用《道路交通标志和标线 第 2 部分：道路交通标志》（GB 5768.2—2022）中的定义。详细的参数说明如图 11-1-6 所示。

在消息体中，参考点位置表示本信息产生的位置点（标志标牌的放置位置或交通事件的发生位置），消息中其余的位置偏移量均基于该参考点测算。

消息体中，用有序的位置点列，来表示该消息生效的车辆行进轨迹区段；用半径来表示区段的宽度以覆盖路段的宽度。

【ASN.1 代码】

```
RoadSideInformation ::= SEQUENCE {
    msgCnt MsgCount,
    timeStamp MinuteOfTheYear OPTIONAL,
    id OCTET STRING (SIZE(8)),
    -- RSU ID
    rsiId INTEGER (0..255),
    -- local ID of this rsi information set by RSU
    alertType AlertType,
    -- Text message warning or Traffic sign type according to China GB5768
    description IA5String (SIZE(1..256)) OPTIONAL,
    -- Text message if alertType = 0
    -- Additional description to the traffic sign if alertType > 0
    -- e.g. describe the subtype of the traffic sign
    priority Priority OPTIONAL,
    -- the urgency of this message, a relative
    -- degree of merit compared with other
    -- similar messages for this type (not other
    -- messages being sent by the device), nor a
    -- priority of display urgency
    refPos Position3D,
    -- Position of traffic alert (traffic sign or incident)
    alertPath PathPointList,
    -- Warning is active if vehicle is within this path
    -- Points are listed from upstream to downstream
    -- along the vehicle drive direction.
    -- One path includes at least two points.
    alertRadius Radius,
    -- The biggest distance away from the alert path
    -- within which the warning is active.
    ...
}
```

图 11-1-6　RSI 消息体内容

4. RSM 消息内容

RSM 消息即路侧安全消息。路侧单元通过路侧本身拥有的相应检测手段，得到周围交通参与者的实时状态信息（路侧单元本身、周围车辆、非机动车、行人等）广播给周边车辆。具体参数说明：

- msgCnt：该消息的编号。
- id：该路侧单元的 ID。
- refPos：发送本 RSM 消息的 3D 位置信息，包括经纬度信息和海拔信息。
- Participant List：区域内道路交通参与信息列表。

RSM 消息的存在使得车辆对于周围环境的感知不仅仅依赖于 Msg_BSM 消息。路侧单元基于路侧传感器，帮助车辆对其周围的环境进行探测，并将实时信息通过 Msg_RSM 消息传递给车辆。

5. SPAT 消息体结构

SPAT 消息是指交通信号的相位与时间，即路口信号灯在不同时刻的变化状态。交通信号控制系统中的 SPAT 传递给车载传感器，使得车辆能够提前感知到绿灯时间和红灯时间的信息，从而采取适当措施做出反应。SPAT 可以大大提高车辆行驶效率，并减缓交通拥堵问题的恶化。

SPAT 消息的主体为 intersection，代表交叉路口信号灯集合信息。内部结构中 intersectionState

表示为某个具体的交通信号灯的当前状态信息，包括路口 ID、信号灯工作状态、时间超、信号灯相位列表等，具体结构如图 11-1-7 所示。其中，Phase 表示信号灯相位，是 SPAT 消息体中的重点内容，一个相位信息包括一个相位 ID 和一个相位状态列表（Phase State）。在相位列表中，需要进一步说明的参数有：

```
<MessageFrame>
    <spatFrame>
        <msgCnt>41</msgCnt> <!--消息编号-->
        <intersections>  <!--交叉路口信息集合-->
            <intersectionState>  <!--路口信号灯状态-->
                <intersectionId> <!--信号灯ID-->
                    <id>88</id>
                </intersectionId>
                <status>0000000100000010</status> <!--信号灯工作状态-->
                <phases> <!--信号灯相位列表-->
                    <Phase>   <!--信号灯某个具体相位信息-->
                        <id>1</id> <!--相位ID-->
                        <phaseStates> <!--相位状态列表-->
                            <PhaseState>
                                <!--灯色状态-->
                                <light><green/></light>
                                <timing>
                                    <counting>
                                        <!--当前时刻距离该相位状态下一次开始时间-->
                                        <startTime>200</startTime>
                                        <!--当前时刻距离该相位状态下一次结束时间-->
                                        <likelyEndTime>760</likelyEndTime>
                                        <!--下一状态开始的持续时长-->
                                        <nextDuration>0</nextDuration>
                                    </counting>
                                </timing>
                            <PhaseState>
                        </phaseStates>
                    </Phase>
                </phases>
            </IntersectionState>
        </intersections>
    </spatFrame>
</MessageFrame>
```

图 11-1-7　SPAT 消息体内容

• light：定义信号灯相位的灯色状态。信号灯灯色有红、绿、黄三种，信号灯状态有亮灯、闪烁和熄灭三种状态。对于绿灯状态，在应用实现时应参考实际路口的情况，选择采用通行允许相位（permissive-green）或通行保护相位（protected-green）。

• StartTime：表示该相位状态下一次开始（距离当前时刻）的时间，或者预测开始的时间。如果当前正值该相位状态，则该数值为 0。

• likelyEndTime：表示当前时刻距离该相位状态下一次结束的估计时间，无论当前时刻该相位状态是否开始。如果该信号灯相位是固定周期、固定时长，则该数值就表示当前时刻距离该相位状态下一次结束的准确时间。

• NextDtration：如果当前该相位状态已开始（未结束），则该数值表示该相位状态下一次开始后的持续时长；如果当前该相位状态未开始，则表示该相位状态第二次开始后的持续时长。

11.2　V2V 应用场景测试

微课：车路协同典型应用场景

在智能交通系统中，V2X 技术借助车与车、车与路侧基础设施、车与路人之间的无线通信，实时感知车辆周边状况进行及时预警。因此，基础的 V2X 应用也大致分为 V2V（车与车通信）应用场景、V2I（车与路侧单元通信）应用场景，以及 V2P（车与路人）应用场景。

11.2.1 V2V 应用场景介绍

在上一节中，我们了解到 V2V 通信相关的应用场景有：前向碰撞预警、交叉路口碰撞预警、左转辅助、车辆盲区/变道预警、逆向超车预警、紧急制动预警、异常车辆预警、车辆失控预警、紧急车辆预警。

11.2.1.1 前向碰撞预警应用

前向碰撞预警（Forward Collision Warning，FCW）是指主车（Host Vehicle）在车道上正常行驶，与在正前方同一车道上的远车（Remote Vehicle）存在追尾碰撞危险时，前向碰撞预警应用将对主车的驾驶员进行预警提醒，适用范围为普通公路和高速公路的车辆碰撞、追尾危险的预警情况。该应用的预期效果为能够辅助驾驶员避免或减轻前向碰撞，避免或减轻碰撞带来的系列危险，提高道路行驶安全。

1. 四类前向碰撞预警应用场景（见图 11-2-1）

（1）主车行驶、远车在同一车道正前方停止。

（2）主车行驶、远车在相邻车道前方停止。

（3）主车行驶、远车在同一车道正前方慢速或减速行驶。

（4）主车行驶且视线受阻，远车 1 在主车统一车道正前方停止。

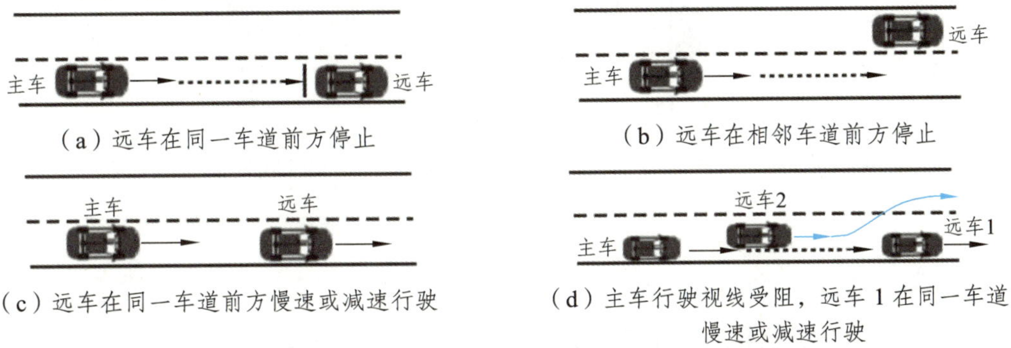

图 11-2-1 前向碰撞预警场景演示

2. 前向碰撞预警应用基本原理

（1）主车实时分析接收到的远车消息（包括周围范围内的车辆），并筛选出位于同一车道前方区域的远车。

（2）进一步分析筛选出处于一定距离范围内的远车作为潜在威胁车辆。

（3）计算每一个潜在威胁车辆碰撞时间（Time-to-Collision，TTC）或防撞距离（collision avoidance range），进一步筛选出与主车存在碰撞危险的威胁车辆；若存在多个威胁车辆，优先选择最紧急的。

3. 前置条件

（1）主车车速范围：0 ~ 130 km/h。

（2）主车从车的通信距离：≥300 m。

（3）主车从车数据更新频率：≤10 Hz。

（4）系统延迟：≤100 ms。

（5）定位精度：≤1.5 m。

11.2.1.2　交叉路口碰撞预警应用

交叉路口碰撞预警（Intersection Collision Warning，ICW）是指当主车在车道上正常驶向交叉路口，与侧向行驶的远车存在碰撞危险时，ICW 应用将对主车驾驶员进行预警。

1. 交叉路口碰撞预警应用场景

本应用适用于城市及郊区普通道路及公路的交叉路口、环岛入口、高速路入口等交叉路口碰撞危险的预警。应用场景示意如图 11-2-2 所示。

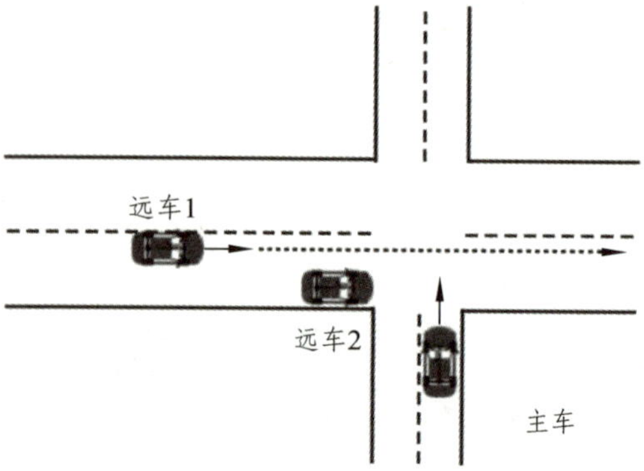

（a）ICW 应用场景 1

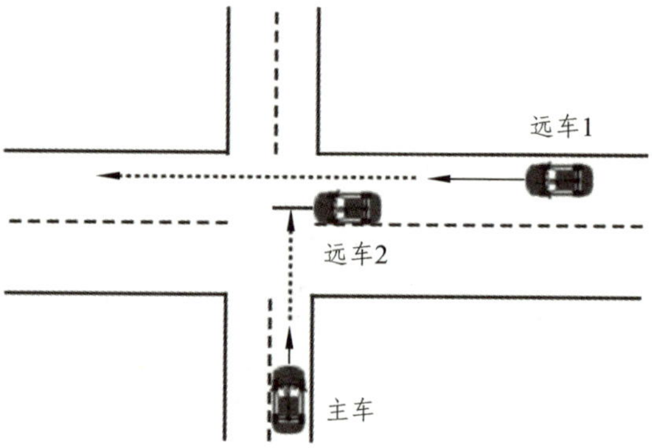

（b）ICW 应用场景 2

图 11-2-2　交叉路口碰撞预警场景演示

2. 交叉路口碰撞预警应用基本原理

（1）主车系统分析接收到的远车消息，筛选出位于交叉路口区域的远车。

（2）进一步筛选处于一定距离范围内的远车作为潜在威胁车辆。

（3）计算每一个潜在威胁车辆到达路口的时间和到达路口的距离。

（4）筛选出与主车存在碰撞危险的威胁车辆。

（5）若有多个威胁车辆，则筛选出最紧急的威胁车辆。

（6）系统对主车驾驶员进行相应的碰撞预警。

3. 前置条件

（1）主车和远车需具备短程无线通信能力（V2V 技术）。

（2）主车车速范围：0 ~ 70 m/h。

（3）通信距离：>150 m。

（4）数据更新频率：≤10 Hz。

（5）系统延迟：≤100 ms。

（6）定位精度：≤5 m。

11.2.1.3　盲区预警应用

盲区预警（Blind Spot Warning，BSW）是指当主车的相邻车道上有同向行驶的远车出现在主车盲区时，系统能够及时对主车驾驶员进行提醒。

1. 盲区预警应用场景

主车正常行驶，远车在主车相邻车道内同向行驶，在行驶过程中处于主车盲区内（见图 11-2-3），应用需要提醒主车驾驶员其盲区内存在车辆。当主车驾驶员有变道的意图，为避免发生碰撞，应用同样会对主车驾驶员发出预警。

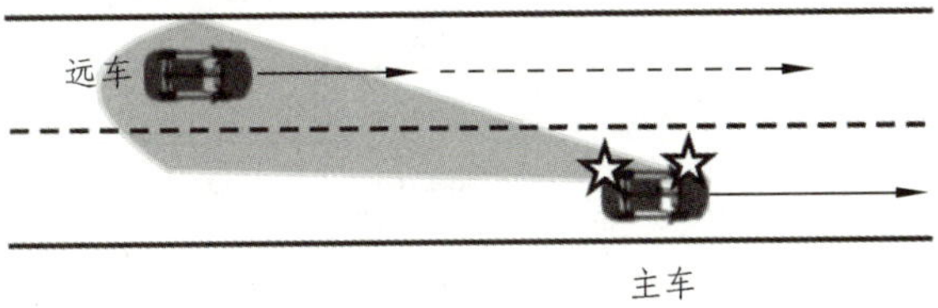

图 11-2-3　盲区预警（远车在主车的盲区内）场景演示

本应用适用于普通道路或高速公路等车辆变道可能存在碰撞危险的预警，使驾驶员避免车辆变道时，与相邻车道上的车辆发生侧向碰撞，提高变道安全。

2. 前置条件

（1）主车和远车需具备短程无线通信能力，车辆信息通过短程无线通信在主车和远车之间传递（V2V）。

（2）主车车速范围：0 ~ 130 km/h。

（3）通信距离：>150 m。

（4）数据更新频率：≤10 Hz。

（5）系统延迟：≤100 ms。

（6）定位精度：≤1.5 m。

11.2.1.4　左转辅助应用

左转辅助（Left Turn Assist，LTA）是指当主车在交叉路口准备进行左转，从车从对面驶向路口时（见图 11-2-4），两车均需具备短程无线通信能力。左转辅助系统能够及时对主车驾驶员发出预警，提醒驾驶员与对向来车存在碰撞危险；预警时机需确保主车驾驶员收到预警后，能有足够时间采取措施，避免与对向来车发生碰撞。

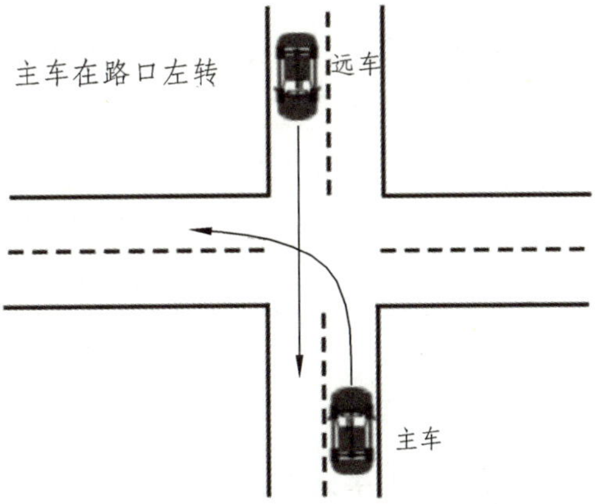

图 11-2-4　左转辅助应用场景演示

1. 左转辅助应用场景

本应用适用于城、郊普通街道道路与公路的交叉路口，能够应对十字路口范围较为复杂的路况，辅助驾驶员避免或减轻侧向碰撞，提高交叉路口的通行安全性。

主车通过无线通信接收到周围车辆的消息具体内容如表 11-2-1 所示。

表 11-2-1　左道辅助应用交互时的传输信息（远车数据）

数据信息	单位	备注
当前时刻	ms	
位置（经纬度）	deg	
位置（海拔）	m	
车头方向脚	deg	
车辆尺寸	m	
车速	m/s^2	
三轴加速度	m/s^2	
横摆角速度	deg/s	
转向信号		左转向灯是否激活

2. 前置条件

（1）主车和远车需具备短程无线通信能力（V2V 技术）。

（2）主车车速范围：0 ~ 70 km/h。

（3）主车通信距离：⩾150 m。

（4）数据更新频率：⩽10 Hz。

（5）系统延迟：⩽100 ms。

（6）定位精度：⩽1.5 m。

11.2.1.5　逆向超车预警应用

逆向超车预警（Do Not Pass Warning，DNPW）是指当主车行驶过程中需要借用逆向车道超车时，可能会与逆向车道上行驶而来的远车发生碰撞（见图 11-2-5），该应用需在主车驾驶员有逆向超车意图时及时对其进行预警。

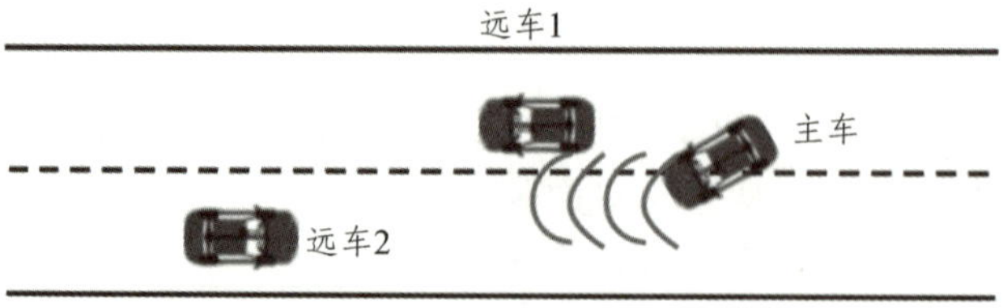

图 11-2-5　逆向超车场景演示

1. 逆向超车预警应用场景

本应用适用于城市及郊区普通道路及公路超车变道碰撞危险的预警，以辅助驾驶员避免或减轻超车过程中产生的碰撞，提高超车通行安全。

2. 前置条件

（1）主车和远车需具备短程无线通信能力（V2V 技术）。

（2）主车车速范围：0 ~ 70 km/h。

（3）通信距离：300 m。

（4）数据更新频率：≤ 10 Hz。

（5）系统延迟：≤100 ms。

（6）定位精度：≤1.5 m。

11.2.1.6　紧急制动预警

紧急制动预警（Emergency Brake Warning，EBW）是指主车在正常行驶过程中，当前方有一定距离的远车突然进行紧急制动，远车通过 V2V 短程无线通信广播车辆状态信息。主车接收到广播信息后，判断消息中是否包含紧急制动事件，进一步结合自身车速、位置信息，判断若存在碰撞危险，及时对主车驾驶员进行预警（见图 11-2-6）。

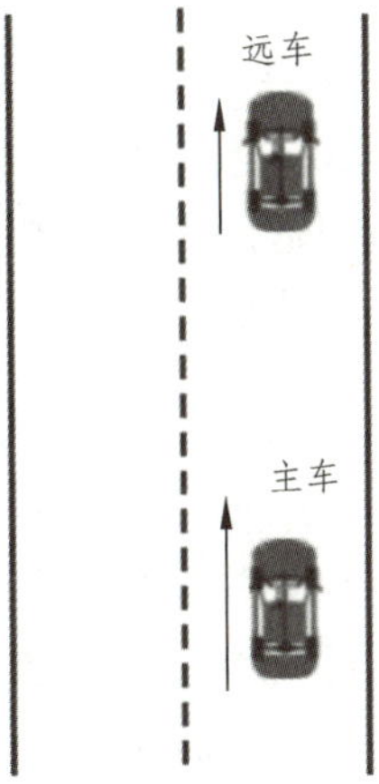

图 11-2-6　紧急制动预警场景演示

紧急制动预警的数据交互信息中，除了基础的时刻、位置（经纬度）、海拔、车头方向角、车体尺寸、速度、纵向加速度之外，还添加了紧急制动状态（是否激活）。

1. 紧急制动预警应用场景

本应用适用于城市郊区普通道路及高速公路可能发生制动追尾碰撞危险的预警。

2. 前置条件

（1）主车和远车需具备短程无线通信能力（V2V 技术）。

（2）主车车速范围：0 ~ 130 km/h。

（3）通信距离：≥150 m。

（4）数据更新频率：≤10 Hz。

（5）系统延迟：≤100 ms。

（6）定位精度：≤1.5 m。

11.2.1.7　异常车辆提示应用

异常车辆提醒（Abnormal Vehicle Warning，AVW）是指当前方远车在行驶中发生异常，故障报警灯亮起，向周围车辆广播消息“车辆异常”，主车根据收到的消息，系统及时对驾驶员进行异常车辆提醒。此外，主车系统还会识别到周围车速明显过慢，甚至停止的车辆，提前对驾驶员进行异常提醒（见图 11-2-7）。

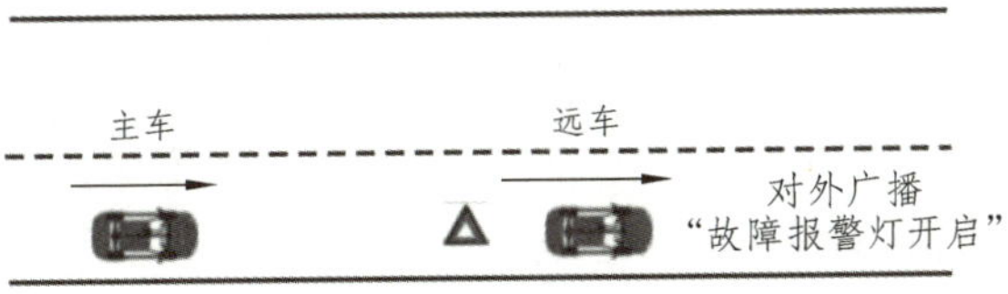

图 11-2-7　异常车辆提醒场景演示

1. 异常车辆提示应用场景

当远车为静止或者慢速车辆，在对外广播的消息中携带自身位置、速度、朝向等信息，主车将根据这些信息判断远车为异常车辆对主车驾驶员发出预警，提醒驾驶员前方有异常车辆行驶。若判断其与主车存在碰撞危险，则及时报警；若有多个威胁车辆，则筛选出最紧急的威胁车辆。

异常车辆预警的数据交互信息中，除了基础的时刻、位置（经纬度）、海拔、车头方向角、速度之外，还添加了远车的异常状态信息。

本应用适用于城市及郊区普通道路及公路的交叉路口、环岛入口、高速路入口等环境中的异常车辆提醒。

2. 前置条件

（1）主车和远车需具备短程无线通信能力（V2V 技术）。

（2）主车车速范围：0 ~ 130 m/h。

（3）通信距离：>150 m。

（4）数据更新频率：≤10 Hz。

（5）系统延迟：≤100 ms。

（6）定位精度：≤5 m。

11.2.1.8 车辆失控预警应用

车辆失控预警（Control Loss Warning，CLW）是指远车在驾驶过程中触发了车辆失控相关的系统功能，并同时对外广播状态信息，主车接收到广播信息，判断远车处于车辆失控状态，并将影响自车的驾驶，存在碰撞的危险，系统应用会对主车驾驶员进行提醒（见图 11-2-8）。

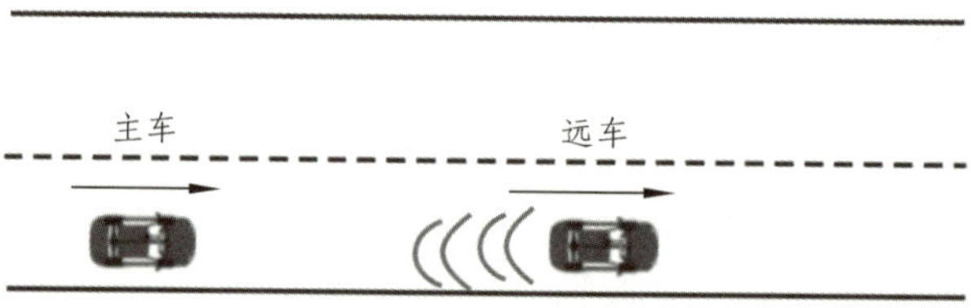

（a）主车与远车同向行驶

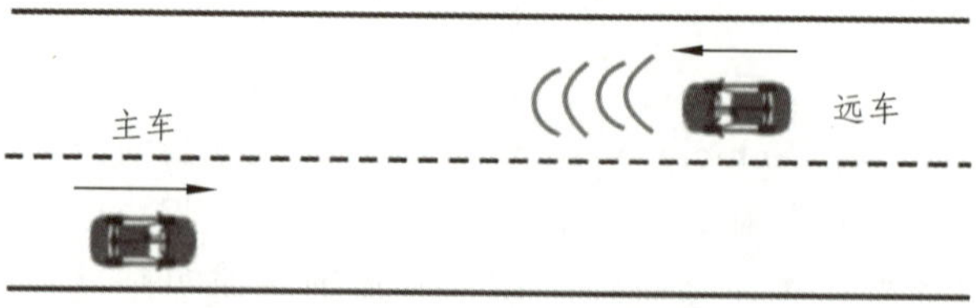

（b）主车与远车相向行驶

图 11-2-8 车辆失控预警场景演示

1. 车辆失控预案应用场景

本应用适用于城市、郊区普通道路及高速公路可能发生车辆失控碰撞危险的预警。

2. 前置条件

车辆失控预警的远车数据交互信息中，除了基础的时刻、位置（经纬度）、海拔、车体尺寸、车头方向角、速度、加速度之外，还添加了触发车辆失控的系统功能状态信息，具体有：

（1）制动防抱死系统（ABS）状态。

（2）车身稳定性系统（ESP）状态。

（3）牵引力控制系统（TCS）状态。

（4）车道偏移预警系统（LDW）状态，分左右两个方向。

11.2.2　V2V 通信测试实例分析

V2V 通信主要是车辆与车辆的通信，主要使用到的消息类型为 BSM。BSM 消息表示基本安全消息。

下面以前向碰撞预警为例，通过 V2V 通信协议应用测试流程来解析消息具体配置。

11.2.2.1　V2V 通信协议消息配置流程

V2V 通信协议消息配置流程如图 11-2-9 所示。

（1）配置远车 BSM 数据文件。

（2）生成 BSM 数据文件。

（3）配置主车 TPM 数据文件。

（4）生成 TPM 数据文件。

（5）导入数据文件，连接设备进行回放。

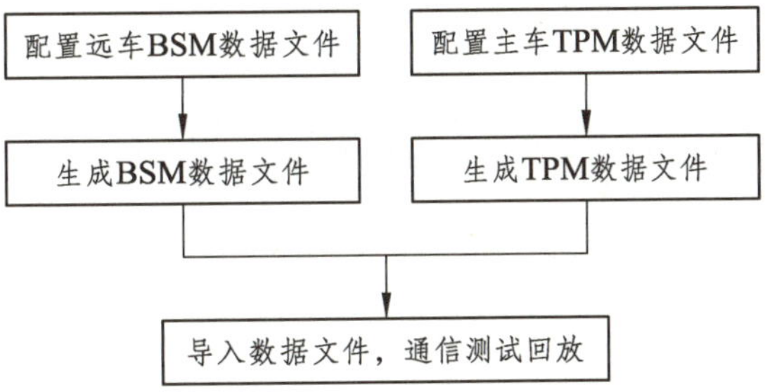

图 11-2-9　V2V 通信协议应用测试流程

11.2.2.2　配置远车 BSM 数据文件

BSM 配置页面（见图 11-2-10）的具体内容有：

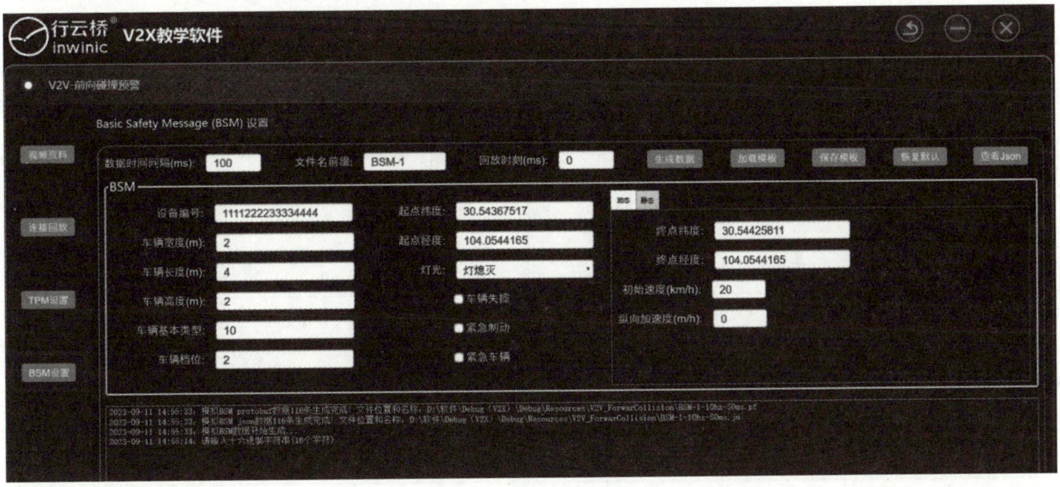

图 11-2-10　BSM 配置页面 1

（1）设置生成的配置文件的数据时间间隔，通常为 100 ms；回放时刻为 0 ms。

（2）设置文件名称，为了将各类配置文件区分开，命名规范通常是文件类型-序号，此处为 BSM-1（见图 11-2-11）。

图 11-2-11　BSM 配置页面 2

（3）填写设备编号，可自行定义，要求为 16 位的十六进制字符串格式。

（4）设置车辆的尺寸大小（长、宽、高）：本例中设置车辆的宽度为 2，长度为 4，高度为 2（见图 11-2-12）。

（5）设置车辆基本类型，车辆基本类型的具体编号如表 11-2-2 所示。

（6）设置车辆挡位。车辆挡位状态有 4 种，空挡——0；停止挡——1；前进挡——2；倒挡——3。本例中设置远车为前进挡位，即设置为 2。

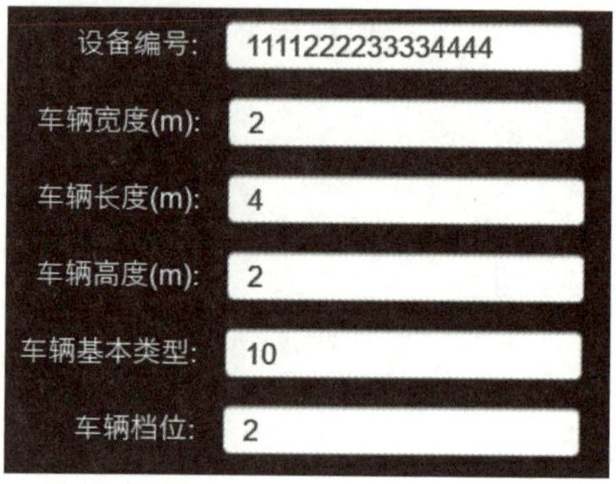

图 11-2-12　BSM 配置页面 3

表 11-2-2　交通车及交通参与者类型

序号	类型	序号	类型
0	未知车辆类别	63	应急消防重型车辆
10	默认乘用车类型	64	应急消防警用车辆
20	默认轻型卡车类型	65	应急消防警用轻型车辆
25	默认卡车类型	66	应急警用轻型车辆
27	两轴六轮的单一单元卡车	67	应急警用重型车辆
28	三轴单一单元卡车	68	应急其他响应车辆
29	四轴或更多轴的单元卡车	69	救护车
30	四轴或以下轴的单拖车卡车	80	默认具有 V2X 功能的交通者类型
40	默认摩托车类型	82	行人
50	默认交通类的汽车类型	83	视觉残疾人
52	公交车	84	身体残疾人
53	特快巴士	85	自行车者
54	本地巴士	86	道路工作者
55	校车	90	默认 V2X 功能的基础设备类型
56	有轨电车	91	固定型基础设备
60	默认紧急车辆类型	92	移动型基础设备
62	应急消防轻型车辆		

注：数据来源于行业标准 YDT 3709—2020—5.2.4.5DE_BasicVehicleClass

（7）设置远车的起点位置（经纬度信息）。在实际测试过程中，经纬度信息是使用 GPS 模块获取定位来动态获取的。仿真测试中，可通过鼠标抓取地图坐标点来获取经纬度信息。本例中，起点的纬度为 30.543 675 17，起点的经度为 104.054 416 5，终点的纬度为 30.544 258 11，终点的经度为 104.054 416 5。

（8）设置灯光状态。汽车灯光状态可选项有：灯熄灭、左转灯、右转灯、双闪灯。

（9）设置车辆状态，可根据应用场景勾选车辆失控、紧急制动、紧急车辆三类车辆状态，从而在 BSM 广播消息内添加相对应的状态信息进行发送。由于本例是前向碰撞预警应用，未添加车辆状态信息，则图 11-2-13 中未进行状态信息勾选。

（10）设置远车的终点位置（经纬度信息）。本例中，终点的纬度为 30.544 258 11，终点的经度为 104.054 416 5（见图 11-2-14）。

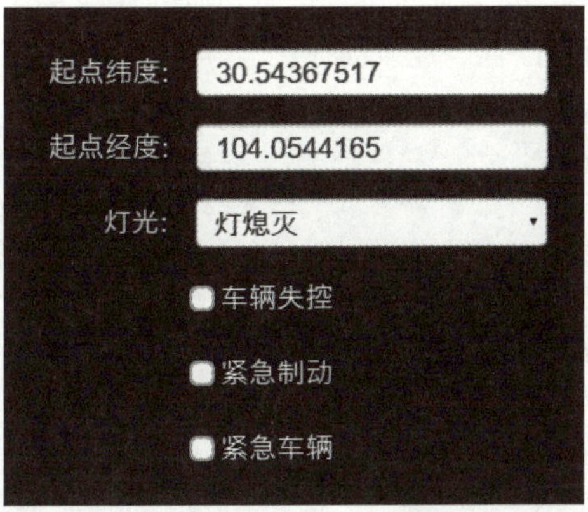

图 11-2-13　BSM 配置页面 4

（11）设置车辆速度与加速度。本例中设置车辆速度为 20 km/h，纵向加速度为 0 m/s^2，模拟匀速的方式前进。

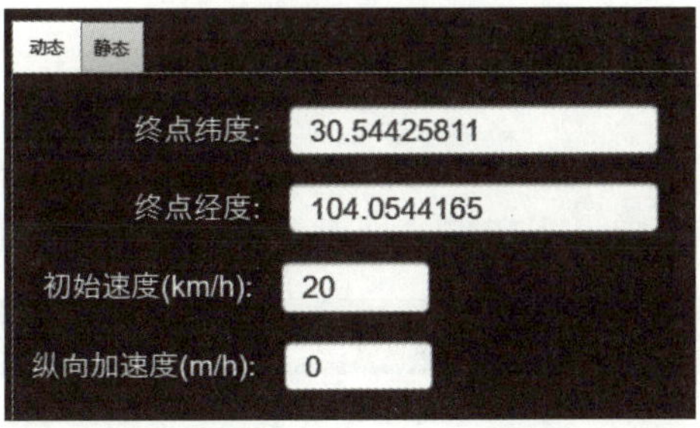

图 11-2-14　BSM 配置页面 5

配置完成后，点击生成数据文件，可以连接回放中查看到当前文件 BSM-1。远车 BSM 数据生成完毕，最终的文件格式有两类：JSON 数据文件和经过格式转换的后缀为.pf 的 Protobuf 文件。

在 JSON 文件中，消息帧以设定好的数据时间间隔及消息时长持续发送，数据信息以动态帧的形式呈现（见图 11-2-15）。

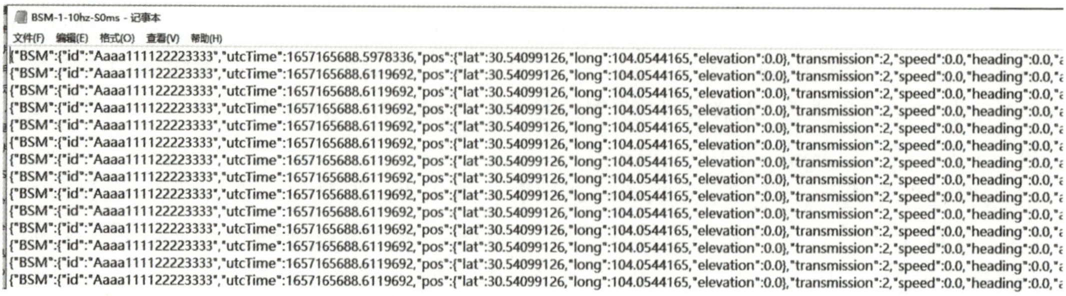

{"BSM":{"id":"Aaaa111122223333","utcTime":1657165688.5978336,"pos":{"lat":30.54099126,"long":104.0544165,"elevation":0.0},"transmission":2,"speed":0.0,"heading":0.0,"a
{"BSM":{"id":"Aaaa111122223333","utcTime":1657165688.6119692,"pos":{"lat":30.54099126,"long":104.0544165,"elevation":0.0},"transmission":2,"speed":0.0,"heading":0.0,"a
{"BSM":{"id":"Aaaa111122223333","utcTime":1657165688.6119692,"pos":{"lat":30.54099126,"long":104.0544165,"elevation":0.0},"transmission":2,"speed":0.0,"heading":0.0,"a
{"BSM":{"id":"Aaaa111122223333","utcTime":1657165688.6119692,"pos":{"lat":30.54099126,"long":104.0544165,"elevation":0.0},"transmission":2,"speed":0.0,"heading":0.0,"a
{"BSM":{"id":"Aaaa111122223333","utcTime":1657165688.6119692,"pos":{"lat":30.54099126,"long":104.0544165,"elevation":0.0},"transmission":2,"speed":0.0,"heading":0.0,"a
{"BSM":{"id":"Aaaa111122223333","utcTime":1657165688.6119692,"pos":{"lat":30.54099126,"long":104.0544165,"elevation":0.0},"transmission":2,"speed":0.0,"heading":0.0,"a
{"BSM":{"id":"Aaaa111122223333","utcTime":1657165688.6119692,"pos":{"lat":30.54099126,"long":104.0544165,"elevation":0.0},"transmission":2,"speed":0.0,"heading":0.0,"a
{"BSM":{"id":"Aaaa111122223333","utcTime":1657165688.6119692,"pos":{"lat":30.54099126,"long":104.0544165,"elevation":0.0},"transmission":2,"speed":0.0,"heading":0.0,"a
{"BSM":{"id":"Aaaa111122223333","utcTime":1657165688.6119692,"pos":{"lat":30.54099126,"long":104.0544165,"elevation":0.0},"transmission":2,"speed":0.0,"heading":0.0,"a
{"BSM":{"id":"Aaaa111122223333","utcTime":1657165688.6119692,"pos":{"lat":30.54099126,"long":104.0544165,"elevation":0.0},"transmission":2,"speed":0.0,"heading":0.0,"a
{"BSM":{"id":"Aaaa111122223333","utcTime":1657165688.6119692,"pos":{"lat":30.54099126,"long":104.0544165,"elevation":0.0},"transmission":2,"speed":0.0,"heading":0.0,"a
{"BSM":{"id":"Aaaa111122223333","utcTime":1657165688.6119692,"pos":{"lat":30.54099126,"long":104.0544165,"elevation":0.0},"transmission":2,"speed":0.0,"heading":0.0,"a
{"BSM":{"id":"Aaaa111122223333","utcTime":1657165688.6119692,"pos":{"lat":30.54099126,"long":104.0544165,"elevation":0.0},"transmission":2,"speed":0.0,"heading":0.0,"a
{"BSM":{"id":"Aaaa111122223333","utcTime":1657165688.6119692,"pos":{"lat":30.54099126,"long":104.0544165,"elevation":0.0},"transmission":2,"speed":0.0,"heading":0.0,"a

图 11-2-15　前向碰撞预警应用 BSM 配置 JSON 文件内容

11.2.2.3　配置主车 TPM 数据文件

TPM（Time Position Message，时间位置信息数据）主要用于描述主车的车辆内部基础情况，包含的信息主要是车辆的位置、速度/加速度、航向角等基础信息（见图 11-2-16）。

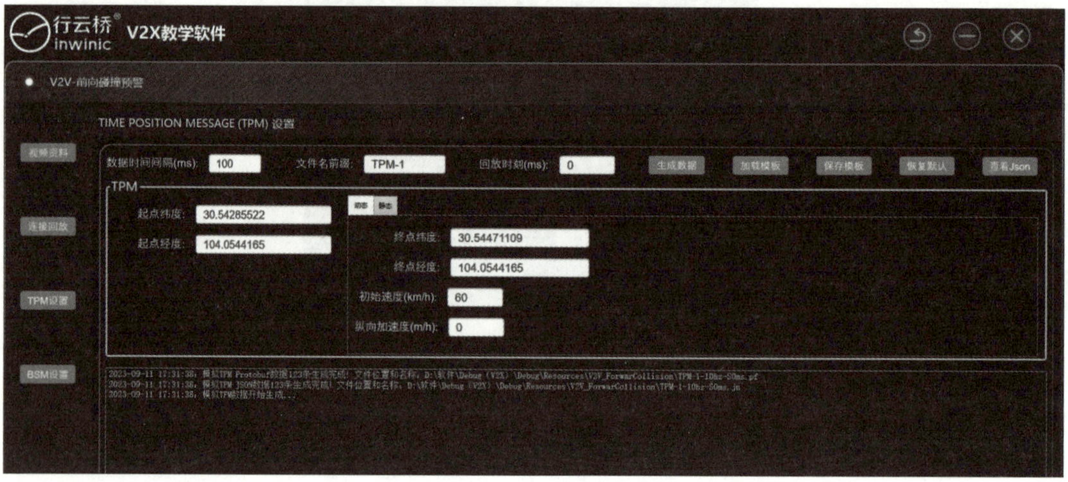

图 11-2-16　TPM 配置页面 1

信息设置方法如下：

（1）设置生成的配置文件的数据时间间隔，通常为 100 ms；回放时刻为 0 ms。

（2）设置文件名称，本例中，将文件名称设置为 TPM-1（见图 11-2-17）。

图 11-2-17　TPM 配置页面 2

（3）设置起点坐标。本例中，TPM 主车设置的起点纬度为 30.542 855 22，起点经度为 104.054 416 5（见图 11-2-18）。

（4）动态获取数据信息，设置终点坐标及相关速度。本例中，设置的终点的纬度为 30.544 711 09，终点的经度为 104.054 416 5，设置初始速度为 60 km/h，纵向加速度为 0。

（5）配置完成后，点击生成数据文件 TPM-1。最终的文件格式有两类：JSON 数据文件和经过格式转换的后缀为.pf 的 Protobuf 文件。

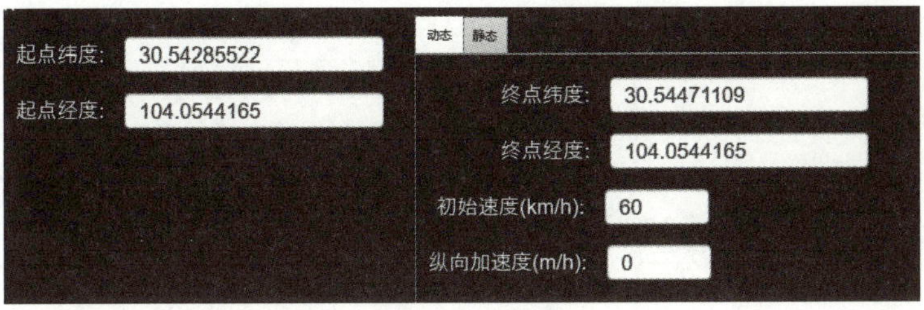

图 11-2-18　TPM 配置页面 3

在 JSON 文件中，消息帧以设定好的数据时间间隔及消息时长持续发送，数据信息以动态帧的形式呈现（见图 11-2-19）。

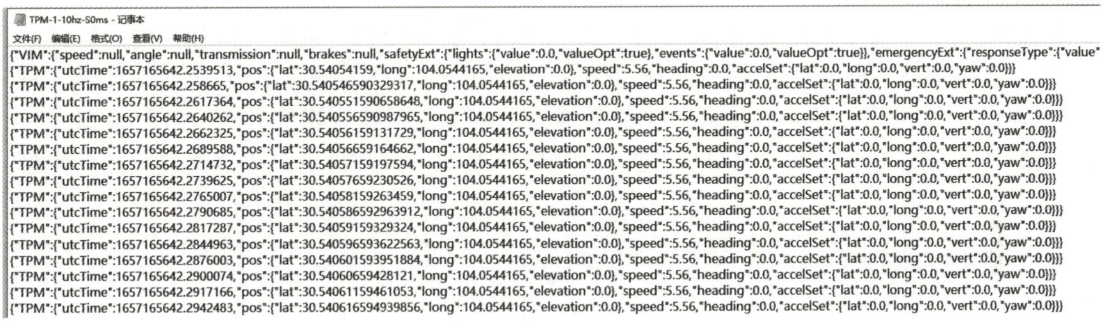
TPM-1-10hz-50ms - 记事本
文件(F)　编辑(E)　格式(O)　查看(V)　帮助(H)

{"VIM":{"speed":null,"angle":null,"transmission":null,"brakes":null,"safetyExt":{"lights":{"value":0.0,"valueOpt":true},"events":{"value":0.0,"valueOpt":true}},"emergencyExt":{"responseType":{"value"
{"TPM":{"utcTime":1657165642.2539513,"pos":{"lat":30.54054159,"long":104.0544165,"elevation":0.0},"speed":5.56,"heading":0.0,"accelSet":{"lat":0.0,"long":0.0,"vert":0.0,"yaw":0.0}}}
{"TPM":{"utcTime":1657165642.258665,"pos":{"lat":30.540546590329317,"long":104.0544165,"elevation":0.0},"speed":5.56,"heading":0.0,"accelSet":{"lat":0.0,"long":0.0,"vert":0.0,"yaw":0.0}}}
{"TPM":{"utcTime":1657165642.2617364,"pos":{"lat":30.540551590658648,"long":104.0544165,"elevation":0.0},"speed":5.56,"heading":0.0,"accelSet":{"lat":0.0,"long":0.0,"vert":0.0,"yaw":0.0}}}
{"TPM":{"utcTime":1657165642.2640262,"pos":{"lat":30.540556590987965,"long":104.0544165,"elevation":0.0},"speed":5.56,"heading":0.0,"accelSet":{"lat":0.0,"long":0.0,"vert":0.0,"yaw":0.0}}}
{"TPM":{"utcTime":1657165642.2662325,"pos":{"lat":30.54056159131729,"long":104.0544165,"elevation":0.0},"speed":5.56,"heading":0.0,"accelSet":{"lat":0.0,"long":0.0,"vert":0.0,"yaw":0.0}}}
{"TPM":{"utcTime":1657165642.2689588,"pos":{"lat":30.54056659164662,"long":104.0544165,"elevation":0.0},"speed":5.56,"heading":0.0,"accelSet":{"lat":0.0,"long":0.0,"vert":0.0,"yaw":0.0}}}
{"TPM":{"utcTime":1657165642.2714732,"pos":{"lat":30.54057159197594,"long":104.0544165,"elevation":0.0},"speed":5.56,"heading":0.0,"accelSet":{"lat":0.0,"long":0.0,"vert":0.0,"yaw":0.0}}}
{"TPM":{"utcTime":1657165642.2739625,"pos":{"lat":30.54057659230526,"long":104.0544165,"elevation":0.0},"speed":5.56,"heading":0.0,"accelSet":{"lat":0.0,"long":0.0,"vert":0.0,"yaw":0.0}}}
{"TPM":{"utcTime":1657165642.2765007,"pos":{"lat":30.54058159263459,"long":104.0544165,"elevation":0.0},"speed":5.56,"heading":0.0,"accelSet":{"lat":0.0,"long":0.0,"vert":0.0,"yaw":0.0}}}
{"TPM":{"utcTime":1657165642.2790685,"pos":{"lat":30.540586592963912,"long":104.0544165,"elevation":0.0},"speed":5.56,"heading":0.0,"accelSet":{"lat":0.0,"long":0.0,"vert":0.0,"yaw":0.0}}}
{"TPM":{"utcTime":1657165642.2817287,"pos":{"lat":30.54059159329324,"long":104.0544165,"elevation":0.0},"speed":5.56,"heading":0.0,"accelSet":{"lat":0.0,"long":0.0,"vert":0.0,"yaw":0.0}}}
{"TPM":{"utcTime":1657165642.2844963,"pos":{"lat":30.540596593622563,"long":104.0544165,"elevation":0.0},"speed":5.56,"heading":0.0,"accelSet":{"lat":0.0,"long":0.0,"vert":0.0,"yaw":0.0}}}
{"TPM":{"utcTime":1657165642.2876003,"pos":{"lat":30.540601593951884,"long":104.0544165,"elevation":0.0},"speed":5.56,"heading":0.0,"accelSet":{"lat":0.0,"long":0.0,"vert":0.0,"yaw":0.0}}}
{"TPM":{"utcTime":1657165642.2900074,"pos":{"lat":30.54060659428121,"long":104.0544165,"elevation":0.0},"speed":5.56,"heading":0.0,"accelSet":{"lat":0.0,"long":0.0,"vert":0.0,"yaw":0.0}}}
{"TPM":{"utcTime":1657165642.2917166,"pos":{"lat":30.54061159461053,"long":104.0544165,"elevation":0.0},"speed":5.56,"heading":0.0,"accelSet":{"lat":0.0,"long":0.0,"vert":0.0,"yaw":0.0}}}
{"TPM":{"utcTime":1657165642.2942483,"pos":{"lat":30.540616594939856,"long":104.0544165,"elevation":0.0},"speed":5.56,"heading":0.0,"accelSet":{"lat":0.0,"long":0.0,"vert":0.0,"yaw":0.0}}}

图 11-2-19　前向碰撞预警应用 TPM 配置 JSON 文件内容

11.3　V2I 应用场景测试

11.3.1　V2I 应用场景介绍

V2I 技术是指车辆与路侧智能基础设施互联的通信技术，用于使车辆接收前方道路交通变化信息，以及预知传感器可接收范围以外的风险，可以“看得更广”“听到更多”，甚至“预测未来”，由此帮助车主规避拥堵，降低碰撞和闯红灯的风险，提升整体交通效率。在 V2I 应用中，除了开发单车智能外，还需要配套路侧基建才能实现。

V2I 的应用场景主要有：闯红灯预警、紧急车辆提醒、道路危险提示、绿波车速引导、限速预警、前方拥堵提醒、车内标牌提醒等应用。

11.3.1.1　闯红灯预警应用

闯红灯预警（Red Light Violation Warning，RLVW）是指主车经过有信号控制的交叉口（车道），当前方有大车遮挡观察信号灯视线或恶劣天气影响视线时，主车的车辆驾驶员无法对当前红灯或即刻来到的红灯做出正确的判断，则需要闯红灯预警应用及时检测出主车当前所处位置和速度，通过计算预测车头经过路口停止线时信号灯的状态，根据状态向驾驶员进行预警。本应用适用于城市街道、郊区公路的不同交叉路口、环道出入口和可控车道、高速公路入口和隧道等有信号控制的车道（见图 11-3-1）。

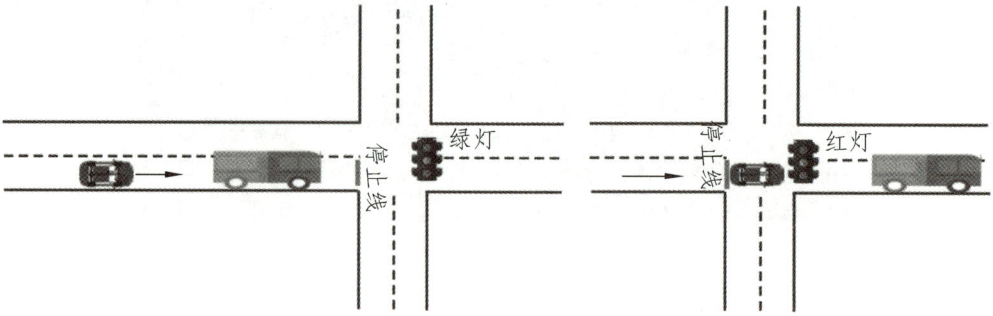

图 11-3-1 大车遮挡观察信号灯视线

在该应用中，主要采用的通信方式是 V2I 模式，具有短程、远程无线通信能力的路侧设备，将交叉路口（车道）相关信息广播给进入光控范围内的具有短程通信功能的车辆。系统将主车获取、处理的信息与接收到路侧单元传输信息（包括红灯切换时刻、红灯保留时长、路口设备地理信息等，见表 11-3-1），进行对比分析处理，由此决定是否对驾驶员进行预警。

表 11-3-1 车辆路侧交互时的传输信息（路侧信息）

数据信息	单位	备注
当前时刻	ms	
路口 ID		用于确定哪个路口
入口 ID		用于确定哪个入口
车道宽度	m	
车道中心线位置		
停车线位置		
车道属性		左转、直行、右转、掉头
车道所属相位		
当前该车道信号灯状态		针对当前车辆所在车道的允许行驶方向的信号灯状态信息
红变绿剩余时间/绿变红剩余时间	s	可预测一个或两个周期
红绿灯配时是否自适应控制		自适应控制时，绿灯剩余时间会发生改变，非固定时长（周期内或下个周期）

应用前置条件：

- 主车车速范围：0 ~ 70 km/h。
- 主车通信距离：≥150 m。
- 数据更新频率：≤5 Hz。
- 系统延迟：≤100 ms。
- 定位精度：≤1.5 m。

11.3.1.2　紧急车辆提醒应用

紧急车辆提醒（Emergency Vehicle Warning，EVW）是指主车在行驶的过程中收到紧急车辆广播发出的提醒消息时，能够及时注意到紧急车辆并对其进行让行。该应用主要是针对消防车、救护车、警车或其他紧急呼叫车辆（见图 11-3-2）。

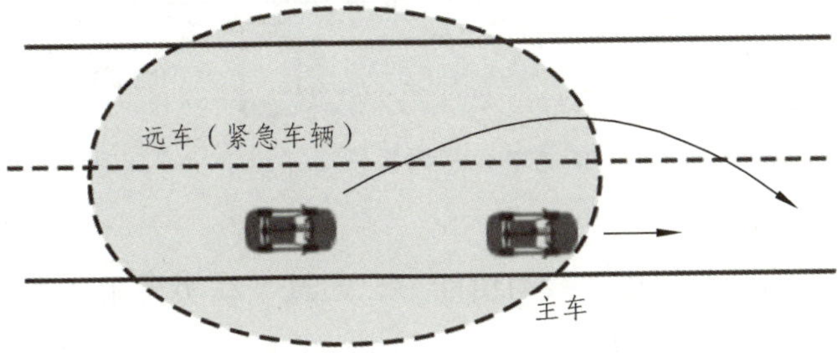

图 11-3-2　紧急车辆应用场景

紧急车辆提醒应用的基本工作原理为：主车分析接收到的紧急车辆消息；筛选出受影响区域的紧急车辆将其作为优先让行紧急车辆；计算优先让行紧急车辆到达的时间和距离，从而主车做出让行。

远车 BSM 消息数据包括基础的时刻、经纬度、海拔、车头方向角、车体尺寸、速度等基础信息外，还包括了三轴加速度、横摆角速度、紧急车辆类型等信息。

应用前置条件：

- 主车和远车需具备短程无线通信能力，且紧急车辆所属小范围内具有广播能力（广播给路侧设备及周围车辆）。
- 主车车速范围：0 ~ 130 km/h。
- 通信距离：≥300 m。
- 数据更新频率：≤5 Hz。
- 系统延迟：≤100 ms。
- 定位精度：≤5 m。

11.3.1.3　道路危险提示应用

道路危险状况提示（Hazardous Location Waring，HLW）是指当主车行驶到容易发生危险状况的路段或者临时性存在道路危险状况的路段时，附近路侧单元（RSU）或临时路侧设备对外广播道路危险状况提示信息。经过该区域的主车接收到广播信息，根据信息内容筛选判断出危险区域，及时采取避让措施，避免发生事故。

HLW 应用将道路危险状况及时通知周围车辆，便于驾驶员提前进行处置，提高车辆对危险路况的感知能力，降低驶入该危险区域的车辆发生事故的风险（见图 11-3-3）。

道路危险提示的路侧数据信息主要有：时刻、道路危险位置（经纬度）、道路危险位置（海拔）、道路危险状况类型及道路危险状况描述。

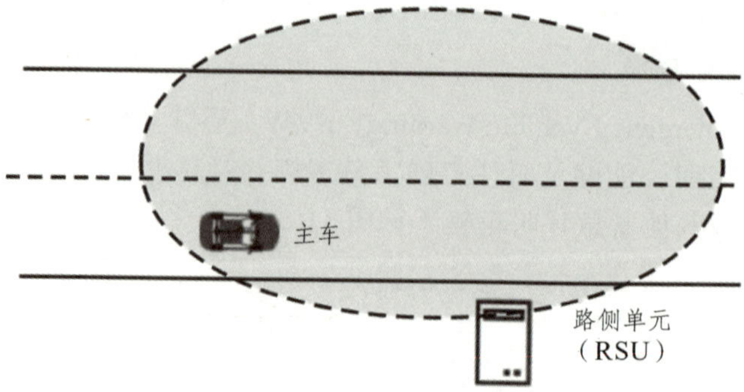

图 11-3-3　路侧单元广播提示道路危险状况信息

应用前置条件：

- 主车和路侧设备均具备短程无线通信能力，通过 V2I 实现相互通信。
- 主车车速范围：0 ~ 130 km/h。
- 通信距离：≥300 m。
- 数据更新频率：≤5 Hz。
- 系统延迟：≤100 ms。
- 定位精度：≤5 m。

11.3.1.4　绿波车速引导应用

绿波车速引导（Green Light Optimal Speed Advisory，GLOSA）是指当主车正常行驶进入由交通控制灯控制的交叉路口范围时，路侧单元（RSU）对外广播发送出局部道路数据信息及从路口信号机处获得信号灯数据信息和实时状态信息（见图 11-3-4）。主车接收到广播信息，根据信息内容（见表 11-3-2），判断出前方信号灯的实时状态，并结合自身车辆定位及行驶状态信息，计算出通过路口后续一路绿波通信的最佳车速区间。

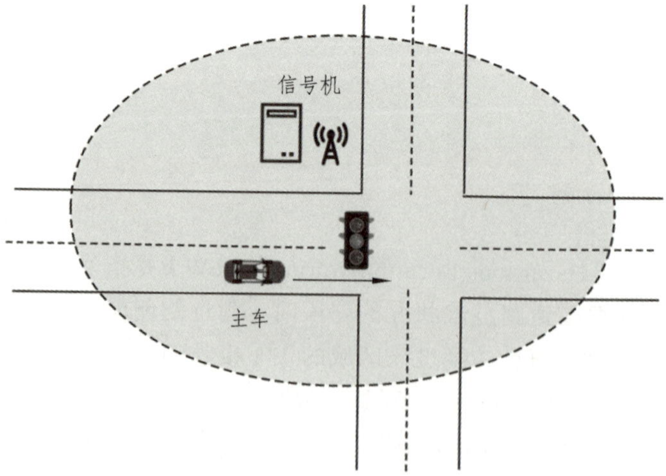

图 11-3-4　绿波车速引导场景

表 11-3-2 绿波车速引导场景的路侧设备传输信息

数据集	数据单元
当前时刻	（单位：ms）
道路数据集	路口节点
	路段信息
	路段内车道信息
	路段出入连接转向关系
信号灯数据集	静态信息（信号灯周期、相位）
	信号灯实时状态信息（状态、倒计时）
	路口转向-信号灯相位关系

应用前置条件：

- 主车和路侧设备均具备短程无线通信能力，通过 V2I 实现相互通信。
- 主车车速范围：0 ~ 70 km/h。
- 通信距离：≥150 m。
- 道路数据集更新频率：≤1 Hz。
- 信号灯数据集更新频率：≤5 Hz。
- 系统延迟：≤200 ms。
- 定位精度：≤5 m。

11.3.1.5 限速预警应用

限速预警（Speed Limit Warning，SLW）是指主车在正常行驶过程中，位于行驶区域内的路侧设备周期性地发送特定路段的限速信息。主车接收到广播信息后，判断自己要求的特定路段下是否超速。若超速，系统应用对主车驾驶员发出预警，提醒驾驶员减速行驶。

路侧设备发送信息的基本内容包括：时刻（ms）、路侧单元的经纬度、路侧单元所处地点的海拔、限速区域范围、速度限制值（m/s）。

应用前置条件：

- 主车和路侧单元均具备短程无线通信能力，信息通过短程无线通信在两者之间传递（V2I）。
- 主车车速范围：0 ~ 130 km/h。
- 通信距离：≥300 m。
- 数据更新频率：≤1 Hz。
- 系统延迟：≤100 ms。
- 定位精度：≤5 m。

11.3.1.6 前方拥堵提醒应用

前方拥堵提醒（Traffic Jam Warning，TJW）是指主车在道路上正常行驶，前方不远处发生了交通拥堵，交通拥堵区域的路侧设备可以将感应到的路侧信息广播发送出去，当具有无线短车通信的主车接收到信息后，综合判断道路拥堵情况。若有拥堵情况，系统应用将对驾驶员进行提醒，帮助驾驶员重新制定合理的行车路线，提高道路交通效率。

本应用适用于城市及郊区普通道路及高速公路拥堵路段的预警（见图 11-3-5）。

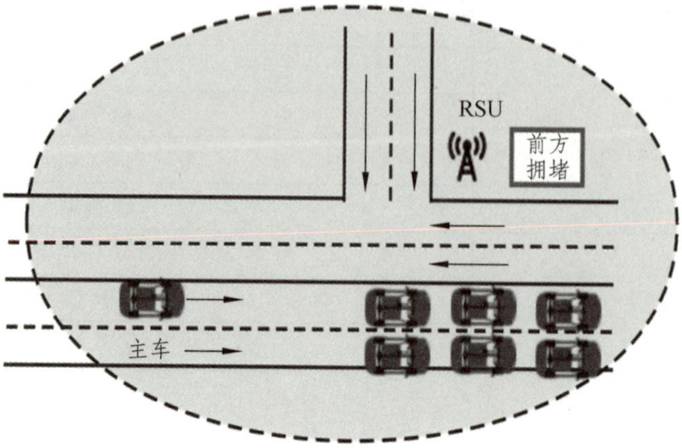

图 11-3-5　前方拥堵应用场景

应用前置条件：

- 主车和路侧单元均具备短程无线通信能力，信息通过短程无线通信在两者之间传递（V2I）。
- 主车车速范围：0 ~ 130 km/h。
- 通信距离：≥150 m。
- 数据更新频率：≤1 Hz。
- 系统延迟：≤500 ms。
- 定位精度：≤5 m。

11.3.1.7　车内标牌提醒应用

车内标牌（In-Vehicle Signage，IVS）是指路侧单元在交通区域内广播发送道路数据与交通标牌信息，具有无线短程通信的主车接收到广播信息，并结合自身车的定位和行驶状态，计算出自车在路网中的位置，并判断前方是否有交通标识牌，如果有，当车辆行驶通过车内标牌时候，系统应用给予主车驾驶员相应的交通标牌提示，保证车辆的安全行驶。本应用能够提高车辆行驶的安全性，适用于任何交通道路场景（见图 11-3-6）。

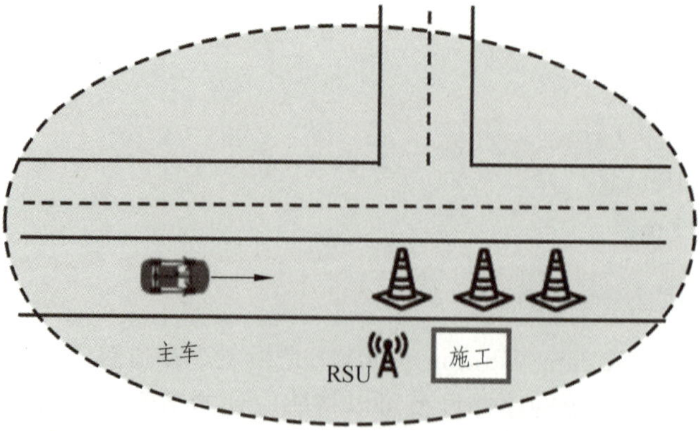

图 11-3-6　车内标牌应用场景

路侧单元 RSU 传输的消息数据具体内容包括：时刻、道路数据（路口节点、路段信息、车道信息、路段连接转向信息）及交通标牌信息（标牌内容、标牌指示范围、标牌有效时间等）。

应用前置条件：

- 路侧设备具备短程无线通信能力，能够将道路数据与交通标牌信息，发送给主车。
- 主车车速范围：0 ~ 70 km/h。
- 通信距离：≥150 m。
- 道路数据与交通标牌信息更新频率：≤1 Hz。
- 系统延迟：≤100 ms。
- 定位精度：≤5 m。

11.3.2　V2I 通信测试实例分析

V2I 通信主要是车辆与路侧设备（RSU）的通信，主要使用到的消息类型是 MAP 消息与 SPAT 消息。

1. MAP 消息

MAP 消息又称地图消息，主要是由路侧设备向车辆广播的局域地区地图消息，具体包括路口信息、路段信息、车道信息、道路连接关系等。

MAP 消息的数据内容包括：

（1）msgCnt：MAP 消息编号，编号取值范围为 0 ~ 127。

（2）Node（路口节点）：包含了 MAP 消息传递局部区域一系列的路口消息，除了自身的基础路口信息之外，还包含了与上下游路口节点的连接关系。参数 region 表示节点所在区域的 ID，参数 id 表示当前路口节点的 ID 信息。refPos 表示当前节点的位置信息（经纬度）。

（3）inLinks（路段）：包含了节点之间的路段信息。

（4）movements：表示上游节点 id 和下游节点 id 定义的路段与下游路段的连接关系。设置路口 A（id：11）的 movements 中设置了路口 B（id：13），表示这两个路口可连通。

（5）lanes（道路）：表示上游节点 id 和下游节点 id 定义的路段具体道路

2. SPAT 消息

SPAT 消息又称信号相位与时序消息，包含路侧单元所在区域内一个或多个路口的信号灯状态信息，可用于与 MAP 消息结合，为车辆通报前方道路实时的信号灯状态。

下面以闯红灯预警为例，通过 V2I 通信协议测试流程来解析消息具体配置。

11.3.2.1　V2I 通信协议消息配置流程

V2I 通信协议消息配置流程如图 11-3-7 所示，主要包括：

（1）配置 MAP 数据文件。

（2）生成 MAP 数据文件。

（3）配置 SPAT 信号灯相位数据文件。

（4）生成 SPAT 信号灯相位数据文件。

（5）配置主车 TPM 数据文件。

（6）生成 TPM 数据文件。

（7）导入数据文件，连接设备进行回放。

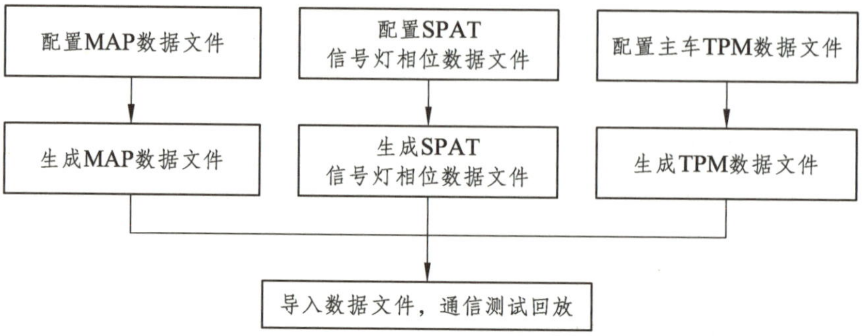

图 11-3-7　V2I 通信协议应用测试流程

11.3.2.2　配置 MAP 数据文件

MAP 配置页面如图 11-3-8 所示，具体内容如下。

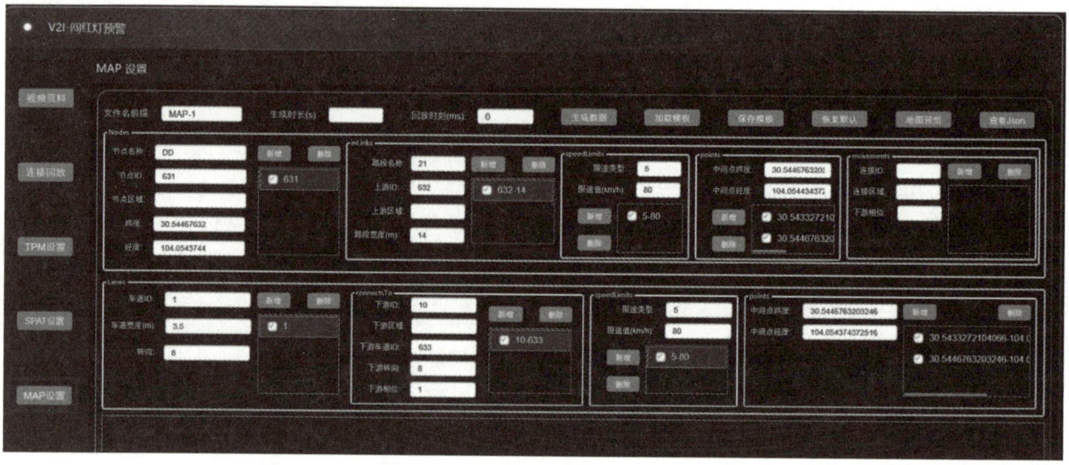

图 11-3-8　MAP 配置整体页面

1. 生成并设置地图路口节点信息

路口节点信息包括节点名称、节点 ID、节点位置（经纬度信息）。本例中，编辑节点名称为 DD，节点 ID 为 631，设置节点的纬度为 30.544 676 32，经度为 104.054 374 4。点击“新增”，生成节点 631（见图 11-3-9）。

图 11-3-9　MAP 配置页面 1

2. 生成路口节点对应的路段

生成路口节点对应的路段需要设置的信息包括路段名称、路段上游节点 ID、路段的道路宽度。本例中，右键点击路口节点（ID：631）编辑路段名称为 21，配置上游节点 ID 为 632，总路段宽度为 14。点击“新增”，生成路段 632-14（见图 11-3-10）。

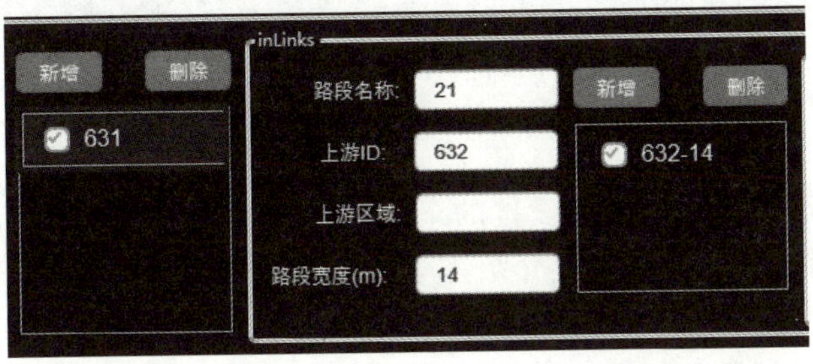

图 11-3-10　MAP 配置页面 2

3. 对生成的路段进行配置

路段需要设置路段限速类型、路段限速值、路段中选取的中间点位置（对应经纬度信息）。其中，具体限速类型如表 11-3-3 所示。

表 11-3-3　限速类型

编号	限速类型
0	未知限速类型
1	学校区域最高限速
2	儿童活动的学校区域最高限速
3	施工区域最高限速
4	汽车最小速度
5	汽车最大速度（一般交通规管限速）
6	汽车夜间行驶最大速度
7	卡车行驶最小速度
8	卡车行驶最大速度
9	卡车夜间最大速度
10	带拖车的车辆行驶最小速度
11	带拖车的车辆行驶最大速度
12	带拖车的车辆夜间行驶最大速度

本例中，对路段（632-14）点击右键设置限速类型为 5。限速值为 80，表示设置车道的最高车速为 80。点击“新增”，生成限速特征 5-80。对于限速特征，点击右键再设置生成两个中间点的经纬度。第一个点的纬度为 30.543 327 210 406 6，经度为 104.054 434 372 516，第二个点的纬度为 30.544 676 320 324 6，经度为 104.054 434 372 516（见图 11-3-11）。

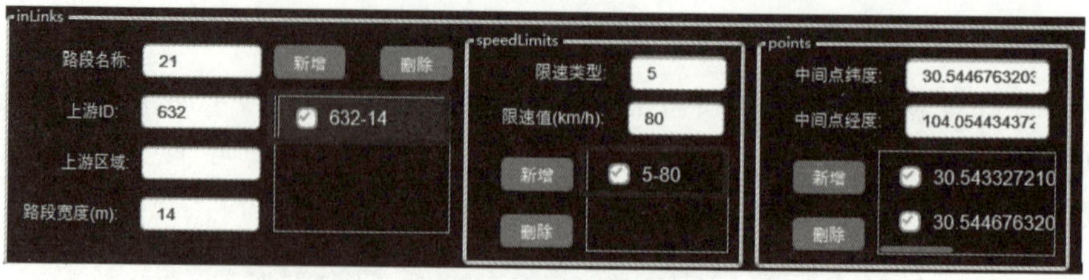

图 11-3-11　MAP 配置页面 3

4. 车道属性设置

根据模拟路段的车道数确认需要设置的车道（lanes）属性的数量。若模拟路段是双车道，则需设置 2 个车道属性信息。下面仅介绍一个车道的设置方法，具体车道设置需根据模拟路段的具体车道数来进行操作。

（1）设置车道基础信息，包括车道 ID、车道宽度、转向。本例中，编辑 lanes 车道 ID 为 1，车道宽度为 3.5，转向为 8，点击“新增”，生成车道 1。

（2）设置该车道的连接下游车道信息，生成下游路段信息。本例中，用右键单击车道 1，编辑 connects To 下游 ID 为 10，下游车道 ID 为 633，下游转向为 8，下游相位为 1，点击“新增”，生成路段 10-633（见图 11-3-12）。

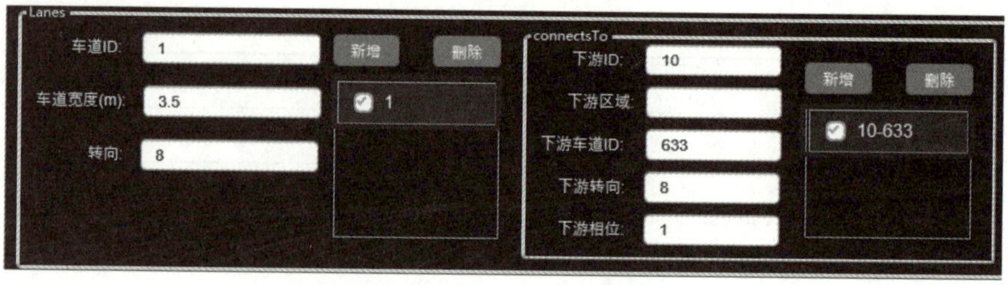

图 11-3-12　MAP 配置页面 4

（3）设置连接下游路段的基本信息，点击右键对路段（10-633）进行设置，设置限速类型为 5，限速值为 80，点击“新增”，生成限速特征 5-80。

（4）设置连接下游路段的中间点位置信息，生成 2 个中间点经纬度。本例中，点击右键对限速特征（5-80）进行设置，设置两个中间点经纬度，第一个点的纬度为 30.543 327 210 406 6，经度为 104.054 374 372 516；第二个点的纬度为 30.544 676 320 324 6，经度为 104.054 374 372 516，点击新增，生成两个中间点经纬度（见图 11-3-13）。

图 11-3-13　MAP 配置页面 5

5. 生成 MAP 数据文件

在完成路口设置和路段中的所有车道设置之后，生成 MAP 数据文件。JSON 文件内包含了设置好的 MAP 消息内容，消息帧以设定好的数据时间间隔及消息时长持续发送，数据信息以动态帧的形式呈现（见图 11-3-14）。

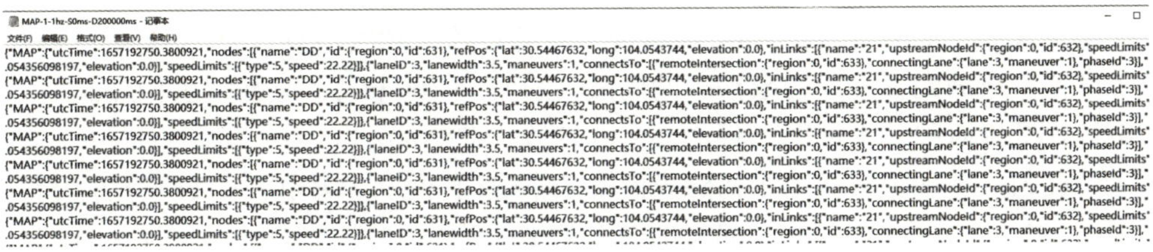

{"MAP":{"utcTime":1657192750.3800921,"nodes":[{"name":"DD","id":{"region":0,"id":631},"refPos":{"lat":30.54467632,"long":104.0543744,"elevation":0.0},"inLinks":[{"name":"21","upstreamNodeId":{"region":0,"id":632},"speedLimits"
.054356098197,"elevation":0.0}],"speedLimits":[{"type":5,"speed":22.22}]},{"laneID":3,"lanewidth":3.5,"maneuvers":1,"connectsTo":[{"remoteIntersection":{"region":0,"id":633},"connectingLane":{"lane":3,"maneuver":1},"phaseId":3}],"
{"MAP":{"utcTime":1657192750.3800921,"nodes":[{"name":"DD","id":{"region":0,"id":631},"refPos":{"lat":30.54467632,"long":104.0543744,"elevation":0.0},"inLinks":[{"name":"21","upstreamNodeId":{"region":0,"id":632},"speedLimits"
.054356098197,"elevation":0.0}],"speedLimits":[{"type":5,"speed":22.22}]},{"laneID":3,"lanewidth":3.5,"maneuvers":1,"connectsTo":[{"remoteIntersection":{"region":0,"id":633},"connectingLane":{"lane":3,"maneuver":1},"phaseId":3}],"
{"MAP":{"utcTime":1657192750.3800921,"nodes":[{"name":"DD","id":{"region":0,"id":631},"refPos":{"lat":30.54467632,"long":104.0543744,"elevation":0.0},"inLinks":[{"name":"21","upstreamNodeId":{"region":0,"id":632},"speedLimits"
.054356098197,"elevation":0.0}],"speedLimits":[{"type":5,"speed":22.22}]},{"laneID":3,"lanewidth":3.5,"maneuvers":1,"connectsTo":[{"remoteIntersection":{"region":0,"id":633},"connectingLane":{"lane":3,"maneuver":1},"phaseId":3}],"
{"MAP":{"utcTime":1657192750.3800921,"nodes":[{"name":"DD","id":{"region":0,"id":631},"refPos":{"lat":30.54467632,"long":104.0543744,"elevation":0.0},"inLinks":[{"name":"21","upstreamNodeId":{"region":0,"id":632},"speedLimits"
.054356098197,"elevation":0.0}],"speedLimits":[{"type":5,"speed":22.22}]},{"laneID":3,"lanewidth":3.5,"maneuvers":1,"connectsTo":[{"remoteIntersection":{"region":0,"id":633},"connectingLane":{"lane":3,"maneuver":1},"phaseId":3}],"
{"MAP":{"utcTime":1657192750.3800921,"nodes":[{"name":"DD","id":{"region":0,"id":631},"refPos":{"lat":30.54467632,"long":104.0543744,"elevation":0.0},"inLinks":[{"name":"21","upstreamNodeId":{"region":0,"id":632},"speedLimits"
.054356098197,"elevation":0.0}],"speedLimits":[{"type":5,"speed":22.22}]},{"laneID":3,"lanewidth":3.5,"maneuvers":1,"connectsTo":[{"remoteIntersection":{"region":0,"id":633},"connectingLane":{"lane":3,"maneuver":1},"phaseId":3}],"
{"MAP":{"utcTime":1657192750.3800921,"nodes":[{"name":"DD","id":{"region":0,"id":631},"refPos":{"lat":30.54467632,"long":104.0543744,"elevation":0.0},"inLinks":[{"name":"21","upstreamNodeId":{"region":0,"id":632},"speedLimits"
.054356098197,"elevation":0.0}],"speedLimits":[{"type":5,"speed":22.22}]},{"laneID":3,"lanewidth":3.5,"maneuvers":1,"connectsTo":[{"remoteIntersection":{"region":0,"id":633},"connectingLane":{"lane":3,"maneuver":1},"phaseId":3}],"
{"MAP":{"utcTime":1657192750.3800921,"nodes":[{"name":"DD","id":{"region":0,"id":631},"refPos":{"lat":30.54467632,"long":104.0543744,"elevation":0.0},"inLinks":[{"name":"21","upstreamNodeId":{"region":0,"id":632},"speedLimits"
.054356098197,"elevation":0.0}],"speedLimits":[{"type":5,"speed":22.22}]},{"laneID":3,"lanewidth":3.5,"maneuvers":1,"connectsTo":[{"remoteIntersection":{"region":0,"id":633},"connectingLane":{"lane":3,"maneuver":1},"phaseId":3}],"

图 11-3-14　闯红灯预警应用 MAP 配置 JSON 文件内容

11.3.3.3　配置路侧单元 SPAT 数据文件

（1）设置配置文件基础信息（数据文件名称、数据时间间隔、回放时刻、回放周期），本例中设置文件名称设置为 SPAT-1，数据时间间隔为 250 ms；生成时长为 20 000 ms，回放时刻为 0 ms，周期为 20 000 ms。

（2）设置路口节点 ID 为与 MAP 信息中节点 ID 相同，本例中，节点 ID 为 631（见图 11-3-15）。

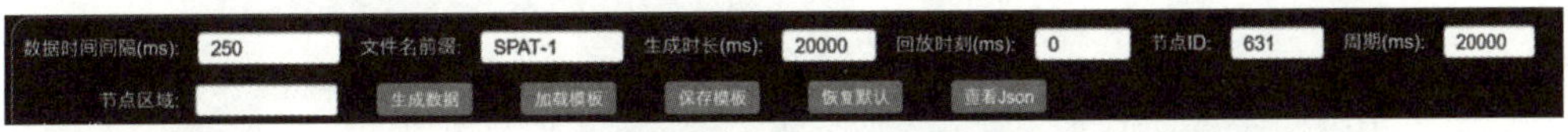

图 11-3-15　SPAT 配置页面 1

（3）设置信号灯的相位状态信息。

相位状态信息（Phase State）定义了信号灯的一个相位状态，包含该状态对应的灯色，以及实时计时信息。本例中，编辑 phases ID 节点名称为 1，绿色设置为 0 ms，黄色设置为 9 000 ms，红色设置为 12 000 ms（见图 11-3-16）。若有其他车道，以同样的方式设置剩下节点的红绿灯时刻即可。

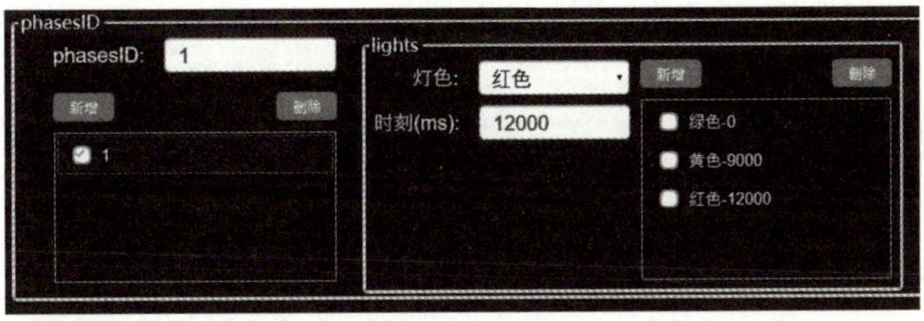

图 11-3-16　SPAT 配置页面 2

（4）生成 SPAT 数据文件。JSON 文件内包含了设置好的 SPAT 消息内容，数据信息以动态帧的形式呈现（见图 11-3-17）。

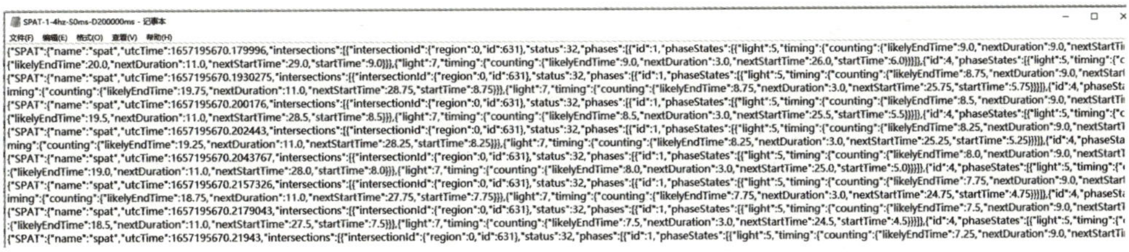

{"SPAT":{"name":"spat","utcTime":1657195670.179996,"intersections":[{"intersectionId":{"region":0,"id":631},"status":32,"phases":[{"id":1,"phaseStates":[{"light":5,"timing":{"counting":{"likelyEndTime":9.0,"nextDuration":9.0,"nextStartTi
{"likelyEndTime":20.0,"nextDuration":11.0,"nextStartTime":29.0,"startTime":9.0}}},{"light":7,"timing":{"counting":{"likelyEndTime":9.0,"nextDuration":3.0,"nextStartTime":26.0,"startTime":6.0}}}]},{"id":4,"phaseStates":[{"light":5,"timing":{"c
{"SPAT":{"name":"spat","utcTime":1657195670.1930275,"intersections":[{"intersectionId":{"region":0,"id":631},"status":32,"phases":[{"id":1,"phaseStates":[{"light":5,"timing":{"counting":{"likelyEndTime":8.75,"nextDuration":9.0,"nextStart
iming":{"counting":{"likelyEndTime":19.75,"nextDuration":11.0,"nextStartTime":28.75,"startTime":8.75}}},{"light":7,"timing":{"counting":{"likelyEndTime":8.75,"nextDuration":3.0,"nextStartTime":25.75,"startTime":5.75}}}]},{"id":4,"phaseSt
{"SPAT":{"name":"spat","utcTime":1657195670.200176,"intersections":[{"intersectionId":{"region":0,"id":631},"status":32,"phases":[{"id":1,"phaseStates":[{"light":5,"timing":{"counting":{"likelyEndTime":8.5,"nextDuration":9.0,"nextStartTi
{"likelyEndTime":19.5,"nextDuration":11.0,"nextStartTime":28.5,"startTime":8.5}}},{"light":7,"timing":{"counting":{"likelyEndTime":8.5,"nextDuration":3.0,"nextStartTime":25.5,"startTime":5.5}}}]},{"id":4,"phaseStates":[{"light":5,"timing":{"c
{"SPAT":{"name":"spat","utcTime":1657195670.202443,"intersections":[{"intersectionId":{"region":0,"id":631},"status":32,"phases":[{"id":1,"phaseStates":[{"light":5,"timing":{"counting":{"likelyEndTime":8.25,"nextDuration":9.0,"nextStartT
ming":{"counting":{"likelyEndTime":19.25,"nextDuration":11.0,"nextStartTime":28.25,"startTime":8.25}}},{"light":7,"timing":{"counting":{"likelyEndTime":8.25,"nextDuration":3.0,"nextStartTime":25.25,"startTime":5.25}}}]},{"id":4,"phaseSta
{"SPAT":{"name":"spat","utcTime":1657195670.2043767,"intersections":[{"intersectionId":{"region":0,"id":631},"status":32,"phases":[{"id":1,"phaseStates":[{"light":5,"timing":{"counting":{"likelyEndTime":8.0,"nextDuration":9.0,"nextStartT
:{"likelyEndTime":19.0,"nextDuration":11.0,"nextStartTime":28.0,"startTime":8.0}}},{"light":7,"timing":{"counting":{"likelyEndTime":8.0,"nextDuration":3.0,"nextStartTime":25.0,"startTime":5.0}}}]},{"id":4,"phaseStates":[{"light":5,"timing":{"
{"SPAT":{"name":"spat","utcTime":1657195670.2157326,"intersections":[{"intersectionId":{"region":0,"id":631},"status":32,"phases":[{"id":1,"phaseStates":[{"light":5,"timing":{"counting":{"likelyEndTime":7.75,"nextDuration":9.0,"nextStart
iming":{"counting":{"likelyEndTime":18.75,"nextDuration":11.0,"nextStartTime":27.75,"startTime":7.75}}},{"light":7,"timing":{"counting":{"likelyEndTime":7.75,"nextDuration":3.0,"nextStartTime":24.75,"startTime":4.75}}}]},{"id":4,"phaseSt
{"SPAT":{"name":"spat","utcTime":1657195670.2179043,"intersections":[{"intersectionId":{"region":0,"id":631},"status":32,"phases":[{"id":1,"phaseStates":[{"light":5,"timing":{"counting":{"likelyEndTime":7.5,"nextDuration":9.0,"nextStartT
:{"likelyEndTime":18.5,"nextDuration":11.0,"nextStartTime":27.5,"startTime":7.5}}},{"light":7,"timing":{"counting":{"likelyEndTime":7.5,"nextDuration":3.0,"nextStartTime":24.5,"startTime":4.5}}}]},{"id":4,"phaseStates":[{"light":5,"timing":{"
{"SPAT":{"name":"spat","utcTime":1657195670.21943,"intersections":[{"intersectionId":{"region":0,"id":631},"status":32,"phases":[{"id":1,"phaseStates":[{"light":5,"timing":{"counting":{"likelyEndTime":7.25,"nextDuration":9.0,"nextStartTi

图 11-3-17　闯红灯预警应用 SPAT 配置 JSON 文件内容

11.3.3.4　配置主车 TPM 数据文件

TPM（Time Position Message）又称时间位置信息数据，主要是描述主车的车辆内部基础情况，信息包含：车辆的位置、速度/加速度、航向角等。相关信息设置如下：

（1）设置生成的配置文件的数据时间间隔，通常为 100 ms；回放时刻为 0 ms。

（2）设置文件名称，本例中，将文件名称设置为 TPM-1。

（3）设置起点坐标，确认主车在路段的哪条车道内行驶。本例中，TPM 主车设置的起点的纬度为 30.542 423 216 270 695，起点的经度为 104.054 414 372 516（见图 11-3-18）。

（4）动态获取数据信息，设置终点坐标及相关速度。本例中，设置的终点的纬度为 30.545 203 399 570 145，终点的经度为 104.054 414 372 516，设置初始速度为 100 km/h，纵向加速度为 0。

（5）生成 TPM 数据文件，JSON 文件内包含了设置好的 SPAT 消息内容，数据信息以动态帧的形式呈现（见图 11-3-19）。

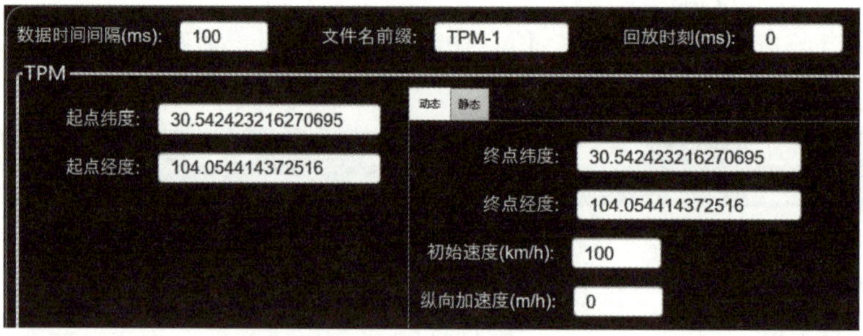

图 11-3-18　TPM 配置页面

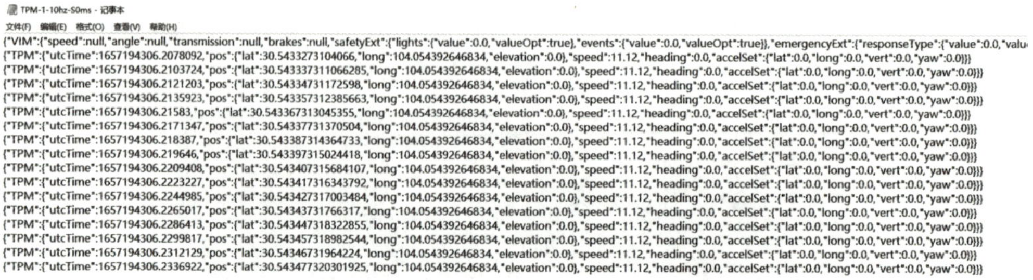
TPM-1-10hz-50ms - 记事本

文件(F)　编辑(E)　格式(O)　查看(V)　帮助(H)

{"VIM":{"speed":null,"angle":null,"transmission":null,"brakes":null,"safetyExt":{"lights":{"value":0.0,"valueOpt":true},"events":{"value":0.0,"valueOpt":true}},"emergencyExt":{"responseType":{"value":0.0,"valu
{"TPM":{"utcTime":1657194306.2078092,"pos":{"lat":30.5433273104066,"long":104.054392646834,"elevation":0.0},"speed":11.12,"heading":0.0,"accelSet":{"lat":0.0,"long":0.0,"vert":0.0,"yaw":0.0}}}
{"TPM":{"utcTime":1657194306.2103724,"pos":{"lat":30.543337311066285,"long":104.054392646834,"elevation":0.0},"speed":11.12,"heading":0.0,"accelSet":{"lat":0.0,"long":0.0,"vert":0.0,"yaw":0.0}}}
{"TPM":{"utcTime":1657194306.2121203,"pos":{"lat":30.54334731172598,"long":104.054392646834,"elevation":0.0},"speed":11.12,"heading":0.0,"accelSet":{"lat":0.0,"long":0.0,"vert":0.0,"yaw":0.0}}}
{"TPM":{"utcTime":1657194306.2135923,"pos":{"lat":30.543357312385663,"long":104.054392646834,"elevation":0.0},"speed":11.12,"heading":0.0,"accelSet":{"lat":0.0,"long":0.0,"vert":0.0,"yaw":0.0}}}
{"TPM":{"utcTime":1657194306.21583,"pos":{"lat":30.543367313045355,"long":104.054392646834,"elevation":0.0},"speed":11.12,"heading":0.0,"accelSet":{"lat":0.0,"long":0.0,"vert":0.0,"yaw":0.0}}}
{"TPM":{"utcTime":1657194306.2171347,"pos":{"lat":30.54337731370504,"long":104.054392646834,"elevation":0.0},"speed":11.12,"heading":0.0,"accelSet":{"lat":0.0,"long":0.0,"vert":0.0,"yaw":0.0}}}
{"TPM":{"utcTime":1657194306.218387,"pos":{"lat":30.543387314364733,"long":104.054392646834,"elevation":0.0},"speed":11.12,"heading":0.0,"accelSet":{"lat":0.0,"long":0.0,"vert":0.0,"yaw":0.0}}}
{"TPM":{"utcTime":1657194306.219646,"pos":{"lat":30.543397315024418,"long":104.054392646834,"elevation":0.0},"speed":11.12,"heading":0.0,"accelSet":{"lat":0.0,"long":0.0,"vert":0.0,"yaw":0.0}}}
{"TPM":{"utcTime":1657194306.2209408,"pos":{"lat":30.543407315684107,"long":104.054392646834,"elevation":0.0},"speed":11.12,"heading":0.0,"accelSet":{"lat":0.0,"long":0.0,"vert":0.0,"yaw":0.0}}}
{"TPM":{"utcTime":1657194306.2223227,"pos":{"lat":30.543417316343792,"long":104.054392646834,"elevation":0.0},"speed":11.12,"heading":0.0,"accelSet":{"lat":0.0,"long":0.0,"vert":0.0,"yaw":0.0}}}
{"TPM":{"utcTime":1657194306.2244985,"pos":{"lat":30.543427317003484,"long":104.054392646834,"elevation":0.0},"speed":11.12,"heading":0.0,"accelSet":{"lat":0.0,"long":0.0,"vert":0.0,"yaw":0.0}}}
{"TPM":{"utcTime":1657194306.2265017,"pos":{"lat":30.54343731766317,"long":104.054392646834,"elevation":0.0},"speed":11.12,"heading":0.0,"accelSet":{"lat":0.0,"long":0.0,"vert":0.0,"yaw":0.0}}}
{"TPM":{"utcTime":1657194306.2286413,"pos":{"lat":30.543447318322855,"long":104.054392646834,"elevation":0.0},"speed":11.12,"heading":0.0,"accelSet":{"lat":0.0,"long":0.0,"vert":0.0,"yaw":0.0}}}
{"TPM":{"utcTime":1657194306.2299817,"pos":{"lat":30.543457318982544,"long":104.054392646834,"elevation":0.0},"speed":11.12,"heading":0.0,"accelSet":{"lat":0.0,"long":0.0,"vert":0.0,"yaw":0.0}}}
{"TPM":{"utcTime":1657194306.2312129,"pos":{"lat":30.54346731964224,"long":104.054392646834,"elevation":0.0},"speed":11.12,"heading":0.0,"accelSet":{"lat":0.0,"long":0.0,"vert":0.0,"yaw":0.0}}}
{"TPM":{"utcTime":1657194306.2336922,"pos":{"lat":30.543477320301925,"long":104.054392646834,"elevation":0.0},"speed":11.12,"heading":0.0,"accelSet":{"lat":0.0,"long":0.0,"vert":0.0,"yaw":0.0}}}

图 11-3-19　闯红灯预警应用 TPM 配置 JSON 文件内容

11.4　V2P 应用场景测试

基础的 V2X 应用大致分为 V2V（车与车通信）应用场景、V2I（车与路侧单元通信）应用场景，以及 V2P（车与路人）应用场景。

11.4.1　V2P 应用场景介绍

11.4.1.1　弱势交通参与者碰撞预警简介

弱势交通参与者碰撞预警（Vulnerable Road User Collision Warning，VRUCW）是指主车

在行驶过程中，若存在与周围的弱势交通参与者（如行人、自行车、电动车等）发生碰撞的危险时，系统应用会对车辆的驾驶员进行预警，同时提前对上述举例的交通参与者发出信息预警。

行人从侧前方出现，一直存在或者即将进入行驶过程中的主车的视野盲区；系统应用通过 V2P 无线通信技术，若接收到的广播信息，检测到可能发生碰撞的危险，将会对主车驾驶员进行预警，提醒驾驶员小心行人，注意非机动车，避免发生碰撞（见图 11-4-1）。

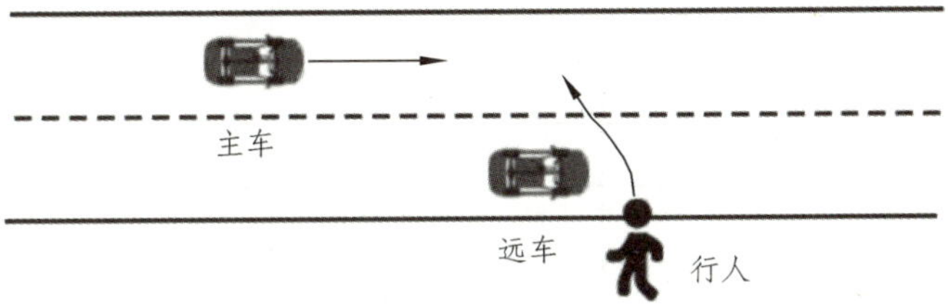

图 11-4-1　弱势交通参与者碰撞预警的应用场景

本应用适用于城市及郊区普通道路及公路的碰撞危险预警，重点是提高车辆及行人通行安全。

11.4.1.2　基本工作原理及应用要求

第一步：行人（P）向一定范围内的交通区域广播自身状态信息。

第二步：主车分析接收到的行人（P）信息，筛选出与车辆行驶方向上可能发生冲突的行人。

第三步：进一步筛选处于一定距离或者时间范围内的行人作为潜在威胁行人。

第四步：计算与每一个（或者成组）行人的碰撞时间（Time-to-Collision，TTC），筛选出存在碰撞威胁的行人；

第五步：若存在多个威胁行人（或行人组），则筛选出最紧急的威胁行人（或行人组）；

第六步：系统对 HV 驾驶员进行相应的碰撞预警。

应用前置条件：

• 行人（P）与周围的车辆（V）均具有无线广播通信功能，车辆信息通过短程无线通信在主车和行人（P）之间传递（V2P）。

• 主车车速范围：0 ~ 70 km/h。

• 通信距离：≥150 m。

• 信号更新频率：≤5 Hz。

• 系统延迟：≤100 ms。

• 定位精度：≤5 m。

消息数据交互具体内容如表 11-4-1 ~ 表 11-4-3 所示。

表 11-4-1　弱势交通参与者应用消息数据交互（车辆数据）

数据信息	单位	备注
当前时刻	ms	
位置（经纬度）	deg	
位置（海拔）	m	

续表

数据信息	单位	备注
车头方向角		
车体尺寸（车宽高）		
速度		
纵向加速度		
横摆角速度		
驾驶行为类型		
质量	kg	
车辆类型		
历史路径		
路径预测		
事件类型		

表 11-4-2　弱势交通参与者应用消息数据交互（行人数据）

数据信息	单位	备注
当前时刻	ms	
位置（经纬度）	deg	
位置（海拔）	m	
行进方向角	deg	
速度		
基本类型		行人、自行车、道路工作者、动物、电动车……
位置精确度		
历史路径		
路径预测		
动力		人力、动物、电动……
使用状态		打字、玩手机、听音乐、打电话……
人群类型及半径		
通过街道请求		
通过街道状态		
其他个人信息		

表 11-4-3　弱势交通参与者应用消息数据交互（路侧数据）

数据信息	单位	备注
当前时刻	ms	
行人位置（经纬度）	deg	
行人位置（海拔）	m	

续表

数据信息	单位	备注
行人行进方向角	deg	
行人速度	m/s	
基本类型		
消息总数		
位置精确度		
行人四维加速度		
历史路径		
路径预测		
动力		
人群		
人群半径	m	
通过街道请求		
通过街道状态		
其他行人信息		

11.4.2　V2P 通信测试实例分析

V2P 通信主要是车辆与路侧设备（RSU）的通信，主要使用到的消息类型是 RSM 消息。RSM 消息为路侧设备安全消息（Road Side Message），即由路侧设备向周围车辆广播的安全消息（包括路侧单元本身、周围车辆、非机动车、行人等周围交通参与者的实时状态信息）。

RSM 消息的存在，使得车辆对于周围环境的感知不仅仅依赖于 BSM 消息。路侧单元基于路侧传感器，帮助车辆对其周围的环境进行了探测，并将实时信息通过 RSM 消息传递给车辆。

下面以弱势交通参与者预警为例，解析 V2P 通信协议相关的信息配置。

11.4.2.1　V2P 通信协议消息配置流程

V2P 通信协议消息配置流程如图 11-4-2 所示，主要包括：

（1）配置 RSM 数据文件。

（2）生成 RSM 数据文件。

（3）配置主车 TPM 数据文件。

（4）生成 TPM 数据文件。

（5）导入数据文件，连接设备进行回放。

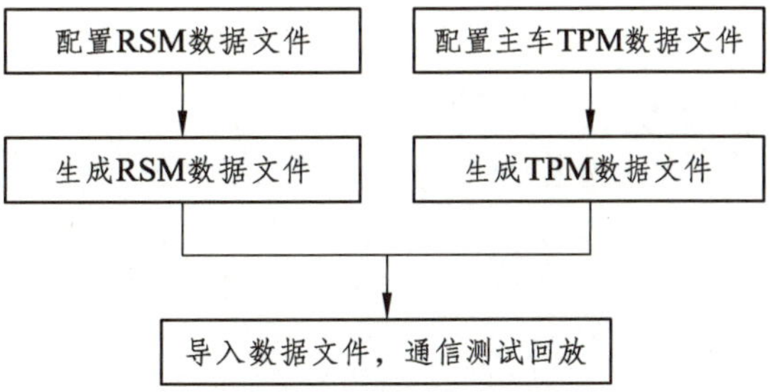

图 11-4-2　V2P 通信协议消息配置流程

11.4.2.2　配置 RSM 数据文件

RSM（Road Side Message）又称路侧设备信息，主要用于描述路侧设备的基本情况，主要包括路侧设备 ID、位置（经纬度、海拔）、航向角等基础信息。相关信息设置如下：

（1）设置生成的配置文件的数据时间间隔，通常为 100 ms；回放时刻为 0 ms。

（2）设置文件名称，本例中将文件名称设置为 RSM-1（见图 11-4-3）。

（3）填写设备编号，可自行定义，要求是 16 位的十六进制字符串格式。本例中，设备编号为 Aaaa111122223333。

（4）设置路侧单元（RSU）的位置信息（经纬度、海拔），本例中，设置 RSU 纬度为 30.544 676 320 324 6，经度为 104.054 374 372 516，海拔为 100。

图 11-4-3　RSM 配置页面 1

（5）设置 PTC 基本信息。PTC 对应交通参与者的基本安全信息，包括 RSU 自身及 RSU 依靠感知手段获取的机动车、非机动车等交通参与者。具体内容有编号、车辆基本信息、位置信息。

本例中，PYC 编号为 64，车辆的宽度为 2，长度为 4，高度为 2，车辆基本类型为 10，车辆的挡位为 2（前进挡）。起点的纬度为 30.544 676 320 324 6，起点的经度为 104.054 457 912 258（见图 11-4-4）。

（6）设置静态模式设置，生成数据条数 100，航向角为 0；在灯光下拉框勾选行人标识。

（7）生成 RSM 数据文件。JSON 文件内包含设置好的 RSM 消息内容，数据信息以动态帧的形式呈现（见图 11-4-5）。

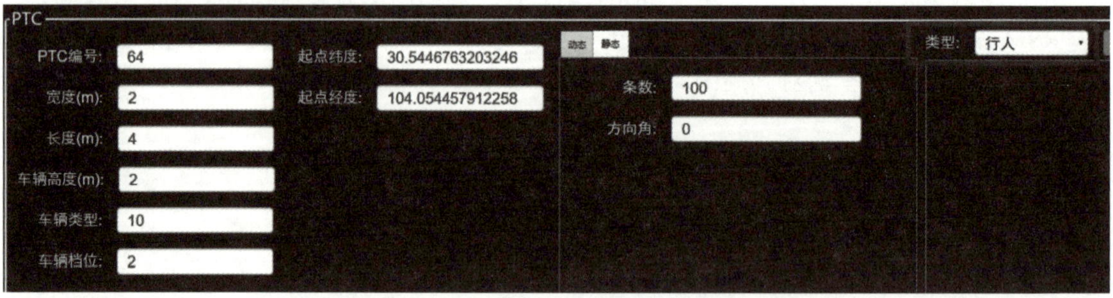

图 11-4-4　RSM 配置页面 2

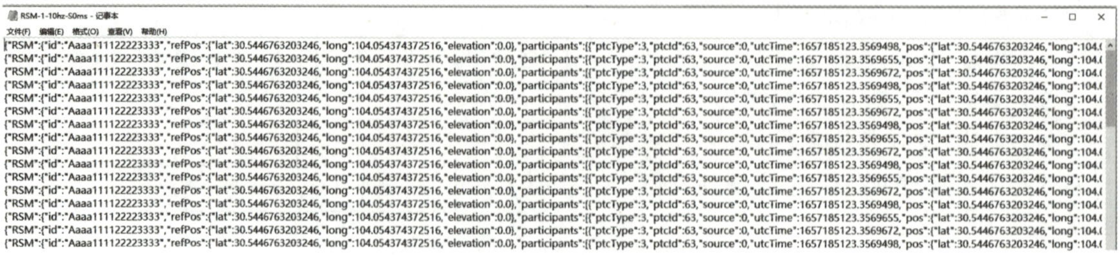

图 11-4-5　弱势交通参与者碰撞预警应用 RSM 配置 JSON 文件内容

11.4.2.3　配置主车 TPM 文件

TPM（Time Position Message）又称时间位置信息数据，主要用于描述主车的车辆内部基础情况，主要包括车辆的位置、速度/加速度、航向角等基础信息。相关信息设置如下：

（1）设置生成的配置文件的数据时间间隔，通常为 100 ms；回放时刻为 0 ms。

（2）设置文件名称，本例中，将文件名称设置为 TPM-1。

（3）设置起点坐标，确认主车在路段的哪条车道内行驶。本例中，TPM 主车设置的起点的纬度为 30.543 552 145 392 9，起点的经度为 104.054 437 912 258（见图 11-4-6）。

（4）动态获取数据信息，设置终点坐标及相关速度。本例中，设置的终点的纬度为 30.544 826 312 187 144，终点的经度为 104.054 437 912 258，设置初始速度为 50 km/h，纵向加速度为 0。

（5）生成 TPM 数据文件，JSON 文件内包含了设置好的 TPM 消息内容，数据信息以动态帧的形式呈现（见图 11-4-7）。

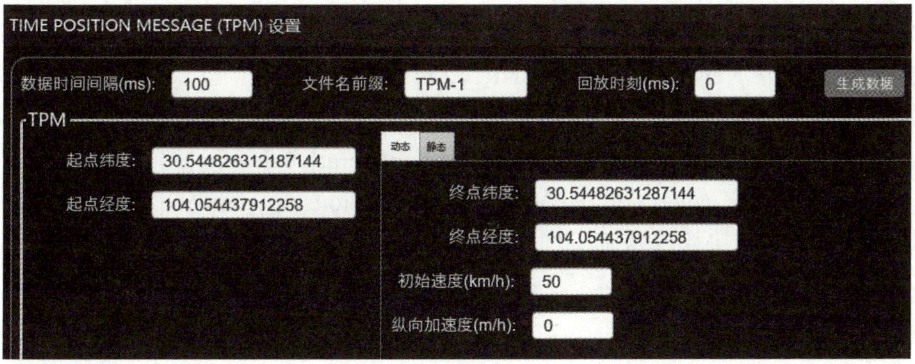

图 11-4-6　TPM 配置页面

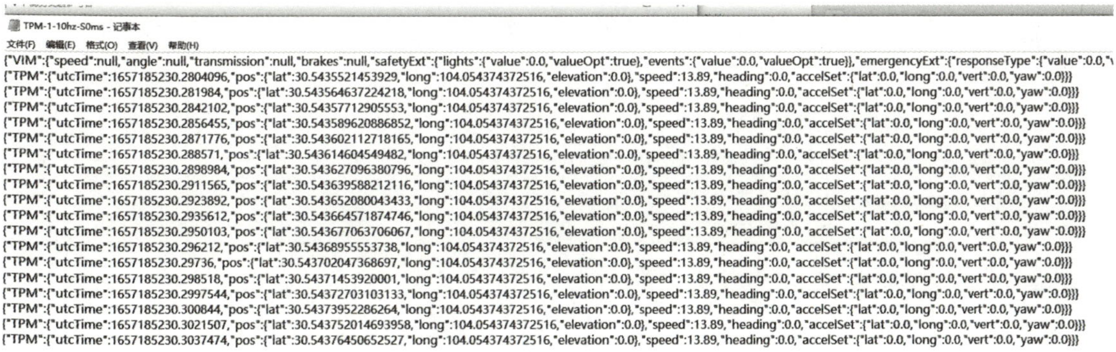
TPM-1-10hz-S0ms - 记事本

文件(F)　编辑(E)　格式(O)　查看(V)　帮助(H)

{"VIM":{"speed":null,"angle":null,"transmission":null,"brakes":null,"safetyExt":{"lights":{"value":0.0,"valueOpt":true},"events":{"value":0.0,"valueOpt":true}},"emergencyExt":{"responseType":{"value":0.0,"
{"TPM":{"utcTime":1657185230.2804096,"pos":{"lat":30.5435521453929,"long":104.054374372516,"elevation":0.0},"speed":13.89,"heading":0.0,"accelSet":{"lat":0.0,"long":0.0,"vert":0.0,"yaw":0.0}}}
{"TPM":{"utcTime":1657185230.281984,"pos":{"lat":30.543564637224218,"long":104.054374372516,"elevation":0.0},"speed":13.89,"heading":0.0,"accelSet":{"lat":0.0,"long":0.0,"vert":0.0,"yaw":0.0}}}
{"TPM":{"utcTime":1657185230.2842102,"pos":{"lat":30.54357712905553,"long":104.054374372516,"elevation":0.0},"speed":13.89,"heading":0.0,"accelSet":{"lat":0.0,"long":0.0,"vert":0.0,"yaw":0.0}}}
{"TPM":{"utcTime":1657185230.2856455,"pos":{"lat":30.543589620886852,"long":104.054374372516,"elevation":0.0},"speed":13.89,"heading":0.0,"accelSet":{"lat":0.0,"long":0.0,"vert":0.0,"yaw":0.0}}}
{"TPM":{"utcTime":1657185230.2871776,"pos":{"lat":30.543602112718165,"long":104.054374372516,"elevation":0.0},"speed":13.89,"heading":0.0,"accelSet":{"lat":0.0,"long":0.0,"vert":0.0,"yaw":0.0}}}
{"TPM":{"utcTime":1657185230.288571,"pos":{"lat":30.543614604549482,"long":104.054374372516,"elevation":0.0},"speed":13.89,"heading":0.0,"accelSet":{"lat":0.0,"long":0.0,"vert":0.0,"yaw":0.0}}}
{"TPM":{"utcTime":1657185230.2898984,"pos":{"lat":30.543627096380796,"long":104.054374372516,"elevation":0.0},"speed":13.89,"heading":0.0,"accelSet":{"lat":0.0,"long":0.0,"vert":0.0,"yaw":0.0}}}
{"TPM":{"utcTime":1657185230.2911565,"pos":{"lat":30.543639588212116,"long":104.054374372516,"elevation":0.0},"speed":13.89,"heading":0.0,"accelSet":{"lat":0.0,"long":0.0,"vert":0.0,"yaw":0.0}}}
{"TPM":{"utcTime":1657185230.2923892,"pos":{"lat":30.543652080043433,"long":104.054374372516,"elevation":0.0},"speed":13.89,"heading":0.0,"accelSet":{"lat":0.0,"long":0.0,"vert":0.0,"yaw":0.0}}}
{"TPM":{"utcTime":1657185230.2935612,"pos":{"lat":30.543664571874746,"long":104.054374372516,"elevation":0.0},"speed":13.89,"heading":0.0,"accelSet":{"lat":0.0,"long":0.0,"vert":0.0,"yaw":0.0}}}
{"TPM":{"utcTime":1657185230.2950103,"pos":{"lat":30.543677063706067,"long":104.054374372516,"elevation":0.0},"speed":13.89,"heading":0.0,"accelSet":{"lat":0.0,"long":0.0,"vert":0.0,"yaw":0.0}}}
{"TPM":{"utcTime":1657185230.296212,"pos":{"lat":30.54368955553738,"long":104.054374372516,"elevation":0.0},"speed":13.89,"heading":0.0,"accelSet":{"lat":0.0,"long":0.0,"vert":0.0,"yaw":0.0}}}
{"TPM":{"utcTime":1657185230.29736,"pos":{"lat":30.543702047368697,"long":104.054374372516,"elevation":0.0},"speed":13.89,"heading":0.0,"accelSet":{"lat":0.0,"long":0.0,"vert":0.0,"yaw":0.0}}}
{"TPM":{"utcTime":1657185230.298518,"pos":{"lat":30.54371453920001,"long":104.054374372516,"elevation":0.0},"speed":13.89,"heading":0.0,"accelSet":{"lat":0.0,"long":0.0,"vert":0.0,"yaw":0.0}}}
{"TPM":{"utcTime":1657185230.2997544,"pos":{"lat":30.54372703103133,"long":104.054374372516,"elevation":0.0},"speed":13.89,"heading":0.0,"accelSet":{"lat":0.0,"long":0.0,"vert":0.0,"yaw":0.0}}}
{"TPM":{"utcTime":1657185230.300844,"pos":{"lat":30.54373952286264,"long":104.054374372516,"elevation":0.0},"speed":13.89,"heading":0.0,"accelSet":{"lat":0.0,"long":0.0,"vert":0.0,"yaw":0.0}}}
{"TPM":{"utcTime":1657185230.3021507,"pos":{"lat":30.543752014693958,"long":104.054374372516,"elevation":0.0},"speed":13.89,"heading":0.0,"accelSet":{"lat":0.0,"long":0.0,"vert":0.0,"yaw":0.0}}}
{"TPM":{"utcTime":1657185230.3037474,"pos":{"lat":30.54376450652527,"long":104.054374372516,"elevation":0.0},"speed":13.89,"heading":0.0,"accelSet":{"lat":0.0,"long":0.0,"vert":0.0,"yaw":0.0}}}

图 11-4-7　弱势交通参与者碰撞预警应用 TPM 配置 JSON 文件内容

参考文献

[1] 赵祥模，史昕，惠飞. 网联车辆协同感知与智能决策[M]. 北京：科学出版社，2022.

[2] 李骏，等. 智能网联汽车导论[M]. 北京：清华大学出版社，2022.

[3] 冉斌. 世界智能交通进展与趋势[J]. 中国公路，2018（14）：22-23.

[4] XIAOHONG YIN, JINGPENG WEN, TIAN LEI, et al. IMA-LSTM: An Interaction-Based Model Combining Multi-Head Attention With Lstm For Trajectory Prediction In Multi-Vehicle Interaction Scenario[J]. International Journal Of Intelligent Systems, 2024, Article ID 3058863.

[5] 陈山枝，葛雨明，时岩. 蜂窝车联网（C-V2X）技术发展、应用及展望[J]. 电信科学，2022（1）：1-12.

[6] 3GPP RP-181429. New SID: study on NR V2X[EB]. 2018.

[7] 陈山枝，胡金玲等. 蜂窝车联网（C-V2X）[M]. 北京：人民邮电出版社，2021.

[8] 5GAA. The case of cellular V2X for safety and cooperative driving[Z]. 2016.

[9] 5G Americas. White paper: cellular V2X communications towards 5G[R]. 2018.

[10] 唐书宇. LTE-V2X 协议栈系统实现与通信资源优化调度算法研究[D]. 西安：长安大学.